"十四五"职业教育国家规划教材

"十三五"职业教育国家规划教材

金融科技
理论与应用

微课版 第3版

周雷 ◆ 主编

黄丹荔 李家华 赵越 傅琳 申睿 ◆ 副主编

Financial
Technology

人民邮电出版社

北京

图书在版编目（CIP）数据

金融科技理论与应用 ：微课版 / 周雷主编. -- 3版
. -- 北京 ：人民邮电出版社，2022.6（2024.6重印）
"十三五"职业教育国家规划教材
ISBN 978-7-115-58917-0

Ⅰ．①金… Ⅱ．①周… Ⅲ．①金融－科学技术－高等
职业教育－教材 Ⅳ．①F830

中国版本图书馆CIP数据核字(2022)第045837号

内 容 提 要

本书根据教育部新版专业目录和课程标准，遵循"项目引领、任务驱动、融入思政、做学合一"的理念，全面介绍金融科技的新理论与实践。全书分为11个项目，涵盖了金融科技前沿理论、区块链与智能金融、互联网支付与数字人民币、互联网贷款融资、实物众筹与公益众筹、网络银行与开放银行、金融科技信息门户、保险科技与互联网证券、金融科技创新监管等业务领域。每个项目根据业务流程由浅入深地设置了若干系统化的任务，并附有导入案例、知识自测题和技能实训模块，同时根据教学重点，融入思政元素，设计了课程思政教学实践案例，实现德技并修。最后，全书还对接教育部"1+X"证书制度和技能大赛要求，设置了综合实训环节，以帮助读者通过"做中学"来打通学以致用的"最后一公里"，推动"岗课赛证"综合育人。

为提高学习的针对性和便利性，本书配套精品在线开放课程和动态更新的在线试题库，并将精品微课、案例链接、知识自测等大量数字化资源以二维码形式嵌入，实现了"随扫""随学""随测"，建成了新形态一体化教材，方便教师开展线上线下混合式教学，同时为读者带来全方位的学习体验。

本书既适合作为高职高专、职业本科和应用型本科院校相关专业的教材，也适合作为金融科技企业的培训材料，还可供对金融科技感兴趣的人士参考和学习。

◆ 主 编 周 雷
　　副 主 编 黄丹荔 李家华 赵 越 傅 琳 申 睿
　　责任编辑 刘 尉
　　责任印制 王 郁 彭志环
◆ 人民邮电出版社出版发行　北京市丰台区成寿寺路 11 号
　　邮编 100164　电子邮件 315@ptpress.com.cn
　　网址 https://www.ptpress.com.cn
　　三河市祥达印刷包装有限公司印刷
◆ 开本：787×1092　1/16
　　印张：23.25　　　　　　　　2022 年 6 月第 3 版
　　字数：671 千字　　　　　　2024 年 6 月河北第 5 次印刷

定价：66.00 元
读者服务热线：(010)81055256　印装质量热线：(010)81055316
反盗版热线：(010)81055315
广告经营许可证：京东市监广登字 20170147 号

RECOMMENDATION

推荐序

　　数字经济时代，金融科技作为数字技术驱动的金融创新，已成为深化金融供给侧结构性改革，增强金融服务实体经济高质量发展能力的重要引擎。在这样的背景下，无论是高校金融相关专业，还是金融机构和金融科技企业，都需要一本系统梳理金融科技理论体系，并与业界最新实践相结合的教材。周雷等老师携政府、企业专家共同编写的《金融科技理论与应用（微课版 第3版）》一书，在延续第2版国家规划教材"项目引领、任务驱动、做学合一"的编写理念基础上，新增了大量反映数字经济时代金融科技发展前沿和创新监管要求的新内容，并全面对接课程思政、"1+X"证书制度和技能大赛要求，推动"岗课赛证"综合育人机制落地，是高职高专、职业本科和应用型本科院校相关专业课程实施项目化教学的理想教材。

　　本书将纷繁复杂的金融科技创新业态解构为11个项目，每个项目又根据业务流程分为若干学习任务，并单独设置"导入案例""做中学""课程思政""技能实训"模块，以引导学生通过实践操作学习专业知识，掌握职业技能，提高综合素养，实现德技并修。作为新形态一体化教材，本书还以二维码形式嵌入了微课视频、在线测试、拓展资料等各类数字化教学资源，满足了信息化时代混合式教学和新商科背景下"金课"建设的新要求。同时，本书所介绍的各类金融科技典型案例，无论对于金融机构经营还是金融行业监管，都很有借鉴意义。

　　《金融科技发展规划（2022—2025年）》提出，要推动我国金融科技从"立柱架梁"全面迈入"积厚成势"新阶段。金融科技对生产生活的影响将进一步显现，每个人都将融入这个新的金融世界。本书一改金融类专业书籍晦涩难懂的风格，行文深入浅出、案例生动有趣、资源丰富多样，不仅适合院校师生作为教材使用，也适合每一位对金融科技感兴趣的人士阅读。

南京工业大学互联网金融创新发展研究中心主任、教授、博士生导师

2022年3月5日

前　言

　　本书第 1 版为 2016 年 8 月出版的互联网金融项目化教材《互联网金融理论与应用》，经多年的教学实践检验，2019 年 9 月修订出版了《互联网金融理论与应用（微课版 第 2 版）》，实现了纸质教材与数字化教学资源的深度融合，获得了 100 余所高校的认可，**并获评"十四五"职业教育国家规划教材**，入选互联网金融从业人员培训考试认证项目指定教材。根据教育部公布的《职业教育专业目录（2021 年）》，高等职业教育专科和本科中的互联网金融专业均已转型升级为金融科技应用专业。人工智能、区块链、云计算、大数据在金融科技领域的应用不断深化，催生了一批新技术、新业态和新岗位；与此同时，《关于推动现代职业教育高质量发展的意见》、"职教 20 条"、课程思政、"1+X"证书制度试点也对高质量教材建设提出了新要求。为落实党的二十大精神，反映行业新趋势，满足新金融人才培养需求，我们组织"政产学研"多元融合、校企深度合作的团队，在第 2 版教材经过广泛实践检验的项目化、一体化结构的基础上，遵循"项目引领、任务驱动、融入思政、做学合一"的理念，对本书及配套的数字化教学资源进行全面修订和完善。

　　（一）贯彻课程思政建设的新要求，实现思政元素与专业内容深度融合

　　本次修订全面贯彻《习近平新时代中国特色社会主义思想进课程教材指南》和《高等学校课程思政建设指导纲要》的新要求，围绕立德树人的根本任务，在每个项目中均根据该项目对应的岗位要求和工作任务凝练思政目标，设置"课程思政"专栏，紧密结合专业教学内容进行课程思政教学设计，引导学生将思政与专业学习深度融合，实现育人目标。全书共有 11 个经过精心设计的课程思政教学案例，内容主要包括以下三个方面。一是结合"十四五"规划、"新基建"等国家重大发展战略，全面阐释金融科技在服务实体经济高质量发展和"双循环"新发展格局中的重要作用，引导学生认识和把握以新发展理念为主要内容的习近平新时代中国特色社会主义经济思想，培养学生的爱国情怀和将专业技能用于祖国建设的敬业奉献精神。二是结合金融科技与互联网金融运行新规则，加强中华优秀传统文化教育，引导学生培育和践行社会主义核心价值观，培养学生经世济民、守正创新、诚信服务的职业素养。三是通过金融科技相关风险案例解读，引导学生运用马克思主义原理分析金融创新与风险防控的辩证统一关系，培养学生的金融风险敬畏精神、诚信合规意识与法治观念，提高学生的综合素养和职业道德。

　　（二）新增体现"十四五"规划对金融科技新要求的教学项目和任务

　　《中华人民共和国国民经济和社会发展第十四个五年规划和 2035 年远景目标纲要》和《金融科技发展规划（2022—2025 年）》对我国新时期金融科技的发展与监管提出了新要求，强调要稳妥发展金融科技，加快金融机构数字化转型，增强金融普惠性，完善金融科技监管，强化监管科技应用。本次修订全面落实"十四五"规划新要求，新增了数字人民币、区块链+供应链金融、数字普惠金融、智能金融、开放银行等体现金融科技新业态与新技术的教学项目和任务，重点介绍与新业态和新产品对应的岗位技能，充分反映行业的新趋势与实践。根据新的金融科技相关法律法规和"严监管"要求，对教材各项目涉及的企业、产品进行"回头看"，从审慎合规与有效监管的角度更新"导入案例"和"学习任务"，新增金融科技创新监管试点、监管科技应用、平台经济反垄断、网络小额贷款监管等内容，并对涉及金融科技监管的项目按照新的法律法规要求进行全面修订。同时，本次修订进一步落实"做学合一、理实一体"理念，优化"做中学""技能实训"等特色模块，引入编者主持的教育部人文社会科学研究基金项目成果，新编区块链原型的编程，众筹在大学生创业企业融资中的应用，金融科技赋能小微企业融资，互联网理财投资者行为调查、画像构建与理财规划等实训任务，将专业教育与培养实践能力和创新创业能力有机结合，打通学以致用的"最后一公里"。

（三）对接教育部"1+X"证书制度和技能大赛新设赛项要求，推动"岗课赛证"融通

《关于在院校实施"学历证书+若干职业技能等级证书"制度试点方案》，即"1+X"证书制度试点，是教育部落实《国家职业教育改革实施方案》（简称"职教20条"）要求，深化职业教育改革的重要举措。"1+X"证书制度将学历证书与职业技能等级证书相对接，有助于提高职业教育质量，培养高素质技术技能人才。全国职业院校技能大赛是展示职业技能、工匠精神和职业教育育人成果的重要平台。本次修订在深入调研金融科技企业新涌现的应用型和操作型岗位要求的基础上，将"1+X"金融产品数字化营销职业技能等级证书和家庭理财规划职业技能等级证书的标准以及技能大赛新设的"数字金融"赛项比赛任务引入教材，落实工作过程系统化理念，在具体的岗位情景和教学项目中，通过设置"做中学""随堂测试""技能实训""综合实训"等特色模块，精心设计课堂实训任务，推动课程改革和"课堂革命"，强化对比赛和证书重点考查的知识点和技能点的训练，实现"岗位要求—教材课程—技能大赛—职业证书"的"岗课赛证"融通，弘扬工匠精神，提升学生的劳动素养，培养适应金融科技行业发展要求的高素质新金融人才。

（四）顺应信息化时代混合式"金课"建设新要求，建成新形态一体化教材

为进一步突出"微课版"教材的特色，规范和完善国家金融科技应用专业教学资源库建设，本次修订在第2版教材基础上对各类教学资源进行全面梳理和统一更新，增加了大量数字化教学资源（以二维码形式嵌入，读者扫描二维码即可获取），建成了精品在线开放课程和"示范教学包"，完成了从项目化教材到新形态一体化教材的迭代升级，实现了线上线下互动、新旧媒体融合，满足了信息化时代混合式教学和新商科"金课"建设的新要求。本次新增的教学资源主要包括以下几类。**一是精品微课**。在教育部国家金融科技应用专业教学资源库项目的支持下，对第3版教材全部项目、任务和知识点、技能点拍摄了50多个精品微课，总时长超过850分钟，部分微课采用了人工智能、AR/VR等新一代信息技术，并已在省级以上微课教学大赛中获奖。**二是视频资源**。除微课外，本书还提供了丰富的企业业务视频和实训演示视频，实现了理论与实践的"无缝对接"。**三是案例链接**。本书链接了大量反映金融科技前沿应用和融入课程思政元素的优质教学案例。**四是资料链接**。本书配套提供新的金融科技相关法律法规和监管政策，以及动态更新的在线试题库，极大方便了读者学习和教师教学。

建议教师教授本书所用总学时为64学时，本书各项目模块的作用如下。

- **学习目标**：列明学习该项目后所要达到的知识、能力和思政目标，方便学生把握学习的重难点。
- **导入案例**：精选既体现金融科技实际应用场景又蕴含项目主要知识点和技能点的生产案例，为项目的学习创设情景并激发学生的学习兴趣。
- **学习任务**：每个项目均基于工作过程系统化理念，根据业务流程或岗位类别设计了循序渐进的学习任务，这是项目化教材的核心内容，教师应在讲授基本理论的基础上，引导学生通过完成学习任务，实现探究性学习。
- **"做中学"模块**：提炼金融科技岗位群的典型工作任务，给出由浅入深的操作步骤，引导学生掌握金融科技业务的操作技能，提升职业能力。

- **"随堂测试"模块**：教师可根据教学进度，利用此模块及时组织随堂讨论和小测试，以评价和巩固学生对任务重要知识点的理解与应用。
- **"课程思政"模块**：根据各项目的专业教学内容，总结思政目标，融入思政元素，编写思政案例，为开展与专业内容深度融合的课程思政教学提供具体的教学设计指引，培养学生敬畏风险、敬业奉献、热情服务、合规经营、守正创新的金融职业素养。
- **知识自测题**：在第 2 版的基础上，补充了具有时效性和趣味性的自测题，并增加了"在线测试"二维码，链接到中国大学 MOOC 平台，实现了随时测试和及时反馈结果。
- **技能实训与综合实训**：前 10 个项目均设计了技能实训环节，教师可根据步骤引导学生在实际情景中运用所学知识和技能。最后一个项目为综合实训项目，可用于培养学生的知识迁移和综合应用能力。

本书适用于金融科技应用、金融服务与管理、金融工程、金融学等专业核心课程以及相关实训项目课程的教学，也适合所有对金融科技感兴趣的读者阅读。读者除扫描书中二维码获取资源外，还可通过以下途径获取丰富的配套教学资源。

- 通过人邮教育社区（www.ryjiaoyu.com）获取教学标准、课程教案、PPT、习题答案与解析、考试样卷、拓展视频与动画演示等资源。
- 通过与本书配套的"互联网金融理论与应用"精品在线开放课程门户网站及相关 App 观看微课教学视频并完成在线学习和测评。
- 关注"互联网金融理论与应用"微信公众号，每天获取金融科技行业政策、业界信息及动态教学科研资源。

本书为校企深度合作编写的教材，由苏州市职业大学的周雷担任主编，黄丹荔、李家华、赵越、傅琳和申睿担任副主编。具体分工为：周雷拟订修订计划和编写提纲，修改初稿，对全书进行定稿，同时编写了新增的项目二和项目三；广州科技职业技术大学李家华修订了项目一；苏州农业职业技术学院赵越编写了新增的项目四；浙江金融职业学院申睿编写了新增的项目五；苏州工业园区职业技术学院袁颖和内蒙古商贸职业学院郭文娟修订了项目六；安徽商贸职业技术学院许贤丽修订了项目七；四川邮电职业技术学院王欣修订了项目八；江苏信息职业技术学院傅琳修订了项目九；铜陵学院芮训媛和中国银保监会江苏监管局黄娴萍修订了项目十；苏州市职业大学黄丹荔修订了项目十一。感谢校企合作单位华林证券股份有限公司、江苏亚太伟业智能科技有限公司、苏州得利安数字科技有限公司、申万宏源证券有限公司、宜信旗下上市公司宜人金科等在本书编写过程中提供的业界项目资料以及给予的帮助和指导。同时，研究性课程的陈捷、陈善璐、邓雨、施程鑫、刘婧、张语嫣、张子涵、孙园、鲍晶、朱奕、王慧聪、仲晓雅、侯玉凤、夏盼、李雨嵘、胡若兰、毛晓飞、吴涵颖、孙浩然、沈恬、韦相言、邢雪、刘飞飞、周雅捷、周令仪、顾雯婧、莫盈盈、任卓东、楼可心、扶依婷、李淑媛、裴佳欣等也参与了本书相关案例资料的收集和教学资源开发工作，在此一并表示由衷的感谢！

随着我国进入新发展阶段，贯彻新发展理念，构建新发展格局，推动金融科技行业规范高质量发展，还有许多理论和实践问题有待深入探讨。另外，由于编者的能力与水平有限，本书还有许多不足之处，希望广大读者批评指正。编者的联系邮箱为：yutianshuxia@vip.163.com，编读交流 QQ 群号为：555059149。

编者

2023 年 5 月 18 日于苏州越来溪

CONTENTS

////////// 目 录 //////////

项目六　实物众筹与公益
　　　　众筹 ····················· 172

项目一

走进互联网金融新天地

学习目标 ↓

[知识目标]

1. 从"互联网+"的角度了解互联网金融的内涵与外延。
2. 认识互联网金融4种常见的业态分类与典型业务。
3. 能够比较互联网金融与传统金融在运行规则方面的区别。

[能力目标]

1. 学会利用百度指数等大数据搜索工具,分析互联网金融的发展趋势。
2. 掌握互联网金融网站的检索与浏览,能够根据所学知识初步判断主流互联网金融网站的业态类别。

[思政目标]

结合对互联网金融、金融科技相关法律法规和重要政策的学习,体会互联网金融运行规则中蕴含的社会主义核心价值观,树立"科技向善"的理念,在专业实践中培育和践行社会主义核心价值观。

什么是互联网金融?互联网金融对于随着互联网发展成长起来的"数字原住民"来说,应该并不陌生。提到互联网金融,也许你会首先想到余额宝或者微信红包。但是,互联网金融仅仅是将金融业务转移到互联网上开展吗?在"互联网+"时代,我们的生活为什么离不开互联网金融与金融科技创新应用?本项目将带你走进互联网金融新天地,揭开互联网金融和金融科技的神秘面纱。

导入案例 ↓

"数字原住民"小金的一天

2020年12月,伴随着互联网成长起来的"'95后'数字原住民"小金大学毕业后,成为一家金融科技企业的白领。今天是周五,小金打着哈欠从床上爬起来,忽然智能手机发出预警:"根据您的可穿戴智能腕带记录的数据,您昨晚两点入睡,睡眠严重不足。今日小雨,路面湿滑,您驾车的危险指数是83,今日驾车UBI(指基于使用量而定保费的保险)物联网车险价格为156元。建议打车上班。"小金想到昨晚因为今天公司要开年终项目考评会而辗转反侧,现在脑袋还昏昏沉沉的,开车确实危险。于是,小金拿起早餐走出家门,边下楼梯边用互联网约车App叫车,很快就有一位网约车司机接了他的订单。到公司时,App显示车费为38元,小金打开微信支付,并用了一个"专车红包"减免了15元,很快收到一条提示信息:"已免密快捷支付了23元。"

上午的工作都是在为下午的会议做准备,很快临近中午,小金和他的同事来到公司楼下的餐

精品微课

动画演绎"小金的一天"及课程导学

厅，发现餐厅正推出迎新年大优惠活动：扫二维码直接成为会员，享受 8.5 折；使用优惠券获得一盘煎饺；团购一张售价 45 元的 60 元代金券。商家的要求是三选一，而对于这些"吃货＋数字达人"而言，大家很快做出了选择：扫二维码享受 8.5 折。在餐桌上一番"风卷残云"之后，小金先通过"动态扫码"垫付了饭钱，省去了排队付款的时间，然后其他同事掏出手机用支付宝 AA 付账。

回到公司，小金稍做休整，便开始参加公司的年终项目考评会。领导一番总结之后，开始宣布奖励名单，获奖者将获得 8 000 元的绩效奖励，小金的心也提到了嗓子眼儿。终于，领导念到了小金的名字。会议一结束，小金便打开互联网银行 App，发现奖金已经到账。同时，网络银行的"资金规划"页面提醒 25 天后需要还房贷 5 000 余元。小金盘算着如何有效利用这 25 天，使这笔奖金的收益最大化。思考片刻，小金打开了某金融科技平台的互联网理财 App，选择了可以个性化定制的"星愿"理财产品。小金输入期限 25 天，金额 8 000 元，软件根据认购金额和利率期限结构，立即给出参考年化收益率为 5.8%，并跳转到网络银行支付页面。小金很快完成了个性化理财产品的购买，25 天后，在小金坐享收益的同时，该产品还会自动赎回投资金额并用于还房贷。

天色已暗，小金决定简单解决晚饭。他打开百度地图，用"附近"功能搜到了最近的快餐店，按照地图计划好的步行路线，10 分钟后到达门店。小金嚼着汉堡刷朋友圈，忽然发现他订阅的互联网金融信息门户网站"众筹家"公众号，根据他的偏好以及当前的定位，给他推送了一条活动邀请：今晚 8 点，特色美食众筹项目"桃花源记"将在您所在餐厅对面的"太湖众创空间"进行路演，项目方将对众筹项目做详细介绍，现诚挚邀请您参加。

作为资深"吃货"的小金，看到路演的项目是特色美食，路演的位置又在对面，便果断留言"申请加入"。于是吃完晚饭，小金就逛了过去。路演现场，项目方配合宣传片非常有诚意地介绍着，各种江南美食轮番登场。小金边听，边用众筹 App 与其他"投友"和互联网金融平台的项目经理交流互动。路演结束时，项目方还抛出了一个"大红包"：下周项目若成功上线众筹，每位投资的股东都将获得"桃花源记"7 折金卡。小金在 App 中收藏了该项目，并设置了上线提醒，希望下周正式众筹时能买到一股。回到家，夜已深了，小金看到之前购买的实物众筹项目投资的电影上映了，两张电影票已经在"卡券管理"中。他点了点"在线选座"，就这样，做好了周六和女友的约会安排……

互联网金融正在快速渗透我们的生活，改变我们的生活方式、工作方式和娱乐方式，如图 1-1 所示。相信类似的"一天"将在你我的身上发生，让我们一起走进互联网金融新天地吧！

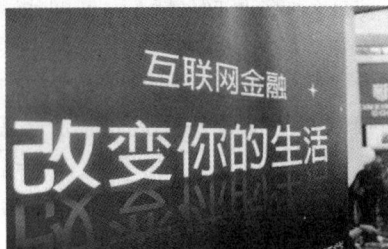

图 1-1　互联网金融改变生活

任务一　了解互联网金融的概念

一、透过大数据看互联网金融和金融科技

本任务将带你逐步了解互联网金融和金融科技的发展历程与内涵外延。互联网金融在我国已"飞入寻常百姓家"，各种互联网金融创新产品层出不穷，而人工智能、区块链、云计算和大数据驱动下的金融科技被称为互联网金融的 2.0 版本。我们利用百度大数据技术，以"互联网金融""金融科技"和传统金融业的代表"银行"作为关键词，绘制出三者的大数据搜索指数曲线，可以直观地看出它们的网民关注度与发展趋势。

从图 1-2 可知，在 2013 年以前，"互联网金融"和"金融科技"的搜索几乎可以忽略不计。直到 2013 年 6 月，余额宝横空出世，互联网金融才逐渐进入人们的视野，搜索指数不断攀升。2017年余额宝的口碑营销第一次战胜了传统银行数十载的经营，成为互联网金融的一个"风口"。此后，我国互联网金融的发展经历了从野蛮生长到逐步纳入监管框架的历程，其对经济金融的颠覆性影响逐渐显现。在经济运行"新常态"下，互联网金融呈现出新的规则与业态，同时也要求构建与之相适应的新的有效监管范式。

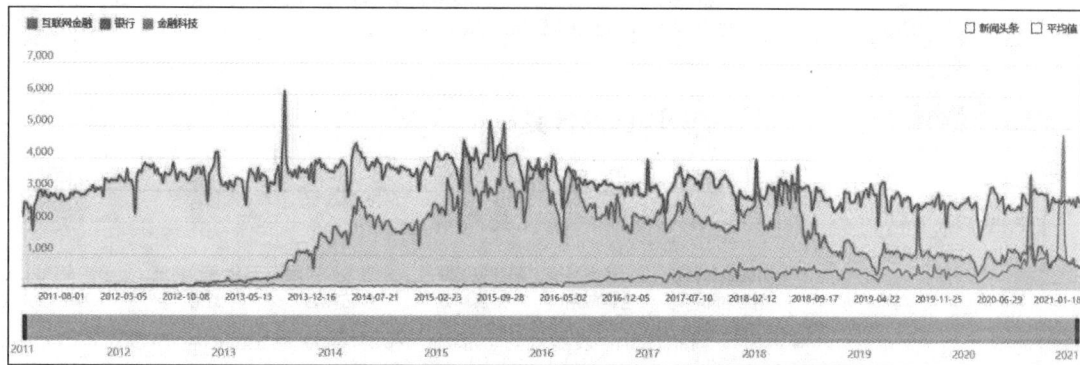

图 1-2　"互联网金融""金融科技""银行"的大数据搜索指数曲线

观察图 1-2 可以发现，在 2015 年 7 月，"互联网金融"的搜索指数出现了一个峰值，并成功超越了"银行"的搜索指数，这个网络搜索行为大数据的动因是什么呢？2015 年 7 月 18 日，中国人民银行等十部门发布《关于促进互联网金融健康发展的指导意见》（以下简称《指导意见》），被喻为互联网金融行业"基本法"的我国首部指导互联网金融健康发展与创新监管的纲领性文件终于出台。《指导意见》按照"鼓励创新、防范风险、趋利避害、健康发展"的总体要求，提出了一系列鼓励创新、支持互联网金融稳步发展的政策措施，积极鼓励互联网金融平台、产品和服务创新，鼓励从业机构相互合作，拓宽从业机构融资渠道，坚持简政放权和落实、完善财税政策，推动信用基础设施建设和配套服务体系建设。该意见的出台使"互联网金融"迅速成为全社会关注的焦点，其搜索指数出现峰值，一举超越了"银行"。此后，"互联网金融"和"银行"的搜索指数均有波动，两者交替领先，至少从网络搜索大数据的角度来看，传统银行业的压倒性优势不复存在，互联网金融将给商业银行带来巨大的压力和挑战。

随着金融与科技的融合，2017 年以后，金融科技创新逐渐引起了人们的关注，"金融科技"搜索指数开始攀升，人工智能、区块链、大数据等金融科技技术与互联网一起成为赋能金融行业更好地服务实体经济的重要力量。金融科技的创新发展使其成为互联网金融的 2.0 版，引起了党和国家的高度重视，逐渐上升为国家战略。2019 年 8 月 22 日，中国人民银行（简称央行）发布了《金融科技（FinTech）发展规划（2019—2021 年）》（以下简称《规划》），这是央行针对金融科技的第一个顶层规划，给行业带来诸多利好。《规划》明确提出未来三年金融科技工作的指导思想、基本原则、发展目标、重点任务和保障措施，同时对金融科技给出了确切的定义："金融科技是技术驱动的金融创新[该定义由金融稳定理事会（FSB）于 2016 年提出，目前已成为全球共识]，旨在运用现代科技成果改造或创新金融产品、经营模式、业务流程等，推动金融发展提质增效。"《规划》确定了六方面重点任务：加强金融科技战略部署、强化金融科技合理应用、赋能金融服务提质增效、增强金融风险技防能力、强化金融科技监管和夯实金融科技基础支撑。《金融科技（FinTech）发展规划（2019—2021 年）》的主要内容如图 1-3 所示。

01 央行金融科技顶层规划出台 利好我国金融科技的发展

8月22日，央行发布《金融科技（FinTech）发展规划（2019—2021）年》，这是央行针对金融科技的第一个顶层规划。

1 个定义

金融科技是技术驱动的金融创新（该定义由金融稳定理事会（FSB）于2016年提出，目前已成为全球共识），旨在运用现代科技成果改造或创新金融产品、经营模式、业务流程等，推动金融发展提质增效。

6 项重点任务

"1+6"模式

| 加强金融科技战略部署 | 强化金融科技合理应用 | 赋能金融服务提质增效 | 增强金融风险技防能力 | 强化金融科技监管 | 夯实金融科技基础支撑 |

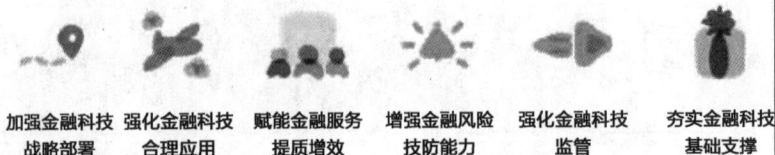

图 1-3 《金融科技（FinTech）发展规划（2019—2021 年）》的主要内容

资料链接

《金融科技发展规划（2022—2025 年）》

为落实《金融科技（FinTech）发展规划（2019—2021 年）》，探索构建符合我国国情、与国际接轨的金融科技创新"监管沙盒"，中国人民银行支持北京、上海、杭州、苏州、成都、雄安新区等9个地区开展金融科技创新监管试点。截至 2020 年年底，上述试点地区已有 65 个项目落地，涉及 60 余家金融机构及 30 余家科技公司和平台。随着金融科技创新监管试点的落地以及疫情常态化防控下"非接触"金融服务需求的爆发式增长，2021 年 1 月 18 日，"金融科技"的搜索指数出现了一个峰值，并成功超越了"互联网金融"和"银行"的搜索指数，成为全社会关注的焦点。

展望未来，根据中国人民银行印发的《金融科技发展规划（2022—2025 年）》，"十四五"时期，金融科技要坚持"数字驱动、智慧为民、绿色低碳、公平普惠"的发展原则，以加强金融数据要素应用为基础，以深化金融供给侧结构性改革为目标，以加快金融机构数字化转型、强化金融科技审慎监管为主线，将数字元素注入金融服务全流程，将数字思维贯穿业务运营全链条，注重金融创新的科技驱动和数据赋能，推动我国金融科技从"立柱架梁"全面迈入"积厚成势"新阶段，力争到2025年实现整体水平与核心竞争力跨越式提升。

[做中学 1-1]

绘制"互联网保险"大数据搜索指数曲线

通过以上内容的学习，我们可以发现大数据不仅是金融科技的底层支撑技术之一，而且能帮助我们更好地洞察事物的变化趋势和规律。下面，我们将学习运用百度大数据工具来绘制金融科技在保险领域的典型应用"互联网保险"的搜索指数曲线，并分析其发展变化趋势。

步骤 1：了解互联网保险的概念，提出想要探索的问题。

随着保险与科技的融合，互联网保险从金融科技的讨论范畴脱颖而出，成为理论界和实务界共同关注的重要话题。互联网保险以保险业务全流程的互联网化为核心，涵盖了人工智能、区块链、云计算、大数据等底层技术，契合了保险行业应用场景和数据驱动的需要，促进了保险业全方位和多维度的变革。我国互联网保险发展迅速，已经成为传统保险机构转型升级、互联网保险公司创新发展以及互联网巨头布局保险业务的重要技术驱动力，进而在推动供给侧结构性改革、赋能保险业高质量发展方面发挥重要作用。互联网保险与金融科技的关系如图1-4所示。

　　那么，作为金融科技在保险这一特定领域的应用和拓展，同时也是互联网金融重要组成部分的"互联网保险"，与"金融科技""互联网金融"的大数据搜索量和搜索曲线有何异同？还有其他想探索的问题吗？

　　步骤2：认识百度指数，登录搜索指数首页。

　　百度指数是以海量网民行为数据为基础的数据分享平台。在这里，我们可以研究关键词搜索趋势、洞察网民需求变化、监测媒体舆情趋势、定位数字消费者特征，还可以从行业的角度分析市场特点。

　　让我们一起探索数据之美，通过扫描图1-5所示的二维码进入百度指数首页。

　　步骤3：输入关键词，生成搜索指数曲线。

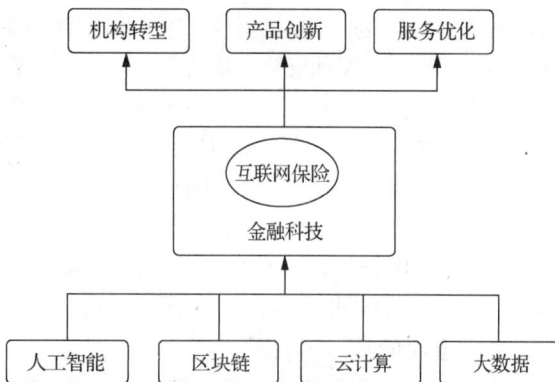

图1-4　互联网保险与金融科技的关系

图1-5　百度搜索指数二维码

　　首先，在打开的百度指数首页输入关键词"互联网保险"，并单击右侧"开始搜索"按钮，在打开的结果页面中，单击"添加对比"按钮，然后在输入框中依次输入"金融科技"和"互联网金融"并按 Enter 键。三者的搜索指数和曲线便显示在网页中。

　　步骤4：分析搜索指数曲线，回答问题。

　　请在结果页面的"趋势研究"选项卡下，仔细观察搜索指数曲线，试回答以下问题，并将你的答案与老师和同学交流讨论。

　　"互联网保险"的搜索指数变化趋势是否与行业发展相呼应？"互联网保险"与"金融科技""互联网金融"的大数据搜索量和搜索曲线有何异同？

技能拓展

百度指数的使用技巧

　　（1）关键词比较检索。在多个关键词中，用逗号将不同的关键词隔开，可以实现关键词数据的比较查询，并且曲线图上会用不同颜色的曲线加以区分。例如，可以检索"互联网金融，股权众筹，银行"。目前，百度指数最多支持5个关键词的比较检索。

　　（2）关键词数据累加检索。在多个关键词中，利用加号将不同的关键词相连接，可以实现不同关键词数据相加。相加后的数据作为一个组合关键词展现出来。例如，可以检索"金融科技+FinTech+互联网金融"。利用这个功能，可以将若干同义词的数据相加。目前，百度指数最多支持3个关键词的累加检索。

　　（3）组合检索。还可以组合使用比较检索和累加检索。例如，可以检索"计算机+电脑，互联网+网络"。

　　（4）特定地区和时间段检索。选定一个关键词，可以查看该关键词在特定地区、特定时间的搜索指数。例如，检索"股票 北京 最近30天"。

二、理解"互联网＋金融"

　　究竟什么是互联网金融，目前还没有一个权威公认的定义。国内最早的互联网金融概念由狄卫平和梁洪泽提出，即依托国际互联网实现，以适应电子商务发展需要的金融活动。但随着互联网金融的不断创新，其业务早已超越了电子商务的范畴。我们认为，互联网金融不是互联网和金融业的简单结合，而是在实现安全、移动等网络技术水平上，被用户熟悉接受后，自然而然为适应新的需求而产生的新模式及新业务，是传统金融行业与互联网精神相结合的新兴领域。

从"互联网+"和"金融本质"两个角度来看互联网金融，有助于我们更好地理解互联网金融的概念。"互联网+"就是"互联网+各种传统行业"，自然也包括"互联网+金融业"。但这并不是将两者简单地相加，而是代表一种新的社会形态，即充分发挥互联网在社会资源配置中的优化和集成作用，将互联网创新成果深度融合于经济、金融各领域之中，提升全社会的创新能力和生产力，形成更广泛的以互联网为基础设施和实现工具的经济发展新形态。

1. "互联网+"的特征

典型的"互联网+"思维有生态思维、平台思维、免费思维、跨界思维等。正是这些内涵丰富的互联网思维，构成了包括互联网金融在内的种类繁多的互联网商业模式。"互联网+"具有以下六大特征。

（1）跨界融合。"互联网+"是开放、跨界、颠覆、深度融合的新模式。跨界就是打破传统行业的界限，融合不同行业的优势，并进行创新的重组和协同；实现了跨界融合，不同行业的优势才会实现，资源配置和利用的效率才会提高。

（2）创新驱动。"互联网+"以创新驱动互联网与传统产业加速融合，创新载体由单个企业向跨领域多主体的创新网络转变，创新组织形态具有生产小型化、智能化、专业化的特征。

（3）重塑结构。"互联网+"打破了信息封闭、地域限制、行业界限，并正在重塑现有的社会结构、经济结构、地缘结构、文化结构。"互联网+"的发展，正在使权力、议事规则、话语权不断发生变化。

（4）尊重人性。"互联网+"之所以受到普遍重视和广泛应用，最根本的原因是对人性的最大限度的尊重、对人的体验的敬畏、对人的创造性发挥的重视。人性的光辉是推动科技进步、经济增长、社会进步、文化繁荣的根本力量。

（5）开放生态。"互联网+"时代提倡自由、开放的精神，开放生态是一个非常重要的特征。开放生态，就是要化解制约创新的体制和机制，把单独的创新连接起来，以此来驱动研发，让创业者有机会实现价值。

（6）连接一切。随着"互联网+"的兴起，越来越多的实体、个人、设备随时随地连接在一起。"互联网+"连接一切的能力极大地改变了社会和经济形态，通过人与服务、人与设备、人与内容源等的连接，实现互联互动，虚拟与现实世界的边界已经模糊。这种连接一切的情形，产生了新力量和再生能力。图 1-6 所示为"互联网+"可以连接的行业。

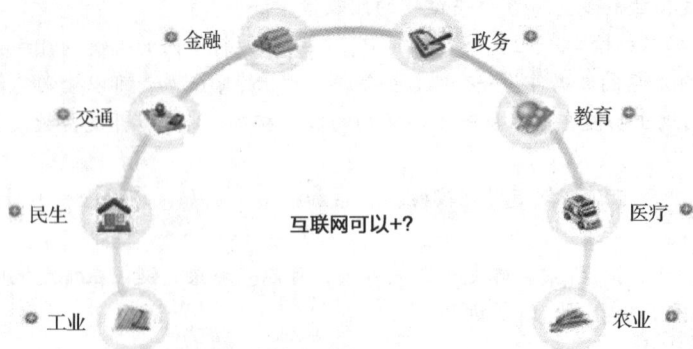

利用互联网平台，利用信息通信技术，
把互联网和包括传统行业在内的各行各业结合起来，
能够在新的领域创造一种新的生态

图 1-6 "互联网+"可以连接的行业

2. 互联网金融的本质

在"互联网+"思维的引导下，互联网金融不断创造出新的网络金融产品，并几乎渗透到包括存款、贷款、支付、股权、征信等在内的全部传统金融业务领域。然而，互联网金融的本质仍然是金融，无论互联网金融如何创新发展，其资金融通、资源配置和风险管理的本质属性不会改变。

（1）筹集、融通资金仍然是互联网金融的主要功能。金融的本质是实现资金供给者和资金需求者的融通，促进储蓄向投资转化。而正是资金供求双方对资金高效融通的追求，成为互联网金融诞生和发展的内在动力。作为互联网金融"双雄"的网络借贷和股权众筹，其发展满足了大量小微企业的融资需求和普通投资者的投资需求，提高了"储蓄－投资"转化率。互联网金融的资金供给与需求如图 1-7 所示。

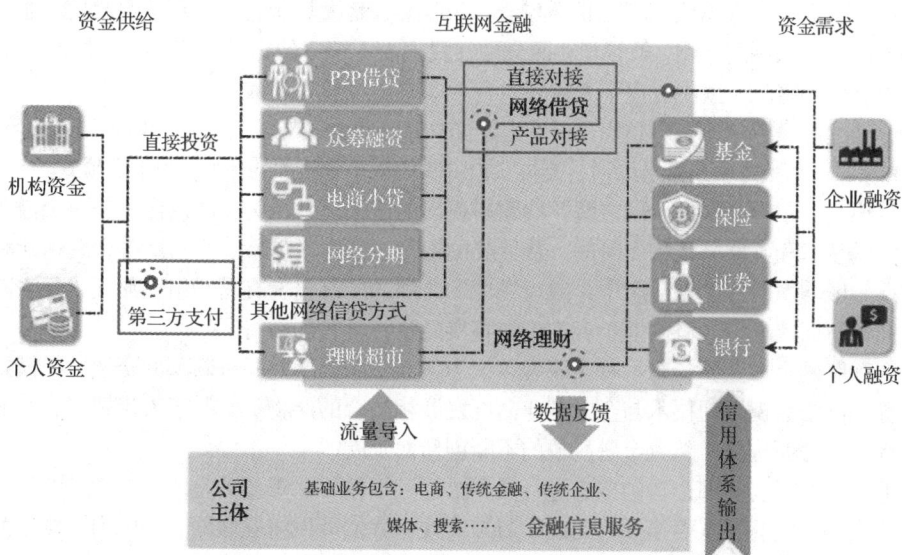

图 1–7 互联网金融的资金供给与需求

（2）提高资源跨时空配置效率是发展互联网金融的主要目的。从微观角度来看，金融的目的就是实现资源的跨时空优化配置，而互联网金融充分利用了互联网的去中心化、信息对称、普惠可获得、无空间限制等特征，并通过大数据、区块链、移动支付、云计算、搜索引擎等新技术和新工具，大幅降低了金融交易成本和运营成本，提高了资源配置的效率。

（3）互联网金融的规范发展也需要有效监管。互联网金融本质上仍属于金融，同样存在信用风险、市场风险和道德风险，没有改变金融风险的隐蔽性、传染性、广泛性和突发性的特点。互联网金融不能游离于金融监管框架之外，必须通过有效监管，才能守住不发生系统性金融风险的底线。加强互联网金融监管，是促进互联网金融健康发展的内在要求。同时，互联网金融是新生事物和新兴业态，要制定适度宽松的监管政策，为互联网金融创新留有余地和空间。

三、互联网金融的定义与内涵

互联网金融概念的雏形出现在 20 世纪 90 年代。1995 年 10 月，世界上第一家互联网银行——美国亚特兰大第一安全网络银行（Security First Network Bank，SFNB）正式开业。SFNB 开业被视为互联网金融发展史上的标志性事件。此后，互联网金融在欧洲及日本等一些国家和地区开始逐渐兴起。在国外，"互联网金融"一般被表述为 Online Banking、 Digital Banking 等。显然，这与目前国内广泛关注的互联网金融不尽相同。在我国现有的金融制度条件下，准确地给互联网金融下定义还是一件较困难的事情。互联网金融是互联网企业从事金融业务的行为，传统金融机构利用互联网开展的金融业务应称为金融互联网。随着互联网金融与传统金融的不断融合，广义的互联网金融应当包括上述两个方面的内容。

纵览国内外关于互联网金融概念的诸多描述和界定，互联网金融（Internet Finance）是指传统金融机构与互联网企业（统称为"从业机构"）依托互联网技术、信息通信技术等手段，借助于互联网和移动互联网等先进、便捷的工具及金融相关功能，依靠云计算、大数据、智能技术等金融科技（FinTech），在开放的互联网金融平台上实现资金融通、支付、投资、信息中介服务的一种新兴金融业态和服务系统。这里的"新兴金融业态"包括网上银行、网络借贷、第三方支付、股权众筹融资、互联网保险和互联网信托等，"服务系统"包括现有的金融服务体系、金融市场体系、金融产品体系、金融投资体系、金融监管体系等。互联网与金融深度融合是大势所趋，将对金融产品、业务、组织和服务等方面产生深刻的影响。虽然互联网金融在我国尚无统一的定义，但随着近些年的创新发展，其概念变得更为丰富。实践中有以下3种观点在互联网金融业界形成了一定的共识。

（1）《指导意见》中关于互联网金融的官方定义。互联网金融是传统金融机构与互联网企业利用互联网技术和信息通信技术实现资金融通、支付、投资和信息中介服务的新型金融业务模式。

（2）被称为"中国互联网金融之父"的谢平提出的定义。他认为互联网金融是一个谱系概念，涵盖受互联网技术和互联网精神影响的，从传统的银行、证券、保险、交易所等金融中介和市场，到瓦尔拉斯一般均衡对应的无金融中介或市场情形之间的所有金融交易和组织形式。互联网金融既不同于商业银行间接融资，也不同于资本市场直接融资，具有创新特征。

（3）在互联网金融业界还有一种主流观点认为，互联网金融是一种新型的金融服务模式，是信息化时代移动网络数据处理技术与金融产业高度发展相结合的产物。它基于人工智能、区块链、大数据和云计算平台而构建，随着金融科技的不断创新而发展。

事实上，如何对互联网金融的概念进行文字描述并不重要，重要的是通过本任务的学习，能够把握互联网金融的内涵，从而指导后面的学习与实践。我们可以将互联网金融的内涵概括为"金融为本、创新为魂、互联为器"。

[随堂测试 1-1]

理解互联网金融的内涵

请将本任务的学习成果与收获通过表 1-1 进行总结和整理，以加深对互联网金融概念的理解。

表 1-1 　　　　　　　　　　互联网金融的内涵

互联网金融的内涵	我的理解	提示问题
金融为本		为什么互联网金融的本质仍然是金融
创新为魂		为什么说互联网金融不是将互联网与金融简单地相加，而是"互联网+"创新思维与金融业的深度融合
互联为器		互联网作为工具有哪些值得金融行业利用的特征与技术

任务二　认识互联网金融主要的分类与业态

通过任务一的学习，我们了解了互联网金融的内涵，但互联网金融主要包括哪些类别和业态呢？我们应该如何界定其外延和边界呢？本任务将带领大家一起来探索。

精品微课

认识互联网金融主要
的分类与业态

一、中国人民银行提出的分类

中国人民银行等十部门在《指导意见》中，根据分类监管的原则，界定了互联网金融各业态的业务边界及准入条件。

（1）互联网支付。互联网支付是指通过计算机、手机等设备，依托互联网发起支付指令、转移货币资金的服务。互联网支付应始终坚持服务电子商务发展和为社会提供小额、快捷、便民小微支付服务的宗旨。银行业金融机构和第三方支付机构从事互联网支付，应遵守现行法律法规和监管规定。第三方支付机构与其他机构开展合作的，应清晰界定各方的权利义务关系，建立有效的风险隔离机制和客户权益保障机制。互联网支付业务由中国人民银行负责监管。

（2）网络借贷。网络借贷包括个体网络借贷（即 P2P 网络借贷）和网络小额贷款。个体网络借贷是指个体和个体之间通过互联网平台实现的直接借贷。网络小额贷款是指互联网企业通过其控制的小额贷款公司，利用互联网向客户提供的小额贷款。网络小额贷款应遵守现有小额贷款公司监管规定，发挥网络贷款优势，努力降低客户融资成本。网络借贷业务由中国银行保险监督管理委员会（简称"银保监会"）负责监管。

（3）股权众筹融资。股权众筹融资主要是指通过互联网形式进行公开小额股权融资的活动。股权众筹融资必须通过股权众筹融资中介机构平台（互联网网站或其他类似的电子媒介）进行。股权众筹融资中介机构可以在符合法律法规规定前提下，对业务模式进行创新探索，发挥股权众筹融资作为多层次资本市场有机组成部分的作用，更好服务创新创业企业。股权众筹融资方应为小微企业，应通过股权众筹融资中介机构向投资者如实披露企业的商业模式、经营管理、财务、资金使用等关键信息，不得误导或欺诈投资者。投资者应当充分了解股权众筹融资活动风险，具备相应风险承受能力，进行小额投资。股权众筹融资业务由中国证券监督管理委员会（简称"证监会"）负责监管。

（4）互联网基金销售。基金销售机构与其他机构通过互联网合作销售基金等理财产品的，要切实履行风险披露义务，不得通过违规承诺收益方式吸引客户；基金管理人应当采取有效措施防范资产配置中的期限错配和流动性风险。第三方支付机构在开展基金互联网销售支付服务的过程中，应当遵守中国人民银行、证监会关于客户备付金及基金销售结算资金的相关监管要求。第三方支付机构的客户备付金只能用于办理客户委托的支付业务，不得用于垫付基金和其他理财产品的资金赎回。互联网基金销售业务由证监会负责监管。

（5）互联网保险。保险公司开展互联网保险业务，应遵循安全性、保密性和稳定性原则，加强风险管理，完善内控系统，确保交易安全、信息安全和资金安全。专业互联网保险公司应当坚持服务互联网经济活动的基本定位，提供有针对性的保险服务。保险公司应建立对所属电子商务公司等非保险类子公司的管理制度，建立必要的防火墙。保险公司通过互联网销售保险产品，不得进行不实陈述、片面或夸大宣传过往业绩、违规承诺收益或者承担损失等误导性描述。互联网保险业务由银保监会负责监管。

（6）互联网信托和互联网消费金融。信托公司、消费金融公司通过互联网开展业务的，要严格遵循监管规定，加强风险管理，确保交易合法合规，并保守客户信息。信托公司通过互联网进行产品销售及开展其他信托业务的，要遵守合格投资者等监管规定，审慎甄别客户身份和评估客户风险承受能力，不能将产品销售给与风险承受能力不相匹配的客户。信托公司与消费金融公司要制定完善产品文件签署制度，保证交易过程合法合规、安全规范。互联网信托业务、互联网消费金融业务由银保监会负责监管。

二、互联网金融的 4 类新业态

（1）基础业态：传统金融业务的互联网化和数字化。该类业态包括传统支付模式转向第三方在线支付、传统银行转向直销银行和开放银行、传统券商转向在线折扣券商、传统保险转向直营保险、传统投资顾问服务转向智能投资顾问服务和量化交易等。在我国，主要体现为第三方支付、网络银行（包括手机 App）、证券网上交易以及保险产品的网络销售。其中，最具代表性的是支付宝、微信支付等第三方支付工具的快速发展，不仅加速了我国进入移动数字支付社会的进程，而且还向"一带一路"沿线国家和地区等输出支付基础设施，推动了人民币国际化的进程。截至 2020 年年底，蚂蚁集团服务超过 200 个国家和地区，支付宝 App 年度活跃用户超 10 亿人，月度活跃商户超 8 000 万家，诸多科技能力和业务指标在国内独占鳌头甚至引领全球。传统金融业务的互联网化也催生了互联网银行、互联网保险等新兴机构。例如，国内第一家全业务系统在云上的保险公司——安心保险，依托腾讯金融云的云计算、海量社交大数据、移动互联技术、金融反欺诈功能及金融合规机房等云服务，实现了从营销、渠道、产品甚至运营的全业务链条的互联网化，成为国内获得银保监会互联网保险牌照的公司之一。

（2）整合业态：电商与金融的结合模式。据统计，2019 年，我国电子商务交易规模达 34.81 万亿元，同比增长 6.7%。其中，商品、服务类电商交易额 33.76 万亿元，占比约 97%；合约类电商交易额 1.05 万亿元，占比约 3%。电子商务与互联网金融、金融科技是相互促进的。其他行业电商业务的发展对基于互联网技术的金融服务的需求，构成了互联网金融和金融科技产生与发展的外部推动力量。这种整合业态主要表现为面向商户开展的网络小额贷款和面向个人开展的互联网消费金融贷款业务。我国该类业态的代表性业务有蚂蚁消费金融、花呗、京东白条、建行生活开放银行等。

（3）创新业态：全新的互联网直接金融。网络借贷与众筹融资是创新业态的代表。网络借贷包括个体网络借贷和网络小额贷款。以网贷为代表的互联网金融平台曾经在满足"长尾"小微客户的贷款需求、助力普惠金融发展方面发挥了一定的作用，但是由于缺乏监管，也滋生了套路贷、高利贷、暴力催收等违法违规行为，扰乱了正常的金融秩序。根据《关于网络借贷信息中介机构转型为小额贷款公司试点的指导意见》，金融科技实力较强、符合条件的网贷平台可以转型为小额贷款公司开展网络小额贷款业务。截至 2021 年年末，全国共有小额贷款公司 6 453 家，实收资本 7 773 亿元，贷款余额 9 415 亿元，全年增加 550 亿元，其中经营网络小额贷款业务的小额贷款公司有 551 家。《网络小额贷款业务管理暂行办法（征求意见稿）》公开征求意见，网络小额贷款有望进入规范健康发展的新阶段。除面向商户的网络小额贷款属于整合业态外，其余网络小额贷款属于创新业态。2015 年 3 月，国务院办公厅印发《关于发展众创空间 推进大众创新创业的指导意见》，提出开展互联网股权众筹融资试点。股权众筹试点遵循党的十九大和中央经济工作会议精神，符合"增加金融服务实体经济能力"和"提高直接融资比重"的新时代使命，有利于改革创新体制机制，进一步优化营商环境，是践行深化金融体制改革的重要举措。截至 2020 年 4 月底，我国处于运营状态的众筹平台共有 59 家，其中实物众筹平台数量最多，有 22 家，占比 37.29%；股权众筹平台、综合型平台、物权型平台和公益型平台，分别有 21 家、7 家、5 家、4 家，分别占比 35.59%、11.87%、8.47%、6.78%。

除了以上创新业态外，随着区块链与金融科技的发展，数字货币领域的前沿逐渐从"去中心化"的加密数字货币，转向基于国家中央银行的法定数字货币。数字货币是数字经济时代货币形态演化形成的新的创新业态，也是各国金融科技竞争的焦点。英格兰银行提出了一种关于零售型央行数字货币的设计理念；欧洲中央银行发布了名为 EUROchain 的批发型央行数字货币概念验证项目；美国也提出了"数字美元"的构思，以此来刺激经济增长。而我国数字人民币试点已在部分地区成功落地，走在了世界的前列。加密数字货币是一种去中心化的数字货币，没有中央银行或单一的管理员，可以在无中介的情况下，在点对点区块链网络上从一个用户发送到另一个用户。而法定数字货币是由中央银行发行的数字形式的货币，有国家信用背书，可以广泛地被个人和企业用于支付，具备一定的可编程性或支持智能合约。根据面向的对象不同，央行数字货币可以分为两类，一类是面向 C 端的零售型央行数字货币，另一类是面向金融机构的批发型央行数字货币。中国人民银行发行的数字人民币为零售型央行数字货币，其应用客群为普通大众，主要应用于小额零售场景和企业与企业的交易结算，目前数字人民币已进入试点测试阶段。加密数字货币与法定数字货币的比较如表 1-2 所示。

表 1-2　　　　　　　　　　加密数字货币与法定数字货币的比较

比较维度	加密数字货币	法定数字货币
发行主体	无发行主体，由算法共识信任机制自动生成；非法定数字货币	中央银行
信用背书	缺少信用支撑，但不存在货币超发	国家信用背书
底层技术	区块链技术	技术中性，但在发行流通环节可以借鉴智能合约等区块链创新特征
运营效率	去中心化，算法共识效率受限	中心化管理，效率较高
匿名性	完全匿名	可控匿名
主要类型	公有链型、联盟链型	批发型、零售型
典型代表	比特币等，在我国不具有与货币等同的法律地位，不能且不应作为货币在市场上流通使用，禁止在平台集中交易	数字人民币、EUROchain

（4）支持业态：互联网金融信息门户及其升级版本金融科技信息门户。这类模式主要为公众提供金融科技咨询、金融业务和产品的信息发布、搜索服务，为金融业务和交易决策提供"支持"的功能，也是金融科技和互联网金融的重要组成部分。我国典型的互联网金融信息门户包括同花顺财经、大智慧、融 360 等。

综上所述，我们分别介绍了《指导意见》对互联网金融的分类监管框架，以及在此基础上概括了互联网金融的 4 类新业态。需要说明的是，由于金融科技创新日新月异，上述分类体系也需要在实践中与时俱进地加以完善。

[做中学 1-2]

探索互联网金融业态与分类的关系

基础业态、整合业态、创新业态和支持业态的划分方法，体现了"互联网+"创新的基本路径，具有较强的包容性，能够基本涵盖其余分类标准下的各种互联网金融类别。请综合运用所学的互联网金融业态与分类知识，将表 1-3 填写完整。其中第一行作为示范，已经给出了答案和具体思考步骤。注意，某种分类标准可能并没有包括所有的业态，因此在填写表格时可能有些单元格还没有内容，而这正是现行分类标准需要完善的地方。

表 1-3　　　　　　　　　　互联网金融业态与分类对应表

业态	《指导意见》的分类
基础业态	互联网支付、互联网基金销售、互联网保险和互联网信托
整合业态	
创新业态	
支持业态	

步骤 1：把握各业态的核心特征。

以基础业态为例，其核心特征为传统金融业务的互联网化，即通过云计算等信息化手段，在互联网上实现支付、保险、基金、信托、消费金融等传统金融业务。

步骤2：将各类别包含的典型业务与各业态的核心特征相匹配。

以基础业态为例，我们可以发现第三方支付以及信息化金融机构是依托传统金融业务实现互联网化的，在《指导意见》划分的6种类别中，互联网支付、互联网基金销售、互联网保险、互联网信托、互联网消费金融均有对应的基础金融业务。因此将上述内容归入"基础业态"。

步骤3：寻找空白点，提出你的问题和建议。

完成表1-3的填写后，你发现有哪些单元格还没有对应的内容？这些单元格实际上代表了我国互联网金融和金融科技分类可能存在的空白以及在部分跨界融合领域的"监管真空"。从完善分类监管的角度来看，你能提出相关建议吗？你可以先在空白单元格中大致标注，待学习后续项目和完成相关实训后再进一步思考完善。

方法点拨："提问—存疑—探索—完善"是行动学习的好路径。

任务三　掌握互联网金融运行的新规则

随着互联网金融和金融科技新时代的全面来临，金融生态系统的3个核心要素——金融环境、金融物种和金融生态规则正剧烈变化。其中，金融生态规则将发生以下十大变化。

（1）**"普惠金融"取代"二八定律"。**传统金融业信奉"二八定律"。"二八定律"认为，在任何一组事物中，最重要的只占其中一小部分，约20%，其余80%尽管是多数的，却是次要的。传统金融业，如银行，一般认为其80%的利润来源于20%的高净值客户，因此应当优先服务好此类大客户。然而，互联网金融以其"连接一切"的特征，能够满足普惠金融的要求。普惠金融是指立足机会平等要求和商业可持续原则，以可负担的成本为有金融服务需求的社会各阶层和群体提供适当、有效的金融服务。在大数据时代，互联网金融能够缓解信息不对称、降低服务成本、提高服务效率、增大服务的覆盖面和可获得性，使边远地区、小微企业和低收入群体也能享受方便、快捷的金融服务。理财产品由"高大上"的私人专属向普惠共享的全民理财转变。互联网金融的普惠特性如表1-4所示。

精品微课

掌握互联网金融运行的新规则

表1-4　　　　　　　　　　　　　　互联网金融的普惠特性

融资流程	互联网技术	途径与方法
客户获取	即时通信、移动互联网	信息推送，能够提供任何时间（Anytime）、任何地点（Anywhere）、任何情况（Anyhow）的"3A"服务
信息搜集	大数据	贷款审核材料通过手机拍照上传，打破空间、时间的限制
信用评估	云计算、社交网络	结合传统的信用模型和评分卡，利用数据挖掘技术和社交网络信息分析构建新型征信模型
资金获取	互联网贷款、众筹	积少成多，积小成大，积累资金
客户能力建设和可持续还债能力培养	互联网教育、数字化学习（E-Learning）	通过数字化学习普及传播金融和经营知识

（2）**"上善若水"取代"赢者通吃"。**长期以来，金融机构在各种行政保护下，凭借规模、网点等优势，能轻易赚取超额利润，呈现"赢者通吃"的局面。而互联网金融具有开放、共享、平等、普惠等特征，将造就"上善若水"的生态环境，即"水善利万物而不争"，追求合理回报、利他主义及和谐共赢。未来，金融业市场结构将发生深刻变化，金融机构须通过规范经营与企业和社会共享利益。

（3）**"协作共赢"取代"同质竞争"。**在新时代，协作共赢将取代同质竞争，紧密的多方在线协同、联合竞争和合作共赢将成为一种主流商业模式。对外合作方面，银行应与互联网社区、金融科技公司等深入合作，获取更多的用户行为信息，开展大数据分析。同业合作方面，金融产品将向多元化、综合化拓展，以满足客户综合金融服务的需要。银行将在产业链上扮演新的角色，其竞争力将主要表现在能否有效地整合多个行业资源。

[随堂测试 1-2]

华夏银行与深圳前海微众银行在北京签署战略合作协议，根据协议内容，两家银行将在资源共享、小微贷款、信用卡、理财、同业业务、生态圈业务等多个领域开展深入的合作。此次合作拉开了传统银行与新兴互联网银行合作的帷幕。下列关于互联网银行的说法不准确的是（　　　）。

A. 互联网银行也是经银保监会批准设立的正规银行业金融机构

B. 互联网银行可以降低银行的经营和服务成本，有利于数字普惠金融发展

C. 互联网银行面临更大的网络信息安全风险，但信用风险较低

D. 互联网银行与传统银行的合作，不仅有利于互联网银行业务的拓展和公信力的提高，而且有利于传统银行数字化转型

（4）"无界经营"取代"有界经营"。金融机构业务边界会经历传统的银行业务、全面的银行业务、全面的金融业务和全面的经济业务 4 个发展阶段。目前，金融机构业务发展已步入第 4 个阶段，从"有界经营"转向"无界经营"，逐步实现金融行业的全牌照混业经营以及"互联网+"跨界经营，根据市场需求围绕自身优势开发各种增值服务，通过综合化经营，吸引客户、留住客户，形成自身数据资产。

（5）"信息为王"取代"资金为王"。在互联网金融时代，金融业的竞争不再取决于占有金融资源的规模，而取决于占有数据的规模、活性以及对数据的解释和运用能力，信息资源将成为金融机构非常重视的核心资产。对数据的掌握将决定对市场的支配权，越靠近终端客户的机构，将在金融体系中拥有越大的发言权。信息资源对培养金融核心竞争力的意义体现在以下几个方面：一是为金融企业，特别是大型金融企业克服"大企业病"提供了基础；二是为推动战略转型和开拓新兴市场提供了手段；三是为满足客户需求、改善客户服务提供了新的解决方案；四是为风险管理提供了新的工具和相关数据。总之，大数据和信息资源是发挥后发优势的重要条件，为追赶者"弯道超车"提供了可能。

（6）"效率优势"取代"规模优势"。随着互联网金融的创新与推进，粗放式发展将不可持续，信息流、信用流、任务流和资金流加速流动，整个金融体系处在持续动态变化的过程中。与扩大规模相比，更为紧迫的是提高资源配置效率，打造智慧型金融机构，促进内生增长。金融机构要迅速感知外界变化，及时分析和处理海量数据，清晰洞察客户的行为、态度、需求及发展趋势，随时调整自己的策略和行动。

（7）"个体风险定量"取代"总体风险定量"。目前，内部评级法在银行风险管理中处于核心地位，其通过分析大量历史数据得到统计学规律，实质上是一种"总体风险定量"的方法，运用这种方法对个体风险进行预测和管理会存在偏差。大数据、云计算和行为分析理论的深度融合应用，使"个体风险定量"取代"总体风险定量"成为可能，这标志着信用评价体系与风险控制手段的重大进步。基于个体风险定量的 UBI（Usage-based insurance，按使用计价保险）车险如图 1-8 所示。

（8）"小而不倒"取代"大而不倒"。金融危机中，一些曾被认为越大越好的金融帝国濒临破产，而与此形成鲜明对比的是，以扎根和服务社区为宗旨的富国银行成为耀眼的明星。美国联邦存款保险的数据显示，大型银行的破产概率是社区银行的 7 倍。小型金融机构坚持服务实体经济，对社区居民和小微企业更为熟悉，拥有大银行无法比拟的"信息资产"，成为后危机时代"小而不倒"的机构。

图1-8 基于个体风险定量的 UBI 车险

（9）"为客户树立影响力"取代"为自己树立影响力"。随着互联网金融竞争的加剧，客户对服务品质必将越来越挑剔。金融机构必须满足客户对尊重、自我实现等更高层次的需求，从"为自己树立影响力"转变成"为客户树立影响力"。马斯洛的需求层次理论如图1-9所示。这就要求金融机构真正做到以客户为中心，在交易链条中做好以产品定制为基础的个性化服务、以延伸服务为内容的增值性服务和以私人专属为标准的尊享型服务。金融机构应当认识到，满足客户"稀缺性需求"优于金融产品推销；金融机构应根据客户面临的难题及市场环境变化而改变；金融机构应协调、调动各方面资源为客户提供"稀缺性服务供给"，满足客户多方面的需求。

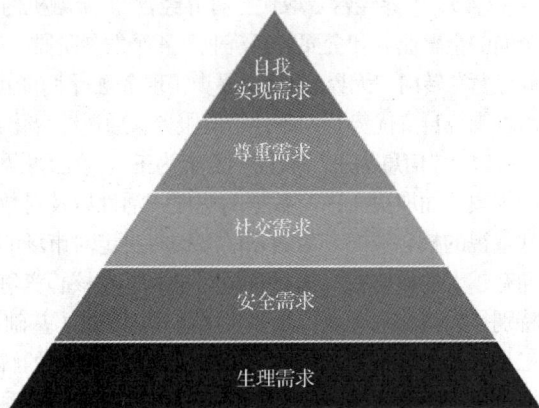

图1-9 马斯洛的需求层次理论

[随堂测试 1-3]

阿里巴巴集团表示："平台的价值是整合、分享资源，是通过帮助他人成功而取得成功，是不断为社会创造价值而实现自我价值。"分析其中蕴含的互联网金融运行新规则。

（10）"为客户创造新需求"取代"满足客户现实需求"。现实需求往往都是基础性的，只有潜在需求才具有超额价值。金融机构可以通过科学分析帮助客户识别潜在需求。如果客户的需求难以被有效满足，可以尝试对其进行转换：尝试拆分需求，专注于满足客户的一部分需求；或者合并需求，从单纯提供金融产品转变为提供综合服务。例如，宜信旗下的星火 App 就从互联网理财超市逐渐向全面赋能客户、助力客户增长的综合服务型平台转型升级，不仅能够满足客户现实的理财需求，而且能够为客户创造新需求，根据客户的生命周期提供教育、投资、公益、财富传承等一站式、全方位服务。

[做中学 1-3]

利用互联网金融为客户创造新需求

随着人们环保意识的提高，你发现周围的人开始关注与讨论空气质量问题和雾霾对工作、生活的影响，PM2.5、API 等专业指数也常被人们挂在嘴边。你意识到，如果能够通过科学分析，替客户识别这种潜在需求，并将其与理财需求合并，开发出互联网金融创新产品，一方面能满足客户的理财需求，另一方面能进一步唤起民众的环保意识，获得市场的广泛认可。于是，你从市场调研出发开始了产品设计的尝试。

步骤 1：调查周围人对雾霾的关注度和相关认知。

通过问卷调查、面对面访谈等方式，了解老师、同学和朋友对雾霾的关注度，以及相关的认知和需求，重点调查表 1-5 所示的 5 个问题，并填入调查结果。

表 1-5　　　　　　　调查结果汇总（样本容量：_____ ）

问题	调查结果
1. 您是否关注雾霾问题或空气质量	是：_____ 人/否：_____ 人
2. 您最关心的空气质量指标是哪一项	PM2.5：_____ 人/API：_____ 人/PM10：_____ 人
3. 您是否会考虑购买与空气质量挂钩的理财产品	是：_____ 人/否：_____ 人
4. 您能接受的最低年化收益率是多少	5%：_____ 人/6%：_____ 人/7%：_____ 人
5. 您是否希望因雾霾影响获得补偿	是：_____ 人/否：_____ 人

步骤 2：科学分析调查结果，替客户识别潜在需求。

对表 1-5 中的调查结果汇总情况进行分析，替客户识别潜在的需求，如对雾霾问题和空气质量的关注、希望因雾霾影响获得补偿、最关心的空气质量指标、希望获得的保底收益等，并尝试将环保需求与理财需求合并，从单纯提供互联网金融产品转变成为客户创造新需求。在此基础上，提出通过产品组合与结构化方式满足客户潜在需求的初步设想。

步骤 3：设计满足客户新需求的结构化理财产品。

经调查，若大部分人最关心的空气质量指标为 API，同时对 PM2.5 超标对生活的影响非常反感，希望获得补偿，则可以考虑设计一款与空气质量综合指标 API 挂钩的结构化理财产品，并将 PM2.5 指数与一款附赠的互联网保险产品挂钩。同时，根据客户能接受的预期最低年化收益率设计产品的预期收益。

例如，可设计某互联网金融产品的起息日为 2020 年 4 月 1 日，期限为 3 个月，预期年化收益率为 6%，购买时投资者需对 2020 年 4 月北京的空气质量情况进行预测。若 2020 年 4 月 1 日至 4 月 30 日，北京空气质量级别为优或良（达标）的天数多于（含）15 天，则预测北京空气质量级别为优或良（达标）的天数多于（含）15 天的用户可获得 8.50% 的年化收益率，预测北京空气质量级别为优或良（达标）的天数少于（不含）15 天的用户获得 6.00% 的年化收益率。

步骤 4：设计附加互联网保险产品。

在上述结构化互联网金融理财产品的基础上，根据调查结果中大家对 PM2.5 指数的关注程度，以及在面临雾霾严重污染时希望获得补偿的心理，设计附加的互联网"雾霾险"产品，附赠给认购上述结构化理财产品满一定金额的客户。该"雾霾险"与客户所在城市的 PM2.5 指数挂钩，保险期限与理财产品的存续期相同，保险金额按照认购理财产品金额的一定比例分两档确定。

例如，某人购买了 M 元结构化理财产品，则在产品存续期内（保险期限内），当某日所在城市 PM 2.5 指数超过 200 时，次日可获得赔付 $M \times 2\% \div 360$（元）；当某日所在城市 PM 2.5 指数超过 500 时，次日可获得赔付 $M \times 5\% \div 360$（元）。

步骤 5：包装、宣传产品，进一步调动客户的潜在需求。

对设计的产品进行包装和宣传，进一步调动客户的潜在需求，如可以设计图 1-10 所示的广告，吸引客户眼球，

图 1-10　环保需求与理财需求结合的广告

01

同时替客户识别其潜在的环保与理财相结合的需求，并通过提供互联网金融创新产品来满足其潜在需求。同时还可以通过互联网检索，看看有无互联网金融企业提供类似产品，并将你设计的产品与其比较。

[随堂测试1-4]
互联网金融运行规则与传统金融运行规则的比较

请复习本任务所学知识，将下列运行规则前的序号填入表1-6，并将互联网金融运行规则与传统金融运行规则相比较，加深对互联网金融创新的理解。

A. 二八定律	H. 总体风险定量
B. 同质竞争	I. 大而不倒
C. 普惠金融	J. 满足客户现实需求
D. 混业经营	K. 为客户创造新需求
E. 效率优势	L. 以客户为中心
F. 规模优势	M. "3A"服务
G. 个体风险定量	N. 资金为王

表1-6　　　　　　　　　互联网金融运行规则与传统金融运行规则的比较

类比	序号	比较
传统金融运行规则		
互联网金融运行规则		

课程思政
互联网金融运行规则中的社会主义核心价值观

富强、民主、文明、和谐，自由、平等、公正、法治，爱国、敬业、诚信、友善，这24个字是社会主义核心价值观的基本内容。党的十九大报告中指出，要培育和践行社会主义核心价值观。要以培养担当民族复兴大任的时代新人为着眼点，强化教育引导、实践养成、制度保障，发挥社会主义核心价值观对国民教育、精神文明创建、精神文化产品创作生产传播的引领作用，把社会主义核心价值观融入社会发展各方面，转化为人们的情感认同和行为习惯。要围绕立德树人的根本任务，把社会主义核心价值观纳入国民教育总体规划，贯穿于基础教育、高等教育、职业技术教育、成人教育各领域，落实到教育教学和管理服务各环节，覆盖到所有学校和受教育者，形成课堂教学、社会实践、校园文化多位一体的育人平台，推动社会主义核心价值观进教材、进课堂、进学生头脑。确立经济发展目标和发展规划，出台经济社会政策和重大改革措施，开展各项生产经营活动，要遵循社会主义核心价值观要求，做到讲社会责任、讲社会效益，讲守法经营、讲公平竞争、讲诚信守约，形成有利于弘扬社会主义核心价值观的良好政策导向、利益机制和社会环境。与人们生产生活和现实利益密切相关的具体政策措施，要注重经济行为和价值导向有机统一，经济效益和社会效益有机统一，实现市场经济和道德建设良性互动。

互联网金融的运行规则中也蕴含着社会主义核心价值观的基本内容。在运用现代科技手段创新互联网金融产品、改进互联网金融服务的过程中，必须贯彻社会主义核心价值观，实现"守正创新"，体现"公平正义"，更好地服务实体经济高质量发展与满足人民对美好生活的向往。例如，"个体风险定量"取代"总体风险定量"这条互联网金融运行的规则，不仅是保险原理中的"最大诚信原则"在互联网保险中的体现，而且通过大数据、人工智能等金融科技手段，实现保费费率的精准定价，能够向每一位保险消费者提供公平合理的保险产品与服务，充分体现了平等、公正、诚信的社会主义核心价值观。

请参考表 1-7 中对"普惠金融"的理解与分析，讨论本项目所学的其他互联网金融运行规则中所蕴含的社会主义核心价值观的基本内容，并填入表 1-7。在讨论过程中，你可以进一步查阅阐释中华优秀传统文化及社会主义核心价值观的资料，以更好地理解互联网金融运行规则。

表 1-7　　　　　　　　　　互联网金融运行规则中蕴含的社会主义核心价值观

互联网金融运行规则	对运行规则的理解	蕴含的社会主义核心价值观的基本内容
普惠金融	普惠金融是指立足机会平等要求和商业可持续原则，以可负担的成本为有金融服务需求的社会各阶层和群体提供适当、有效的金融服务。小微企业、农民、城镇低收入人群、残疾人、老年人等特殊群体是我国普惠金融重点服务对象	平等、公正、和谐、友善
上善若水		
协作共赢		
无界经营		
为客户创造新需求		

互联网金融规则的健康运行，离不开社会共同价值理念的支撑与法治保障，请结合本项目所学知识，进一步思考以下问题。

1. 在贯彻互联网金融运行"效率优势"规则的过程中，如何平衡效率与公平的关系？

2. 请检索国家出台的互联网金融与金融科技相关法律法规，探讨"法治"在保障行业规范健康运行中的重要作用。

知识自测题

一、单项选择题

1. 《中华人民共和国国民经济和社会发展第十四个五年规划和 2035 年远景目标纲要》提出："稳妥发展金融科技，加快金融机构数字化转型。"下列措施不符合"稳妥发展金融科技"要求的是（　　）。

　　A. 推进金融科技创新监管试点　　　　B. 大力发展互联网消费金融

　　C. 把区块链作为自主创新的重要突破口　　D. 推进数字人民币试点

2. 党的十九大报告中明确提出"要促进多层次资本市场健康发展"，则互联网金融的下列业态中与之直接相关的是（　　）。

　　A. 网络小额贷款　　B. 股权众筹　　　　C. 互联网支付　　　D. 互联网保险

3. 根据《金融科技（FinTech）发展规划（2019—2021 年）》，下列不是我国金融科技的重点任务的是（　　）。

　　A. 加强金融科技战略部署　　　　　　B. 强化金融科技合理应用

　　C. 创新金融科技衍生产品　　　　　　D. 赋能金融服务提质增效

4. 中国工商银行主办的《金融言行》杂志曾在卷首语《穿过大半个中国去存钱》中写道："新新人类早已习惯享受层出不穷的离柜化、去网点化金融服务，网上银行、手机银行和移动支付已是家常便饭，传统柜台业务量不断下降。但仍有银行物理网点吸引着人们穿过大半个中国去存钱，在这里人工服务永远那么温馨，员工对自己银行的所有业务都烂熟于心，个个态度亲切，不浮不躁，仿佛无论时代如何变迁、科技如何进步，他们身上始终洋溢着一种代代相传的匠人精神。在这里，人工服务、人的亲和力永远是第一位的。"这段话启示我们，在互联网金融时代，做好金融工作，最关键的是（　　　）。

    A. 熟练的业务　　　　B. 先进的技术　　　　C. 专业的知识　　　　D. 真诚的服务

5. 余额宝是互联网金融的热门产品。据了解，余额宝资金主要投向货币市场基金和银行的协定存款。从金融分类的角度，下列对余额宝分析不正确的是（　　　）。

    A. 按金融活动的方式划分，余额宝属于直接金融

    B. 按金融活动的目的划分，余额宝属于商业性金融

    C. 按金融活动的地理范围划分，余额宝属于国内金融

    D. 按金融活动的性质划分，余额宝属于互联网金融

6. 下列属于互联网金融创新业态的是（　　　）。

    A. 网络银行　　　　　　　　　　　　B. 股权众筹

    C. 互联网理财超市　　　　　　　　　D. 微信红包

7. 下列各互联网金融信息门户中，不属于第三方资讯平台的是（　　　）。

    A. 未央网　　　　B. 同花顺　　　　C. 和讯网　　　　D. 融360

8. 小金在使用百度指数时，想获取"网络银行""网上银行""网银"的累加搜索指数曲线，则需要在查询输入框中输入（　　　）。

    A. 网络银行、网上银行、网银　　　　B. 网络银行，网上银行，网银

    C. 网络银行+网上银行+网银　　　　D. 网络银行*网上银行*网银

9. 互联网保险创新产品"UBI车险"体现的互联网金融运行规则是（　　　）。

    A. 总体风险定量　　　B. 个体风险定量　　　C. 普惠金融　　　D. 二八定律

10. 下列关于数字人民币的说法不准确的是（　　　）。

    A. 从业态分类来看，数字人民币属于互联网金融创新业态

    B. 数字人民币有国家信用背书，与比特币存在本质区别

    C. 数字人民币支持可控匿名，属于加密数字货币

    D. 数字人民币为公众提供了方便、快捷的新型支付手段

11. 某互联网金融App能够每天更新显示投资者所购买的理财产品的"昨日收益"和"累计收益"，该功能设计主要体现了"互联网+"的（　　　）特征。

    A. 跨界融合　　　B. 创新驱动　　　C. 重塑结构　　　D. 尊重人性

12. 美国富国银行办理网上房屋贷款批复业务只需50秒，而美国第一银行宣称网上贷款业务25秒即可办妥，这说明互联网金融具有（　　　）优势。

    A. 信息　　　　　B. 资金　　　　　C. 效率　　　　　D. 规模

二、讨论题

1. "互联网+"思维有哪些主要特征？你能举出一种熟悉的互联网金融产品，分析其中蕴含着哪种或者哪些"互联网+"创新思维特征吗？

2. 有人说，金融的本质是资金融通，而互联网的本质是信息融通，共有的"融通"特性决定了两者的高契合度，你同意这种说法吗？谈谈你的观点。

3. 什么是普惠金融？什么是"二八定律"？国务院印发的《推进普惠金融发展规划（2016—2020年）》中明确提出：要提升金融机构科技运用水平，发挥互联网促进普惠金融发展的有益作用。结合所学知识，谈谈互联网金融和金融科技为什么有助于推进普惠金融的发展。

技能实训

[实训项目]

互联网金融网站检索与分类。

[实训目的]

通过完成"走进互联网金融新天地"项目的学习,我们已经对互联网金融发展的全貌和重点领域有了大致的了解,本实训要求学生通过对日常生活中主流互联网金融网站的检索与浏览,判断该网站的类型与业态,加深对互联网金融概念的理解,提高对主流互联网金融网站的认知度和实践应用能力,为后续项目的学习打下坚实的基础。

[实训内容]

请选择你熟悉的互联网搜索工具,在网上检索下列互联网金融网站,找到其官方主页,认真浏览网站内容,注册网站会员,并判断该网站的类型与业态,填入表1-8中。

表1-8　　　　　　　　　　　互联网金融网站检索与分类

名称	官方网址	类型	业态	备注
造点新货				
网商银行				
360数科				
同花顺				

[实训思考]

1. 通过检索、浏览与体验上述互联网金融主流网站,你觉得互联网金融提供服务的方式与传统金融相比有哪些区别?

2. 除了以上4家互联网金融网站外,你在生活中还对哪个互联网金融平台比较感兴趣?请对自己感兴趣的网站进行检索和浏览,并判断其分类和业态。

3. 从《关于促进互联网金融健康发展的指导意见》到《金融科技(FinTech)发展规划(2022—2025年)》,互联网金融的分类和业态也需要根据行业发展实际不断丰富和完善。请从基础业态、整合业态、创新业态和支持业态中选择一类,谈谈在金融科技创新驱动下,该类业态的内涵和外延会发生哪些变化。

4. 请扫描右侧二维码,观看"互联网金融研究性课程"展示视频,进一步了解、学习与研究互联网金融的基本方法和核心要点,为深入学习互联网金融的理论与应用打下基础。

"互联网金融研究性
课程"展示

项目二

金融科技创新与发展

[知识目标]

1. 了解金融科技的起源，把握金融创新与科技进步的关系。
2. 理解金融科技的概念，把握金融科技的内涵。
3. 了解金融科技的发展历程及发展前景。
4. 掌握人工智能、区块链、云计算、大数据、5G 等金融科技底层技术的创新特征。
5. 理解金融科技创新服务实体经济的作用机制。

[能力目标]

1. 能正确区分金融科技、科技金融和互联网金融三者的异同，并能识别三者对应的典型应用。
2. 能运用金融科技底层技术的创新特征与金融行业需求的"契合点"，初步设计赋能金融行业的创新产品或落地场景。
3. 能针对数字普惠金融、小微企业融资等金融服务实体经济中的薄弱环节，提出相应的金融科技解决方案或对策建议。

[思政目标]

理解大数据、云计算等金融科技底层技术在助力疫情防控和复工复产中的作用。体会和践行"生命至上、举国同心、舍生忘死、尊重科学、命运与共的伟大抗疫精神"。

金融科技被誉为互联网金融 2.0 版，是金融行业与互联网、人工智能、区块链、云计算、大数据、5G 等前沿信息技术深度融合的产物，有望重塑金融业态，赋能实体经济。本项目将在分析金融科技、科技金融、互联网金融内在联系的基础上，带领大家从宏观的角度洞察金融科技的发展演进、底层技术、创新特征和作用机制，并结合中国人民银行出台的《金融科技发展规划（2022—2025 年）》以及实体经济发展对金融服务的新需求，重点探讨金融科技创新在培育经济发展新动能、推动数字普惠金融发展、助力疫情防控和复工复产、赋能实体经济高质量发展中的重要作用，以更好地把握金融科技创新的根本方向，为后续深入学习金融科技的前沿技术与具体应用场景打下基础。

中国银行加快金融科技创新 全面推动数字化转型

随着人工智能、区块链、云计算、大数据等信息技术的发展，人类社会步入了新时代，金融领域也受到了深刻的影响。科技与金融的融合使金融科技应运而生，并不断影响和颠覆传统金融行业。中国银行作为科技实力相对较强的大型国有银行之一，正在加快金融科技创新的步伐，全面推动数字化转型，不断提升国际竞争力和金融服务实体经济能力。

以科技为引领，开启数字化转型新篇章

在金融科技赋能银行业转型的大背景下，中国银行明确提出"坚持科技引领、创新驱动、转型求实、变革图强，建设新时代全球一流银行"的总体战略目标，并将科技引领数字化发展置于新一期战略规划之首，开启了数字化转型新篇章。

中国银行数字化发展之路围绕"1234-28"展开：以"数字化"为主轴，搭建两大架构，打造三大平台，聚焦四大领域，重点推进28项战略工程。

以"数字化"为主轴。中国银行提出，把科技元素注入业务全流程、全领域，给全行插上科技的翅膀，打造用户体验极致、场景生态丰富、线上线下协同、产品创新灵活、运营管理高效、风险控制智能的数字化银行，构建以体验为核心、以数据为基础、以技术为驱动的新银行业态。

搭建两大架构。中国银行将搭建企业级业务架构与技术架构，形成双螺旋驱动。通过两大架构的同步建设，在业务上实现全行价值链下的业务流程、数据、产品、体验组件化，在技术架构上形成众多独立的低耦合微服务，两大架构共同驱动中国银行数字化发展。

打造三大平台。打造云计算平台、大数据平台、人工智能平台三大技术平台，作为企业级业务架构和技术架构落地的技术支撑。三大平台将成为坚持科技强行、以科技创新加快数字化转型进程的技术基础。

聚焦四大领域。聚焦业务创新发展、业务科技融合、技术能力建设、科技体制机制转型四大领域。

中国银行将重点推进28项战略工程，明确每项工程的任务、目标、路线图和时间表。

全面推动技术架构转型，夯实数字化转型发展基础

以云计算、大数据、人工智能三大技术平台建设为基础，中国银行将全面推动技术架构由集中式架构向分布式架构转型，为数字化发展提供强有力的技术支撑。

在云计算平台方面，中国银行先后完成微信银行等41个分布式应用系统建设与改造工作，同步推进主机查询类交易下移和小型机平台应用迁移工作，累计实现下移MIPS 28 000左右，占全部核心系统交易比例58%以上，已完成17个应用系统由小型机平台迁移至X86平台。

在大数据平台方面，中国银行大数据平台目前处于投产阶段，该平台将建立客户画像标签、外部数据应用管理、数据沙箱三大服务体系，为全行提供360度客户精准画像服务和数据挖掘分析服务，实现内外部数据的统一集中存储与共享。

在人工智能平台方面，中国银行将建设人工智能服务平台和人工智能机器学习平台，与新一代客服项目和网络金融事中风控反欺诈二期项目同步实施。目前，通过新一代客服项目，中国银行完成了智能机器人、语音识别、声纹识别、知识库等基础服务产品部分功能应用投产，机器学习平台已在网络金融事中风控系统二期实施过程中完成模型离线训练，后续将完成平台整体建设。

聚焦业务价值创造，以科技创新驱动业务转型升级

近年来，中国银行密切关注云计算、大数据、人工智能、区块链等新兴技术的研究与应用，通过技术与场景、业务与科技的深度融合，实现科技赋能，促进产品与服务综合化、智能化、移动化发展。

依托手机银行，打造综合金融移动服务平台。中国银行通过引入新产品、新技术、新模式，不断丰富手机银行服务场景，让客户实现"一机在手、共享所有"。基于人工智能、大数据分析、图像识别、生物识别等技术，中国银行手机银行先后推出全流程线上秒贷的"中银E贷"，基于全球资本市场的智能投资顾问"中银慧投"，以及二维码收付款、人脸识别、语音导航、手机盾等系列功能，实现了服务与体验的双提升。

推广智能柜台，助力网点智能化转型。中国银行智能柜台以客户服务场景为核心，打造客户自

主操作加银行辅助审核的新业务模式，覆盖33大类132个服务场景，并进一步丰富柜台设备形态。2018年3月，中国银行推出面向移动营销拓客的移动柜台，并陆续推出理财版柜台、现金版柜台，丰富对公、现金、理财等业务场景。

对接第三方平台，主动融入场景生态。基于中银开放平台提供SDK嵌入服务、API专线接口服务、公共H5功能服务，中国银行正在推进与东方财富网、腾讯微信平台、途牛、去哪儿网的相关业务对接等多个外部合作项目，进一步拓展获客渠道，丰富服务场景。

搭建智能风控体系，全面提升风险防控能力。中国银行利用实时分析、大数据及人工智能技术，结合内外部数据，通过对客户、账户和渠道的综合分析，进行客户资金流监控、优化信用风险评价体系、识别潜在违规客户，已初步构建覆盖实时反欺诈、智能反洗钱、信用风险、市场风险和操作风险等领域的全方位、立体化智能风控体系。中国银行投产的新一代网络事中风控项目，已累计监控交易数亿笔，拦截欺诈交易数千笔，避免客户损失数千万元，为客户提供全方位且实时高效的反欺诈服务，保证客户资金安全。

打造全球一体化信息科技服务体系，促进海内外协同发展

"十三五"期间，中国银行海外信息整合转型项目港澳批次投产，标志着中国银行历时6年、覆盖六大洲、50家海外机构的海外信息系统整合转型项目成功完成，为中国银行全球客户提供更加完善、高效、多元的优质服务奠定了坚实的基础。

该项目从渠道、客户、产品、管理信息等方面形成支撑海内外一体化、可扩展的信息系统平台，建立了一套支持海外机构业务发展并灵活满足各地监管要求的IT架构体系，提供了面向新设海外机构的快速"菜单式"系统建设方案。

资料来源：中国银行官网《中国银行：加快金融科技创新　全面推动数字化转型》，有删减。

任务一　金融科技的起源、概念与发展

本任务将带领大家回溯金融科技的起源，辨析金融科技与互联网金融、科技金融等相关概念的异同，梳理金融科技的发展历程并展望金融科技的美好未来。同时，本任务还将引导大家通过检索中国数字普惠金融指数，比较我国各地区金融科技发展的差异，探索填补"数字鸿沟"之道。

一、金融科技的起源

金融科技源于英文"FinTech"一词，由Finance和Technology两个单词合成而来。事实上，追溯历史时我们可以发现，金融的演进一直伴随着科学发展和技术进步。随着新时代的到来，在新一轮科技革命和产业变革的背景下，互联网、人工智能、区块链、大数据等信息技术与金融业务深度融合，对金融行业的颠覆性影响逐渐显现。

（一）金融与科技的关系：生产关系与生产力

金融实践的发展总是快于理论创新的节奏，金融学科的调整基本上是实践追随型模式。在人类历史长河中，经济发展中的科技与金融两大元素相辅相成，科技是第一生产力，通过创新，改进生产效率，推动物质创造与社会进步；金融是经济的核心，配置资源，润滑生产，成为实体经济发展的保障。两者的关系可以概括为：金融更多地体现为社会生产关系，科技更多地体现为社会生产力。

金融为什么离不开科技，可以从金融的内涵与功能的角度解释。归结起来，凡是"既涉及货币又涉及信用的所有经济关系和交易行为的集合"都属于金融的范畴。抽象一点描述，金融是指围绕资源跨期配置所形成的信用关系和由此进行的资产交易、定价、风险管理等经济活动的总称。资源包括货币、资本、商品和服务等。如果对资源进行了跨期配置，必然产生信用关系，由于跨期内部的不确定性形成了风险，相关交易要围绕风险因素进行合理定价以促成交易。无论是债权、股权，还是收益权、选择权，存续期内的风险管理成为金融活动的重要内容。

金融在经济发展中的贡献主要体现在协调生产关系方面。在经济货币化进程中，金融促进了经济增长。其中的机制是：在实体经济发展过程中，各类经济主体之间的经济活动，如生产、流通、交换、分配、消费、投资等，彼此结成了各种各样的关系，关系链接是价值转移或转换，实现这种转换，需要信用的维系，而信用关系内在是债权债务关系；无论是直接形成的信用，还是间接达成的信用，以及在信用基础上衍生出来的财富管理、投资定价、风险管理等内容，本质上就是金融关系。人类技术进步改变了金融模式，创新了金融形态。

（二）前电报时代人类关键技术变革与金融创新发展

工业革命之前，人类的重大技术进步可以归纳为制陶技术、冶炼技术、造纸和印刷技术等的进步。造纸和印刷技术为钱庄、银号、票号、近代银行的发展奠定了基础。首先是纸质货币的出现，我国北宋的"交子"，从 1008 年到 1023 年，经历了从私人发行到政府发行的演变过程，成为世界上最早使用的纸币。纸币比金属货币容易携带，可以在较大范围内使用，有利于商品的流通，促进了商品经济的发展。纸币的出现也打破了金属货币的自然产量约束，为贵金属准备金支撑下的信用货币发行奠定了基础。近代银行分散的银行券发行机制，打破了资金供给瓶颈，但也为通货膨胀埋下了隐患。在这样的背景下，中央银行制度开始萌芽并在工业革命后得到了发展。第一次工业革命以蒸汽机的工业化应用为标志，蒸汽动力带来了生产力的极大提升，推动了机械、铁路、钢铁、冶金、纺织等行业的发展，促进了城市化进程。新型产业的大发展是以社会化大生产为特征的，产业投资需要大量的资本，特别是铁路等的建设，由此，股份制组织模式成为最快的集聚资本到新兴产业的渠道，资本市场由此得以大发展。1792 年，梧桐树协议的签署开启了美国资本市场发展的大幕，200 多年来，纽约证券交易所见证了金融发展与创新的历史进程。技术推动了产业变革，促进了金融组织形态变革，推动了金融市场快速发展。

（三）电报、电信与计算机等技术带来的金融创新

第二次工业革命以电力的应用为标志，电力逐步替代蒸汽动力，围绕电力的各种发明创造出现，电气时代来临。1837 年英国人查尔斯·惠斯通（Charles Wheastone）与威廉·库克（William Cooke）取得了电报发明专利，人类进入电报时代。电报给金融发展带来的是革命性的影响。金融第一功能——汇兑与支付清算，突破已有依托信件、票汇等的约束，开始通过电报来传输汇兑信息。用电报传输汇兑信息，时间效率高、保密性强，为银行拓展跨地区乃至跨境业务提供了技术基础。1860年安东尼奥·穆齐（Antonio Meucci）发明了电话，1876 年亚历山大·格拉汉姆·贝尔（Alexander Graham Bell）申请了电话的专利。电话的出现提高了信息传达效率，为金融市场的国际化发展提供了基础条件。电报和电话在金融领域的应用，凸显了金融是信息敏感性行业的特征，对于解决信息传递效率问题起到了至关重要的作用，也为金融组织和金融市场的创新插上了翅膀。

金融信息触达范围决定了金融市场的广度和深度，以及金融机构的稳健性和盈利能力。金融本身也是计算型的行业，计算收益风险，计算价格与期限，跨期配置资源需要深度有效的计算。计算效率取决于算力，计算机的发明正是人类算力进步的产物。世界上第一台电子计算机于 1946 年 2月 14 日在美国宾夕法尼亚大学诞生，重 30 余吨，占地约 170 平方米，装有 18 000 只电子管。到了20 世纪 60—70 年代，计算机在金融市场得到应用，为交易和衍生品定价提供技术支持。这一时期，现代资本市场理论快速发展，资本资产定价模型、BS 期权定价模型、二叉树定价模型等金融理论模

02

型得以验证。货币期货、抵押债券类期权等金融产品纷纷出现。在银行领域，1967 年巴克莱银行安装了世界首台 ATM；1966 年万事达卡（MasterCard）组织成立，致力于为金融机构、政府、企业、商户和持卡人提供领导全球性的商务链接；1974 年美洲银行信用卡公司与西方国家的一些商业银行合作成立了国际信用卡服务公司，1976 年开始发行 VISA 卡，并于 1977 年正式改名为维萨（VISA）国际组织。ATM 和支付卡组织的信用卡、借记卡、预付卡产品被视为具有早期代表性的金融科技产品。这些产品的出现，得益于计算机技术的发展及其在金融领域的应用。

计算机的广泛应用与技术升级换代周期缩短导致了用户成本增加以及信息交换问题，为解决上述问题，产生了算力共享的理念。计算机网络连接在一起成为互联网。早期的阿帕网是出于军事目的建立的，理念是确保军事指挥系统不会因为一个节点被打击而瘫痪。进入 20 世纪 80 年代后，互联网开始逐步民用化，美国国家科学基金委员会的 NSFNET 逐渐代替了阿帕网中的民用部分，20世纪 90 年代初成为 T3 主干网，加上万维网的出现，互联网商业应用的大门被开启。企业、机构单位都纷纷建设自己的门户网站。商业银行通过互联网实现账户网络化。1996 年出现了纯互联网银行，但是纯互联网银行技术成熟是在 20 年后。证券市场也通过互联网进行开户、交易、理财管理等服务。在云计算技术成熟以后，基于互联网的金融服务快速发展，另类金融出现。2009 年以后，区块链技术出现，加密数字货币得到发展。如今，5G 通信、大数据、人工智能、物联网等技术推动金融不断创新，网络移动支付、互联网借贷与理财、众筹融资、程序化交易、智能投顾、智慧银行等服务快速发展。新技术赋能金融发展，推动了金融创新。

二、金融科技概念辨析

（一）金融科技概念的提出

精品微课

金融科技的概念与发展

金融科技（FinTech）一词最早由贝廷格（Bettinger）提出，原意是指"将银行的专业知识与现代管理科技以及计算机相结合"[1]。金融科技作为金融与技术融合形成的新概念，最早于 20 世纪 90 年代初由花旗集团董事长约翰·里德（John Reed）在智能卡论坛上提出。花旗公司(花旗集团前身)发起名为"Financial Services Technology Consortium"（金融服务技术联盟）的项目，"FinTech" 成为这个项目的名称，将 "金融" 和 "科技" 两个词汇结合在一起。与此同时，美国一些大型投资银行也相继成立了金融科技部门，金融科技因此成为金融领域中常用的专业词汇。2011 年之后，金融科技一词被赋予新的内涵，之前主要是美国硅谷和英国伦敦的互联网技术创业公司将一些信息技术应用于非银行支付交易的流程改进和安全提升；后来这些科技初创公司将车联网、大数据、人工智能等各种前沿的信息与计算机技术应用到证券经纪交易、银行信贷、保险、资产管理等零售金融业务领域，形成了不依附于传统金融机构与体系的金融科技力量并独自发展起来。

2013 年 6 月，余额宝的横空出世，使 "互联网金融" 这一新词在我国开始流行起来。2016 年以后，随着人工智能、区块链、大数据等技术的发展，互联网金融逐步被数字金融、金融科技等词汇取代。作为新兴的前沿领域，金融科技的内涵长期以来没有统一规范的定义。金融稳定理事会（FSB）于 2016 年 3 月首次发布了关于金融科技的专题报告，其中对 "金融科技" 进行了初步定义，即金融科技是指技术驱动的金融创新，这些金融创新可能会产生新的商业模式、技术应用、业务流程或创新产品，从而对金融市场、金融机构或金融服务的供给侧产生重大影响。此后，金融稳定理事会提出的金融科技概念逐渐达成了全球共识。2019 年中国人民银行印发的《金融科技（FinTech）

---

1 资料来源：BETTINGER A. Fintech: A Series of 40 Time Shared Models Used at Manufacturers Handover Trust Company[J]. Interfaces，1972(2): 62-63.

发展规划（2019—2021 年）》沿用了上述概念，指出：金融科技是技术驱动的金融创新，旨在运用现代科技成果改造或创新金融产品、经营模式、业务流程等，推动金融发展提质增效。随着金融与科技的深度融合和创新发展，金融科技的内涵也日益丰富，并呈现出高创新性、轻资产性、重体验性和强相关性等特征，如表 2-1 所示。

表 2-1　　　　　　　　　　　金融科技的主要特征

特征	具体表现
高创新性	金融科技是一个高度创新的行业，技术创新与技术应用将为金融行业带来全价值链优化。通过将各种前沿技术与理念在金融领域中的应用迭代，能够快速推出具有"重磅性"创新的金融科技产品
轻资产性	金融科技公司只需要很少的固定资产或者固定成本就能展业，其成本随着业务规模的扩大边际递减，能够以低利润率支持规模发展。另外，也正因其具有轻资产性，其战略选择、组织架构、业务发展更加灵活，易于创新创造
重体验性	通过智能手机等移动设备，金融科技公司开创了简单易用、用户参与度较高的产品或服务。金融科技公司非常注重用户体验，积极听取用户心声，响应并预测用户需求，简化产品和服务流程，加快产品迭代，形成与传统模式截然不同的服务体验
强相关性	金融科技是高新技术产业与金融业的融合。底层技术是构建金融科技产业生态的基础，为金融科技的发展创造了条件。随着底层技术所处的生命周期阶段的变化，金融科技发展也在不同时期根据技术发展成熟度和应用广泛度呈现出不同的发展特点

（二）金融科技与科技金融概念辨析

金融科技与科技金融是实践中极易混淆的两个概念，但实际上两者存在本质区别。金融科技的内涵侧重于通过科技手段推动金融创新，更加强调科技的驱动性，同时依据金融创新程度，判断科技推动效果。而从金融科技的外延看，广义上，所有体现"金融和科技融合"的产品、服务、模式、流程等都属于金融科技范畴。狭义上，在不同情境下，金融科技可以特指：金融科技支撑技术，如人工智能、区块链、云计算、大数据等；金融科技主要业态，如网贷与众筹、开放银行、保险科技、综合金融服务平台等；金融科技产品和服务，如智能投顾、量化交易、智能保顾、机器人大堂经理、加密数字货币等；金融科技创新企业，如 Betterment、微众银行、爱宝科技、科大讯飞等。金融科技创新有助于推动金融与科技的深度融合，赋能金融行业的供给侧结构性改革。而科技金融属于产业金融的范畴，通过金融产品创新直接服务于科技产业发展，创新的主体既可以是传统金融机构，如投贷联动；也可以是新金融平台，如科技股权众筹等。因此，金融科技通过科技创新提升金融行业服务实体经济、服务人民生活的效率和质量；而科技金融致力于通过金融产品的研发，满足科技型企业和创新创业主体的金融服务需求。金融科技与科技金融的主要区别如表 2-2 所示。

表 2-2　　　　　　　　　　　金融科技与科技金融的主要区别

名词	核心要义	实现方式	典型产品与应用
金融科技	通过科技创新服务金融行业，本质是"科技"	人工智能等前沿技术在金融行业的应用，提升金融整体效率和服务实体经济能力	智能投顾、大数据征信、移动支付、区块链 ABS
科技金融	通过金融创新服务科技行业，本质是"金融"	研发和提供适合科技型企业的金融创新产品，满足科技创新创业的金融服务需求	投贷联动、科技保险、知识产权融资、科技众筹

[随堂测试 2-1]

区分金融科技与科技金融的应用

2017 年 3 月 28 日，建设银行宣布与阿里巴巴、蚂蚁集团达成战略合作。下列各项不属于商业银行与金融科技公司"协作共赢"的是（　　　）。

  A. 商业银行财务投资金融科技创业企业，推动金融科技发展

  B. 商业银行将部分工作外包给金融科技公司

  C. 商业银行与金融科技公司合作开发场景化金融创新产品

  D. 商业银行通过投贷联动支持科技型创业企业发展

02

📒 提示

  投贷联动主要是指对中小型科技企业，在风险投资机构评估、股权投资的基础上，商业银行以债权形式为企业提供融资支持，形成股权投资和银行信贷之间的联动融资模式。投贷联动的本质是通过金融创新服务科技企业和科技行业，因此属于"科技金融"。

（三）互联网金融与金融科技概念辨析

金融科技被称为互联网金融的 2.0 版本。互联网金融是将互联网应用到金融行业，即"互联网+金融"，而金融科技是将科技应用到金融行业，这里的科技包括了互联网，因此两者的内涵有一定的相似性，但是金融科技的外延有明显的拓展。根据中国人民银行等十部门发布的《关于促进互联网金融健康发展的指导意见》，互联网金融是传统金融机构与互联网企业利用互联网技术和信息通信技术实现资金融通、支付、投资和信息中介服务的新型金融业务模式。而金融科技是互联网金融在监管环境变化和技术驱动下迭代升级的产物。与互联网金融相比，金融科技在技术手段上实现了突破，除了需要运用传统的互联网和移动互联网技术之外，还以大数据、云计算、人工智能、区块链、物联网、量化模型、生物识别等技术引领创新。金融科技在业务范畴上实现了拓展，不再局限于借贷、支付和投资领域，而是更多聚焦于中后台业务，包括记账、清算、客户画像、资产定价、风险管理，还向大数据征信、智能投顾、区块链保险、监管科技等金融业务和监管领域渗透，甚至发行数字货币，直达金融的心脏。金融科技在服务人群上也实现了延伸，除了"长尾人群"外，金融科技还能更好地服务实体经济的重点领域和薄弱环节，如智能制造、消费升级、"双创"主体、民营和小微企业、低收入人群等。此外，金融科技的进入门槛更高，更强调有效监管和风险防控，金融科技公司应兼具金融展业能力与科技创新能力，其所有金融活动必须持牌经营和纳入统一监管。金融科技从业门槛的大幅提高，有利于防范"劣币驱逐良币"，推动行业的规范高质量发展。

综上，金融科技是互联网金融的较成熟阶段，其利用的技术、解决的问题都比互联网金融要更进一个层次，这种提升是循序渐进的，但不可忽视。互联网金融可被视为金融科技的基础版，金融科技则是互联网金融的升级版。金融科技有望推动金融业的整体代际跃迁，而不仅是个别服务的模式创新。

三、金融科技的发展历程

金融科技的发展历程就是金融与科技不断融合，通过技术赋能使金融服务实体经济能力不断增强的过程。以主要支撑技术和典型应用场景为划分依据，金融科技发展大致经历了起步探索、创新应用和融合升级三个阶段。

（一）金融科技 1.0——起步探索阶段

金融科技 1.0 是金融与技术相结合的起步探索阶段，其典型特征是金融行业逐渐开始应用 IT 技术，主要是台式计算机经连接形成的台式互联网技术，以推进内部办公的自动化和金融业务的电子化，从而提高管理水平和业务效率，间接提升金融服务实体经济能力。互联网及信息技术的出现，使存款、贷款、清算等一些基础的金融业务得以升级，在提高工作效率的需求推动下，传统金融机构开始构建

自身的 IT 系统和门户网站，成为金融科技原始的发端。例如，中国银行于 1996 年 2 月在互联网上建立了主页，首先在网上发布信息，随后于 1997 年搭建了"网上银行服务系统"。证券公司也逐渐开始推出基于台式计算机的具备在线查询和交易功能的客户端，提高了股票投资的便捷性。

（二）金融科技 2.0——创新应用阶段

金融科技 2.0 是互联网，特别是移动互联网在金融行业创新应用的阶段，因此也将这一阶段称为互联网金融阶段。一方面，互联网技术渗透金融服务的各个环节，实现信息共享和业务撮合，并催生了大量的新应用和新业态，如移动支付、P2P 网贷、股权众筹、金融垂直搜索门户等；另一方面，传统金融机构也积极利用互联网技术和信息技术变革金融渠道，出现了互联网银行、互联网保险、互联网基金、互联网消费金融等新的业务模式。基于庞大的金融需求和移动互联网、智能手机的快速普及，我国互联网金融充分发挥了"后发优势"。以"BATJ"（B，Baidu，百度；A，Alibaba，阿里巴巴；T，Tencent，腾讯；J，JD，京东）为代表的互联网科技公司快速崛起，市值已居世界前列。根据毕马威发布的《2018 全球金融科技 100 强》报告，来自中国的公司在前十名中占据四席，其中蚂蚁金融位列榜首，京东金融和百度（度小满金融）分列第二位和第四位。我国的移动支付和条码支付已居全球领先地位，并开始对外向"一带一路"沿线国家和地区输出金融科技基础设施，促进国际贸易融资，反哺国内实体经济发展；阿里巴巴与天弘基金推出的首只互联网基金也是领先的；P2P 网贷规模也曾居全球第一，在服务小微企业、民生普惠等实体经济方面发挥了重要价值。但是，互联网金融在井喷式发展的同时，监管相对滞后，许多无牌机构以互联网金融的名义进入金融领域，导致金融风险累积。随着金融风险监管体系的完善，互联网金融也将告别"野蛮生长"，进入技术驱动和规范发展的新阶段。

（三）金融科技 3.0——融合升级阶段

随着人工智能、区块链、云计算、大数据和 5G 等前沿技术与金融业的深度融合，金融科技发展进入 3.0 阶段。新一代信息技术，特别是去中心化的分布式技术，正在形成融合生态，持续推动金融创新，深刻影响着金融的行业格局与运行规则。金融机构和互联网企业利用前沿技术，将各类金融业务进行场景化、智能化和定制化的革新和升级，显著提升了服务效率和质量，扩大了金融服务的覆盖面和可获得性，在赋能实体经济高质量发展方面发挥着重要的作用。科技对于金融的促进不再局限于渠道等浅层次方面，而是开启了"金融+科技"的深层次融合。这种融合主要有三条路径。一是传统金融机构与金融科技企业优势互补、强强联合，如建设银行与蚂蚁集团达成战略合作，共同推进金融科技前沿技术研发与应用。二是传统金融机构与科技企业共同出资设立新型金融机构，如中信银行与百度公司联合发起设立互联网智能银行——百信银行；中国人保合易车公司、58 集团等共同成立爱保科技公司，推动保险科技创新。三是金融机构设立金融科技子公司或金融科技平台，如浦发银行于 2018 年 7 月推出国内首家 API Bank 无界开放银行，嵌入多种生活与生产场景，实现金融服务跨界融合。截至 2019 年 6 月末，已有工商银行、民生银行等 10 家国内银行相继成立了金融科技子公司，助力银行数字化转型升级。

综上，可以用表 2-3 概括金融科技各发展阶段的典型特征、主要支撑技术、代表性业态或应用场景，以及服务实体经济的主要成效。

表 2-3　　　　　　　　　　　　　金融科技的发展阶段

发展阶段	典型特征	主要支撑技术	代表性业态或应用场景	服务实体经济的主要成效
金融科技 1.0——起步探索阶段	金融电子化、IT 金融	台式计算机、互联网	网上银行、办公自动化、证券交易 PC 客户端等	间接提高金融行业服务实体经济的效率

续表

发展阶段	典型特征	主要支撑技术	代表性业态或应用场景	服务实体经济的主要成效
金融科技2.0 ——创新应用阶段	互联网金融、 移动金融	"互联网+"、移动 互联网、智能终端	移动支付、P2P网贷、众筹、 互联网银行等	满足实体经济重点领域和薄弱 环节的普惠金融需求
金融科技3.0 ——融合升级阶段	场景化金融、 智慧金融	人工智能、区块链、 云计算、大数据、5G	智能投顾、智慧网点、开放 银行、保险科技、量化自动 交易等	推动金融供给侧结构性改革，全 方位赋能实体经济高质量发展

02

四、金融科技发展前景展望

金融科技在发展到融合升级阶段后，随着5G等新技术的应用和监管体系的完善，其对金融业的颠覆性影响将进一步显现，同时发展的规范性和技术赋能属性将进一步增强。金融科技将成为金融行业的核心生产力和金融创新的核心驱动力，在服务实体经济高质量发展方面发挥更大的作用。

（一）5G商用将为金融科技产业新一轮发展带来重大机遇

2019年6月6日，工信部向中国电信、中国移动、中国联通、中国广电发放5G商用牌照，标志着我国5G商用进入落地阶段。5G是一场新的技术变革，与4G相比，5G具有超高速率、超低时延、超高密度等显著特征。5G将带来一个万物互联的新时代。在金融科技产业领域，5G作为重要的基础设施，将优化现有技术应用并辅助各项新兴技术落地。5G物联网与边缘计算的结合，将在海量设备与互联网之间建立"无缝连接"，有望再造金融场景，重塑金融生态。以银行业为例，银行客户数量庞大，业务类型多样，网点分布范围广，有利于5G的集群化、大规模应用。一旦进入5G商用成熟期，银行服务实体经济和人民生活的能力将显著提升：网点有望完成智能化、轻型化、便捷化的深度转型，各类可穿戴设备将成为金融服务的新载体，AR/VR支付将成为移动支付的"升级版"，物联网金融动产抵押将催生实体资产管理新业务。银行应抓住5G发展的重大机遇，与5G运营商开展深度合作，构建跨行业的融合创新生态，真正实现金融服务无处不在、无时不有。

（二）监管科技提升金融科技监管有效性，"监管沙盒"有望加速落地实施

金融科技的创新发展推动其应用范围和场景不断扩大，但也带来了信息安全风险、新技术应用风险、交叉传递风险和金融控股公司风险等新的风险。随着监管科技的应用以及"监管沙盒"等适应金融科技特点的监管模式的实施，有望实现风险防范和鼓励创新的平衡。面对金融科技背景下更加复杂多变的市场环境，监管部门有运用监管科技的充足动力。监管部门可以探索应用区块链、大数据等技术，进一步提高监管的"穿透性"和透明度。通过收集和梳理金融科技机构的交易数据，可以清晰地甄别每一笔交易触发者和交易对手的信息；应用区块链的可追溯性和数据不可篡改等创新特征，可以实现对每笔交易资金来源和最终去向的全链条跟踪、监控，从而提升监管有效性。同时，中国人民银行制定的《金融科技（FinTech）发展规划（2019—2021年）》，探索推动以"监管沙盒"为核心的金融科技监管试点。"监管沙盒"允许金融科技企业在真实的环境中实践其创新产品、业务流程及商业模式，而监管机构则可以根据创新模式在"沙盒"中的表现，对监管规则进行调整，使监管与时俱进，同时不会对消费者造成损害。"监管沙盒"的落地实施，有助于实现金融科技创新与有效管控风险的双赢局面。

资料链接

（三）金融科技的技术赋能属性增强，在服务实体经济高质量发展方面发挥更大作用

随着类脑人工智能、区块链智能合约、边缘计算等新兴技术的发展，科技对

探索金融科技创新
监管模式——监管
沙盒

金融行业甚至整个实体经济转型升级的赋能作用将被不断强化。类金融机构、传统金融机构和互联网金融企业紧跟时代步伐实现业务转型，纷纷通过和第三方金融科技公司合作，助推产业链升级。金融科技公司科技手段的强化应用，将使金融科技的技术赋能属性进一步增强，不仅服务于金融行业，还服务于制造业等实体经济领域，促进"金融科技+智能制造"融合发展。例如，人工智能应用于制造业，能够作为新型生产要素与其他生产要素融合，推动制造业向智能化、数字化方向转型升级；区块链与供应链的融合，不仅有助于解决供应链上中小企业的融资难题，还将显著提升整条供应链的透明度和运行效率，服务实体经济高质量发展。

资料链接

金融科技学科拟解决的核心问题

02

[做中学 2-1]

检索和分析中国数字普惠金融指数

随着新时代的到来，在传统金融机构增加普惠金融实践的同时，依托智能算法、大数据和云计算等金融科技创新技术的数字金融模式进一步拓展了普惠金融的触达能力和服务深度。为了科学、准确地刻画我国数字普惠金融的发展现状，为相关领域的研究提供工具性的基础数据，北京大学数字金融研究中心利用我国一家代表性数字金融机构数以亿计的微观数据，编制了一套覆盖我国 31 个省份、337 个地级以上城市（地区、自治州、盟等，简称"城市"）的"北京大学数字普惠金融指数"。

步骤 1：登录北京大学数字金融研究中心官网，了解数字普惠金融指数。

通过互联网搜索"北京大学数字金融研究中心"，登录该中心官方网站，进入"指数编制"页面，了解其编制的互联网金融和数字普惠金融相关指数的基本框架及主要内容，如图 2-1 和图 2-2 所示。

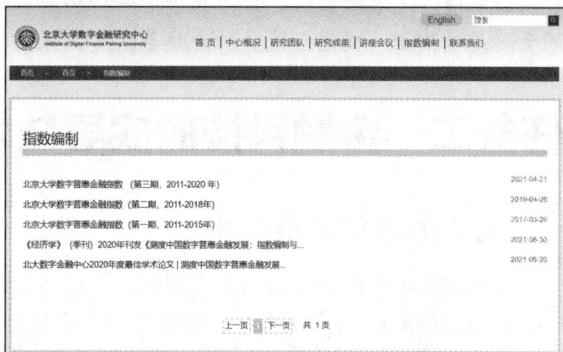

图 2-1 北京大学数字金融研究中心"指数编制"页面

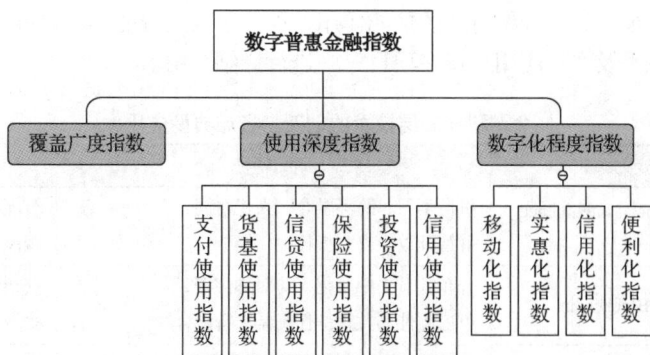

图 2-2 数字普惠金融指数框架

步骤 2：检索与整理历年数字普惠金融指数。

在北京大学数字金融研究中心官网检索、下载历年的数字普惠金融指数，并将其整理到 Excel 表格中，以方便后续步骤分析。数字普惠金融指数整理表格可参考表 2-4 设计。

表 2-4　　　　　　　　　　　　　数字普惠金融指数整理

省份	2011 年	2012 年	2013 年	2014 年	2015 年	2016 年	2017 年	2018 年	……
北京市	79.41	150.65	215.62	235.36	276.38	286.37	329.94	368.54	……
天津市									
河北省									
……									

步骤 3：分析我国数字普惠金融的发展趋势和地区差异。

运用步骤 2 整理的数字普惠金融指数数据，通过绘制折线图等统计图表，分析我国数字普惠金融的发展趋势；结合图 2-2，从金融科技角度指出数字普惠金融指数增长的原因。进一步分析我国东部、中部和西部省份数字普惠金融发展的地区差异，结合北京大学数字金融研究中心发布的相关研究报告，归纳出现地区差异的原因。

步骤 4：探讨运用金融科技填补我国地区间"数字鸿沟"的对策建议。

在数字普惠金融快速增长的同时，我国的数字普惠金融发展程度在地区间仍然存在一定的差异或者"数字鸿沟"。例如，2018 年，数字普惠金融指数最高的上海市是数字普惠金融指数最低的青海省的 1.4 倍。请根据你检索、整理和分析的数据，结合本任务所学的金融科技基础知识，从普及移动互联网，完善大数据、云计算等金融科技基础设施，推进"数字下乡"和乡村振兴，普及互联网金融基础知识，提高全民金融素养等角度，探讨填补"数字鸿沟"的对策建议。

任务二　金融科技的底层技术和赋能作用

一、金融科技的底层技术

金融科技的底层技术包括人工智能、区块链、云计算、大数据、边缘计算与 5G 等前沿技术，一般可以用"ABCDE"来概括，如表 2-5 所示。人工智能、区块链、云计算、大数据、边缘计算与 5G 等底层技术创新及其在金融场景中的应用，提升了金融服务质效，完善了风险防控机制，解决了普惠金融的痛点，成为驱动金融创新的重要技术支撑。本任务将带领大家全景式了解这些底层技术的基本概念、创新特征及其对金融行业的赋能作用，而关于人工智能和区块链这两项金融科技代表性前沿技术的具体原理及实际应用，将在项目三中进行详细介绍。

表 2-5　　　　　　　　　金融科技底层技术的创新特征与典型应用

底层技术	英文缩写	创新特征	金融科技典型应用
人工智能	A: Artificial Intelligence（AI）	机器学习、跨界融合、人机协同、群智开放、自主操控	智能投顾、智能风控、智能催收、智能客服
区块链	B: Blockchain	分布式、去中心化、非对称加密、可追溯性、共识信任机制、智能合约	区块链保险、区块链+供应链金融、区块链资产证券化
云计算	C: Cloud Computing	实时在线、按需服务、超大规模计算和存储能力、通用性、高可靠性	金融云、私有云、分布式计算
大数据	D: Big Data	4V：规模性（Volume）、高速性（Velocity）、多样性（Variety）、价值性（Value）	大数据征信、大数据风控、用户画像、精准营销
边缘计算与 5G	E: Edge Computing and 5G	超高速率、超低时延、超高密度、边云协同、高安全性、低带宽占用	5G 智慧银行、物联网金融、开放银行

（一）人工智能

人工智能是研究、开发用于模拟、延伸和扩展人的智能的理论、方法、技术及应用系统的一门新的技术学科。作为引领新一轮科技革命和产业变革的战略性前沿技术，人工智能具有机器学习、跨界融合、人机协同、群智开放、自主操控等创新特征，其与金融业的深度融合，全方位赋能金融科技创新，开启智能金融新时代。

1. 机器学习

机器学习是人工智能的基础，可以使机器从数据中学习，不断改进回归等有监督算法和聚类等无监督算法，以提高完成特定任务的准确率，但仍然与人类主动学习、独立思考的"智能"存在本质区别。为了使人工智能不仅"知其然"，而且"知其所以然"，受人脑结构和功能的启发，在机器学习的特征提取环节，引入了由分层的"感知器"构建的人工神经网络，提出了深度学习（Deep Learning）的概念。深度学习是机器学习的一个子范畴和新的研究领域，其动机在于模拟人脑神经元的工作过程，以更好地解释数据和发现规律。机器学习和深度学习在金融科技中具有重要的应用价值。智能投顾（Robot Advisor，RA）就是综合利用大数据、机器学习、深度学习以及其他人工智能相关底层技术形成的金融服务新模式。智能投顾机器人通过自主学习金融理论构建投资模型，能为投资者提供个性化的资产配置建议并实现自动量化交易。为使人工智能进一步模拟、实现人脑功能，深度学习正向类脑人工智能方向发展。类脑人工智能具备不断成熟的视觉、听觉、触觉及记忆、运动、中枢和自主神经系统，能通过反射弧实现对世界的认知、判断、决策和反馈。

2. 跨界融合

人工智能无论在技术层面还是应用层面都体现出跨界融合的创新特征。首先，人工智能要模拟人脑这样一个高效率、低功耗的复杂"巨系统"，必然需要计算机、脑科学、信息技术、通信工程、心理学、社会学等多学科的交叉融合和协同攻关。人工智能的发展不仅需要自然科学的突破，还需要社会科学的支撑。其次，从应用层面看，人工智能正由专用智能向通用智能发展。专用智能是解决某一特定任务的智能，着眼于某个细分领域的突破，如"阿尔法狗"；而通用智能则要在"应用层"上发展出适应各种复杂环境和应用场景的智慧和能力，从而大幅扩大人工智能的应用范围，降低部署成本，使"人工智能+"真正与各行各业跨界融合，满足人们对美好生活的需要。人工智能在金融科技领域的应用，也要实现从嵌入某种产品、某类业务的"专用智能"到适用各种金融业务场景，能够构建开放的金融科技生态系统的"通用智能"的转变。

📖 **案例链接**

"人工智能+金融科技"的典型应用场景

无论是专用智能还是通用智能，在金融领域均具有重要的应用价值。专用智能在金融科技领域的应用能部分代替人工完成机械操作，提高金融服务效率；而通用智能有望重塑金融商业模式，更好地满足各类场景的金融服务需求，赋能金融高质量发展。"人工智能+金融科技"典型应用场景及举例如表2-6所示。

表2-6　　　　　　　　　　　"人工智能+金融科技"典型应用场景及举例

典型应用场景	典型应用举例
"人工智能+金融投顾"场景	理财咨询与规划；跨类别、跨地域资产配置；量化金融、交易执行与追踪
"人工智能+金融客服"场景	24小时客服机器人，实现智能对话和高效语音识别、自然语言处理，提高服务效率；金融机构网点分流引导式服务机器人
"人工智能+金融支付"场景	人脸、指纹、声纹、虹膜等生物识别支付；用户账户自动聚类与关联分析

续表

典型应用场景	典型应用举例
"人工智能+金融风控"场景	授信审批、信用反欺诈、骗保反欺诈；异常交易和反洗钱监测；风险定价
"人工智能+金融投研"场景	上市公司研报、公告智能分析；智能财务模型搭建；投资报告自动生成
"人工智能+金融营销"场景	线上社交渠道基于用户画像的智能获客；线下活动基于知识图谱和专家系统的销售支持；销售报表自动生成与智能分析
人工智能+保险理赔场景	智能辅助拍摄、远程查勘、定损；智能审核、自动理赔；基于 UBI 的车险精准定价和快速赔付

3. 人机协同

从互联网到移动互联网，从个人计算机到智能手机，虽然操作方式不同，但是基本都依靠双手输入信息，机器通过输出设备为人类提供相关信息或回答特定问题。人工智能带来的则是真正意义上的人机协同革命，真正解放了人类的双手，让语音交互、图像识别、自然语言处理、跨媒体识别等成为新的传递媒介。人工智能以对话为主要的交互方式，大幅降低了使用门槛，提高了用户友好度，使用户获取服务更加简单、便捷。因此，人机协同是人工智能发展的创新特征和突破点。引入人类的认知模型和对话体系，能够实现人、机和环境系统三要素的相互作用，即物理性和生物性相结合，使人工智能可以服务更广泛的人群。例如，在金融科技领域，基于有效的人机协同交互系统研发的线上虚拟机器人和线下实体机器人，已在产品营销、客户服务、大堂引导等应用场景中落地，显著提升了金融服务效率。人机协同还有广阔的发展空间，在实现人机交互的基础上，进一步研究"脑机交流"及相关的伦理问题，有助于人工智能真正拓展人类"智慧"。

4. 群智开放

群智开放概念源于对自然界群居动物通过互相协作，做出宏观智能行为这一生物现象的观察。群智开放是人工智能的 2.0 版，具有分布式控制、自进化、自组织性等特点。在严格遵守伦理的基础上，群智开放以互联网组织结构和移动通信为桥梁，吸引、聚集参与者，以各种自主协同方式参与系统决策任务，而不仅仅是人类通过指令、程序使机器解决特定的问题。

5. 自主操控

自主操控是强调自主化和智能化的一种人工智能系统，但是不排斥人类参与。通过机器的计算、存储等特有优势替代人类重复性劳动，在执行主观性较强的任务时，重视人机协同在其中发挥的作用。借助深度学习中的类脑人工智能原理，构建自主智能系统，对算法模型进行大数据驱动的迭代优化，使模型对数据的理解更为深刻，并可利用智能技术自主处理信息。发展自主可控的人工智能与金融科技新技术，有利于赋能金融行业高质量发展。

（二）区块链

区块链具有分布式与去中心化、非对称加密与数据不可篡改、共识信任机制、智能合约等创新特征，其在金融科技领域的应用能完全改变交易流程和记录保存方式，重塑可信的金融交易体系。

1. 分布式与去中心化

区块链是指通过分布式账本方式集体维护一个可靠、可信数据库的技术方案，其核心的特征就是"去中心化"。区块链技术基于 P2P 对等网络，没有中心化的物理节点与管理机构，各节点地位平等，网络交易信息分布式存储在各节点上，并按统一的共识信任机制和规则运行，部分节点损坏不会影响整体运作。区块链的去中心化特征能够实现对"分布式账本"的集体监督维护，每个节点在参与记录的同时也能验证其他节点记录结果的正确性，在数字金融资产交易、网络互助保险、电商供应链、跨境支付等金融科技场景中具有广阔的应用前景，能够显著提升金融交易信息的真实性、完整性和安全性。

2. 非对称加密与数据不可篡改

区块链运用非对称加密算法来保障区块链网络上匿名交易的安全性和数据不会被恶意篡改。与对称加密不同，非对称加密使用公、私钥体系对数据进行签名认证，私钥只有本人才有，公钥是全网公开的，用以验证交易对手的身份，在整个交易过程中不存在密钥的传输，因此杜绝了黑客截获的可能。由于区块链分布式网络中的各节点均可获得一份完整数据库的备份，并且运用了基于 DPKI（Distributed Public Key Infrastructure，分布式公钥基础设施）的数字签名认证机制，因此别人的交易数据只能用公钥来验证，而无法修改。而要修改自身交易数据，不仅需要同时控制总数 51% 以上的节点，并且计算机的算力要支持其篡改区块的速度快于区块链系统的更新速度，这很难实现。同时，区块链采用带时间戳的存储结构，已达成交易的区块加上时间戳连接在一起形成区块链，使其拥有可追溯性和可验证性。涉及信息流和资金流的追溯、监控和存证需求的各类金融科技业务都可能用到区块链技术。

3. 共识信任机制

区块链技术的一大创新就是引入分布式的算法和节点间的算力竞争，以保证数据的一致性和共识的安全性，从而不需要一个交易双方共同信赖的中心化机构来记录和确认交易，真正实现了免担保的"机器信任"。区块链常见的算法共识信任机制包括工作量证明、权益证明、授权股份证明和拜占庭容错算法等。区块链系统运用"哈希函数"计算符合难度系数的"哈希（Hash）"值来竞争"记账权"并达成共识，同时将上一区块的"哈希值"写入"区块头"以实现可追溯性。共识信任机制在金融科技领域具有重要的应用价值，通过使区块链网络中的各节点遵循简单规则，以异步交互自组织的方式达成共识，整合了货币发行、无欺诈转账、交易验证、分布式存储、资金溯源等功能，有助于赋能银行、保险、互联网金融等各类业态创新金融产品，降低交易成本，服务实体经济高质量发展。

4. 智能合约

由程序员维塔利克·布特林（Vitalik Buterin）创建的以太坊是区块链 2.0 阶段的代表，其最突出的特征是引入可编程的智能合约机制。智能合约机制通过点对点对等网络把交易合同以代码的形式部署到区块链上，最新达成的合约集合会形成区块扩散到全网，并在约定条件下自动执行。智能合约大大拓展了区块链技术在金融科技领域的应用场景，为实现互联网保险的自动理赔、供应链金融交易的自助履行、加密数字货币的无欺诈转账、基于区块链的数字资产证券化（Asset-back Securities，ABS）创新等提供了可能。

（三）云计算

云计算是指 IT 基础设施的新型交付与分布式使用模式，即通过网络以按需、易扩展的方式获得所需的硬件、平台和软件等资源，具有实时在线和按需服务、超大规模计算和存储能力、通用性和高可靠性等创新特征。作为推动信息技术能力实现按需供给的技术手段，云计算与金融领域的深度结合，有助于促进信息技术和金融数据资源的充分利用，是金融科技创新的重要支撑技术之一。

1. 实时在线和按需服务

云计算请求的资源分布式存储于"云"端，当用户使用云计算时，无须知道资源运行所在的具体位置，只需以一台笔记本电脑或者智能手机作为终端，就可以获得实时在线、按需提供的服务。云计算用户可按照自己的需求来获取服务器算力、网络存储空间等资源，而不必与服务提供商直接接触。在金融科技领域，云计算能够按需提供 7×24 小时不间断的金融服务。位于全球的各领域专家能连接到任何分支机构，作为顾问回答关于产品和服务的问题。这种全方位的 IT 支持能显著提升金融企业各分支机构的客户服务能力。

2. 超大规模计算和存储能力

云计算使大量的服务器和个人计算机连接起来，并行运行，形成一个具有支持各类应用的超大规模计算能力的分布式网络。同时，云计算还为数据存储和管理提供了海量空间，能够根据业务需求自动配置资源、快速部署应用，降低了用户的使用门槛。中小金融机构无须承担高昂的设备购置和系统维护费用，通过租用第三方云服务，也可以享用高效的云计算和云存储能力，降低运营成本，提高金融服务效率。

3. 通用性和高可靠性

云计算并不局限于某种特定的计算方式，而是可以在云端的支持下衍生出千变万化的应用，具有通用性。在云计算模式中，所有数据和应用保存在云端并在不同设备间共享，用户本身不需要了解云内部的细节，只需使用终端设备连接互联网，经授权就可以访问和使用云端的数据。云计算还具有多副本容错、计算节点同构可互换等功能，以保障系统运行的可靠性。在金融科技领域，可以发挥云计算的资源整合、分布式存储和信息安全优势，搭建安全可控的金融云服务平台，更好地满足瞬时高并发、多频次、大流量的互联网金融交易需要。

（四）大数据

大数据通常是指数据量大到超过传统数据处理工具的处理能力，需要使用新的处理方法和机制以提高处理效率的海量数据。大数据的创新特征可以用"4V"来概括，即规模性（Volume）、高速性（Velocity）、多样性（Variety）和价值性（Value）。作为金融科技的底层支撑技术之一，大数据与金融业务正呈现快速融合的趋势，在营销获客、风险防控、数字征信、运营管理等各类业务场景中落地，助力金融行业数字化转型。金融行业在大数据应用方面具有天然的优势：一方面，金融机构在业务开展过程中，已经积累了大量有价值的数据；另一方面，金融机构有能力和动力采用最新的大数据技术，以挖掘和分析这些数据中的有效信息和商业价值，赋能金融服务提质增效。

1. 规模性

随着信息技术的高速发展，数据呈现爆发式增长。大数据中的数据量不再以 GB 为单位来计量，而是以 TB、PB、EB 甚至 ZB 为计量单位。根据国际数据公司（IDC）发布的《数据时代 2025》报告，到 2025 年，全球数据总量预计将达到 163ZB，将比 2016 年增长 10 倍多。5G 时代，全球数据量将以每两年翻一番的速度增长。面对每天不断涌现的大规模数据，更需要研发新的数据处理平台和处理技术，来存储、传输、统计、分析和处理这些错综复杂的实时数据。

📖 案例链接

银行的数据规模

我们常用的 U 盘、移动硬盘的容量是以 GB 为单位来衡量的，如 256GB。比 GB 更大的衡量数据规模的单位还有 TB、PB、EB、ZB 等，其中：1TB=1 024GB，约等于一个固态硬盘的容量大小，能存放一个监控摄像头（200MB/个）不间断录像长达半年；1PB=1 024TB，容量相当大，应用于大数据存储设备，如服务器等；而 1EB=1 024PB，目前还没有单个存储器达到这个容量。金融行业是典型的数据密集型行业，主要银行机构及银联在线支付的数据规模如表 2-7 所示。你能根据表中的数据，估算出中国工商银行积累的数据大概是交通银行的多少倍吗？

表 2-7 　　　　　　　　　　主要银行机构及银联在线支付的数据规模

主要银行机构及银联在线支付	数据规模
中国工商银行	企业级数据仓库存储量超过 350TB，积累数据 4.5PB
中国农业银行	每年产生的结构化和非结构化数据分别突破 100TB 和 1PB
交通银行	每日约处理 600GB 数据，存量数据超过 70TB
招商银行	"一卡通"累计发卡量超过 6 400 万张，信用卡发卡量超过 4 300 万张
民生银行	总账户数达 2 673 万个，每日交易量约为 1 700 万笔
邮政储蓄银行	全国 3 万家机构，300 个文件处理中心，6PB 数据
银联在线支付	发卡量 40 亿张，每天有近 600 亿次交易，每秒 50 万次记录，存储量 350TB

2. 高速性

高速性是大数据区别于传统数据挖掘最显著的特征。大数据是实时更新的高频数据，要求进行实时分析，而不是传统模式的批量、分批次分析，数据的处理与丢弃几乎无时延。金融业务的开展会积累大量数据，金融市场的数据更是瞬息万变，这既蕴含着巨大的商业价值，也对金融机构的数据处理速度和处理能力提出了挑战。

3. 多样性

多样性主要体现在数据来源多、数据种类多和数据之间关联性强等方面。从数据来源看，既包括传统的统计数据、日志文件、位置信息等，也包括互联网爬虫数据、物联网传感器数据、动态可视化数据等。从数据种类看，除了结构化数据，还包括半结构化数据和非结构化数据。以金融大数据为例，既有结构化的交易数据，又有半结构化的金融产品数据以及非结构化的"软信息"。此外，金融大数据之间往往具有很强的关联性，需要从全局视角进行总体分析和态势感知，才能得出全面的结论。

4. 价值性

大数据的价值是建立在海量数据基础上的，因此单位数据的价值密度是比较低的。金融机构需要运用大数据挖掘和处理技术，对组织形式多样、结构各异、无统一标准的大数据进行价值提纯，从海量数据中排除干扰，挖掘出有商业价值的信息，为生产经营服务。

（五）边缘计算与5G

边缘计算是5G时代的关键技术，是推动4G移动互联网向5G物联网转变，实现万物互联、万物互通的具体网络技术形式。与4G相比，5G具有三大显著特征：**一是超高速率**，5G的峰值传输速率高达20Gbit/s，是4G的20倍；**二是超低时延**，5G的端到端时延达到毫秒级，最低为1毫秒，能够在500千米/时的速度下保证用户体验；**三是超高密度**，5G网络在每平方千米范围内能够承载100万台物联网设备。虽然云计算拥有强大的处理能力，但如何将5G时代海量终端设备产生的数据安全、快速地传送到云中心是业内一大难题。而边缘计算能将云计算平台从核心网网元迁移到无线接入网靠近终端的边缘，同时配套移动接入网搭建贴近用户和终端的处理平台，提供IT或者"云"的能力，以减少业务的多级传递，降低核心网传输的负担。在5G商用时代，边缘计算与云计算共同推动物联网的发展，"边云协同"将充分提升计算能力。云计算具有相对整体性和远程控制计算的特点，可以聚焦非实时、长周期的大数据分析；而边缘计算更靠近终端用户，具有超高速率、超低时延、高安全性、轻量级等特点，可以保障接入海量设备，有效降低与核心云间的带宽占用。对时效性要求高的金融科技、智能驾驶等场景而言，边缘计算可为用户提供更好的服务，同时保障用户安全。

> **资料链接**
>
> ### 5G时代的算力需求
>
> 5G时代的算力需求将受到云、管、端三大层面的影响，如图2-3所示。
>
> "边云协同"平台：在5G时代，云计算平台将面临海量设备接入、海量数据、带宽不够和功耗过高等高难度挑战，边缘计算将与云计算互相协同。云计算聚焦非实时、长周期数据的大数据分析；边缘计算则更靠近执行单元，能够快速响应传感器接收的实时边缘大数据。对于时延要求高的业务而言，边缘计算可为用户提供更好的服务。
>
>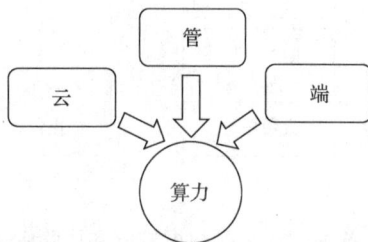
>
> 图2-3 5G算力需求受到三大层面的影响
>
> 传输管道：5G无线通信系统需要支持比4G更大的带宽，以及大型的天线阵列，以实现更高

的载波频率。未来 5G 的连接状态会更加复杂多变，一个基站可以覆盖百万级用户量，这一量级对硬件系统的要求会大幅提高。

用户终端：5G 时代，用户终端将突破 4G 时代的手机端，全面拓展至物联网端，包括消费类产品、基础类产品、通用类产品、特定场景产品，带来大量连接与计算需求。

二、金融科技的赋能作用

人工智能、区块链、云计算、大数据、边缘计算与 5G 等金融科技底层技术的创新特征，能够有效契合各类金融业态和场景的需求，在风险防控、产品创新、运营管理、基础设施等方面发挥重要的赋能作用，全方位助力金融行业提质增效。

（一）智能风控与智能催收系统

人工智能在前台能够帮助金融机构实现智能营销，降低获客成本，并运用智能投顾和智能客服机器人提高服务效率；在中台有助于构建智能风控系统，提高风险识别、预警和防控的精准度，解决金融行业发展中的痛点；在后台能够提供智能投研和智能催收等运营支持，发挥人机协同效应。以某金融科技企业的智能风控和催收系统为例，该系统通过深度学习构建客户评价模型和优化信贷流程，提高甄别、防范和化解金融风险的能力，确保资金流向优质小微企业等实体经济领域；通过机器学习和人机协同，对系统所有出入资金进行审计评估，防控操作风险和欺诈风险，实现智能风控。该系统还通过跨界融合大数据、语音识别及自然语言处理、情绪识别、云计算等相关技术搭建了智能催收平台，如图 2-4 所示。

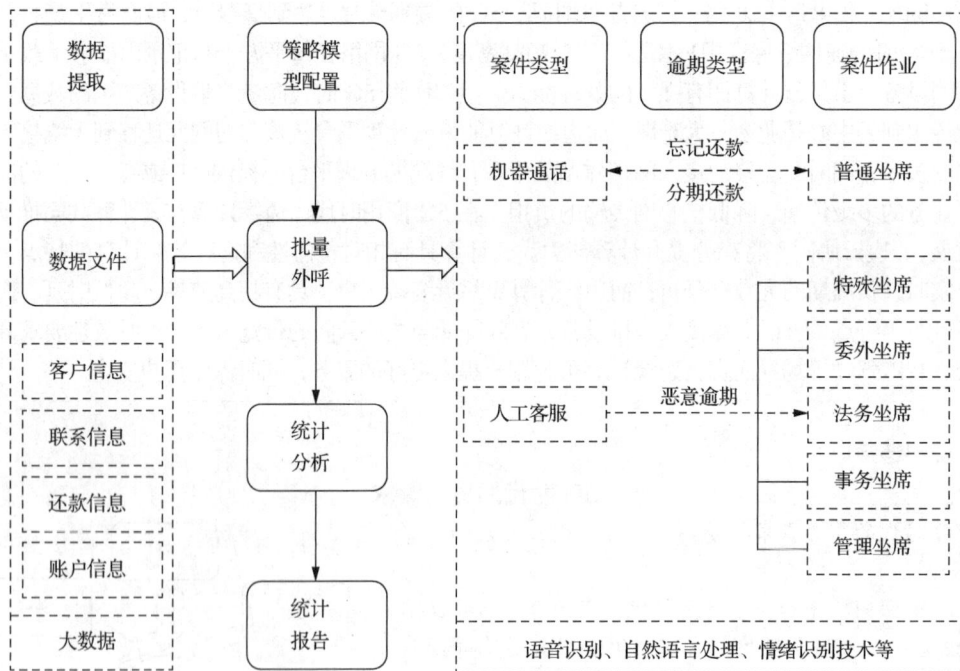

图 2-4　基于人工智能技术的智能催收平台

首先，在金融数据挖掘和风险管理模型基础上，可实现人工智能客服的批量外呼。其次，基于语音识别和自然语言处理技术，人工智能可识别不同类型的逾期借款人，并提供差异化解决方案。对于资金紧张的借款人，人工智能可识别出借款人的还款意愿较强，但还款能力出现偏差，进而提供分期还款等解决方案；而对于恶意逾期的借款人，人工智能可以根据情绪识别技术等判断此类借款人的还款意愿较差，会转接人工专员深度催收，如申请法务介入等。整个智能催收平台还可以分布式地架构在云计算平台上，并提供丰富的统计分析和风险预警功能。

[随堂测试 2-2]

小明突然接到了某催收电话，但是实际上他并没有逾期，则下列哪些做法是合理的？（　　　）

A. 直接挂断电话，并将来电号码加入"黑名单"

B. 若通过对话发现对方是智能催收机器人，则直接说明自己并未逾期

C. 若通过对话发现对方是智能催收机器人，则记录相关信息，再通过官方渠道投诉

D. 若通过对话发现对方是真人催收工作人员，则直接说明自己并未逾期

（二）区块链保险科技产品

区块链的去中心化、非对称加密、数字签名、时间戳、可追溯性、共识信任机制、智能合约等特征，有助于保险科技产品创新，更好地满足实体经济高质量发展过程中的各类风险保障需求。以众安科技旗下的"安链云"产品为例，该保险科技产品基于区块链和人工智能等技术提供云服务。

首先，"安链云"具有电子保单存储功能，并通过区块链的去中心化存储，保障电子保单的安全性，拓宽了保单的应用范围。在投保人发生保险事故后，区块链的智能合约机制还能够自动理赔，使保险服务更便捷和高效。

其次，"安链云"在普惠金融和健康生态领域还有针对性地推出了保险科技系列产品。其中，Ti 系列产品包括以区块链为基础的钛空舱（数据分布式存储）、钛阳（数字身份证）、防伪追踪溯源（智能防伪）、钛合约（电子签约）等；X 系列数据智能产品为客户提供精细化风险管理、模型搭建、智能营销及流量分析服务；S 系列产品针对保险业务中的产品设计、前端销售、客户运营、定损理赔等多个场景中的痛点提供保险科技解决方案，如表 2-8 所示。

表 2-8　　　　　　　　　　保险业务痛点与区块链保险科技解决方案

业务场景	主要痛点	区块链创新特征	保险科技解决方案
产品设计	保险标的唯一性问题、风险定价困难	去中心化、时间戳	打破时空限制，设计风险标的更加细化和动态定价的场景化、定制化保险产品
前端销售	无法精准匹配用户的保险消费需求	分布式、共识信任机制区块链+大数据	构建保险消费者用户画像，在机器信任基础上实现"点对点"精准营销
客户运营	数据可被篡改，信息安全和运营风险	分布式、数字签名、非对称加密、可追溯性	构建电子保单分布式存储系统，全流程数据"上链"，实现防篡改和可追溯，保障运营安全
定损理赔	手续多、理赔难	智能合约、共识信任机制	通过在产品中引入可编程的智能合约和共识信任机制，实现自动触发定损理赔，显著提升理赔效率

（三）大数据征信

征信，最早起源于《左传》："君子之言，信而有征，故怨远于其身。"征信高度依赖数据，大数据技术不但为我国征信体系建设提供了更加丰富有效的数据资源，也在很大程度上改变了传统征信业务对数据采集、加工和分析的方式。大数据征信应用大数据技术重新设计征信评价模型和算法，通过多维度的信用考察，形成信用评价，在银行授信审批、小微企业金融服务、金融科技平台大数据风控等场景中具有重要的应用价值。在大数据征信中，数据来源十分广泛，包括征信报告、社交数据、互联网行为数据、电商交易数据、政务数据、日常生活数据等。不仅传统征信的信贷历史数据被记录，而且所有的"足迹"都被记录，这其中既有结构化数据，也有大量非结构化数据，能够多维度刻画信用状况。同时，大数据征信数据具有实时性、动态性，能够实时监测信用主体的信用变化。大数据征信与传统征信的主要区别如表 2-9 所示。

表 2-9　　　　　　　　　　　　　大数据征信与传统征信的主要区别

比较项目	大数据征信	传统征信
代表机构	Zestfinance、百行征信、芝麻信用	FICO、央行征信
服务人群	主要服务于缺乏或无信贷记录的长尾人群	主要服务于传统银行信贷客户
数据种类	结构化数据+大量非结构化数据	以结构化数据为主
数据来源	征信报告、互联网行为数据、电商交易数据、社交数据等	信贷数据、征信报告
理论基础	机器学习、深度学习、数据挖掘	逻辑回归、标准化评分
变量个数	数千到上万个	15~30 个（变量库 400~1 000 个）

　　针对频次高、金额小的小微企业贷款，银行可以利用大数据征信及其辅助手段，从海量数据中挖掘信贷相关的关键信息，并据此开发专用于小微企业的信贷模型，实现为更多小微企业提供普惠金融服务的目的。构建大数据征信风控模型的一般流程：采集获取数据→清洗整理数据→建模加工数据→信用评估应用。

案例链接

网商银行的"网商贷"信用贷款大数据征信模型

　　网商银行的"网商贷"信用贷款大数据征信模型由五大维度构成，分别是基本情况、信用记录、电商交易数据、阿里贷款数据和网店运营状况，五项合计满分为100分，如图2-5所示。

　　以基本情况维度为例，该项包括年龄3分、婚姻状况4分、文化程度4分、职业3分，合计14分。每一个小项均有具体的评分细则，称为"粒度"，如公务员或事业单位、大中型国有企业人员得3分，普通企业人员得2分，自由工作者得1分；又如大专及以上得4分，中专、高中得3分，初中得2分，小学得1分，文盲得0分，如图2-6所示。

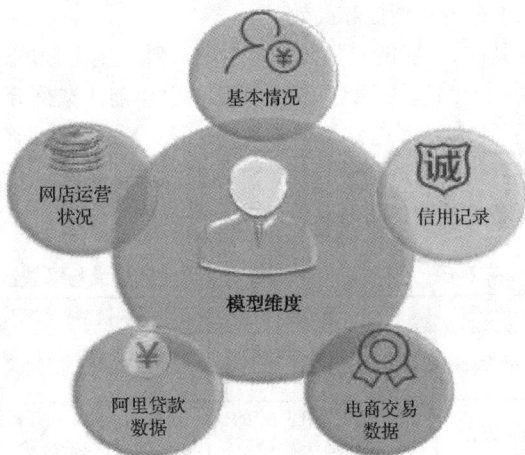

图 2-5　大数据征信模型的主要维度

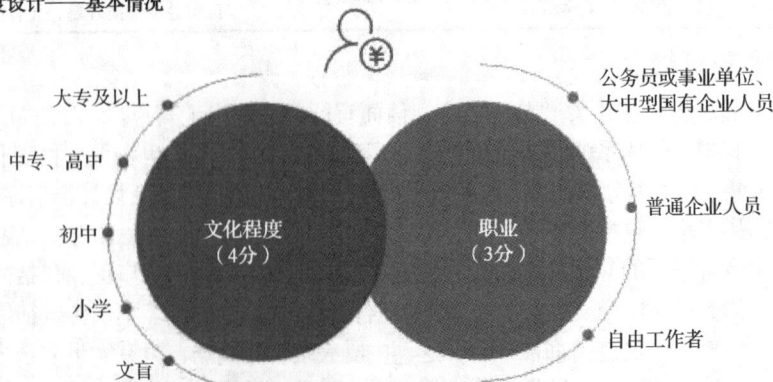

图 2-6　大数据征信模型的粒度设计

根据以上大数据征信模型的评分结果，可对贷款申请客户进行分类，并确定相应的信贷政策，如表2-10所示。

表2-10　　　　　　　大数据征信模型评分与网贷融资客户分类

评分	分类	政策
90分以上	A类客户	可在20万元范围内予以支持，利率下浮50%
81～90分	B类客户	可在20万元范围内予以支持，利率下浮30%
71～80分	C类客户	可在15万元以下额度满足其需求
61～70分	D类客户	可适度支持这类客户
51～60分	E类客户	可介入，增加独立第三方担保，从严控制申请额度
50分及以下	F类客户	易违约，不宜介入客户

（四）金融云综合服务平台

以云计算和云服务为基础，结合大数据、人工智能、区块链等技术，可以打造金融云综合服务平台，为金融创新服务实体经济提供"科技利器"。

例如，苏州市应用金融科技新技术搭建了综合金融服务平台，首创"股权+债权"的综合金融服务体系，助力解决民营小微企业融资难题。金融科技企业基于自身金融大数据、云计算服务平台、区块链生态、三方电子存证等优势，帮助地方人民政府完善金融科技基础设施，并以金融云的形式提供给地方中小金融机构和企业级用户，使其无须另行开发就拥有建模、上链、反欺诈等能力，节约了人力和时间成本，从而更好地为其客户，特别是民营小微客户提供服务。

苏州的上市券商东吴证券也自主建成投产了两朵"私有云"，能够容纳1 500余台虚拟服务器同时运行，并在此基础上于2019年上线了"A5新一代交易系统"，实现了全业务场景下的高并发、低时延，单笔订单委托响应速度达到毫秒级以内，打破了我国证券业依赖进口商业中间件与数据库产品的局面，实现了核心技术的全面国产化与自主可控。

（五）5G赋能智慧银行建设

5G会塑造一个万物互联的新时代，在金融科技产业领域，5G作为重要的基础设施，能优化现有的人工智能、云计算、大数据、物联网等技术应用并辅助各项新兴技术落地。5G物联网与边缘计算的结合，能在海量设备与互联网之间建立"无缝连接"，再造金融场景，重塑金融科技生态。以银行业为例，5G逐渐进入商用成熟期，可以全方位赋能商业银行的智能化、轻型化和便捷化转型：各类可穿戴设备和智能机器人将成为金融服务的新载体，AR/VR支付将成为移动支付的升级版，物联网金融动产抵押将催生实体资产管理新业务，基于5G等技术的开放银行平台助力金融服务无缝嵌入贸易、采购、教育、医疗、出行、政务等企业生产和民生消费场景。2019年3月，建设银行与中国移动举行了5G联合创新协作签约典礼，双方提出利用金融领域和通信领域的领先优势共建智慧银行2.0，在骨干网技能演进、无人网点建设、机房无人机巡检、钞箱运输路径监控等方面展开协作。2019年11月，工商银行推出了智慧银行生态系统ECOS，构建了开放融合的跨界生态，开启了"智慧+"创新新模式，打造一系列同业领先的云服务和区块链金融科技平台，实现智慧服务、智慧产品、智慧风控和智慧运营。

[做中学 2-2]

金融科技底层技术创新特征与小微企业融资需求的匹配性

小微企业在我国国民经济中具有举足轻重的地位，提供了80%以上的就业机会、拥有70%以上的技术创新成果、贡献了60%以上的GDP。然而受主客观条件制约，大量小微企业面临融资难、融资贵、融资慢问题。随着金融与科技的融合，金融科技创新为解决小微企业融资困境，满足小微企业融资需求提供了新的可能。本"做中学"将引导大家思考、探索金融科技底层技术的各项创新特征如何直击小微金融的痛点，赋能小微企业融资。

步骤 1：观看微课视频"小微企业融资的痛点"，了解小微企业的融资需求以及面临的现实痛点。

步骤 2：探索区块链技术与小微企业融资需求的匹配性。

请运用本任务所学知识，结合相关视频和案例中提供的信息，将区块链技术的创新特征、该特征有助于解决的小微金融痛点以及在小微企业融资中的赋能作用，用线连接起来。

区块链技术的创新特征	有助于解决的小微金融痛点	在小微企业融资中的赋能作用
去中心化、共识信任机制	融资流程长、成本高	确保上链数据真实、可信流转，拓宽融资渠道
防抵赖、数据不可篡改	传统金融服务模式与小微企业金融需求不匹配	提高企业资金流、数据流和物流透明度，帮助匹配更契合的融资产品
可追溯性、可验证性	小微企业财务管理不规范	保护小微企业信息，防范数据泄露
智能合约、BaaS	缺乏传统征信记录和抵质押物	提高小微企业融资效率，降低融资成本
区块链+大数据	互联网金融信息安全风险	构建契合小微企业信息和资产特征的征信体系
DPKI 数字签名认证	信息与信任不对称	防止财务信息失真，降低融资风险

步骤 3：探索云计算技术与小微企业融资需求的匹配性。

请运用本任务所学知识，结合相关视频和案例中提供的信息，将云计算技术的创新特征、该特征有助于解决的小微金融痛点以及在小微企业融资中的赋能作用，用线连接起来。

云计算技术的创新特征	有助于解决的小微金融痛点	在小微企业融资中的赋能作用
超大规模计算和存储能力	服务模式无法满足需求	综合金融云平台全方位赋能小微企业数字化转型
实时在线、按需服务	成本与收益不匹配	保障信息安全，提高融资效率
通用性和高可靠性	疫情影响小微融资和经营	7×24 小时按需提供服务，满足融资需求，改善体验
云计算+其他技术	风险高、效率低	提升资源利用效益，共享第三方服务，降低融资成本

步骤 4：观看微课视频"金融科技底层技术创新特征及其对小微企业融资的赋能作用"，进一步思考如何应用人工智能、大数据和 5G 等技术满足小微企业的融资需求。

任务三　金融科技服务实体经济高质量发展

本任务将从宏观的角度来探讨金融科技服务实体经济的作用机制，分析金融科技如何助力培育经济发展新动能和助力普惠金融满足实体经济长尾需求，并通过本项目的"技能实训"引导大家在探索中把握金融科技服务小微企业和赋能实体经济高质量发展的实现路径。

一、金融科技服务实体经济的作用机制

实体经济（Real Economy）是以实际资本运行为基础的社会物质产品、精神产品和服务的生产、交换、分配与消费活动，是国民经济的主体。服务实体经济和人民生活是金融的出发点与落脚点，金融科技在应用前沿技术推动金融创新的同时，也应遵循金融的基本原则，植根于满足实体经济日益变化的交易需求和投

精品微课

小微企业融资的痛点

精品微课

金融科技底层技术创新特征及其对小微企业融资的赋能作用

精品微课

金融科技服务实体经济的机制与路径（含课程思政）

融资需求，赋能实体经济的高质量发展。在辨析金融科技、科技金融与互联网金融相关概念内在联系的基础上，有必要回到金融发展与实体经济良性互动的本源，进一步揭示金融科技服务实体经济高质量发展的作用机制，指引金融科技创新的方向。金融科技服务实体经济的作用机制如图 2-7 所示。

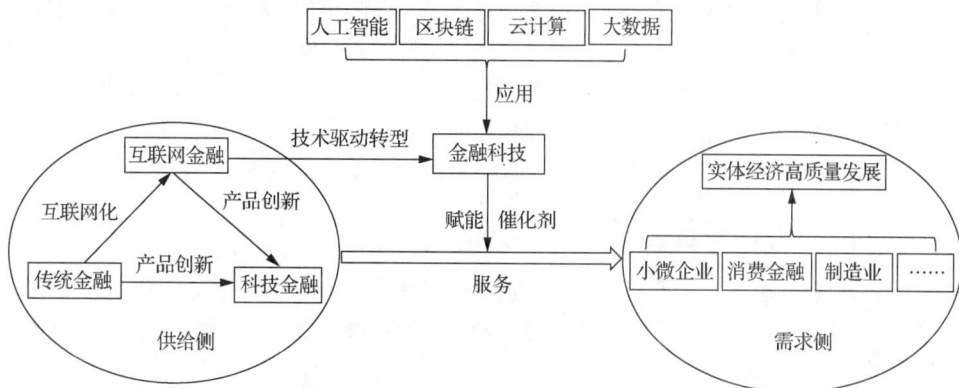

图 2-7　金融科技服务实体经济的作用机制

（一）金融科技创新要应用底层技术深化金融供给侧改革

人工智能、区块链、云计算和大数据是金融科技的底层技术。金融科技通过将底层技术全面应用到产品创新、流程优化和数字化转型中，不断推出新的产品、新的服务和新的商业模式，深化金融供给侧结构性改革，增强金融服务实体经济和人民生活的能力。人工智能是引领金融科技发展的战略性前沿技术，其与金融业的深度融合，催生了智能投顾、智能风控、自动理赔等新的业务场景和服务。大数据具有"4V"特征，即规模性（Volume）、高速性（Velocity）、多样性（Variety）、价值性（Value）。数据是金融业的核心资产，大数据技术能够深度挖掘与分析客户的金融需求、风险偏好和行为特征，形成精准的用户画像，为开发"千人千面"的定制化、智能化金融产品提供数据基础。大数据的深度应用还有助于创新风控技术，优化运营管理，驱动金融机构数字化转型。云计算和区块链是重要的分布式技术创新，在互联网金融和传统金融中均具有广阔的应用前景。云计算打破了主机架构模式，实现了系统分层和分布式架构，有助于打造全业务链条在云端的闭环，创造新的商业模式和金融服务提供方式。区块链的开源、开放特征，使其能与其他新技术深度融合，综合应用于供应链金融、互联网保险、资产管理、跨境支付等各类业务中，提高产品的技术含量，助力金融供给侧结构性改革，满足实体经济发展中的新金融需求。

精品微课

金融科技创新服务
实体经济高质量发展
研究

（二）金融科技创新是提升金融服务实体经济效率的"催化剂"

金融科技创新通过充分发挥科技的驱动和赋能作用，能够显著提升金融服务实体经济的效率，是金融供给侧服务实体经济需求侧的"催化剂"。首先，金融科技创新通过开发大数据征信系统、智能风控模型和定制化融资产品，能够解决信息不对称问题，为小微企业、民营企业、科技型企业等较难在传统金融体系中获得支持的企业提供新的融资渠道，提升金融服务的效率，助力培育经济发展新动能。其次，金融科技创新能够降低服务成本，面向低收入群体提供可负担的普惠金融服务，满足实体经济的长尾需求，使构建成本低、覆盖面广、具有商业可持续性的数字普惠金融体系成为可能。此外，金融科技还可以运用人工智能等技术建立行为模型，分析消费者的信用状况和消费行为，扩大互联网消费金融覆盖面，满足居民合理消费融资需求，服务人民生活，通过扩大社会消费推动实体经济内生增长。

（三）金融科技创新要着眼于满足实体经济高质量发展中的各类金融需求

金融科技创新的根本目标是增强金融服务实体经济的能力，满足实体经济发展中的各类金融需求。各类金融机构要探索通过金融科技创新改进小微企业、民营企业、消费金融、先进制造业、"三农"、乡村振兴等需求侧重点领域和薄弱环节的金融服务，提升服务效率，降低交易成本，赋能实体经济的高质量发展。网络银行可以将金融科技成果应用于客户画像、生物识别、智能风控等方面，以开发更契合实体经济需求的公司金融和消费金融产品。保险机构可以通过与金融科技公司合作，加强精细化管理，开发智能化、个性化的保险产品，更好地满足实体经济风险保障需求。供应链金融平台可以探索利用大数据、区块链等技术发展数字普惠金融和供应链金融业务，缓解民营企业和小微企业融资难、融资贵问题，推动创新创业高质量发展。综合金融服务平台可以提供"互联网+"一站式综合金融服务，解决信息不对称问题，提高资源配置效率。

二、金融科技助力培育经济发展新动能

作为金融与科技深度融合的产物，金融科技能够提高金融资源配置的效率和质量，从而契合培育经济发展新动能过程中实体经济重点领域与薄弱环节的金融需求，支持新兴企业成长和传统产业数字化转型，助力实体经济的高质量发展。

（一）金融科技通过提高投资效率助力新兴企业成长

促进储蓄向投资转化是金融体系的基本功能之一。金融科技的发展能够推动金融行业供给侧结构性改革，促进金融深化和金融创新，提高储蓄向投资转化的效率。随着人工智能、区块链、大数据等底层技术的发展和在金融领域的应用，金融科技创造了智慧银行、保险科技、众筹融资、移动支付、综合金融服务平台等新金融业态，通过金融产品创新和商业模式创新，为民营创业企业、科技型创新企业、"双创"主体等较难在传统金融体系中获得支持的企业提供了新的融资渠道，推动了储蓄向投资转化。而对于信息披露缺失、融资困难、发展受限的企业，金融科技可以充分利用大数据、区块链等技术，进行相关的信息收集、追溯和存证，进一步评估企业市场价值和行业发展前景，进而甄别企业的可持续性，选择具有投资价值的企业给予资金支持，这就提高了投资效率，有助于促进优质新兴企业的成长。近年来，全球科技创新的一个突出特征是"科技创新始于技术，成于资本"。金融科技的发展能够创造新的投融资模式，降低交易成本，促进创新资本的形成。金融科技行业融资的增加，进一步推动了数字普惠金融的发展，提高了金融资源配置效率，从而能够为具有成长潜力的优质新兴企业带来新增投资，促进新企业的发展壮大，为实体经济高质量发展提供新动能。

（二）金融科技前沿技术的应用推动传统产业数字化转型

数字经济的发展正有力助推供给侧结构性改革，2018年我国数字经济规模达31.3万亿元，同比增长20.9%，占GDP的比重达34.8%，成为经济发展的新动能。人工智能、区块链、大数据、云计算等金融科技前沿技术，不仅可以服务金融业，还可以在结合实体产业既有的知识和规律之后，实现数字科技与实体经济的紧密连接，助推传统产业的数字化转型，服务实体经济的高质量发展。

首先，人工智能技术的应用有助于促进传统产业从劳动密集型向技术驱动型转型，提高发展质效。人工智能应用于传统产业，能够作为新型生产要素与实体经济其他生产要素相融合，助推传统产业的数字化转型，实现"金融科技+智能制造"的目标，在生产过程中创造出更大的价值。虽然人工智能的投入在短期内会增加固定成本，但是随着传统产业生产效率的提升和单位产品价值的增加，产品的边际成本会逐渐下降，从而实现产品边际收益的提升和产业生命周期的迭代。因此，人工智能将带动传统企业智能化改造与数字化转型，持续推动创新，进而提高全要素生产率。具体而言，在工业领域，人工智能正推动工业4.0时代加速到来；在农业领域，人工智能带来生产全流程的智能化提升。人工智能将渗透各行各业，并逐步成为引领经济发展和产业转型升级的新引擎。

　　其次，大数据、云计算等金融科技技术的应用，也有助于传统企业吸收新技术，加快自身的数字化转型步伐，实现数字科技革命。传统企业积极运用数字科技手段，科学管理企业生产销售的各个环节，将各业务环节与大数据分析、分布式云计算链接、融合，能够实现线上线下一体化、生产销售一体化、人类智慧和机器学习一体化，提高生产效率，降低经营成本，优化业务流程，防控经营风险，从而为企业实现信息化转型和实体经济高质量发展奠定基础。

　　此外，区块链作为一项颠覆性技术，正推动"信息互联网"向"价值互联网"的跃迁，引领新一轮科技革命和产业变革。充分利用区块链的分布式、去中心化、非对称加密与数据不可篡改、可追溯性、智能合约、共识信任机制等创新特征，加快区块链应用落地，能有效助推金融科技与数字经济的发展，为实体经济"降成本""提效率""解痛点"，促进传统产业向产业链中高端迈进，重构创新版图，实现效率变革，进一步培育经济增长的新动能。

三、金融科技助力普惠金融满足实体经济长尾消费需求

　　新时代支撑实体经济高质量发展所需要的金融服务需求，除了培育经济发展新动能所引领的新金融服务需求外，还包括实体经济发展中尚未充分满足的长尾需求，即普惠金融需求。联合国于2005年首次提出了普惠金融的概念，旨在解决全球性的金融排斥现象，立足机会平等要求和商业可持续原则，以可负担的成本，为有金融服务需求的社会各阶层和群体提供适当、有效的金融服务。根据国务院印发的《推进普惠金融发展规划（2016—2020年）》，普惠金融的重点服务对象包括小微企业、农民、城镇低收入人群、贫困人群和残疾人、老年人等特殊群体。数字普惠金融引领，是普惠金融可持续发展的重要出路。金融科技通过应用区块链、人工智能、大数据、云计算等前沿技术，创新业务流程和商业模式，能够推动数字普惠金融发展，更好地服务于"金融排斥"群体，满足其长尾需求，从而助力实体经济的高质量发展。尚未充分满足的实体经济长尾需求主要包括民营企业和小微企业的融资需求、低收入群体的普惠金融服务需求以及长尾消费需求等。金融科技创新满足实体经济长尾需求的作用机制如图2-8所示。

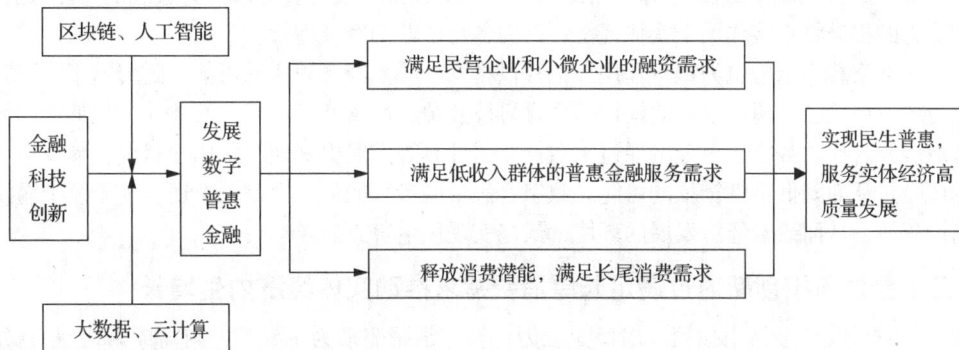

图2-8　金融科技创新满足实体经济长尾需求的作用机制

（一）金融科技创新有助于解决民营企业和小微企业的融资难题

　　传统金融在服务实体经济过程中存在薄弱环节，导致民营企业和小微企业长期存在融资难、融资贵等问题。近年来，在"大众创业、万众创新"的背景下，国家高度重视民营企业和小微企业融资问题，出台了大量正向激励政策，但是银行等传统金融机构对民营企业和小微企业的贷款满足率仍较低，如2017年仅为30%～40%。民营企业和小微企业贷款一般单笔数额较小，成本相对较高，单笔利润较低，使金融机构的单笔效益甚微。因此，传统银行对民营企业和小微企业存在"惜贷"现象。民营企业和小微企业融资难的根源在于金融供给的成本和收益不匹配，而互联网金融和金融

科技创新能够缓解信息不对称的问题，降低服务成本，提高小微金融服务的可获得性、成本可负担性及供需可匹配性，从而助力解决融资难、融资贵和融资慢等问题，达到高效服务实体经济的目的。以金融科技创新业态互联网银行为例，互联网银行的出现挑战了传统银行在信贷市场的垄断地位，降低了交易成本，提高了交易效率，为民营企业和小微企业融资提供了一条新途径。互联网银行可以通过"大数据获客"扩大金融服务覆盖面，发展数字普惠金融，有效服务民营企业和小微企业；可以运用智能风控、智能催收、知识图谱等人工智能技术降低运营成本，防控信用风险，从而有助于在客观上降低民营企业和小微企业的整体融资成本，服务创新创业和实体经济的高质量发展。此外，股权众筹等金融科技创新业态的发展，还有助于建立健全多层次、多元化且功能齐全的资本市场，形成层次分明的融资成本结构，提高民营企业和小微企业直接融资特别是股权融资的比重，降低杠杆率，从而降低社会经济风险，促进实体经济健康发展。

（二）金融科技创新有助于满足低收入群体的普惠金融服务需求

相关研究表明，普惠金融指数与贫困率负相关，与人类发展指数正相关，即金融普惠程度越高，越有利于经济的高质量发展。发展普惠金融，能够为农民、城镇低收入群体、贫困人群等提供价格合理、安全便捷的金融服务。金融科技创新是实现数字普惠金融目标的重要途径。

首先，金融科技的创新发展可以让更多的人群，尤其是贫困人群以低成本、高效率的方式获得金融服务，在解决低收入群体融资约束困境的同时，也使他们获得与经济一起成长的机会。例如，低收入群体可以借助数字普惠金融，为小本经营获得融资，有机会通过自主创业实现脱贫；在数字普惠金融的帮助下，低收入群体在基础教育上的投资也会得到提升，低收入群体有望通过教育获得更多收入增长的机会，从而促进社会公平和助力实体经济均衡发展。

其次，根据边际消费倾向递减规律，低收入群体拥有更高的边际消费倾向，因而解决低收入群体的融资约束不仅能带来供给侧的增长，也会对需求侧产生边际贡献。数字普惠金融使金融产品与服务逐渐场景化，线上的金融服务不断拓展创新，将提供更加丰富的金融产品；线下场景也将借助线上金融服务平台，降低成本与门槛，拓宽服务人群，助推社会消费需求的升级和消费能力的提升。而消费能力的提升将直接作用于实体经济，助力各行各业的经济增长。

最后，数字普惠金融也为银行信用评估提供帮助，减少经济犯罪的可能。随着基于数据共享的开放银行的发展，已有超过半数的银行与金融科技公司通过 API 接口在用户画像、反欺诈、风险控制等领域展开合作。数字普惠金融通过大数据、云计算等手段更好地了解用户状况，减少逆向选择带来的风险，从而降低不良贷款的可能。数字普惠金融带来的包容性增长，还有助于减少偷窃、抢劫等财产犯罪，从而改善经济发展的环境，最终实现民生普惠。

（三）金融科技创新通过满足长尾消费需求推动实体经济内生增长

随着新时代我国经济由投资、出口拉动为主转向消费驱动为主，扩大内需成为构建"双循环"新发展格局和经济高质量发展的新动力。运用金融科技技术发展数字普惠金融，可以提供成本较低的智能化金融服务，使居民的消费潜能得以释放，大规模的长尾消费需求得到满足，从而推动实体经济的内生增长。首先，移动支付、聚合支付等金融科技工具的使用，使支付不再受时间、地点、场景等限制，大幅降低了交易成本，刺激了消费潜能的释放。例如，支付宝、微信支付在微观上增加了人们的消费次数，在宏观上推动了电子商务的发展和社会消费总额的增长，从而助力实体经济高质量发展。其次，运用大数据技术可以对各主体网上行为、痕迹留下的结构化和非结构化数据进行深入挖掘与分析，形成用户画像并提取有效信息，实现精准营销，引导居民合理消费，助力实体经济高质量发展。再次，金融科技公司还可以运用人工智能等技术建立行为模型，分析消费者的消费行为和信用状况，完善征信体系和风控机制，扩大互联网消费金融覆盖面，满足居民合理的消费融资需求，从而通过扩大社会消费推动实体经济增长。此外，区块链等金融科技前沿技术在服务消费升级、满足消费需求等方面也有重要的应用价值。例如金融科技龙头企业——蚂蚁集团已经搭建了自主研发的金融级区块链平台，还将区块链成功应用到了"双 11"购物节中，天猫商城上大量海外和国内商品都可以应用区块链技术实现产品溯源，相当于给每个产品贴上了原产地和产品信息标签。区块链的可追溯性、非对称加密与数据不可篡改、智能合约等创新特征能够有效契合消费升级过程中对产品质量和金融服务的新需求，保障消费金融的健康发展，赋能实体经济。

[随堂测试 2-3]

金融科技赋能经济"双循环"

金融科技在赋能实体经济高质量发展的同时，能够助力构建以国内大循环为主体、国内国际双循环相互促进的新发展格局。请结合本任务所学知识，思考金融科技创新如何通过刺激消费、扩大内需畅通内循环；思考能否通过金融科技基础设施的输出，助力"一带一路"建设，赋能外循环。请谈谈你的看法。

课程思政

金融科技助力疫情防控与复工复产

人工智能、区块链、云计算、大数据、5G 等金融科技底层技术在助力疫情防控和服务企业复工复产中发挥了重要作用。建立在移动互联网、大数据、云计算等技术基础上的"健康码"和"行程卡"筑起了防控疫情的安全之网。受疫情冲击，传统金融服务模式局限性凸显，金融机构纷纷应用金融科技技术拓展线上业务，优化丰富"零接触式"服务渠道，创新"零接触式"金融产品，在有效减少人群集聚和防控疫情传播风险的同时，满足了企业复工复产中的贷款和金融服务需求。此外，银行等金融机构还建立健全"敢贷、愿贷、能贷和会贷"的长效机制，通过更丰富的数字经济工具，全面提升针对中小微企业的信息识别能力和风险控制水平，探索应用区块链、大数据等技术，加强对贷款资金流向的实时监控和溯源，确保资金真正流向实体经济，并加大对涉农、外贸、制造业、现代服务业等重点领域和受疫情影响较重产业的支持力度。

请通过互联网检索各地出台的金融科技支持疫情防控与复工复产的相关政策文件，并通过社会调查实践，收集和调研金融科技在疫情防控与助力企业复工复产中的具体案例或典型应用，结合本项目所学的金融科技底层技术的创新特征，填写表 2-11。伟大抗疫精神是中国精神的生动诠释，也必将转化为实现中华民族伟大复兴的强大力量。对于收集的优秀案例，可制作 PPT 在课堂上展示，进一步体会我国抗疫斗争中的榜样力量以及金融科技创新的赋能作用，深化对伟大抗疫精神内涵的理解，并在为实现中华民族伟大复兴的奋斗中践行。

表 2-11　　　　　　　金融科技在疫情防控与复工复产中的应用

底层技术	创新特征	赋能作用	在疫情防控与复工复产中的案例或应用
人工智能			
区块链			
云计算			
大数据			
边缘计算与 5G			

知识自测题

一、单项选择题

（一）金融与科技的相互融合，推动了金融科技的创新与发展，请回答第1~3题。

1. 以史为鉴，可以知未来，下列关于金融科技发展历史的说法不准确的是（　　）。

    A. 造纸与印刷技术推动了世界上最早的纸币——交子的出现

    B. 计算机技术的发展推动了借记卡、贷记卡等早期代表性金融科技产品的出现

    C. 区块链技术推动了比特币等加密数字货币的出现和快速发展

    D. FinTech 一词首现于 1985 年 8 月 11 日的《星期日泰晤士报》，指 Financial Technology

2. 对金融与科技关系的理解，下列各项中合理的是（　　）。

    A. 生产关系与生产力的关系　　　　B. 经济基础与上层建筑的关系

    C. 社会存在与社会意识的关系　　　　D. 主观能动性与客观规律的关系

3. 下列各项人工智能技术在金融场景中的应用，属于"前台"的是（　　）。

    A. 智能风控　　　B. 智能投顾　　　C. 智能投研　　　D. 智能催收

（二）区块链、人工智能、云计算、大数据、边缘计算与 5G 等是金融科技的底层技术，在赋能金融行业提质增效方面发挥了重要作用，请回答第4~6题。

4. 在数字经济时代，为纾解云计算平台面临的海量设备接入和海量数据处理的时延等问题，云计算技术需要与（　　）技术相结合，从而为时效性要求高的金融科技用户提供更好的服务。

    A. 人工智能　　　B. 区块链　　　C. 边缘计算　　　D. 大数据

5. 下列哪一项不属于大数据的创新特征？（　　）

    A. 规模性　　　B. 高速性　　　C. 高价值密度　　　D. 多样性

6. 试推断以下文字描述的是哪一项金融科技技术。当一个分布式结构中的个体都按照同一个简单而有效的规则做出行为反应时，其就像深海中外形变幻莫测而内在强大有力的鱼群，微小的单元集合能够组合演化成一个巨型的"智能生物"。（　　）

    A. 人工智能　　　B. 区块链　　　C. 云计算　　　D. 大数据

（三）金融科技的发展推动了金融创新，增强了金融服务实体经济能力，请回答第7~10题。

7. 互联网金融从以传统金融业务互联网化为主的 1.0 版升级为以（　　）为核心的 2.0 版，从而能够提供更为普惠的金融服务。

    A. 区块链　　　B. 人工智能　　　C. 大数据　　　D. 金融科技

8. 下列哪一项属于金融科技发展历程中融合升级阶段的代表性业态？（　　）

    A. P2P 网贷　　　B. 股权众筹　　　C. 开放银行　　　D. 办公自动化

9. 下列各项中不属于金融科技范畴的是（　　）。

    A. 大数据征信　　　B. 智能投顾　　　C. 阿里金融云　　　D. 投贷联动

10. 下列哪一项不属于金融科技满足实体经济长尾需求？（　　）

    A. 满足政府融资平台需求

    B. 满足民营企业和小微企业的融资需求

    C. 满足低收入群体的普惠金融服务需求

    D. 满足长尾消费需求

02

二、判断题

1. 金融科技是技术驱动的金融创新，旨在运用现代科技成果改造或创新金融产品、经营模式、业务流程等，推动金融发展提质增效。（　　）

2. 科技众筹既属于互联网金融的创新业态，又属于金融科技的典型应用。（　　）

3. 在金融科技领域，云计算能够按需提供 7×24 小时不间断的金融服务。（　　）

4. 大数据征信的数据来源以结构化数据为主。（　　）

5. 金融科技创新是提升金融服务实体经济效率的"催化剂"。（　　）

三、综合训练题

1. 仔细分析图 2-9 所示的金融业态与金融科技的关系，结合所学知识，说明人工智能、区块链、大数据和云计算的创新特征如何为金融行业提供解决方案，各金融细分行业又可以为金融科技技术创新提供哪些应用场景。

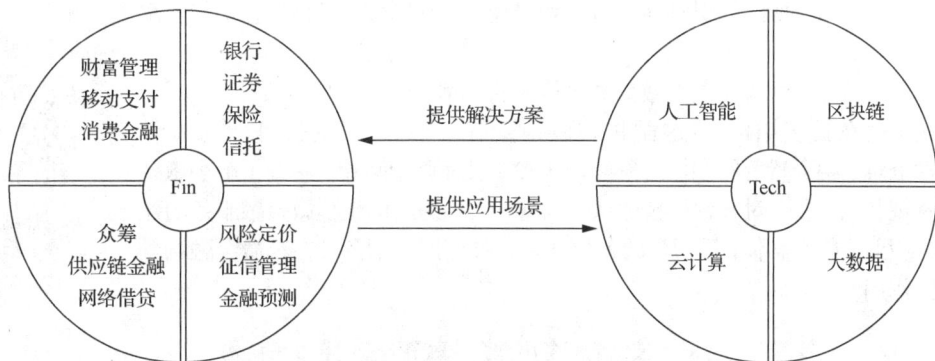

图 2-9　金融业态与金融科技的关系

2. 请扫描右侧二维码阅读案例——"小蚂蚁"绘就"大蓝图"，试回答案例后的讨论题。

讨论题：

（1）蚂蚁集团应用了哪些金融科技的底层技术？这些技术是如何与具体应用场景结合的？

（2）蚂蚁集团在赋能实体经济和服务人民美好生活方面发挥了哪些重要作用？

（3）请检索蚂蚁集团在金融科技创新方面的新进展，结合案例资料和所学知识，针对完善金融科技监管，推动平台型企业坚持"科技向善"，从而更好地服务实体经济高质量发展，谈谈你的建议。

案例链接

"小蚂蚁"绘就
"大蓝图"

🌱 技能实训

[实训项目]

金融科技赋能实体经济高质量发展调查与探究。

[实训目的]

金融科技是由底层技术驱动的金融创新，这些金融创新可能会产生新的商业模式、技术应用、业务流程或创新产品，从而对金融市场、金融机构或金融服务的供给侧产生重大影响。金融科技创新在赋能实体经济高质量发展方面具有重要价值和广阔前景。本实训项目基于构建概念模型、开展问卷调查、分析应用场景的逻辑，通过有挑战性的问题设计，引导学生自主思考、探究、辨析金融科技服务实体经济的路径选择，进一步巩固本项目所学知识。

[实训内容]

金融科技创新是新时代推动金融供给侧结构性改革、服务实体经济高质量发展的核心驱动力。以小微金融、数字征信、智能银行等具体业态和场景为例，通过调查研究深入探讨金融科技赋能实体经济的实现路径。

步骤1：认识金融科技的底层技术及其作用。

为了剖析金融科技、互联网金融与实体经济高质量发展之间的关系，请仔细分析图2-7"**金融科技服务实体经济的作用机制**"，结合所学知识，指出金融科技主要应用的底层技术有哪些，这些技术为什么能使金融科技在金融行业服务实体经济过程中发挥赋能作用。

步骤2：辨析金融科技、互联网金融与科技金融。

金融科技、互联网金融和科技金融是在理论与实践中易混淆的三个基本概念，厘清三者在内涵和外延等方面的差异，对于探讨金融供给侧结构性改革和研究金融科技赋能实体经济高质量发展具有重要意义。请结合所学知识具体分析金融科技、互联网金融、科技金融的联系和区别。

步骤3：调查金融科技在小微金融场景中的应用。

传统金融在服务实体经济过程中存在薄弱环节，导致小微企业、民营企业长期存在融资难、融资贵等问题。请参考表2-12，设计调查问卷，调查了解小微企业的融资现状与特征、对金融科技的认知与应用，并提出优化小微金融服务的建议。问卷应尽可能涵盖本项目所学的各项金融科技底层技术及其在小微金融场景中的赋能作用。

资料链接

金融科技创新服务小微企业融资调查问卷示例

表2-12　　金融科技创新服务小微企业融资调查问卷参考结构

问卷模块	调查重点
样本小微企业基本信息	小微企业类型、行业、发展阶段、财务信息规划程度等
小微企业融资特征与实际融资情况	融资需求金额、期限、资金用途、融资方式、融资成本、融资等待时间、融资过程中存在的问题与风险、金融科技在风险防控中的作用等
对金融科技的认知与应用	人工智能、区块链、云计算、大数据、5G等金融科技底层技术在小微金融业务中的应用效果，金融科技在降低小微企业融资成本、提高融资效率等方面的具体赋能作用，对金融科技解决小微融资难题的认知与判断等
优化小微金融服务的建议	小微企业经营和融资中遇到的困难和希望得到的帮助、需重点突破的金融科技前沿技术与落地场景、对政府部门支持小微企业融资和推进金融科技创新监管的政策建议等

步骤4：分析金融科技底层技术对小微金融的赋能效果

根据问卷调查结果，结合图2-10的示例，比较各项金融科技底层技术在服务小微企业融资中的应用效果，并从总体上分析金融科技创新是否有助于解决小微企业融资难、融资贵和融资慢的痛点。

步骤5：设计"区块链+大数据"数字征信创新产品。

请参考图2-11给出的设计框架，结合问卷调查与分析结果，将区块链、大数据这两种技术的创新特征相结合，设计"区块链+大数据"数字征信创新产品，为小微企业融资提供高质量的征信服务。

步骤6：分析人工智能技术在银行网点金融业务中的应用。

人工智能技术在商业银行金融业务中的应用，有助于推动银行网点向智能化方向转型，更好地服务实体经济的高质量发展。银行网点的各项金融业务均可以嵌入多种人工智能技术，具体如图2-12所示。请根据图2-12，结合所学知识，从"机器学习""生物特征识别技术""语音语义识别处理技术""知识图谱技术"中选择一种你感兴趣的人工智能技术，具体分析其在银行网点金融业务中的应用场景和主要作用。

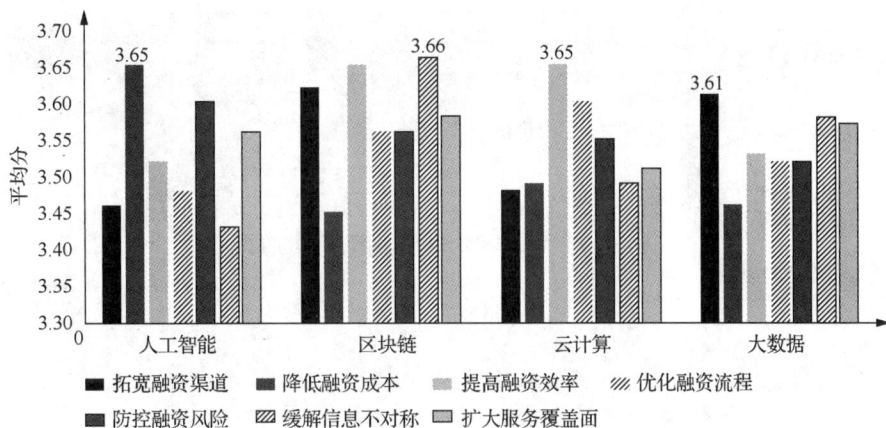

图 2-10　金融科技底层技术服务小微金融的各项赋能效果调查结果示例

注：图中的平均分根据人工智能、区块链、云计算、大数据等金融科技底层技术对被调查的样本小微企业的各项赋能效果按照 5 分制打分后计算（1 分表示几乎无效；2 分表示略有效果；3 分表示有一定效果；4 分表示有较大效果；5 分表示效果非常显著），某项效果的平均分等于该项得分之和除以参与打分的小微企业数量。

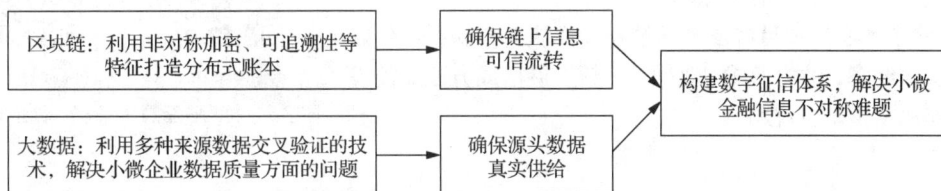

图 2-11　小微企业"区块链+大数据"数字征信创新产品设计框架

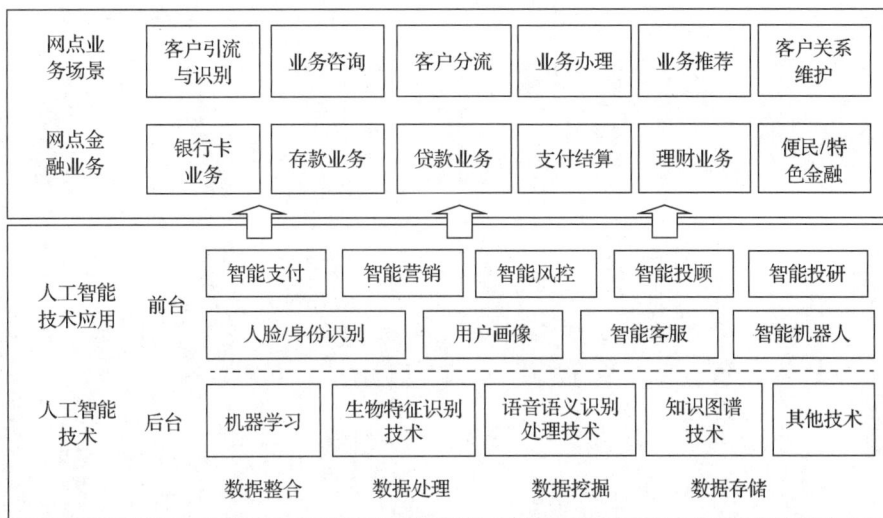

图 2-12　银行网点金融业务人工智能技术的应用逻辑

步骤 7：实地体验 5G 和人工智能技术在银行网点智能化转型中的应用。

请通过互联网查阅资料，有条件的同学可以实地走访应用 5G 和人工智能技术的智慧银行网点，如建设银行的"无人银行"网点、工商银行的全功能 5G 智慧网点等，如图 2-13 所示。体验 5G 和人工智能技术在银行网点智能化转型中的具体应用，并探讨上述金融科技底层技术的应用将如何改变银行业态。

图 2-13　工商银行苏州工业园区全功能 5G 智慧网点实景

[实训思考]

1. 请扫描二维码，观看研究性课程的项目展示微课视频"金融科技创新服务小微企业融资研究"，比较你调查得出的结论与视频中的区别，试分析原因。

2. 除了本实训项目涉及的场景外，你认为金融科技创新在服务实体经济，助力形成"双循环"新发展格局方面还能发挥哪些作用？请举例说明。

视频资源	精品微课
工商银行苏州工业园区全功能 5G 智慧网点	金融科技创新服务小微企业融资研究

项目三

区块链与智能金融

[知识目标]

1. 理解区块链技术的原理，把握区块链的运行机制。
2. 理解区块链的核心技术、主要特点、技术演进、主要分类和模型架构。
3. 了解区块链技术在金融科技中的典型应用及其风险和挑战。
4. 理解人工智能技术的概念及其基本原理，把握人工智能、机器学习与深度学习的关系。
5. 了解人工智能对金融创新的影响以及典型的智能金融应用。

[能力目标]

1. 能够运用区块链运行机制的分布式与去中心化、共识信任机制、非对称加密与数据不可篡改、智能合约、可追溯性等特点，提出解决金融行业现实痛点的创意方案或对策建议。
2. 能够运用机器学习、深度学习等人工智能的基本算法，分析简单的智能金融模型，并结合具体的应用场景，辅助决策。
3. 能够初步掌握运用人工智能和智能投顾等技术进行金融科技投资的方法及步骤。

[思政目标]

1. 结合区块链的创新特征，探索"区块链+供应链金融"纾解小微企业融资困境的实现路径，体会信用创造价值，树立诚实守信的价值观，培养交叉跨学科创新能力和崇尚科学的精神。
2. 能够理解金融科技与监管科技的辩证关系，把握金融科技发展的前沿趋势。

区块链和人工智能是金融科技的重要底层支撑技术，共同推动智能金融的发展。区块链技术以其公开、透明、可追溯、不可篡改的特性为有效解决金融服务去中心化、交易追踪、隐私保护等问题提供了一种技术可能。区块链技术的集成应用在新的技术革新和产业变革中起着重要作用，有助于推动区块链和实体经济深度融合，解决中小企业贷款融资难、银行风控难、部门监管难等问题。而人工智能是新一轮科技革命和产业变革的重要驱动力，正深刻改变着人们的生产、生活、学习方式。2020年，区块链和人工智能均被纳入"新基建"范围，上升至国家战略高度。本项目将全面介绍区块链和人工智能技术的基本原理、主要特点、技术演进和分类等，并在此基础上纵览其在金融科技与金融监管中的创新应用，以帮助大家掌握金融科技与监管科技的发展现状和前沿趋势，把握当下，启迪未来。

浙商银行运用区块链技术解决票据交易痛点

在传统票据市场中，纸质票据造假、一票多卖、票据打款背书不同步等现象时有发生；而对于电子票据，由于操作层面的交易系统采用的是中心化运作方式，一旦中心服务器出现问题，会对整个市场产生灾难性的影响。同时，企业网银的接入会把风险转嫁到银行，使整个风险链条越来越长。

与传统纸质汇票和电子汇票均不同的是，移动汇票采用区块链技术，以数字资产的方式进行去中心化存储和可追溯交易，在区块链系统内流通，不易丢失、无法篡改，具有更强的安全性和不可抵赖性，同时解决了票据交易的防伪问题。

2017 年 1 月 3 日，浙商银行基于区块链技术的移动数字汇票产品正式上线并完成了首笔交易，标志着区块链技术在商业银行核心业务的真正落地应用。浙商银行成功搭建了基于区块链技术的移动数字汇票平台，可以为客户提供在移动客户端签发、签收、转让、买卖、兑付移动数字汇票等各项票据交易功能，并在区块链平台实现公开、安全的分布式记账。

浙商银行信息科技部相关负责人表示，在商户处运用区块链技术实现真实票据交易，验证了区块链可降低交易成本、提升结算效率、实现安全互信等的优良特性，从而彰显区块链在升级打造金融体系底层技术架构中的价值。

票据市场具有高道德风险和高操作风险的"双高"风险特征。浙商银行的移动数字汇票平台利用区块链技术后，将一张票据在"申请—发行—交易—承兑"整个流程的关键信息都记录在区块链上，信息无法被篡改，监管部门可以一目了然地查询，为票据交易的可追溯性创造了条件。此外，借助区块链的分布式数据库可以实现对所有参与者信用的搜集和评估，对信用风险进行实时监控。

综上，利用区块链技术，可解决票据市场的以下痛点。一是票据真实性问题。自票据发行时起，即对全网所有业务参与方进行广播，由全部节点验证其真实性；同时，当检验数字票据信息是否被篡改时，区块链也可以提供无可争议的一致性证明。二是交易安全问题。构建了"链上确认与结算"的交易方式后，就能实现与支付系统的无缝对接，可以杜绝票据错误现象，保障交易安全。三是隐私保护问题。在区块链非对称加密技术的基础上，通过采用同态加密、零知识证明等密码学算法设计，构建了可同时实现隐私保护和市场监测的机制。票据交易主体无须通过公开隐私信息的方式即可换取交易对手的信任，保护了信息的安全。

任务一　区块链原理与金融科技应用

本任务将带领大家进一步探索区块链的运行原理，通过具体实例揭开非对称加密算法、工作量证明机制、智能合约等核心创新技术的神秘面纱，并重点学习区块链技术在金融科技领域的典型应用。

精品微课

一、区块链的运行机制

作为加密数字货币的底层支撑技术，区块链已经成为新兴金融科技发展的关键引擎，经过初级阶段向智能合约阶段的过渡，最终会渗透人类社会的各个领域。

探秘数字货币背后的区块链技术

区块链技术在拓展经济的广度、深度以及降低交易成本等方面提供了创造性的解决方案，将对经济、社会的诸多方面产生重大影响。该技术在金融科技领域的应用将完全改变交易流程和记录保存的方式，从而显著提升效率。

根据中国人民银行发布的《区块链技术金融应用 评估规则》，区块链（Blockchain）是指一种由多方共同维护，使用密码学保证传输和访问安全，能够实现数据一致存储、防篡改、防抵赖的技术体系。例如比特币是区块链的第一个成功应用，我们可以通过它来分析区块链的运行机制。比特币起源于化名为"中本聪"（Satoshi Nakamoto）的神秘人在 2008 年发表的奠基性论文《比特币：一种点对点的电子现金系统》。他在这篇论文中提出了基于区块链的加密数字货币原型，如图 3-1 所示。比特币交易采用 P2P，即点对点方式，交易发生后自动向全网广播。"记账者"为了得到比特币奖励，记录一定时间内（目前系统设定为约 10 分钟）的所有交易，并据此计算一个符合难度系数的"哈希散列"。最先计算出者，向全网广播，各节点验证后，成为最新区块。已达成交易的区块加上"时间戳"，连接在一起形成"区块链"，使其拥有可追溯性。区块链的主要结构如图 3-2 所示。

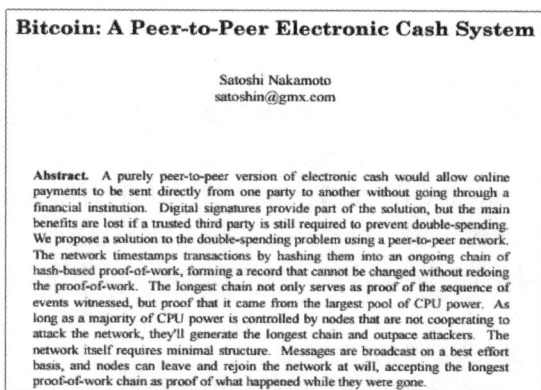

图 3-1　"中本聪"发表的奠基性论文《比特币：一种点对点的电子现金系统》

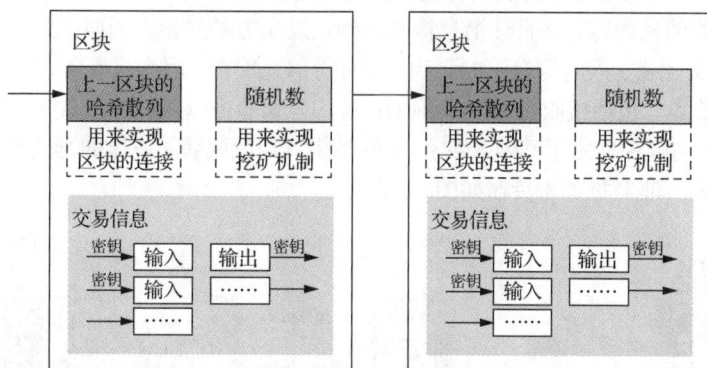

资料链接

Bitcoin: A Peer-to-Peer Electronic Cash System

资料链接

比特币的特性

图 3-2　区块链的主要结构

比特币的总数在设计之初就被限定在 2 100 万枚，而作为每形成一个新区块的奖励的比特币数量是递减的，每隔约 4 年（准确地说，是每隔 21 万个区块）每区块发行比特币的数量就会降低一半。例如，20××年×月 12 日 3 点 23 分 43 秒，比特币区块链网络 630 000 高度区块被挖出，在此高度，每挖出一个区块的比特币奖励由 12.5 枚减半为 6.25 枚，比特币第三次奖励减半如期发生。直到 2140 年左右，所有的比特币将全部发行完毕，即比特币发行总量稳定在 2 100 万枚，此后不会再发行新比特币作为"记账"的奖励，比特币区块链的经济激励都将由交易流通过程中的手续费提供。

视频资源

区块链科普

[随堂测试 3-1]

比特币是否属于"货币"？

结合货币的本质和职能的相关知识，你认为比特币等加密数字货币是否属于金融学意义上的"货币"？请谈谈你的看法。

03

[随堂测试 3-2]

已知比特币区块链约每 10 分钟生成一个区块，每个区块记录约 2 000 笔交易（大小不超过 1MB），则比特币网络每秒确认的交易笔数约为（　　　）。

　A. 1 笔　　　　　　　　B. 2 笔　　　　　　　　C. 3 笔　　　　　　　　D. 4 笔

二、区块链体系下交易的核心技术

由于区块链网络上的交易双方都是匿名的，同时又没有一个转账双方共同信赖的中心化机构来确认交易，因此有两个核心问题必须解决：一是交易双方的身份确认问题；二是交易账户的真实性问题，即确认转出方账户中确实有钱。

首先，区块链网络中，身份确认是通过非对称加密算法和数字签名来实现的。区块链运用非对称加密算法和 DPKI 数字签名来保障网络上匿名交易的安全性与数据不会被恶意篡改。非对称加密算法使用公钥和私钥两个独立的密钥。在使用非对称加密算法的区块链网络中，公钥和私钥的关系如下。

（1）公钥和私钥一般成对出现。

（2）私钥只有本人才有，而公钥是全网公开的。

（3）如果消息使用公钥加密，那么需要该公钥对应的私钥才能解密。

（4）如果消息使用私钥加密，那么需要该私钥对应的公钥才能解密。

非对称加密的作用：保护消息内容，并且让消息接收方确定发送方的身份。例如：发送方 A 可以用 B 的公钥对要发送的明文加密，同时用自己的私钥，对身份信息加密，**因为只有 A 本人才有自己的私钥**，而网络上的其他节点，包括接收方 B，都可以用 A 的公钥验证信息确实是 A 发出的，但只有接收方 B 才能用 B 的私钥解密，由于其他人没有 B 的私钥，即使截获了发送的密文也无法破解，这样就可以确保传输安全。非对称加密传输如图 3-3 所示。

案例链接

加密数字货币的无欺诈转账

图 3-3　非对称加密传输

[随堂测试 3-3]

小明打算通过区块链网络向小红发送一条涉密信息，并想让全网都可以验证该信息是小明发出的，则小明应该用（　　　）加密该条信息。而如果要确保只有小红才能解密该信息，则小明应该用（　　　）加密。

　A. 小明的私钥　　　　　B. 小明的公钥　　　　　C. 小红的私钥　　　　　D. 小红的公钥

其次，账户确认是通过"记账"过程中的可追溯机制来完成的。确认账户真实性即确认交易清单的有效性，其实也就是要确认当前每笔交易的付款人有足够的数字货币余额来支付。每个区块的交易信息中均包含了待支付的这笔钱是如何来的，还包含了记录来源交易的上一个区块的"哈希散列"，即账单编号，如图 3-4 所示。因此，可以循着区块链一直追溯到这笔数字货币的最初来源，如挖出某个区块的奖励，从而确认账户的真实性。而如果确认账户中没有足够的数字货币，则"记账者"的记录不会被认可，整个网络不会承认此次转账操作。

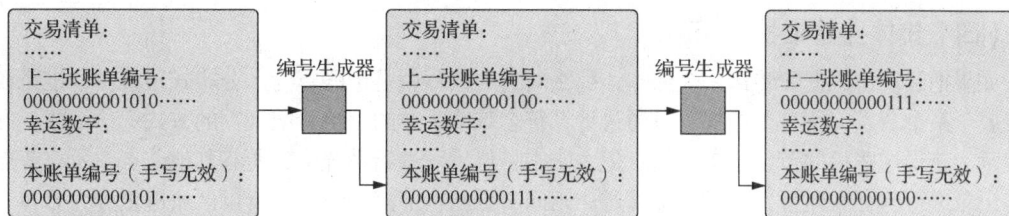

图 3-4　区块链追溯和确认交易清单示意

三、区块链的主要特点

通过对比特币区块链交易过程的分析，可以总结出区块链运行机制主要有以下特点。

（一）分布式与去中心化

区块链技术基于点对点对等网络，无中心化的物理节点与管理机构，各节点地位平等，交易数据分布式存储在各节点上，并按统一的共识信任机制和规则运行，部分节点损坏不会影响整体运行。去中心化网络与中心化网络架构对比如图 3-5 所示。

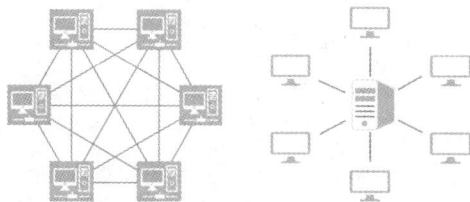

图 3-5　去中心化网络架构（左）与中心化网络架构（右）对比

在点对点网络架构中，各个节点地位对等，以扁平式拓扑结构相互连通和交互，不存在任何中心化的特殊节点和层级结构。每个节点均会承担网络路由、验证区块数据、传播区块数据、发现新节点等功能。点对点网络也因此具有高可靠性、去中心化、开放性的特点。不同的区块链系统可以根据需要制定单独的点对点网络协议。点对点网络上的所有计算机都直接或间接连通，某一个节点上发出的信息，最终可以扩散到所有节点。网络中一部分节点发生故障，整个网络的通信并不会受到显著影响。点对点网络一旦启动，就无法关闭，除非所有联网的计算机全部关机，或关闭了全部的区块链客户端。

（二）共识信任机制

共识和去信任是区块链的两个重要概念。网络节点间的数据传输以匿名形式进行，但运行规则和全部交易数据公开透明，每一次运行的细则都对全网可见，使各节点间互通往来，包括数字货币交易，不需要以信任机制为担保。算法共识信任机制使全网节点达成共识，创造出区块链上免信任的记账机构，保证每笔交易在所有记账节点上的一致性。区块链常见的算法共识信任机制包括工作量证明机制（Proof of Work，PoW）、权益证明机制（Proof of Stake，PoS）、授权股份证明机制（Delegated Proof of Stake，DPoS）、实用拜占庭容错算法（Practical Byzantine Fault Tolerance，PBFT）等。

资料链接

工作量证明机制

（三）非对称加密与数据不可篡改

与对称加密不同，非对称加密使用 PKI 公、私钥体系对数据进行数字签名认证。私钥只有本人才有，公钥是全网公开的，用以验证交易对手的身份，在整个交易过程中不存在密钥的传输，因此杜绝了黑客截获的可能。由于区块链分布式网络中的各节点均可获得一份完整数据库的备份，并且运用了 DPKI 数字签名认证机制，因此别人的交易数据只能用公钥来验证，而无法修改。而要修改自身交易数据，不仅需要同时控制总数 51% 以上的节点，并且计算机的算力要支持其篡改区块的速度快于区块链系统的更新速度，这很难实现。综上，区块链的非对称加密算法和 DPKI 数字签名认证实现了对交易信息的保护，能有效防范数据泄露和数据被篡改等信息安全风险。

（四）集体监督维护

如果把区块链数据库看作一个账本，那么对它的读写就是记账行为。分布式系统中"记账权"不专属于某个节点，所有节点都可以通过计算符合难度系数的"哈希散列"的方式竞争记账，并获得奖励。获得记账权的节点把交易信息记入账本，然后发送给系统中的所有其他节点。所有节点对交易记录进行验证和监督，如果验证通过，则同步更新本节点的账本，所以区块链也称为分布式账本（Distributed Ledger）。系统中的数据块由系统中所有具有维护功能的节点来共同维护，而这些具有维护功能的节点是开源的，任何人都可以参与，这称为区块链的集体维护。区块链的集体维护可以降低成本。在中心化网络体系下，系统的维护和运营依赖数据中心等平台，成本不可忽略。区块链的节点是任何人可以参与的，每个节点在参与记录的同时也能验证其他节点记录结果的正确性，使维护效率提高，成本降低。

（五）智能合约

区块中的数据可以编程，可以把数字货币交易合同以代码形式放到区块链上，合同在约定条件下可自动执行。智能合约的本质是数字化传统合约的计算机程序，即当事人同意依据一定的计算机算法确定合同的内容、订立合同和履行合同的行为。智能合约作为"代码及合约"，是一种特殊的软件。由于合约代码常常包含法律关系和利益交易，因此智能合约比一般的软件具有更复杂的关联，并且在可信方面有更高的要求。

智能合约模型是运行在可复制、共享的账本上的计算机程序，可以维持自己的状态，控制自己的资产（状态、资产与代码一样，被存储在账户上）；还可以对接收到的外界信息进行回应。该程序就像一个可以被信任的机构，可以临时保管资产，总是按照预置的条件和规则执行操作。智能合约模型如图3-6所示。

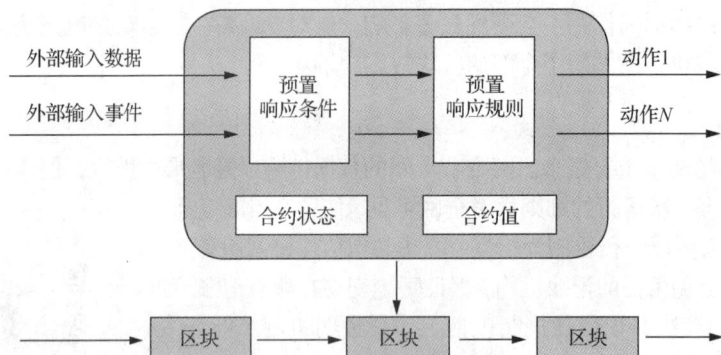

资料链接

智能合约的构建与执行

图3-6　智能合约模型

（六）可追溯性

区块链上交易和数据的可追溯性是由其独特的数据结构——Merkle 树来保证的。Merkle 树包含区块体的底层交易数据、区块头的根（即 Merkle 根）——哈希值，以及所有从底层区块数据到 Merkle 根的分支，具有快速递归和校验区块数据的存在性与完整性的功能。要追溯和证明区块中存在某个特定的交易，只要找到一条从特定交易到 Merkle 根的认证路径即可。在此基础上，封装了底层交易数据的各区块，通过区块头中的"前一区块哈希值"字段依次链接起来，形成了一条从创世区块到当前区块的最长主链，从而形成了完整的交易历史记录数据库，任意一笔交易数据都可以通过此链式结构定位和溯源。此外，区块链带有时间戳的存储结构，可以作为区块数据的存在性证明，具有不可伪造、不可抵赖和可验证的特点，从而为区块链应用于互联网保险等时间敏感领域奠定基础。

（七）开放性

不同于其他创新技术，区块链技术并非发源于科研院所或企业，而是来自开源社区的"公有链"，并在社区中发展壮大，此后才逐渐被金融机构、IT巨头等关注。开放性赋予了区块链开放和透明的特征，使任何人都可以加入区块链，也能查询区块链上的区块记录，甚至基于区块链操作系统（Enterprise Operation System，EOS）开发开源应用项目。同时，区块链中信息的传递和区块的生成都遵循开放透明的共识规则；每一次事务处理都以特定形式发送给其他节点，授权节点可以保存与其权限相关的记录，保证了链上数据的透明性。此外，区块链并非单一的创新技术，而是依托现有的互联网、大数据、分布式存储、信息通信等技术，进行独创性的组合与创新的一种集成新型应用模式，从而有望在金融科技、保险科技、智能制造、数据鉴证、供应链管理、公证选举等社会的各个领域实现颠覆式创新或前所未有的功能。

资料链接

区块链的六层模型

四、区块链的技术演进与主要分类

区块链作为一项颠覆式创新技术，是过去众多领域所累积技术的有效集成，并在不断演化发展。区块链在应用及应用探索层面可以分为三个发展阶段：区块链 1.0 数字货币阶段，解决货币、支付领域的去中心化问题；区块链 2.0 智能合约阶段，解决金融科技领域的去中心化和可编程问题；区块链 3.0 扩展应用阶段，将基于 EOS 解决社会的可编程。区块链三个发展阶段是相互叠加的，并非区块链成熟应用的发展阶段，而是三个应用探索的特征阶段。

（一）区块链 1.0 数字货币阶段

区块链 1.0 是指以比特币、莱特币等为代表的去中心化数字货币，涉及与转账、汇款和数字化支付相关的密码学货币应用。从工作原理角度，区块链通过共识层的工作量证明机制生成新区块，并通过网络层向全网广播；经全网节点验证通过后，将奖励分配给相关节点，并将新生成的区块与之前区块通过哈希方式链接在一起。从技术堆栈角度，区块链 1.0 可分为三层：①第一层是底层技术，即区块链，区块链是去中心化的、公开透明的交易记录总账；②第二层是协议层，即在区块链总账上进行资金转账的软件系统；③第三层是货币层，即以比特币、莱特币等为代表的数字货币，通常每种币代表了一种虚拟货币及一种协议，其可能有独立的区块链或者基于区块链运行。

（二）区块链 2.0 智能合约阶段

区块链 2.0 是以以太坊（Ethereum）为代表的智能合约，是超越以比特币为代表的数字货币，在经济、市场和金融等方面的应用，包括股票、债券、期货、贷款、抵押、产权、智能财产等。以太坊由程序员维塔利克·布特林（Vitalik Buterin）于 2013 年 11 月创建，在区块链中验证交易的"记账者"将获得以太坊的货币——以太币（ETH）作为奖励。若将区块链 1.0 看作"全球账簿"，区块链 2.0 则可看作"全球计算机"，其实现了区块链系统的图灵完备，可以在区块链上传和执行应用程序，并且程序的有效执行能得到保证，在此基础上实现了智能合约的功能。区块链 2.0 的典型技术架构如图 3-7 所示。

智能合约层	虚拟机		脚本代码
激励层	发行机制		分配机制
共识层	PoW	PoS	DPoS
网络层	P2P网络	传播机制	验证机制
数据层	区块数据	链式结构	数字签名
	哈希函数	Merkle树	非对称加密

图 3-7　区块链 2.0 的典型技术架构

相比于区块链 1.0 的技术架构，区块链 2.0 的典型技术架构主要特征包括：①包含 PoW、PoS 和 DPoS 等多种共识算法；②增加智能合约层。智能合约赋予账本可编程特性，区块链 2.0 通过虚拟机的方式运行代码实现智能合约功能，同时通过添加能够与用户交互的前台页面，形成分布式应用程序。

（三）区块链 3.0 扩展应用阶段

在区块链 3.0 扩展应用阶段，人们意识到区块链的应用价值不局限于区块链的技术本身，其衍生的应用价值也被逐步探索出来，去中心化程度不同的区块链具有不同的应用场景。区块链的应用开始从金融领域向更多领域渗透，包括公益、教育、社会治理、智能化等领域，应用范围逐渐扩大到整个社会，区块链技术有望成为"万物互联"的一种底层的协议。区块链 3.0 是价值互联网的内核。区块链能够对互联网中每一个代表价值的信息和字节进行产权确认、计量与存储，从而实现资产在区块链上可被追溯、控制和交易。区块链 3.0 构造了一个全球性的分布式记账系统，它不仅能记录金融业的交易，而且可以记录任何有价值的能以代码形式表达的事物，如对共享汽车的使用权、交通信号灯的状态、出生和死亡证明、结婚证明、教育程度、财务账目、医疗过程、保险理赔、投票等。因此区块链 3.0 扩展应用阶段也被称为"可编程社会"。区块链 3.0 建立在 EOS 之上。EOS 是为商用分布式应用设计的一款区块链操作系统，旨在实现分布式应用的性能扩展。EOS 软件引入了一种新的区块链架构，通过创建一个对开发者友好的区块链底层平台，支持多个应用同时运行，为开发分布式应用（Dapp）提供底层的模板。

随着区块链应用领域的不断拓展，逐渐演化出三种类型，即公有链、联盟链和专有链，如表 3-1 所示。公有链的核心特征就是去中心化，权限对公众完全开放，所有参与人员均可竞争记账权，参与节点之间的信任机制为工作量证明机制。比特币、以太币、莱特币等去中心化数字货币即在公有链上运行。联盟链的核心特征为多中心化，由具有参与权限的成员组成，记账者由参与人员协商确定，所有参与节点之间遵循具有一定信任基础的共识信任机制，可用于多家金融机构间实时对账清算。而专有链的核心特征是中心化，由具有中心控制权限的成员组成。著名的 R3 区块链联盟（R3CEV）致力于研究和发现区块链技术在金融业中的应用，其推出了自己的产品 Corda，旨在将自身的区块链解决方案打造成全球金融科技的运行标准。

表 3-1 区块链的主要分类

类别	核心特征	主要运行机制	应用举例
公有链	去中心化	权限对公众完全开放，所有参与人员均可竞争记账权，参与节点之间的信任机制为工作量证明机制，多用于网络节点之间无信任基础的情况。公有链的优势在于节点全网化和透明化，能够保证信息和价值在安全可靠的前提下快速流动	比特币、以太币
联盟链	多中心化	由具有参与权限的成员组成，记账者由参与人员协商确定，所有参与节点之间遵循具有一定信任基础的共识信任机制	R3 区块链联盟
专有链	中心化	由具有中心控制权限的成员组成，所有参与节点之间的信任机制为互信机制，多用于节点之间高度信任的情况	企业中心化系统上链

在分类的基础上，区块链还创新发展了跨链技术。跨链技术又称为侧链技术，是一种实现比特币和其他数字资产在多个区块链间转移的协议。跨链技术，特别是对于联盟链和专有链而言，是区块链向外链接和拓展的桥梁，它把不同的区块链从单独分散的"孤岛"中拯救出来，实现整个区块链价值网络的关键。基于交易性能、容量规模、隐私保护、合规监管等多方面考虑，商业机构特别是金融机构广泛采用的是联盟链和专有链。相比于公有链，联盟链和专有链在一定程度上违背了区块链的去中心化价值和共识信任机制，存在团体作恶或多节点故障等风险；同时，联盟链、专有链中的数字资产不能在不同的区块链之间直接转移，这就导致"价值孤岛"的形成。

利用跨链技术，通过直接交易或者第三方的链接方式，采用基于共识或者信任转移等的多种通信手段，可以有效打破不同区块链间的通信壁垒，实现不同区块链间的交互，不同区块链可以协同操作。这在很大程度上避免了"价值孤岛"问题，推动了价值互联网的形成。

[做中学 3-1]

探究区块链的形成过程

区块链的形成是将一段时间内接收到的交易数据和代码封装到一个带有时间戳的新区块中，并链接到当前最大主链的过程，涉及区块、链式结构、散列算法、Merkle 树和时间戳等技术要素。本"做中学"将通过步骤引导，带领大家一起探究区块链的形成过程。

步骤 1：识别区块及其链式结构。

每个数据区块包含区块头和区块体两部分，取得记账权的"记账者"将当前区块链接到前一区块，从而形成一条最长主链。请观察图 3-8 中由三个区块构成的链式结构，回答以下问题。

（1）每个区块的区块头和区块体分别主要封装了哪些内容？

（2）区块 A、B 和 C 是通过什么链接的？

（3）在该区块链中，每 10 分钟发行的比特币（BTC）是多少？这些比特币是否就是"记账者"每挖出一个区块的全部奖励？

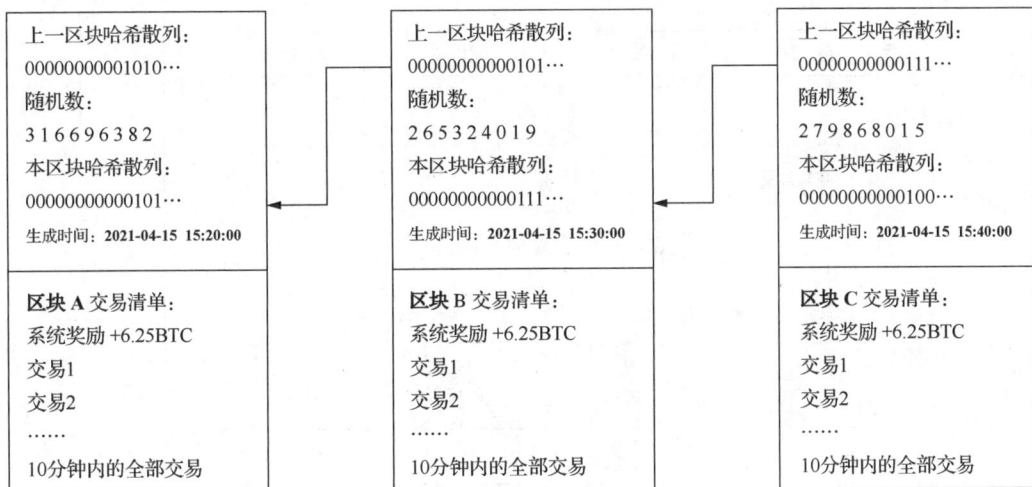

图 3-8 区块链式结构示意

步骤 2：理解区块标识符，判断区块的位置。

区块标识符包括区块哈希值（Block Hash）和区块高度（Block Height）。区块哈希值是区块头经过两次 SHA256 哈希函数（又称散列函数）计算得到的数字指纹，该数字指纹为 256 位的二进制字符串或64 位的 16 进制字符串。对于哈希函数，输入一个任意长度的字符串，输出固定长度的哈希值。只要输入的字符串改变，输出的哈希值就会改变。给定输入字符串，容易计算出哈希值，但是无法根据输出的哈希值，推算输入的字符串。请通过互联网检索相关区块链网站，找出创世区块的哈希值。区块哈希值可以唯一地、明确地标识一个区块，任何节点都可以通过对区块头进行散列计算得到。假设每 16 次随机数输入哈希函数计算，会找到一个含有一个前导零的区块哈希值，则需要尝试多少次计算才能找到一个合适的随机数并生成图 3-8 所示的区块？假设某节点"记账者"的算力为每秒约 16^7 次，则该"记账者"需多久才能生成一个区块并获得达成共识的奖励？通过区块在区块链中的位置，即区块高度，也可识别区块。第一个区块的高度为 0，后续链接到区块链上的每一个区块都会比前一个区块"高"出一个位置。已知截至 2021 年 4 月 15 日 15 点 10 分的比特币区块链的区块高度为 676 065，请计算和推断图3-8 中区块 A、B 和 C 的区块高度分别是多少。

步骤3：分析区块链中时间戳的重要作用。

区块链技术要求获得记账权的节点必须在当前数据区块头中加盖时间戳，表明区块数据的写入时间。因此，主链上各区块是按照时间顺序依次排列的。时间戳可以作为区块数据的存在性证明（Proof of Existence），有助于形成不可篡改和不可伪造的区块链数据库，从而为区块链应用于金融科技、公证等时间敏感领域奠定基础。请找出图3-8中各区块的时间戳，并推断区块D的生成时间。

步骤4：分析区块链的可追溯性。

区块链中每笔交易的存在性是通过Merkle树来认证的，而交易之间也可以通过Merkle树"区块头"中前一区块的"哈希散列"来链接，从而实现所有交易可追溯与可验证。以图3-9所示简化的只有A～H共8个交易的Merkle树为例，首先将这8个交易分别经两次散列函数运算得到8个哈希值H_A～H_H作为叶子节点，如$H_A=SHA256(SHA256(A))$。相邻叶子节点串联在一起，再经两次散列函数运算后，得到父节点，如$H_{AB}=SHA256(SHA256(H_A+H_B))$。以此类推，直到只剩下一个顶部节点，即Merkle根，被存储在区块头中。区块头再经过两次散列函数计算得出本区块的哈希值，并通过"前一区块"哈希值字段依次链接起来，形成可追本溯源的块链式结构。请根据以上描述，写出以下节点或路径的表达式。

（1）H_F；（2）H_{EF}；（3）Merkle根；（4）从交易F到Merkle根的认证路径。

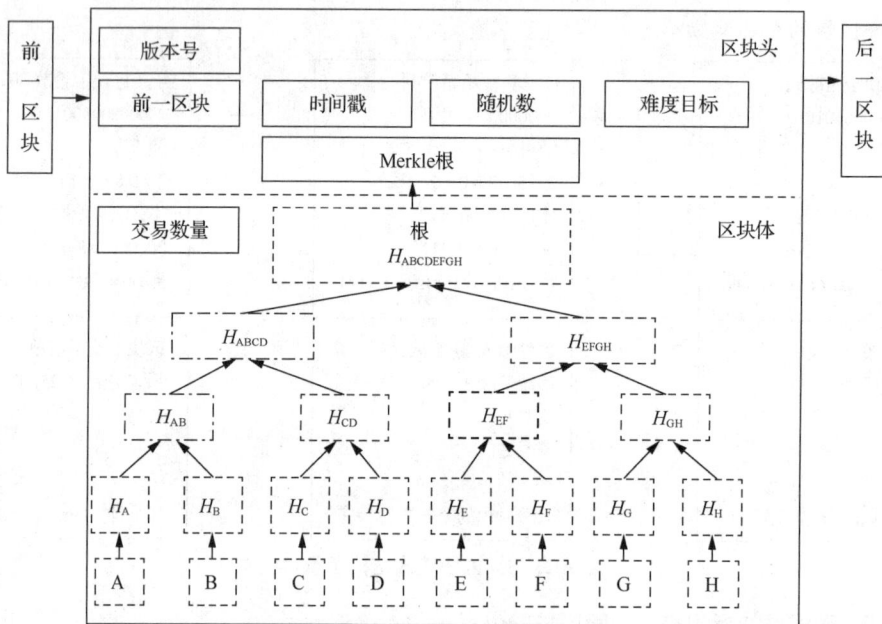

图3-9　简化的Merkle树与区块结构

步骤5：探究区块链可追溯性在金融科技中的应用场景。

可追溯性是区块链的重要创新特征之一，在金融科技领域具有广阔的应用前景。请自主选择一类金融科技创新业态，通过查阅资料、专家访谈、操作体验等方式，探究该业态与区块链相契合的应用场景，提出运用区块链技术解决交易可追溯性问题的可能路径。

五、区块链技术在金融科技中的应用

区块链技术应用已延伸到数字金融、物联网、智能制造、供应链管理、数字资产交易等多个领域。要把区块链作为核心技术自主创新的重要突破口，推动区块链和实体经济深度融合，解决中小企业贷款融资难、银行风控难、部门监管难等问题。"区块链+金融"已成为区块链国家战略的重要组成部分。区块链以去中心化、非对称加密与数据不可篡改、共识信任机制、可追溯性等特性，在金融科

精品微课

区块链技术在金融科技中的应用

技各业态中均具有广阔的应用前景。

（一）区块链技术在供应链金融中的应用

供应链金融是区块链的最佳应用场景之一，通过"区块链+供应链金融"模式可以实现供应链上核心企业信用的有效拆分和可信流转，赋能上下游各级各类小微企业供应商和经销商，拓宽小微企业融资渠道，提高融资效率，降低融资成本，从而助力解决小微企业融资难、融资贵和融资慢等问题。

（1）**供应链金融完美契合区块链应用要求，是区块链技术最佳落地场景之一**。根据中国人民银行发布的《区块链技术金融应用 评估规则》，区块链是指一种由多方共同维护，使用密码学保证传输和访问安全，能够实现数据一致存储、防篡改、防抵赖的技术体系。区块链独特的运行机制与创新特征适用于多主体、长流程、高价值和低吞吐的场景。与传统金融相比，供应链金融具有多方主体共同参与、上下游链条长、市场规模大、融资频率相对较低、主要服务小微企业等特点，能完美契合区块链技术的应用要求，是区块链金融应用中相对容易实现，并能在合法合规基础上充分发挥区块链"降本增效"赋能作用的最佳落地场景之一，如图 3-10 所示。区块链的数据不可篡改、可追溯、防抵赖等特征能赋予供应链金融更高的安全级别，保障交易背景真实性，使信息传递畅通，解决信息不对称和供应链溯源问题，破解供应链小微企业融资的征信与风控难题，降低融资成本。区块链的智能合约、自治性和公开性，能减少供应链上的试探性交易，节约沟通与协作成本，重塑清晰的业务模式，从而简化供应链金融信用评估与审核放款流程，提高小微企业融资效率。

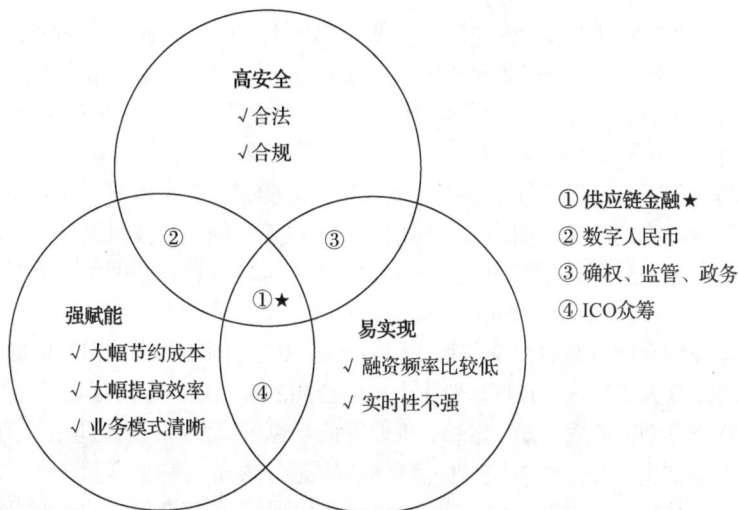

图 3-10 供应链金融与区块链应用要求的契合性

（2）**区块链的去中心化和共识信任机制能实现核心企业信用的多级可信流转**。区块链的去中心化特征能使供应链上核心企业的应付账款无须任何中心化机构登记和认证即可实现"通证化"。作为基于真实贸易背景的债权债务关系证明，通证化后的应付账款成为区块链上创设的承载核心企业信用的电子凭证，能够在区块链价值互联网上分布式存证、确权、拆分和流转。区块链的共识信任机制，能进一步基于统一的算法共识规则，创建免担保的"机器信任"，使应付账款电子凭证在链上实现多级可信流转，从而使核心企业的信用扩散到包括末端节点在内的整条供应链上下游的小微企业。供应链上各级小微企业供应商和经销商均可基于真实贸易背景获得拆分、流转而来的可信的核心企业应付账款电子凭证，并据此向金融机构申请融资。由于金融机构获得了真实可信的核心企业信用担保，在防控小微金融风险的前提下对小微企业敢贷、愿贷，解决了征信不足的小微企业融资难题。

（3）**区块链智能合约有助于降低供应链上小微企业的融资成本，提升融资可获得性。** 在小微企业传统供应链融资中，银行等金融机构在贷前需要对单家小微企业的信用进行评估，而在贷后管理中需要在存货融资等业务中定期检查抵押物的状态和价值，这需要投入大量的人力、物力和财力，产生了高昂的运营成本，从而提高对小微企业的贷款利率定价，增加融资成本。区块链 2.0 引入了可编程的智能合约机制，结合分布式账本的自治性，能极大地减少人工介入，实现供应链上小微企业融资的自动化和智能化。供应链上的各参与主体，包括核心企业、供应商、经销商、金融机构、仓储物流公司等均可以共享数据，链上各个环节都即时可见、可追溯，显著提高了整条供应链的协作效率，大大降低了运营成本、交易时滞和操作风险，从而有助于从根本上解决小微企业融资贵的痛点。另外，智能合约通过点对点动态网络把基于真实贸易背景的供应链交易合同以代码的形式部署到区块链上，最新达成的合约集合会形成区块扩散到全网，并在约定条件下自动执行，从而更好地保障小微企业供应链融资的自偿性，降低融资风险和成本。经由区块链技术开发的数字化票据和电子化凭证，其在整个生命周期中都是可编程的，在开放透明、多方见证的情境下可实现拆分和转移，小微企业据此获得融资，当电子化的应收账款到期时，智能合约根据预置的响应规则和响应条件自动偿还贷款，显著提升了供应链上小微企业融资的安全性和可获得性。

案例链接

区块链赋能小微企业供应链融资研究——基于双链通与怡亚通的案例比较分析

（二）区块链技术在互联网保险中的应用

金融科技新技术在互联网保险中的应用，形成了保险科技（InsurTech）新业态。其中，区块链被认为是我国最有可能在互联网保险行业普及和推广的未来技术。各互联网保险机构正积极探寻区块链技术的应用路径和落地场景。区块链技术的应用更加广泛和成熟，对于实现互联网保险行业的高质量发展具有重要意义。区块链技术的应用对互联网保险发展瓶颈的突破主要体现在以下几个方面。

（1）**区块链的数据不可篡改特征能够提升互联网保险的信息安全水平。** 互联网保险作为互联网和保险两个风险行业融合的产物，面临较高的信息安全风险和网络科技风险。区块链技术为互联网保险有效防控新型业务风险提供了新的解决方案。首先，区块链把互联网保险数据分布式存储在区块链上，防止数据被篡改。区块链的链式结构能有效保证其防篡改性和防伪造性，特别适合互联网保险场景下电子化保险合同的数据保全与存证服务。可以把合同中约定的保险标的、保险金额、保险缴费方式、赔偿计算方式等记录在区块链上，增强合同的可信度。合同订立后的变更、保费缴纳、分红、个人账户资产变动、事故通知、索赔、理赔等信息也可以及时记入区块链，作为证据。其次，互联网保险的非对称加密算法能够防控客户信息泄露风险。在非对称加密算法下，区块链上的节点能够获悉其他人的交易内容，但对不属于自己的交易记录无法了解交易者的真实身份；同时保证每个人只能对自己的财产进行修改。因此区块链的匿名性和非对称加密算法，能够克服目前互联网保险对用户数据以及隐私保护不力的问题，更好地保障投保人的信息安全。最后，区块链能够构建一个全流程可追溯的完整信息流，实现互联网保险相关各方间的信任共享。以蓝石科技的"非标人群风险精算和风险管理平台"为例，其建立了国内规模较大的、服务于保险场景的联盟链，将保险产品信息及投保过程、流通过程、营销过程、理赔过程的信息进行整合并上链，实现全流程追溯、数据在交易各方间公开透明，以及保险公司、保险机构、监管部门、消费者之间的信任共享，最终形成一个完整且流畅的信息流，取得了良好的社会效益和经济效益。

（2）**区块链的去中心化特征有助于构建网络互助保险的互信与监督机制，实现可持续发展。** 首先，区块链技术基于 P2P 对等网络，各节点地位平等，通过分布式记账技术实现去中心化，能够助力保险"脱媒"，降低保险中介费用。P2P（点对点）的联系可以突破时空界限，突破传统互助保险的局限性，使面临同质风险的个体可以在更大范围内实现互助。其次，区块链的集体监督维护特征有助于建立网络互助保险去中心化后有效的监督机制，实现可持续运行与高质量发展。2017 年 7 月，信美人寿互助保险社与蚂蚁集团合作，打造了国内第一个互助保险账户的上链。在这一应用场景中，核心的痛点是如何保证互助计划内部信息的透明。区块链平台基于去中心化、数据不可篡改、集体监督维护等特性，可以提供从互助计划的发起机构到互助保险资产管理机构的会员信息、会员互助计划的投资信息，包括基础资产的投资信息、投资明细、收益数据的可信存证。信美会员遭遇重大灾害、意外事故等，在得到现有保障及援助（包括社会统筹保险、商业保险等）后仍生活困难的，还可以申请爱心救助账户的额外救助。在该区块链平台，每笔资金流向都公开透明，每笔资金流转数据都不可篡改，每笔资金的去处和用途都有迹可查，提升了互助计划的透明度，增加了会员对互助计划的信任。同时，也提升了互助机构的信息披露水平，有助于保险监管部门对互助计划进行有效监督。

　　（3）**区块链的智能合约机制能够降低人工成本，提升互联网保险理赔效率**。智能合约是指在计算机系统上，当一定条件被满足时，可以自动执行的合约。随着区块链技术发展到以以太坊为代表的 2.0 阶段，在区块链中通过引入"可编程脚本"实现无须人为干预的自动执行程序，使智能合约从工作原理变成了现实，保证了智能合约在存储、读取和执行过程中透明、可追溯以及不可篡改，提高了智能合约的可信性。基于区块链技术的智能合约给保险行业带来了很多益处。智能合约能够降低人工成本，提高保险智能化程度，可用于开发更多触发型赔付的互联网保险产品。智能合约可以支持自动化理赔，它是一种透明且可靠的支付机制，并且可以用来执行特定的合同规则。在保险事故发生并满足赔付条件的情况下，智能合约会自动执行代码指令，自动启动保险理赔程序，实现自动划款赔付，减少了保险赔付路径中大量的人工操作环节，赔付效率得到了质的提高，帮助保险公司减少了大量的运营费用。例如，在农作物保险中，当出现恶劣天气时，对农作物收成产生了不利的影响，基于区块链技术的智能合约可以通过天气反馈机制，实现对农户的自动赔偿。2016 年，我国保险市场上也推出基于智能合约的区块链航空意外保险卡单等。此外，智能合约还可以通过自治性合同设计，减少合同纠纷，保护互联网保险消费者权益。

　　（4）**区块链的共识信任机制有助于缓解互联网保险业务的信息不对称，防控欺诈风险**。互联网保险通过网络承保时，无法与客户详谈，客户与保险公司之间的信任问题一直是互联网保险高质量发展的重要制约因素。一方面，互联网保险的网络特性决定了保险销售方不能面对面地向消费者主动说明产品相关信息，而大多采用"勾选阅读"方式，易出现销售误导、保险条款不透明等问题，造成消费者单方面曲解信息，在理赔时引发投诉；另一方面，客户利用信息不对称而存在欺诈、骗保等现象，给保险公司带来风险隐患。区块链的共识信任机制使运行规则和全部交易数据公开透明，每一次运行细则都对全网可见，使各节点间的交易，不需要以信任机制为担保。算法共识信任机制使全网节点达成共识，创造出区块链上免信任的记账机构，保证每笔交易在所有记账节点上的一致性。在线订立互联网保险合同并完成交易的每一步操作细节，都可以记录在区块链上，作为双方履行告知、说明义务的证据。区块链上的记录，投保人可作为可保性证明，保险公司可用于识别保险诈骗。区块链分布式数据库可以通过提供完整的历史记录，独立验证客户和事务（如索赔）的真实性，因此可以减少信息不对称，帮助保险公司识别赔付过程中可能存在的重复交易、欺诈骗保等行为，进而解决互联网保险的逆向选择和道德风险问题。

　　另外，借助区块链的开放性，还可以提升大数据和云计算的应用范围，使互联网保险产品的开发和定价更加精准。

　　可用表 3-2 概括区块链技术在助力互联网保险高质量发展方面的作用。

表 3-2   区块链技术在助力互联网保险高质量发展方面的作用

区块链特征	在助力互联网保险高质量发展方面的作用
去中心化	能够助力保险"脱媒"，降低保险中介费用；P2P（点对点）的联系可以突破传统互助保险局限性，在更大范围内实现网络互助
数据不可篡改	区块链的链式结构具有防篡改性和不可抵赖性，能够有效解决互联网保险电子合同存证和交易数据保全的痛点
非对称加密算法	区块链的匿名性和非对称加密算法，能够克服目前互联网保险对用户数据以及隐私保护不力的问题，更好地保障投保人的信息安全
可追溯性	能构建全流程可追溯的完整信息流，实现互联网保险相关各方间的数据公开透明和信任共享。能够追溯每笔资金流向，提高监管透明度
集体监督维护	能够建立网络互助保险去中心化后有效的监督机制，实现可持续运行
智能合约	能够解决互联网保险"理赔难"的痛点，实现自动化理赔，提高保险智能化程度；还有助于开发更多触发型赔付的互联网保险创新产品
共识信任机制	缓解互联网保险业务中的信息不对称，防范销售误导，防控欺诈风险
开放性	促进区块链与大数据、云计算的融合，提升互联网保险产品创新、精准营销、动态定价和智能风控水平

区块链的**开源**、**开放特征**使其能与**物联网**、**大数据**、**云计算**、**人工智能**等其他金融科技新技术深度融合，综合应用于**互联网保险的产品设计**、**售前营销**、**售中投保和售后理赔等各业务环节**，提高产品的技术含量和运营效率，驱动互联网保险实现从"流量为王"的粗放式增长到内涵式高质量发展的转变，助力构建保险科技新生态。"区块链+"技术在互联网保险各业务环节中的典型应用如表 3-3 所示。

表 3-3   "区块链+"技术在互联网保险各业务环节中的典型应用

业务环节	"区块链+"技术	典型应用
产品设计	区块链+物联网	利用区块链的时间戳和分布式特征，结合智能可穿戴设备等物联网技术，可以打破时空限制，为保险产品设计和服务创新，特别是场景化和碎片化的产品创新奠定基础，构建基于风险标的更加细化和动态定价的产品方案
售前（营销）环节	区块链+大数据	利用大数据构建用户画像和实现精准营销；同时基于点对点区块链，投保人可将保险产品的电子卡单以红包的形式分享给好友，实现分享销售
售中（投保）环节	区块链+金融云	构建电子保单云存储服务系统，在保险合同订立时，用户的历史信息数据和保险公司的告知内容都会被记录在区块链上，作为双方履行告知、说明义务的证据。此外，由于区块链具有数据不可篡改的特征，因此可以把有关数据记录分布式存储在基于区块链的金融云上，以避免合同争议
售后（理赔）环节	区块链+人工智能	区块链的智能合约机制，可在发生保险责任范围内的保险事故时，自动触发定损理赔。同时，区块链结合人工智能，可以解决风险查勘和理赔环节自动化难题。2018年7月，蚂蚁保险完成了国内首单无人工干预的"全流程AI快赔"；2018年10月，推出了基于人工智能和区块链的"相互保"

虽然区块链技术作为保险科技的代表性技术，在互联网保险行业具有广阔的应用前景，但作为尚在开发中的新兴技术，仍面临一定的风险和挑战。目前，区块链在技术层面上如何解决高耗能、数据存储空间受限、大规模交易处理效率等问题尚在探索中；安全层面上也并没有完全解决客户端安全、加密算法安全性和有效性等问题。区块链在互联网保险中的应用也对保险监管带来了影响和挑战：一方面，由于区块链采用多方验证的交互式共识平台，能够提高交易主体的信任机制，实现区块链业务间的自我监管，可以减轻保险监管的压力；另一方面，保险监管的内容也必须进行相应调整，确保相关技术和平台不存在纰漏，不存在恶意欺骗的系统和交易记录。区块链保险的监管重点将出现三个转变：制度监管向技术监管的转变、政府监管向行业自律的转变、公司合规监管向社会监督监管的转变。此外，互联网保险应用区块链技术还可能会引发新的问题和风险，这也是未来

保险科技监管新的挑战和内容。

（三）区块链技术在银行中的应用

对于习惯了中心化运营思维的银行而言，应用区块链技术，既是挑战又是机遇。无论是互联网化进程中的传统银行还是新兴的纯线上的互联网银行，都在积极探索区块链在供应链金融、数字票据资产交易、国际贸易、资金清算等银行业务中的具体应用，以降低交易成本，提升金融服务效率。区块链技术在银行中的应用探索主要包括以下几个方面。

（1）**提升市场风险防范能力，保障数字票据交易安全**。目前，票据市场规模庞大、业务场景复杂，同时也面临诸如票据真实性难以保证、资金转移不及时、票据掮客降低业务透明度等业务问题。而有效融合了区块链技术优势的数字票据则可能逐渐成为一种更安全、更智能、更便捷的数字资产形态：一是可进一步论证票据价值传递去中心化的可行性，即通过票据的点对点交易降低系统中心化所带来的运营风险和操作风险；二是区块链不可篡改的时间戳和全网公开的技术特性能有效防范票据市场风险，为规避纸质票据的"一票多卖"、电子票据的"打款背书不同步"等问题提供了一种技术思路。

（2）**增强数据公信度，促进征信信息共享**。征信作为信用体系中的关键环节，奠定了金融信用风险管理的基础。而我国商业银行的征信业务主要围绕央行征信中心开展，数据采集渠道受限，且存在信用信息不对称、使用成本高、数据隐私保护不力等问题。区块链平台的对等直联、安全通信与匿名保护机制，为进一步增强跨机构信息共享传递提供了技术支持，有助于各行业信用数据的汇聚沉淀，促进全行业协同解决"信息孤岛"等问题。例如，可尝试借助区块链的技术优势逐步构建征信数据共享交易平台，稳步推进征信领域相关行业数据的信息共享，进而不断提升征信数据的公信度、不断降低共识信任的运营成本。

（3）**提升产权明晰度，强化权益证明效力**。鉴于区块链中每个参与维护的节点都能获得一份完整的数据记录，可探索将其不可篡改、不可抵赖的技术特性应用到权益证明业务领域，特别是对于房产所有权、车辆所有权、股票交易权等永久性记录存储的业务场景，区块链技术不失为一种较好的技术解决方案。例如，股权上链后，股权所有者可凭借私钥证明其股票所有权，无须第三方参与。

目前，工商银行、农业银行、中国银行、建设银行、交通银行五大行已将区块链技术应用到国际贸易、住房租赁平台、电商供应链、扶贫、雄安新区服务等领域。其中，工商银行在 Hyperledger 开源代码的基础上，结合金融行业应用特点，自主研发推出具有金融级安全的区块链平台，落地"工银聚"仓储管理业务，有效提升了供应链金融各环节的整体协作效率。同时，工商银行与贵民集团积极应用区块链技术，通过银行金融服务链和政府扶贫资金行政审批链的跨链整合与信息互信，实现了扶贫攻坚资金的精准投放和高效管理。建设银行探索"区块链+贸易金融"技术，还在雄安新区将区块链技术运用到住房租赁平台等。2018 年，中国银行明确将科技引领数字化发展置于新一期战略规划之首，加快金融科技创新，全面推动数字化转型。基于区块链、人工智能等新技术，中国银行先后推出全流程线上秒贷的"中银 E 贷"和基于全球资本市场的智能投顾"中银慧投"，具备实时反欺诈、反洗钱功能的智能风控体系，并与腾讯在区块链金融领域开展合作，进一步拓展获客渠道，丰富服务场景。农业银行也与百度一起推出了区块链项目计划。交通银行启动了区块链金融应用创业大赛。

除了传统银行积极应用区块链等技术助力互联网化转型，新兴的互联网银行也开始了区块链技术的应用探索和场景落地。"微粒贷"是纯线上的互联网银行——微众银行推出的移动端自助式小额信用循环贷款产品。作为微众银行消费金融板块的主打产品，"微粒贷"具有"白名单"邀请准入机制、基于互联网社交大数据风控模型的贷款额度确定、低于信用卡的差别化利率、秒到账与"3A"服务等特色。"微粒贷"除自营外，还基于区块链技术，通过建立同业合作模式下的"联贷平台"，与 20 多家金融机构合作，由合作银行提供资金来源，双方共享利息收益，进一步扩大了普惠金融的覆盖面，提升了交易效率。按照传统做法，交易和资金结算是分开的，双方银行各自记账，需要花费大量的人力、物力对账。引入区块链系统后，由于所有信息都被记录在区块链网络上，而且无法篡改，交易过程伴随清算过程，可以完成实时清算。

综上，"商业银行+区块链"正逐渐应用在金融行业风险管理体系建设、金融效率提升、跨境支付与结算和票据等多个领域。银行机构全面应用区块链技术的新时代正加速到来。

[随堂测试 3-4]

区块链技术在金融科技中的应用尚在探索中，请结合本任务所学知识，思考怎样的区块链应用才是真正有价值和有意义的。

思考提示：

（1）在确定一个区块链项目的时候，首先要了解它能否解决真正的行业痛点。

（2）在一个需要连接多方信任的行业，区块链技术是否有不可替代的能力？

（3）落地的区块链项目是否具有实际执行的可行性，包括金融级的稳定和安全等？

六、区块链技术的风险与监管

区块链作为金融科技的代表性底层支撑技术之一，在金融行业各业态中具有广阔的应用前景。但是区块链技术尚未成熟，仍面临一定的风险和挑战。

1. 有效监管的挑战

区块链技术去中心化的本质特征以及应用范围的不断扩大，给政府的监管带来了挑战。我国是全球少数几个能在区块链和加密货币技术架构层次上提出监管要求的国家，但是对区块链治理的法律法规和行业标准仍存在制度短板，现有基于中心化的监管模式也可能难以有效监管区块链应用。从监管制度的角度看，随着区块链在金融科技中的应用从"共享积分"等表层向"产品体系"等深层渗透，相关的监管法规有待完善，同时缺少区块链金融法律地位和相应问题的明确规范。例如，智能合约不一定适用现有的法律框架，一旦金融智能合约部署到区块链上后，管辖权和仲裁权由谁掌握，分布式账本是否也有具体的物理位置，整个合约的履行是否如纸质合同一样具有法律效力，有待进一步明确。同时，由于合约是自动执行的，一旦监管发现合约无效，如何撤销合约中已执行的交易也是智能合约面临的难题。而从区块链标准看，尚未形成权威的区块链应用的行业标准，以著名的 GitHub 开源项目托管平台为例，该平台上有超过 6 500 个活跃的区块链项目，但其中绝大多数基于不同的协议、共识、隐私措施，以及用不同的编程语言编写而成。标准的缺失制约了大规模协作应用的开展以及相应的协同监管的有效落实。从监管机制的角度看，金融科技行业应用区块链技术对传统金融监管的影响具有两面性：一方面，由于区块链采用全网验证的共识信任机制，具有集体监督维护和自我监管的特征，有助于减轻监管部门的压力；另一方面，金融监管的内容也必须相应调整，确保相关技术和平台不存在纰漏，不存在恶意欺骗的系统和交易记录。因此，区块链技术为实现监管目标提供了机遇，也带来了挑战，如何趋利避害提高监管有效性，有待进一步探索。

2. 系统运行效率的挑战

现代金融量化交易具有高频化和碎片化的特征，区块链技术在高频金融交易中的大规模应用需要突破系统运行效率和存储容量的限制。首先，区块链复杂的共识信任机制保障了系统的稳健运行，但是也制约了交易吞吐量。在比特币区块链中，一个区块最多可容纳 1MB 的交易数据，每十分钟形成一个区块，难以满足高频金融交易的需要。而如果增加区块的大小，可提高每秒交易数上限，但区块扩容又将增加存储空间。区块链分布式记账方式要求每个完整节点都保留相同副本，包含从创世区块到最新区块的每笔交易，账本数据已超过 200GB，若再扩容，将超过普通计算机终端的存储能力，更无法与金融智能可穿戴设备兼容。其次，由于区块链的经济激励机制，需要收取交易手续费，虽然费率较低，但手续费是基于交易笔数而不是转账金额收取的，因此对于金融行业的小额支付需要来说可能难以承受。另外，基于区块链的交易虽然瞬间即可传至整个网络，但是必须打包进区块，等待后续形成约 6 个新区块并确认后，才能不可逆转地记录到"主链"上。以比特币区块链网络为例，形成 1 个区块约需 10 分钟，形成 6 个区块才确认的情况下，需等待约 1 小时，因此存在一定的交易确认延迟。

3. 技术安全风险

区块链作为新兴技术，不可避免地存在技术安全风险。区块链在技术安全性、去中心化和高效率三个方面，存在只能选其二的"不可能三角"悖论。首先，区块链的技术安全性与去中心化是建立在大量参与节点基础上的，但是节点越多，节点运算能力的压力就越大，海量数据传输可能造成网络瘫痪，并带来巨大的电力消耗。其次，完全去中心化可能带来隐私泄露及缺乏保障等安全性问题。金融交易往往包含大量客户的隐私信息和财产数据等敏感内容，区块链系统内各节点通过类似电子邮件的地址进行标识并实现数据传输。虽然地址标识并未直接与用户身份相关联，但区块链数据是完全公开透明的，在技术上仍存在一定的隐私泄露风险。随着各类反匿名身份甄别技术的发展，仍有可能实现对部分重点目标的定位和识别。最后，一个既高效又安全的区块链系统，需要中心化的验证。而中心化验证会弱化区块链的去中心化创新特征，可能使区块链在助力金融行业防控信息安全风险、降低交易成本等方面的作用受到限制，不利于区块链金融的分布式应用。

面对区块链技术存在的风险和挑战，必须构建和完善区块链监管体制机制，推动区块链技术和产业健康发展。从区块链监管体制上看，我国区块链监管的基本框架已经形成，并且保持相对稳定的状态。具体来看，由中国人民银行、互联网金融风险专项整治工作领导小组办公室（以下简称"互金整治办"）和中国互联网金融协会（以下简称"中国互金协会"）及其附属机构主要负责虚拟货币交易、代币融资等具有金融属性的相关活动监管，各地方金融管理部门配合；以工业和信息化部（以下简称"工信部"）及其附属机构为主导，联合产业界、学术界等各类机构及学者，负责区块链技术的标准化和统一化工作，加速构建区块链标准体系，推动区块链重点标准研制和应用推广；国家互联网信息办公室（以下简称"网信办"）则主要负责区块链网络信息服务安全工作，规范和促进区块链技术及相关服务健康发展，规避区块链信息服务安全风险。在区块链及虚拟货币相关产业监管中，中国人民银行、工信部、网信办权责分明并积极协作，公安司法等各司其职，配合主要监管部门开展各类执法规范行为。

从区块链监管机制上看，随着鼓励区块链产业发展政策的落地，区块链技术标准体系和监管制度也在加速建立。工信部自 2016 年开始发布《中国区块链技术和应用发展白皮书（2016）》，首次提出我国区块链标准化路线图，总结了国内外区块链发展现状和典型应用场景，成为指导产业发展的重要参考资料。此后工信部连续多年发布区块链白皮书，持续关注国内外区块链产业发展。2020 年以来，中国人民银行聚焦区块链技术在金融领域的应用，积极推进区块链金融的标准化和合规化。2020 年 2 月 5 日，中国人民银行正式发布《金融分布式账本技术安全规范》（JR/T 0184—2020），规定了金融分布式账本的安全体系，是我国金融行业的首个区块链标准。2020 年 7 月 13 日，中国人民银行再次发布了《关于发布金融行业标准推动区块链技术规范应用的通知》及《区块链技术金融应用 评估规则》（JR/T 0193—2020）金融行业标准。该标准规定了区块链技术在金融领域应用的实现要求、评估方法和判定准则等。该标准也是国内首个由最高权威机构颁发、较为完整的对区块链体系和产品的技术标准和评估办法。从《金融分布式账本技术安全规范》到《区块链技术金融应用 评估规则》等一系列规范化文件的发布，可以看出央行层面对区块链技术的重视程度，以及对区块链在金融领域应用价值的肯定。这些标准的出台有望加速金融领域的区块链应用落地，也将为区块链产业提供更多标准化的技术标准参考，提升区块链技术应用效率，并为区块链监管提供更多支撑。

此外，网信办发布的《区块链信息服务管理规定》（以下简称《管理规定》）于2019年2月15日开始实施，要求区块链信息服务提供者通过网信办区块链信息服务备案管理系统填报备案信息。备案登记方便监管部门依据《管理规定》对备案主体进行监督检查，并督促未备案主体尽快履行备案义务，但不代表监管部门对其机构、产品和服务的认可。信息服务备案能在一定程度上促进区块链产业健康有序地发展，加强区块链产业的标准化和合规化。

对区块链的监管应坚持"以链治链、全面监管"的基本原则，借助实名制和备案制等机制设计，并通过设置链上监管节点，加速实现对链上活动的协同监管和穿透式监管，在降低监管成本的同时提升监管的主动性和及时性。这是因为，区块链不仅是被监管的对象，还具备赋能监管科技的能力，有望成为监管科技的技术基础。区块链在监管体系中的应用可以推动监管科技发展，提高多主体间的协作效率，链上积累的海量数据也可以为监管规则模型提供运行和优化支撑，使之更加有效地适应前瞻性监管和监管协调需求。对区块链等新型技术产业的监管应该在鼓励技术创新和加强监管力度之间寻求一个相对平衡的状态，符合监管要求的区块链金融创新应用要纳入金融科技创新监管试点，通过构建"监管沙盒"，监管部门能发现区块链技术应用存在的各类问题，为之后制定全局监管策略提供缓冲期和经验积累空间，并与产业端协商解决方案，促进区块链技术在产业端的健康有序发展。

任务二　人工智能原理与智能金融应用

精品微课

人工智能在金融科技
中的应用

人工智能是新一轮科技革命和产业变革的重要驱动力，正深刻改变着人们的生产、生活和学习方式，推动人类社会迎来人机协同、跨界融合、共创分享的智能时代。人工智能在金融行业的应用价值也日益显现，已渗透银行、保险、证券、金融科技等主要领域，正推动智能金融新业态的形成。同时，智能金融应用可能带来的风险也不容忽视。要应用监管科技，积极推进金融科技创新监管试点，实现鼓励创新与防范风险的平衡。

一、人工智能技术的概念

20世纪50年代，国外学者麦卡锡、明斯基等在达特茅斯会议上首次提出了"人工智能（Artificial Intelligence，AI）"这一术语，标志着人工智能的诞生。人工智能是研究、开发用于模拟、延伸和扩展人的智能的理论、方法、技术及应用系统的一门新的技术学科。金融稳定理事会认为，人工智能是一种计算机系统，能够实现推理、学习、自我改进等通常需要人类智能来完成的功能。人工智能技术是指通过对上述计算机系统的实现和应用，赋予计算机自主思考或行动能力的技术，包括但不限于机器学习、生物特征识别、计算机视觉、智能语音、自然语言处理、知识图谱、智能决策控制、智能机器人、混合智能等。

人工智能从诞生以来，理论和技术日益成熟，应用领域也不断扩大，人工智能技术与金融的深度融合是这两个领域深化发展、探索创新的必然结果。人工智能技术应用场景丰富，随着效能的不断提升，人工智能技术可被广泛用于金融、制造、安防、教育、医疗、养老、环境、交通、司法服务、网络安全、社会治理等行业和领域，不断优化观察预警、沟通交流、分析决策、流程自动化等功能。

视频资源

人工智能发展简史

根据能力的强弱，人工智能可划分为弱人工智能、强人工智能，以及超人工智能等发展阶段。一般认为，弱人工智能擅长在特定领域、有限规则内模拟和延伸人类智能,强人工智能可在思考、计划、解决问题、抽象思维、理解复杂理念、快速学习和从经验中学习等方面达到人类级别,超人工智能则可在所有领域都大幅超越人类智能。

数据、算力、算法的不断发展,为人工智能技术发挥作用提供了坚实的支撑。大数据时代的到来,为人工智能技术的发展提供了日益丰富的数据资料。新型计算芯片架构、特定应用集成电路(Application Specific Integrated Circuit,ASIC)等专用芯片的快速发展,提高了计算能力,降低了计算成本,持续拓展人工智能技术的应用边界。深度学习算法等方面的迭代优化,不断为人工智能技术的发展提供更为强大的引擎。得益于三者的共同推动,人工智能技术在越来越多方面的能力不断接近甚至超越人类。

资料链接

我国人工智能产业
支持政策

二、人工智能技术的基本原理

机器学习是人工智能技术的基本原理和算法。从机器学习到神经网络,再到深度学习,正是算法技术的改进开启了人工智能新时代。本部分将介绍以机器学习为基础的人工智能技术原理,以便更好地探讨和理解智能金融应用。

(一)机器学习的基本原理

什么是机器学习?例如我们在观看了许多影片之后,会在大脑里对电影的喜好程度逐步形成"经验",建立起自己的观影品位,当看到某部即将上映的电影时,经验决定我们是否会对这部电影产生观影欲望。这种判断对电影的喜好的经验,是我们在经历中学习得到的。每观看一部电影,我们会对它产生喜欢或无感等结论,这成为我们大脑的"学习资料"。我们经过多次的观影训练,不知不觉中在大脑里建立了"电影喜好"的预测模型。试想,如果有一个计算机程序具备我们大脑建立"经验"模型的能力,那么只要给它"学习资料",告诉它我们对看过的电影的喜好,程序就会学习我们对电影的品位,同样可以建立一套"经验"来预测判断。这就是机器学习的基本概念。简而言之,机器学习是用数据或以往的经验来优化提升行为判断的计算程序。从广义上讲,机器学习是一种能够赋予机器"学习"的能力,让它完成直接编程无法完成的功能的方法。从实践的意义上讲,机器学习是一种利用数据训练出模型,然后使用模型预测的方法。

机器学习的过程与人类对历史经验归纳的过程有着相似之处。人类在成长和生活过程中积累了很多的历史经验。人类定期对这些经验进行"归纳",获得了生活的"规律"。当人类遇到未知的问题或者需要对未来进行"推测"的时候,就会使用这些"规律"来指导自己的生活和工作。机器学习的"训练"与"预测"过程可以对应到人类的"归纳"与"推测"过程。通过这样的对应,我们可以发现机器学习的思想并不复杂,仅仅是对人类在生活中学习成长的一种模拟。由于机器学习不是基于编程形成的结果,因此它的处理不是遵循因果的逻辑,而是通过归纳思想得出的相关性结论。

机器学习是实现人工智能应用的算法技术之一。在早期开发人工智能应用时,仅仅实现了一些可编程的任务,如寻找两点之间的最短距离等,很难通过编程的方式实现更为复杂并持续进化的任务挑战。因此人们意识到,机器需要能够自我学习,随后机器学习技术被认为是计算机的新能力而逐渐发展起来。如今,机器学习技术已经在各个人工智能应用领域中发挥重要的作用。机器学习中常用的分类算法可以将数据分为不同的类别,如可以用来识别垃圾邮件和非垃圾邮件,医疗诊断中用机器学习模型来诊断病人是否患上某种疾病,天气预测中用来预测明天是否会下雨等。

(二)机器学习的技术分类

根据机器学习技术中算法特点的不同,可以将机器学习的技术分为三大类。

1. 有监督学习（Supervised Learning）

在人工智能应用中使用的多数机器学习算法，都属于有监督学习。有监督学习所需要的样本数据，需要同时包含样本特征自变量（X）和目标变量（Y），然后使用有监督学习根据学习算法训练得到从特征自变量输入到目标变量输出的映射函数：$Y=f(X)$。有监督学习根据解决问题的类型，可以进一步分为分类和回归。分类：分类问题的目标变量是类别，如"红色"或"白色"，"垃圾邮件"或"非垃圾邮件"。回归：回归问题的目标变量是实数值，如"销量"或"价格"。

2. 无监督学习（Unsupervised Learning）

在进行无监督学习时，数据只有输入的特征自变量（X），没有目标变量（Y），算法在输入数据的过程中需要自己发现数据中的规律或模式。无监督学习问题可以进一步划分为关联和聚类问题。关联：关联规则的学习目的是从数据中发现强规则，如"买了商品 A 的顾客有可能还会买商品 B"，这背后就是利用关联规则所发现的规律。聚类：聚类算法可以发现数据内部的组群关系。假设某企业要生产 T 恤，却不知道 XS、S、M、L 和 XL 的尺寸到底应该设计为多大，则可以根据体测数据，用聚类算法把消费者分到不同的组，从而决定尺码的大小。

3. 半监督学习（Semi-supervised Learning）

在半监督学习模式中，输入的样本数据部分被标记，部分没有被标记，这种学习模型可以用来进行预测，但是模型首先需要学习数据的内在结构，以便合理地组织数据来进行预测。半监督学习可以分为半监督分类、半监督回归、半监督聚类和半监督降维。在实际应用中，半监督学习通常用于只有少量有标记数据的场景，因为对数据进行标记的代价有时会很高，如在生物学中，对某种蛋白质的结构分析或者功能鉴定，可能会花费生物学家很多年的时间，而大量的未标记数据却很容易得到。而在金融领域，如果只有少量已标记的逾期违约借款人的黑名单数据，而有大量未标记的未到期借款人的数据，也可以使用包括有标记样本数据和未标记样本数据的训练集，通过半监督学习来预测违约率。

资料链接

主动学习、纯半监督学习与直推学习

（三）机器学习算法的"学习资料"

大数据，是机器学习算法的输入基础，也可以称为算法的"学习资料"。依据不同的维度，大数据有不同的分类方法。从结构上分类，大数据可以分成结构化数据、非结构化数据和半结构化数据。结构化数据一般指有严谨结构逻辑的数据，如存储在 MySQL、Oracle 等关系数据库中的数据；非结构化数据与结构化数据相反，一般没有固定的结构，如文本、图片、视频等；半结构化数据指介于结构化数据和非结构化数据之间的数据，如 XML 文档、HTML 文档、JSON 数据等。从处理方式上分类，大数据可以分成实时数据和离线数据。实时数据一般指由系统实时产生或采集的数据，它有一个重要维度就是时间，如股票的实时交易数据、实时天气数据等；离线数据指存储在数据库或者文件系统中的数据，如股票的历史交易数据、天气的历史数据等。从数据来源和行业上分类，大数据可以分成网络数据、社交媒体数据、医疗数据、农业数据、身体健康数据、设备监测数据等。

输入机器学习算法的数据质量，是算法学习效果的基础。因此，人类把干净、合理的学习资料（即样本数据）交给算法进行学习，避免出现"Garbage in，garbage out"（无用数据输入，无用数据输出）的情况，导致学习失败。

用于机器学习项目的数据，通常有训练数据、验证数据和测试数据三类。上文介绍的用于机器学习的"学习资料"，对应的是训练数据集，简称训练集，顾名思义，是用来训练模型的，也就是算法真正用来"学习"（拟合）的数据。而验证数据集（简称验证集），是在训练集训练出多个模型后，为了找出效果最佳的模型，使用各个模型对验证数据进行预测，并记录模型的准确率，选出效果最佳的模型所对应的参数，主要用在算法调参过程中，以评估不同参数组合的预测效果。可以认为验证集在机器学习中承担"阶段测试"或"模拟考试"的作用。测试数据集（简称测试集）的作用也很直观，用来测试模型效果，评估泛化能力，即评估机器学习算法的"学习成果"。训练集、验证集、测试集三者的关系、作用及划分方法，如图 3-11 所示。三类数据可以从一份原始样本数据集中划分得到。首先，可划分出测试集，用来评估最终模型的效果；然后在剩余的数据集中继续划分出训练集和验证集。训练集和验证集的划分方法有两种：hold-out 和交互检

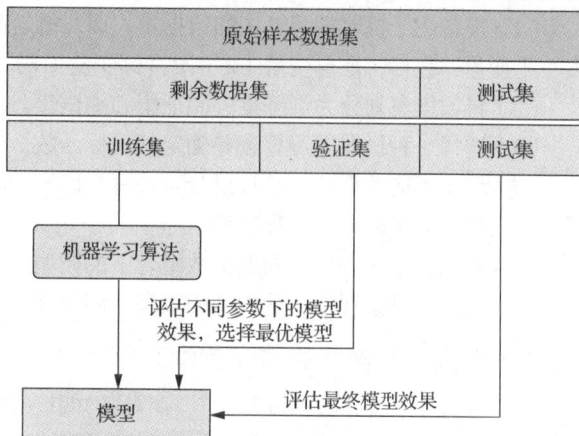

图 3-11 训练集、验证集、测试集三者的关系、作用及划分方法

验。其中，hold-out 方法是指将剩余的数据按照一定比例划分出训练集和验证集，比如 70% 作为训练集，30% 作为验证集。交互检验是将剩余数据划分为 k 等份，用 $k-1$ 份作为训练集，剩余 1 份作为验证集，依次轮换训练集和验证集 k 次，直到找到预测误差最小的模型，就可认为是所求模型。此方法也被称为 k 折交叉验证（k-fold cross-validation）。值得注意的是，在划分训练集和验证集时，如果数据集有时间序列属性，则不适合使用交互检验，可以用 hold-out 方法尝试不同比例的验证集效果，以达到与交互检验相同的效果。

（四）机器学习的实现过程

通过前文的学习可以知道，机器学习技术是通过训练算法"学习"输入数据，最终得到输入与输出直接的映射函数关系：$Y=f(X)$。因此每个算法都有一个"目标函数"作为学习方向，通过求解让该函数取极大值或极小值，从而训练得到机器学习算法的模型参数，即得到了"模型"。

决策树是机器学习算法中较为基础的一类算法，也是更高级的树类算法的基础。决策树算法是用树的结构来构建分类模型，每个节点代表一个属性，根据属性的划分，进入这个节点的子节点直至叶子节点，每个叶子节点都代表一定的类别，从而达到分类的目的。

以某个用于银行贷款审批的决策树模型为例。假设该模型的目标函数通过年龄、学历、是否拥有房产等特征，对贷款申请人做出批准或拒绝的决策，如图 3-12 所示。输入的申请人特征会按照决策树的结构自上而下进行条件判断，最终分类到某个叶子节点，根据模型对该叶子节点定义的属性，来判断是否批准该申请人的贷款申请。例如，某申请人年龄为 40 岁，但没有房产，若其月收入超过 1.5 万元，模型认定可以通过其贷款申请。

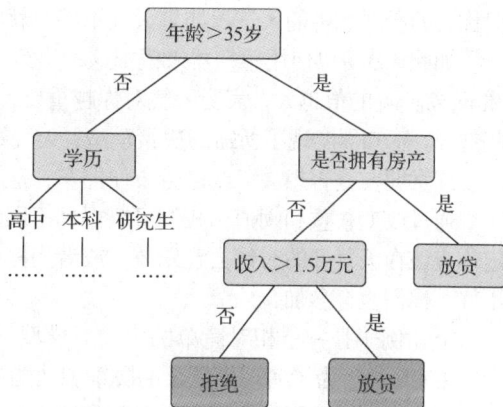

图 3-12 贷款审批决策树模型

[随堂测试 3-5]

根据图 3-12 中的决策树模型，假设某个 36 岁的贷款申请人，租房居住，月收入为 1 万元，则银行是否应该通过其贷款申请？为什么？

综上，我们来总结一下机器学习的"学习"过程。

（1）准备用于机器学习算法的数据集，以二维矩阵形式表示，每行代表一条学习样本，每列代表一个变量，包括特征自变量（X）及目标变量（Y）。

（2）将数据集划分为训练集、验证集和测试集。

（3）选择一种机器学习算法并确定其目标函数。

（4）设定不同的算法超参数组合，在每组确定的超参数下，使用训练集进行算法参数的求优，得到该组超参数下的最优参数模型。

（5）使用验证集评估不同超参数组合下的模型效果，选择最优模型。

（6）使用测试集评估最优模型的效果，即最终模型的泛化能力。

（五）人工神经网络与深度学习

为了使人工智能不仅"知其然"，而且"知其所以然"，受人脑结构和功能的启发，在机器学习的特征提取环节，引入了由分层的"感知器"构建的人工神经网络，提出了深度学习（Deep Learning）的概念。深度学习由神经网络自动提取特征量，神经网络中包含着大量作为神经元的感知器。感知器是由科学家弗兰克·罗森布拉特（Frank Rosenblatt）在 20 世纪 50 年代开发的，其工作原理为输入几个二进制数并生成一个二进制的输出。例如，感知器有三个输入值 x_1、x_2、x_3。罗森布拉特提出了一个计算输出的简单规则。他引入了**权重** w_1、w_2、w_3，表示各输入对输出的重要性。然后确定一个阈值作为神经元的参数，当输入值的加权和（$w_1 x_1 + w_2 x_2 + w_3 x_3$）大于阈值时，感知器输出 1，一般表示"是"；当输入值的加权和小于等于阈值时，感知器输出 0，一般表示"否"。

这是基本的数学模型，可以将感知器看作一种通过权衡证据来做出决策的设备。例如，周末将至，你听说将举办音乐节，你非常喜欢音乐，你会通过权衡以下三个因素来做出决定。

（1）天气好吗？

（2）你的男朋友或女朋友想陪你一起去吗（假设你不是单身）？

（3）附近方便停车吗（假设你有车）？

然后可以通过相应的二进制的变量 x 来表示上述三个因子（x_1、x_2、x_3）。例如，如果天气好 $x_1=1$，如果天气不好 $x_1=0$；同样，如果你的男朋友或女朋友想去 $x_2=1$，如果你的男朋友或女朋友不想去 $x_2=0$。以此类推，现在，假设你非常喜欢音乐，以至于即使你的男朋友或女朋友不感兴趣，你也会自己去；但你真的厌恶恶劣的天气，如果天气不好，就没有办法参加。

如此，就可以使用感知器来模拟这种决策。一种方法是选择天气权重 $w_1=6$，其他条件权重 $w_2=2$ 和 $w_3=2$。w_1 的值越大，表明天气对你越重要，远远超过其他因素。假设你选择的阈值为 5。通过这些选择，感知器实现了所需的决策模型，天气好的时候输出 1，天气不好的时候输出 0。无论你的男朋友或女朋友是否想去，或是否方便停车，这一输出都没有区别。

通过改变权重和阈值，我们可以得到不同的决策模型。例如，假设阈值为 3，然后感知器会决定你应该在天气好的时候去音乐节；或者当停车方便，你的男朋友或女朋友也愿意去，则即使天气不好，你们也会参加音乐节。

上述例子是一个相对简单的感知器模型，说明了感知器如何权衡不同类型的证据以便做出决策。在实际中，为了**实现更复杂的决策和功能**，可以引入多层的感知器，构建多层的深度神经网络。这个网络中，第一层感知器会通过权衡输入证据做出若干非常简单的决定，这一层称为"输入层"。第二层中，每个感知器又都通过权衡第一层决策的结果来做出决定。通过这种方式，第二层中的感知器可以在比第一层中的感知器更复杂和更抽象的水平上做出决定。以此类推，直到最后一层的前一层。这些感知器又被称为"多层感知器"，在单层神经网络的基础上引入了一到多个隐藏层（Hidden Layer）。最后一层只有一个感知器，负责根据前一层感知器的输入结果，输出最终的预测值，因此称为"输出层"。

整体看，深度学习是由一层层的神经网络单元构建的系统，当系统组建好后，基于训练数据，通过**前向传播和反向传播**算法不断训练模型中的参数，最终可以得到最优的模型效果。其中，前向传播指沿着神经网络从输入层到输出层的顺序，依次计算并存储模型的中间变量（包括输出）。在神经网络算法中，隐藏层的每个神经元可以看作一种由权重 w 和偏差 b 构成的线性关系，并且以某个激活函数进行转换后，得到输出值。而反向传播指计算神经网络参数梯度的方法。反向传播依据微积分中的链式法则，沿着从输出层到输入层的顺序，依次计算并存储目标函数有关神经网络各层的中间变量以及参数的梯度。在神经网络模型参数初始化完成后，输入训练数据，交替地进行前向传播和反向传播，并根据反向传播计算的梯度迭代模型参数，最终得到对于当前训练数据拟合效果较好的模型参数，包括权重 w、偏差 b 以及阈值，这就是神经网络训练的基本过程。

资料链接

计算机视觉与图像识别

[随堂测试 3-6]

理解人工智能、机器学习与深度学习的关系

根据图 3-13，结合所学知识，谈谈你对人工智能、机器学习和深度学习三者关系的理解。通过互联网查阅有关资料，初步了解深度学习在哪些方面改进了机器学习的学习效果。

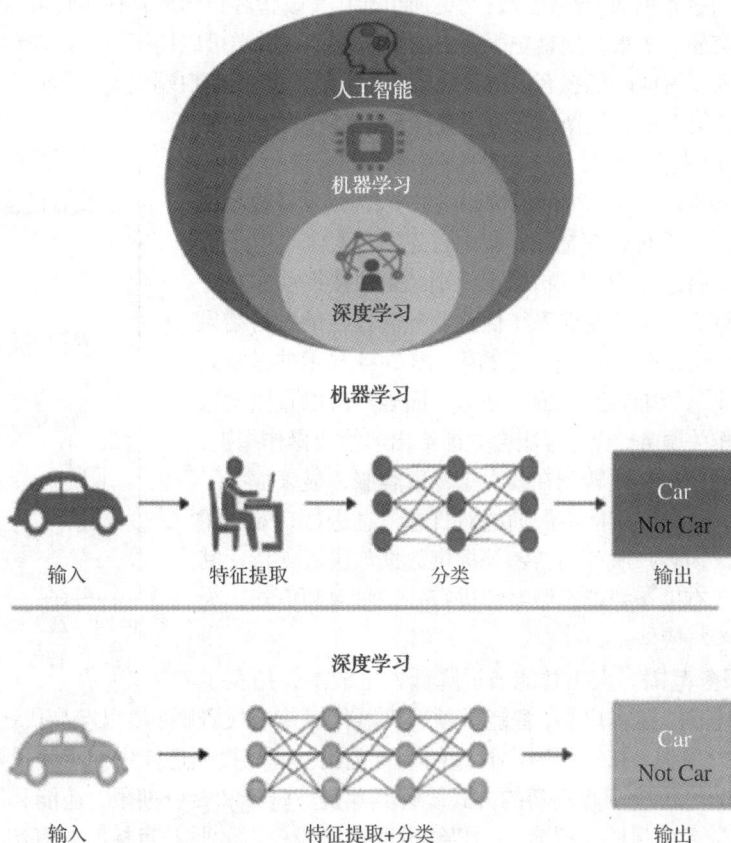

图 3-13　人工智能、机器学习与深度学习

> **提示**
>
> 机器学习是人工智能实现的重要手段之一，深度学习是机器学习算法中的一种，目前是人工智能应用的主流算法。深度学习以数据为基础，由计算机通过人工神经网络自动提取特征量，而不需要人为设计特征量。深度学习通过计算机的高性能计算把具有相关性的东西聚合成组提取特征量，进而用这些特征量提取更高层的特征量，经过多次对特征量的抽象后，寻找到"典型的"概念，最终输出最佳的预测结果或最优的模型效果。

[做中学 3-2]

资料链接

通过智能机器人 Siri 添加日程安排

通过 Siri 添加日程安排，体验基于人工智能技术的人机交互与传统交互方式的差异，主要步骤为：①打开苹果手机；②呼叫 Siri；③请 Siri 添加下周的日程安排；④对比通过 Siri 添加日程安排与手动添加日程安排的异同。

人工智能其他相关技术

三、人工智能对金融创新的影响

人工智能技术能够全方位推动金融创新，助力实现传统金融向智能金融的转型升级。人工智能在前端可以使金融服务更加**个性化**，营销更加精准化，改善客户体验；在中端可以学习和分析历史数据，支持各类交易的决策，使金融服务更加智能化；在后端可以用于风险识别和防控，使管理流程更加自动化。人工智能既能在客户端优化资产配置，又能在商户端提高工作效率，打造全流程的智能金融。人工智能对金融创新的影响主要体现在以下几个方面。

（一）改善客户体验。面对客户群体的扩张和客户需求的变化，金融服务急需改善客户体验。工商银行的"工小智"，单日最高服务量突破百万次。人工智能在金融客服中首先通过对来自电子渠道的文字和语音进行意图识别，再根据识别结果对接提前建立好的知识库进行查询，或进入企业系统优化业务流程，最后将结果以适当的方式反馈至渠道终端，完成交流。图 3-14 显示的是宜人财富的"宜睿助手"智能客服页面，在该页面客户可以直接输入想咨询的问题或相关服务，智能客服会立即给出解答或操作指引，如果遇到疑难问题，还会跳转到在线人工专家客服，显著提高了客户服务的效率。同时，智能客服通过对日志信息进行有效的识别、分析和挖掘，为客户服务与营销等提供数据与决策支持。其积累的历史数据还有助于智能客服系统进行知识学习和更新，为改善问答提供参考与依据。

图 3-14　宜人财富的"宜睿助手"智能客服页面

（二）拓宽服务范围。人工智能通过降低人工成本，拓宽了金融服务的覆盖范围。在客户端，智能投顾用机器代替传统投资顾问，以产品代销与研发相结合，培养了客户的理财习惯，拓宽了财富管理的经营范围。智能投顾还能增加了解投资者风格偏好的渠道维度，除了通过传统调查问卷的方式统计其年龄、资产和投资期限，还能利用非结构化数据更客观地衡量投资者的风险承受水平。智能投顾根据投资者的收益目标匹配算法，提出个性化的投资建议，再依据市场动态对资产配置进行调整和优化。另外，伴随人工智能技术的突破，由金融分析师编写函数、设计指标和分析数据而进行的量化投资不断扩张市场规模。例如，全球影响

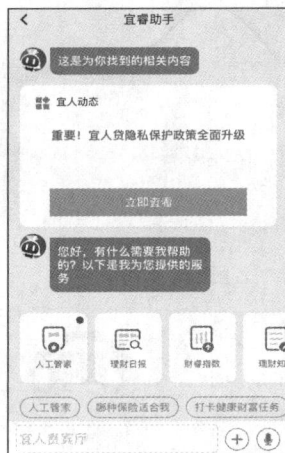

力很大的对冲基金桥水基金（Bridgewater Associates，自 2013 年起运用人工智能技术跟随市场变化和预测行情走势，持仓组合逾百种。日本 Alpaca 公司的交易平台 Capitalico 利用图像识别技术帮助客户分析交易图表，并基于交易员的经验深度学习非结构化的信息。国内的量化交易还处于初级发展阶段，京东量化平台和 MindGo 分别借助京东集团和同花顺的资源优势，进行智能化策略的开发与研究，为客户提供投资方案。

（三）**增强风控能力**。金融风控业务流程复杂，涉及用户资料收集、反欺诈、合规、逻辑校验等较多环节，完全依靠人工，费时费力且容易滋生群体欺诈问题。人工智能对解决传统风控业务痛点发挥着重要的作用，有效提升事前预警、事中处理和事后监督的综合能力。通过把客户行为分析和资产负债状况相结合，并利用移动终端设备和 IP 地址等多层次信息构建的客户关系图，人工智能突破了识别联系人中借贷人个数等简单风控因素的传统手段的局限，大幅度扩大了金融风控的覆盖范围，广泛管控网络全局风险。尤其是全国约有 5 亿人口不存在持牌金融机构的强征信记录，需要依靠人工智能挖掘客户多维数据的金融价值，通过对网页浏览、通话记录、电商消费、出行线路以及社交数据的统计分析，描绘出精细的客户信用特征。京东数科和微众银行已经尝试通过社交数据、信用积累、商户管理和欺诈侦测等模型，对客户进行分类并评估其还款的意愿和能力。人工智能促进征信审批自动化，还降低了小微企业融资的难度，助力普惠金融的发展。此外，生物特征识别技术可用于识别客户的身份与行为，相较于传统鉴定方式更加便捷，有助于金融机构的安全监控。其中，人脸识别已被应用于银行开卡、账户登录、支付和取款等金融范畴。支付宝 2017 年 9 月在杭州推出的人脸识别支付服务实现了人脸识别技术的成功商用。

（四）**提升研究水平**。智能投研为包括研究人员和基金经理的个人客户和包括金融机构和商业媒体的公司客户，提供从数据到结论的一站式解决方案。智能投研既能从宏观经济周期角度分析，涵盖行业轮动规律和上下游产业链趋势，又能从微观层面发掘热点事件对公司价值产生的影响。智能金融搜索引擎能自动且快速地完成大量相关信息的动态检索和报告撰写。美国 Kensho 公司的产品 Warren 利用知识图谱构建事件数据库，从中不断强化学习。AlphaSense 公司则充分利用研究文献、公司证明、实时新闻等碎片信息，挖掘数据价值，为投资决策所用。目前国内的智能投研还未形成规模，金融数据不丰富甚至残缺的致命缺陷使得数据标准、关联架构显得尤为重要。萝卜投研和文因互联等公司通过智能搜索提高客户信息挖掘和处理的效率，辅助投资报告的自动生成。天弘基金和嘉实基金均搭建智能投研平台，为投资决策提供系统性支持。数据服务商如 Wind、东方财富、同花顺和恒生聚源等公司的壮大也成为智能投研发展的核心推手。

四、智能投顾

人工智能在金融科技中的应用主要体现在智能投顾（保顾）、智能风控与反欺诈、智能客服与精准营销等方面，其中最重要的应用是智能投顾。

智能投顾（Robot Advisor，RA），即智能投资顾问、机器人投顾。无论是从业者、咨询机构还是学术研究者，在定义智能投顾时都在金融层面之上赋予其科技感，形成全新的商业模式。智能投顾是指运用云计算、大数据、机器学习等技术将资产组合理论、其他资产定价及行为金融学理论等金融投资理论应用到模型中，再将投资者风险偏好、财务状况及理财规划等变量输入模型，为用户生成自动化、智能化、个性化的资产配置建议，并对组合实现跟踪和自动调整的金融服务新模式。对于用户端，智能投顾可以利用计算机分析用户财务状况、收益目标以及历史投资数据来确定个人的风险偏好，有助于用户避免冲动性、贪婪性、过于谨慎性投资。对于投资端，智能投顾可以利用云计算、大数据、智能算法、机器学习等技术，学习已有的成功的投资组合理论、资产定价理论、金融学理论，并在此基础上构建投资模型，从而给投资者提供资产配置建议，并跟踪投资状况，实时调整。从资产类别上，智能投顾不局限于某一只股票或某一个资产，形成资产组合；从地域上，智能投顾配置全球资产，以达到降低风险、获得长期可持续稳定收益的目的。智能投顾服务模式示意如图 3-15 所示。

和传统投顾相比，智能投顾最大的特征就是门槛低、费用低、效率高。因此，其对作为互联网金融"长尾客户"的中低净值人群颇具吸引力。智能投顾与传统投顾的比较如图 3-16 所示。

智能投顾服务模式示意

图 3-15 智能投顾服务模式示意

图 3-16 智能投顾与传统投顾的比较

（资料来源：埃森哲报告《智能投顾在中国：直面挑战、把握机遇、决胜未来》）

智能投顾起源于金融危机后的美国，Betterment、Wealthfront 等初创公司开启了其序幕。近几年传统金融机构也纷纷开始涉足智能投顾服务，智能投顾正处在向大众普及的阶段。智能投顾的出现及快速发展给传统的面对面的财富管理模式带来了冲击，并形成了以下三种财富管理模式：传统财富管理模式、纯智能投顾模式和混合模式。以数字化驱动的人力结合"机器"的混合模式已然崛起，并且将成为未来财富管理模式的主流。根据 Backend Bechmarking 公布的 2020 年 4 季度美国智能投顾报告，基于访问投顾、理财规划、透明度和冲突、功能、客户体验等多个维度的评价结果，排名前三的智能投顾为 SigFig、SoFi 和 Fidelity Go。

在中国，多方参与的财富管理市场竞争日趋激烈，快速变化的用户群体及其需求、新兴的数字技术、趋严的监管政策正在重塑原有的财富管理模式。虽然智能投顾在中国起步较晚，但是其发展速度惊人，预计到 2022 年，智能投顾管理的资产总额将超过 6 600 亿美元，用户数量超过 1 亿。独立第三方财富管理机构、传统金融机构和互联网巨头是智能投顾市场的三大主体，演化出四种业务模式：独立建议型、综合理财型、配置咨询型和类智投模式。

（1）**独立建议型**。独立建议型的智能投顾模式通过调查问卷的方式，对用户的年龄、资产、投资期限和风险承受能力等方面进行分析后，经过计算，为用户提供满足其风险和收益要求的一系列不同配比的金融产品。这类智能投顾平台为理财用户提供建议，并代销其他机构的金融产品。平台推荐的金融产品大多数为货币基金、债权基金、股票基金和指数基金等，有些平台还配置有股票、期权、类固收、债券和黄金等产品。

（2）**综合理财型**。这类模式将智能投顾功能整合到公司原有的运营体系，通过对接内部及外部投资标的，既能更好地服务原有体系的用户，还可以吸引新用户。这种模式不仅能更好地服务投资者，还可以推动自身理财产品销售，达到多重效果。其特点在于综合理财平台本身就拥有很好的用户资源、广泛的销售渠道以及多元的资产标的等优势，其智能投顾平台在用户获取和用户体验等方面较其他模式更具竞争力。

（3）**配置咨询型**。这一模式通过实时抓取全市场各类型产品数据，统计各类型金融产品的收益率数据、风险指标等，对市场上的各类型金融产品进行筛选和排序，结合用户的风险评测指标，帮助用户选择合适的金融产品组合，用户自行完成交易。与独立建议型相比较，此模式主要针对更专业的个人投资者，提供了更加丰富、更多维度的智能化数据与指标，助力这些资深个人投资者做出投资决策。

（4）**类智投模式**。该模式多为跟风"智能投顾"概念，几乎无智能或自动化投资概念。该模式多为以量化策略、投资名人的股票组合进行跟投，同时兼具论坛性质的在线投资交流平台。此种模式并非严格意义的智能投顾。

国内各类智能投顾业务模式的代表性产品如表 3-4 所示。

表 3-4 国内各类智能投顾业务模式代表性产品

产品	业务模式	上线时间	资产配置范围	产品特色
宜信财富	独立建议型	2016-04	各种类型基金（含 ETF、FOF），跨国别配置	专业风险测评＋智能模型＋海量金融数据分析
京东智投	独立建议型	2015-08	基金、保险、固收等京东金融覆盖的产品	结合京东大数据，提供免费个性化智能投资组合
招商银行摩羯智投	独立建议型	2016-12	以国内公募基金组合为主	嵌入招行 App，根据投资者风险等级匹配组合
江苏银行阿尔法智投	综合理财型	2017-08	银行理财产品、基金、保险、贷款	覆盖保险、贷款产品，将投融资结合，可一键申请
理财魔方	配置咨询型	2014-12	资产以公募基金为主，涉及 A 股、美股、债券、期货、黄金等	国内首款智能投顾，提供个性化、标准化家庭资产全球配置与管理服务
雪球（蛋卷基金）	类智投模式	2016-05	A 股、美股、港股	旗下部分产品有自动调仓功能，提供类智投服务

智能投顾应用到保险领域，也会相应形成智能保顾新模式。智能保顾即智能保险顾问，是指基于人工智能、大数据等技术，以自动化的方式为用户提供保险服务咨询、风险测评与保障需求分析、保险产品比价与推荐、保单统一查询与管理等服务的智能化应用。智能保顾通过机器学习的方式获取保险领域的专门知识和经验，并自动更新产品库，与人类保险顾问相比，具有更高的服务效率和更低的服务成本。智能保顾应用实例有"大白"风险管家、宜信博诚智能保险营销、基于高级驾驶辅助系统的 UBI 车险等，如表 3-5 所示。

表 3-5　　　　　　　　　　　　　人工智能在互联网保险中的应用

人工智能技术 与运用	人工智能+保险的 具体应用举例	相关业务类别	代表公司	案例说明
智能机器人	智能保顾	管理型总代理 比价销售平台 企业雇员保险	"大白" 风险管家	建立智能化风险管理服务专家，为个人用户提供智能测评、智能健康风险管理等系列功能
推荐引擎及协助过滤算法	智能保险营销	场景定制 智能投保	宜信博诚	开发智能保顾产品，提供个性化的风险分析及投保建议
情境感知计算	高级驾驶辅助系统	车联网 技术服务	迪纳科技	通过前端"车行者"实时监测用户行车情况，并贯穿 4S 集团、UBI 车险、车联网金融等后端服务
知识图谱机器学习	理赔反欺诈：医保稽核控费	理赔管理	栈略数据	通过医疗知识图谱的机器学习，建立智能风控模型，识别异常诊疗行为，帮助保险公司决策，管控费用
自然语言处理	智能保单管理系统	经纪人展业工具 保单管理	保险袋袋	通过解析保单照片形成电子保单，向用户提供保到期提醒、获知保障缺失的服务
计算机视觉图像识别	人脸识别技术	其他技术服务 网络互助平台	投保家	通过人脸识别技术收集用户信息，从而为用户推荐保险购买方案

[做中学 3-3]

智能投顾 RA 服务体验

招商银行"摩羯智投"是国内具有代表性的独立建议型智能投顾服务平台，是招商银行"一卡通"和"金葵花理财"在智能金融时代迭代升级的产物，如图 3-17 所示。"摩羯智投"通过深度嵌入招商银行官方 App，根据投资者的资金规划和风险偏好为其匹配合适的资产组合并提供"一键购买"服务，资产配置范围以各类公募基金组合为主。"摩羯智投"依托招商银行的资源，已成长为国内领先的银行系智能投顾平台，吸引了大量年轻投资者。根据招商银行的官方统计，大多数投资者年龄在 25～35 岁，客户的平均头寸在 5 万～50 万元。在金融科技技术的赋能下，"摩羯智投"的发展满足了新时代年轻互联网投资者的投资需求，促进了我国互联网理财市场的发展。下面将以"摩羯智投"为例，介绍应用智能投顾服务完成互联网投资理财的完整操作流程。

一卡通	金葵花理财	摩羯智投
帮助中国银行业 进入银行卡时代	引领中国银行业 进入财富管理时代	开启智能机器 理财时代

图 3-17　招商银行"摩羯智投"的历史沿革

步骤 1：了解智能投顾的服务流程。

完整的智能投顾服务一般包括评估用户风险偏好、大类资产配置、结合偏好给出投资组合建议、交易执行、跟踪调整等步骤，如图 3-18 所示。

图 3-18　智能投顾的服务流程

步骤 2：注册并登录招商银行 App，进入"摩羯智投"并了解其主要功能。

下载招商银行 App，完成注册并登录，点击首页上的"理财"频道，找到"摩羯智投"入口，点击进入"摩羯智投"平台，如图 3-19 所示。点击"摩羯智投"平台的进入页面右下角的"一分钟了解摩羯智投"，具体了解其主要功能。"摩羯智投"利用计算机智能算法和自学习功能，结合招商银行多年的基金研究和财富管理经验，提供高效率、低门槛的智能投资服务，并且提供低至 1 折的基金购买费率优惠，降低客户的交易成本。"摩羯智投"能够根据每个客户不同的投资期限和风险承受能力自动筛选产品，给出投资组合建议，经客户许可，实现组合资产的"一键购买"。

图 3-19　"摩羯智投"平台的进入页面

步骤 3：通过风险测评，规划专属投资方案。

进入"摩羯智投"平台，可以看到平台推荐的各类"精选摩羯智投组合"。专业投资者可以直接选择对应的资产类别进行资产配置。新手投资者可以点击"立即规划专属投资方案"，"摩羯智投"将测评投资者的资金流动性和风险偏好，如图 3-20 所示，并根据测评结果，给出投资组合建议，如图 3-21 所示。

图 3-20　资金流动性和风险偏好测评

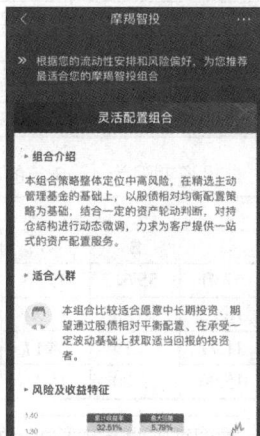

图 3-21　"摩羯智投"投资组合建议

步骤 4：查看组合详情，并完成"一键购买"。

在"摩羯智投"给出的投资组合建议页面，可以点击"查看组合详情"，具体了解组合资产的配置情况。如果觉得智能投顾给出的投资建议符合自己的资产配置要求，则可以点击"1 折费率一键购买"按钮，以优惠费率购买，完成投资，如图 3-22 所示。

步骤 5：自动投资和智能跟踪调仓。

作为智能投顾软件，"摩羯智投"会在投资者投资后，在 6 个工作日内自动进行各类基金的申购或认购，使资产配置达到选择的组合要求。完成基金配置后，"摩羯智投"自动化地全天候、多象限进行市场跟踪和监控，能够根据最新市场情况，每天检测客户投资组合的波动和分配比例，并自动进行指标编制和分类优化。当客户持有的产品组合中各种资产的比例偏离最

图 3-22　"摩羯智投"一键购买页面

佳分配比例并超过系统预设的警告线时，将智能跟踪调仓，以达到最佳比例。根据预先计算的购买或赎回金额，在客户许可的情况下，一键优化交易将被免密执行。"摩羯智投"每月月初还会根据上个月客户的具体投资理财情况，出具售后月报；若遇到市场行情波动的情况，系统会为客户及时推送市场异动点评报告，真正实现"售前—售中—售后"的一体化服务。

步骤6：体验"摩羯智投"的在线虚拟机器人智能售后服务。

"摩羯智投"的在线机器人可第一时间回答客户提出的有关产品及投资的问题，服务优质、客户体验感强，语言个性化，如"答案很快就有，请您不要走开！""愿您天天好心情！有什么疑问，欢迎您随时联系小招哦！"等。如果遇到季节转变，会推送温馨提醒，如"春季天气变化比较大，注意增减衣服，记得多吃新鲜水果，多喝温开水，照顾好自己哟！"等问候语。如果遇到复杂的问题，机器人还会自动帮助客户转入人工服务，充分体现了智能投顾服务方便、快捷的特点。

步骤7：探究对不同投资期限和风险等级的投资者推荐的资产配置组合变化规律。

"摩羯智投"把用户的风险等级从低到高分为10级，按照投资期限分为0~1年、1~3年、3年及以上，不同投资期限和风险等级推荐的投资资产配置组合中各类资产占比详见表3-6至表3-8。

表3-6　　　　投资期限为0~1年的各风险等级资产配置组合中各类资产占比　　　　单位：%

资产类别	风险等级								
	1	2	3	4	5	6	7	8	9
固定收益	62.66	56.48	49.82	45.37	44.41	39.25	34.93	23.88	21.94
现金及货币基金	16.52	16.14	16.26	13.40	12.08	11.49	9.85	9.39	5.12
股票类	15.02	12.38	18.80	25.82	27.63	33.30	39.25	55.17	61.79
另类及其他	5.80	15.00	15.12	15.41	15.88	15.97	15.97	11.56	11.15

表3-7　　　　投资期限为1~3年的各风险等级资产配置组合中各类资产占比　　　　单位：%

资产类别	风险等级									
	1	2	3	4	5	6	7	8	9	10
固定收益	57.01	55.61	45.30	44.87	44.14	38.70	34.23	27.73	20.86	17.62
现金及货币基金	16.22	16.20	15.22	12.42	10.77	10.60	9.31	10.23	10.00	5.50
股票类	11.77	13.19	24.17	27.46	29.95	35.47	41.17	51.26	57.97	65.78
另类及其他	15.00	15.00	15.31	15.25	15.14	15.23	15.29	10.78	11.17	11.10

表3-8　　　　投资期限为3年及以上的各风险等级资产配置组合中各类资产占比　　　　单位：%

资产类别	风险等级									
	1	2	3	4	5	6	7	8	9	10
固定收益	56.23	54.92	46.50	43.92	40.94	36.77	32.37	27.73	20.86	17.62
现金及货币基金	16.71	16.19	14.11	11.89	11.49	10.14	9.36	10.23	10.00	5.50
股票类	11.98	13.89	24.28	28.99	31.91	37.39	42.75	51.26	57.97	65.78
另类及其他	15.08	15.00	15.11	15.20	15.66	15.70	15.52	10.78	11.17	11.10

根据以上提供的资料，探究相同投资期限、不同风险等级的投资者，"摩羯智投"推荐的资产配置组合有什么变化规律；不同投资期限、相同风险等级的投资者，"摩羯智投"推荐的资产配置组合又有什么变化规律。

人工智能机器人除了以上智能投顾线上机器人外，还有线下的实体机器人。实体机器人在金融领域最典型的应用就是可以胜任银行网点的大堂经理工作，而且比人更加智能和高效。具体而言，智能机器人大堂经理具有以下功能：通过人脸识别，主动迎宾问候，更能精准识别VIP客户；智能语音交互，实现智能问答，

视频资源

智能机器人大堂经理
的实际应用场景

为客户提供业务咨询，引导客户办理相关业务；自助巡航，导航避障，在网点内引领客户；还能进行娱乐表演，在客户等待办理业务期间，活跃气氛。

五、智能风控

风险防控是金融的核心，人工智能技术在银行、保险、证券等金融业态的风险防控中具有重要价值。通过构建智能风控系统，能够有效降低风控成本，提高风控效率。人工智能在银行信贷风控场景的贷前、贷中、贷后等环节均可发挥一定作用。一方面，作为银行贷前控制业务风险的重要环节，传统身份验证主要通过密码验证和人工验证相结合的方式实现，存在一些难点和痛点。比如，密码与身份的关联性较差，泄露的密码可能被其他人使用，而人工验证的效率、准确率受验证人员工作能力、主观情绪等因素影响较大。基于人工智能技术的人脸识别、指纹识别、活体检测等新型身份验证方式，能够丰富身份验证手段，提高账户冒用难度，还能提高验证效率及验证结果的稳定性。另一方面，各类金融欺诈行为时有发生，且趋于组织化、专业化，其危害日趋严重。贷中审查环节提高对欺诈行为的识别率，在保证业务规模的前提下降低欺诈损失，是很多金融机构风控工作的重中之重。将知识图谱、深度学习等人工智能技术应用于风控领域，整合结构化、半结构化和非结构化数据，大规模监测各关系数据中存在的不一致性，能够及时发现潜在欺诈疑点，提高风险管控能力。此外，综合利用智能语音和自然语言处理等技术，还能够在贷后管理中实现对电话催收行为的实时监测，有助于及时阻止不文明催收行为的发生，提高经营合规性。

此外，保险科技的探索发展，尤其是人工智能的成熟，以及海量保险公司数据的积累，为保险智能风控和反欺诈工作的开展，带来了新的契机。通过建立相关模型，归纳欺诈案件的特点，以定量的方式来评估案件风险的高低，可以有效消除反欺诈过程中人为的不确定因素，提高识别的准确性，同时降低风控成本，节省大量的人力资源。我国多家保险公司正逐步通过人工智能、大数据等新技术，在甄别欺诈案件、开展理赔等环节进行风险控制。以中国平安的"金融壹账通"为例，积极将金融科技运用到保险领域，推出了"智能保险云"，包括"智能认证"和"智能闪赔"两大产品，为保险行业赋能。其在投保领域，帮助各大保险公司实现了客户30分钟快速投保，大大低于行业平均投保时间15小时；退保率仅为1.4%，远低于行业4%的退保率。2018年2月6日，"金融壹账通"推出区块链方案"壹账链"，不仅能降低金融机构获得高性能区块链底层设计服务的成本，也为监管部门创造了透明、高效的监管环境。同时，中国保险学会与"金融壹账通"发起成立了首家"保险智能风控实验室"，研究建立多险种的智能化反欺诈系统，充分发挥大数据、人工智能、云计算、区块链等技术的优势，为保险业欺诈风险的分析和预警监测提供支持。2018年7月19日，蚂蚁集团透露，国内保险业首笔无人工干预的"全流程AI（人工智能）快赔"在支付宝内完成，这标志着我国基于人工智能的互联网保险智能理赔和智能风控取得新突破。

六、智能金融风险及应对

人工智能技术在金融领域的应用，塑造了智能金融新业态，显著提升了金融服务效率。与此同时，智能金融也可能带来技术安全、隐私泄露、责任主体难以认定、放大市场顺周期性等方面的风险，必须予以高度重视、谨慎应对。

（一）**技术安全风险**。人工智能技术本身发展仍不成熟，存在算法"不可解释性"、对数据依赖度高等问题，加之算法模型设计缺陷等人为因素，可能导致结果偏离预期、算法歧视、系统异常等风险。此外，人工智能技术被不当使用甚至恶意使用，可能扩大违法违规行为的危害。比如，人工智能技术在语音模拟和人脸模拟方面的应用，可能会增加欺诈行为的防范难度。

（二）**隐私泄露风险**。一方面，逆向攻击等威胁可能导致人工智能模型内部数据的泄露，而金融领域数据可能涉及大量个人隐私数据，此类数据的泄露可能给客户带来难以估量的损失。比如，生物特征识别使用的指纹、人脸等数据通常具有唯一性、高度敏感性并且难以修改，其泄露所带来的损害可能难以逆转。另一方面，人工智能技术应用于数据挖掘方面时，可通过对看似不相关数据的挖掘分析得到与用户隐私相关的信息，降低数据脱敏等隐私保护手段的效果，加大隐私泄露风险。

（三）**责任主体难以认定风险。**人工智能技术产品和应用本身不具备责任承担能力及法律主体资格，其在金融领域的应用可能涉及技术提供方、技术使用方以及金融服务使用方等多个利益相关方，往往难以厘清责任归属，算法"不可解释性"则增加了责任划分的难度。

（四）**放大市场顺周期性风险。**随着人工智能技术大规模应用于金融交易中，算法的同质性等因素可能导致市场交易行为一致化，加大市场周期性波动幅度。**此外，量化交易程序使得交易频率能够达到毫秒级，当出现极端事件或程序出现故障时，可能带来巨大交易损失，甚至对金融稳定造成负面影响。**

针对以上风险，要按照实质重于形式的原则，以人工智能技术在金融领域应用的外溢风险为导向，以算法有效性、功能适当性、机器行为合规性等为重点，研究探索智能投顾、智能风控、智能量化交易等领域的业务规则，并加强合作外包、数据治理等方面的技术监管，实现监管无死角、风险全覆盖。要**加强隐私保护。**可结合金融领域实际情况加快完善隐私保护手段，引导金融机构对数据的规范应用，如制定完善数据分类、脱敏等方面的规则或标准，研究不同业务可以或限制应用的数据类型，减少数据不当应用造成的隐私泄露。**可考虑建立健全算法、模型报备机制。**可考虑要求相关从业机构将人工智能模型的主要参数以及相关金融业务的主要逻辑等重要信息报备监管部门，强化留痕管理，提高决策过程的可回溯性，为责任认定提供依据。要**加强自动中断、人工干预等机制研究探索。**建议鼓励金融机构研究建立合理的自动中断机制，减少极端事件发生时人工智能错误决策的可能性。同时，可加强对人工干预机制的探索，研究人工干预的介入条件和有效途径。

七、金融科技与监管科技的关系

金融科技可以同时为金融机构和监管部门服务。当人工智能、区块链、云计算、大数据等技术通过"互联网+"应用到金融行业，解决行业原有痛点时，就可能形成金融科技新生态。相应地，这些新技术被监管部门用于金融监管实践，以降低监管成本，提升监管效能，则称为监管科技。监管科技，根据英国金融行为监管局（Financial Conduct Authority，FCA）的定义，指采用新型技术手段，以满足多样化的监管要求，简化监管与合规流程的技术及其应用。

在具体表现形态上，监管科技有两大分支——运用于监管端的监管科技和运用于金融机构合规端的合规科技。**从监管端来看，**在金融科技背景下，面对更加复杂多变的金融市场环境，监管部门有运用监管科技的充足动力。监管科技能够帮助金融监管机构丰富监管手段、提升监管效率、降低监管压力，是维护金融体系安全稳定、防范系统性金融风险以及保护金融消费者权益的重要途径。监管科技在监管端的运用可以分为数据收集和数据分析两大方面。数据收集过程可以形成报告，进行数据管理。数据分析的具体运用则包括四个方面：虚拟助手、市场监管、不端行为检测和审慎监管。**从金融机构合规端来看，**金融机构将监管科技作为降低合规成本、适应监管的重要手段和工具，其基本路径是：金融机构端与监管端以数字化的方式互相连通；金融机构端可以从监管端获取数字化的监管要求并准确转化为内部约束，确保机构和业务实时合规；金融机构端能够实时向监管端传输数据，动态地形成各种合规报告，减少人工干预，提高准确度，降低合规成本。要实现上述意图，合规科技的主要着力点包括数字化、数据的识别与分析运用，以及数据加密与传输技术。

监管科技有以下核心特点：一是敏捷性，错综复杂的数据组能够通过 ETL（Extract，提取；

Transform，转换；Load，加载）技术解耦和组合；二是速度，能够迅速生成报告；三是集成，解决方案执行所需时间短；四是分析，监管科技使用分析工具以智能方式对现有"大数据"的数据组进行挖掘，释放其潜力，如同一数据可以实现多种用途。监管科技在法务/监管缺口分析、监管检查、管理信息、合规报告、互动检测、培训、风险数据仓库以及案例管理等方面均具有广阔的应用前景。

金融监管的有效性和监管部门、金融科技公司、金融行业的长期发展利益是一致的。因此，监管部门需要探索应用监管科技的可持续路径，构建金融科技、金融创新、监管科技之间的良性互动机制，实现协同效应。金融科技与监管科技之间的关系如图 3-23 所示。

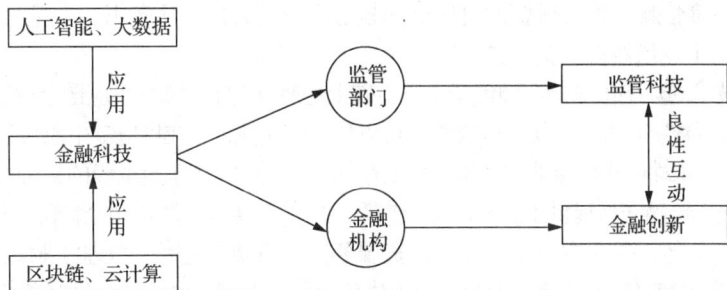

图 3-23　金融科技与监管科技的关系

人工智能、区块链、云计算、大数据等金融科技底层技术均可应用于金融监管领域，提高监管效能。下面以区块链技术在金融监管中的应用为例具体说明。区块链作为一种新兴技术，具有共识信任机制、去中心化和数据不可篡改等特点，让资金划转变得透明可监督，也为解决金融监管问题提供了有效途径。首先，区块链提供去中心化的系统运行机制，打破了 IT 治理边界，促使数据真正地变得公开透明；通过分布式数据存储，提高了数据可追溯性，监管机构只要成为其中一个节点，就可以追溯每一笔交易之前的任何历史痕迹，大大降低了金融监管的难度。其次，区块链的数据不可篡改特性可以确保数据的真实性，基于非对称加密算法的方式，资金来往的双方都不能伪造业务数据，增强了数据权威性，确保了资金审计的可靠性。最后，数据的共享还可以提高金融服务中信任传递的效率，降低交易成本。例如中小企业、大企业应收账款数据均存入区块链网络，多方数据一旦共享，对金融科技平台能起到风控和征信的作用。

综上，监管科技在金融监管领域具有广阔的应用前景。我们要促进区块链、人工智能、大数据、云计算等多种技术的深度融合，积极推进金融科技创新监管试点，探索信息公开、产品公示、社会监督等柔性管理方式，努力打造包容审慎的金融科技创新监管工具，运用监管科技着力提升金融监管的专业性、统一性和穿透性，实现鼓励创新与防范风险的平衡，推动金融科技行业高质量发展。

精品微课

区块链赋能小微企业
融资研究

课程思政

"区块链+供应链金融"合力纾解小微企业融资困境

区块链具有不可伪造、全程留痕、可以追溯、公开透明、集体维护等特点。基于这些特点，区块链技术奠定了坚实的信任基础，创造了可靠的合作机制，具有广阔的应用前景。2019 年 1 月 10 日，国家互联网信息办公室发布《区块链信息服务管理规定》。

2021 年 3 月 11 日表决通过的《中华人民共和国国民经济和社会发展第十四个五年规划和 2035 年远景目标纲要》提出，要提升产业链供应链现代化水平，坚持经济性和安全性相结合，补齐短板、锻造长板，分行业做好供应链战略设计和精准施策，形成具有更强创新力、更高附加值、更安全可靠的产业链供应链。推进制造业补链强链，强化资源、技术、装备支撑，加强国际产业安全合作，推动产业链供应链多元化。实施领航企业培育工程，培育一批具有生态主导力和核心竞争力的龙头企业。推动中小企业提升专业化优势，培育专精特新"小巨人"企业和制造业单项冠军企业。聚焦提高要素配置效率，推动供应链金融、信息数据、人力资源等服务创新发展。

但是，近年来供应链上的应收账款平均回收期在不断延长，作为核心企业上游的小微企业亟须解决应收账款和存货积压难题。供应链金融业务中的应收账款融资和存货融资为小微企业提供了融资渠道。其中，供应链金融产品针对存货的融资产品包括仓单融资和存货质押融资等。但在实践中，供应链金融模式高度依赖于贸易融资的自偿性和核心企业的直接信用背书，大量与核心企业没有直接贸易关系的小微企业依然被"金融排斥"。

基于区块链技术的数字供应链金融创新正在突破上述瓶颈。"区块链+供应链金融"服务平台将核心企业的应收账款进行数字化升级，使得应收账款可以作为信用凭证，在供应链中流转且传递给上游供应商，从而解决供应链末端的小微企业融资贵、融资难问题。同时，基于金融级的身份安全和交易安全认证，也为企业在线零接触交易提供了完整的解决方案。蚂蚁双链通、腾讯微企链等"区块链+供应链金融"平台已经成功落地，并为中小企业提供融资服务。腾讯微企链是一款基于腾讯区块链（Tencent Blockchain）底层技术和财付通清算能力为企业提供应收账款融资等供应链金融服务的产品。微企链主要以源自核心企业的应收账款为底层资产，打造可拆分和流转的债权凭证，通过区块链实现债权凭证的流转，保证融资不可篡改、不可重复且可追溯。腾讯微企链主要业务模式如图 3-24 所示。

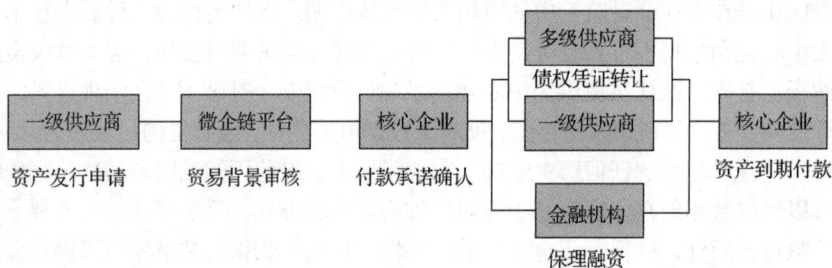

图 3-24　腾讯微企链主要业务模式

腾讯微企链利用区块链技术在资产端实现了企业应收账款资产、供应链仓单资产与核心企业电票资产的对接，打破传统供应链金融体系中由于信息不对称和缺乏抵押物造成的二级、三级、多级供应商融资难的问题，提升核心企业与供应商之间的交易信任度。

请结合以上政策背景和案例信息，利用互联网进一步检索相关资料，具体了解"区块链+供应链金融"服务小微企业融资的作用机制和实现路径，思考以下问题。

腾讯微企链的业务模式对金融机构、核心企业和小微企业分别有哪些价值？区块链技术是如何通过提升企业交易信任度，实现"三方共赢"的？结合上述案例，谈谈你对坚守诚信价值观、信用创造价值的看法。

思考提示：

（1）对金融机构的价值：获取小微业务抓手，拓展客源，增加收益来源；自主定价，提升收益；线上操作，无须复杂流程，降低业务成本，提高业务效率。

（2）对核心企业的价值：改善现金流与负债情况；提升供应链效率，改善供应商关系；以较低门槛获得投资收益；线上确权，分享服务收益。

（3）对小微企业的价值：降低融资成本，提高融资效率；资产变现便捷，可拆分转让，提高流动性；可快速接入，全流程可手机操作，方便快捷。

知识自测题

一、单项选择题

在线测试

03

1. 下列关于比特币与区块链关系的描述，正确的是（　　）。
   A. 区块链就是比特币
   B. 区块链是比特币的一种技术应用
   C. 比特币是区块链技术的一种应用场景
   D. 区块链必须依托比特币等加密数字货币运行

2. 下列关于"挖矿"过程中的"哈希函数"的说法，不准确的是（　　）。
   A. 哈希函数的输出长度是固定的
   B. 输入不同的字符，哈希函数会输出不同的哈希值
   C. 要求输出的目标哈希值越小，可能需要尝试输入的次数越多
   D. 可以根据输出的哈希值，推算输入的字符

3. 依赖计算机进行数学运算来获取记账权，每次达成共识需要全网共同参与运算的机制是（　　）。
   A. 工作量证明机制
   B. 权益证明机制
   C. 授权股份证明机制
   D. 拜占庭容错算法

4. 能够实现不同区块链间交互的新技术是（　　）。
   A. 智能合约　　　B. 闪电网络　　　C. 跨链技术　　　D. 以太坊

5. 区块链在互联网保险、互联网证券等互联网金融领域的应用，主要处于（　　）阶段。
   A. 区块链 1.0　　　B. 区块链 2.0　　　C. 区块链 3.0　　　D. 区块链 4.0

6. Merkle 树（哈希树）是区块链的重要数据结构，能够提供区块链数据的溯源和定位功能，其每个中间节点的内容是（　　）。
   A. 两个孩子节点内容的哈希值
   B. 两个父节点内容的哈希值
   C. 根节点内容的哈希值
   D. 相邻中间节点内容的哈希值

7. 下列不属于人工智能技术面临的风险的是（　　）。
   A. 技术安全风险
   B. 隐私泄露风险
   C. 责任主体难以认定风险
   D. 效率下降风险

8. 下列关于智能合约的说法，不准确的是（　　）。
   A. 智能合约中的"事件"指的是数据，而"事务"是对数据的描述
   B. 多方用户共同参与制定一份智能合约
   C. 智能合约通过 P2P 网络扩散并部署到区块链上
   D. 当合约包含的所有事务都顺序执行完成后，状态机会将合约的状态标记为完成

9. 下列属于"授权股份证明机制"的是（　　）。
   A. PoW　　　　　B. PoS　　　　　C. DPoS　　　　　D. EOS

10. 设某个仅由 A、B 两笔交易构成的简化的 Merkle 树中，哈希函数为 SHA256，则 Merkle 根为（　　）。
    A. SHA256(SHA256(A+B))
    B. SHA256(SHA256(H_A+H_B))
    C. SHA256(A+B)
    D. SHA256(H_A+H_B)

11. 以太坊最突出的创新点是（　　　）。

    A. 智能合约　　　　　　　　　　　B. 共识信任机制

    C. 分布式数据库结构　　　　　　　D. 加密算法模块

12. 如果把区块链数据库看作一个账本，那么对它的读写就是记账行为。区块链采用的记账方法为（　　　）。

    A. 复式记账　　　B. 借贷记账　　　C. 分布式记账　　　D. 单式记账

13. 运用于金融机构端的监管科技称为（　　　）。

    A. 金融科技　　　B. 科技金融　　　C. 合规科技　　　D. 保险科技

14. 通过调查问卷的方式，对用户的年龄、资产、投资期限和风险承受能力等方面进行分析后，经过计算，为用户提供满足其风险和收益要求的一系列不同配比的金融产品，这类智能投顾模式属于（　　　）。

    A. 配置咨询型　　　B. 独立建议型　　　C. 综合理财型　　　D. 类智投模式

15. 下列哪一项金融科技技术有助于解决传统供应链金融中信用无法有效传递的问题？（　　　）。

    A. 大数据　　　B. 云计算　　　C. 区块链　　　D. 人工智能

16. 机器学习算法真正用来"学习"的数据是（　　　）。

    A. 验证集　　　B. 训练集　　　C. 测试集　　　D. 超参数集

二、多项选择题

1. 在区块链的六层结构模型中，必不可少的有（　　　）。

    A. 数据层　　　B. 网络层　　　C. 共识层　　　D. 合约层

2. 下列关于非对称加密算法中公钥和私钥关系的描述，正确的有（　　　）。

    A. 公钥和私钥成对出现

    B. 私钥只有本人才有，而公钥是全网公开的

    C. 如果消息使用公钥加密，那么需要该公钥对应的私钥才能解密

    D. 如果消息使用私钥加密，那么需要该私钥对应的公钥才能解密

3. 从数据结构上分类，大数据可以分为（　　　）。

    A. 结构化数据　　B. 半结构化数据　　C. 非结构化数据　　D. 实时数据

4. 已知哈希函数 $y=f(x)$，下列关于该函数性质的说法，正确的有（　　　）。

    A. 已知 x，求 $y=f(x)$ 很容易　　　B. 已知 y，求 $x=f^{-1}(y)$ 很容易

    C. 已知 x_1、y_1，验证 $f(x_1) \le y_1$ 很容易　　　D. 已知 x_1、y_1，验证 $f(x_1) \le y_1$ 很困难

5. 下列编程语言适合用于开发区块链分布式应用（Dapp）的有（　　　）。

    A. Python　　　B. GO　　　C. C++　　　D. VBA

6. 下列领域适合应用区块链技术的有（　　　）。

    A. 数字资产　　　B. 互联网保险　　　C. 公证、选举　　　D. 公益众筹

7. 人工智能对金融创新的影响包括（　　　）。

    A. 改善客户体验　　B. 拓宽服务范围　　C. 增强风控能力　　D. 提升研究水平

8. 某款基于区块链的互联网保险产品可以实现电子合同的存证以及自动化理赔，则该产品主要使用了区块链的哪些特性？（　　　）

    A. P2P 对等网络　　B. 工作量证明机制　　C. 数据不可篡改　　D. 智能合约

三、简答题

1. 请简述区块链的六层结构模型。

2. 请简述区块链的主要分类，并各举一个应用实例。

3. 请简述以下术语的含义：PoW、EOS、Merkle 树、FinTech、RA。

4. 请分析金融科技与监管科技的关系。

5. 请比较机器学习中的有监督学习、无监督学习和半监督学习，并各举一个例子。

四、综合训练题

1. 请结合图 3-25，查阅有关资料，分析区块链的技术演进与应用场景。

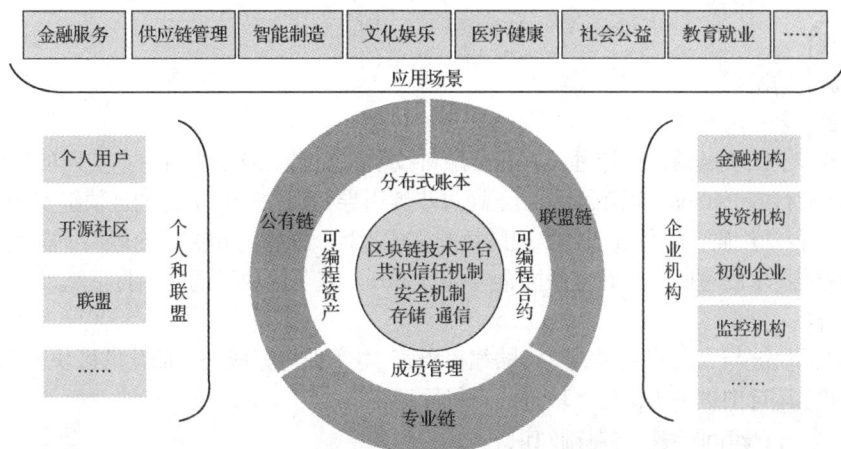

图 3-25　区块链技术的技术演进与应用场景

2. 假设某金融科技平台开发了一个用于授信审批的人工智能模型，该模型考虑四个特征自变量，分别为贷款申请人是否为微信的"微粒贷"白名单用户、住房条件、学历以及月收入，并对这四个特征自变量 X 按照表 3-9 所示的内容赋值。由于输入人工智能模型神经元的数据必须是二进制的，所以先要将赋值转换为 3 位二进制数据，然后合理确定各特征自变量的权重 W 以及阈值 V，以得到预期的结果。请综合运用所学知识，探索以下问题的答案。

表 3-9　　　　　　　　　　　　特征自变量 X 赋值

特征自变量符号	赋值方式	对应二进制数
X_1	不是"微粒贷"白名单用户赋值 0，是"微粒贷"白名单用户赋值 1	000、001
X_2	无住房赋值 0，有住房有贷款赋值 1，有住房无贷款赋值 2	000、001、010
X_3	大专以下赋值 0，大专和本科赋值 1，研究生赋值 2	
X_4	月收入 5 000 元以下赋值 0，5 000 元至 1 万元赋值 1，1 万元至 1.5 万元赋值 2，1.5 万元以上赋值 3	

（1）请参照表 3-9 中 X_1 和 X_2 的示例，写出 X_3 和 X_4 对应的二进制数，并填入表中。

（2）设权重 W_1=4，W_2=2，W_3=2，W_4=1，阈值 V=9，现有一位"微粒贷"白名单用户申请借款，该用户有住房有贷款，本科学历，月收入为 4 500 元。试通过计算说明上述人工智能模型是否会通过该用户的授信审批。

（3）沿用第（2）小题的条件，如果希望适当放宽授信标准，则可以如何调整模型的参数？为什么？

（4）如果希望对非"微粒贷"白名单用户"一票否决"，请设计一种合理的方案，给出相应的权重及阈值。

（5）现有包含大量借款申请资料的原始样本数据集可作为上述人工智能模型的"学习资料"，那么你认为可以用什么方法来划分训练集、验证集和测试集？

3. 针对以下新金融业态，通过网络检索或实地调研，各举出一个成功应用人工智能、区块链等金融科技新技术解决行业痛点或提升服务效率的实际案例。

（1）开放银行（2）证券量化交易（3）小微金融（4）保险科技

技能实训

[实训项目]

区块链原型的编程。

[实训目的]

在全面学习了区块链的运行原理及其在金融科技领域的主要应用之后，本实训项目将使用人工智能编程领域流行的 Python 程序设计语言，通过步骤引导构建一个可运行的区块链实例。该实例虽然只有不到 50 行的代码，但通过亲自实现区块的生成过程，能够将相关理论运用于实践，以帮助大家加深对区块链技术的理解，为在互联网金融场景下开发基于区块链的应用打下基础。

[实训内容]

Python 是区块链与人工智能领域热门的编程语言，本实训将完成一个简化的区块链原型的编程，并在程序的实际运行中进一步体会区块链的运行原理。

步骤 1：学习 Python 编程的基础知识。

观看 51CTO 学院推出的《Python 成长之路：基础篇》免费视频教学课程，掌握 Python 语言编程的基础知识。

步骤 2：定义区块结构。

在用 Python 语言编写区块链原型时，首先需要定义区块结构。在区块链中，每个区块都需要一个时间戳和一个区块高度。在我们编写的程序中，会同时存储这两项。为了确保区块链的完整性，每个区块都需要一个能够用于识别自身身份的哈希值。此外，区块体封装的数据可以是任何你想要存储的内容。定义区块的 Python 程序如图 3-26 所示。

```python
import hashlib as hasher

class Block:
    def __init__(self, index, timestamp, data, previous_hash):
        self.index = index
        self.timestamp = timestamp
        self.data = data
        self.previous_hash = previous_hash
        self.hash = self.hash_block()

    def hash_block(self):
        sha = hasher.sha256()
        sha.update(
            bytes(
                str(self.index) + str(self.timestamp) + str(self.data) + str(
                    self.previous_hash), 'utf-8'))
        return sha.hexdigest()
```

图 3-26 定义区块的 Python 程序

步骤 3：创建创世区块。

虽然有了区块结构，但是我们构建的是一个区块链，所以需要将区块添加到真正的链上。每个区块都需要前一个区块的信息。如此一来，就出现了一个问题：区块链中的第一个区块从何而来？第一个区块，或者一般叫作创世区块，是一个十分特殊的块。在很多情况下，需要手动或通过一些特殊的逻辑将其添加到区块链中。为简单起见，我们创建一个简单的返回创世区块的函数。创世区块的高度为 0，有一个任意的数据值，一个属于"前一个区块哈希值"参数的任意值。创建创世区块的 Python 程序如图 3-27 所示。

```
1   import datetime as date
2   def create_genesis_block():
3       # Manually construct a block with index 0 and arbitrary previous hash
4       return Block(0, date.datetime.now(), "Genesis Block", "0")
```

图 3-27　创建创世区块的 Python 程序

步骤 4：生成后续区块。

现在我们已经创建了创世区块，接下来需要一个能够在区块链中生成后续区块的函数。这个函数接受区块链中的前一个区块作为参数，创建所要生成区块的数据，然后返回带有数据的新区块。当新区块对前面的区块信息进行哈希运算时，区块链的完整性将会进一步增强。区块链的哈希过程就像一个加密证明，它能够保证一个区块一旦被加入区块链中，这个区块就永远无法被替换或者移除。生成后续区块的 Python 程序如图 3-28 所示。

```
1   def next_block(last_block):
2       this_index = last_block.index + 1
3       this_timestamp = date.datetime.now()
4       this_data = "Hey! I'm block " + str(this_index)
5       this_hash = last_block.hash
6       return Block(this_index, this_timestamp, this_data, this_hash)
```

图 3-28　生成后续区块的 Python 程序

步骤 5：形成区块链原型。

现在，我们来创建区块链。本实例中的区块链其实仅仅是一个 Python 的列表。列表的第一个元素是创世区块。我们需要增加后续区块。对这个极简的区块链模型，可以通过循环来添加有限的区块，如 20 个新区块，形成区块链。形成区块链原型的 Python 程序如图 3-29 所示。

```
1    # Create the blockchain and add the genesis block
2    blockchain = [create_genesis_block()]
3    previous_block = blockchain[0]
4
5    # How many blocks should we add to the chain after the genesis block
6    num_of_blocks_to_add = 20
7
8    for i in range(0, num_of_blocks_to_add):
9        block_to_add = next_block(previous_block)
10       blockchain.append(block_to_add)
11       previous_block = block_to_add
12       # Tell everyone about it!
13       print("Block #{} has been added to the "
14             "blockchain!".format(block_to_add.index))
15       print("Hash: {}\n".format(block_to_add.hash))
```

图 3-29　形成区块链原型的 Python 程序

步骤 6：实际运行 Python 程序，分析区块链的形成过程。

解释器是一种让其他程序运行起来的程序。Python 也有一个名为解释器的软件包，当你编写了一段 Python 程序，Python 解释器将读取程序，并按照其中的命令执行，得出结果。实际上，解释器是代码与机器的计算机硬件之间的软件逻辑层。从 Python 官网下载并安装解释器，在计算机上用解释器实际运行你编写的 Python 程序，观察程序的输出结果，分析区块链的形成过程。

[实训思考]

如何在上述模拟区块链运行的程序中加入工作量证明机制（PoW）？

项目四

互联网支付与数字人民币

学习目标 ↓

[知识目标]

1. 了解互联网支付的准入标准并熟悉其基本运营模式。
2. 掌握第三方支付的概念和国内主要第三方支付机构的运作特点。
3. 了解国内互联网支付的发展现状和趋势及其在电子商务中的运用方法。
4. 了解数字人民币的概念，理解数字人民币的核心特征与运营模式。

[能力目标]

1. 能够熟练使用支付宝、微信支付、快钱等主要第三方支付工具。
2. 能够针对不同的电子商务业态选择合适的第三方支付机构。
3. 能够结合第三方支付的特点为已有电子商务网店编制营销策划方案。
4. 能够比较数字人民币与互联网第三方支付的异同，并能在线上、线下场景中运用数字人民币完成支付操作。

[思政目标]

结合"十四五"规划与数字人民币试点的新进展，分析数字人民币在构建"双循环"新发展格局中的重要作用，提升加快数字化、发展建设数字中国的信心，厚植爱国主义情怀。

互联网支付是电子商务发展的重要基石，它的发展促进了电子商务的进步，同时也提升了经济运行的效率，特别是创新型第三方支付的发展改变了人们原有的消费观念和商业模式，甚至对传统银行业的业务发展造成了一定冲击。那到底什么是互联网支付呢？什么样的企业可以成为第三方支付机构？如何认识第三方支付机构与银行之间的关系？2020年，深圳和苏州通过抽签的方式向本市市民发放了千万级的数字人民币红包，市民持数字人民币可以去指定的商场消费。那什么是数字人民币？它与互联网第三方支付又有什么区别？让我们通过本项目来探讨和学习。

导入案例 ↓

"支付宝"和"微信"开创非现金支付新时代

支付宝诞生于2003年10月，最初其作用是提供交易担保，解决网络交易的诚信问题。2004年12月，支付宝（中国）网络技术有限公司正式成立，随后支付宝官网上线并开始独立运营，其用户数量迅速增加，交易规模迅速增大，支付宝逐步成为我国B2C网站的主流付款方式。2006年6月，支付宝推出手机客户端，同年11月推出支付宝卡通支付（快捷支付的前身），进一步方便了付款者使用。2010年7月，支付宝推出条码支付，同年12月正式推出快捷支付。2013年6月，增值服务余额宝上线。通过余额宝，用户不仅能够得到较高的收益，还能随时进行消费支付和余额转出，且无手续费，同年 11 月支付宝钱包品牌独立。随着区块链技术的发展，蚂蚁集团的金融科技应用场景也拓展到供应链金融、跨境支付等新领域。2020 年 6 月，蚂蚁集团将数据库业务 OceanBase 独立成公司运营，在未来将会服务全球万家企业客户。

微信的主要功能是社交，但其支付功能也在不断壮大。微信支付诞生于 2013 年。2014 年滴滴打车接入微信支付，同年王府井百货、顺丰速运、部分旅游景区（丽江、大理、西塘、鼓浪屿）等接入微信支付。2015 年，微信支付与麦当劳合作，家乐福也开始接入微信支付，同年微信支付零钱用户数量突破 3 亿。2016 年，微信支付与中石化、中石油、美特斯邦威、星巴克开始合作，接入线下门店超 30 万家。2017 年，微信支付服务功能在中国铁路客户服务中心 12306 网站上线运行，必胜客全国 1 700 余家门店接入微信支付。继支付宝之后，微信也攻克了刷脸支付模式。2019 年 3 月，微信的刷脸支付设备正式上线，并开始在全国进行商户拓展，用户可以在超市、商场等多种场景进行刷脸支付。

如今无论在城市还是乡村，支付宝和微信支付都已渗透人们生活的方方面面，超市、商场、饭店、娱乐场所、医院、地铁站、农贸市场等都可以使用支付宝或微信扫码付款。

04

任务一　互联网支付的准入与运营

一、互联网支付的发展历程与现状

人类社会只要有分工，就会有交换与支付。人类社会支付方式的演变是一个从实物支付到信用支付再到电子支付的过程，也可以认为是一个一般等价物从稀有贵金属变为纸币再变为电子货币的过程，其中蕴含着深刻的经济社会变迁，如图 4-1 所示。很多学者将在互联网媒介作用下，非银行支付机构基于新的交易方式、新的货币形式和新的认证技术开展的一系列增加社会效益的支付变革称为支付革命。这场革命给消费观念、商业模式创新乃至金融竞争格局带来不小的冲击。

精品微课

互联网支付的概念
与发展

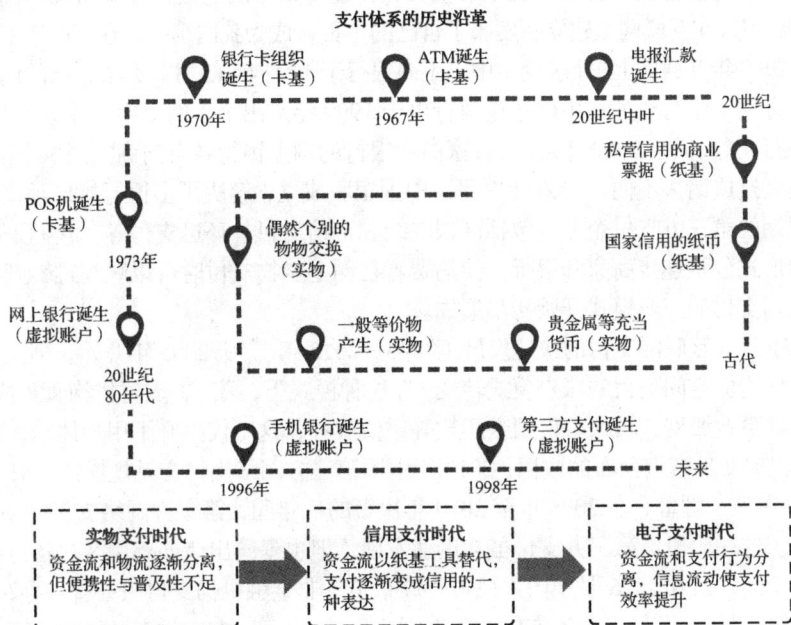

图 4-1　支付体系的历史沿革（来源：艾瑞咨询）

1. 互联网支付的概念与内涵

互联网支付就是付款方通过互联网自主发起支付指令,将自己账户上的资金转到收款方,具体实现方式可以是银行网银支付或第三方支付。第三方支付的本质是第三方参与交易使得交易更加安全、便捷,因此除了可以在互联网上进行外,还可以通过其他渠道完成,如银行卡收单、预付卡支付、电话支付、数字电视支付等。由此可见,互联网支付并不完全等同于第三方支付,互联网支付与第三方支付存在一定的交集。

视频资源

支付方式的历史变革

根据中国人民银行等十部门2015年7月发布的《关于促进互联网金融健康发展的指导意见》,互联网支付是指通过计算机、手机等设备,依托互联网发起支付指令、转移货币资金的服务。互联网支付应始终坚持服务电子商务发展和为社会提供小额、快捷、便民小微支付服务的宗旨。银行业金融机构和第三方支付机构从事互联网支付,应遵守现行法律法规和监管规定。第三方支付机构与其他机构开展合作的,应清晰界定各方的权利义务关系,建立有效的风险隔离机制和客户权益保障机制。要向客户充分披露服务信息,清晰地提示业务风险,不得夸大支付服务中介的性质和职能。可见这里的互联网支付包括网银支付和第三方支付。

根据中国人民银行2015年12月颁布的《非银行支付机构网络支付业务管理办法》(中国人民银行公告〔2015〕第43号),支付机构是指依法取得《支付业务许可证》,获准办理互联网支付、移动电话支付、固定电话支付、数字电视支付等网络支付业务的非银行机构。网络支付业务是指收款人或付款人通过计算机、移动终端等电子设备,依托公共网络信息系统远程发起支付指令,且付款人电子设备不与收款人特定专属设备交互,由支付机构为收付款人提供货币资金转移服务的活动。

2. 我国互联网支付的发展历程

阶段一:网上银行的发展（2005年以前）。1991年,中国人民银行建成全国电子联行系统,初步形成了全国性的支付体系。随着经济规模的日益增大,交易量也日益增加,传统的依靠支票、本票、汇票进行的支付业务使得各家银行不堪重负,在此背景下网上银行开始出现。例如,中国银行率先于1996年2月在互联网上建立和发布了自己的主页,成为我国第一家在互联网上发布信息的商业银行,并于1998年开通网上银行业务;中国工商银行于1997年12月开办了自己的网站,并于2000年2月正式开办网上银行业务;中国建设银行也于1999年推出个人网上银行业务,并于2000年推出企业网上银行业务。但在2002年之前,各家商业银行的网上银行各自向商家提供不同的支付接口,给商家和消费者造成诸多不便。2002年3月,中国银联成立,解决了多银行接口承接的问题。此阶段,出现了早期的第三方支付企业,包括网银在线、首信支付、环迅支付等,它们采用支付网关的模式以中介的形式分别连接商家和银行,使消费者在网上购物支付时可以顺利跳转到各家银行的网银接口。互联网支付的商业模式开始初步形成。

阶段二:第三方互联网支付的快速发展（2005—2010年）。从2005年开始,第三方支付机构从支付网关模式向增值空间更大的账户模式转变。在这种模式下,第三方支付机构真正成为一个平台,为用户提供公共事业缴费、转账、信用卡还款等增值服务,这不仅提升了用户体验,同时也带来了可观的收益。根据艾瑞咨询公布的数据,2010年中国第三方网络支付交易规模达1.01万亿元,同比增长100.1%,实现了翻番。在2008年至2010年短短的三年间,第三方网络支付交易规模翻了近4番,增速惊人。这一阶段,第三方支付虽然迅猛发展,但也暴露出诸如挪用客户备付金、套现、欺诈等问题。鉴于此,2010年6月中国人民银行颁布了《非金融机构支付服务管理办法》(中国人民银行〔2010〕第2号),开始发放《支付业务许可证》,制定第三方支付市场规则,第三方支付进入规范发展期。

阶段三：第三方移动支付创新发展（2011年—2015年）。 2011年，我国第三方支付正式进入监管时代，经济及政策地位的确立为第三方支付带来了更多的合作伙伴和发展机遇。这一阶段的突出特点是移动支付开始出现并迅猛发展。例如，2011年3月，中国电信集团组建成立天翼电子商务有限公司，其业务主要涵盖了移动支付、固网支付及积分支付等领域；4月，中国联通正式组建了联通沃易付网络技术有限公司，并于4月18日领取了营业执照，公司注册资本为2.5亿元；随后，中移电子商务有限公司正式成立，其为中国移动集团全资子公司，全面负责支付业务。2011年7月1日，支付宝发布了手机条码支付产品，正式进入线下支付市场，为小卖部、便利店等微型商户提供低价的收银服务。根据艾瑞咨询公布的数据，2015年，我国移动支付市场持续爆发，交易规模达16万亿元，同比增长104.2%，其中以移动互联网支付与NFC（手机射频）为核心驱动的近场支付占据主导地位。

阶段四：移动非现金线下支付习惯逐步形成（2016年至今）。 财付通在2016年开始加快发展线下移动支付，过亿人次体验微信无现金日活动。支付宝也于2017年2月底推出收钱码功能，进一步降低了小商家使用移动支付的门槛。2019年拉卡拉在移动端展现出多元化的布局策略，其连连支付加速O2O布局，推出了产品银POS及配套解决方案。壹钱包和平安集团旗下积分平台万里通宣布合并，合并后的壹钱包通过融合支付、生活、理财、购物、积分五大功能模块，覆盖了丰富的线上线下支付场景。2017年12月，中国人民银行印发《条码支付业务规范（试行）》（银发〔2017〕296号），这有利于规范条码支付业务，保护消费者合法权益，维护市场公平竞争环境，促进移动支付业务健康可持续发展。截至2020年6月，我国手机网络支付用户规模连续三年迅速增长，移动支付市场交易规模连续三年居全球首位。移动支付应用场景不断丰富，支付机构通过线上线下一体化支付、全国性福利补贴、商户在线培训指南等手段助力"小店经济"蓬勃发展。同时，支付机构利用大数据、人工智能等新技术，推动信用县域和县域普惠金融建设，拓展更多的"支付+"应用场景。2020年，线下商户加速向线上转化，移动支付工具发挥惠民信息载体、电子钱包、信用媒介、收银记账等作用，进一步促进了移动支付普。2017.6—2020.6手机网络支付用户规模及使用率如图4-2所示。

图4-2　2017.6—2020.6手机网络支付用户规模及使用率（来源：中国互联网络发展状况统计调查）

二、互联网支付的监管

1. 监管机构

根据2015年7月中国人民银行等十部门共同出台的《关于促进互联网金融健康发展的指导意见》的规定，互联网支付业务由中国人民银行负责监管。此外，2011年5月中国支付清算协会成立，凡经中国银行监管部门批准设立的、具有独立法人资格的银行业金融机构及财务公司，经中国人民银行等相关监管部门批

资料链接

第三方支付有关法律、法规、规章与文件

准设立的支付清算机构，取得中国人民银行颁发的《支付业务许可证》的非金融机构，以及符合协会要求的其他法人机构，均可申请加入中国支付清算协会，成为其会员。中国支付清算协会是第三方互联网支付的行业自律组织。至此，我国第三方互联网支付行业初步形成了政府监管、行业自律和内部控制三位一体的监督管理体系。

2．准入标准

设立非银行支付机构，应当经中国人民银行批准。非银行支付机构的名称中应当标明"支付"字样。非银行支付机构注册资本最低限额为1亿元。中国人民银行根据审慎监管原则分别确定从事储值账户运营业务和支付交易处理业务的非银行支付机构的注册资本最低限额，以及注册资本与业务规模的比例要求。注册资本应当是实缴资本。非银行支付机构的股东应当以其自有资金出资，不得以委托资金、债务资金等非自有资金出资。

非银行支付机构的主要股东、控股股东和实际控制人应当符合以下条件：（1）主要股东和控股股东应当为治理结构良好，股权结构和组织架构清晰，股东、最终受益人结构透明的有限责任公司或者股份有限公司；（2）主要股东、控股股东和实际控制人为企业的，应当具有充足的资本实力、较好发展前景的主营业务、稳定的盈利来源以及可持续发展能力，实际控制人为自然人的，应当具有充足的资本实力；（3）无犯罪记录，最近3年无其他重大违法违规行为或者严重市场失信行为，没有因涉嫌重大违法违规正在被调查或者处于整改期间；（4）未发生过虚假投资、循环注资非银行支付机构、金融机构和其他从事金融业务机构的行为，或者在投资非银行支付机构、金融机构或者其他从事金融业务机构时，没有提供虚假承诺或者虚假材料的行为；（5）中国人民银行规定的其他审慎性条件。此外，同一法人不得持有两个及以上非银行支付机构10%以上股权。同一实际控制人不得控制两个及以上非银行支付机构。

非银行支付机构的董事、监事和高级管理人员应当符合以下条件，并取得中国人民银行核准的任职资格：（1）熟悉与支付业务相关的法律法规；（2）具有履行职责所需的从业经验和管理能力；（3）无犯罪记录且最近3年无其他重大违法违规行为和严重市场失信行为；（4）中国人民银行规定的其他审慎性条件。

2018年4月，我国在博鳌亚洲论坛上宣布大幅放宽包括金融业在内的市场准入条件，并公布了新一轮金融业对外开放的时间表。2018年5月2日，中国人民银行收到了世界第一公司（WORLD FIRST）的支付业务许可申请，标志着我国第三方支付市场对外开放。

3．反垄断条款

《非银行支付机构条例（征求意见稿）》中新增了反垄断条款，非银行支付机构不得开展不正当竞争，妨害市场公平竞争秩序。非银行支付机构未遵循安全、高效、诚信和公平竞争原则，严重影响支付服务市场健康发展的，中国人民银行可以向国务院反垄断执法机构建议采取停止滥用市场支配地位行为、停止实施集中、按照支付业务类型拆分非银行支付机构等措施。《非银行支付机构条例（征求意见稿）》第五十五条规定了非银行支付机构市场支配地位预警措施；第五十六条规定了非银行支付机构市场支配地位情形认定，第五十七条规定了非银行支付机构市场支配地位监管措施。《非银行支付机构条例（征求意见稿）》反垄断条款核心要点如表4-1所示。

表4-1　　　　《非银行支付机构条例（征求意见稿）》反垄断条款核心要点

条款	比较基准	条件	措施
市场支配地位预警措施	非银行支付机构在非银行支付服务市场的市场份额	一个机构达到1/3	中国人民银行可以商请国务院反垄断执法机构对其采取约谈等措施进行预警
		两个机构合计达到1/2	
		三个机构合计达到3/5	

94

续表

条款	比较基准	条件	措施
市场支配地位情形认定	非银行支付机构在全国电子支付市场的市场份额	一个机构达到 1/2	中国人民银行可以向国务院反垄断执法机构建议采取停止滥用市场支配地位行为、停止实施集中、按照支付业务类型拆分非银行支付机构等措施
		两个机构合计达到 2/3	
		三个机构合计达到 3/4	
		非银行支付机构未遵循安全、高效、诚信和公平竞争原则,严重影响支付服务市场健康发展的	

三、互联网支付的运作模式

互联网支付的发展路线分为两条,即交易商电子化路线和银行电子化路线,前者如国外的 PayPal 和国内的支付宝等,后者如各商业银行网络银行的建设以及银联的发展。总体而言,互联网支付的运作模式有以下四种。

1. 网银支付网关在线支付模式

网银支付网关在线支付模式,是指将卖方(企业或个人)应用系统和买方(企业或个人)应用系统与银行的系统链接起来,通过在线支付直接把资金从买方银行账户转到卖方银行账户,其结构如图 4-3

图 4-3　网银支付网关在线支付模式

所示。这种支付模式的核心在于商业银行网银支付网关。但这种模式只限于有本行银行账户的企业收款,且每家银行的网关接口千差万别,一家银行网关升级,其他银行就需要跟着改系统;有的银行可以退款,有的银行不支持退款,业务规则不统一;各家银行对账方式也不一样,有的银行无法实现 B2B 对账,没有信用中介功能,接入、维护成本高,业务需求支持灵活度差。

2. 统一支付网关在线支付模式

该模式在我国由一家专门从事电子商务在线支付的金融服务公司——中国银联(以下简称"银联")来实现。此公司类似于商业银行,由央行为其提供清算行号,提供跨行转账的在线支付服务。统一支付网关在线支付模式结构如图 4-4 所示。该模式可克服网银支付网关在线支付模式下不能实现跨行收款且成本高的缺点。

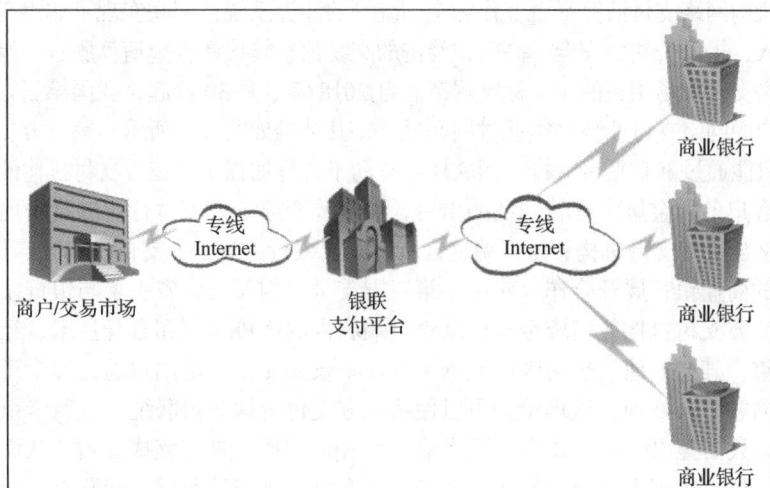

图 4-4　统一支付网关在线支付模式

3. 第三方支付平台在线支付模式

第三方支付实际上是买卖双方在交易过程中的资金中间平台，它为交易提供安全保证和技术支持，是在银行监管下保障交易双方利益的独立机构，其结构如图 4-5 所示。这类支付机构起源于互联网支付业务，其特点是基于互联网技术创新，运用电子化货币面向中小微客户以及个人客户，服务于 C2C、B2C、B2B 交易或提供社交媒体、电子娱乐等支付需求。

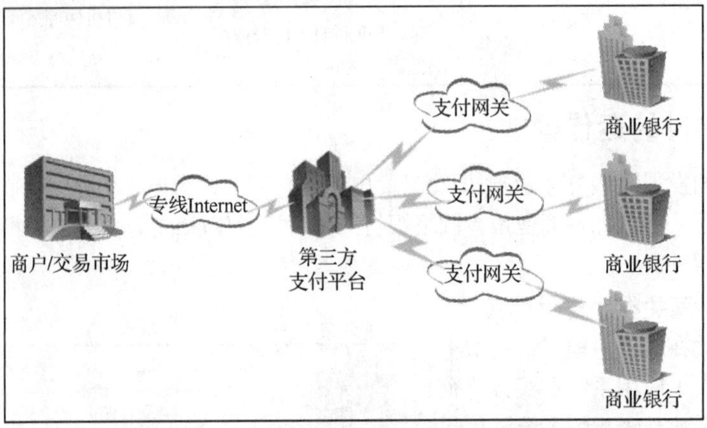

图 4-5 第三方支付平台在线支付模式

根据不同的运营模式，可以将第三方支付分成两类。第一类是独立的第三方支付机构，其完全独立于电子商务网站，是由第三方支付机构为网上签约商户提供围绕订单和支付等的多种增值服务的共享平台。这类平台仅仅提供支付产品和支付系统解决方案，如汇付天下、快钱等。第二类是依托成功的电子商务或电子社区、电子娱乐平台的第三方支付机构，如产生于淘宝 C2C 交易的支付宝，产生于腾讯社交平台的财付通和微信支付，服务于盛大网络游戏支付的盛付通等。依据 2017 年 8 月中国人民银行支付结算司下发的《关于将非银行支付机构网络支付业务由直连模式迁移至网联平台处理的通知》，这种第三方支付机构与商业银行直连的运作模式已终止，而被网联清算支付模式取代。

4. 第三方支付平台网联清算支付模式

被称为"网络版银联"的网联清算有限公司（以下简称"网联"）是经中国人民银行批准成立的非银行支付机构网络支付清算平台。作为全国统一的清算系统，网联实现了非银行支付机构及商业银行统一接入，提供公共、安全、高效、经济的交易信息转接和资金清算服务，组织制定并推行平台系统及网络支付市场相关的统一标准规范。自 2018 年 6 月 30 日起，我国第三方支付机构受理的涉及银行账户的网络支付业务必须通过网联处理，其结构如图 4-6 所示。第三方支付机构不能与银行直连，而只能通过网联平台对接。网联模式有助于央行加强对第三方支付机构的监管。网联平台的成立以及客户备付金集中存管制度的出台，可能改变第三方支付行业的竞争现状。网联平台出现后，一端整合所有支付机构，另一端整合所有商业银行。第三方支付机构只需接入网联平台，就能与另一端的商业银行展开合作。对中小第三方支付机构而言，省去了与银行挨个谈判对接的环节，大型第三方支付机构凭借资金规模从银行端取得的优势地位和自身技术、经验的累积优势便显得无足轻重，其垄断地位也会因此受到挑战。不仅如此，无论用户通过哪个第三方支付机构支付，都会被网联平台处理，这理论上可以使第三方支付机构如银联统一银行卡市场一样，实现联网通用，例如只需挂出一个收款码，不论用哪个 App 扫码，都能完成支付，从而使得支付服务更加方便快捷。根据中国人民银行发布的 2020 年支付业务统计数据，网联平台运行平稳，截至

2020 年年末，共有 560 家商业银行和 133 家第三方支付机构接入网联平台。2020 年，网联平台处理业务 5 431.68 亿笔，金额 348.86 万亿元，同比分别增长 36.63% 和 34.26%；日均处理业务 14.84 亿笔，金额 9 531.79 亿元。

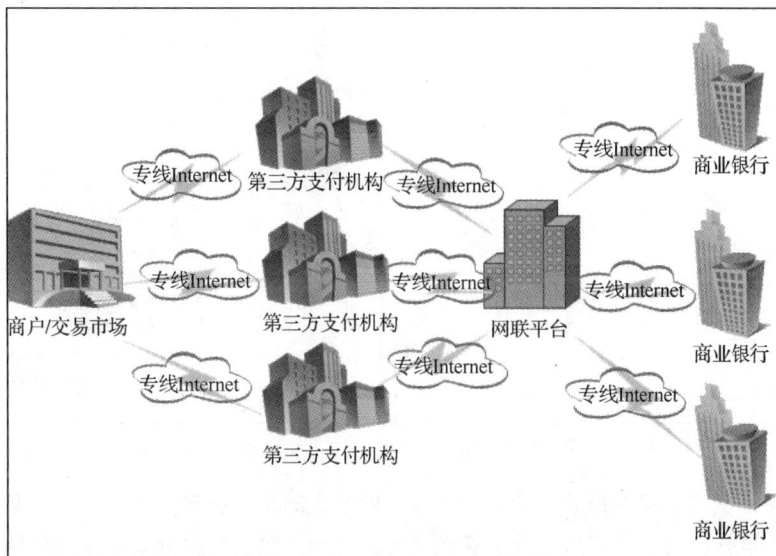

图 4-6　第三方支付平台网联清算支付模式

[做中学 4-1]

了解中国工商银行网上银行的功能与 e 支付应用

中国工商银行股份有限公司（Industrial and Commercial Bank of China，ICBC），成立于 1984 年 1 月 1 日，是我国最大的国有控股商业银行，也是我国最早开发网上银行的商业银行之一。请按照如下步骤登录中国工商银行网站，了解个人网银和企业网银的主要功能。

步骤 1：登录中国工商银行网站。

在浏览器地址栏中输入中国工商银行首页网址，进入中国工商银行网站首页，如图 4-7 所示。

步骤 2：进入业务指南页面。

单击首页左上角"个人网上银行登录"下面的"业务指南"超链接，打开图 4-8 所示的网页。

图 4-7　中国工商银行网站首页

图 4-8　中国工商银行个人网上银行业务指南

步骤 3：了解中国工商银行个人网上银行的功能。

单击网页上"融 e 行网上银行"下的"个人网上银行"，在打开的页面中仔细阅读亮点功能、客户范围、开通流程和热点问题等，如图 4-9 所示。

步骤4：探索"工银e支付"与"工银融e联"。

工银e支付是中国工商银行向个人客户推出的网上便捷支付产品，不需要U盾、口令卡，通过手机验证即可轻松进行小额网上购物支付，安全便捷。工银e支付页面如图4-10所示，如果商家提供工银e支付功能，买家便可以选择工银e支付，然后输入短信验证码即可支付。

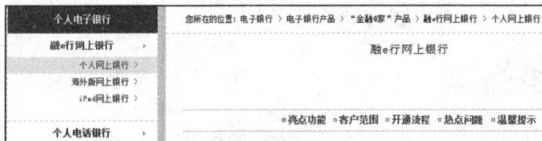

图4-9　中国工商银行个人网上银行功能

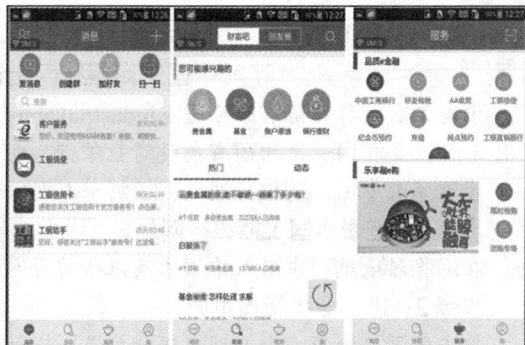

图4-10　工银e支付页面

工银融e联是中国工商银行为了顺应移动互联网时代的发展而研究开发的一个移动金融服务平台，依托中国工商银行的金融优势，提供在线交易、分期付款、融资贷款等专业化服务，其注册流程如图4-11所示。用手机登录工银融e联App后，即可使用加好友、发消息、好友转账、工银信使等丰富的服务功能，如图4-12所示。

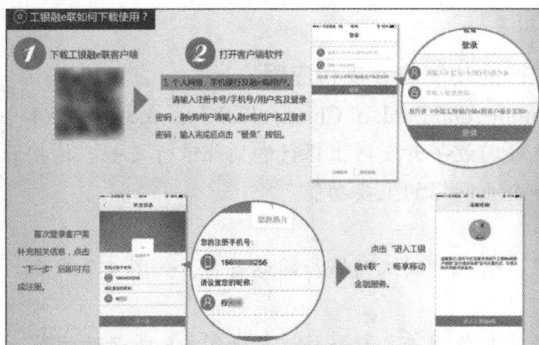

图4-11　工银融e联注册流程

图4-12　工银融e联功能

[随堂测试4-1]

请复习本任务所学内容，仔细填写表4-2。

表4-2　　　　　　　　　　　相关监管法规规定的支付机构准入要求

要求	标准
向谁申请	
境内机构还是境外机构	
注册资本要求	
几名熟悉支付业务的高级管理人员	
几年内未因利用支付业务实施违法犯罪活动或为违法犯罪活动办理支付业务等受过处罚	

四、第三方支付机构与银行的业务合作

精品微课

第三方支付机构与银行的业务合作

1. 备付金管理合作

根据中国人民银行 2021 年 3 月施行的《非银行支付机构客户备付金存管办法》，客户备付金是指非银行支付机构为办理客户委托的支付业务而实际收到的预收待付货币资金。客户备付金只能用于办理客户委托的支付业务和《非银行支付机构客户备付金存管办法》规定的其他情形。任何单位和个人不得挪用、占用、借用客户备付金，不得以客户备付金提供担保。非银行支付机构接收的客户备付金应当直接全额交存至中国人民银行或者符合要求的商业银行。非银行支付机构应当缴纳行业保障基金，用于弥补客户备付金特定损失以及中国人民银行规定的其他用途。非银行支付机构客户备付金全额集中交存，并缴纳行业保障基金，进一步降低了备付金风险，也意味着备付金利息收入将不再是第三方支付机构的收入来源之一。非银行支付机构的收入结构改变，将有利于与银行的公平竞争和业务合作。

2. 业务与信息合作

拥有电商或社交平台的第三方支付机构在互联网营销方面具有得天独厚的优势，其本身拥有庞大的客户群。第三方支付机构与银行合作，实现客户的转化，一方面会增加银行产品的销售渠道，另一方面会增加第三方支付机构的增值收益。在过去，商业银行的客户主要是大中型企业，小微企业融资困难，其根源在于小微企业与商业银行间的信息不对称。商业银行维护小微企业客户的成本过高，所以很多银行都不愿贷款给小微企业。而第三方支付机构依赖庞大的网络金融，借助互联网更加开放和更加专业的平台，可以很好地解决这种信息不对称问题。例如，淘宝网上的商家，有很多是小微商家，淘宝网会对他们的交易信息、资金流向进行记录，随着时间的积累，形成数据沉淀和信息积累，从而对商家进行信用评价。而第三方支付机构也很好地掌握了这些信息，可以与银行合作，在合法合规的前提下，将这些信息提供给银行，为银行的信贷决策提供信息支持，从中获得一定的收益。快钱与中国建设银行等的战略合作就包括信用信息合作。

3. 安全与技术合作

第三方支付机构通过加强与商业银行的合作，借助商业银行专业的技术支持，共同防范电子支付风险，保障账户和交易的安全性。

4. 跨境支付业务合作

近年来境外购物逐渐兴起，跨境电商业务规模随之持续增长，国内涌现出一批跨境电商平台，如天猫（天猫国际）、京东（京东全球购）、唯品会等。伴随跨境电商的发展，跨境支付业务也在迅猛发展，尤其是人民币纳入特别提款权（SDR）后，跨境支付的发展更加有力。早在 2013 年，国家外汇管理局就出台了《支付机构外汇业务管理办法》，在北京等 5 个地区启动支付机构跨境外汇支付试点，并于 2015 年将试点扩大至全国。这些支付机构包括支付宝、财付通、易宝支付、拉卡拉支付等多家第三方支付机构。在此背景下，这些第三方支付机构积极开拓境外市场，例如，微信已经覆盖了多个国家和地区，并与数十家境外机构合作，而部分银行在跨境业务方面处于明显的优势地位，如中国银行在境外设立了 600 多家分支机构。鉴于此，第三方支付机构应该加强与大型国有商业银行的合作。中国银行业也在积极布局跨境支付业务。基于不同的服务对象，银行参与跨境电商的模式主要包括与第三方支付机构合作、与电商平台直接合作和银行自营电商三种。例如，2015 年 12 月 2 日浦发银行推出"跨境电商金融服务方案 1.0"，该方案主要通过与第三方支付机构合作，为跨境电商企业提供金融服务，以打通境内外资金往来的清算路径。

[做中学 4-2]

体验 Apple Pay 支付

步骤 1：打开苹果钱包 App。

打开苹果手机中的苹果钱包 App，点击右上角的加号，开始绑定银行卡，如图 4-13 所示。

步骤 2：录入银行卡信息。

通过 iSight 摄像头录入或手工录入支持银行的银联信用卡信息，并输入银行卡的有效期和卡片背面的 3 位安全码，如图 4-14 所示。阅读"条款和条件"，并选择"同意"。

图 4-13　Apple Pay 开始绑定银行卡　　　　图 4-14　录入银行卡信息

步骤 3：激活账户。

输入验证银行的官方客服号码发送的短信验证码，完成激活，如图 4-15 所示。

步骤 4：Apple Pay 支付操作。

进入一家有银联 Quickpass 标识的便利店，在支付时直接将苹果手机靠近非接触交易终端，并将手指放在 HOME 键上（或者开启"面容 ID"，通过人脸识别），即可轻松完成支付，如图 4-16 所示。

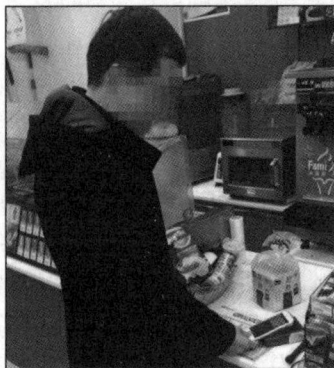

图 4-15　激活银行卡　　　　图 4-16　便利店 Apple Pay 支付体验

[随堂测试 4-2]

第三方支付机构与银行的合作主要体现在哪些方面？请将主要内容填在表 4-3 中。

表 4-3　　　　　　　　　　　　　第三方支付机构与银行的合作

合作领域	主要内容
备付金管理合作	
业务与信息合作	
安全与技术合作	
跨境支付业务合作	

任务二　在电子商务中应用互联网支付

在消费时，人们有时为找到一件既便宜又符合自己心理预期的商品要花费很多的精力。这说明市场交易存在交易成本，包括交易双方搜寻和匹配的成本，也包括交易双方签订合约的成本。这就是美国学者罗纳德·科斯在其《企业的性质》一文中提出的著名理论观点。人们一直在努力降低交易成本，电子商务正是在这一理论背景下产生与发展的，互联网支付也应运而生，并促进了电子商务的创新和发展。

精品微课

在电子商务中应用
互联网支付

04

一、电子商务的基础概念与发展现状

电子商务是随着互联网的产生而产生的，那到底什么是电子商务呢？它又具有哪些传统商务所没有的特征和优势呢？我国的电子商务发展现状如何？解答这些问题，是我们进一步学习互联网支付的基石。

1. 电子商务的概念与内涵

商务部 2011 年发布的《第三方电子商务交易平台服务规范》对电子商务的定义：电子商务系指交易当事人或参与人利用现代信息技术和计算机网络（包括互联网、移动网络和其他信息网络）所进行的各类商业活动，包括货物交易、服务交易和知识产权交易。电子商务按照交易主体的不同具体细分为：企业（或其他组织机构）之间（Business to Business，B2B）、企业（或其他组织机构）和消费者之间（Business to Consumer，B2C）、消费者之间（Consumer to Consumer，C2C）。

电子商务是通过电子网络来完成相应的商务活动的。根据商务活动的特点，可以把电子商务分成完全电子商务和不完全电子商务。完全电子商务是指商家将无形商品和服务产品内容数字化，不需要某种物质形式和特定的包装，整个交易过程（订货、支付、发货、售后）全部在网络上完成的电子商务，如以计算机软件、电子报刊、广告、商业信息、咨询、教育等为商品的电子商务。不完全电子商务是指交易对象是有实物形态的，交易双方在网上只能进行订货、支付和部分售后服务，而商品的转移需要依靠物流公司来配送的电子商务，如以服装、书籍、家电产品等为商品的电子商务。

2. 电子商务的特征与优势

（1）突破时空限制，提高交易效率。电子商务是全天 24 小时运行的，只要消费者可以上网，任何时间、任何地点都可以进行网上交易，这方便了消费者的购物，也增加了商家的商业机会。同时电子商务的交易流程简单，有时几秒就可以达成一项交易，提高了交易效率。所以说，电子商务既延长了交易时间，也缩短了交易时间。

（2）减少中间环节，降低营运成本。在电子商务模式下，生产者和消费者可以直接进行交易，减少了中间环节，大大降低了营运成本，给消费者和商家都带来了好处。

（3）增强供需互动，提供多样服务。通过电子商务，供需双方可以进行在线交流，充分交换意见。交易完成后，消费者还可以进行点评，反馈使用感受，为其他消费者提供参考。同时，电子商务企业可以通过客户关系管理系统对客户的交易信息进行分析，将市场进一步细分，为客户提供多样化的服务。

3. 电子商务的主要运作模式

B2C，是指由商家或企业通过网站向消费者提供商品和服务的一种电子商务模式。这种模式的电子商务一般以网络零售业为主，主要借助互联网开展在线销售活动。根据《电子商务模式规范》的定义，B2C 可以分为 B2C（Ⅰ）和 B2C（Ⅱ）。B2C（Ⅰ）是网上商厦，即提供给企业（或其他组织机构）法人或法人委派的行为主体在互联网上独立注册开设网上商店，出售实物或提供服务给消费者的由第三方经营的电子商务平台。这是电子化交易市场，是在互联网的环境下利用通信技术、网络技术等手段把参加交易的买卖双方集成在一起的虚拟交易环境，例如一些银行开办的电子商务平台——中国工商银行的融 e 购商城。B2C（Ⅱ）是网上商店，即企业（或其他组织机构）法人或法人委派的行为主体在互联网上独立注册网站、开设网上商店，出售实物或提供服务给消费者的电子商务平台。这是独立的 B2C 平台，主要由企业自行搭建网上交易平台来销售自己的商品，如凡客诚品、戴尔、联想等。两者的主要区别是电子商务企业是否自营商品。就目前大多数 B2C 网购平台来说，既有自营商品，又有别的商家注册的网店，如天猫商城、当当网、京东商城、国美在线等。

B2B，是指企业与企业之间通过互联网进行产品、服务和信息交换的电子商务模式。根据《电子商务模式规范》的定义，B2B 也分为 B2B（Ⅰ）和 B2B（Ⅱ）。B2B（Ⅰ）是网上交易市场，即提供给企业（或其他组织机构）法人或法人委派的行为主体间进行实物和服务交易的由第三方经营的电子商务平台。这种交易模式是水平 B2B，它是将各个行业中相近的交易过程集中到一个场所，为企业的采购方和供应方提供一个交易的机会。这一类网站既不是拥有产品的企业，也不是经营商品的商家，它只提供一个平台，在网上将销售商和采购商汇集在一起。采购商可以在该网上查到销售商的有关信息和销售商品的有关信息，如阿里巴巴。B2B（Ⅱ）是网上交易，即企业（或其他组织机构）法人或法人委派的行为主体在互联网上建立网站，向其他企业（或其他组织机构）法人或法人委派的行为主体提供实物和服务的电子商务平台。这种交易模式类似于在线商店，是企业自建的网站，通过这样的网站企业可以大力宣传自己的产品，用更快捷、更全面的手段让更多的客户了解自己的产品，促进交易；也可以是商家开设的网站，这些商家在自己的网站上宣传自己经营的商品，目的是用更加直观便利的方法促进和扩大商业交易。

C2C，是指在消费者与消费者之间进行的电子商务模式，通过网络向消费者提供进行相互交易的在线平台。它是网上个人交易市场，即提供给个人之间在网上进行实物和服务交易的由第三方经营的电子商务平台，如淘宝网、拍拍网。

O2O（Online to Offline，线上到线下），将线下的商务机会与互联网结合在一起，让互联网成为线下交易的前台。这样线下服务就可以通过线上揽客，消费者就可以通过线上筛选服务，成交后还可以在线结算。该模式主要的特点是推广效果可查、每笔交易可跟踪，如大众点评网。

团购，是指借助互联网，将具有相同购买意向的零散消费者集合起来，向商家大批量购买，以求得到更优惠的价格。这类网站向消费者提供商家的优惠商品和服务，并从中抽取佣金，消费者得到优惠的价格，而商家也从中赚取费用，如糯米网、拉手网。

社交电商，就是利用互联网社交网络平台进行商业活动的电子商务模式，也称为微商。微商包括个人运营的 C2C 微商和公司企业运营的 B2C 微商，依托社交关系和熟人经济实现发展。通俗地说，微商就是在移动端上进行商品售卖的小商家，通过微信和微博等进行交易。

跨境电商，是指分属不同关境的交易主体，通过电子商务平台达成交易，进行支付结算，并通过跨境物流将商品送达客户手中以完成交易的一种国际商业贸易活动。它可以分为 B2B 模式和 B2C 模式两类。其中的 B2B 模式，即利用 B2B 方式开展国际贸易，这种模式比较成熟，也是企业在外贸电子商务中采用较多的方式之一，其特点是投入费用相对较高，询盘数量较多，采购商比较集中，如阿里巴巴国际。而 B2C 模式，也就是海外零售，如天猫国际。

伴随着消费升级，国民对生鲜食品的需求量越来越大，生鲜电商应运而生，并且得到了迅速的发展。随着网络零售的日益发展，除了传统生鲜电商外，又发展出了前置仓、店仓一体化、社区拼团、门店到家、到柜自提等多种新模式，现阶段生鲜电商行业多种商业模式并存，竞争愈发激烈。

直播电商，是集主播人设、专业选品、直观展示、实时互动等优势特征于一体的新型电商模式，消费者在观看网络主播直播的同时就可以下单购物。这种电商模式极大地降低了流通费用，节约了信息沟通成本，很大程度上提高了购买转化率，使产业链各方受益。我国的电商直播起始于 2016 年，至今仍处于爆发式增长期，淘宝、快手、蘑菇街、抖音、京东等都有自己的直播电商平台。

4．我国电子商务的发展现状

得益于我国电子商务服务模式、技术形态和赋能效力的不断创新，我国电子商务发展的市场基础规模比较大，发展态势良好。2020 年，我国电子商务交易额达 37.21 万亿元，同比增长 4.5%；电子商务服务业营业收入规模达 5.45 万亿元，同比增长 21.9%。我国主要的 B2B 电子商务企业有阿里巴巴、上海钢联、环球资源、慧聪网、焦点科技、环球市场、生意宝等；主要的网络零售电子商务企业有天猫、京东、唯品会、国美在线、1 号店、当当网、易迅网、聚美优品等。伴随着互联网技术的不断发展，电子商务的运作模式也不断创新，团购、社交电商、跨境电商、生鲜电商和直播电商等新型的电商模式层出不穷，并得到了爆发式发展。以直播电商为例，2019 年直播电商整体成交额达 4 512.9 亿元，同比增长 200.4%，占网络购物整体规模的 4.5%。截至 2020 年 6 月，我国直播电商用户规模为 3.09 亿人，占网民整体的 32.9%。

[做中学 4-3]

我的"淘宝教育"

淘宝教育是阿里巴巴集团旗下的核心教育培训部门，以帮助网商成长为己任，是众多卖家学习电子商务知识、提升网店经营水平的一个重要资源库，已发展为线上线下多元化、全方位的电商学习平台。平台上有很多免费的课程可以学习。现请按照以下步骤浏览淘宝教育网站，选择自己喜欢的课程。

步骤 1：登录淘宝教育官网或手机客户端。

（1）在浏览器地址栏中输入淘宝教育首页网址，进入淘宝教育首页，如图 4-17 所示。

（2）登录淘宝教育，如图 4-18 所示。如果有淘宝账户，可以直接在网站上或手机客户端上登录，如果没有淘宝账户，请注册后登录。

图 4-17　淘宝教育首页

步骤2：浏览课程并浏览相关课程。

登录后，浏览新手开店、日常运营、爆款运营、每日直播等相关课程，如图4-19所示。每项内容都有若干视频课程可以观看。这些课程都是免费的，卖家可以随时观看教学视频。

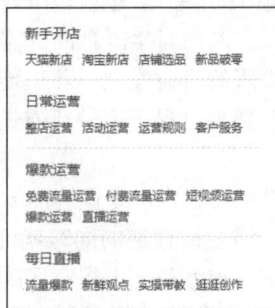

图4-18　淘宝教育登录页面

图4-19　淘宝教育相关课程

步骤3：选择学习课程。

根据自己的兴趣爱好，制订学习计划，并填在表4-4中。

表4-4　　　　　　　　　　　　　选择的学习课程

课程名称	主要内容	学习记录

步骤4：学习交流。

定期对学习内容和学习成果进行总结，并与其他人交流，重点思考以下问题。

你为什么从"淘宝教育"选择这些课程学习？学习之后对你有何帮助？以后还会选择哪些课程进行学习？

二、电子商务与互联网支付的关系

1. 电子商务交易中的"四流"

电子商务模式与传统商务模式的主要区别在于电子商务中的"四流"（商务流、资金流、物流、信息流）是统一的，而互联网支付在其中发挥了重要作用。电子商务离开了互联网支付，就不能称为真正的电子商务。以B2C电子商务模式为例，其交易过程一般可以概括为图 4-20 所示的"四流"。其中，商务流是指买卖双方在等价交换原则下，询价、报价、下单、约定商品所有权益转移方式，并完成转移的过程。资金流是指货币作为一般等价物转移的过程，包括支付、收款、退款、兑换等。物流是指货物通过物流公司进行配送，商品从

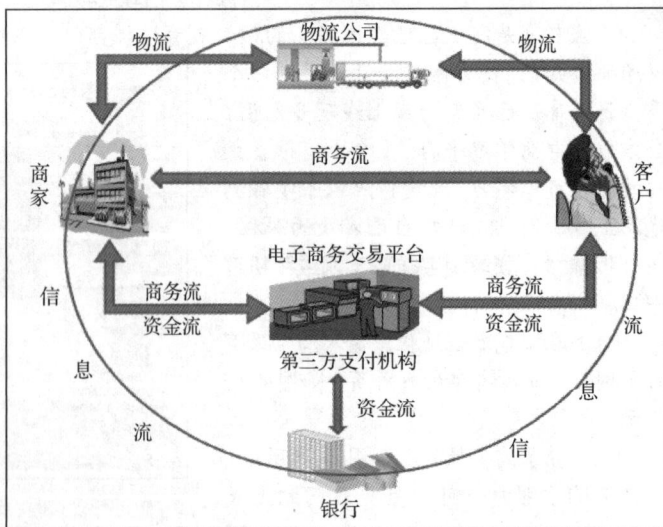

图4-20　B2C电子商务模式交易过程中的"四流"

卖方转移到买方的过程。信息流是指商务流、资金流、物流中的信息存储、加工和传递过程，包括商品信息的提供、促销行销、技术支持、售后服务等内容，也包括报价单、付款通知单等商业贸易单证，还包括交易方的支付能力、支付信誉、中介信誉等。

2. 互联网支付在电子商务交易中的作用

第一，担保交易模式可以增强卖方的信誉，成功解决了贸易双方因缺乏信任带来的交易失败问题，提高了交易的成功率，如支付宝对淘宝网的发展功不可没。

第二，部分第三方支付机构具有信用融资功能，通过自身信用评价机制的创新（主要以交易信息流、商务流和资金流为评价基础，而不以资产数据为评价基础）为卖家和买家提供融资服务，如快钱的保理业务和快易花，支付宝的卖家信用融资和蚂蚁花呗。

第三，互联网支付机构统一通过网联平台，连接不同的商业银行，方便客户支付。同时第三方机构大多支持银行卡快捷支付、虚拟账户支付、网银支付、预付卡支付、移动支付等多种支付手段，如支付宝支持网上银行、支付宝账户余额、找人代付等多种支付手段。

第四，互联网支付促进了跨境电子商务的发展。它可以缩短跨境支付的结算时间，降低跨境支付风险，方便人民币结算和降低跨境支付服务收费。

三、互联网支付在电子商务中的具体应用

互联网支付在电子商务中发挥了重要作用，也在一定程度上推动了电子商务的发展，促使了我国电子商务贸易的变革，并由此产生了一些新的交易模式，提高了商品的流通性。

1. 互联网支付在 B2C/B2B 电子商务模式中的应用——以支付宝为例

支付宝是我国早期成立的第三方支付机构之一，是伴随淘宝网的发展而成长起来的。无论是在第三方互联网支付方面还是在第三方移动支付方面，支付宝都位居第三方支付市场的前列。支付宝也成为网民进行网购的常用支付工具，以 B2C、B2B 电子商务模式为例，其应用流程如图 4-21 所示。

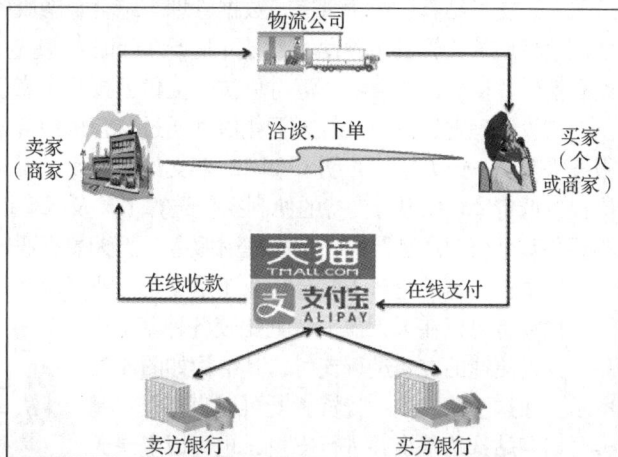

图 4-21 B2C/B2B 电子商务模式下支付宝的应用流程

基本步骤：①买家需要预先注册一个支付宝账户，并将自己的某银行账户与支付宝账户进行绑定，对支付宝进行充值（也可以不充值，在实际支付时通过快捷支付等其他方式支付货款）；②买家在网上浏览网页，与卖家接洽，并下单；③买家付款到支付宝担保账户；④支付宝确认收到货款后通知卖家发货；⑤卖家联系物流公司配送商品给买家；⑥买家签收商品并确认商品完好后，通知支付宝向卖家付款，如商品有问题或没有收到商品，买家可联系卖家进行确认，或向支付宝投诉，申请退款；⑦支付宝将货款从担保账户转移到卖家的支付宝账户，交易完成。买家和卖家都可以将自己支付宝账户上的资金提现到自己的银行卡上。

2. 互联网支付在供应链融资业务模式中的应用——以快钱为例

快钱于 2004 年成立，是一家独立的第三方支付平台，目前已覆盖逾 4.3 亿个个人用户，以及 500 余万个商业合作伙伴，对接的金融机构超过 100 家。其公司总部位于上海，在北京、广州、深圳等地设有分公司，并在南京设立了全国首家创新型金融服务研发中心。快钱于 2010 年 10 月推出快钱

供应链融资平台，支持 IT 分销、IT 制造、商旅、服装、商超零售、机械制造、电子制造等 10 多个行业的供应链融资业务。由于供应链融资中的单证和文件传递、支付、融资确认等环节是劳动密集型操作，费时费力，因此金融机构开展供应链融资的成本很高。而快钱将供应链融资业务放在电子商务平台上操作，结合快钱在第三方支付领域的优势，最终获得了成功。

快钱供应链融资平台的业务流程如图 4-22 所示。①下游经销商向核心企业赊购商品；②核心企业向快钱供应链融资平台发出业务指令；③快钱供应链融资平台将资产包发送给合作银行；④银行将再保理融资款打给快钱供应链融资平台；⑤快钱供应链融资平台将银行的再保理融资款打给核心企业；⑥下游经销商将买方货款打给快钱供应链融资平台；⑦快钱供应链融资平台向银行发出核销指令；⑧快钱供应链融资平台将融资款本息支付给银行；⑨快钱供应链融资平台将尾款支付给核心企业；⑩核心企业将卖方回购款（若有）支付给银行。

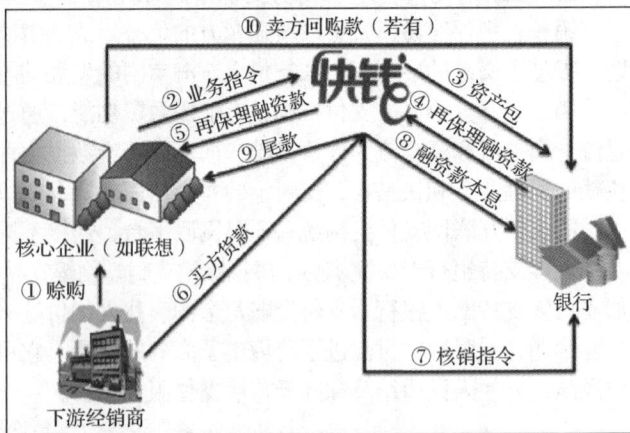

图 4-22　快钱供应链融资平台的业务流程

3. 互联网支付在金融产品零售行业中的应用——以汇付天下为例

汇付天下成立于 2006 年 7 月，专注于为传统行业、金融机构、小微企业及个人投资者提供金融账户、支付结算、运营风控、数据管理等综合金融服务，拥有中国人民银行、中国证监会、国家外汇管理局等监管机构颁发的《支付业务许可证》、基金支付牌照、基金销售牌照等。汇付天下旗下设有汇付数据、汇付金融、汇付科技、汇付创投等多家子公司。

在投资理财领域，汇付天下凭借其通过监管机构备案并获准开展业务的创新基金网上支付结算服务平台——天天盈，开创了中国基金支付新时代。天天盈是为基金公司直销和第三方基金销售机构提供低费率、多银行支持的便利支付结算工具及网上拓展平台，并为投资者提供"持任意银行卡，购买各基金公司产品"的一站式理财服务。天天盈直通数十家基金公司的近千只优质基金，支持三十多家银行。这无论对于基金行业还是支付行业来说，都是划时代的进步。

投资者可以在天天盈平台上比较各种基金产品，并以便捷的方式进行支付，其结构如图 4-23 所示。在这个模式下，投资者既可以直接登录基金公司网站选购基金并进行支付，也可以登录天天盈平台，完成充值、申购、赎回、取现等操作。这近似于基金零售领域的淘宝网，既方便了投资者选购基金，也有利于基金公司销售基金产品，提高了基金零售交易的效率。

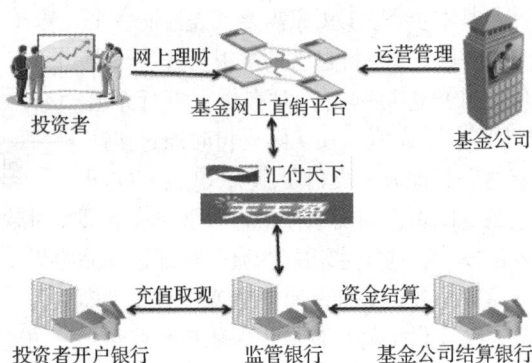

图 4-23　天天盈平台结构

4. 互联网支付在 O2O 电子商务模式中的应用——以海底捞微信支付为例

海底捞从 2009 年起开始规划整体门店系统平台，2011 年前后上线了移动 App 和官网订餐等功能，这为海底捞在近年来发展 O2O 打下了重要基础。

要实现真正的 O2O，必须解决在线支付问题，让用户能够在线上完成所有事情。2013 年 12 月

24 日，海底捞正式宣布与微信支付合作，一时近百家海底捞门店全部接入微信支付，微信支付成为首家为海底捞提供移动支付解决方案的供应商。海底捞的具体微信支付流程如下：①用户在用完餐结账时，服务员会在平板点餐系统或者收银台生成二维码；②用户用手机打开微信"扫一扫"功能，扫描二维码，然后输入微信支付密码，即可完成付款。同时海底捞的收银系统会马上收到付款信息，显示付款成功，如图 4-24 所示。

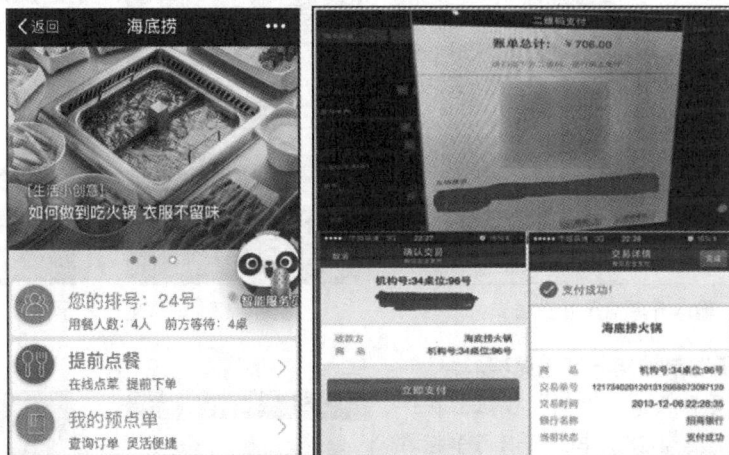

图 4-24 海底捞微信支付

现在移动支付已经很普遍，除了餐饮外，诸如酒店、网约车、超市、电影院等场所或服务都可以通过扫描二维码支付。

[做中学 4-4]

微信支付电子发票应用

电子商务的发展，催生了在线购物、互联网支付与电子发票应用。2016 年 3 月 31 日，微信支付正式发布微信卡包、企业号，提供电子发票归集报销的完整解决方案，如图 4-25 所示。该解决方案调用了微信多个产品功能，通过微信公众号、卡包、扫一扫、企业号、微信支付零钱等提供的整体连接能力，与众多行业合作伙伴一起，实现了电子发票的收纳、归集、流转、报销、入账、再消费的无缝连接，全程实现无纸化。请根据以下步骤，体验通过微信支付完成网购、开具电子发票以及进行发票抽奖的全过程。

图 4-25 微信支付电子发票整合应用流程

步骤 1：完成网购支付并输入开票信息。

在微信商城购买一款商品，在支付页面输入发票抬头信息，然后点击"支付并开票"按钮，在弹出的页面输入支付密码，完成在线支付，如图 4-26 所示。

步骤2：领取电子发票。

支付成功后，跳转"发票开具"页面，会出现图4-27所示的发票领取页面，点击"领取电子发票"按钮，并将发票"添加到卡包"。还可以在发票页面点击"发票详情"，即可查看与纸质发票完全相同的"全票面展示"。

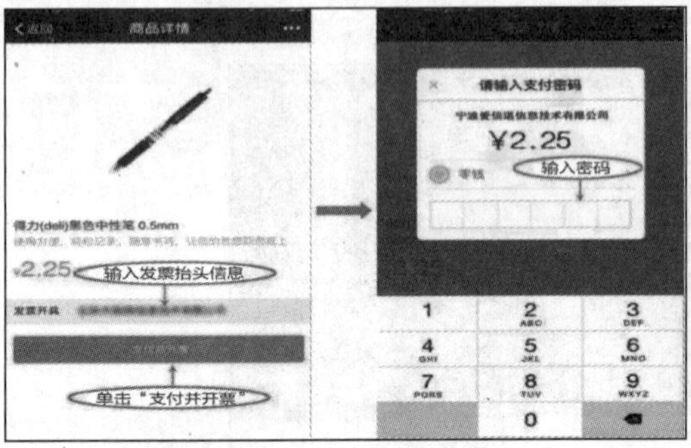

图 4-26 输入开票信息并在线支付

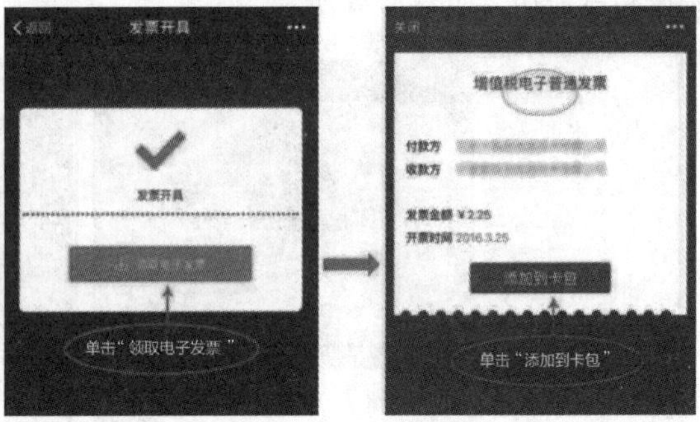

图 4-27 领取电子发票并添加到卡包

步骤3：电子发票抽奖与红包兑奖。

在发票详情页面点击"下载"按钮，在弹出的抽奖页面（见图4-28）中，可以用手指右滑的方式刮奖。如果中奖了，可以点击"立即领奖"按钮，稍后可通过微信红包的方式兑奖。

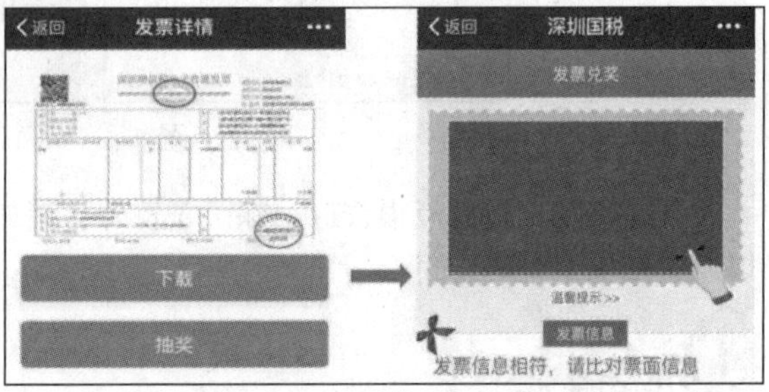

步骤4：微信支付电子发票报销。

用户不仅能通过微信支付前端的扫一扫、卡包功能实现电子发票的便利收纳、归集，而且通过后端的企业号，可以直接选择卡包中的电子发票，一键生成报销单，上传到企业端财务报销系统进行报销。整个闭环流程省去了传统的打印版式文件、贴票的过程，耗时大大缩短，可以为用户带来非常好的便捷报销体验。

图 4-28 电子发票抽奖

[随堂测试4-3]

随着互联网支付与电子商务的不断创新，其运作模式也日益丰富，本任务共介绍了9种模式，请把这9种模式的主要特点填写在表4-5中，并上网另外搜索一种新型模式，补充在表格的最后。

表 4-5　　　　　　　　　　　　　电子商务模式汇总

名称	特点
B2C	
B2B	
C2C	
O2O	
团购	
社交电商	
跨境电商	
生鲜电商	
直播电商	

任务三　比较数字人民币与互联网支付

本任务将从不同维度梳理数字人民币与微信支付、支付宝等第三方互联网支付工具的区别，把握数字人民币的本质特征与主要应用场景，并通过"做中学""课程思政"等模块引导大家在探索中熟悉数字人民币支付的操作步骤，以及数字人民币对助力实体经济高质量发展和服务构建"双循环"新发展格局的重要意义。

视频资源

揭秘数字人民币

一、数字货币的产生与分类

1. 货币发展历程

从历史上看，货币是社会生产力发展到一定阶段的必然产物，它的形态随着社会生产力和技术的发展而不断演变。数千年来，人类社会货币的演变经历了三个阶段，依次是实物货币、金属货币、纸币。实物货币是货币发展的最初形式，人们从原始社会物物交换的商品中，分离出一些被所有人认可的具有普遍交换价值的实物作为一般等价物，即实物货币，以随时随地换取自己所需要的商品。在中国的历史上，贝壳、谷物和布帛都曾经长期作为实物货币使用。在古波斯、意大利、印度等地，牛羊曾作为实物货币进行交易。随着生产力的不断发展，具有易分割、易保存、易携带等特点的金属货币诞生，如中国的刀币、铜钱等。金属货币由于自身的贵金属属性，在进行大宗和远距离交易时携带不方便，无法满足更大范围的商品流通。因而在人类社会经济生活不断进步的基础上，纸币应运而生。虽然纸币已有数千年的历史，如在我国宋朝时期就出现了交子、会子等纸币形式，但是直至近代，纸币才取代金属货币成为货币的主要流通形式。纸币是以国家信用为保证，由国家央行统一发行的信用货币。其本身没有价值，是由国家法律规定并强制流通的。纸币的出现意味着货币的符号化，是人类发展历史上的一大重要进步。纸币的出现促进了商品的流通和经济的飞速发展，同时也产生了一些难以解决的问题，如国家滥发货币会导致恶性通货膨胀，从而引发严重的金融危机。

2. 数字货币的产生

例如，比特币的运行机制：所有人都有记账权，整个账本也完全公开透明，货币不能超发，用现代计算机技术和密码学保障其安全性。2009 年 1 月 3 日，比特币正式诞生，成为最早的加密数字货币。从此之后，在比特币的基础上又陆续出现了多种数字货币，如以太币、瑞波币、泰达币和莱特币等。沃尔玛、摩根大通等大型商业机构也开始纷纷布局数字货币领域。截至 2020 年年底，全球数字货币种类共计 8 153 种，总市值达 7 727.3 亿美元，其中，比特币市值 5 436.4 亿美元，占比 70.4%。数字货币在短短十几年的时间内发展迅速。为应对个人和商业机构发行的数字货币对法定货币的冲击，包括欧洲央行、日本央行、中国人民银行在内的各国或地区的央行正在采取措施，积极开展法定数字货币的研究和试点实践。根据 2020 年 8 月国际清算银行发布的报告《央行数字货币崛起：动因、方法和技术》，截至 2020 年 7 月，至少有 36 个国家的中央银行发布了央行数字货币的计划，厄瓜多尔、乌克兰、乌拉圭、巴哈马、柬埔寨、中国、韩国、瑞典、东加勒比货币联盟进行了央行数字货币试点。另外，分别有 18 家和 13 家央行公布了零售型央行数字货币和批发型央行数字货币的研发工作。

3. 数字货币的分类

根据发行者的不同，数字货币一般可以分为基于加密算法的私人数字货币（加密数字货币）和央行发行的数字货币（法定数字货币）两大类。

加密数字货币，如比特币，是一种去中心化的数字货币，没有央行或单一的管理机构，可以在无中介的情况下，在点对点区块链网络上从一个用户发送到另一个用户。我国对加密数字货币的监管十分严格。2017 年，中国人民银行等七部门联合发布了《关于防范代币发行融资风险的公告》，明确表明非货币当局发起的首次代币发行（ICO）实际上是未经批准的公开融资行为，是非法的，并要求各类代币发行融资活动立即停止。

法定数字货币是指通过主权货币当局统一发行，并且以国家信用为支撑的法定货币，可以用来替代纸质货币。2018 年 3 月，国际清算银行发布的《中央银行数字货币对支付、货币政策和金融稳定的影响》中，将法定数字货币定义为中银货币的数字形式。法定数字货币区别于传统金融机构在央行保证金账户和清算账户存放的数字资金，可以广泛地被个人和企业用于支付，具备一定的可编程性或支持智能合约。法定数字货币按照金融应用场景分类，又可以分为零售型和批发型。零售型应用于日常交易，批发型用于银行之间或银行与其他机构之间的大额转账。

二、数字人民币的概念与发展

1. 数字人民币的概念

精品微课

遇见数字人民币
（含课程思政）

数字人民币简称"e-CNY"，是由中国人民银行发行的数字形式的法定货币，由指定运营机构参与运营并向公众兑换，以广义账户体系为基础，支持银行账户松耦合功能，与纸钞和硬币等价，具有价值特征和法偿性，支持可控匿名。上述概念可以从以下四个层面理解：①从货币定位看，数字人民币由中国人民银行发行，是一种和纸钞、硬币等价的法定货币，定位于流通中现金（M0），属于基础货币范畴，其法律地位与现金相同；②从发行管理看，数字人民币由中国人民银行发行，指定运营机构负责数字人民币的运营和兑换服务，并实现可控匿名，属于双层运营体系下的混合型央行数字货币；③从应用客群看，数字人民币面向公众发行，可广泛地用于个人和企业各类日常交易场景；④从支付角度看，数字人民币以数字形式存在，自身具有价值，且以国家信用作为担保，支持银行账户松耦合，因此数字人民币能够作为数字化支付手段，并在一定程度上支持匿名交易。

2. 数字人民币的发展历程

全球步入数字经济新时代，数字货币的发展是不可逆转的大趋势。在法定数字货币研发上，中国人民银行表现出了较强的前瞻性，走在了各国央行的前列。2014 年，央行便成立法定数字货币研究小组，开始相关研发工作。2016 年，中国人民银行成立数字货币研究院，全面开展法定数字货币的研究，特别是近年来启动的一个被称为 DC/EP（Digital Currency Electronic Payment）的央行数字货币（Central Bank Digital Currency，CBDC）项目吸引了全球的广泛关注。到 2019 年，数字人民币基本完成了顶层设计、标准制定、功能研发、联调测试等工作，并在深圳、苏州、雄安新区、成都及冬奥场景启动试点测试。

2020 年，数字人民币进入了试点测试及场景选择的新阶段。2020 年 10 月增加了上海、海南、长沙、西安、青岛、大连 6 个试点测试地区，试点场景也从最开始的商超、加油站等线下场景扩展到"线下＋线上"相结合的综合场景。雄安新区重点围绕数字人民币与物联网、5G 技术融合开展创新试点，如将数字人民币与硬件结合开放了充电桩产品等。成都借助"天府通"平台，在交通领域实现了数字人民币的支付和结算。冬奥场景则更具创意，尝试超薄卡钱包、可视卡钱包等多形态的数字人民币钱包，并推出支付手套、支付徽章、冬奥服装等可穿戴设备，用数字金融赋能科技奥运。

截至 2021 年 10 月 8 日，数字人民币试点场景已超 350 万个，覆盖代发工资、生活缴费、餐饮服务、交通出行、购物消费、政务服务、证券理财、保险+期货等领域，累计开立个人钱包 1.23 亿个，交易金额约 560 亿元。2021 年 12 月，中国农业银行深圳分行联合华为公司完成业内首个数字人民币云侧智能合约应用场景落地。该场景为深圳住建局主导的租赁资金监管。当租客通过智慧租赁平台选房、签约，并支付押金和租金后，资金会到达租赁企业（房东）的数字人民币账户，同时生成智能合约，将资金绑定。智能引擎会在租金支付日自动释放当月租金，并于租约到期后自动将数字人民币押金退还给租客。该场景利用数字人民币的唯一性与可编程特征，将租房中的一系列约定形成智能合约，让货币自动执行合约要求的支付行为，是一项重要创新。

2022 年年初，数字人民币（试点版）App 上架各大应用市场，深圳、苏州、雄安新区、成都、上海、海南、长沙、西安、青岛、大连及冬奥场景"10+1"试点地区的用户不再需要邀请码即可体验数字人民币。开展数字人民币试点也是北京冬奥会的一大亮点。2022 年北京冬奥会期间，数字人民币实现交通出行、餐饮住宿、购物消费等场景全覆盖。数字人民币面向个人用户开放体验，多元化场景不断渗透，标志着我国数字人民币的推广应用进入规模化阶段，数字人民币时代全面到来。截至 2022 年 8 月底，数字人民币试点拓展到 15 个省市的 23 个地区，累计交易金额 1000.4 亿元。

三、数字人民币的核心特征

数字人民币全新的货币形态和运营架构使其具备不同于传统支付手段的核心特征。

1. 具有价值特征和无限法偿性

数字人民币由中国人民银行信用背书发行，是央行对公众的负债，具有官方赋予的价值特征，并且在日常支付使用时无须绑定银行账户就能实现价值转移，这与通常所用的必须绑定银行账户才能进行转账付款的微信支付、支付宝相比有着本质的区别。另外，纸质和数字形式的人民币都属于法币，具有无限法偿性。这意味着任何机构和个人都不能拒绝接受数字人民币，只要能使用电子支付的地方，就必须接受数字人民币。

2. 具有 M0 属性，基于 100% 准备金发行

数字人民币能够部分代替流通中的现金，具有 M0 属性，不计付利息。为保证数字人民币发行和回笼不改变央行货币发行总量，银行存款准备金和数字人民币之间有等额兑换机制：在发行阶段，央行扣减商业银行存款准备金，等额发行数字人民币；在回笼阶段，央行等额增加商业银行存款准备金，注销数字人民币。

3. 支持收支双方"双离线"支付

"双离线"是指收支双方设备在不具备网络的条件下也能进行支付交易。相比于需要网络支持的微信和支付宝，数字人民币在这一点上完全吸收了纸钞的设计理念。考虑到通信基础设施比较差的偏远山区、因地震或台风致使通信中断、地铁或地下超市人员密集造成网络卡顿等一系列不便于利用网络支付的情况，数字人民币的"双离线"设计展现出极大的环境适用性优势。

4. 采取账户"松耦合"形式，实现可控匿名

可控匿名作为数字人民币的一个重要特征，一方面体现了其 M0 的定位，保障公众合理的匿名交易和个人信息保护的需求；另一方面，也是防控和打击逃税等违法犯罪行为，维护金融安全的客观需要。可控匿名首先要满足合理的匿名支付和隐私保护的需求。数字人民币采取"小额匿名、大额可溯"的设计。现行的电子支付方式如银行卡支付、第三方支付等，都采用账户的紧耦合形式，即转账、支付和交易需要通过实名认证且与银行卡绑定。随着信息时代的发展，人们越来越注重个人隐私及信息安全，传统的电子支付无法满足人们对匿名支付的需求。数字人民币与银行账户松耦合，可以在技术上实现小额匿名。钱包采用了分级分类的设计，根据 KYC（认识你的客户）强度的不同开立不同级别的数字钱包，满足公众不同的支付需求。其中 KYC 强度最弱的钱包为匿名钱包，仅用手机号就可以开立，这类钱包的余额和每日交易限额也最低。若要进行大额支付，就需要升级

钱包，钱包余额和支付限额会随着 KYC 强度的增强而提高。同时，数字人民币钱包在在线支付场景下，可开立子钱包并推送到电商平台，这样电商平台无法获知个人信息，能够更好地保护个人隐私。因此，数字人民币对用户隐私的保护，在现行支付工具中是等级最高的。数字人民币在保护合理匿名需求的同时，也要保持对犯罪行为的打击能力。与比特币所采用的完全匿名不同，数字人民币的匿名是以风险可控为前提的有限匿名，使得央行可以通过大数据分析追溯用户的交易信息及行为特征，打击违法犯罪行为。

5. 采取中心化的管理体系

央行在发行数字人民币的过程中坚持中心化的地位，拥有发行数字人民币的最高权限。对数字人民币坚持中心化的管理模式，一方面，可以通过央行背书为数字人民币提供强有力的信用担保，确保央行数字货币具备同人民币一样的法律效力；另一方面，中心化的管理使得央行能够及时掌握数字人民币的投放数量、投放领域及流通情况，更有利于央行精准实施货币政策和宏观审慎监管。同时，中心化的管理模式维持了传统货币管理方式，能够有效防止货币超发。

6. 唯一性与可编程性

数字人民币在形式上是央行担保并签名发行的代表具体金额的加密数字串，包含基本的编号、金额、所有者和发行者签名等。其中，编号是数字人民币的唯一标识，不能重复，可以作为数字人民币的索引使用。数字人民币引入了智能合约机制，具有可编程性，可以附加用户自定义的可执行脚本。

7. 系统无关性

数字人民币具有普适性和泛在性，能够在多种交易介质和支付渠道上完成交易，可以利用现有的金融基础设施。理论上，银行存款货币、电子货币能达到的支付网络边界，数字人民币亦可达到。

四、数字人民币的运营模式

1. 数字人民币的运营架构

数字人民币定位于 M0，由中国人民银行统一发行和管理。在这个基础上要明确发行管理的基本框架，即"用什么发"的问题。作为央行的负债，指定机构（一般是商业银行）需要向央行按 100% 全额缴纳准备金，再由央行向指定机构发行数字人民币，并由指定机构向公众提供数字人民币的兑换服务（指定机构又称"代理投放机构"）；同时，为实现数字人民币的中心化管理及可控匿名，支付数据并不是完全交由流通层管理的，代理投放机构需要每日将交易数据异步传输至央行，相关机构也需要及时就数字人民币的大额及可疑交易向央行报告，便于央行掌握必要的交易数据，以实现监管和反洗钱。这就要求央行和指定商业银行形成相应的数字人民币管理系统，并实现确权登记、身份认证、交易监管等功能，即构建"一币、两库、三中心"的数字人民币运营架构（见图 4-29）。其中，"一币"明确了数字人民币是我国唯一一种由国家信用背书、央行发行的法定数字货币，与人民币等价兑换。"两库"是指央行发行库和商业银行业务库两个数据库。数字人民币的唯一发行机构中国人民银行负责把数字人民币发行至商业银行业务库，但并不直接面向公众；而商业银行负责面向终端用户，包括个人和企业，承兑数字人民币。央行发行库和商业银行业务库更贴近当前货币的"二元"发行模式，可为数字人民币的创造和发行提供安全保障，既可以防止内部非法操作，也可以防御外在攻击，是数字人民币安全保障的关键。"三中心"指的是数字人民币登记中心、身份认证中心以及大数据分析中心。数字人民币登记中心记录用户的个人信息和流水，进行权属登记，包括对数字人民币的创造、流通、核算及消亡的全生命周期登记。身份认证中心确认用户信息，是保障整个系统安全的前提，可对法定数字货币机构和用户进行集中管理，实现可控匿名性；对金融机构或高端用户的认证可以采用 PKI，对低端用户的认证可以采用基于标识的密码技术（Identity Based Cryptography，IBC）。大数据分析中心具有监控功能，基于大数据、云计算、区块链等技术对交易数据进行分析，可以有效监督资金运行过程，是保障数字人民币交易安全、防范违法金融交易并提升货币政策有效性的关键。"三中心"各司其职、互相配合以支撑数字人民币多项功能需求以及信息的安全隔离。

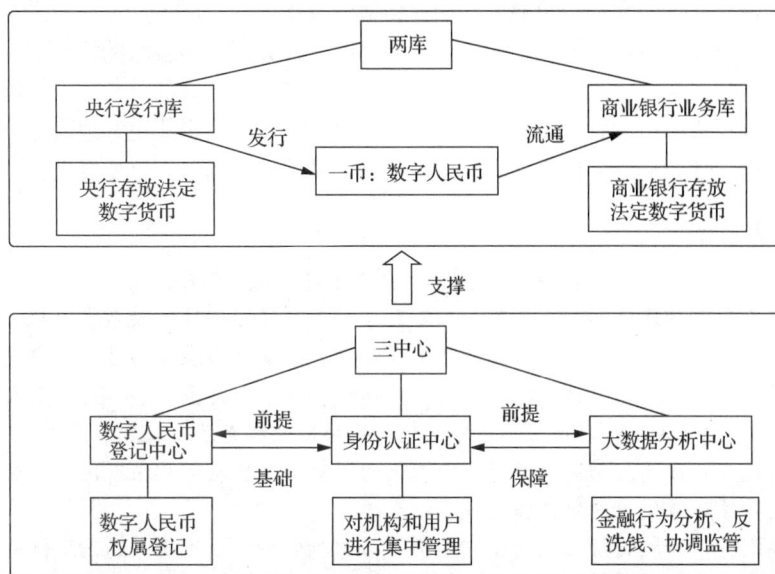

图 4-29 数字人民币"一币、两库、三中心"的运营架构

这种"一币、两库、三中心"的运营构架对坚持数字人民币发行的中心化管理有重要意义，可以抵御天秤币（Libra）等国外加密资产侵蚀，防止货币发行权旁落，保证货币政策独立性和数字人民币币值的稳定性、法偿性，有利于通过新的货币形式降低人民币跨境使用成本，加速人民币国际化。

2. 数字人民币的发行模式

数字人民币的发行和流通遵循现行的"央行-商业银行"二元模式，如图 4-30 所示。在二元模式下，由央行负责发行数字人民币，商业银行与央行共同维护数字货币发行、流通体系的正常运行。数字人民币发行时，由商业银行向中央银行缴存 100% 的存款准备金，央行将数字人民币发行至商业银行的业务库，并委托商业银行向公众开立数字人民币钱包，提供充钱包、存银行、转钱、收付等服务。而与二元模式相对的一元模式是指央行不通过商业银行直接向公众发放央行数字货币。

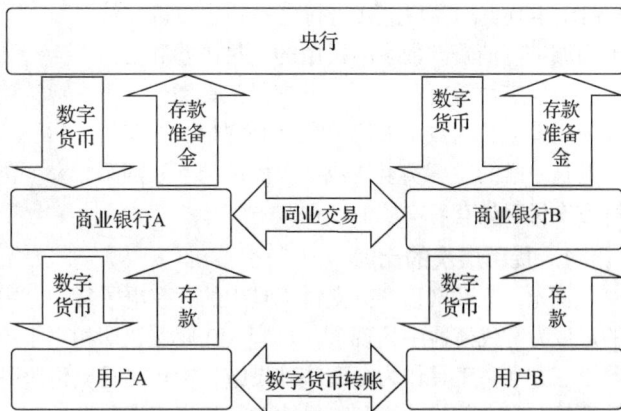

图 4-30 "央行-商业银行"二元模式

与一元模式相比，二元模式更有助于数字人民币的发展，能更好地满足市场需求。

我国数字人民币仍保持二元运营模式，其原因主要包括以下三点。一是央行的重要系统，例如大额支付系统、网联系统等都是为商业银行及其他金融参与者准备和服务的。因此，数字人民币运营模式选择二元模式会更节省成本，避免重复建设造成资源浪费。二是目前商业银行或其他非金融机构在金融终端的个性化服务和创新性服务已经成熟。央行无论是在技术机制层面，还是应用服务创新层面均与商业银行存在差距，若采用一元模式则难以满足市场需求。三是防止金融脱媒，避免社会融资成本升高的风险。假若数字人民币采用一元运营模式，那么有的客户势必会将商业银行存款兑换成数字人民币。这样，一方面将央行推向商业银行的对立面，形成竞争关系；另一方面减少商业银行资本，造成社会流动资金短缺增，加社会融资成本。

数字人民币的投放层还需要解决"发多少"的问题。在数据适当脱敏的情况下，央行可以运用大数据和人工智能技术对数字人民币的发行、流通等各环节进行详细的分析，了解货币体系具体运行规律，为精准调控货币投放数量、投放频率提供数据支持，同时也能更好地满足货币政策、宏观审慎监管和金融稳定性调控等干预需求。这也是数字人民币发行的一个重要意义。

[随堂测试 4-4]

探讨数字人民币与区块链技术的关系

在我国，公众习惯性地将数字人民币、加密数字货币与区块链技术联系在一起。但是，事实上数字人民币与以区块链为底层技术架构的比特币等加密数字货币存在本质区别。中国人民银行在推进数字货币的过程中保持技术中性，即不预设技术路线。数字人民币即 DC/EP，中国人民银行曾试验采用非许可链架构的 DC/EP，发现采用去中心化的区块链架构无法实现零售要求的高数据吞吐量。数字人民币本身是中心化的，而区块链是去中心化的，两者在底层架构上有区别。数字人民币会在确权、定价、交易等环节使用区块链作为底层技术。

请根据数字人民币的相关特征，结合"区块链与智能金融"项目所学的区块链技术相关知识，思考以下两个问题。

（1）数字人民币与区块链技术是什么关系？

（2）不同类型的区块链（如公有链、联盟链、专有链）以及区块链的非对称加密、可追溯性、智能合约等创新特征在数字人民币的确权登记、发行、流通等环节有什么重要价值？

五、数字人民币与互联网第三方支付工具比较

可以使用数字人民币在有数字人民币标牌（见图 4-31）的商户直接进行消费，也可以在线上商城进行消费。数字人民币的支付体验和支付宝、微信支付等互联网第三方支付工具类似，很多使用者会认为数字人民币和互联网第三方支付工具是一样的。事实上，数字人民币与互联网第三方支付工具有着本质的区别。

图 4-31　数字人民币标牌

精品微课

数字人民币与互联网
第三方支付工具比较

1. 货币层次的比较

首先，互联网第三方支付工具中的存款电子货币，主要属于 M1 中的活期存款；而数字人民币的定位为替代流通中的现金，具有 M0 属性，即相当于流通中的纸币和硬币的电子版。因此，互联网第三方支付工具作为金融基础设施，构建的是支付服务生态中的一环，相当于钱包；而数字人民币则具有现金替代功能和支付功能，相当于钱包中的钱。其次，数字人民币由中国人民银行直接发行，作为国家法定货币，其功能属性与现金是完全一样的，具有价值特征和无限法偿性。而互联网第三方支付工具实质上是一种可选的支付通道，机构或个人不接受支付宝、微信支付等互联网第三方支付工具，在法律上是允许的。此外，提供互联网第三方支付服务的机构一般为商业企业，而数字人民币由中国人民银行提供信用担保，能为公众提供更安全、便捷的支付新选择。

2. 与银行账户的关系的比较

支付宝、微信支付等互联网第三方支付工具，本质上仍然是用商业银行的存款货币在结算，其对应的余额仍在商业银行的存款账户中，因此用户在使用第三方支付工具进行交易之前，首先要绑

定自己的一个银行账户。但是，数字人民币与银行账户之间是松耦合的关系，只要注册具有唯一身份标识信息的数字人民币钱包即可使用。

3. 使用条件与支付方式的比较

与互联网第三方支付工具相比，数字人民币由于采用了与银行账户松耦合的关系，而且支持收支双方"双离线"支付，因此提供了更丰富的支付方式。其中，"扫一扫"和"碰一碰"是主要的两种近程支付方式。"扫一扫"使用的是目前已经广泛应用的二维码支付方案，是一种近程在线支付方式，用户使用数字人民币 App 扫描商户二维码或者出示付款码，即可轻松快捷完成相关支付，如图 4-32 所示。

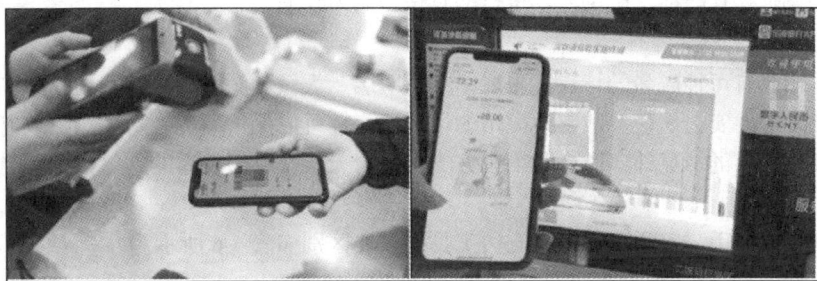

图 4-32　数字人民币"扫一扫"支付

"碰一碰"则是利用 NFC 技术的近程支付方式，可以在线进行，也可以离线进行。在线情况下，可以利用 POS 机或专用芯片进行支付，如图 4-33 所示。用户打开数字人民币 App，点击设置页面打开 NFC，用手机与商户 POS 机感应区轻轻"碰一碰"，就可实现支付。离线状态下，"碰一碰"仍可在安装了数字人民币钱包的交易双方间进行，用户打开数字人民币钱包上滑付款，选择"碰一碰"支付方式，点击设置页面打开 NFC；与此同时，商家也打开个人数字人民币钱包，下滑收款，同样选择"碰一碰"并设置收款金额，即可完成支付，如图 4-34 所示。

图 4-33　商家使用 POS 机进行"碰一碰"收款　　　图 4-34　数字人民币离线"碰一碰"支付

远程支付方式与公众习惯的线上支付流程十分类似，用户需要先在数字人民币钱包中创建子钱包，选择推送子钱包到指定的在线购物 App，再打开相应 App，选择自己想要购买的商品，在支付选项中选择"数字人民币"，完成线上付款。为支撑数字人民币丰富的支付方式，并围绕这些支付方式构建适合的金融体系，流通机构必须做出相应的技术变革，包括银行核心系统、数据库、POS 机等，相关行业的业务流程也会发生变化，如征信行业可以利用中国人民银行批准的更翔实的交易数据为信贷行业提供更合理的用户信用评估。

4. 对货币政策调控的影响的比较

首先，数字人民币的发行，使中国人民银行对流通中现金的控制能力增强，但会使货币乘数的不确定性增加，若给数字人民币设定利率，则其可与常备借贷便利形成利率走廊机制，从而作为一种新型货币政策工具更好地调控宏观经济。其次，基于数字技术，中国人民银行可以快速追踪和监控发行的所有数字人民币，实时统计货币总量和结构，为货币政策制定提供数据支撑。通过运用区块链智能合约机制，中国人民银行还可以在投放数字人民币过程中提前设置时间、数量、投向等生效条件，实现全程可追溯、可编程，降低传导时滞，畅通货币政策传导机制，使货币政策调控更加精准和有效。最后，发行数字人民币还可以防止非央行数字货币的扩散，提高防控金融体系和宏观经济风险的能力。从总体上看，数字人民币对货币政策存在积极正面的影响。中国人民银行通过控制数字货币生效状态引导资金流向，可以创新直达实体经济的政策工具，一定程度上提高了货币政策传导效率，降低了时滞和监管成本。而互联网第三方支付工具在传统货币政策传导机制框架内，对实体经济的调控存在时滞，中国人民银行的直接控制力较弱。

5. 匿名程度的比较

数字人民币具有可控匿名的特点，采取"小额匿名、大额可溯"的设计；而互联网第三方支付则是不匿名的，需要实名认证。数字人民币的可控匿名性可以保护消费者隐私，除政府部门在权限范围内调查非法交易的情况外，商户和第三方支付平台无权获取消费者的支付数据，也就无法定向推送营销广告。

综上，数字人民币与互联网第三方支付工具的主要区别如表 4-6 所示。

表 4-6　　　　数字人民币与第三方支付工具的主要区别

比较维度	数字人民币	互联网第三方支付工具
货币层次	以国家信用为背书，代替流通中的现金，在无现金社会到来前，为现金的部分代替，属于 M0	官方未公开统一认定标准，但一般认为属于活期存款，为 M1*
与银行账户的关系	松耦合关系，无须绑定银行账户，开立具有唯一身份标识信息的数字人民币钱包即可使用	必须绑定银行账户，才能使用互联网第三方支付工具支付
使用条件与支付方式	支持在线交易和离线钱包交易，没有网络也可以通过"碰一碰"等 NFC 技术使用	属于互联网支付，必须接入网络才能正常使用
对货币政策调控的影响	可通过智能合约控制数字人民币的生效状态和设置分级利率体系，创新货币政策工具，实现对实体经济的直接、精准调控	在传统货币政策传导机制框架内，对实体经济的调控存在时滞，中国人民银行直接控制力较弱
匿名程度	可控匿名，采取"小额匿名、大额可溯"的设计	不匿名，需要实名认证

注：*以支付宝、微信支付为代表的互联网第三方支付工具中的余额一般认为属于活期存款性质的 M1，但是余额转入余额宝或零钱通后，本质属于购买的货币基金，而货币基金为 M2。

[随堂测试 4-5]

下列关于数字人民币与互联网第三方支付工具的表述，错误的有（　　　）。

A. 数字人民币比互联网第三方支付工具的安全性更高

B. 数字人民币需要绑定银行账户才可使用

C. 互联网第三方支付工具支持"双离线"支付

D. 数字人民币具有 M1 属性，互联网第三方支付工具一般认为具有 M0 属性

[做中学 4-5]

数字人民币支付与微信支付操作比较

截至 2021 年 6 月 30 日，数字人民币试点场景已超 132 万个，覆盖生活缴费、餐饮服务、交通出行、购物消费、政务服务等领域。数字人民币试点覆盖范围不断扩大，有望在更多线上、线下场景推广。那么数字人民币在实际生活中应该如何使用呢？数字人民币支付与第三方支付工具在操作

步骤与使用体验上有什么区别呢？下面将介绍数字人民币支付的具体操作步骤，并与本项目任务二所学的微信支付操作进行比较，以掌握两者的区别与联系。

步骤1：下载数字人民币App，开通数字人民币钱包。

使用抽签获得的数字人民币兑换码，通过安卓应用商城或苹果App Store下载并按照提示安装数字人民币App。然后，用手机号注册并登录数字人民币App，在App首页点击"开通××银行数字钱包"，如图4-35所示。之后会弹出"钱包开通成功"以及获得相应数字人民币红包的提示，如图4-36所示。

图4-35　开通数字钱包页面　　　图4-36　数字钱包开通成功提示页面

步骤2：使用数字人民币进行线上电子商务消费支付。

开通数字人民币钱包后，需要选择一个合适的线上电子商务消费场景进行支付体验。下面以京东为例，具体阐述支付操作的流程。

（1）用手机打开京东App或在PC端打开京东商城链接，如图4-37所示，点击右下方"我的"，进行注册并登录。

（2）选择想要购买的商品，点击右下方的"立即付款"，进入订单页面，填写收货人、收货地址、联系电话等信息，点击"在线支付"，如图4-38所示。

图4-37　京东App首页　　　　　图4-38　京东App在线支付页面

（3）在弹出的支付方式选择页面中，选择使用数字人民币支付，如图4-39所示，并在支付确认页面中选择已开通的数字人民币子钱包，完成支付，如图4-40所示。数字人民币钱包在在线支付场景下，可开立子钱包并推送到电商平台，这样电商平台无法获知个人信息，能够更好地保护个人隐私。

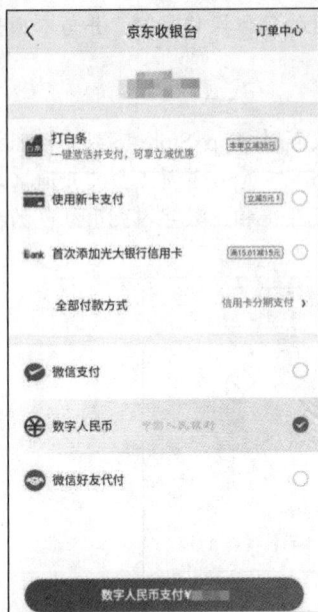

图4-39 京东收银台支付方式选择页面　　　　图4-40 数字人民币子钱包支付确认页面

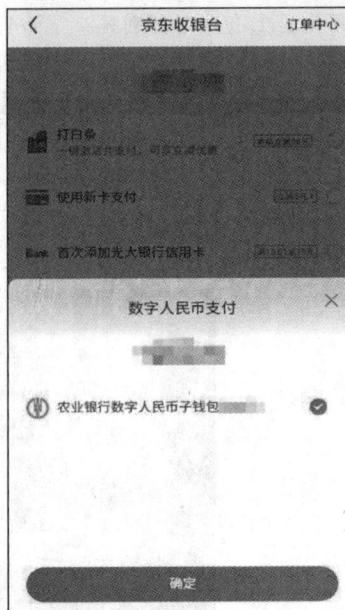

步骤3：使用微信支付完成线上电子商务消费。

同样以京东App为例，体验微信线上消费支付的操作流程。选择想要购买的商品，进入支付方式选择页面，选择"微信支付"，在弹出的支付确认页面中，选择绑定的银行卡，并输入正确的支付密码，完成支付，如图4-41所示。

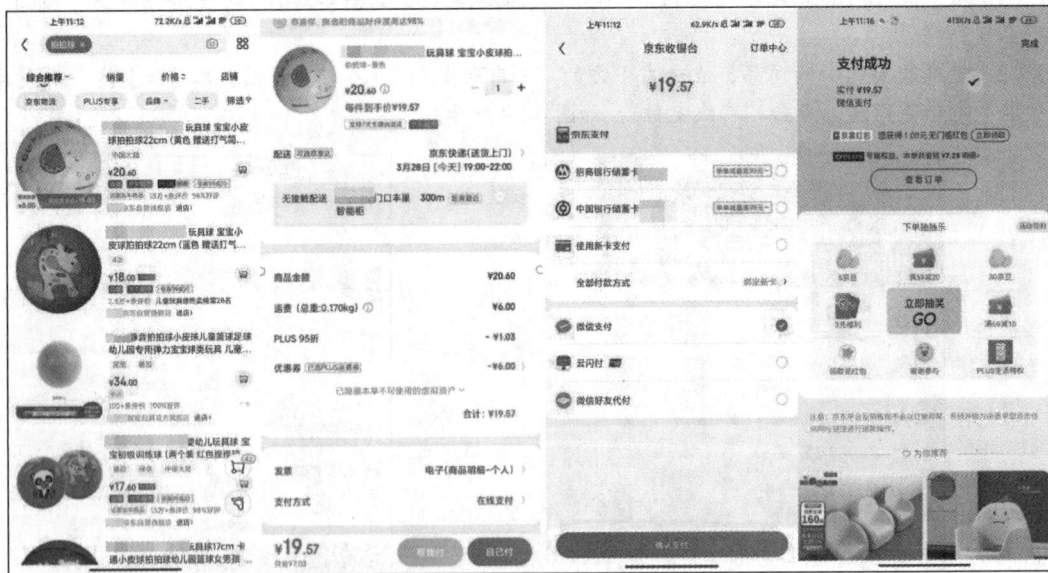

图4-41 使用微信支付完成线上电子商务消费

步骤4：使用数字人民币进行线下商户扫码支付。

体验完线上电子商务消费之后，接下来体验数字人民币的线下商户扫码付款。

首先，用户登录数字人民币App，点击个人数字人民币钱包，并按提示上滑付款，如图4-42所示。接着，商户扫描用户的数字人民币App付款码进行收款，完成支付，如图4-43所示。

图 4-42　数字人民币上滑付款支付页面

图 4-43　数字人民币付款码页面

步骤 5：使用微信支付进行线下商户扫码付款。

在使用微信支付等第三方支付工具进行线下商户扫码付款时，会遇到两类不同的条码，即静态条码和动态条码。静态条码就是长期不变有效的条码，例如某些便利店就贴有这种静态条码，只要拿出手机扫码就可以完成支付交易。而动态条码是随时更新的，不容易被替换盗用，安全性更高。下面以动态条码为例，介绍微信支付的操作，具体分为商户收款扫码和消费者付款扫码两种情形。

（1）商户收款扫码：消费者选好心仪的商品进行线下结算时，打开微信 App，依次点击"我"—"支付"，选择"收付款"，然后消费者需要把弹出的动态付款码靠在商户的扫描仪上扫描，完成商户收款扫码支付，如图 4-44 所示。

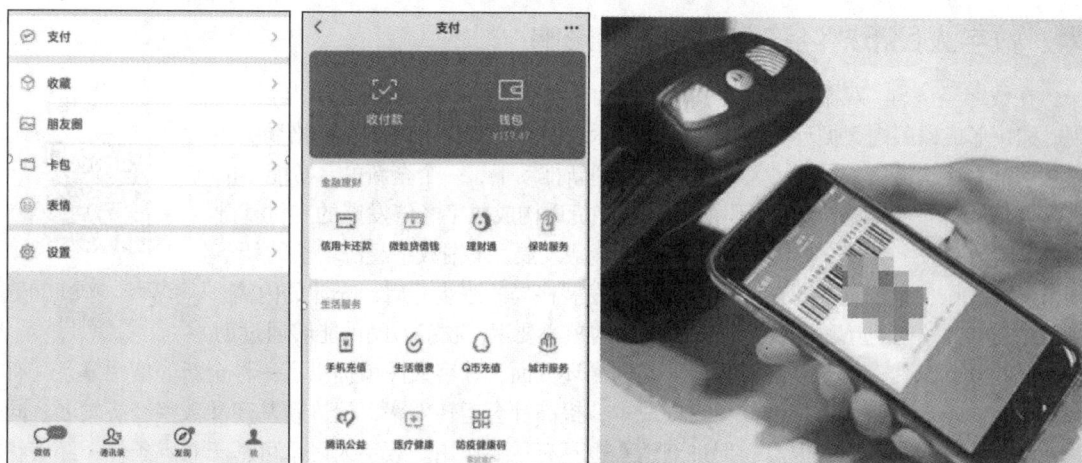

图 4-44　微信支付商户收款扫码

（2）消费者付款扫码：商户打开微信 App，点击右上角"+"号，打开收付款页面，然后点击下方的"二维码收款"，如图 4-45 所示；跳转到收款码页面，如图 4-46 所示；消费者只需点击微信主页右上角的"+"号，点击"扫一扫"选项，如图 4-47 所示，扫描商户收款码即可完成付款。

图 4-45　商户二维码收款页面　　图 4-46　商户收款码页面　　图 4-47　消费者选择"扫一扫"

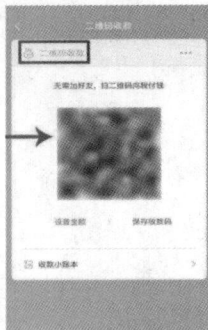

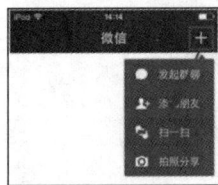

步骤 6：比较数字人民币与微信支付路径的差异。

通过比较数字人民币和微信支付在线上电子商务消费和线下商户扫码付款两种场景下具体的操作步骤，结合本任务所学的互联网支付与电子商务的相关知识，谈谈两者在支付体验上的异同，并进一步思考具体支付路径上的差异。

思考提示： 数字人民币采用松耦合的支付路径，只存在收款方和付款方两个点，不存在任何第三方支付平台，支付路径更短，数毫秒内即可完成交易。数字人民币的支付一旦发生，支付就结束了，不需要支付渠道，也没有银行清算结算的程序。而微信支付等第三方支付工具需要借助网联平台才能与商业银行对接，支付路径更长，并且需要与银行进行清算与结算。

步骤 7：分析数字人民币对第三方支付机构的影响。

根据数字人民币支付与第三方支付工具支付的不同操作体验，分析数字人民币对第三方支付机构的可能影响。

思考提示： 数字人民币会对第三方支付机构的身份认证方式带来技术创新，提高支付效率和经营效率，降低货币制造成本和使用成本，优化反洗钱系统。因此，相较于第三方支付，数字人民币有效减少了潜在的违约风险，并增强了支付的普惠性，但是受支付设备改造的渐进性以及支付服务的网络外部性影响，仍有许多消费者会选择第三方支付。

六、数字人民币对经济金融的深远影响

在数字经济与"双循环"新发展格局方面，数字人民币能够促进数字经济发展，加快形成以国内大循环为主体、国内国际双循环相互促进的新发展格局。在人工智能、区块链、云计算、大数据等技术创新推动下，一个全新的、智能型的数字经济时代全面来临。智能编码的央行数字货币构成数字经济发展的支付基础设施，能推动数字资产交易市场和数字普惠金融发展，发掘数字经济增长的新空间。随着我国"十四五"时期"双循环"新发展格局的逐步开启，充沛的内需、有效的供给、顺畅的互联将成为新发展格局的核心要素。数字人民币能够通过助力新基建和新消费，畅通经济双循环。在内循环方面，数字人民币提供了一种全新的信用体系，有利于改善银行生存环境，降低社会管理成本，提高社会运转效率，促进新基建和数字经济发展。同时，数字人民币对于扩大内需、促进新消费也具有重要作用。数字人民币可基于时点条件、经济状态、贷款利率或流向主体触发。例如，苏州数字人民币首轮试点通过发放 2 000 万元数字人民币红包，并在 2020 年"双 12"购物节期间设定生效时点和失效时点，逾期未消费的红包被中国人民银行回收，从而达到刺激消费，促进实体经济和双循环发展的目的。数字人民币在企业间采购、投资等场景中的应用，还能够有效解决传统企业转账存在的小额转账不能实时到账、非工作日大额转账受限等痛点，从而提升企业采购支付效率，促进企业投资，赋能内循环。

案例链接

多边央行数字货币桥
研究项目

此外，数字人民币还为国际贸易结算、跨境资本流动提供了一条新途径，能在全球数字化进程中巩固、提升本国的国际地位，极大地便利国际经济活动，赋能外循环。在人民币国际化方面，数字人民币在全球主要经济体中的首先推出并顺利运行将有效提升人民币的国际话语权。截至 2020 年，人民币在国际支付结算货币中的权重较低，而发行数字人民币能够降低国际贸易成本，提升人民币在国际支付体系中的份额，拓展人民币国际化的空间。为实现数字人民币国际化，还需加快推进数字货币的国际合作。例如可以与国际组织合作，采取开放包容的数字货币使用范围，适当放宽数字人民币的发行流通和监管制度，以满足其他国家使用数字人民币兑换、交易和结算等的需要。数字人民币跨境支付和结算体系的构建，有助于我国摆脱跨境支付结算的外部依赖并提升国际结算效率，有助于维护我国金融安全和金融主权。

在电子政务与社会治理方面，数字人民币可以解决电子政务高质量发展的痛点。一方面，数字人民币的发行可以解决电子政务面临的货币追根溯源问题；另一方面，监管部门也可以通过电子政务对金融机构的资金流向进行实时监管。央行数字货币推动电子政务在业务执行、廉政管理和管理绩效三方面创新，即通过预算执行监督等渠道促进电子政务的发展；基于央行数字货币可溯源的特点对运行过程进行监督，以较好地预防腐败及懒政怠政；电子政务通过数字人民币进行较为客观的投入产出评价，有助于客观评估政府绩效。同时，政府应修改完善相关法律法规，以克服技术和其他加密数字货币等方面的冲击，确保数字货币发行流通有序，增强数字货币的社会普遍可接受性，完善数字货币信用的发行准备制度。

课程思政

数字人民币在"双循环"新发展格局中的作用

2021 年 3 月 11 日表决通过的《中华人民共和国国民经济和社会发展第十四个五年规划和 2035 年远景目标纲要》提出，坚持扩大内需这个战略基点，加快培育完整内需体系，把实施扩大内需战略同深化供给侧结构性改革有机结合起来，以创新驱动、高质量供给引领和创造新需求，加快构建以国内大循环为主体、国内国际双循环相互促进的新发展格局。立足国内大循环，协同推进强大国内市场和贸易强国建设，形成全球资源要素强大引力场，促进内需和外需、进口和出口、引进外资和对外投资协调发展，加快培育参与国际合作和竞争新优势。迎接数字时代，激活数据要素潜能，推进网络强国建设，加快建设数字经济、数字社会、数字政府，以数字化转型整体驱动生产方式、生活方式和治理方式变革。稳妥推进数字货币研发。健全市场化利率形成和传导机制，完善央行政策利率体系，更好发挥贷款市场报价利率基准作用。稳妥发展金融科技，加快金融机构数字化转型。

视频资源

中国银行数字人民币
助力美好新生活

"双循环"是指以国内大循环为主体，通过打通国内生产、分配、流通和消费的各个环节，最大化发挥国内大市场优势，并在此基础上充分利用国内外两个市场的各自优势，逐步形成以国内大循环为主体、国内国际双循环相互促进的新发展格局。"十四五"期间，金融科技创新成为数字经济发展的新动能。数字人民币的研发、试点和推广，对加快构建"双循环"新发展格局具有重要作用。请通过互联网检索各地的数字人民币相关试点政策文件、落地方案和试点效果报道，结合本项目所学的知识，思考和梳理数字人民币对"双循环"新发展格局的作用，并填入表 4-7 中。在内循环方面的作用，可以从提供更安全便捷的支付结算方式、刺激居民线上与线下多场景消费、创新直达实体经济的货币政策工具、支持小微企业融资、促进企业投资、巩固扩大内需战略基点等方面进行讨论；在外循环方面的作用，可以从推进跨境支付与人民币国际化、服务"一带一路"建设、输出金融科技基础设施等角度进行讨论。通过总结和理解数字人民币在"双循环"新发展格局中的作用，进一步体会以数字人民币试点和推广为抓手，加快金融科技创新、深化数字金融发展、推进数字经济建设对建设社会主义现代化国家，实现中华民族伟大复兴的重要意义。

表 4-7　　　　　　　　　　数字人民币在"双循环"新发展格局中的作用

数字人民币试点地区	在内循环方面的作用	在外循环方面的作用
深圳		
苏州		
成都		
雄安新区		
北京冬奥会场景		

知识自测题

在线测试

一、单项选择题

1. 下列哪项不属于数字人民币的核心特征？（　　）
   A. 采用"双层投放双层运营"体系
   B. 采取去中心化的管理体系
   C. 采取账户"松耦合"形式，实现可控匿名
   D. 具有 M0 属性，基于 100%准备金发行

2. 关于非银行支付机构提供的支付服务，下列说法错误的是（　　）。
   A. 非银行支付机构的名称中应当标明"支付"字样
   B. 该服务包含了网络支付、预付卡发行与受理、银行卡收单及中国人民银行确定的其他支付服务
   C. 非银行支付机构依法接受银保监会的监督管理
   D. 未经中国人民银行批准，任何非银行支付机构和个人不得从事或变相从事支付业务

3. 下列不符合非银行支付机构应当具备的条件的公司是（　　）。
   A. 甲公司。甲公司于 2021 年申请《支付业务许可证》。经查，甲公司高级管理人员吴某于 2015 年因利用支付业务实施违法犯罪活动受过处罚
   B. 乙公司。乙公司的注册资本为 2 亿元
   C. 丙公司。丙公司于 2022 年申请《支付业务许可证》。经查，丙公司的高级管理人员杜某在两年前因违法办理支付业务受过处罚
   D. 丁公司。丁公司已建立了健全的组织机构、内部控制制度和风险管理措施

4. 在电子商务中，电子钱包是指（　　）。
   A. 用于保存现金的电子装置　　　　　　　B. 电子货币
   C. 所有电子货币的总称　　　　　　　　　D. 电子支付工具

5. 以支付宝为例，第三方支付流程为（　　）。
   A. 选择商品—付款到银行—银行转账给支付宝—交易完成
   B. 选择商品—付款到支付宝—买家收货确认—支付宝付款给银行—交易完成
   C. 选择商品—付款到支付宝—支付宝付款给卖家—交易完成
   D. 选择商品—付款到支付宝—买家收货确认—支付宝付款给卖家—交易完成

6. 下列各项中，属于第三方 B2B 电子商务平台的是（　　）。
   A. 环球资源网　　　B. 当当网　　　C. PayPal　　　D. 淘宝网

7. 下列关于数字人民币的说法，不正确的是（   ）。
   A. 数字人民币是我国的法币，其法律地位与我国的纸币和硬币相同
   B. 数字人民币采用松耦合的支付路径，支付路径更短
   C. 数字人民币是不匿名的，收款方可以获得支付方的支付数据
   D. 数字人民币可以用于"双离线"支付情景

8. 目前在我国第三方支付机构中，市场份额最大的是（   ）。
   A. 财付通　　　　　B. 支付宝　　　　　C. 快钱　　　　　D. 汇付天下

9. 我国规定的第三方支付机构的备付金缴存比例是（   ）。
   A. 10%　　　　　B. 20%　　　　　C. 100%　　　　　D. 50%

10. 我国互联网支付发展的第四个阶段是（   ）。
   A. 网上银行的发展阶段　　　　　　B. 第三方互联网支付的快速发展阶段
   C. 第三方移动支付创新发展阶段　　D. 移动非现金线下支付习惯逐步形成阶段

11. 下列关于数字人民币对经济金融的影响，说法不正确的是（   ）。
   A. 数字人民币的发行会减少商业银行的监管风险和运营风险
   B. 数字人民币能够助力数字经济发展，加快形成以国内大循环为主体、国内国际双循环相互促进的新发展格局
   C. 可以解决电子政务面临的货币追根溯源问题，监管部门也可以通过电子政务对金融机构的资金流向进行实时监管
   D. 数字人民币跨境支付和结算体系的构建，有助于我国摆脱跨境支付结算的外部依赖并提升国际结算效率，有助于维护我国金融安全和金融主权

12. 下列说法正确的是（   ）。
   A. 数字人民币的试点地区主要包括苏州、雄安新区、上海及北京冬奥会场景
   B. 数字人民币采用与比特币相同的匿名机制
   C. 数字人民币采取二元模式，相对于一元模式，能有效防止金融脱媒，避免社会融资成本升高的风险
   D. 数字人民币采用"双层投放双层运营"体系，上层是商业银行对普通用户，下层是商业银行对中央银行

13. 下列关于数字人民币与互联网第三方支付工具的比较，说法不正确的是（   ）。
   A. 第三方支付工具和数字人民币两者都属于支付工具
   B. 第三方支付工具需要绑定银行账户进行使用，数字人民币可以直接使用
   C. 第三方支付工具的法律效力没有数字人民币强
   D. 数字人民币的覆盖范围比第三方支付工具更广

二、判断题

1. 设立非银行支付机构，应当经中国人民银行批准。（   ）
2. 电子商务模式的"四流"是指商务流、资金流、物流和信息流。（   ）
3. 数字人民币的使用方法和支付宝、微信支付类似，因而数字人民币和存储在支付宝、微信中的钱是一样的。（   ）
4. 电子商务交易中卖方有对标的物验收的义务。（   ）
5. 电子商务较之传统商业具有全天时营业、增加商机和方便客户的特点。（   ）
6. 数字人民币采取"一币、两库、三中心"的运营架构和"一元"运营模式。（   ）
7. 数字人民币以区块链技术作为底层技术架构。（   ）

三、综合训练题

1. 调查一下身边的 10 位朋友，根据调查结果并结合所学知识，回答以下问题。

（1）请统计使用过信用卡、支付宝、微信支付、数字人民币的朋友的占比分别是多少。

（2）请举例说明在怎样的支付应用场景下会使用以上不同的支付方式。

（3）分析调查获取的数据，你能得出怎样的结论？

2. 当前移动支付快速发展，如中国银联联合苹果公司以及国内各大商业银行推出的 Apple Pay 等。请完成以下任务。

（1）请查阅相关操作方法，用手机实际操作体验这些创新的支付方式，并尽可能产生实际的消费过程。

（2）请详细剖析 Apple Pay 的支付原理，包括技术、流程等。

（3）请结合国内其他支付企业发展的案例，为 Apple Pay 的用户培养和商户拓展出谋划策。

3. 数字人民币与互联网第三方支付工具有哪些主要区别？请复习本项目所学内容，仔细填写表 4-8，并进一步思考数字人民币有哪些独特的优势。

表 4-8　　　　　　　　　　数字人民币与互联网第三方支付工具的区别

比较维度	数字人民币	互联网第三方支付工具
基本性质		
货币层次		
交易确认主体		
匿名性		
线下交易		

🌱 技能实训

[实训项目]

电子商务（网店）支付与营销方案设计。

[实训目的]

通过完成对"互联网支付与数字人民币"项目的学习，已经对互联网支付方式、第三方支付机构的运作模式和主要功能，以及互联网支付在电子商务中的应用有了一定的了解。电子商务最早的形式是网店。本实训项目的目的是通过网店营销策划方案的编制来加深对电子商务运作以及互联网支付方式的理解。

[实训内容]

登录淘宝网，筛选曾经光顾过的网店，看看这家店铺在网店营销上有什么特点，如果对其重新进行营销策划，该如何进行。

步骤 1：登录淘宝网或淘宝手机客户端。

在浏览器地址栏输入淘宝网网址，进入淘宝网首页，如图 4-48 所示。

图 4-48　淘宝网首页

步骤 2：登录淘宝账号。

有淘宝账号的学生可以直接登录淘宝账号，没有账号的可以注册一个新的账号。

步骤 3：浏览自己感兴趣的网店。

有购物经历的，可以浏览自己的历史订单，思考当初出于什么原因光顾了这家网店，它吸引你的地方在哪里；没有购物历史的，可以选择自己感兴趣的网店进行浏览。

步骤 4：推荐自己最喜欢的网店。

浏览网店后，大家可以自主推荐自己最喜欢的网店，推荐网店个数控制在班级人数的 20%以内。

步骤 5：成立网店营销策划小组。

最受人喜欢的网店的推荐者成为策划小组的组长，他负责招募 4～5 个小组成员，成立网店营销策划小组，并将小组成员名单上报给老师。

步骤 6：集体编制营销策划方案。

按照如下营销策划内容（可以增加或减少），以小组为单位完成所选网店的营销策划方案。

（1）网店介绍：经营人、注册时间、经营范围等。

（2）网店经营环境分析：市场需求情况分析；淘宝网目前有多少家同类店铺，其中皇冠级的店铺有多少家等。

（3）网店 SWOT 分析。SWOT 分析法常常被用于制定发展战略和分析竞争对手情况，在战略分析中，它是常用的方法之一。

S 是优势（Strengths）：有利的竞争态势、店铺形象、技术力量、产品质量、广告攻势等。

W 是劣势（Weaknesses）：管理混乱、资金短缺、经营不善、产品积压、竞争力差等。

O 是机会（Opportunities）：新产品、新市场、新需求等。

T 是威胁（Threats）：新的竞争对手、替代产品增多，经济衰退，客户偏好改变等。

（4）网店的具体营销策略（不限于以下几种，可以增加别的策略）。

搜索引擎加注：有效加注搜索引擎是注意力推广的必备手段之一。

数据库策略：注重网上调查、用户资料、访问统计等数据的收集整理，并进行客观分析。

社区营销：通过贴吧、微信群等社交平台进行宣传。

视频营销：通过视频网站进行营销。

（5）网店构架：LOGO 设计、品牌意识、店面装修等。

（6）服务标准：实时应答、服务态度、服务质量等。

步骤 7：商家口令红包设计。

支付宝的商家红包平台于 2015 年 2 月上线，通过该平台，商家可以发出带有品牌宣传效应的红包，如图 4-49 所示。在商家红包上，可以添加商家的标志图片（如 LOGO 图）、背景图片和祝福语，最后生成推广的支付宝口令红包。店主可以将商家红包发送到支付宝的朋友圈或者其他社交平台（如微信、微博、QQ 等）。领取者需要输入相应的口令才可以领到红包。如果将这个口令设计成店铺的品牌宣传语，那么店铺的品牌就在发送红包的过程中得到了推广。

本步骤要求大家为店铺设计一条宣传口令，用于口令红包，这条口令要能充分概括店铺及所售商品的特色，并具有一定的传播效果。

步骤 8：店铺优惠券设计。

可以针对节假日、店铺的庆典日设计优惠券，如图 4-50 所示，并把优惠券分发给买家，或者通过秒杀优惠券的形式吸引买家先抢购优惠券，再使用优惠券。这样可以吸引买家成为回头客，增加店铺的销售量。

大家需要针对自己所营销店铺的特点设计合理的优惠券，包括时间、金额、产品对象等信息，同时也要考虑合理的利润空间。

图 4-49 支付宝商家红包

图 4-50 店铺优惠券举例

步骤 9：成果展示与互评。

以小组为单位，提前做好营销策划方案的电子稿、演讲 PPT、红包口令和优惠券。由策划小组的组长上台为大家展示。展示结束后，由其他小组按照互评表（见表 4-9）的四项内容分别进行评分，在表中所给分数后面的方框内打"√"，并计算总分。最后以各组所评分数的平均数作为该组的互评成绩。

表 4-9   互评表

组别	营销策划方案	演讲展示	红包口令设计	优惠券设计	总分
第一组	25□30□35□40□	5□10□15□20□	5□10□15□20□	5□10□15□20□	
第二组	25□30□35□40□	5□10□15□20□	5□10□15□20□	5□10□15□20□	
第三组	25□30□35□40□	5□10□15□20□	5□10□15□20□	5□10□15□20□	
第四组	25□30□35□40□	5□10□15□20□	5□10□15□20□	5□10□15□20□	

步骤 10：教师点评与考核。

教师对每一组的营销策划方案、演讲展示、红包口令设计、优惠券设计进行点评，并对每一组按表 4-10 所示的维度和标准进行评分。最后与互评分数相加进行综合考评，教师评分占 50%，互评成绩占 50%，计算得出各组的最终考核得分。

表 4-10   教师评分表

维度	标准	得分（0～20 分）
自学能力	能够使用各种工具查阅相关资料，探索新知识	
学习态度	讲纪律，主动性强	
团队协作	团队凝聚力强，相互沟通顺畅，合作完成团队目标	
创新能力	构思巧妙，方案有新意和特色	
专业知识	具有一定的专业知识基础，并能准确应用	

步骤 11：互联网支付风险防控。

无论是消费者还是商家都应该十分注重网络支付安全问题，以免发生不必要的损失。请各小组结合上述方案中的口令红包等支付环节，对互联网支付安全问题展开讨论，并提出增强网络支付安全性的具体建议。

[实训思考]

1. 为什么选择这种产品作为营销策划的对象？它有哪些吸引你的地方？

2. 在网店营销中，如何把握消费者的心理？有哪些技术手段可以用来分析消费者的需求信息？

3. 在电子商务中应用互联网支付，如何有效防控风险？

4. 农产品电商直播参与主体广泛、准入门槛低、简单易学，可以直接有效地提高农产品的销售额，激活当地经济发展活力，具有其他扶贫方式不可比拟的优势。而消费者在直播购物时，将自己的消费需求与助农脱贫等目标相结合，也可以增强自己购物过程中的获得感。2019 年天猫"双11"期间，有超过 15 万场乡村直播在全国各个贫困村和贫困县开播，近 2 万名农民、40 多位县长和村主任作为主播销售本地农产品。请通过互联网检索、实地调研等方式，收集直播电商助力乡村振兴的优秀案例，并思考直播电商的优势、存在的问题及优化路径。

项目五

互联网贷款融资

学习目标 ↓

[知识目标]

1. 掌握商业银行互联网贷款的定义、原则、模式分类和业务流程。
2. 了解传统商业银行和新兴的互联网银行的典型互联网贷款产品。
3. 了解 P2P 网贷机构转型网络小额贷款公司的基本条件和持续监管要求。
4. 熟悉互联网贷款融资信用审核与风险管理的主要内容。

[能力目标]

1. 能够综合运用所学知识，独立完成互联网贷款融资的贷款申请、信用审核、大数据信用风险评估、授信放款、贷后管理、催收处置等全流程业务的实际操作。
2. 能够比较互联网贷款、网络小额贷款、互联网消费金融的异同，并能根据个人或小微企业客户的融资需求和具体应用场景，为其匹配合适的互联网贷款融资产品。
3. 能够通过多种渠道查询征信报告，并将其合理运用到互联网贷款信用审核与授信审批中，防控融资风险。

[思政目标]

1. 通过全面了解大学生互联网消费贷款的监管规定，树立科学、理性、健康的消费观和诚信合规意识，自觉抵制过度负债、超前消费的诱惑。
2. 通过比较体会持牌金融机构提供互联网贷款的优势，树立敬畏风险的意识和金融科技守正创新的理念，培养合规创新基础上的数字普惠金融服务能力。

导入案例 ↓

互联网贷款助力小微企业"无接触融资"

融资难是长期以来困扰小微企业的普遍问题，传统贷款门槛高、效率低，不能够适应小微企业"短、小、频、急"的融资需求特征。在金融科技的助力下，普惠金融产生了新的形式：商业银行为小微企业开展线上"无接触融资"服务。

实际上，"无接触融资"就是互联网贷款。因为根据银保监会发布的《商业银行互联网贷款管理暂行办法》，互联网贷款是指商业银行运用互联网和移动通信等信息通信技术，基于风险数据和风险模型进行交叉验证和风险管理，线上自动受理贷款申请及开展风险评估，并完成授信审批、合同签订、贷款支付、贷后管理等核心业务环节操作的贷款产品，即互联网贷款是全流程在线上完成的"无接触"或"零接触"融资，是数字经济时代的产物，更是普惠金融在金融科技赋能下的实现形式之一。互联网贷款不仅适用于疫情期间贷款的特殊情况，更可以应用在日常的生产生活场景中，切切实实地给小微企业带来便捷和帮助。

传统商业银行借助人工智能、区块链、云计算、大数据等信息科技的力量正在逐步开展、优化其互联网贷款业务与产品。商业银行利用网银、手机 App 及开放银行 API 等互联网渠道，结合内部数据以及工商、电力、征信等外部数据，与互联网公司、金融科技公司合作，打造线上非接触式信贷服务体系，扩大了小微企业融资服务覆盖面与可获得性。各家银行强化网络银行、手机银行、微信公众号、小程序等电子渠道服务管理和保障，优化丰富"无接触融资"产品，为小微客户提供安全便捷的实时在线金融服务。例如，工商银行推出线上信用贷款产品"用工贷"，截至 2020 年年底，已向重点领域企业提供信贷支持 3 334 亿元。招商银行、中信银行、平安银行等股份制银行也表现出色，基于金融科技手段推动互联网贷款的信贷审批流程更加自动化、产品营销更加网络化、风险管控更加智能化。

与此同时，新兴的互联网银行提供互联网贷款服务更是"水到渠成"，因为互联网银行没有实体网点、没有线下服务，是完全依托于新一代信息技术建立起来的银行。互联网银行的贷款服务就是基于互联网展开的，因此从某种意义上而言，互联网银行发放的贷款都应该是"无接触"的互联网贷款。例如，微众银行面向小微企业推出了"微业贷"和"微闪贴"，其中"微业贷"为小微企业提供流动资金互联网贷款服务，"微闪贴"为小微企业提供全线上票据贴现服务。"微业贷"和"微闪贴"运用大数据等金融科技技术，使客户在线完成从申请至提款的全流程。"微业贷"申请页面如图 5-1 所示，产品要素如表 5-1 所示。

图 5-1　微众银行官网"微业贷"申请页面

表 5-1　　　　　　　　　　　　　　"微业贷"产品要素

产品要素	具体内容
产品特点	按日计息，随借随还
客户申请制	有需求的客户在线申请，最快 1 分钟到账
贷款额度上限	最高 500 万元
抵押担保	无须抵押担保
客户入口	"微众银行企业金融"公众号以及微众银行官网"企业金融"页面
申请流程	关注公众号→点击贷款→认证申请→获得额度→申请支用借款
贷款日利率	0.01%～0.04%，可低至年利率 3.6%，按日计息
逾期利息计算方式	逾期利息=逾期本金×日利率×（1+50%）×逾期天数
期限与还款	可分 12 期或 24 期还款，可申请 3 个月还息不还本，最长借款期限可达 36 期
是否纳入征信	是

综上，无论是传统银行互联网化转型推出的互联网贷款业务，还是新兴的互联网银行提供的特色贷款融资产品，正随着金融科技的发展，助力小微企业"无接触融资"，推动数字普惠金融创新，更好地服务实体经济高质量发展。

互联网贷款是金融科技创新驱动贷款技术变革的产物，在推动数字普惠金融发展，满足个人消费和小微企业融资需求方面发挥着重要作用。本项目将从融资视角，分析商业银行的互联网贷款融资业务和小额贷款公司的网络小额贷款业务，重点基于工作过程系统化的思维，介绍互联网贷款融资申请、信用审核、大数据信用风险评估、资金放款、融后管理、风险处置等的实际操作，从而帮助大家全面掌握互联网贷款融资。

任务一 商业银行互联网贷款融资

商业银行是提供互联网贷款的正规军和主力军。本任务根据银保监会出台的《商业银行互联网贷款管理暂行办法》，全面介绍了商业银行互联网贷款的定义、原则、模式分类和业务流程，并通过"做中学"和对互联网贷款应用场景、典型产品的剖析，帮助大家掌握个人和小微企业通过商业银行互联网贷款融资的方法。最后，结合新时代大学生实际情况，专门探讨了大学生互联网消费贷款的特别规定，引导大学生树立理性的消费观念。

精品微课

银行互联网贷款的
定义与分类

一、商业银行互联网贷款的定义

互联网贷款是指借助互联网的优势，借款人可以足不出户地完成贷款申请的各项步骤，包括了解各类贷款的申请条件、准备申请材料、递交贷款申请等。我国现阶段提供互联网贷款的主体主要包括商业银行、经营网络小额贷款业务的小额贷款公司以及消费金融公司等持牌机构。其中，商业银行是互联网贷款供给的主力军。根据银保监会于 2020 年 7 月公布实施的《商业银行互联网贷款管理暂行办法》，商业银行互联网贷款是指商业银行运用互联网和移动通信等信息通信技术，基于风险数据和风险模型进行交叉验证和风险管理，线上自动受理贷款申请及开展风险评估，并完成授信审批、合同签订、贷款支付、贷后管理等核心业务环节操作，为符合条件的借款人提供用于消费、日常生产经营周转等的个人贷款和流动资金贷款。随着移动互联网的普及和金融科技的创新发展，商业银行推出了各类互联网贷款产品，满足了个人消费和资金周转需求以及小微企业日常生产经营融资需求。互联网贷款以较高的融资效率和便捷的操作体验，逐渐成为个人和企业短期、小额融资的主渠道。

根据互联网贷款的定义，商业银行互联网贷款需全流程在线完成。下列贷款不属于商业银行互联网贷款：借款人虽在线上进行贷款申请等操作，商业银行线下或主要通过线下进行贷前调查、风险评估和授信审批，贷款授信核心判断来源于线下的贷款；商业银行发放的抵质押贷款，且押品需进行线下或主要经过线下评估登记和交付保管。互联网贷款的开展基于风险数据和风险模型进行交叉验证和风险管理。风险数据，是指商业银行在对借款人进行身份确认，以及贷款风险识别、分析、评价、监测、预警和处置等环节收集、使用的各类内外部数据。风险模型，是指应用于互联网贷款业务全流程的各类模型，包括但不限于身份认证模型、反欺诈模型、反洗钱模型、合规模型、风险评价模型、风险定价模型、授信审批模型、风险预警模型、贷款清收模型等。

[随堂测试 5-1]

下列哪一款产品属于商业银行互联网贷款产品？（　　　　）

A. 农户张某在农业银行网点填写资料，经过客户经理上门核查后获得 30 万元用于经营的贷款

B. 小袁为了买房在工商银行办理了房贷

C. 老陈从建设银行 App 上申请快贷后没多久，5 万元就到账了，且可以随借随还

D. 小林用微信联系，从在银行工作的朋友那里借了 20 万元

提示

商业银行互联网贷款最显著的特征就是线上自动受理贷款申请及开展风险评估，所有流程在线上完成，且贷款一般用于个人消费或生产经营。

二、商业银行互联网贷款的原则

根据《商业银行互联网贷款管理暂行办法》，互联网贷款应当遵循小额、短期、高效和风险可控的原则。

1. 小额

商业银行发放的互联网贷款中，单户用于消费的个人信用贷款授信额度应当不超过人民币 20 万元，到期一次性还本的，授信期限不超过一年。银保监会可以根据商业银行的经营管理情况、风险水平和互联网贷款业务开展情况等对上述额度进行调整。商业银行应在上述规定额度内，根据本行客群特征、客群消费场景等，制定差异化授信额度。商业银行应根据自身风险管理能力，按照互联网贷款的区域、行业、品种等，确定单户用于生产经营的个人贷款和流动资金贷款授信额度上限。"小额"原则要求银行互联网贷款坚持普惠金融定位，不断满足小微企业和长尾客户的融资需求。

2. 短期

《商业银行互联网贷款管理暂行办法》规定，商业银行互联网贷款中到期一次性还本的个人消费信用贷款，授信期限不超过一年。对期限超过一年的其他互联网贷款，至少每年对该笔贷款对应的授信进行重新评估和审批。

3. 高效

互联网贷款的特色在于全流程在线上完成，能够提供全天候服务，融资效率高。例如某行互联网贷款业务，可以做到"秒申、秒审、秒签"，"3 秒"解决全部贷款手续，改变了过去客户对传统银行贷款门槛高、手续烦琐、效率低下的不良看法，以便捷的电子渠道、简便的操作、高效快速的申办流程，创造了极佳的客户体验，有助于赢得客户的良好口碑。

4. 风险可控

商业银行开展互联网贷款业务必须坚持风险可控的原则。商业银行应当构建有效的风险评估、授信审批和风险定价模型，加强统一授信管理，运用风险数据，结合借款人已有债务情况，审慎评估借款人还款能力，确定借款人信用等级和授信方案。同时，商业银行应当建立人工复核验证机制，作为对风险模型自动审批的必要补充。商业银行应当明确人工复核验证的触发条件，合理设置人工复核验证的操作规程。商业银行应强化风险控制主体责任，独立开展互联网贷款风险管理，并自主完成对贷款风险评估和风险控制具有重要影响的风控环节，严禁将贷前、贷中、贷后管理的关键环节外包。

三、商业银行互联网贷款的分类

商业银行互联网贷款按照合作方式可以分为自营模式、助贷模式和联合贷款模式；按照贷款发放对象，可以分为个人消费贷款、小微企业经营贷款、互联网商户贷款等；按照经营主体，可以分为传统银行的互联网贷款和新兴的无实体网点的互联网银行发放的贷款。

精品微课

网络银行贷款业务

（一）按照合作方式分类

1. 自营模式

自营模式是指商业银行自主经营互联网贷款融资产品，利用自身线上渠道服务银行自有客户。同时，所有的贷款流程、风控数据、风控模型也都由银行自行掌握。由于主要使用银行内部数据，所以风险数据通常还是比较传统的信息，如公积金、社保和纳税数据等。随着开放银行的发展，银行也在探索将行内、行外更多的数据集成统一到风控模型和业务策略中。常见的产品有各家银行的公积金贷款、各类税务贷以及各类银行主导的场景贷款等。

2. 助贷模式

助贷是指有一定专业技术能力的助贷机构与商业银行等资金方，通过合同约定双方权利义务，由助贷机构提供获客、初筛等必要贷前服务，由资金方完成授信审查、风险控制等核心业务后发放百分百的放贷资金，从而使借贷客户获得贷款服务的合作方式。助贷模式主要用于解决银行等放贷机构有资金供给但有效客户需求不足的问题，帮助银行等放贷机构获客引流，扩大客户触达面，弥补银行等放贷机构对下沉市场和长尾客户的覆盖短板。助贷机构不应进行粗放式客户引流，而应基于自身获取的客户数据进行场景和数据的评估，向银行等放贷机构推荐有效的客户需求。在这一过程中，银行等放贷机构直接向客户放款、收取还款本金和利息，助贷机构则主要通过市场营销、居间推介的方式，从银行等放贷机构获取佣金和手续费。

3. 联合贷款模式

在联合贷款模式下，银行与合作方都拥有放贷资质，双方按比例共同为贷款客户提供资金，遵循资金共出、风险共担、授信联合决策的原则。根据《商业银行互联网贷款管理暂行办法》，联合贷款模式要合规，首先必须为独立风控，即核心风控环节不得外包，商业银行应当独立对所出资的贷款进行风险评估和授信审批；其次要遵守跨区经营限制的规定。地方法人银行开展互联网贷款业务的，应服务于当地客户，不得跨注册地辖区开展互联网贷款业务，无实体经营网点、业务主要在线上开展，且符合银保监会其他规定条件的除外。商业银行与网络小额贷款公司等有放贷资质的合作机构，合作发放联合贷款的，合作机构的出资比例不得低于30%。

（二）按照贷款发放对象分类

1. 个人消费贷款

个人消费贷款是商业银行互联网贷款的主要类型，具有无须抵押担保、全流程在线操作、在授信期限内额度可循环使用的特点，能够满足个人丰富的场景化消费资金需求，包括购买各种不同类型的消费品、旅游、教育、婚嫁、住房装修、短期周转等需求。需要注意的是，贷款资金应该用于合法合规的消费用途，不得用于购房及偿还住房抵押贷款，不得用于股票、债券、期货、金融衍生产品和资产管理产品等投资，不得用于固定资产、股本权益性投资，不得用于法律法规禁止的其他用途。典型的个人消费用途的互联网贷款产品有建设银行的"快贷"、农业银行的"网捷贷"、招商银行的"闪电贷"、宁波银行的"白领通"等。

2. 小微企业经营贷款

商业银行互联网贷款中的小微企业经营贷款一般指为小微企业提供的用于生产经营、资金周转等的流动资金贷款以及为个体工商户、小微企业主提供的个人经营性贷款。无论是传统商业银行还是新兴的互联网银行，均推出了面向小微企业的互联网贷款产品。例如，建设银行的"小微快贷"，运用大数据手段通过分析企业及企业主在建设银行的房贷信息、涉税信息、金融资产及结算数据等，批量挖掘潜在客户并预测意向授信额度，客户只需通过建行网银、官方网站、善融商务、手机银行、智慧柜员机等渠道，即可享受网上贷款申请、网上贷款审批、网上签约支用的全流程网上融资服务。而微众银行的微业贷，专为广大中小微企业提供全线上申请流动资金贷款，无须抵质押，额度立等可见，资金分钟到账，按日计息，随借随还，只要是一般纳税人企业、小规模纳税人企业或者个体工商户即可申请。

3. 互联网商户贷款

随着电子商务和跨境电商的快速发展，阿里巴巴、天猫商城、淘宝网、京东商城等主流电商平台上互联网商户的资金需求，包括自身的周转贷款需求和上下游的供应链金融需求日益增长。互联网银行凭借对互联网商户海量交易数据和行为数据的积累与挖掘，推出的网商贷款产品，能够有效满足这些商户的融资需求。互联网商户网络贷款需要强大的系统支持，由于整个过程都要在网络平台上进行，所以必须建设一个强大的信贷系统来支撑网贷。这个系统必须能接受贷款申请，进行对客户的综合分析，最终发放贷款。由于B2C平台每天发生海量交易，这个强大的系统需要基于主流电商平台强大的数据处理和挖掘能力来构建，从而随着"大数法则"的应用，每笔贷款的边际成本逐渐下降，最终的贷款成本会比常规贷款具有明显的优势。这类贷款的代表，便是网商银行整合蚂蚁集团旗下的淘宝贷款、天猫贷款、1688 阿里信用贷款等推出的"网商贷"品牌业务。此外，建设银行依托自建的善融商城平台推出的网络商户贷款也是典型代表。

（三）按照经营主体分类

商业银行的互联网贷款按照经营主体，可以分为传统银行推出的互联网贷款以及无实体网点、所有业务全流程在线完成的互联网银行推出的贷款。随着金融科技的发展与互联网化转型的推进，传统商业银行推出了各类互联网贷款产品，如工商银行的"融e借""网贷通"，农业银行的"网捷贷""助业快e贷"，招商银行的"小微贷""闪电贷""周转易""消费贷"等。随着民营银行试点的推进和互联网银行的发展，无线下网点的互联网银行也根据自身定位与优势，推出了特色贷款产品，如表5-2所示。

表5-2　　　　　　　　互联网银行推出的特色互联网贷款产品

互联网银行名称	特色互联网贷款产品
深圳前海微众银行	微粒贷、微业贷
浙江网商银行	网商贷
四川新网银行	好人贷
武汉众邦银行	众微贷

四、商业银行互联网贷款业务流程

商业银行互联网贷款业务流程主要包括贷款申请、授信审批、合同签订、贷款支付、贷后管理，如图5-2所示。

图5-2　商业银行互联网贷款业务流程

精品微课

商业银行互联网贷款业务流程与融资实践

1. 贷款申请

借款人发出贷款申请，银行对其进行审核，首先需要进行借款人身份验证。商业银行互联网贷款的借款人主要与银行获得互联网贷款客户的渠道有关。自营模式下，借款客户一般为商业银行既有客户，借款人的身份相对容易确定，借款人身份信息应当至少包含借款人姓名、身份证号、联系电话、银行账户，以及其他开展风险评估所必需的基本信息。商业银行应当在贷款申请流程中，加入强制阅读贷款合同环节，并设置合理的阅读时间下限。在合作模式下，如果需要从合作机构获取借款人的风险数据，应通过适当方式确认合作机构的数据来源合法合规、真实有效。在互联网贷款业务中，可使用身份认证模型辅助身份验证，如使用真人活体检测技术判断网络终端的借款人是否真实。

2. 授信审批

授信审批即对借款人进行贷前调查，然后确认授信并进行审批。贷前调查包括借款人信息调查、借款人企业经营状况调查、借款人家庭状况调查等，通过这些信息对借款人进行信用评级与授信。相比传统信贷，互联网贷款的风险评估流程完全在线上进行，这就意味着贷款客户经理不再通过入户、入企调查信息的真实性，而是通过大数据风控模型，在线收集借款人所有相关信息，并通过模型算法对借款人的信用做出评估，给出初步授信额度和风险判断。其中用到的数据范围十分广泛。商业银行应当在获得授权后查询借款人的征信信息，通过合法渠道和手段线上收集、查询与验证借款人相关定性和定量信息，包括但不限于税务、社会保险基金、住房公积金等信息，全面了解借款人信用状况。授信审批时，银行通常按照"审贷分离、逐级审批"的原则，进行合规性审查和完整性审查，对信贷资金的投向、授信金额、期限和利率等进行决策，逐级签署审批意见。商业银行应当构建有效的风险评估、授信审批和风险定价模型，加强统一授信管理，运用风险数据，结合借款人已有债务情况，审慎评估借款人还款能力，确定借款人信用等级和授信方案。商业银行应当建立有效的反欺诈机制，实时监测欺诈行为，定期分析欺诈风险变化情况，不断完善反欺诈的模型审核规则和相关技术手段，防范冒充他人身份恶意骗取银行贷款的行为，保障信贷资金安全。

3. 合同签订

互联网贷款业务中，商业银行应当与借款人及其他当事人采用数据电文形式签订借款合同及其他文书。借款合同及其他文书应当符合《中华人民共和国民法典》《中华人民共和国电子签名法》等法律法规的规定。

4. 贷款支付

根据《商业银行互联网贷款管理暂行办法》，除共同出资发放贷款的合作机构以外，商业银行不得将贷款发放、本息回收、止付等关键环节操作全权委托合作机构执行。商业银行应当按照借款合同约定，对贷款资金的支付进行管理与控制，贷款支付应由具有合法支付业务资质的机构执行。商业银行应加强对支付账户的监测和对账管理，发现风险隐患的，应立即预警并采取相关措施；采用自主支付方式的，应当根据借款人过往行为数据、交易数据和信用数据等，确定单日贷款支付限额。商业银行应遵守《个人贷款管理暂行办法》和《流动资金贷款管理暂行办法》的受托支付管理规定，同时根据自身风险管理水平、互联网贷款的规模和结构、应用场景、增信手段等确定差异化的受托支付限额。

5. 贷后管理

互联网贷款的贷后管理通常通过电话、网络进行，通过对借款人支付账户的智能监测以及风险预警模型，及时掌握借款人的还款状态，必要时还可引入人工核查作为补充手段。确认有还款风险时，可以采取合理的手段进行贷款随访、贷款催收工作，但不得委托有暴力催收等违法违规记录的第三方机构进行贷款清收。互联网贷款形成不良的，商业银行应当按照其性质及时制定差异化的处置方案，提升处置效率。

[做中学 5-1]

商业银行互联网贷款创新产品融资实践

"鹰眼网"是国内具有独特视角与鲜明个性的专业化新闻资讯门户网站，网站规模中等，网站流量在同类网站中排名靠前。2021 年，该网站为升级系统和建立分站，正在寻求一笔 50 万元的贷款，但由于缺乏合格固定资产抵押，细分行业较为"小众"，多家传统银行都拒绝为该网站提供贷款。请你通过寻找、分析和应用互联网贷款产品，尝试解决该网站的融资难题。

步骤 1：通过客服电话，向网络银行咨询有无合适的贷款产品能满足该网站的需求。

经咨询和比较，发现网商银行提供的"流量贷"互联网贷款产品比较符合鹰眼网的融资需求。网商银行是首批民营试点银行之一，由蚂蚁集团、复星、万向等六家股东发起设立，注册资本 40 亿元，也是首批两家纯互联网银行之一，不设物理网点、不做现金业务。

步骤 2：初步了解"流量贷"产品，分析产品基本模式和业务种类，判断其是否适合鹰眼网。

"流量贷"是网商银行与中文网站流量统计机构 CNZZ 合作，面向中小规模的创业型网站推出的一款信贷产品，旨在帮助中小网站解决创业过程中融资难、融资贵问题。"流量贷"的申请、审批、放款全部在线完成，简单便捷，属于互联网贷款产品。

据了解，网商银行的"流量贷"产品根据 CNZZ 平台上网站的流量统计数据，综合考量网站的经营状况、网站经营者的个人信用等因素，向网站提供单笔最高 100 万元的贷款，首批授信总体额度为 100 亿元。该产品也是网商银行首次向阿里巴巴平台之外的小微企业提供的贷款。CNZZ 是一家互联网流量统计网站，有超过 500 万家网站采用 CNZZ 的流量统计服务，覆盖全国 90%以上的上网用户。CNZZ 方面相关人士介绍，使用 CNZZ 流量统计服务的网站有很多是创业型的中小网站，它们为广大网民提供吃、穿、住、行、玩各个方面的信息服务，但是它们自身的发展却很少得到关注，很难从金融机构得到融资。网商银行推出"流量贷"就是为了帮助创业阶段的中小网站解决融资难题，满足其发展过程中的资金需求。

根据初步了解，判断互联网贷款创新产品"流量贷"的模式分类以及其是否适合鹰眼网，请将分析结果填入表 5-3。

表 5-3 "流量贷"基本分析

判断项目	你的结论
合作方式	
发放对象	
经营主体	
是否适合鹰眼网	

步骤 3：进一步了解"流量贷"的申请条件、申请步骤和产品要素。

据网商银行介绍，拥有注册域名、在 CNZZ 平台上有流量统计数据，并且信用记录良好的个人或者公司均可以申请"流量贷"。申贷者登录 CNZZ 网站，就可以看到自己网站的初始授信额度，单击"信+"标签进入申贷页面后，登录支付宝实名认证账户发起申请即可，无须提交其他资料。网商银行将基于大数据风控模型对申贷者的身份、信用、流量以及经营状况等要素进行审核，审批过程最快能在 1 分钟内完成。而在审核通过后，最快 3 分钟款项就能打入申贷者的支付宝账户。

此外，网商银行推出的"流量贷"的贷款期限最长为一年，每个申贷者的申贷额度为 2 000 元至 100 万元，贷款日利率为万分之二点五，申贷者可以选择分 12 个月每月以等额本息或等额本金方式还款，也可以随时提前还款结清贷款且无任何手续费或服务费。更重要的是，"流量贷"面向包括阿里体系内外的所有符合条件的创业型中小网站，扶持对象首次走出阿里巴巴体系。根据对"流量贷"的进一步了解，填写表 5-4。

表 5-4 "流量贷"产品要素详细分析

要素项目	具体内容
借款主体	
申请条件	
申请步骤	
审核过程	
放款速度	
贷款期限	
贷款额度	
贷款利率	
还款方式	

步骤 4：根据以上分析结果，结合融资需求，完成应用上述互联网贷款产品的融资方案。

根据以上对"流量贷"业务模式和产品要素的全面了解与详细分析，结合融资需求，包括 50 万元的融资额度、资金用途、网站流量等情况，确定贷款期限和还款方式，按申请条件和步骤完成应用上述银行互联网贷款产品的融资方案。

五、传统商业银行互联网贷款融资产品

工商银行、农业银行等传统商业银行均推出了面向个人和小微企业的各类互联网贷款融资产品。

（一）工商银行互联网贷款融资产品

1. 个人贷款产品融 e 借

融 e 借是指工商银行向符合特定条件借款人发放的，用于个人合法合规用途的无担保、无抵押的人民币互联网贷款产品，如图 5-3 所示。

融 e 借随借随还，额度为 600 元至 80 万元，其中用于个人消费的最高额度为 20 万元；融 e 借按贷款本金余额实际占用天数计息，利率实行差异化定价，具体以办理业务时页面实际展示为准。融

图 5-3 工商银行融 e 借互联网贷款产品

e 借贷款期限最长为 3 年，客户可自主选择 12 期、24 期或 36 期，支持等额本金、等额本息、按期还息一次还本三种还款方式，可申请提前还款。贷款可用于购车、家装、购物、经营周转等，不得用于证券市场和期货市场，不得用于购房和房地产项目开发，不得用于购买理财产品、债券及投资账户交易类产品，不得用于股本权益性投资，不得用于借贷、套利，不得用于洗钱等国家法律明确规定不得经营的项目。融 e 借可以通过工银 e 生活、工行手机银行、网上银行、融 e 联 App 等渠道在线办理，支持 7×24 小时实时受理贷款申请。

2. 小微企业网络循环贷款产品

工商银行小微企业网络循环贷款（简称"网贷通"）是该行凭借网络优势和风控技术向小微企业提供的一种网络自助式循环贷款服务。小微企业只要一次性签订循环贷款借款合同，在合同规定的有效期内，即可通过网上银行自助进行合同项下提款和还款业务申请，足不出户即可完成贷款的申请、提款和归还等过程。网贷通随时随地、随借随还的特性打破了时空限制，特别适合小微企业融资"短、小、频、急"的需求特点。

（1）**贷款申请**。网贷通的借款对象为符合工商银行认定标准的小型或微型企业。小微企业可以通过企业网银系统在线提交贷款申请，并以附件形式提交营业执照等相关资料。

（2）**贷款额度、期限、利率**。网贷通额度最高不得超过 3 000 万元（低风险业务部分除外），其中普惠型小微企业贷款不超过 1 000 万元，并纳入客户统一授信。循环贷款额度使用期限最长不超过 2 年，合同项下单笔贷款的期限不超过 1 年，且合同项下单笔贷款的到期日均不得超过额度使用期限到期日。网贷通贷款利率一般执行基准利率上浮 30%，具有足额授信、高效自主、不提款不计息的特点。

（3）**贷款流程**。网贷通在实现风控优化的基础上，简化了业务办理流程，小微企业可以通过企业网上银行系统在线提交贷款申请，以及提取和归还贷款，"随借随还"，既实现了信贷受理全流程网上操作，又降低了客户的融资成本。

（4）**押品在线估值**。网贷通涵盖了线上纯信用贷款产品"小微 e 贷"和创新抵质押类产品"e

抵快贷"。e抵快贷实现了抵押融资的线上化、标准化、智能化，通过构建覆盖全国的房产数据库，运用金融科技线上智能评估房产价值、业务智能审批，有效简化押品评估和审批流程，大幅提升业务处理效率。客户签订一次借款合同，办理一次抵押，有效期内循环额度，随借随还。

（5）**贷款提取**。在合同有效期内，借款人通过网上银行申请提款，在登录网上银行并进入自主循环贷款页面后，应选择对应的循环借款合同，准确完整地填写提款申请要素，确认后提交。经银行CM2002系统接收借款人的提款申请，自动进行准贷与否的判断。客户提款成功后，系统自动触发短信通知管户客户经理。管户客户经理也可通过CM2002系统查询客户提款信息。

（6）**贷款归还**。借款人可通过网上银行申请提前或到期还款，在登录网上银行并进入自主循环贷款页面后，选择对应的循环借款合同及借据，准确完整地填写还款申请要素，确认后提交。系统实时接收还款申请信息，发送扣款指令从合约约定的还款账户扣款。贷款到期日如未收到借款人还款申请指令，系统按日对借款人还款账户中的资金按照先本金、后利息的顺序进行扣收。如果借款人还款账户金额不足，系统先行扣收全部余额，不足部分由客户经理催收。

（7）**贷后管理**。对于仅办理网贷通业务的小微企业，贷后检查间隔期最长不超过6个月。如在贷后检查过程中发现借款人出现逾期、欠息、产权纠纷及其他重大风险事项，管户客户经理须立即通知放款中心相关人员按要求在CM2002系统中修改客户的操作权限，然后评估重大风险事项性质、特点和影响程度，及时采取必要的应急措施。

（二）农业银行互联网贷款融资产品

农业银行提供的互联网贷款融资产品包括网捷贷、惠农e贷和微捷贷等，其中微捷贷是小微企业专属的互联网贷款融资产品，包括资产e贷和纳税e贷两种，如图5-4所示。接下来以纳税e贷为例进行具体介绍。

纳税e贷是以企业涉税信息为主，结合企业及企业主的结算、工商、征信等内外部信息，运用大数据技术进行分析评价，对诚信纳税的优质小微企业提供的在线自助循环使用的网络融资产品。

1. 贷款额度

最高贷款额度可达100万元。

2. 特点

诚信纳税，轻松申贷。经小微企业授权，农

图5-4 农业银行官网微捷贷产品介绍

业银行运用大数据技术对企业纳税行为和经营状况进行分析。无须抵押，信用放贷。操作便捷，随需而贷。全流程在线办理，额度可循环使用，随借随还、按日计息。

3. 融资申请流程

"白名单"客户可以登录农业银行指定的电子渠道，进行贷款申请。例如登录农业银行企业网银或企业掌银，指定贷款机构和贷款账户，签署微捷贷业务授权协议、企业征信授权书，填写相关资料完成在线申请；通过大数据信用审核，获得授信额度后可随时支用。

[随堂测试5-2]

大学毕业生小明创立了一家艺术培训机构，现急需一笔资金用于短期经营周转，请为小明推荐合适的商业银行互联网贷款融资产品，帮助其解决燃眉之急。

案例链接

建设银行互联网贷款
融资产品

六、新兴互联网银行贷款产品

除了传统商业银行外，新兴互联网银行也向借款人提供各种互联网贷款产品。互联网贷款已经成为没有线下实体网点的互联网银行的主要资产业务。

（一）互联网银行主要贷款种类

互联网银行没有线下实体网点，所有业务均通过互联网平台全流程在线完成。微众银行、网商银行等我国代表性互联网银行的贷款主要包括以下四种。

1. 个人消费贷款

个人消费贷款是指针对个人的小额信用循环消费贷款，仅凭个人信用、无须担保、循环授信、随借随还。微众银行的微粒贷就属于个人消费贷款，微粒贷采用用户邀请制，仅对其白名单客户开放。

2. 小微企业贷款

小微企业贷款主要是针对小微企业、个体工商户的贷款，依托借款人的平台历史交易数据进行风险评估、信用评定，进而核定借款人的贷款额度。目前，市场上规模较大的小微企业贷款平台主要有网商银行的网商贷以及微众银行的微业贷。

3. 与第三方平台合作贷款

互联网银行始终致力于寻求与第三方平台的合作，丰富消费场景、扩大客户来源。微众银行与二手车电商优信合作，推出"互联网+汽车金融"产品——微车贷。

4. 支农贷款

支农贷款是互联网银行为响应普惠金融政策指引，开办的涉农贷款业务。典型代表就是网商银行的旺农贷。

（二）微众银行微粒贷

微众银行是我国首家民营互联网银行，微粒贷是微众银行推出的首款特色贷款产品，于 2015 年 5 月首先在手机 QQ 上线，随后于 2015 年 9 月 21 日正式推出微信支付版本。微粒贷属于全程线上的互联网贷款产品，具体业务种类为个人综合消费信用贷款。作为微众银行消费金融板块的主打产品，微粒贷业务的特色主要体现在白名单邀请准入机制、贷款申请与额度确定、低于信用卡的差别化利率、秒间到账与"3A"服务 4 个方面。微众银行官网微粒贷产品介绍如图 5-5 所示。

图 5-5　微众银行官网微粒贷产品介绍

1. 白名单邀请准入机制

作为一款纯信用产品，微粒贷采用邀请准入机制，仅邀请符合微粒贷客户定位的白名单用户，微粒贷的申请入口只对这部分用户开放。如果用户在 QQ 钱包或微信支付中发现"微粒贷借钱"的图标，则证明其已受邀进入微众银行的白名单。对于 QQ 或微信端未显示"微粒贷借钱"图标的用户，微众银行并未对其开放自主申请入口。

微粒贷的潜在客户以个人和小微企业主为主，例如刚毕业的年轻白领、普通餐馆的老板、理发店店长等，都是微粒贷重点关注的群体。此类用户的长尾价值固然明显，但大多没有完整的信用记录，尽职调查成本高，轻资产、无网点的微众银行如何筛选出白名单用户发放信用贷款呢？关键之处就在于数据。

微众银行的数据来源大致分为两大方面：一是个人或小微企业征信记录，这些数据相对易得，但内容有限；二是公安机关、互联网公司等合作的数据平台，这是微众银行重点开拓的数据渠道，相当一部分来自腾讯生态体系。例如，由腾讯 QQ、微信产生的大量社交数据，"饿了么"订餐平台上的餐馆经营流水等，这些是一般金融机构无法获取的。此外，不是信用状况良好就一定会在受邀请之列，以个人用户为例，微众银行会先从传统渠道了解其信息，如用户征信情况良好，但只要已和多家银行保持信贷关系，就不会出现在微粒贷的白名单中；相反，信用记录不多，但数据分析认定具有高潜力的用户，微粒贷便愿意敞开大门。

2. 贷款申请与额度确定

如果用户已在微众银行的白名单中，只要用任一银行卡绑定财付通或微信支付，点击"微粒贷借钱"，不需要任何抵押物，根据相应提示填写信息，就能在线完成贷款申请。微粒贷对每一笔申请均采取线上审核的方式，因此申请人的信用状况对于申请微粒贷成功与否及额度高低至关重要。无论是微信上的微粒贷还是手机 QQ 上的微粒贷，在授信时都会充分参考用户在整个腾讯体系产品内的数据，重点包括这两个平台的社交数据。不过，在不同的渠道上，额度的评判标准会有所侧重。例如，手机 QQ 上的微粒贷在对用户设置授信额度时，会更多参考其手机 QQ 的活跃程度；而微信上的微粒贷，则会更多参考用户微信的活跃程度。因此，社交数据是微粒贷评定个人用户信用的重要因素，毕业院校、用户机制、朋友圈品质都将成为评定条件。确定贷款额度时，微众银行会用数千个变量去分析社交数据。例如，3 年之中朋友圈的稳定性，如果用户在上海，3 年中其朋友圈的稳定性相对较高，就说明用户在上海有固定工作，社会地位比较稳定，履行还款责任的可能性也会高。总体而言，个人用户越稳定，微众银行愿意给出的贷款额度相应就会越高。虽然整个授信额度的确定，其背后有一套基于海量社交大数据的复杂风控模型，但系统均会自动完成，并会在几秒之内判断个人信用情况，给出确定的授信额度。

3. 低于信用卡的差别化利率

微粒贷小额信用贷款产品具有无抵押、无担保、随借随还、按日计息的特点，在贷款利率方面实行差别定价，例如一个蓝筹企业的员工，其享受的借款利率会比平均值低。如果是一个缺乏信用记录的年轻用户，其贷款利率则会相对提高。微粒贷的单笔贷款额度为 500 元至 20 万元，贷款期限分为 5 个月、10 个月和 20 个月，平均年化贷款利率为 5%～14%，而一般信用卡的日贷款利率平均在 0.05%，因此微粒贷的平均年化利率低于信用卡贷款年利率。此外，微粒贷随借随还、按日计息，借款期限最短可为 1 天，提前还款无罚金，进一步降低了借款人的实际融资成本。

4. 秒间到账与"3A"服务

微众银行脱离物理网点运营，相比线下借贷，快速放款是微粒贷的一大特色，微粒贷可以实现秒间到账。到账速度加快，潜在的风险也随之加大，在制定风控措施时，如何防范欺贷风险被排在首要位置考虑。基于线上、线下的区别，两者防范风险的做法自然有所不同，这也正是微众银行设立邀请准入机制的关键原因——潜在用户经过事先筛选，邀请入口也限于手机 QQ 和微信两处，非受邀"不得入内"，这样就能屏蔽大量居心叵测者主动进来骗贷。同时，微粒贷还充分体现了网络银行"3A"服务的优势，能够提供每年 365 天、每周 7 天、每天 24 小时不间断的高效服务。

[做中学 5-2]

微粒贷互联网贷款操作实践

在了解了微粒贷业务的主要特色之后，下面请根据步骤引导，完成微粒贷互联网贷款的操作，以进一步熟悉业务流程，体会互联网贷款融资的实际应用。

步骤 1：确认是否被纳入白名单，是否具备微粒贷的申请资格。

打开微信，点击"我"，选择"支付"，进入微信支付页面，查看是否显示"微粒贷借钱"图标，如图 5-6 所示；或者打开手机 QQ，点击"QQ 钱包"，在弹出的页面上查看是否显示"微粒贷"图标，如图 5-7 所示。只要以上两个图标有一个出现，即用户被微众银行列入白名单，具备微粒贷申请资格。

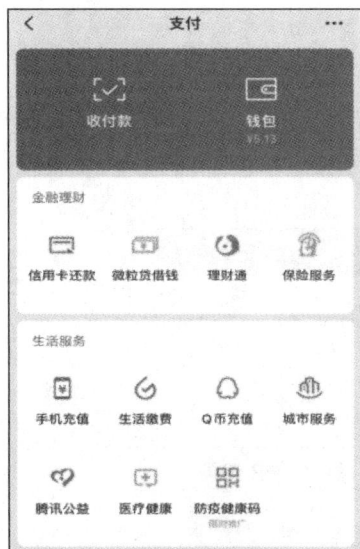

图 5-6　微信支付微粒贷申请入口　　　　　图 5-7　手机 QQ 微粒贷申请入口

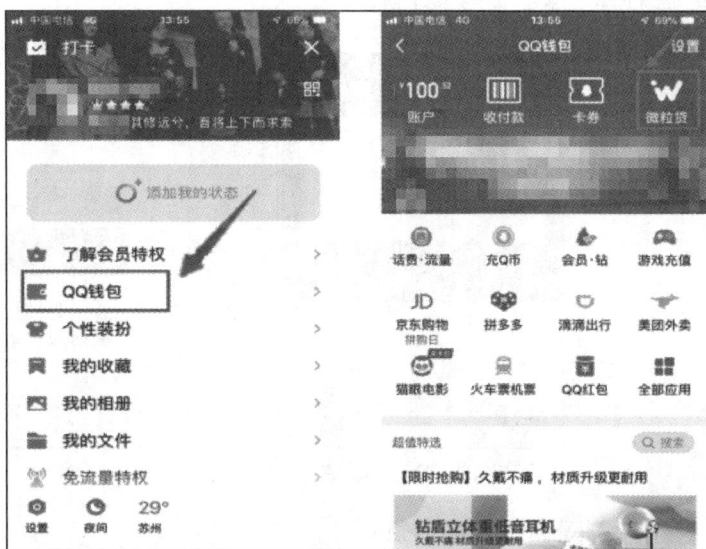

步骤 2：确定借款期限和金额，提出借款申请。

在手机 QQ 中点击"微粒贷"图标，系统会基于大数据风控模型，在数秒内给出图 5-8 所示的"可借额度"，然后点击"借款"按钮，在弹出的页面中选择借款期限，在不超过可借额度的范围内输入借款金额，并点击"下一步"按钮。

步骤 3：添加用于贷款发放和归还的银行借记卡。

选择一张本人的用于贷款发放和归还的银行借记卡。基于微众银行的"开放"特性，可以选择任何一家支持银行的本人借记卡，在"添加银行卡"页面输入本人真实姓名和卡号，点击"下一步"按钮，然后填写收款信息，点击"下一步"按钮，如图 5-9 所示。

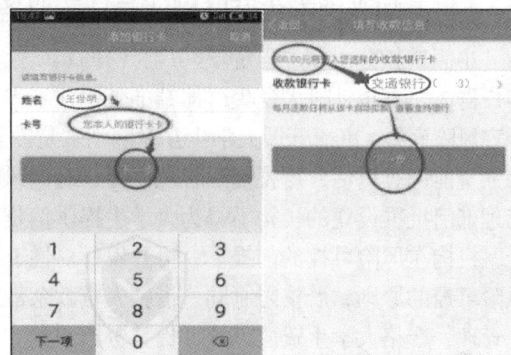

图 5-8　借款申请　　　　　　　　　图 5-9　添加银行卡，填写收款信息

步骤4：完成身份信息的验证。

在图 5-10 所示的对话框中输入支付密码，然后微众银行客服很快会致电与你核对各种身份信息以及是否是本人申请借款、本次借款的主要用途等，如实回答完成身份验证即可。

步骤5：确认收到贷款。

等待片刻，一般不超过半小时，刚才添加的银行卡账户便会收到贷款，同时会收到微众银行发来的官方确认短信。随后，进入手机 QQ 的"微粒贷"模块，点击右上角的"借还记录"，查看借款记录与还款记录，如图 5-11 所示。

图 5-10　验证身份信息

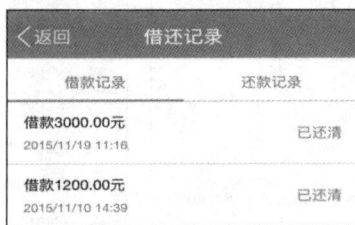

图 5-11　微粒贷借还记录

（三）网商银行网商贷

网商贷是网商银行的代表性互联网贷款产品，主要基于电商大数据向淘宝、天猫等的卖家提供短期经营周转类贷款。

七、大学生互联网消费贷款特别规定

为进一步规范大学生互联网消费贷款业务，加强教育引导工作，2021 年 2 月 24 日银保监会、教育部等五部委联合印发了《关于进一步规范大学生互联网消费贷款监督管理工作的通知》，明确提出仅有银行业金融机构可审慎开展大学生互联网消费贷款业务，同时要强化风险管理，引导大学生树立正确消费观念，加强诚信意识教育，避免过度超前消费和落入高额贷款陷阱。

（一）加强大学生互联网消费贷款业务监督管理

小额贷款公司要加强贷款客户身份的实质性核验，不得将大学生设定为互联网消费贷款的目标客户群体，不得针对大学生群体精准营销，不得向大学生发放互联网消费贷款。银行业金融机构要严守风险底线，审慎开展大学生互联网消费贷款业务，建立完善相适应的风险管理制度和预警机制，加强贷前调查评估，重视贷后管理监督，确保风险可控。未经银行业监督管理部门或地方金融监督管理部门批准设立的机构不得为大学生提供信贷服务。为满足大学生合理消费信贷需求，各银行业金融机构在风险可控的前提下，可开发针对性、差异化的互联网消费信贷产品，遵循小额、短期、风险可控的原则，严格限制同一借款人贷款余额和大学生互联网消费贷款总业务规模，加强产品营销管理，严格大学生资质审核，提高资产质量。加强大学生个人信息安全保护，建立健全和严格执行保障信息安全的规章制度，采取有效技术措施妥善管理大学生基本信息，不得向第三方机构发送借款学生信息，不得非法泄露、曝光、买卖借款学生信息。加强征信信息报送，按照《征信业管理

精品微课

网商贷

条例》，将大学生互联网消费贷款所有信贷信息及时、完整、准确报送至金融信用信息基础数据库。对于不同意报送信贷信息的大学生，不得向其发放贷款。

（二）加大对学生的教育、引导和帮扶力度，营造良好校园环境

一是大力开展金融知识普及教育。要强化金融知识宣传教育，将金融常识教育纳入日常教育内容，持续开展金融知识宣传。要加强诚信意识教育，教育学生在申请贷款时应如实提供信息，不得故意隐瞒学生身份，不得恶意骗贷、违约，珍惜个人征信记录，警惕网络贷款逾期影响个人征信。二是不断完善帮扶救助工作机制。要确保各项学生资助政策落实到位，提高学生资助工作管理水平，切实保障家庭经济困难学生学费、住宿费和基本生活费等保障性需求。鼓励有条件的高校多渠道筹集资金，支持学生开展拓展学习、创新创业等，满足学生发展性需求。三是全面引导学生树立正确消费观念。要加强学生消费理念教育，将培养学生勤俭节约意识与学生日常思政教育相融合。关注学生消费心理，及时纠正超前消费、过度消费、从众消费等错误观念，引导学生树立科学、理性、健康的消费观。

[随堂测试 5-3]

大学生应该如何树立正确的消费观念，合理使用互联网消费贷款产品？

任务二　P2P 网贷机构转型网络小额贷款公司

个体网络借贷，即 P2P 网贷作为互联网金融的业态类型之一，曾经在服务小微客户方面发挥了一定的作用，但是也导致了非法集资等金融风险的积累与暴露。随着金融监管体系的完善以及所有金融业务都必须持牌经营原则的明确，监管部门积极引导 P2P 网贷平台向网络小额贷款（小贷）公司等持牌金融机构转型。P2P 网贷机构转型网络小额贷款公司，有助于处置和化解网贷机构存量业务风险，最大限度减少出借人损失，维护社会稳定，促进普惠金融规范有序发展。本任务将介绍网络借贷的定义与分类，网络小额贷款机构与消费金融公司等 P2P 网贷机构主要的转型方向，重点探讨 P2P 网贷机构转型网络小额贷款公司的基本条件、监管要求与业务流程，并通过"做中学"，介绍网络小额贷款典型实例，体会金融科技在网贷转型中的赋能作用。

一、网络借贷的定义与分类

金融科技创新与移动互联网的发展催生了互联网金融创新业态，网络借贷就是新金融模式的代表。网络借贷是指借助互联网平台实现借贷双方的信息对接并完成金融活动的借贷模式。从其定义可以看到以下三个关键点：第一，网络借贷是以互联网渠道和平台为交易载体的；第二，借贷双方的信息匹配通过互联网完成；第三，交易双方完成投融资活动，明确资金配置的跨期及对价。

根据中国人民银行等十部委印发的《关于促进互联网金融健康发展的指导意见》，网络借贷包括个体网络借贷（即 P2P 网络借贷）和网络小额贷款。P2P 网络借贷（Peer-to-Peer Lending，简称 P2P 网贷）是指个体和个体之间通过互联网平台实现的直接借贷。P2P 网贷的基本业务模式如图 5-12 所示。网络小额贷款是指互联网企业通过其控制的小额贷款公司，利用互联网向客户提供的小额贷款。

图 5-12　P2P 网贷的基本业务模式

二、P2P 网贷的发展与 P2P 网贷机构的转型

P2P 网贷由穆罕默德·尤努斯教授首先提出，属于直接金融模式的一种，其社会价值主要体现在满足个人资金需求、发展个人信用体系和提高社会闲散资金利用率三个方面。而全球第一家 P2P 网贷平台则是由英国人理查德·杜瓦等四位年轻人共同创办的 Zopa，于 2005 年 3 月在伦敦上线运营。

2006 年，穆罕默德·尤努斯因为在小额信贷领域的突出贡献，获得了诺贝尔和平奖。同年，本书主编周雷等人开始研究我国的小额信贷问题，并首次从 P2P 与 Web 2.0 相结合的角度，分析了国内最早的 P2P 网贷平台"拍拍贷"运行机制的特点与不足[1]。我国的 P2P 网贷经历了从"野蛮生长"到逐渐纳入监管框架的发展历程。2016 年被称为我国 P2P 网贷的"监管元年"，2016 年 8 月原银监会等四部委联合发布了《网络借贷信息中介机构业务活动管理暂行办法》，随后关于存管、备案、信息披露三大主要配套政策陆续落地，P2P 网贷行业"1+3"制度框架基本搭建完成。但是，受主客观因素影响，我国 P2P 网贷行业发展仍面临无牌照经营、风险防控能力弱、信用环境不佳等问题，导致网贷风险积累和暴露。随着互联网金融风险专项整治的深入推进，金融监管部门在指导 P2P 网贷行业风险出清工作的同时，也为部分平台的转型发展指明了出路。例如，2018 年 12 月出台的《关于做好网贷机构分类处置和风险防范工作的意见》（以下简称"175 号文"）给出了网络小额贷款公司、助贷机构或为持牌资产管理机构导流等转型方向；2019 年 4 月出台的《网络借贷信息中介机构有条件备案试点工作方案》提出引导具备条件的网贷机构向网络小额贷款公司、消费金融公司等持牌金融机构转型；2019 年 11 月初召开的加快网络借贷机构分类处置工作推进会指出，引导无严重违法违规行为、有良好金融科技基础和一定股东实力的机构转型为小额贷款公司，对于极少数具有较强资本实力、满足监管要求的机构，可以申请改制为消费金融公司或其他持牌金融机构。P2P 网贷机构转型持牌消费金融公司比转型网络小额贷款公司门槛更高，因此只有极少数机构符合其要求。

根据中国人民银行、银保监会于 2019 年 11 月出台的《关于网络借贷信息中介机构转型为小额贷款公司试点的指导意见》（以下简称"83 号文"），政府部门引导部分符合条件的网贷机构转型为网络小额贷款公司，主动处置和化解网贷机构的存量业务风险。上述文件的出台为 P2P 网贷机构的转型提供了具体指引，P2P 网贷机构向经营网络小额贷款业务的小额贷款公司转型成为合规发展的主要方向。同时，极少数股东实力强、金融科技技术领先、满足监管要求的头部网贷平台，可以申请改制为消费金融公司等持牌金融机构。由平安旗下原头部 P2P 网贷平台陆金所转型而来的平安消费金融公司已于 2020 年 4 月 23 日在上海正式开业。此外，拥有自营资产端、金融科技能力较强的头部 P2P 网贷平台，转型后还可以利用互联网技术、资产端优势开放平台开展助贷业务；而原头部 P2P 网贷平台的资金端要去中介化，在依法合规的前提下发挥自身技术和流量优势，向"一站式"智能投顾和财富管理科技平台转型，满足合格投资者的多元化资产配置需求。综上，网络借贷平台、

精品微课

认识网贷的起源与发展

---

1 资料来源：周雷. 小额信贷、农户融资与农村金融改革[D]. 南京：东南大学，2009.

P2P 网贷机构、网络小额贷款公司的关系及 P2P 网贷机构的主要转型方向如图 5-13 所示。

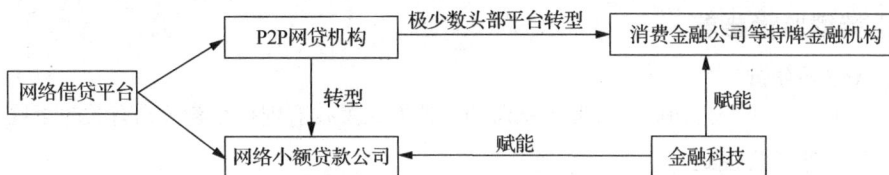

图 5-13　网络借贷平台的分类与 P2P 网贷机构的转型

[随堂测试 5-4]

为什么说网络小额贷款公司是 P2P 网贷平台转型的主要方向？在小额贷款公司经营网络小额贷款业务的过程中，金融科技技术可以发挥哪些赋能作用？

三、P2P 网贷机构转型网络小额贷款公司的原则与要求

根据《关于网络借贷信息中介机构转型为小额贷款公司试点的指导意见》，P2P 网贷机构转型网络小额贷款公司必须遵循以下原则与要求。

（一）基本原则

一是坚持机构自愿和政府引导的原则。网贷机构申请转型为小贷公司并具备相应条件的，当地人民政府结合合规检查情况，可引导其通过转型化解存量业务风险。

二是坚持市场化和法制化的处置原则。网贷机构在转型过程中，要依据法律法规和相关政策，妥善处理股东、出借人、借款人的利益关系，维护各方合法权益。

三是坚持原则性和灵活性相结合的原则。在落实网贷机构存量业务风险化解责任、确保不将风险推移到未来的同时，设定转型过渡期，给予新设小贷公司一定的政策支持。

资料链接

《关于网络借贷信息中介机构转型为小额贷款公司试点的指导意见》

（二）基本条件

1. 合规条件

网贷机构存量业务无严重违法违规情况。结合合规检查情况，网贷机构存量业务及财务管理较为规范，最近 1 年保持全量业务银行存管上线状态，最近 2 年网贷机构及其实际控制人、主要高级管理人员在市场监管、税务、公安、法院等部门无严重违规处罚和违法犯罪记录，不存在查实的重大违法违规投诉记录，不存在违法违规开展各类金融业务的情况，积极配合网贷风险专项整治工作。已退出的网贷机构不得申请转型为小贷公司。

2. 有符合条件的股东和管理团队

网贷机构股东实力较强，原有股东不具备消化存量业务风险能力的，必须引进新的有实力的股东，并做出消化存量业务风险的承诺。小贷公司管理团队应符合《中华人民共和国公司法》(以下简称《公司法》)及监管部门的有关规定，具备与其履行职责相适应的金融知识。

3. 转型方案具有可行性

网贷机构提出的转型方案要充分考虑出借人的利益，事先与出借人充分沟通，获得大多数出借人的支持配合；要得到有权机构（如出借人大会、股东会等）的有效同意，并且有能力、有机制确保方案有效执行。网贷机构要公布线上、线下联系方式，畅通与出借人的沟通渠道。

4. 金融科技实力强，符合线上经营要求

对于拟转型为全国经营的小贷公司的网贷机构，还应具有较好的互联网背景和网络技术资源基

础，具备全流程线上完成网络小额贷款业务的条件，能与监管系统对接，满足非现场监管要求。

（三）持续监管要求

1. 依法依规经营

网贷机构转型为小贷公司后，按照银保监会及地方人民政府现行小贷公司有关政策规范运营。

2. 规范业务经营模式

转型为全国经营的小贷公司应按照网络小额贷款业务模式开展经营活动，即公司通过互联网技术、在互联网平台上获取借款客户，综合运用互联网平台积累的客户经营、网络消费、网络交易等行为内生数据信息、即时场景信息以及通过合法渠道获取的其他数据信息，分析与评定借款客户信用风险，确定贷款方式和额度，并在线上完成贷款申请、风险审核、贷款审批、贷款发放和贷款回收等全流程的网络小额贷款业务。

3. 遵守经营管理规则

一是健全小贷公司治理。按照小贷公司管理规定，建立完善的法人治理机制，建立员工行为规范管理制度，高管人员和关键岗位的负责人专职在公司注册地办公。二是坚持"只贷不存"和"小额分散"的原则。贷款投向应符合国家产业政策和信贷政策。三是加强贷款管理。建立健全风险管控体系、风险缓释制度、信息披露制度，积极保护客户商业秘密及消费者合法权益。四是接入征信系统。转型后的小贷公司应当接入金融信用信息基础数据库等征信系统，或者接入中国人民银行批准设立的个人征信机构和备案的企业征信机构，依法报送、查询、使用相关信用信息。

全国经营的小贷公司还应遵守以下规则。一是强化股权管理。同一投资人及其关联方、一致行动人，作为主要股东（主要股东是指持有或控制公司5%以上股份或表决权，或持有资本总额或股份总额不足5%但对公司经营管理有重大影响的股东）参股全国经营的小贷公司的数量不得超过2家，或作为控股股东（控股股东是指其出资额占有限责任公司资本总额50%以上，或者其持有股份占股份有限公司股本总额50%以上的股东；出资额或者持有股份的比例虽然不足50%，但依其出资额或者持有股份所享有的表决权足以对股东会、股东大会的决议产生重大影响的股东）控股全国经营的小贷公司的数量不得超过1家。禁止委托他人或者接受他人委托持有全国经营的小贷公司的股权。二是规范业务范围和线下经营网点。全国经营的小贷公司取得网络小额贷款业务经营许可证后，在经营范围中列明：①发放网络小额贷款；②与贷款业务有关的融资咨询、财务顾问等中介服务。原网贷机构的线下营业网点应在1年内取消。三是强化资金管理。对原网贷机构存量业务的资金，按照国家有关规定进行专户存管。对放贷资金（含自有资金及外部融资资金）实施专户管理，全国经营的小贷公司所有资金来源必须进入唯一的放贷资金专户方可放贷；放贷专户应向监管部门报备，并按照监管部门要求定期提供开户银行出具的放贷账户资金流水明细。四是开发使用独立的业务信息系统。全国经营的小贷公司应具备完善的网络防火墙、入侵检测、数据加密、应急处置预案，以及灾难恢复等网络安全设施和管理制度，保障系统安全稳健运行和各类信息安全。

4. 建立风险补偿机制

建立风险补偿机制，根据贷款风险分类要求，合理确定小贷公司的准备金计提比例，按业务收入及时足额计提风险准备金，在利润分配时计提资本公积、盈余公积，用于经营风险准备。

5. 建立新业务负面清单

小贷公司在日常经营中，严格执行以下9项禁止性规定：一是禁止以任何方式吸收或者变相吸收公众存款；二是禁止通过互联网平台为本公司融入资金；三是禁止通过互联网平台或者地方各类交易场所销售、转让本公司的信贷资产；四是禁止发行或者代理销售理财、信托计划等资产管理产品；五是禁止经营网络小额贷款业务的小贷公司办理线下业务；六是禁止发放违反法律有关利率规定或违背信贷政策要求的贷款；七是禁止通过暴力、恐吓、侮辱、诽谤、骚扰等方式催收贷款；八是禁止隐瞒客户应知晓的本公司有关信息和擅自使用客户信息、非法买卖或泄露客户信息；九是禁止在公司账外核算贷款的本金、利息和有关费用。

6. 落实监督管理责任

各级监管部门要切实履行小贷公司日常监管和风险处置责任，以化解存量业务风险、资金来源、财务核算、业务范围和风控措施为重点，综合运用现场监管和非现场监管等手段，全程监督指导网贷机构转型小贷公司的设立、运营，加强对转型后小贷公司的事中事后监管。

四、P2P 网贷机构转型网络小额贷款公司的实例

截至 2021 年 6 月，已有 8 家符合《关于网络借贷信息中介机构转型为小额贷款公司试点的指导意见》中规定的条件和要求的 P2P 网贷机构成功转型为网络小额贷款公司。其中，有 6 家成功转型为单一省级行政区域经营的网络小额贷款公司，有 2 家转型为跨省级行政区域经营的全国性网络小额贷款公司，如表 5-5 所示。

案例链接

8 家 P2P 网贷机构转型网络小额贷款公司的基本情况

表 5-5　　已经成功转型为网络小额贷款公司的 P2P 网贷机构（截至 2021 年 6 月）

转型网络小额贷款公司名称	注册资本	注册地	获批时间	经营范围	转型前 P2P 网贷机构
杭州金投行网络小额贷款有限公司（简称"金投行小贷"）	10 亿元	浙江杭州	2019 年 12 月	单一省级行政区域经营	金投行
福建海豚金服小额贷款有限公司（简称"海豚金服小贷"）	3 亿元	福建厦门	2020 年 5 月	单一省级行政区域经营	海豚金服
福建禹洲启惠小额贷款股份有限公司（简称"禹洲启惠小贷"）	3 亿元	福建厦门	2020 年 5 月	单一省级行政区域经营	禹顺贷
赣州发展小额贷款有限公司（简称"赣州发展小贷"）	1.5 亿元	江西赣州	2020 年 8 月	单一省级行政区域经营	融通资产
抚州市新浪网络小额贷款有限公司（简称"新浪小贷"）	5 亿元	江西抚州	2020 年 10 月	跨省级行政区域经营	易 e 贷
南宁市林海小额贷款股份有限公司（简称"林海小贷"）	0.6 亿元	广西南宁	2021 年 1 月	单一省级行政区域经营	林海互联网金融
佳木斯分子魔方小额贷款有限公司（简称"分子魔方小贷"）	0.8 亿元	黑龙江佳木斯	2021 年 1 月	单一省级行政区域经营	金可贷
深圳市小赢小额贷款有限公司（简称"小赢小贷"）	10 亿元	广东深圳	2021 年 5 月	跨省级行政区域经营	小赢网金

05

从上述 8 家 P2P 网贷机构转型为网络小额贷款公司的实例来看，新浪小贷和小赢小贷属于跨省级行政区域经营的全国性网络小额贷款公司，其余 6 家为单一省级行政区域经营的小额贷款公司。

从 8 家转型机构的股东背景来看，金投行小贷、林海小贷、赣州发展小贷的背后均有"国资系"控股或参股。海豚金服小贷、禹洲启惠小贷、新浪小贷、分子魔方小贷、小赢小贷均为民营系背景。在"严监管"背景下，已转型为小贷公司的机构仍需进一步加强合规风控体系建设和金融科技技术应用，以持续满足监管要求，在防控风险的前提下更好地满足小微客户的融资需求。

[做中学 5-3]

网络小额贷款公司与产品检索

本"做中学"将通过步骤引导，带领大家检索 P2P 网贷平台转型设立的网络小额贷款公司的基

本信息和典型的网络小额贷款产品,进一步加深对 P2P 网贷机构转型网络小额贷款公司意义的理解。

步骤 1:进入金投行小贷官网首页。

金投行小贷是第一家 P2P 网贷机构成功转型设立的网络小额贷款公司。进入金投行小贷的官网首页,了解其基本情况,如图 5-14 所示。

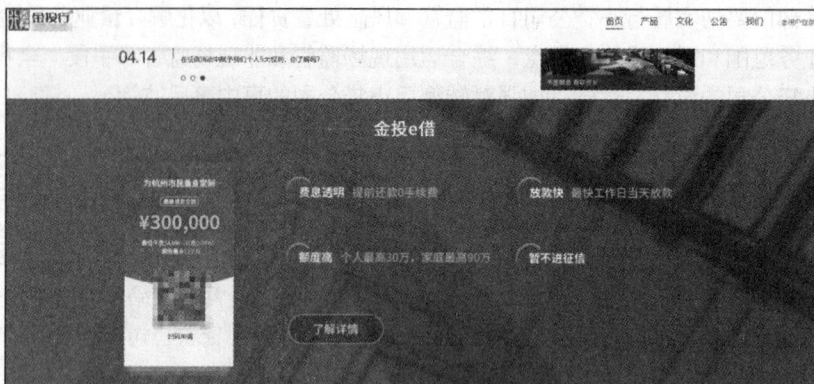

图 5-14　金投行小贷官网首页

步骤 2:通过官网查询金投行小贷的公司介绍和信息披露情况。

单击官网首页右上角的"我们"超链接,查看金投行小贷的公司介绍,如图 5-15 所示。单击公司介绍页面右下角的"信息披露"专栏,可以进一步查询金投行小贷的经营范围、注册地址、公司主要人员信息以及金投行平台信息等详细内容。

步骤 3:检索金投行小贷的主要产品,分析产品特色和金融科技赋能作用。

返回金投行小贷官网首页,单击右上角的"产品"超链接,打开产品页面,详细了解金投e借系列产品的基本要素,如图 5-16 所示。结

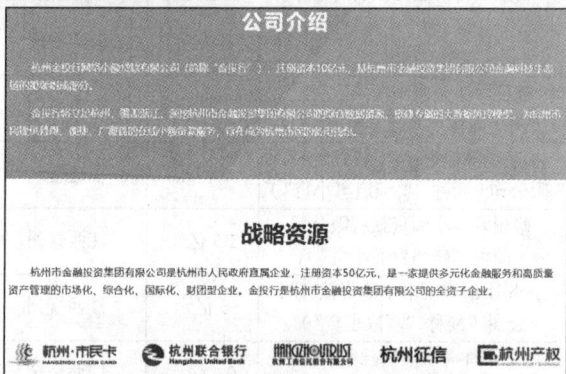

图 5-15　金投行小贷的公司介绍页面

合所学知识,分析主要产品特色和金融科技技术的赋能作用,并填入表 5-6 中,进一步加深对 P2P 网贷机构转型网络小额贷款公司意义的理解。

图 5-16　金投行 e 借系列产品页面

表5-6 金投行e借系列产品分析

产品名称	基本要素	产品特色	金融科技的赋能作用
金投e借·众安贷			
金投e借·众安贷PLUS			
金投e借·众安贷PRO			

步骤4：检索其他网络小额贷款公司信息与特色产品。

从其他P2P网贷机构成功转型设立的网络小额贷款公司中选取一家你感兴趣的公司，参照以上步骤检索公司信息与特色产品。你可以选择单一省级行政区域经营的网络小贷公司，也可以选择跨省级行政区域经营的网络小贷公司。请将检索获取的信息与金投行小额比较，体会各家网络小额贷款公司在经营和产品方面的异同。

五、网络小额贷款业务流程

1. 网络小额贷款业务的基本流程

网络小额贷款的基本业务流程包括贷款申请、风险审核、贷款审批、贷款发放和贷款回收等环节，如图5-17所示。

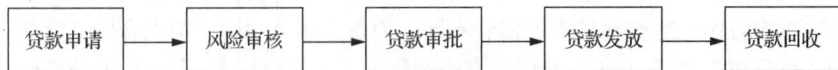

精品微课

网络小额贷款的业务流程

图5-17 网络小额贷款业务的基本流程

（1）贷款申请。借款人根据自身需求提交小贷公司需要的信息，进行借款申请。网络小贷公司根据信息判断客户是否符合贷款条件，收集客户的基本身份信息及行业经验、经营时间、经营位置、企业产权结构、户籍及住房状况、征信记录及所需的其他必要资料，让客户根据要求提出借款申请并签字。

（2）风险审核。通过信贷调查完成风险审核，包括借款申请人信息、借款申请人企业经营状况调查、借款申请人家庭状况调查、担保人调查等。

（3）贷款审批。贷款审批主要是指贷款审查，包括合规性审查和完整性审查。

（4）贷款发放。贷款发放包括落实审贷会条件、核对身份、签订合同及借据、贷款回访、贷款档案整理等。网络小贷公司坚持"小额、分散"的原则，主要放款对象为小微企业、个体工商户和农户。《网络小额贷款业务管理暂行办法（征求意见稿）》规定：对自然人的单户网络小额贷款余额原则上不得超过人民币30万元，不得超过其最近3年年均收入的三分之一，该两项金额中的较低者为贷款金额最高限额；对法人或其他组织及其关联方的单户网络小额贷款余额原则上不得超过人民币100万元。

（5）贷款回收。通过随访、电话常规检查、定期登门检查、预警信号监测等形式进行贷后管理。贷款回收包括采取分期还款的方式、提示工作的重要性、提示工具的使用、还款方式的设计、再贷客户的政策、贷款重组的政策。

2. 网络小额贷款业务的流程优化

具备网络小额贷款业务经营资格的小额贷款公司，在业务流程方面具有更多的优势。资产端方面，网络小额贷款业务可以通过互联网触及更广、更深的用户群体。资金端方面，传统小额贷款公司的融资渠道主要为股东缴纳的资本金、捐赠资金、来自不超过两个银行业金融机构且不超过净资产50%的融入资金，以及经国家有关部门同意的其他资金来源；而经营网络小额贷款业务的小额贷款公司通过银行借款、股东借款等非标准化融资形式融入资金的余额不得超过其净资产的1倍，通过发行债券、资产证券化产品等标准化债权类资产形式融入资金的余额不得超过其净资产的 4 倍。可见，与传统小额贷款公司相比，网络小额贷款公司的融资渠道更多，融资杠杆上限也更高。

同时，网络小额贷款应用金融科技技术优化了业务流程。网络小额贷款公司更擅长运用大数据、云计算、人工智能等新一代信息技术对客户海量的网络行为数据进行分析和挖掘，从而对客户进行快速征信、评级和放贷。例如在贷款申请、风险审核等贷前环节，网络小额贷款公司可以做到完全在线上进行，在平台上收到贷款请求后，实时在线审核小微客户的借款申请，平台拥有大数据和机器学习等技术，自动评估客户的信用状况，用到的数据范围十分广泛，包括内部获取和第三方经过验证的数据，如交易数据、公共记录、信用数据、专有数据、社交数据、财务信息等。在大数据技术赋能下，网络小额贷款公司能够根据平台客户经营、消费、交易以及生活等行为，采集数据信息分析客户信用风险，形成数字征信客户画像和进行预授信，并在线完成贷款受理、审核、发放和回收等。此外，网络小额贷款公司还具备快速进行信用审核的能力和拥有较强的风险控制技术，能有效降低不良贷款率。

六、互联网消费金融

根据监管规定，合规的 P2P 网贷机构除了可以依据 83 号文申请转型为网络小额贷款公司外，对于极少数具有较强资本实力、满足监管要求的机构，还可以申请改制为消费金融公司。与网络小额贷款公司属于地方金融机构且由地方金融监管局监管不同，消费金融公司属于中央金融监管部门监管的非银行金融机构。截至 2021 年 3 月末，全国共有小额贷款公司 6 841 家，而获批的消费金融公司仅有 30 家。消费金融公司在业务拓展、资金获取、杠杆比率等方面具有明显的优势，其牌照价值更高。具体而言，消费金融公司作为持牌的非银行金融机构，可以通过同业拆借获取低成本的资金，从而有助于降低客户的融资成本；同时，消费金融公司的贷款金额可以达到注册资本金的 10 倍，远高于网络小额贷款公司的杠杆比率，业务拓展也没有地域限制。

由于消费金融公司的优势，部分头部 P2P 网贷机构尝试向消费金融公司转型，但是 P2P 网贷机构转型消费金融公司的门槛和难度也更高。截至 2021 年 6 月末，仅有平安集团旗下的头部 P2P 网贷机构陆金所成功转型为平安消费金融有限公司。2019 年 7 月 18 日，我国最大的在线财富管理平台陆金所计划退出 P2P 业务，开始申请消费金融牌照，并打算专注于互联网消费金融业务。互联网消费金融指持牌金融机构通过互联网进行线上申请、审核、放款及还款全流程的消费金融业务。一般而言，互联网消费金融均由持牌消费金融公司开展，以小额、分散为原则。由 P2P 网贷平台陆金所转型而来的平安消费金融有限公司，具有开展互联网消费金融业务的天然优势。2019 年 11 月 27日，银保监会发布公告称，同意中国平安保险（集团）股份有限公司在上海市筹建平安消费金融有限公司，自批复之日起 6 个月内完成筹建工作。经银保监会开业批复，2020 年 4 月 23 日，平安消费金融有限公司在上海正式开业，成为中国第 25 家开业的持牌消费金融公司。平安消费金融有限公司位于上海浦东新区，注册资本达 50 亿元，在所有持牌消费金融公司中排名第二，排名第一的是捷信消费金融公司。根据公布的股权结构，中国平安保险（集团）股份有限公司出资占比 30%，是平安消费金融有限公司的第一大股东，其余三个股东也均与陆金所控股有关。

我国互联网消费金融市场的参与方包括电商平台、银行、持牌消费金融公司、消费分期平台等。其中，电商消费金融是典型的互联网消费金融，其代表产品包括蚂蚁花呗、借呗、京东白条等，贷前、贷中和贷后全流程在线完成。电商平台消费金融在流量和技术方面具有一定的优势，但是随着金融监管的完善，其也必须持牌经营，接受全面、统一的监管。2021 年 6 月 3 日，重庆蚂蚁消费金融有限公司（以下简称"蚂蚁消费金融"）在法定筹建期内完成筹建，经依法审查，符合开业条件，获批开业。蚂蚁消费金融注册资本 80 亿元，其中蚂蚁集团持股 50%。蚂蚁消费金融开业后，按规范要求逐步承接原"花呗"运营主体重庆市蚂蚁小微小额贷款有限公司和原"借呗"运营主体重庆市蚂蚁商诚小额贷款有限公司的个人消费信贷业务,一年过渡期后,上述两家小贷公司平稳有序退出市场。蚂蚁消费金融作为持牌金融机构,必须严格按照法律法规和相关监管规定,开展互联网贷款和互联网消费金融业务,坚持"小额、分散、普惠"的经营原则,为长尾客户的真实金融需求提供信贷服务,推动数字普惠金融合规、高质量发展。

与此同时,消费金融公司在科技赋能下,也开始在互联网消费金融市场占据重要地位。作为"科技+金融"定位的消费金融公司,平安消费金融有限公司探索以先进金融科技赋能于互联网消费金融业务,助推金融服务升级改革,践行普惠金融。平安消费金融有限公司依托强大的信贷科技力量,重点发展智能获客能力,包括泛场景+闭环场景、线上+线下,构建以场景为主的营销生态。平安消费金融有限公司致力于在满足客户消费信贷需求的同时,提供一站式的消费体验;高效整合金融资源及商户资源,提供标准化的解决方案,从而带来可持续的商业价值。

[做中学 5-4]

"平安小橙花"互联网消费金融产品操作实践

"平安小橙花"是平安消费金融有限公司推出的代表性互联网消费金融产品,能够为符合信用审核条件的个人提供灵活、便捷的线上循环信用贷款,满足其消费和资金周转需要。本"做中学"将通过步骤引导,带领大家体验该产品的操作实践。

步骤 1:下载并登录平安消费金融 App。

平安小橙花属于全流程线上产品,通过 App 在线申请操作,因此首先需要下载平安消费金融 App。打开平安消费金融有限公司官网首页,如图 5-18 所示,单击首页中间的"平安消费金融"下方的"点我下载"图标,扫描弹出的二维码,下载平安消费金融 App。用手机号注册并登录平安消费金融 App。

图 5-18 平安消费金融有限公司官网首页

步骤 2:在线申请平安小橙花产品授信额度。

平安小橙花产品授信额度全流程线上申请,实时出额,无须面签,轻松快捷。点击平安消费金融 App 首页右上角的"立即申请"按钮,开始申请平安小橙花产品授信额度,如图 5-19 所示。通过上传身份证、绑定银行卡、人脸识别、补充信息 4 步,即可完成额度在线申请。平安小橙花产品人脸识别页面如图 5-20 所示。

图 5-19　平安小橙花产品授信额度申请页面　　图 5-20　平安小橙花产品人脸识别页面

步骤 3：通过大数据信用审核获取授信额度。

在线提交平安小橙花产品授信额度申请后，系统会自动进行大数据信用审核，若审核通过了，即可在半分钟内快速获得各类授信额度，如表 5-7 和图 5-21 所示。平安小橙花的额度为 1 000～20 万元，24 小时随时借款，不动用额度不计息。

表 5-7　　　　　　　　　　　　　　平安小橙花各类授信额度

额度类型	具体说明
消费额度	可直接消费使用，并有一定的免息额度福利，如可在平安消费金融 App 的分期商城直接使用
提现额度	可提现至银行卡后再消费使用
补充额度	若信用审核资质优异，还可获得专项额度、临时额度等额度补充

图 5-21　平安小橙花获取授信额度页面

步骤 4：平安小橙花产品还款操作。

平安小橙花的账单日和还款日会在出额度后确定为每月固定日期，以方便安排还款规划。在使用授信额度后，平安小橙花提供了两种还款方式：一是账单还款，即每月固定的账单日汇总本期应还的全部金额，生成当月还款账单，以便"一键还款"；二是提前还款，即可以通过还款页面主动提前还款。

任务三　互联网贷款融资信用审核与风险管理

　　风控是互联网贷款融资的核心。本任务通过详细的步骤指引，带领大家完成融资信用审核操作，重点把握大数据信用风险评估的方法以及互联网贷款风险管理的要点，以更好地平衡业务拓展与风险防控的关系，实现融资目标。

精品微课

互联网贷款融资信用审核

一、融资信用审核概述

（一）融资信用审核概念

　　互联网贷款融资信用审核是指贷款发放前银行对申请人的基本情况进行调查，并对其是否符合贷款条件和可发放的贷款额度做出初步判断，重点审核申请人的还款能力与还款意愿。

　　商业银行互联网贷款信用审核也可理解为银行授信贷前调查。互联网贷款的主要服务对象为个人和小微企业，其信用审核的特点是审核周期短、流程简便、效率高。在借款人在线提交了申请材料之后，互联网贷款主要通过以下步骤进行信用审核：**系统实名认证→借款人初步信用审核→借款人网络信息查询与验证→大数据信用风险评估→审批与放款。**

（二）融资信用审核要点

　　借款人的还款能力与还款意愿是融资信用审核的两大要点。借款人还款能力是影响一笔借款能否按期偿还的客观因素。以企业主借款客户为例，借款人还款能力一定程度上就是企业的还款能力。传统的企业还款能力分析主要是分析企业关键性的财务指标，如流动比率、速动比率、资产负债率、利息保障倍数等；但小微企业往往缺少健全的财务制度，无法提交完善的财务报表，或其财务报表的真实性无法判断。因此，可以通过分析借款企业银行流水，从其收入大小和收入变化趋势，分析其还款能力。相对而言，借款人还款意愿则难以量化地评估。一般来说，决定还款意愿的因素主要有借款人人品、违约成本等。评估还款意愿应注意挖掘借款人基本信息背后隐藏的信息。还可以从借款人提交的征信报告入手，从借款人以往的履约情况判断其还款意愿。

　　交叉检验是通过不同途径确认信息正确性的方法。信用审核交叉检验就是在借款调查前、调查中、调查报告制作和融合检查管理过程中，通过不同信息的来源途径、同一信息来源途径的勾稽关系，确定借款人信息真实性、准确性、完整性的过程。其主要针对与借款人的还款能力和还款意愿相关的信息和数据进行验证，包括财务信息和反映借款人个人基本特征及企业经营特征的"软信息"等方面的内容。

　　逻辑检验是针对信用审核中，借款人无正规可信的财务报表的情况设计的验证工具。对于一个借款人来讲，其各项财务数据之间是相互关联而非各自独立的。这种关联性就决定了特定数据之间应该有一定的比例关系。这种关联和比例关系就为我们提供了一个验证借款人财务信息的非常有用的工具。我们称这种验证为逻辑检验。只有经过逻辑检验的财务信息，才能作为财务依据提供给信用审核贷审会。由此可见，逻辑检验本身属于交叉检验的一部分，主要侧重于对借款人公司财务状况的检验。

　　综上，借款人还款能力和还款意愿的评估不能依据单方面的信息，应当通过多种方式和渠道，结合多方面因素分析并通过交叉检验和逻辑检验的方式得出最终的评估结果。实际上，无论是发放互联网贷款的商业银行，还是发放网络小额贷款的机构，都有属于自己的风控系统来判断借款人的还款能力和还款意愿。例如中国工商银行的工银融e借的风险控制系统，依托工商银行长期积累的信贷管理经验和专业化团队，对集团全体客户和全部信贷资产进行风控排查，特别是借助过去30

05

多年的经营发展中形成的、支付链条上沉淀的 1.2 亿张信用卡与 248 万线上线下商户的数据，运用"数据+模型"的方式，实现客户准入、授信、放款、监控和催收管理。

二、系统实名认证

互联网贷款信用审核的第一步是对借款申请人进行系统实名认证。系统会首先核实用户真实身份，防止用户盗用他人身份信息进行申请操作。互联网贷款实名认证是通过系统对用户所提供资料进行自动审核完成的，其主要步骤包括以下 3 步。

1. 身份证识别

身份证识别采用光学字符识别（Optical Character Recognition，OCR）技术，通过用户拍照对身份证照片上的信息进行自动提取，或者通过用户自行输入身份证信息进行验证。商业银行可以直接借助联网核查对身份证进行识别。

2. 真人活体检测

真人活体检测提供离线/在线方式的人脸活体检测能力，在人脸识别过程中判断操作用户是否为真人。大部分银行 App 的人脸识别功能主要通过调用第三方服务平台接口实现真人活体检测。常见的真人活体检测技术研究公司有百度、腾讯、Face++等。

3. 银行卡身份验证

银行卡身份验证是中国人民银行征信中心与中国银联合作推出的身份验证方式。这种验证方式借助带有银联标识的信用卡或具有银联在线支付功能的借记卡，通过在中国银联页面在线输入卡号、借记卡取款密码、信用卡背面末三位数和有效期、姓名、证件类型、证件号码、预留手机号、短信验证码等信息，来确定个人真实身份。银行卡身份验证方式具有覆盖面广、验证效率高、安全有保障等特点，一是可覆盖数字证书验证方式不支持的银行，更加方便社会公众进行身份验证；二是对在线提供的身份信息进行实时验证，实时反馈身份验证结果；三是输入证件、银行卡号与手机号等认证信息，多维度验证身份。

三、借款人初步信用审核

借款人初步信用审核可以分为对自然人借款人的审核和对小微企业借款人的审核。

（一）自然人借款人初步信用审核

自然人借款人初步信用审核主要需要审核借款人的年龄，受教育水平，婚姻状况，是否有不良嗜好、不良信用记录和犯罪记录，以及住址信息和资产状况等。

1. 借款人年龄

《贷款通则》规定，自然人作为借款人必须是"具有中华人民共和国国籍的具有完全民事行为能力的自然人"。年满 18 周岁且精神健康的公民是完全民事行为能力人；年满 16 周岁不满 18 周岁的公民，若以自己的劳动收入作为主要生活来源的，也视为完全民事行为能力人。通常情况下，借款人的年龄与借款人的社会经验、工作经验是成正比的，而借款人的经验会对借款人的经营能力产生影响（尤其对一些复杂程度较高的行业）。借款人的年龄与借款人的精力、健康程度是成反比的，这些会直接影响到年龄较大的借款人的还款能力和还款意愿。年龄过大或身体健康状况差会增加借款人的死亡风险。

2. 借款人的受教育水平

借款人的受教育水平高，对自己的社会定位会较高，更为重视自己的信誉，也会理解在整个社会征信体系中个人信誉的重要性，因此还款意愿会高一些；借款人的受教育水平高，发现、把握商机以及对生意的掌控能力也相对较强，而且其社会关系可能更广泛一些，这些对提高借款人的还款能力、还款意愿都有一定的帮助。

3. 借款人的婚姻状况

通常情况下，已婚借款人出于对家庭的责任感、家庭声誉及对子女的影响，会更为用心地经营自己的企业，还款意愿也更为主动一些。对于有离婚史的借款人，要尽量了解其离婚的原因，尤其是有二次以上离婚史的借款人，要特别注意观察借款人目前家庭的稳定性。对于个体工商户和私营企业主来说，家庭的稳定性对生意的经营有较大影响。

4. 借款人是否有不良嗜好、不良信用记录和犯罪记录

要注意观察、了解借款人是否有酗酒、赌博等不良嗜好，其行为是否严重损害借款人的健康状况，是否对借款人的家庭及生意的稳定性产生不利影响，对借款人将来还款能力是否产生一定的风险。查询借款人的信用记录是了解借款人信用情况的一个重要手段，对于有不良信用记录的借款人，要了解其违约的真实原因，除非有特殊情况，否则要将其视为借款人还款意愿较差的一个重要证据。对于有犯罪记录的借款人，要重点了解其犯罪的类型和严重程度，该记录对借款人家庭和生意是否还有某种影响，可以通过观察，试探性地询问了解借款人目前对其犯罪行为的认识，要综合考虑借款人犯罪时的年龄、犯罪时间距离现在的长短，努力为能够改过自新的借款人提供发展事业的机会。对于炒股的借款人，要注意该借款人的投机行为是否成为借款人经营的"主要目的"，是否已经影响到借款人生意的经营，借款人是否可能将借款挪用等情况。

5. 借款人的住址信息与资产状况

借款人居住地可能为自有或租赁等。自有居住地需要核实房产证权利人或共有权利人栏是否有借款人姓名。租赁居住地需要核实居住地承租人是否是借款人，核实租赁期限、地址，核实公共事业费账单地址是否一致以及户名是否是出租人。借款人资产可以通过借款人提供的房产证、车辆登记证或行驶证等核实。

（二）小微企业借款人初步信用审核

如果借款人以小微企业或个体工商户的名义借款，还要对借款人企业经营情况进行核查。核实借款人营业执照真实性，确认执照在有效期内，且营业执照有效期限晚于贷款到期日。核实企业实际经营业务是否在营业执照经营范围之内。新版营业执照使用统一社会信用代码。对运输、餐饮、烟酒、危险品、旅馆、回收等特殊行业，需核实特殊行业经营许可证。核实企业经营地址真实性，同时，结合经营地照片交叉验证。核实企业经营规模，通过统计企业账户和借款人个人账户的每月流水来估算营业收入情况。统计流水时，需要通过流水的户名、页数、对方户名、备注等信息，判断流水的真实性、连续性和有效流水比率。通常通过六个月的流水趋势和波动性来判断企业经营处于上升阶段还是下滑阶段。

需要注意的是，评估借款人的还款意愿时，应结合其还款能力进行综合分析。借款人的违约是还款能力和还款意愿综合作用的结果。传统的信用风险评估方法将还款能力与还款意愿当成两个独立的对象来处理，分别对二者进行评估后再做出风险决策，这种做法忽视了二者之间的内在联系，影响了信用风险决策的科学性与合理性。因此需要对借款人信息进行交叉检验和逻辑检验。在初步信用审核实务中，信审人员通常会使用初审工作底稿记录工作过程和结果，并通过"留痕"的方式为下一步工作打下基础。请扫描右侧二维码，仔细了解初审工作底稿（表样）的具体内容，掌握初审工作的关注要点。

资料链接

初审工作底稿
（表样）

[做中学 5-5]

企业借款人的初步信用审核

借款人赵敏是上海 ABC 服装贸易有限公司的独资股东，由于扩大经营需要补充资金，以个人名义向网络小贷公司申请借款，申请材料已提交。请根据以下步骤引导，完成该借款人的初步信用审核。

步骤 1：借款人身份验证。

通过验证身份证真伪，判断借款人年龄是否符合借款要求、借款人所在地区是否是高风险地区。从照片验证证件真伪的方法有：身份证号码要注意"平头 3、开口 4"；正面照片左竖边的向下延长线是否在身份证号码第 10 位的中间；背面的签发机关名称与正面的住址信息是否一致；是否在有效期内等。同时，我们还可以将身份证信息输入第三方征信平台进行验证。

核实借款人户口本信息，检查借款人有无曾用名，检查借款人"服务处所"或"何时由何地迁来本址"栏位是否有"劳教、劳改、农场、监狱"等字样以核实借款人是否有犯罪服刑记录。

步骤 2：借款人住址信息认证与资产状况核实。

借款人居住地可能为自有、租赁或住在亲友家。自有居住地需要提供房产证以及居住地公共事业费账单，核实房产证权利人或共有权利人栏是否有借款人姓名、公共事业费账单地址是否一致。租赁居住地需要提供租赁合同以及居住地公共事业费账单，核实居住地承租人是否是借款人，核实租赁期限、地址，核实公共事业费账单地址是否一致以及户名是否是出租人。亲友居住地需要提供居住地房产证以及公共事业费账单，同时提供亲友关系证明。上述公共事业费账单包括电费单、水费单、燃气费单、有线电视费用单等，只需提供其中一种即可。

借款人资产可以通过借款人提供的房产证、车辆登记证或行驶证等进行核实。

步骤 3：借款人企业经营情况初核。

核实借款人企业经营情况，包括核实营业执照真实性、核实企业经营地址真实性以及核实企业的经营规模，并与经营地照片交叉验证。具体核实方法可参考步骤 2 中的做法。

步骤 4：借款人信用报告审核。

核实信用报告的时效性，报告日期是否在 30 个自然日内。核实报告的完整性，是否连续完整。统计借款人的负债情况，主要关注贷款余额、信用卡已用额度和对外担保等情况，同时统计借款人近期到期的贷款余额。判断借款人信用情况，主要指标为贷款逾期户数、信用卡逾期户数、逾期次数、有无 90 天以上逾期、有无当前逾期、近一个月征信查询次数等。

四、借款人网络信息查询与验证

随着互联网的发展，网络作为信息公示平台的作用日益凸显，越来越多的信息可以通过相关公示平台进行交叉验证。**借款人网络信息查询与验证主要包括主体基本信息、企业税务信息、法律纠纷信息、互联网金融统一身份核验平台和征信信息。**

1. 主体基本信息

借款企业的主体基本信息可通过国家企业信用信息公示系统方便地查询，如图 5-22 所示。

图 5-22　国家企业信用信息公示系统查询首页

另外，还可以通过中国高等教育学生信息网（学信网）查询借款人的学历信息是否真实，如图 5-23 所示。

2．企业税务信息

查询企业税务信息的网站主要是各省市区的税务局官方网站。以上海市为例，上海市税务信息查询平台首页如图 5-24 所示。

图 5-23　中国高等教育学生信息网（学信网）

图 5-24　上海市税务信息查询平台首页

3．法律纠纷信息

法律纠纷信息查询主要包括开庭查询、裁判文书查询、法院被执行查询和法院失信被执行查询等。

（1）开庭查询。查询借款人和关联企业近期是否有开庭信息，主要通过人民法院网"开庭公告"以被告身份查询，可知借款人和关联企业近期是否陷入案件纠纷。以上海市高级人民法院网为例，上海市高级人民法院网开庭公告查询页面如图 5-25 所示。

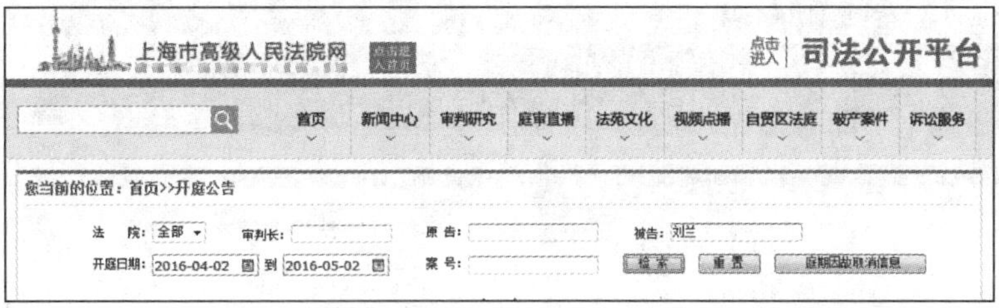

图 5-25　上海市高级人民法院网开庭公告查询页面

（2）裁判文书查询。可以通过中国裁判文书网查询涉及借款人和关联企业案件的判决文书，分析案件性质和风险，如图 5-26 所示。

图 5-26　中国裁判文书网查询首页

（3）法院被执行查询。可以通过图 5-27 所示的全国法院被执行人信息查询网站，查询借款人和关联企业是否为法院被执行人，若借款人或关联企业为被执行人，表明其未主动履行法院判决，可视为信用不佳。若仍处于执行中状态，表明借款人或关联企业仍处于强制执行状态，视执行标的分析偿债风险。

图 5-27　全国法院被执行人信息查询网站

（4）法院失信被执行查询。可以通过全国法院失信被执行人信息公布与查询网站，查询借款申请人或关联企业是否被列为失信被执行人，若借款申请人或关联企业为失信被执行人，表明法院强制执行且未成功，可视为严重失信，应拒绝其借款申请。全国法院失信被执行人信息公布与查询网站如图 5-28 所示。

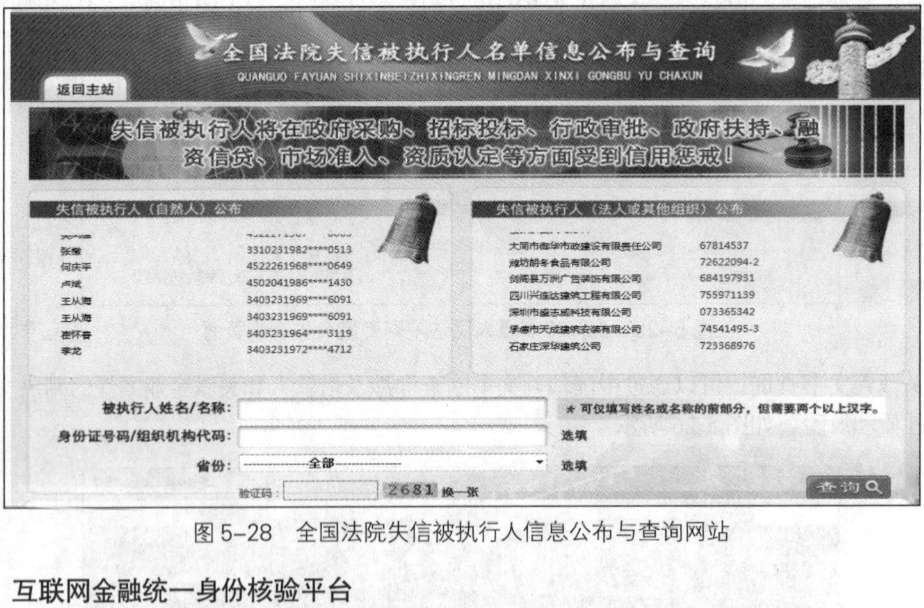

图 5-28　全国法院失信被执行人信息公布与查询网站

4. 互联网金融统一身份核验平台

随着互联网金融行业基础设施建设的推进，中国互联网金融协会上线了互联网金融统一身份核验平台。该平台作为互联网金融行业的统一入口，采用身份核验技术，整合各身份核验渠道主流数据资源，为从业机构提供客户身份核验的一站式接入，可显著提高身份核验效率，节约从业机构开展业务的运营管理成本。互联网金融统一身份核验平台一期已具备身份证信息核验、银行卡账户信息核验、通信运营商信息核验、数字证书核验、人脸识别等 5 个模块共 13 种接口的核验能力，如图 5-29 所示。

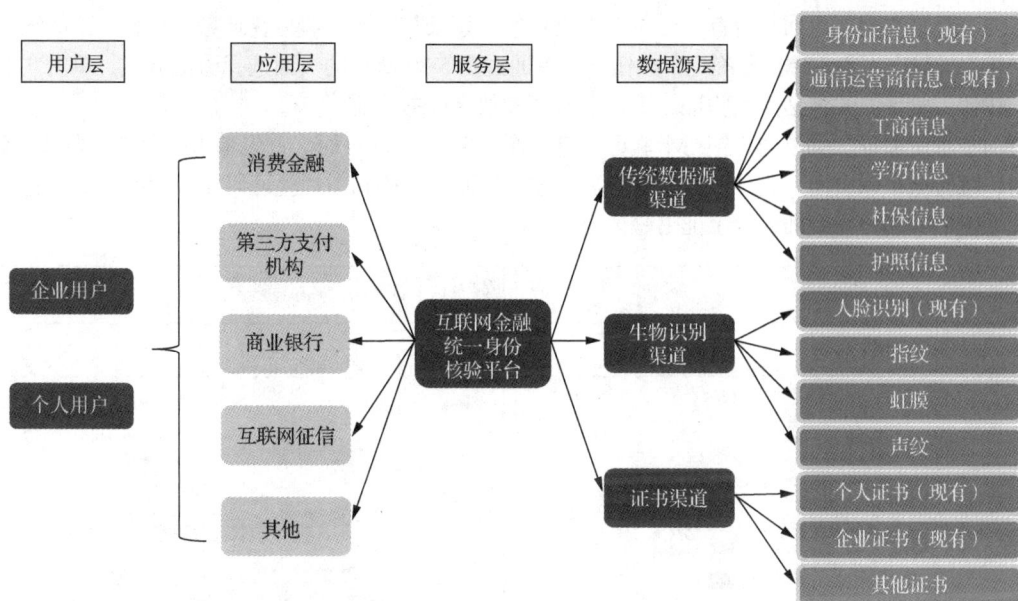

图 5-29　互联网金融统一身份核验平台主要功能模块

互联网贷款借款人身份验证通过线上完成，包括后期的风控审核，都以此为基础。首先，确认借款人真实存在，再进行身份核验、信用评估、还款能力核查与还款意愿确认等，同时确保每一步操作都真实有效。互联网金融统一身份核验平台通过整合各个身份认证渠道，一端连接渠道权威数据源，另一端连接协会各会员单位，实现身份认证的一键接入，整合资源，节约成本，提高效率，并避免用户信息在不受控的网络中传递。在此基础上，互联网金融统一身份核验平台作为互联网金融行业的入口，服务行业，满足行业需求与监管要求。

5. 征信信息

为使社会公众能够方便快捷地获取本人的信用信息，进一步拓宽个人征信系统服务渠道，中国人民银行征信中心建设了基于互联网运行的个人信用信息服务平台（以下简称"平台"）。借款人可通过该平台官方网站自行查询并打印个人信用报告，具体步骤如下。

（1）**进入平台官网，开始查询**。打开中国人民银行征信中心个人信用信息服务平台首页，单击"马上开始"按钮，如图 5-30 所示。

（2）**用户注册**。单击"新用户注册"；填写标识信息、验证码，阅读服务协议，单击"下一步"按钮；填写身份信息、补充用户信息，然后单击"提交"按钮，如图 5-31 所示。最后注册完成，页面提示用户注册成功。

图 5-30　中国人民银行征信中心个人信用信息服务平台首页

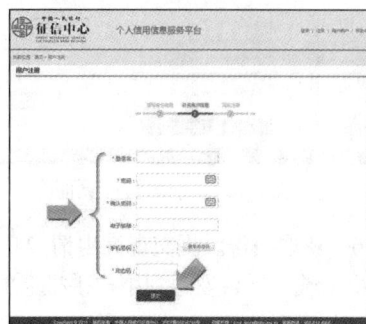

图 5-31　平台注册页面

（3）**登录平台**。返回平台首页，单击右上角的"登录"按钮，填写登录名、密码、验证码；进入"新手导航"页面，单击"确定"按钮，然后通过图 5-32 所示的页面选择验证方式，单击"下一步"按钮。验证方式包括问题验证、银行卡验证和数字证书验证。

（4）**身份验证**。如果选择银行卡验证，进入图 5-33 所示的页面。首先单击"获取银联认证码"按钮，跳转至银联页面，获得银联认证码后，输入银联认证码和图片验证码完成验证。如果选择数字证书验证，用户需要插入数字证书验证身份。

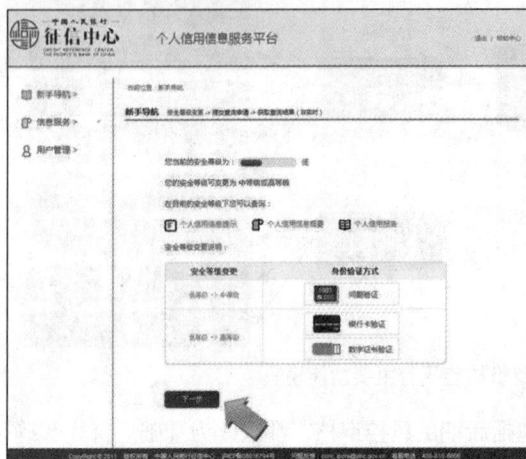

图 5-32　身份验证方式选择页面

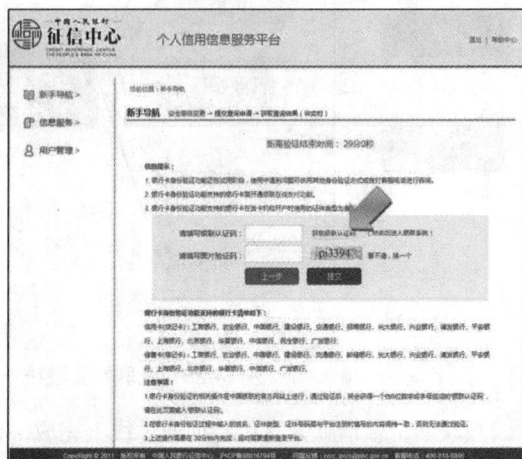

图 5-33　银行卡验证页面

如果选择问题验证，进入图 5-34 所示的页面，仔细核对本人信息，正确回答验证问题，然后单击"下一步"按钮。

（5）**提交申请**。在"信息服务"中单击"申请信用信息"，选择信用信息，提交查询申请。此处应选择"个人信用报告"，并输入手机动态码，然后单击"下一步"按钮，提交个人信用报告查询申请，如图 5-35 所示。

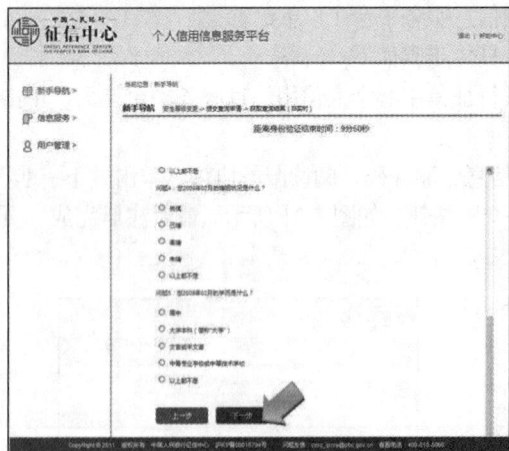

图 5-34　问题验证页面

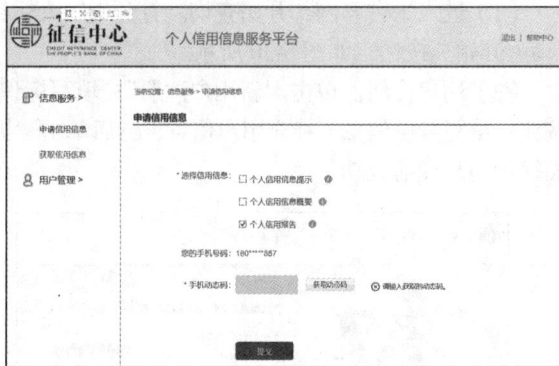

图 5-35　提交个人信用报告查询申请

（6）**获取报告**。提交查询申请 24 小时后，用户可以登录平台，单击"信息服务"→"获取查询结果"，输入平台发送到用户手机上的身份验证码，查看选择的信用信息产品。个人信用报告样例如图 5-36 所示。

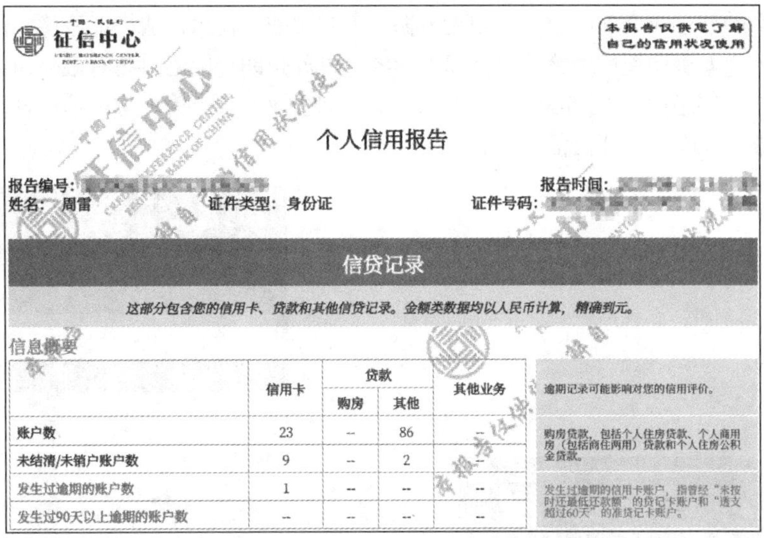

图 5-36 个人信用报告样例（局部）

在线获取个人信用报告后，可以导出为 PDF 格式保存，或者打印出来，作为互联网贷款融资申请的重要材料。需要特别提醒，如果选择数字证书验证或银行卡验证，在线进行注册申请时，平台实时反馈验证结果。用户可以选择是否开通"快捷查询"，开通"快捷查询"后，可以通过输入手机动态码验证身份、快捷提交查询申请。如果选择问题验证，在线提交注册申请后，平台 24 小时内将验证结果以短信方式发送给用户。

除了通过中国人民银行征信中心个人信用信息服务平台官网查询外，还可以通过征信中心授权的全国性商业银行及中国银联的 App 渠道查询个人信用报告。例如，登录中国银行 App，点击"征信查询"，即可一键申请查询个人信用报告，如图 5-37 所示。信用报告生成后，银行会第一时间通知用户，然后用户就可以登录网上银行或手机银行查看或下载了。通过商业银行手机银行渠道查询获得的线上个人信用报告版本与中国人民银行征信中心官网一致，而要获得更详细的信息，还可以前往指定商业银行的网点查询。通过线下银行网点的自助查询机，可以查询和打印比互联网版更详细的纸质个人信用报告。

中国人民银行于 2021 年 5 月上线的新一代个人信用报告内容主要包括：基本信息，包括身份信息、居住信息、职业信息、婚姻状况、所有个人手机号等；信贷记录，包含信用卡、贷款、大额专项分期、夫妻共同负债、为他人贷款担保等其他信贷记录，列出了信息概要、发生过逾期的信用卡和贷款账户明细、从未逾期过的信用卡和贷款账户明细等，这也是最核心的信息；非信贷交易记录，具体指先消费后付款形成的信息，如电信缴费等；公共记录信息，包括社保信息、公积金信息、法院信息、欠税信息、行政执法信息、自来水业务缴费信息等；查询记录信息，即最近两年内，何人何时以什么原因查询过你的信用报告，包括机构查询记录明细和个人查询记录明细；最后还附有信用报告说明。新版征信报告个人信息记录更加全面，还将还款记录延长至 5 年，与逾期信息的时限保持一致，同时增加展示"已销户贷记卡近 5 年还款记录"。新版征信报告信息的更新也更加及时，要求各机构在采集时点 T+1 向征信中心报送数据。这种情况下，想利用征信更新缓慢的时间差多头申请贷款就行不通了。此外，用户如果发现自己的个人信息被盗用，可以主动申请在征信报告上添加"反欺诈警示"，并留下联系电话。信贷机构在审批贷款时会使用这一警示进行判断。

此外，针对小微企业借款人，还可以通过第三方机构查询企业征信信息。此类机构主要是经中国人民银行备案的第三方企业征信机构，整合了企业基本信息、税务信息、法律纠纷信息、贷款申请与逾期信息中的部分或全部内容，运用大数据、人工智能等技术形成企业画像、信用报告等征信产品与服务，为金融机构授信决策等提供评价参考。以苏州朗动网络科技有限公司运营的企业大数据征信 App 企查查为例（见图 5-38），可以方便地查询企业的各类第三方征信信息，并形成知识图谱用于尽职调查、风险监控和授信决策。

图 5-37　中国银行 App 个人信用报告申请查询页面　　图 5-38　企查查 App 企业征信信息查询页面

[随堂测试 5-5]

1. 个人信用报告的查询渠道有哪些？请选择一种查询渠道，参照以上步骤，完成自己个人信用报告的查询操作。

2. 2018 年 5 月 23 日，我国第一家市场化的个人征信机构——百行征信有限公司正式揭牌。百行征信注册地在广东省深圳市，营业场所在北京西城区金融大街，注册资本为 10 亿元。百行征信的最大股东为中国互联网金融协会，持股 36%；芝麻信用、腾讯征信、前海征信、鹏元征信、中诚信征信、考拉征信、中智诚征信和华道征信各持股 8%。2020 年 12 月 28 日，朴道征信有限公司在北京朝阳自贸区注册成立，这是经国务院征信监督管理部门行政许可批准设立的第二家全国性市场化个人征信机构。朴道征信由北京金融控股集团有限公司、京东数字科技控股股份有限公司、北京小米电子软件技术有限公司、北京旷视科技有限公司、北京聚信优享企业管理中心共同发起设立，业务范围为依法合规向社会提供个人信用报告、信用评分、信用画像、反欺诈、身份核验等征信服务。请通过互联网进一步检索相关资料，将市场化征信机构和央行征信系统的功能与定位进行比较。

五、大数据信用风险评估

大数据信用风险评估不仅考虑借款人信息、中国人民银行征信报告，还有更丰富的风险数据以及更完善的风险模型。互联网贷款融资大数据信用风险评估的主要流程为：采集获取数据→清洗整理数据→建模加工数据→信用评估应用。

（1）在采集获取数据和清洗整理数据环节，不同的金融机构有不同的侧重点，但是数据应当包含借款人姓名、身份证号、联系电话、银行账户以及其他开展风险评估所必需的基本信息。如果需要从合作机构获取借款人风险数据，应通过适当方式确认合作机构的数据来源合法合规、真实有效，对外提供数据不违反法律法规要求，并已获得信息主体本人的明确授权。网商银行的互联网贷款，侧重采集借款人在阿里巴巴系平台的行为，如购物习惯、淘宝店流水等；微众银行则侧重采集社交行为，如虚拟财产、支付习惯等；传统商业银行则侧重采集银行卡交易流水、征信报告等。在借款人提交申请信息的几分钟内，即对借款人的各项数据进行清洗整理和交叉对比，完成借款人资质审核，从而极大地提升了批款速度。大数据系统的信息积累，除了银行内部数据、抓取用户在互联网上的公开数据外，还必须重视对用户授权数据的充分利用。首先，通过借款人提交的信用卡信息，系统可以快速解析借款人的信用卡使用记录、个人信息、逾期记录等重要信息，而这些信息能帮助系统对借款人进行初步的信用评级；其次，通过用户授权，该系统还能获得借款人在淘宝、京东等电商平台的交易记录、收货地址、支付宝实名认证等信息，这些数据能直接反映借款人的消费及支付能力，是侧面证明借款人还款能力的有利证据。除信用卡、电商交易等记录之外，清洗整理数据时还对用户在银行、电商网站留存的电话号码进行实名验证，可以进一步丰富数据库数据类型，为建立多维度的风险模型提供有力保障。

（2）建模加工数据环节，是大数据信用风险评估的核心，一般可以分为准入规则、评分、用户分层三个流程。准入规则是指根据设定的准入指标将用户信息和第三方数据进行比对，确定某些项目为准入条件，同时进行反欺诈监测。评分是面向符合准入条件的用户，对用户提供的所有信息进行指标量化评分。评分结束后用户自然被分层，如分为 AA 级、A 级、B 级、C 级、D 级等。根据《商业银行互联网贷款管理暂行办法》，商业银行应当合理分配风险模型开发测试、评审、监测、退出等环节的职责和权限，做到分工明确、责任清晰。银行应当结合贷款产品特点、目标客户特征、风险数据和风险管理策略等因素，选择合适的技术标准和建模方法，科学设置模型参数，构建风险模型，并测试在正常和压力情境下模型的有效性与稳定性。银行应当建立人工复核验证机制，作为对风险模型自动审批的必要补充。

（3）在互联网贷款融资的信用评估应用环节，通过对用户的分层，对于 AA 级、A 级信用良好的用户可以直接授予较高信贷额度，对其他级别的用户则授予较低信贷额度；贷款利率也可进行差别化定价，对不同信用等级的用户设置不同的贷款利率。

六、审批与放款

融资信用审核的最终环节是审批与放款。额度的出具主要通过风险模型初判，终审复核。风险模型初判是指通过将前期审核过程中获取的真实有效资料，输入风险模型中，模型会出具一个与借款人相匹配的额度；终审复核是指终审根据借款人资料，结合风险模型给出最终审批结论。

审批结论包括：审批退回、审批拒绝和审批通过。对于材料不完整的、调查不详细的应审批退回，并要求经办人员进行修改和补充；对不合规的，可否决借款申请，并将借款人申请资料由客户经理退还申请人并做好解释工作；对于符合借款要求的，应就授信额度、是否同意借款、借款金额、利率、期限、还款方式等内容签署明确审批意见，并对审批结果承担审批责任。借款人融资申请审批通过后，通过网络签约，并提交相关银行卡信息。

七、融后风险管理

在完成放款后，应结合风险管理模式，做好对借款人的融后风险管控。一旦发现逾期等风险隐患，及时进行风险处置，尽可能降低风险损失。

1. 突出重要风险点，加强融后持续监测

真实、准确、完整的信息，是正确决策的基本依据。互联网贷款放款后，主要通过非现场检查的方式对所有可能影响还款的因素进行持续监测，及时发现借款人的潜在风险并发出风险预警。由

于每个借款人所处的行业环境、发展阶段等情况不同，企业自身的经营状况、管理能力等情况相异，所以风险种类繁多，需要关注的风险点及应当采取的风险防范措施也各有特色。但是借款人作为经济主体必然具有一些共性特征。从借款安全的角度看，融后应重点监测以下内容：①客户是否按约定用途使用授信，是否诚实、全面履行合同；②授信项目是否正常进行；③客户的法律地位是否发生变化；④客户的财务状况是否发生变化；⑤授信的偿还情况等。另外，关联交易风险也不容忽视，不仅要监控借款人的经营状况、财务状况，而且要关注关联方的情况，一旦借款人因违约被列入"黑名单"，其主要关联方，特别是配偶、直系亲属的借款也应严格控制，以防冒名借款或者资金被挪用。

2. 充分利用区块链、大数据等金融科技新技术，提升风控效率

区块链已经成为新兴金融科技发展的关键引擎，互联网贷款也应充分利用区块链、大数据等金融科技新技术，提升风险防控的效率。区块链可以应用在供应链金融中，区块链技术可实现资产上链、去中心化份额登记、业务规则智能化管理等，真正打破核心企业、中小企业与银行间的信息壁垒，解决传统模式下应收账款确权困难、物资管理困难、可融资主体范围窄、融资工具流转难等痛点。例如浙商银行应收款链平台，可以将企业供应链中沉淀的应收账款改造成为高效、安全的线上化"区块链应收款"。通过它，核心企业签发的区块链应收款可以在供应链商圈内流转，实现圈内"无资金"交易，从而减少外部资金需求，构建更健康的供应链生态。中小企业收到"区块链应收款"，不仅可用于对外支付，还可随时转让给银行进行融资变现。

重视操作风险管控，提高融后管理效果。操作风险是不完善的操作程序、系统或人为因素导致发放互联网贷款的机构产生直接或间接损失的风险。在实际工作中，很多借款不能及时、完整地收回，其原因并不完全在于借款人一方，还在于平台公司对借款流程、对自身的行为缺乏有效的管理和控制，如没有设计人性化的客户还款提醒，没有采取适当的催收方式等。通过改进融后还款等环节的借款客户操作流程与体验，也可以提高融后管理效果。例如，可以设置"还款快速入口"，融资客户可以通过该入口一键完成还款操作，大幅提高了还款的便捷性，降低了融后管理中因客户不熟悉还款流程或操作失误而可能出现的非恶意违约。此外，商业银行等还应加强对员工的操作风险管控与职业道德教育，形成全员、全过程的"风控文化"。

案例链接
"京东白条"的风险控制体系

八、逾期债务催收

逾期债务催收是指通过互联网贷款行为形成债权债务关系后，债务人未按照合同约定履行还款义务，出现债务逾期或违约时，为引导债务人履行债务清偿责任所开展的催告提醒服务。逾期债务催收是互联网贷款风险管控的重要内容，应规范逾期债务催收行为，选择合适的催收处置方法，及时处置化解相关风险。

1. 规范逾期债务催收行为，保护债权人、债务人、相关当事人合法权益

关于规范逾期债务催收行为，不同的管理办法做出了一致的规定，即不能采取暴力催收等违法违规行为。《商业银行互联网贷款管理暂行办法》指出，商业银行不得委托有暴力催收等违法违规记录的第三方机构进行贷款清收。商业银行应明确与第三方机构的权责，要求其不得对与贷款无关的第三人进行清收。商业银行发现合作机构存在暴力催收等违法违规行为的，应当立即终止合作，并将违法违规线索及时移交相关部门。《网络小额贷款业务管理暂行办法（征求意见稿）》指出禁止通过暴力、恐吓、侮辱、诽谤、骚扰方式催收贷款。事实上，这样的规定主要源于P2P网络借贷暴力催收的乱象，关于互联网借贷催收的相对完整的管理办法最早是在2018年由《互联网金融逾期债务催收自律公约（试行）》提出的，该公约适用于规范互联网金融逾期债务催收行为，确立以"遵纪守法、规范审慎、保护隐私、严格自律"为基本原则，明确了失信惩戒、业务管理、人员管理、信息

管理、外包管理、投诉处理等方面的具体规定，给出债务催收行为的正负面清单，设定了执行与惩戒机制，旨在保护债权人、债务人、相关当事人及从业机构各方合法权益，促进行业健康发展。

2. 循序渐进，分类施策，采取适当的催收处置方法化解风险

债权人可以选择的催收处置方法有很多。在对借款人持续监测的过程中，如发现客户可能或已经违约，应及时制止并采取补救措施。这些措施可以分为三个不同的层次。第一个层次是督促借款人及时纠正违约行为或者可能影响借款安全的行为。例如，如果企业在一定时期内应收账款非正常性增加，应要求借款人分析原因并加大应收账款的回收力度。第二个层次是调整客户授信额度。应该与借款人在借款合同中约定一些基本条款，设定借款人企业资产负债率、流动比率等主要财务指标的限值，一旦达到限值标准，平台公司就应采取相应的风险规避措施，如冻结未使用的信用额度、提前收回借款等。第三个层次是对已逾期但还没有完全形成损失的借款采取法律诉讼等保全措施。具体来看，可以使用的催收处置方法主要包括以下几种。

（1）**电话催收**。电话催收指负责融后管理业务的催收人员，利用电话与借款人进行沟通，并结合计算机系统、周边辅助工具与借款人进行协议，以达成债权回收目标的催收方式。电话催收具有以下特点：沟通隐秘，避免人情压力与尴尬；间接接触，保障催收人员的安全；文明沟通，减少借款人的指责与抵抗；计算机系统的辅助，方便案情追踪；周边辅助工具的支持，让催收人员无后顾之忧。

（2）**外访催收**。外访催收是小额信贷问题贷款管理运作中的外访程序，其原始目的是弥补电话催收作业时无法直接接触债务人的不足，在电话催收未果的案件中，需以合情合法的现场外访加以辅助，以提高电话催收的强度，形成一种立体上的压迫感。外访催收是一种非常直接有效的催收方式，基本上外访的模式都是先由电话催收人员前期进行电话催收和铺垫，在发现重大风险（如欺诈、死亡、被捕）或客户屡次违约后，会要求外访给予协助。

（3）**委外催收**。委外催收是将问题案件委托给有相应资质的外包催收公司进行催收。其优点在于能够节省债权人的人力物力，能够利用外包催收公司的专业性更好地回收欠款；缺点在于委外催收的成本较高。

（4）**诉讼催收**。诉讼催收是指通过向法院提起诉讼的方式进行催收处置。诉讼的类型包括民事诉讼、刑事诉讼两种，风险处置中的诉讼主要是指民事诉讼，只有少数涉嫌诈骗的欠款人，可以通过刑事程序来处理。诉讼催收所针对的主要是有还款能力，但通过常规手段无法让其还款的欠款人。它的特点在于能够利用国家的威严及强制力对欠款人进行威慑和制裁，对于抵押借款还可以强制执行处置借款人的抵押物，从而实现欠款的成功回收。但诉讼催收一般周期较长、成本较高。

在实际融后管理中需要根据风险的具体情况，选择适当的催收方法，及时化解或处置风险。

[随堂测试 5-6]

选择合适的催收处置方法

请逐项判断在融后管理中遇到如下风险情景时，应该采取怎样的催收处置方法，并填入表5-8。

表5-8　　　　　　　　　　选择合适的催收处置方法

风险情景	催收处置方法
某小微企业主借款人已失联多日，但其妻子为本市公务员，有稳定住所	
张先生因出差忘记还款，目前已逾期超过三天	
某借款人因生意失败携妻儿跑路，但其借款有足值房屋抵押	
某平台消费借款有近百笔逾期，借款人来自全国各地，但户均不足1万元	

课程思政

商业银行互联网贷款助力数字普惠金融"守正创新"

2005 年国际小额信贷年首次提出普惠金融（Inclusive Finance），它与"金融排斥"互为正反面，又称为"包容性金融"。2016 年 1 月，我国正式发布《推动普惠金融发展规划（2016—2020 年）》，明确提出要继续发挥互联网在促进普惠金融发展中的有益推动作用，大力推进移动金融专项工程。2016 年 9 月，G20 杭州峰会发布《G20 数字普惠金融高级原则》，数字普惠金融首次走上国际舞台，"利用数字技术推动普惠金融发展"是第一原则。2016 年在 G20 普惠金融全球合作伙伴（GPFI）报告中，对数字普惠金融的定义是：泛指一切通过使用数字金融服务以促进普惠金融的正规金融服务行动，关键点在于负责任、成本可负担、商业可持续。

从实践上看，数字普惠金融机构可以划分为两种类型：商业银行等传统金融机构的数字创新与新兴类金融机构的互联网金融产品创新。数字普惠金融的重点服务对象包括小微企业、农民、城镇低收入人群、贫困人群和残疾人、老年人等特殊群体。我国互联网金融的发展经历了从"野蛮生长"到纳入监管框架的历程，以 P2P 网贷机构为代表的互联网金融平台曾经在满足长尾小微客户的贷款需求、助力普惠金融发展方面发挥了一定的作用，但是由于缺乏监管，也滋生了套路贷、高利贷、暴力催收等违法违规行为，扰乱了正常的金融秩序。在 P2P 网贷"清零"以及部分网贷机构向网络小额贷款公司转型的同时，政府监管部门支持商业银行在审慎合规的基础上运用金融科技手段开展互联网贷款业务。各银行纷纷推出了面向普惠金融重点服务对象的互联网贷款创新特色产品，并积极申请纳入金融科技创新监管试点。商业银行等持牌金融机构开展互联网贷款业务有助于"开正门"，扩大数字普惠金融服务覆盖面；"堵偏门"，抑制高利贷、套路贷等非法金融活动，填补了 P2P 网贷清退和转型后的小微金融服务空白，更好地满足了长尾小微客户的金融服务需求，推动数字普惠金融"守正创新"。除了商业银行，小额贷款公司开展网络小额贷款业务也必须回归数字普惠金融本源，坚持持牌合规经营和风险可控基础上的创新。2020 年 9 月 16 日，银保监会印发的《关于加强小额贷款公司监督管理的通知》提出，小额贷款公司应当依法合规开展业务，提高对小微企业、农民、城镇低收入人群等普惠金融重点服务对象的服务水平，支持实体经济发展。小额贷款公司应当主要经营放贷业务，不得从贷款本金中先行扣除利息、手续费、管理费、保证金等，鼓励小额贷款公司降低贷款利率，降低实体经济融资成本。2021 年 3 月 11 日表决通过的《中华人民共和国国民经济和社会发展第十四个五年规划和 2035 年远景目标纲要》提出，要完善现代金融监管体系，补齐监管制度短板，在审慎监管前提下有序推进金融创新，健全风险全覆盖监管框架，提高金融监管透明度和法治化水平。稳妥发展金融科技，加快金融机构数字化转型。强化监管科技运用和金融创新风险评估，探索建立创新产品纠偏和暂停机制。

由此可见，商业银行已经成为互联网贷款市场的正规军、主力军，而网贷机构转型后的网络小额贷款公司也是互联网贷款市场的重要补充。金融机构运用金融科技手段开展互联网贷款业务必须坚持"守正创新"，服务数字普惠金融可持续发展。请分别选择一家开展互联网贷款业务的商业银行和开展网络小额贷款业务的小额贷款公司，通过查询官方网站、下载官方 App 浏览、实地调研等方式，了解并比较针对小微企业提供的互联网贷款产品的贷款条件、贷款额度、贷款流程、贷款利率以及金融科技应用情况，并填入表 5-9。

表 5-9　　　　　　　　　商业银行与小额贷款公司互联网贷款产品比较

贷款渠道	机构名称	贷款条件	贷款额度	贷款流程	贷款利率	金融科技应用情况
商业银行 互联网贷款						

续表

贷款渠道	机构名称	贷款条件	贷款额度	贷款流程	贷款利率	金融科技应用情况
小贷公司						
网络小额贷款						

在检索资料，具体了解数字普惠金融相关背景知识和互联网贷款产品信息的基础上，请通过小组讨论的方式，进一步思考以下问题。

1. 假设某小微企业原来通过网贷平台借款 50 万元，采用等额本息还款法，借款期限为 36 个月，每月还款金额为 15 800 元，现通过商业银行申请互联网贷款，利率采用贷款市场报价利率（Loan Prime Rate，LPR）上浮 30% 定价。请查询最新的 LPR，计算该小微企业通过银行申请互联网贷款可以节约多少融资成本。结合表 5-9，为该企业设计合理的互联网贷款方案，可从客户需求、贷款额度、申请流程、贷款利率、技术应用、风险管理等方面提出个性化设计方案，并思考商业银行在开展互联网贷款方面有哪些优势。

2. 2020 年 12 月 5 日，中国互联网金融协会会长李东荣在瞭望智库、《财经国家周刊》主办的"第五届新金融论坛"上指出，面对"十四五"时期的新形势新要求，经过疫情压力测试的金融科技行业应进一步总结经验、巩固成果，从而更加充分地彰显其经济社会价值。在这个过程中，非常关键的一点就是继续坚持守正创新的理念，把守正作为创新的方向盘，把创新作为守正的动力源。请结合国家相关政策和唯物辩证法的基本原理，谈谈商业银行运用金融科技开发互联网贷款产品，发展数字普惠金融业务时，如何才能真正做到"把守正作为创新的方向盘，把创新作为守正的动力源"。

05

知识自测题

一、单项选择题

1. 下列属于商业银行互联网贷款融资产品的是（　　）。
   A. 某银行推出的可线上申请的抵质押贷款产品，但押品需线下评估登记
   B. 某银行与小额贷款公司合作推出的全流程线上操作的融资产品
   C. 某银行推出的可线上申请和支付，但需实地尽职调查的融资产品
   D. 某银行通过网络银行渠道获客的固定资产贷款产品

在线测试

2. 某商业银行与小额贷款公司共同出资发放互联网贷款，则此种合作模式为（　　）。
   A. 助贷模式　　　B. 自营模式　　　C. 服务外包模式　　D. 联合贷款模式

3. A 银行与 B 银行共同出资发放互联网贷款，则下列说法正确的是（　　）。
   A. A 银行的出资比例不得超过 30%　　　B. B 银行的出资比例不得超过 30%
   C. B 银行的出资比例不得低于 30%　　　D. A 银行的出资比例不得低于 40%

4. 下列各项中最适合由商业银行互联网贷款提供的是（　　）。
   A. 个人住房贷款　　B. 企业并购贷款　　C. 个人装修贷款　　D. 技术改造贷款

5. 下列关于微众银行微粒贷的说法，正确的是（　　）。
   A. 微粒贷采用白名单邀请准入机制，信用良好的用户就会被邀请
   B. 微粒贷属于个人综合消费贷款，授信额度为 500 元至 20 万元
   C. 根据监管要求，微粒贷不得以在校大学生为营销对象
   D. 微粒贷作为互联网贷款，授信期限不超过一年

6. 下列关于网络借贷的说法，不准确的是（　　）。
   A. 网络借贷属于互联网金融创新业态　　　B. 网络借贷分为个体网络借贷和网络小额贷款

C. 网络借贷属于间接金融模式　　　　D. 网络小额贷款由小额贷款公司发放

7. 全球第一家 P2P 网贷平台诞生于（　　　　）。

　　A. 英国　　　　　B. 美国　　　　　C. 中国　　　　　D. 法国

8. 下列由 P2P 网贷平台转型设立的网络小贷公司，可以跨省级行政区域经营的是（　　　　）。

　　A. 金投行小贷　　B. 林海小贷　　　C. 分子魔方小贷　D. 新浪小贷

9. 下列关于互联网消费金融的说法，不准确的是（　　　　）。

　　A. 极少数 P2P 网贷平台可以转型为消费金融公司，开展互联网消费金融业务

　　B. 消费金融公司属于持牌金融机构，可以通过同业拆借获取较低成本的资金

　　C. 从事互联网消费金融业务的消费金融公司可以突破 10 倍的杠杆比例限制

　　D. 从事消费金融业务的互联网消费金融公司由银保监会负责监管

10. 下列哪一家平台成功转型为消费金融公司？（　　　　）

　　A. 陆金所　　　　B. 拍拍贷　　　　C. 小赢网金　　　D. 宜人贷

11. "花呗""借呗"是（　　　　）的专属消费信贷产品。

　　A. 重庆市蚂蚁小微小额贷款有限公司　　B. 重庆市蚂蚁商诚小额贷款有限公司

　　C. 浙江阿里巴巴小额贷款股份有限公司　　D. 重庆蚂蚁消费金融有限公司

12. 下列哪一项不属于互联网贷款系统实名认证的步骤？（　　　　）

　　A. 身份证 OCR 识别　　　　　　　　　B. 真人活体刷脸检测

　　C. 银行卡身份验证　　　　　　　　　　D. 大数据信用风险评估

13. 中国人民银行新版个人征信报告中还款记录和逾期信息的保留时间为（　　　　）年。

　　A. 3 年　　　　　B. 4 年　　　　　C. 5 年　　　　　D. 6 年

14. 如果想查询借款人是否涉及法律诉讼、判决结果如何，以分析案件性质和风险，则应该通过以下哪个网站查询？（　　　　）

　　A. 全国企业信用信息公示系统　　　　　B. 全国法院被执行人信息查询

　　C. 学信网　　　　D. 中国裁判文书网

15. 关于新一代中国人民银行征信报告所包含信息表述错误的是（　　　　）。

　　A. 基本信息　　　　　　　　　　　　　B. 人脉关系

　　C. 银行信贷交易信息　　　　　　　　　D. 非银行信用信息

16. 关于大数据征信风控模型，其主要流程表述错误的是（　　　　）。

　　A. 采集获取数据　　B. 清洗整理数据　　C. 第三方征信　　D. 信用评估应用

二、简答题

1. 商业银行互联网贷款应当遵循哪些原则？

2. 简述商业银行互联网贷款业务的流程。

3. 简述 P2P 网贷机构转型网络小额贷款公司的基本条件。

4. 如何进行大数据信用风险评估？

三、综合训练题

1. 小明因做生意周转需要，急需一笔 10 万元的融资，预计 20 天后就可以通过回收的应收账款归还。现有两种融资方案可供选择：一是通过互联网银行申请互联网信用贷款，日利率为万分之三，随借随还，申请当天贷款即可到账；二是向某传统商业银行申请应收账款质押贷款，贷款年利率为 5.5%，最短借款期限为 1 个月，且自提出申请起约需等待一周方能获得贷款，在等待期间，小明每天需承担 100 元的延期付款损失。资金闲置期间可获得活期存款利息，活期存款年化利率为0.35%。试通过计算和分析，替小明做出融资方案选择。

2. 请认真阅读下列微型小说"爱贷"，综合运用所学知识，回答文后的五个问题。

爱贷

他做生意失败了。

街角，他们吵架了。

他说："分手吧!"

她说："好。背过身各走 100 步，如果看不见对方，就分手。"

他忍着心痛走了 99 步，他走得很快，不想拖累她。

到最后一步，他忍不住回头，却撞在了她脸上。

他愣住了!

她平静地说："你的前 20 步里，我已经在 X 银行手机银行 App 里申请了笔'爱贷'，30 万元全额提现到卡里，用手机银行直接转到你的卡里了。我等你东山再起。"

他哭得泣不成声，紧紧地把她搂在怀里!

她说："你走得好快，辛亏是 X 银行的'爱贷'，否则真来不及。"

…………

（1）上述微型小说中涉及哪些互联网金融业务，分别属于什么类别?

（2）"你的前 20 步里，我已经在 X 银行手机银行 App 里申请了笔'爱贷'，30 万元全额提现到卡里，用手机银行直接转到你的卡里了。我等你东山再起。"突出了该业务的哪些优势?

（3）从贷款管理的角度看，上述贷款业务可能存在哪些问题?

（4）从风险管理的角度看，上述贷款存在哪些风险隐患?

（5）请根据下列假设情景，分别为上述微型小说续写一个结尾。

情景 A：他创业再次失败，没能还上 30 万元贷款；她被银行列入"黑名单"……

情景 B：正当他生意做得红红火火之际，银保监局对该银行进行现场检查，正好抽查到该笔贷款，发现存在合规问题，出具了《事实确认书》，X 银行要求提前收回该笔贷款，他遭遇抽贷……

3. 某网络小额贷款公司正在招聘小微金融客户经理，基本岗位职责为网络小额贷款客户的开发与初步信用审核，主要条件如下：专科以上学历，金融相关专业，互联网金融、金融科技应用专业优先；具备金融科技与互联网金融基础知识，特别是网络小额贷款获客与信用审核方面的相关知识与技能；吃苦耐劳，具有相关工作经验或学生干部经历，取得金融科技相关"1+X"职业技能等级证书者优先录用。

请根据以上条件，运用所学的互联网金融网络小额贷款的相关知识，结合自身实际，撰写一封不少于 400 字的自荐信，具体内容需要包括：自我介绍、所学的与应聘岗位相关的知识与技能、相关工作经历或学生干部经历、对该岗位职责的认知以及自己为什么适合该岗位等。注意行文需符合书信的基本格式规范。

技能实训

[实训项目]
银行互联网贷款融资业务操作实践。

[实训目的]
本实训项目依托融育互联网银行实训软件，通过让学生扮演互联网贷款业务涉及的不同角色，包括融资企业、互联网银行风控专员、财务专员等，帮助学生在实践操作中进一步掌握银行互联网贷款融资业务的流程，提高理论联系实际的能力。本实训基于互联网金融虚拟运营创新创业实战平台（增强版）开展，实训内容是平台中"互联网银行"实训模块的一部分。

[实训内容]

实训软件提供的初始实训场景为小微企业"东方付通信息技术股份有限公司"向互联网银行"华南湘江银行"申请无抵押信用贷款。其中，小微企业、互联网银行均是由参与实训的学生自己创建的，教师或学生可以根据教学实际改变小微企业、互联网银行的名称和要素。

步骤 1：小微企业向互联网银行提出互联网贷款融资申请。

学生首先扮演小微企业角色，查看互联网银行发布的互联网贷款融资产品说明，然后依次完成"身份验证"，填写企业信息、法定代表人信息和资产信息等，最后向互联网银行的风控专员申请信用额度，如图 5-39 所示。

图 5-39　小微企业提出互联网贷款融资申请页面

步骤 2：互联网银行的风控专员对企业融资申请进行审核。

在实训平台将角色切换为互联网银行风控专员，风控专员对企业提交的信息进行审核，审核完成后给出结果"通过"或"不通过"。如果结果为"不通过"，要指明不通过的原因，如"企业信息填写错误""企业信息经查实有误"等。如果结果为"通过"，需要给出企业的信用额度，企业的信用额度由企业提供的信息和互联网银行的风控模型综合判断，在实训中，学员可以设计个性化的风控模型。互联网银行风控专员确定企业信用额度页面如图 5-40 所示。

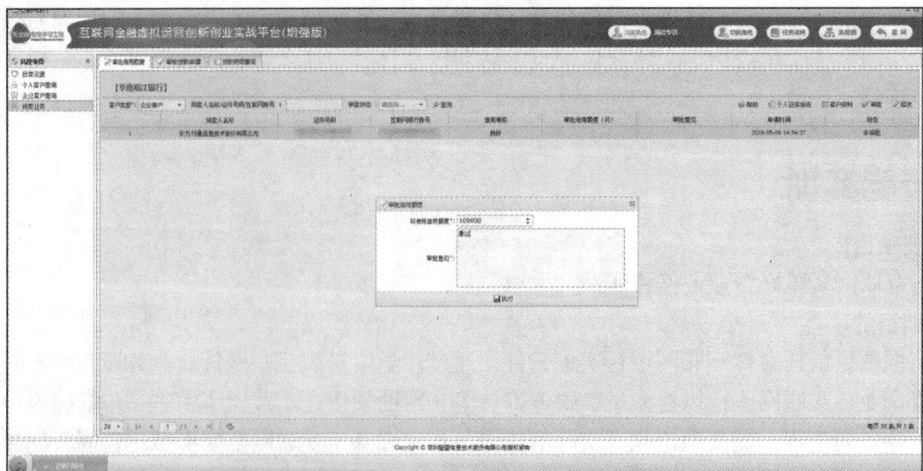

图 5-40　互联网银行风控专员确定企业信用额度页面

步骤3：小微企业填写资料，支用贷款。

在实训平台将角色切换为小微企业。小微企业在获得互联网银行批准的贷款额度后，在需要实际用款时，填写相关资料，申请支用贷款。其主要需要填写贷款用途、还款方式等内容，如图5-41所示。

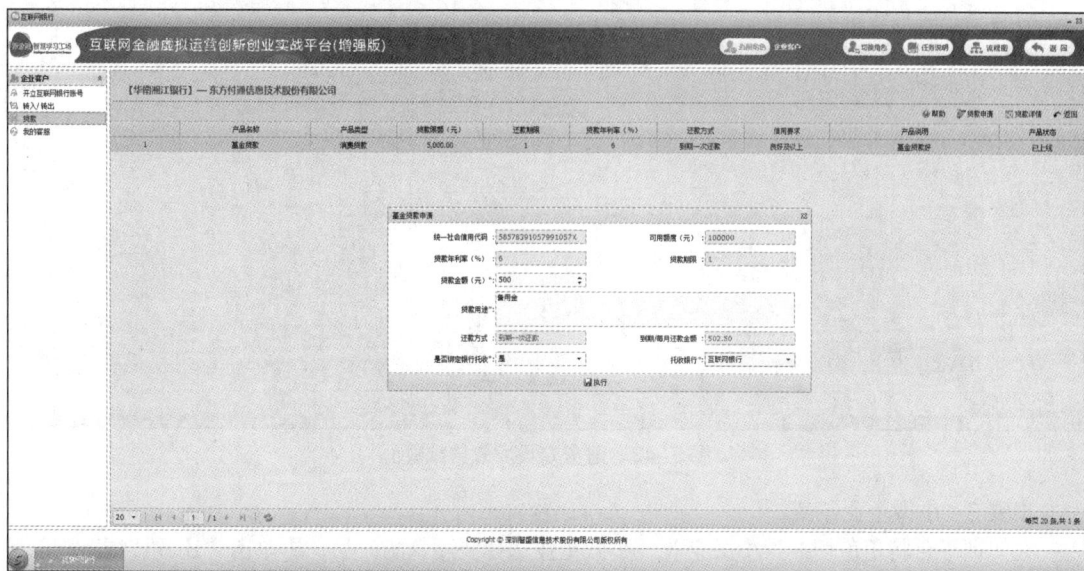

图5-41　小微企业支用贷款页面

步骤4：风控专员审核并通过贷款申请。

在实训平台将角色切换为风控专员。风控专员在审核小微企业提交的资料后，选择通过或者不通过贷款申请。若通过贷款申请，则提交财务专员进行贷款支付，如图5-42所示。

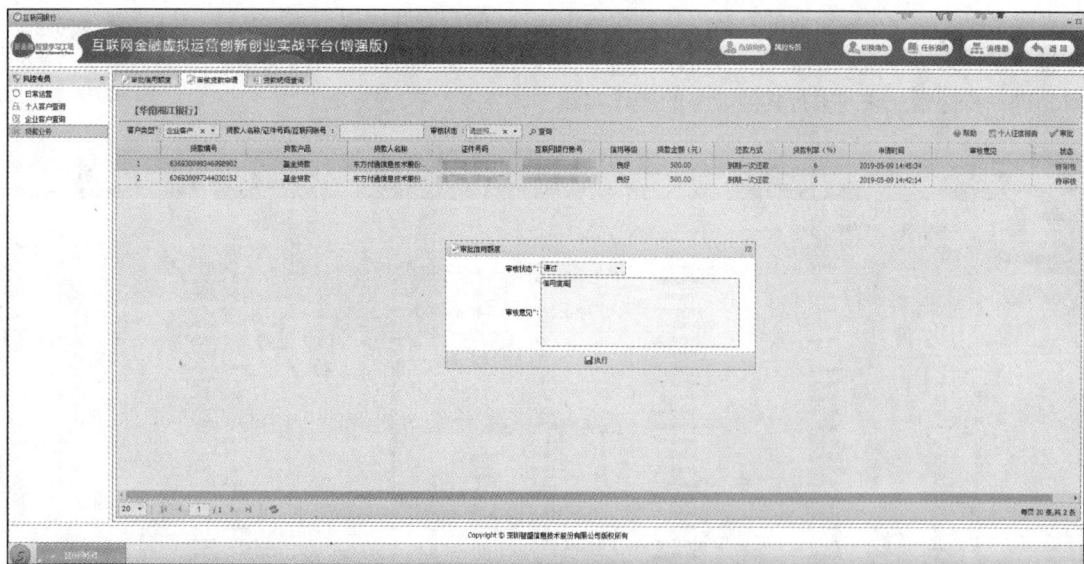

图5-42　风控专员通过贷款申请页面

步骤5：财务专员发放贷款。

在实训平台将角色切换为财务专员。风控专员对小微企业提出的贷款支用申请审核通过后，贷款由互联网银行的财务专员发放，如图5-43所示。

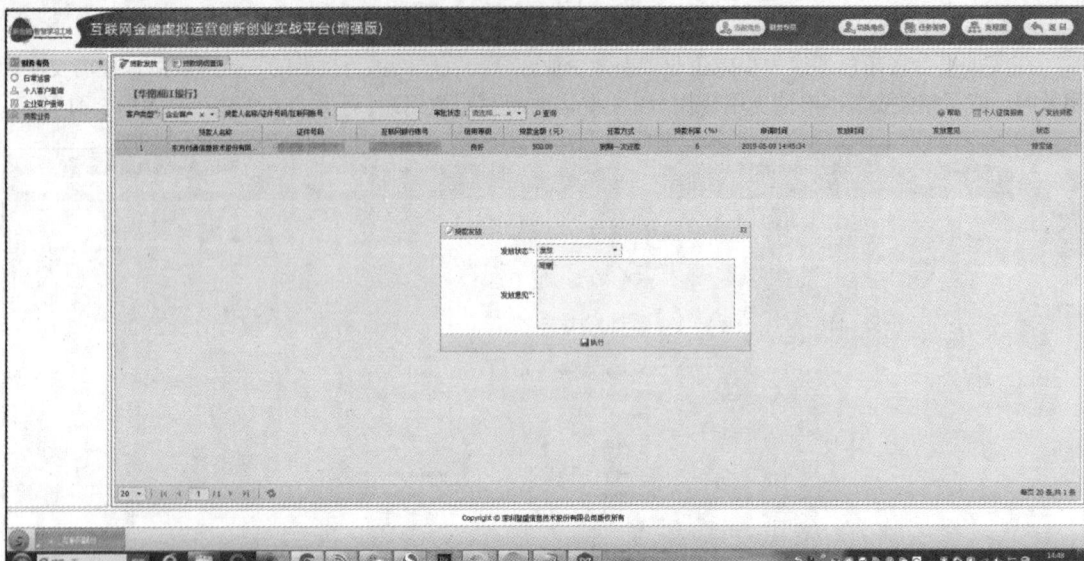

图 5-43　财务专员发放贷款页面

步骤 6：小微企业还款。

在实训平台将角色切换为小微企业。小微企业选择要还款的产品，再单击"还款详情"刷新还款状态，贷款期限到了，系统会自动还款，如图 5-44 所示。需要注意的是，互联网银行模块现实时间 1 秒代表虚拟时间 1 天。如果想手动还款，小微企业需要在操作贷款申请时把"是否绑定银行托收"选项设为"否"，即可手动还款。如小微企业逾期未还款，账号将会进入黑名单不能再进行贷款操作。

步骤 7：探索互联网银行其他业务的操作实践。

除了以上面向小微企业的互联网贷款业务操作外，融育互联网银行实训软件还提供了许多其他互联网银行业务的操作任务和体验功能，请仔细阅读操作手册，进一步探索互联网银行其他业务的操作实践。

资料链接

融育金融科技综合教学实训软件解决方案

图 5-44　小微企业还款页面

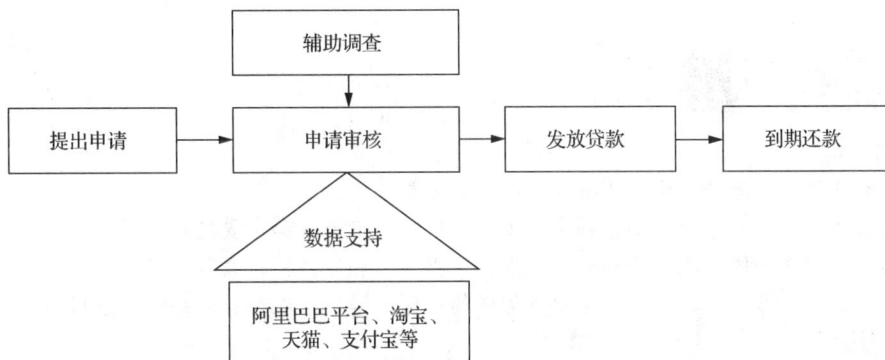

[实训思考]

1. 请扫码观看微课视频"P2P 融资客户评估话术演练",结合实训体验,比较 P2P 融资客户评估与银行互联网贷款融资客户评估有哪些异同。

2. 根据图 5-45,分析网商银行推出的"网商贷"产品的融资业务流程中,哪些环节已经纳入融育实训软件平台,哪些环节尚未纳入,并对改进互联网贷款融资业务实训提出建议。

图 5-45 "网商贷"融资业务流程

05

项目六

实物众筹与公益众筹

[知识目标]

1. 理解众筹的概念与架构，掌握众筹的模式分类。
2. 掌握实物众筹的概念、细分领域、支持等级、回报形式和主要流程。
3. 熟悉公益众筹的基本内涵和适用范围，掌握发起和支持公益众筹项目的主要方法。
4. 了解公益众筹存在的问题、主要监管措施及区块链技术在公益众筹中的应用。

[能力目标]

1. 学会设计科技类实物众筹、农业类实物众筹、电影类实物众筹等主要细分领域具体项目的融资方案，并能完成项目上线发布和投资支持的实际操作。
2. 能够登录公益众筹平台和检索求助项目，并选择感兴趣的公益项目完成实际支持和在线捐赠流程。
3. 能够综合运用实物众筹、股权众筹、公益众筹等知识，分析或设计一份大学生创业"混合众筹"融资创新方案，并进行模拟路演。

[思政目标]

理解公益众筹在关爱脱贫儿童、推动乡村振兴、助力共同富裕中的应用，体会中华民族团结互助、守望相助的传统美德和家国情怀。

众筹为创业融资提供了新途径，本项目将在分析众筹的主体架构与模式分类基础上，重点介绍与大家日常生活密切相关的实物众筹和公益众筹的原理与实践，并帮助大家掌握众筹融资和投资支持的具体方法。

"儿童防近视光环境套装"科技类实物众筹项目

发端于"团购+预购"模式的实物众筹可以拉近生产者与消费者的距离。淘宝众筹是国内具有代表性的实物众筹平台，其最初的雏形是"淘心愿"，源自 2013 年"双 12"的一个分会场。当时，某艺人表达出书的心愿，引得粉丝疯狂预购。依托庞大的淘宝电商资源的支持，淘宝众筹发展成为国内领先的综合类实物众筹平台，同时也是阿里巴巴旗下唯一的众筹平台，涵盖科技、农业、娱乐、设计、乐活等板块，并主打科技类实物众筹项目。2020 年 2 月 28 日，淘宝众筹正式更名升级为"造点新货"，以进一步突出实物众筹支持创新产品推向市场，服务人民美好生活的目的。造点新货官网首页如图 6-1 所示。

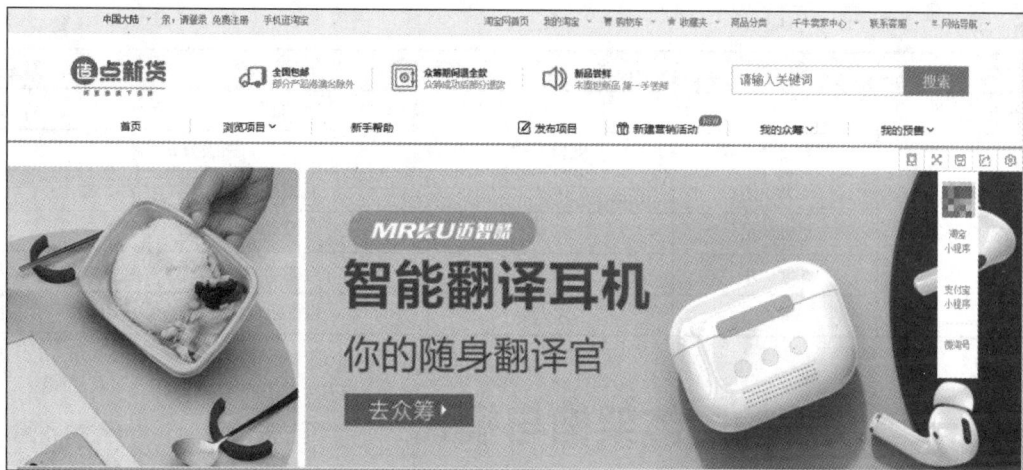

图 6-1 造点新货官网首页

在造点新货众筹平台，由卖家发起实物众筹项目，将具有创新创意的未上市新品，或正在设计且有能力、有资质成形的创意产品，通过众筹的方式面向全网消费者筹资，完成项目方案的最终落地，并以商品回报的方式回馈投资者。

"光合作用：儿童防近视光环境套装"众筹项目是造点新货平台上一个受到广泛欢迎的科技类实物众筹项目。该项目上线众筹的产品是"儿童防近视光环境套装"。该产品应用科学光原理，从源头上预防近视问题，保护每一双认真的眼睛，采用了六大核心技术，包括三重柔光专利技术、超大尺寸光源均匀光照、智能自适应照度、模拟太阳光、美术级别的高显色指数以及智能技术，营造智慧生活场景，通过自定义提醒实现节律养成，辅助孩子培养好习惯。该实物众筹产品介绍页面如图 6-2 所示。

"光合作用：儿童防近视光环境套装"科技类实物众筹项目由众筹产品生产商广州点亮光合智能科技有限公司发起，旨在解决儿童近视防护的痛点，并设计了合理的支持等级，不同等级的支持者会获得相应的实物回报，因此其成了造点新货众筹平台上的一款备受关注的科技类众筹产品。该项目于 2021 年 3 月 15 日成功完成众筹，累计筹集资金 323 460 元，获得了合计 63 位不同等级支持者的资金支持，达成率 646%，超额完成了实物众筹融资目标。"光合作用：儿童防近视光环境套装"科技类实物众筹项目的基本要素如表 6-1 所示。

图 6-2 "光合作用：儿童防近视光环境套装"实物众筹产品介绍页面

表 6-1 "光合作用：儿童防近视光环境套装"科技类实物众筹项目的基本要素

基本要素	具体内容
项目发起人	广州点亮光合智能科技有限公司
众筹平台	造点新货众筹平台
众筹模式	实物众筹
众筹金额	累计筹集资金 323 460 元（达成率 646%）

基本要素	具体内容		
支持人数	支持人数 63 人		
支持等级	每人支持金额	支持人数	回报方式
	2 780 元	10 人	儿童防近视光环境套装 1 套
	2 980 元	31 人	儿童防近视光环境套装 1 套
	5 560 元	18 人	儿童防近视光环境套装 2 套
	25 800 元	4 人	儿童防近视光环境套装 10 套

任务一　众筹的主体架构与模式分类

精品微课　精品微课

众筹的基本概念与主体架构　众筹的起源与发展

一、众筹的主体架构

（互联网）众筹是指由项目发起人利用互联网和 SNS（社交网络服务）传播的特性，发动公众的力量，集中公众的资金、能力和渠道，为小微企业、艺术家或个人进行某个项目或创办企业提供必要的资金援助。众筹项目种类繁多，不仅包括新产品研发、新公司成立等商业项目，还包括科学研究项目、民生工程项目、赈灾项目、艺术设计、政治运动等。只要是网友喜欢的项目，都可以通过众筹方式获得项目启动的第一笔资金，或者获得项目发展的第一批粉丝用户。

互联网众筹主要由三部分构成：项目发起人（项目融资者）、投资者（项目支持者）和众筹平台（互联网网站或 App 等其他类似的电子媒介）。互联网众筹的主体架构如表 6-2 所示。

表 6-2　　　　　　　　　　　　互联网众筹的主体架构

众筹的主体	简要描述
项目发起人	有创新创业能力但缺乏资金的人
投资者	对项目发起人的故事和回报感兴趣、有能力支持的人
众筹平台	连接发起人和投资者的互联网媒介

1. 项目发起人

项目发起人通常是需要解决资金问题的创意者或小微企业的创业者，但也有个别企业为了加强与用户的交流，提升用户的体验，在实现筹资目标的同时，强化众筹模式的市场调研、产品预售和宣传推广等延伸功能，以项目发起人的身份号召公众（潜在用户）介入产品的研发、试制和推广，以期获得更好的市场响应。项目发起人必须具备一定的条件，如国籍、年龄、银行账户、资质和学历等，拥有对项目 100% 的自主权，不受控制，完全自主。项目发起人的项目需具有明确的目标，而且预计可以在计划的时间内完成，如制作专辑、出版图书或生产某种电子产品。项目可以有回报，也可以没有。

2. 投资者

投资者即项目支持者，往往是数量庞大的互联网用户，他们利用在线支付等方式对自己感兴趣的创意项目进行小额投资。公众所投资的项目成功实现后，对于投资者的回报不一定是资金回报，可能是一个产品样品，如一块智能手表；也可能是一场演唱会的门票或一张唱片。投资者资助项目的过程就是其消费资金前移的过程，生产出原本依靠传统投融资模式无法推出的新产品，这既提高了生产和销售等环节的效率，也满足了投资者的互动化、个性化和定制化的消费需求。

3. 众筹平台

众筹平台是连接项目发起人和投资者的互联网平台，是项目发起人的监督者和辅导者，也是投资者的利益维护者。众筹平台功能复杂、责任重大。

互联网众筹的运行模式如图6-3所示。发起人有了好想法，通过众筹平台发起众筹项目，宣传自己的项目并获得大家的支持；支持者登录互联网众筹平台，发现好的项目，对该项目给予资金的支持和帮助，并且利用SNS告诉自己的朋友，分享该项目，使该项目获得更多资金支持；最终通过互联网众筹平台，发起人筹集到开展项目所需的资金，运作该项目，并给支持者发放回报。

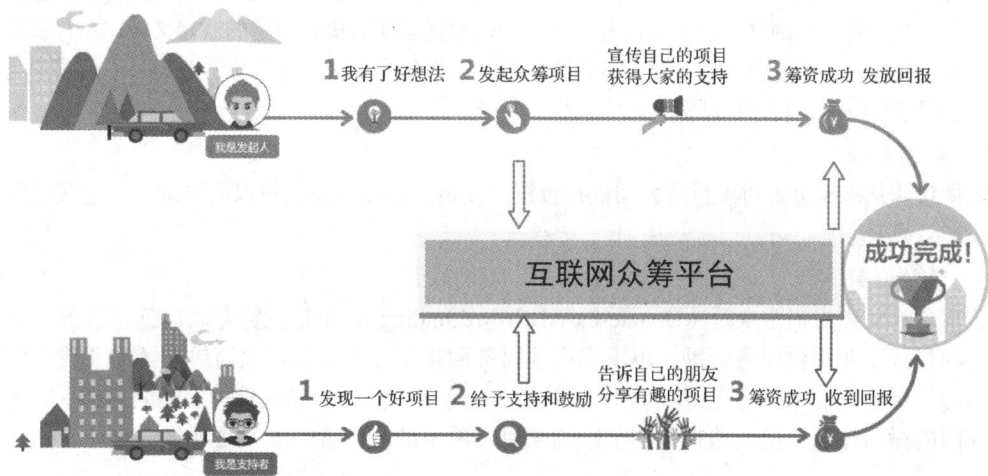

图6-3 互联网众筹的运行模式

此外，许多股权众筹平台采用"领投+跟投"的模式，这里的跟投人就是以上主体架构中的投资者，而股权众筹平台在众多投资者（或投资机构）中选择拥有较为丰富的行业资源或投资经验的人来担任领投人，主要负责投资前的项目分析、尽职调查、项目估值议价，以及投资后的管理事宜，如牵头创立合伙制企业、协调融资方与跟投人的关系、出席董事会等。与一般风险投资不同的是，股权众筹中的领投人也需要以货币为项目注资，不能仅以其他服务方式获得融资方的股权赠予。这旨在保证领投人和跟投人对项目公司享有相对一致的剩余索取权，促使领投人同样关注项目公司的保值增值状况，以规避领投人的道德风险问题。因此，在"领投+跟投"模式下，领投人提供的信息可在一定程度上降低跟投人面临的投资风险和信息不对称程度。由此，领投人在股权众筹的投、融资双方之间发挥信用中介功能，即跟投人依据领投人的信息产生信任，然后基于领投人与融资方的"合伙"背书关系，将此信任传递至融资方，最终实现双方的投融资。

精品微课

二、众筹的模式分类

以融资者（项目发起人）向投资者（支持者）提供的回报类型为基准，可以将众筹划分为**股权众筹、实物众筹、公益众筹、物权众筹和债权众筹**五类。

众筹的模式分类

1. 股权众筹

股权众筹（Equity-based Crowdfunding）是指投资者对项目或公司进行投资，获得其一定比例的股权，可以简单理解为"我给你钱，你给我公司的股份"。随着互联网金融和众筹的发展，股权众筹逐渐成为众筹的一种主流模式，特别是在西方国家，股权众筹以较高的融资额度和可持续的投资回报成为非上市企业的重要融资模式。广义的股权众筹是指通过中介机构撮合融资企业和投资者的权益性融资方式。狭义的股权众筹是指**创新创业者或小微企业通过股权众筹融资中介机构互联网平台（互联网网站或 App 等其他类似的电子媒介，即股权众筹平台）公开募集股本的活动**，具有**"公开、小额、大众"**的特征。股权众筹的主要参与主体包括：①融资者，通常是指融资过程中需要资金的创业企业或项目，其通过股权众筹平台发布企业或项目融资信息以及可出让的股权比例；②投资者，又称支持者，往往是数量庞大的互联网用户，他们利用在线支付等方式对自己觉得有投资价值的创业企业或项目进行小额投资，待筹资成功后，投资者获得创业企业或项目一定比例的股权；③股权众筹平台，是连接融资者与投资者的媒介，其主要职责是利用网络技术支持，根据相关法律法规，将融资者的创意和融资需求信息发布在网站上，供投资者选择，并在筹资成功后负有一定的监督义务；④存管人，在股权众筹融资过程中，应引入商业银行负责资金存管，代理众筹平台在投资者账户、平台账户与融资者账户之间进行资金划转，保证资金的安全性。

2. 实物众筹

实物众筹是指投资者对项目或公司进行投资，获得产品或服务，可以简单理解为"我给你钱，你给我产品或服务"。

3. 公益众筹

公益众筹又称为捐赠众筹（Donate-based Crowdfunding），是指投资者以捐款、慈善、赞助的形式为项目或企业提供财务资助，不求实质性财务回报。公益众筹可以简单理解为"我给你钱，你什么都不用给我"。投资者更多考虑使用资金支持项目获得的心理或精神上的满足感。这种模式下，在国内做得比较多的是募捐制和奖励制项目，项目的支持者一般就是项目的推动者，参与感很强。

4. 物权众筹

物权众筹（Real Right Crowdfunding）指的是通过互联网向大众筹集资金，用于收购实物资产，通过资产升值变现获取利润，其回报可分为经营分红、租金分红以及物权的未来增值收益等。物权众筹作为互联网众筹行业的新星，安全性、收益性稳定，流动性大。目前，在互联网金融规范发展的环境下，物权众筹以产权清晰、手续简单、项目资金灵活、资金用途明确等特点成为投资者追捧的对象。物权众筹主要的类型包括汽车众筹、房产众筹、车位众筹等。

5. 债权众筹

债权众筹（Lending-based Crowdfunding）是指投资者借钱给一个项目或企业，取得其一定比例的债权，以期获取利息收益并收回本金。债权众筹可以简单理解为"我给你钱，你之后还我本金和利息"。

[随堂测试 6-1]

理解与比较互联网众筹的五种模式分类

请仔细阅读图 6-4，将以下五类众筹模式前的序号，填入表 6-3 中相应的单元格内，注意：每个单元格可以填入多项。

A．股权众筹　　B．实物众筹　　C．公益众筹　　D．物权众筹　　E．债权众筹

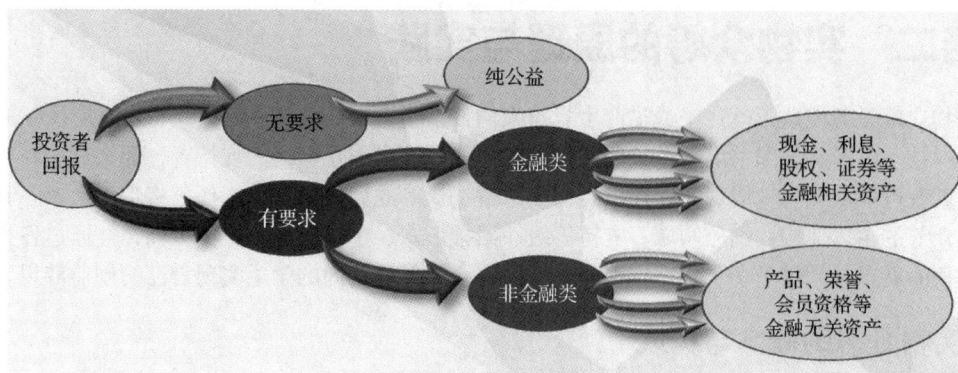

图 6-4 基于回报类型的众筹分类框架

表 6-3 基于回报类型的众筹分类

回报类型	序号
无要求	
有要求	
金融类要求	
非金融类要求	

三、股权众筹融资的流程

从融资者的角度出发，股权众筹融资流程主要分为融前、融中和融后三个阶段。

（1）**融前阶段**。第一，融资者要编制商业计划书，论证项目的可行性，确定融资需求。第二，融资者要选择适合自身项目融资的股权众筹平台，并在该平台上注册成为项目方会员。第三，融资者在选定的股权众筹平台发起项目，将商业计划书的内容按照平台的要求填写在网站上，填好后即可提交，等待平台审核。第四，根据平台的运作机制，平台方将对项目进行多层次的审核。如果该项目通过审核，则可进入项目预热和路演；如果项目不能通过审核，则项目无法在该平台上融资。第五，在项目预热阶段，融资者应通过各种渠道积极与投资者沟通，使投资者更加了解项目情况，进而确立预约认购意向。项目预热期结束后，平台对于预约认购意向高的项目安排下一步路演。第六，在路演前，融资者应做好路演准备，制作路演 PPT，做好路演宣传工作，邀请预约认购的投资者参加路演活动。路演结束后，融资者仍需与投资者保持沟通和联络。

（2）**融中阶段**。项目顺利进行路演后，按照约定的上线融资时间在股权众筹平台上融资。在此过程中，融资者应该及时关注融资进度，回答投资者提出的问题，并且积极与投资者沟通，推动融资目标顺利完成。

（3）**融后阶段**。到达融资期限时，如果项目融资目标未达成，则根据大多数平台的规定，项目融资失败，将款项退回给投资者。如果项目融资目标达成，则融资者需要与投资者签署投资协议，按照协议的内容进一步完成公司注册、项目施工、经营管理等工作。在此过程中，融资者需要配合平台的监管要求，待项目盈利后，融资方需要根据协议约定的收益分配机制给投资者分红。在经营过程中，如果投资者满足协议规定的条件需要退出公司，则项目融资方应予以配合办理股份转让或者股份回购等相关事宜。如果项目经营期满、解散或破产，项目融资方也需要做好相关清算工作，将剩余权益分配给投资者。

任务二　实物众筹的原理与实践

　　实物众筹是各类众筹模式中最早产生且与人们日常生活最相关的众筹模式，无论是衣、食、住、行还是科技、电影甚至图书出版，只要有好的创意，能够吸引足够多的支持者，那么这些新产品和新服务就有可能从概念变成现实。在已经初步了解了众筹的原理之后，本任务将带领大家一起来探索实物众筹的主体架构、细分领域、支持等级、回报形式、主要流程和操作步骤，并通过各类实物众筹案例的展示和"做中学"的操作引导，帮助有众筹创业意向的学生实现自己的创业梦想。

一、实物众筹的概念与构成

　　实物众筹是指投资者对项目或公司进行投资，获得产品或服务，可以简单理解为"我给你钱，你给我产品或服务"，又称为**奖励式众筹、产品众筹或权益众筹**。实物众筹种类繁多，包括科技众筹、农业众筹、电影众筹、出版众筹等项目。例如，农业众筹就是一种典型的实物众筹，其起源于美国，被解释为由消费者众筹资金，农户根据订单决定生产，等农作物成熟后，将农产品直接送到消费者手中的一种模式，这种被称为"从田间到舌尖"的模式发展尤为迅速。实物众筹的典型代表平台包括京东众筹、造点新货、苏宁众筹等。

精品微课

实物众筹的概念与构成

　　实物众筹常被描述为类似于"预售+团购"的模式，其实不然，在实物众筹中，消费者除了投资获得商品外，还可参与到产品设计或生产中。而厂商既可获得资金，也做了市场调研，可根据调研结果调整产品或服务，使其更好地满足市场需求。实物众筹与"预售+团购"的比较如图6-5所示。

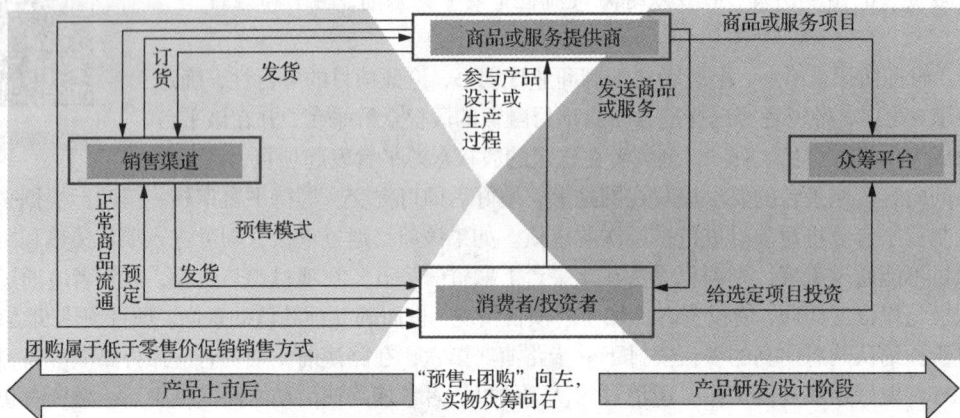

图6-5　实物众筹与"预售+团购"的比较

[随堂测试6-2]

　　请根据你的理解，说说实物众筹与"预售+团购"这两种投资购买方式有何区别。

　　答题参考：实物众筹是产品处于从创意到生产阶段的投资行为；而预售是产品的形态已经固定，开始生产到交付之前过程中的投资行为；团购则是产品上市后，通过大规模采购来压低成本的购买行为。

　　实物众筹的主体架构主要由3部分构成。①筹资者，也称发起人，即有创新创业能力并致力于开发新产品或提供服务，但缺乏资金的项目方。在实物众筹模式下，筹资者希望通过"团购+预购"的方式获取所需的研发资金，并以未来上市的新产品或新服务回报支持者。②支持者，对筹资者的故事和新产品、新服务感兴趣并有能力支持的人。③实物众筹平台，即连接筹资者和支持者的互联网媒介，包括实物众筹网站、手机 App 和部分电商平台等。实物众筹通常采用互联网媒介运营模式，当项目筹资者有了好的想法，可以通过互联网媒介平台发起实物众筹项目，向潜在支持者或客户宣传自己的创意产品或服务，并争取获得大家对"团购+预购"形式的支持。产品支持者可以登录互联网媒介平台，发现好的创意产品或服务，对该项目给予资金的支持和帮助，并且可以利用社交网络告诉自己的朋友，分享该项目，使该项目获得更多大众资金的支持。最终通过互联网媒介平台，筹资者筹集到研发和生产新产品所需要的资金，运作该项目，当创意产品实际生产出来后，再根据支持等级，给予支持者相应的新产品或者服务作为回报。

下面，以"NANO 琅龙无人机——口袋里的飞行自拍神器"为例，来具体说明该项目的主体架构。NANO 琅龙无人机众筹项目的主体架构如表6-4所示。

表6-4　　　　　　　　　　　NANO 琅龙无人机众筹项目的主体架构

众筹的主体架构	具体描述
筹资者	飞侠智能科技股份有限公司
支持者	33 165 位对项目感兴趣的认购者
实物众筹平台	苏宁众筹

NANO 琅龙无人机是飞侠智能科技股份有限公司研发的自拍口袋无人机，产品获得了红点设计大奖，具备 15 分钟续航、可使用充电宝充电、720P 柔光自拍、一键起飞等多项智能技术，是备受市场瞩目的产品。该无人机项目在苏宁众筹上线，经过两个月的众筹，凭借自身的魅力以达成率为 1 000%的成绩成功众筹，支持人数为 33 165 人，筹集总金额为 30 011 414.00 元。

二、实物众筹的特点

实物众筹除了具有一般众筹项目所具备的门槛低、多样性、周期短、成本低等特征外，还具有以下特点。

（1）**快速促进创意产品落地**。实物众筹凭借其处于产业链前端的特点，可以快速发现和发掘有潜力的创意项目或产品。实物众筹还可以验证众筹项目是否符合市场需求，大大降低项目失败的风险。

（2）**通过"团购+预购"方式筹资，但与团购存在本质区别**。发起人通过预售的方式筹集资金，当资金筹足后，给予支持者一定的回馈品。回馈品一般包括商品、服务、优惠券。因为实物众筹的支持者能够获得商品，其直接表现形态类似"团购"或者"预购"，但它们本质上是不同的。首先，对象不同，团购是针对已有的成熟产品，而实物众筹针对全新的未面世的产品。其次，价格非决定因素，团购就是低价购买商品，买到就是赚到，而实物众筹不以价格取胜。

（3）**实物众筹必须通过互联网平台完成**。实物众筹的投融资全过程都是基于网络的。

（4）**实物众筹回报形式多样**。实物众筹方案的回报往往会进行分级设计，根据支持者支持金额的不同，回报形式具有多样性。例如，支持者如果仅支付少量资金，众筹平台一般会给予一次抽奖机会，中奖的支持者能以极低的价格获得该创新产品。支持者支持与该产品或服务市场价格相当的资金，众筹成功后就能获得产品或服务，这里的回报可以是高科技产品、农产品、电影票或者民宿的体验权等。而对于那些愿意提供较多资金的支持者，项目方还会提供额外的长期回报，如一棵枇杷树五年的全部产出、某款软件的终身更新服务等。另外，实物众筹项目对那些仅对创业团队感兴趣不求回报的支持者还会提供无私支持的选项，支持者不会得到实物产品回报，但是其名字可能被印在宣传海报上，这种回报形式类似于公益众筹。

（5）**有利于项目的后续发展**。实物众筹凭借分级回报设计，能够吸引更多的人参与到项目中，同时将为项目获得进一步融资提供强有力的证明。实物众筹平台也会根据项目筹资表现数据，帮助项目方进一步获取借贷或投资等金融服务。

[随堂测试 6-3]

试比较实物众筹与股权众筹的特点。

三、实物众筹的细分领域与回报形式

实物众筹支持的对象广泛，根据实物众筹项目所属的行业，实物众筹的细分领域可以分为科技类实物众筹、农业类实物众筹、电影类实物众筹、出版类实物众筹等，下面为大家具体介绍实物众筹各类细分领域及其回报形式。

精品微课

实物众筹的细分领域
与回报形式

1. 科技类实物众筹

科技类实物众筹（简称"科技众筹"）是目前实物众筹领域比较热门的一种类型。任何一个创新产品的出现，都需要经过从创意到销售的过程，如果通过众筹获得资金来完成一个高科技产品的研发和生产，就称为科技众筹。科技众筹受到学术界关注开始于 2012 年 Experiment 平台的成功上线运营。科技众筹是当前科技服务业的重要组成部分，在我国经济新常态情况下，大力发展科技众筹对实施创新驱动发展战略和推动供给侧结构性改革有着十分重要的意义。

科技众筹的支持等级和回报形式具有多样性。由于科技众筹的支持者具有不同的消费偏好，因此可以设计无私支持、产品价格、优惠价格、抽奖活动、售后服务、产品代理、延伸服务等不同的支持等级，如表 6-5 所示。

表 6-5　　　　　　　　　　　科技众筹的不同支持等级

支持等级	具体内容
无私支持	无私支持一般是指支持平台强制规定的支持等级，不涉及任何支持金额与回报，是聚集项目人气的方式
产品价格	产品价格是科技众筹最常见的支持等级之一，产品价格为多少，支持金额就为多少，回报也为该产品
优惠价格	优惠价格支持等级是指比产品单价更加便宜的支持，如以低于产品单价两倍的价格支持某项目，可获得两个产品
抽奖活动	抽奖活动是如今科技众筹中常见的支持等级，支持者只需支付较少的资金，就可以获得参加项目抽奖活动的机会
售后服务	售后服务也是一种支持等级，如支持者支持一定的资金，就可以获得产品的终身免费维修服务
产品代理	产品代理支持等级一般针对企业对企业的科技众筹，如支持者支持较高金额的资金，就可以成为产品的代理商
延伸服务	延伸服务的种类很多，如成为会员、线下活动、产品教程等，具体由项目发起人自行约定

科技众筹项目成功并且在产品首次生产后，项目发起人就需要回报支持者，不同的项目支持等级有不同的回报方式，一般有 3 种回报形式，分别为实物回报、抽奖活动和售后服务，如表 6-6 所示。

表 6-6　　　　　　　　　　　科技众筹的回报方式

回报方式	具体内容
实物回报	科技众筹主要的回报方式就是实物回报，项目发起人需要在约定时间之前将相关的科技产品通过邮递的方式送到支持者手中。因此项目支持者必须在支持时留下自己的详细地址与联系方式
抽奖活动	科技众筹一般会有抽奖活动，对于这类项目，需要在专门的抽奖平台进行抽奖，保证整个过程公开与透明。中奖的项目支持者，不仅能获得产品，还能享有相应的售后服务
售后服务	科技产品的使用周期一般都比较长，售后服务是非常重要的。在众筹结束之后，如产品出现问题，支持者可能无法通过原有的联系方式联系到项目发起人，因此项目发起人与支持者必须有明确的售后约定

2. 农业类实物众筹

要想了解农业类实物众筹（简称"农业众筹"），就需要知道农业究竟是什么。所谓农业，是指国民经济中以土地资源为生产对象的产业部门，通过培育动植物产品从而生产食品及工业原料。农业类实物众筹，指通过互联网众筹平台为农产品筹集资金。这里的农产品既有种植业产品，也有养殖业产品，还有手工业产品等。

农业众筹的支持等级主要是由产品的多少来确定的，同时也可以加入产品之外的纪念品、折扣卡、线下活动等回报。不同的人需要的产品数量不同，因此可以细化设计不同的支持等级。例如，某实物众筹平台上的"云南野生菌"项目，共设计了七档支持等级，如表6-7所示。

表6-7　　　　　　　　　　　　　"云南野生菌"项目支持等级

支持等级	具体回报
支持1元	参与抽奖，抽奖规则是支持1元的金额每满108元，至少抽一名幸运支持者，可获得参考价为128元的南华松茸干片50克，并赠送参考价为12元10枚的农家土鸡蛋，可重复、无限制支持
支持108元	将获得参考价为128元的南华松茸干片50克，并赠送参考价为12元10枚的农家土鸡蛋
支持198元	将获得参考价为298元的南华松茸新鲜菌100克，并赠送参考价为12元10枚的农家土鸡蛋
支持368元	将获得参考价为596元的南华松茸新鲜菌1 000克，并赠送参考价为12元10枚的农家土鸡蛋
支持698元	将获得参考价为1 192元的南华松茸新鲜菌2 000克，并赠送参考价为24元20枚的农家土鸡蛋
支持968元	将获得参考价为1 788元的南华松茸新鲜菌3 000克，并赠送参考价为36元30枚的农家土鸡蛋
支持1 598元	将获得参考价为2 980元的南华松茸新鲜菌5 000克，并赠送参考价为60元50枚的农家土鸡蛋

农业众筹项目成功之后，项目发起人需要回报支持者。作为项目的发起人，进行农业众筹回报支付时的要点及具体方法如表6-8所示。

表6-8　　　　　　　　　　　　农业众筹的回报要点及具体方法

要点	具体方法
及时回报	当种植或养殖成功后，就需要及时回报支持者，具体的回报时间可根据生产时间决定
选择快递	了解可以进行生鲜类产品快递运输的快递公司，并且学会包装农产品，使农产品既新鲜又安全地到达目的地
延时商议	农产品生产的时间可能随气候变化而延后，此时与项目支持者商议推后提供回报
长期服务	服务类农业众筹可能需要很长时间，因此众筹项目发起人需要进行长期的后续服务
保质说明	农产品的保质是非常重要的，发起人有义务提醒支持者如何保质，同时对新颖的生态产品要有明确的使用说明
签订合约	一些较为复杂的农业众筹项目，可以让众筹平台作为第三方机构，发起人和支持者签订合约，保证生产或服务的顺利完成

3. 电影类实物众筹

电影类实物众筹（简称"电影众筹"）是指由于电影项目的发起人没有足够的资金使电影上映，从而通过互联网众筹平台为该电影募集资金，并给予支持者相应回报的众筹模式。

大制作电影的筹资大多是通过广告赞助、风险投资的形式，而小团队拍摄的电影则可以通过众筹的方式筹资。电影众筹的回报方式如表6-9所示。

精品微课

科技类实物众筹案例
"智能食品安全机"

06

表6-9 电影众筹的回报方式

回报方式		具体内容
公益性回报	无私支持	支持者可以进行无私支持，如电影爱好者对小成本电影的支持行为
实物性回报	观影机会	电影拍摄成功后，支持者可以获得电影票，获得观影机会
	电影署名	一部电影放映结束后会有演职人员及感谢名单，支持者的名字可能出现其中
	纪念品	电影纪念品是电影众筹回报较好的形式，一般包括电影海报、影片光盘等
股权性回报	股权类型	股权类型的电影一般为在电影院上映的商业电影，众筹支持者通过支持项目，享有票房利润的分红

4. 出版类实物众筹

出版类实物众筹（简称"出版众筹"）是指通过众筹方式筹措资金，以支持特定出版物出版的一种新型经营模式。与单向、封闭和静态的传统出版行业相比，基于互联网的众筹出版具有互动、开放和参与等特征。众筹出版需要有合理的、具有吸引力的回报，但也需承担相应的风险。出版众筹的回报形式主要包括出版的该书籍或购买该书籍的优惠券、新书发布会门票、相关纪念品等。

精品微课

实物众筹流程及其方案设计案例

四、实物众筹的流程

实物众筹的流程通常包括图6-6所示的八个步骤。

第一步：众筹项目发起团队生成一个好玩、有趣、容易实现的商业创意或样品。

第二步：寻求专业众筹导师设计实物众筹方案，主要对众筹商品的融资及投资者做分层设计，包括纵向分层与横向分层，可能还会加入混合众筹要素。这要求众筹导师熟悉金融逻辑、法律逻辑、商业逻辑、心理逻辑，双方应签订委托设计合同。

第三步：与未来能实现该商业创意的生产单位签订合作意向书。例如出版图书，需

图6-6 实物众筹的流程

要和出版社签订出版发行意向书；生产智能硬件，需要和电子生产企业签订委托加工意向书。

第四步：与传媒机构达成合作协议。由策划人员编写一个具有感染力的文案，再由传媒机构负责众筹产品上线后的宣传推广。

第五步：与众筹平台签订合作协议，产品上线。

第六步：达到预定目标后与支持者签订产品预购协议或劳务协议。混合众筹下可能还会有捐赠协议、入股协议、债务协议。

第七步：吸收众筹过程中支持者对产品的改进意见，最终由生产单位根据设计方案生产出产品。

第八步：交付产品或者服务，并听取反馈。

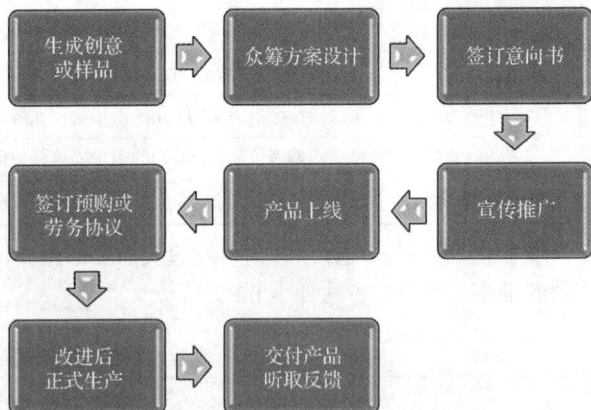

[做中学 6-1]

实物众筹支持流程操作实践

本"做中学"继续以导入案例中的实物众筹平台——造点新货众筹平台为例，从中选择一个具体的实物众筹项目，通过步骤引导，带领大家完成实物众筹支持流程操作。

步骤 1：选择百度作为搜索工具，打开百度搜索首页，以"造点新货"为关键词进行搜索，找

到造点新货官网。

步骤 2：单击官网链接，进入造点新货官网主页。仔细浏览该网站，了解淘宝旗下造点新货众筹平台涉及的实物众筹各细分领域，如科技、食品、影音、书籍、娱乐、设计等。

步骤 3：单击主页左上角"亲，请登录或免费注册"，在弹出的图 6-7 所示的页面中，可以选择"密码登录""短信登录"；或者单击登录输入框右上角的二维码，切换成用手机扫码安全登录，打开手机淘宝 App"扫一扫"就可以登录造点新货众筹平台。

步骤 4：登录成功后，在首页浏览各类实物众筹项目，并选择自己感兴趣的项目。例如可以选择图 6-8 中"乐活"板块下的"寻找儿时的那杯菊花茶"项目进行支持。

图 6-7　造点新货众筹平台登录页面

图 6-8　实物众筹项目浏览页面

步骤 5：选择项目支持等级，并完成在线支付。

选择具体项目，仔细浏览项目介绍以及回报形式，然后单击"我要支持"按钮，会出现该项目的各种支持等级。例如上述"寻找儿时的那杯菊花茶"项目的支持等级为：①支持 16.8 元，可得简装头采胎菊王 50 克；②支持 25.8 元，可得简装头采胎菊王 100 克；③支持 59 元，可得简装头采胎菊王 250 克；④支持 108 元，可得简装头采胎菊王 500 克。支持者可根据自身偏好和需求，从中选择一种支持等级，如可以选择第二种支持等级，并提交订单和完成在线支付，如图 6-9 所示。

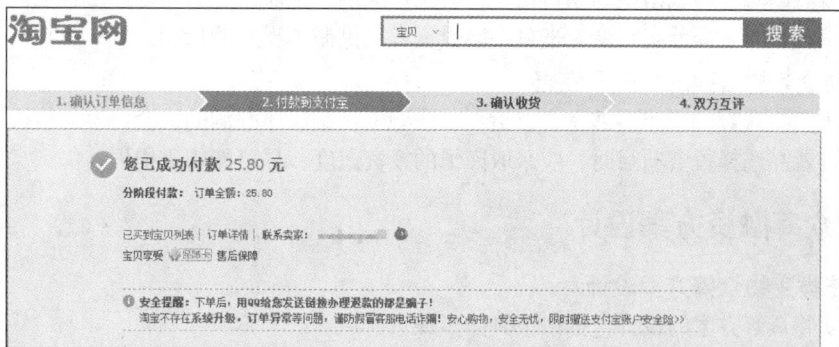

图 6-9　完成在线支付

步骤 6：等待卖家确认订金和发货。

实物众筹与网购的主要区别在于，实物众筹支付支持价款后，卖家并不会很快发货，而是需要等待该众筹项目达到筹资目标，由卖家确认订金并组织生产，然后才能发货，因此支持者需要耐心等待回报，如图 6-10 所示。

步骤 7：支持者收到实物回报，并完成在线评价。

经过耐心等待，支持者会收到与第二种支持等级对应的 100 克简装头采胎菊王菊花茶。然后，支持者可以登录造点新货平台完成在线评价，如图 6-11 所示。

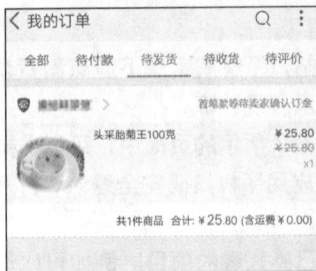

图 6-10　支持成功等待回报

图 6-11　收到实物完成评价页面

步骤 8：请扫描右侧二维码，观看京东众筹平台的实物众筹支持操作流程，并将其与淘宝旗下造点新货众筹平台做比较。

精品微课

京东众筹平台实物众筹支持流程操作实践

五、实物众筹的局限性

实物众筹作为当下热门的众筹融资模式之一，在具备很多优点的同时，也有一定的局限性，主要体现在以下方面。

1. 实物众筹融资的时效性不高

实物众筹由于每位参与的投资者投入的资金有限，一般仅为即将上市的新产品的预售价格，同时由于其特殊的回报模式以及投资者保障机制有待完善，短时间内较难获得大量投资者的参与，从而大大降低了融资效率。在产品成形这一漫长的阶段中，创业者需要等待资金的注入，而能否通过实物众筹及时获得融资，具有不确定性。

2. 实物众筹平台具有一定的风险性

实物众筹平台是营利性的第三方机构，这一性质决定了平台自身的主要目的是获取利润。实物众筹平台一般针对项目发起人进行单向收费，这就意味着平台内部可能存在监管缺失和道德风险。一旦发起人为了个人利益而给予第三方平台一定的利益回报，实物众筹平台的公平性就会受到挑战。投资者将有可能因为片面或错误的项目信息，对投资决策产生误判，从而选择不合适甚至带有诈骗性质的融资项目。而大部分实物众筹平台不向投资者提供撤销投资的权利。

3. 实物众筹的法律法规尚不完善

我国关于实物众筹的法律不够完善，给了非法融资者钻法律漏洞的机会，容易给投资者造成损失。因此投资者在选择投资项目时，应采取谨慎的投资态度，尽可能规避损失。

六、实物众筹融资方案设计

1. 科技类实物众筹方案设计

科技类实物众筹方案的设计包括以下具体步骤。

（1）**众筹名称的确定**。首先，需要为该科技产品想一个众筹名称，这个众筹名称最好能够简单概括产品的特点，一般用"——"与产品名称相连，如"云盒子——企业共享协作的筋斗云"。

（2）**发布人情况介绍**。不同于在商店内购买商品，如果要在实物众筹平台吸引支持者，就需要进行自我介绍，这样才能让项目支持者认识自己。科技类产品的自我介绍一般是公司简介、产品概况等内容，这些内容一般用文字表述，以上述云盒子项目为例，可以做如下介绍。①**关于我们**：云盒子是北美留学 IT 精英为中国企业开启云端办公的研发项目。②**我们的团队**：云盒子科技有限公司隶属西岸枫谷商务数据有限公司，由北美留学 IT 精英回国创办于高新区留学人员创业园，在核心技术的攻关过程中，开发人员需要同北美研究中心技术人员进行密切的配合；是省内首批通过国家认定的高新技术企业、工信部认定的软件生产企业。③**我想要做什么**：在这个云端的时代，随着人们生活越来越互联网化，工作也由原来的纸质化时代进入办公自动化的时代，在办公自动化快速发展的过程中，企业中大量数据都以文件的形式存在，那么办公期间的交互和协作就成为工作中的重点。而人们在工作中只能通过 QQ、个人网盘进行文件备份，很难实现直接在云端编辑与协作。看到此环境的困惑，北美留学 IT 精英带着他们的企业云储存的解决方案回到国内，将为我国企业提供云端办公教程。

（3）**项目包装**。科技类众筹产品的项目包装是非常重要的。通过项目包装和宣传，能让所有的信息得以展示。科技类众筹产品的包装要点如表 6-10 所示。

表 6-10　　　　　　　　　　科技类众筹产品的包装要点

包装要点	具体内容
展示方式	科技类众筹产品的项目包装不要使用过多的文字，最好使用大量的产品图片，并将相关文字简洁地标注在图片上，制作成宣传海报，另外也可以制作相关视频
展示内容	科技类众筹产品展示的内容有产品外观、用途、功能及形象宣传画，同时还需要将产品的详细配置列举出来
隐私内容	涉及产品研发的专利技术等，可以不展示在众筹平台，以保护该创意不被其他公司抄袭
其他展示项目	在项目包装过程中，还可以加入"产品为什么需要众筹""项目风险""资金用途"等内容，一般以文字描述

以上述云盒子项目为例，可以设计图 6-12 所示的科技类众筹产品的图片包装。

（4）**项目进展**。科技类实物众筹项目比起其他类别，其研发和生产进程相对复杂，因此列举项目的进展情况是非常重要的，只有支持者详细了解项目当前进展到什么步骤，才可以决定什么时候参与支持。以上述云盒子项目为例，其进展情况如表 6-11 所示。

图 6-12　科技类众筹产品的图片包装

表 6-11　　　　　　　　　　云盒子项目的进展情况

时间	项目进展
2019 年 6 月	受到美国 box 企业云存储启发回国创业
2019 年 8 月	组建开发团队
2020 年 7 月	基本软件功能开发完成
2020 年 10 月	完成主要功能测试
2020 年 11 月	与硬件厂商洽谈
2021 年 1 月	小批量生产，组配
2021 年 2 月	嵌入稳定，量产

（5）**筹资目标与支持等级**。筹资目标包含两个内容，分别是筹资金额与筹资时间，这需要根据产品的具体金额与众筹平台的规定来确定。以上述云盒子项目为例，其筹资目标是**此项目必须在2021 年 1 月 25 日前得到 10 000 元的支持才可成功**。

从支持等级而言，科技类实物众筹项目可能直接进行产品的预售，因此每个等级都需要与产品挂钩。云盒子项目有 3 种支持等级与回报。①无私支持。②支持 10 元：获得团队版软件，同时参加抽奖赢取云盒子私有云产品。当支持人数满 138 人，抽一台原价 1 380 元的服务器；当支持人数满598 人，抽一台原价 5 980 元的服务器；当支持人数满 1 680 人，抽一台原价 16 800 元的服务器，阶梯式推进抽奖。③支持 1 380 元，获得一台云盒子企业私有云（i3 服务器+云盒子软件），获得原价 1 980 的云盒子服务器，功能对应团队版，服务器一年保修，终身售后服务。

2. 农业类实物众筹方案设计

农业类实物众筹项目不仅可以在综合平台上线，而且可以在专门的农业垂直平台上线。下面以农产品众筹为例，介绍农业类实物众筹方案的设计。

（1）众筹名称的确定。农业类实物众筹项目的名称要体现农产品的特色，同时加上"原生态""有机"等字样会更加吸引参与者。**例如，贡果美誉，三峡齐名——奉节脐橙，为原生态农产品献身第一站。**

（2）发起人情况介绍。发起人情况介绍对农业类实物众筹项目而言，同样非常重要，一般需要对发起人与项目产地进行介绍。以上述奉节脐橙项目为例，其发起人情况介绍如下。

我们有一个理想，拥有一片自己的果园，还城市一个健康的形态，只为活得漂亮。我们励志成为合格的私人水果管家，将最淳朴、最原生态的新鲜水果配送上门。我们不生产水果，我们只是大地的守护者——口口果园。

（3）项目包装。农业类实物的众筹项目包装需要重点体现产品的生态价值、健康价值，采用文字、图片、视频等形式充分列举，同时还需要对项目的种植（养殖）方式、生产地等进行介绍。以上述奉节脐橙项目为例，其项目宣传和包装要点介绍如下。

口口果园选择了奉节核心产区草堂镇。这里海拔均在 500 米以下，脐橙生长条件优越，口感上乘，声誉广为流传。我们选择了直径为 **75~85 毫米的精品果**，果皮厚薄适中，果肉酸甜适度。奉节脐橙项目包装如图 6-13 所示。

（4）风险与限制。农业类实物众筹最大的风险就是种植失败，同时由于农产品的运输、保存可能出现失误，因此在众筹项目上必须标明其风险与限制。一般会出现如下 5 个风险与限制。①农产品种

图 6-13 奉节脐橙项目包装

植或养殖失败，无法顺利回报支持者。②因为政策或市场等，回报支持者时产品价格上涨或下跌过快。③因为产品本身的属性、保质期等，无法进行快递，需要支持者亲自领取。④因为运费高或产地偏远，只对当地或部分地区进行该项目筹资支持。⑤农业产品没有标准的数据参考，每个人拿到的回报可能有所不同。

以上述奉节脐橙项目为例，**脐橙属于新鲜农产品，如不用防腐剂，常温下存储时间在 15~20 天**，但不排除运输环境、南方气温变化等因素导致个别脐橙出现黑斑的情况。

脐橙直径为 75~85 毫米，虽然大小相近，但无法保证单个脐橙重量一致，为摆放美观，不会挤压加塞，一箱 30 个，目标重量 15 斤，可能有一定出入。

（5）筹资目标与支持等级。农业类实物众筹项目的筹资目标与科技类实物众筹项目不同，它必须要考虑价格、产品生产周期等因素。例如，上述**奉节脐橙项目必须在 2021 年 1 月 24 日前得到 30 000 元的支持才算成功。**

农业类实物众筹的支持等级主要是由产品的多少来确定的，同时也可以加入产品之外的纪念品、折扣卡、线下活动等回报。不同的人需要的产品数量是不同的，因此可多设计几种回报方式。

口口果园的回报方式有如下几种。①无私支持。②支持 28 元，获得由"酷帕"提供的纯棉手帕一块；获得发起人筹备的电子商务平台 9.8 折会员资格，终身有效；有机会参加三峡脐橙产区生态旅游团。③支持 98 元，获得由发起人提供的奉节脐橙 1 箱，每箱 30 个重 7.5 千克；获得由"酷帕"提供的纯棉手帕一块；获得发起人筹备的电子商务平台 9.8 折会员资格，终身有效；有机会参

加三峡脐橙产区生态旅游团。④支持 468 元，获得由发起人提供的奉节脐橙 5 箱，每箱 30 个重 7.5 千克；获得由"酷帕"提供的纯棉手帕一块；获得发起人筹备的电子商务平台 9.8 折会员资格，终身有效；有机会参加三峡脐橙产区生态旅游团。⑤支持 2 648 元，获得由发起人提供的奉节脐橙 30 箱，每箱 30 个重 7.5 千克；获得由"酷帕"提供的纯棉手帕一块；获得发起人筹备的电子商务平台 9.8 折会员资格，终身有效；有机会参加三峡脐橙产区生态旅游团。

3. 电影类实物众筹方案设计

电影、出版、演出等文化创意类项目也是众筹行业中比较热门的细分领域，这类众筹产品的价值可能不如科技产品及农产品那么直接，但作为众筹项目，它不仅可以帮助发起人募集资金，而且也可以让支持者参与其中。下面以电影众筹为例，来了解具体方案的设计流程。

（1）**选择发布电影众筹项目的平台**。发布电影众筹项目，既可以选择垂直类的电影众筹平台，也可以选择有实力的综合型众筹平台。建议从电影众筹项目历史成功率较高的平台中选择。

（2）**电影众筹项目名称的确定**。电影众筹项目的名称可以不用突出太强烈的情感主题，只需将拍摄方与电影名称展示出来即可，如《午后的遇见》——哥伦比亚大学短片电影。

（3）**发布者情况介绍**。电影众筹项目的发布者一般是导演、演员及拍摄团队。较为专业的人员介绍会吸引更多投资者的目光。以上述《午后的遇见》电影众筹项目为例，其发布者介绍如下。

我叫隆强，是本片的导演，出生在"天府之国"成都。本科毕业于中南民族大学外语学院，硕士就读于北京大学艺术学院，现在在哥伦比亚大学攻读电影制作专业的第二个硕士学位。

2021 年的夏天，我放弃了自己在北京七年的工作，带上所有的积蓄和三个行李箱，踏上了美国的土地，开始追寻电影梦想的新征程。

这部影片是哥伦比亚大学电影制作专业 MFA（艺术硕士）第一年的暑假短片，由于自己不能拍摄自己写的剧本，因此我选了一个充满温情的剧本来挑战自己。

在拍摄影片时，有如下参与人员。

导演/制作人：隆强。

编剧：**Jasna Palada**（哥伦比亚大学电影制作专业 MFA）。

摄影：**Ming**（纽约大学艺术学院）。

录音：何×（纽约城市大学电影制作专业 MFA）。

美术：**Alexandra**（纽约大学艺术学院）。

灯光：礼××（萨凡纳艺术设计大学）。

（4）**项目包装**。电影众筹项目包装比较简单，主要是对电影故事梗概的介绍、主要演员介绍、电影海报、拍摄进程展示等，电影《午后的遇见》拍摄图片如图 6-14 所示。以上述《午后的遇见》电影众筹项目为例，其项目宣传和包装要点如下。这是一个发生在美国的温暖故事。故事讲述了一个年轻的妈妈克莱尔带着孩子刚刚搬到纽约郊外一个宁静的小镇，在一个温暖的晚春午后，关于在休斯敦火车站的咖啡馆一次温馨的遇见的故事。

女一号：克莱尔，演员 **Jennifer Parker**（美国演员工会演员）

男一号：费朗西斯科，演员 **Pascal Yen-Pfister**（法国资深演员）

图 6-14　电影《午后的遇见》拍摄图片

（5）拍摄进度及资金用途。例如该例中的电影众筹，更多是希望得到大家的支持，因此简单介绍电影的拍摄及资金用途，可以让项目公开透明，获得更多支持，如下所示。

《午后的遇见》已于夏天完成了前期的拍摄。在前期已经耗费 4 000 多美元，影片仍需要一部分资金完成后期制作，全部的成本为 5 000 美元，约合人民币 3 万元。

这次筹资的主要用途是购买后期制作的道具、制作宣传海报等，每一样东西都来之不易，所以我格外珍惜。

（6）筹资目标与支持等级。电影众筹的目标设定没有太多限制，根据电影实际需求设计即可，例如此项目必须在 2021 年 5 月 13 日前得到 3 万元的支持才可成功。

此外，支持等级如下。①无私支持。②支持 20 元，可获得高清全片第一时间在线加密观看权限；字幕感谢，在片尾字幕感谢名单里出现支持者的名字；影片精美海报与剧照的电子档。③支持 100 元，可获得高清全片第一时间在线加密观看权限；字幕感谢，在片尾字幕感谢名单里出现支持者的名字；影片精美海报与剧照的电子档；本片 DVD（包邮）+导演及主创团队签名。④支持 5 000 元，即可享有本片联合制作人头衔，并将支持者的名字印刷在海报和 DVD 上；哥伦比亚大学精美纪念品；将在片头和片尾字幕的联合制作人名单里出现支持者的名字；影片精美海报、剧照电子档；本片 DVD（包邮）+导演及主创团队签名；本片海报印刷版（包邮）+导演及主创团队签名。

[做中学 6-2]

分析农业众筹项目方案设计的特色

海南椰语堂清补凉是指旺平台上 2017 年 7 月的一个农业众筹项目，其产品受到广大投资者的喜爱。下面来详细了解该农业众筹项目并分析其特色。

步骤 1：详细了解海南椰语堂清补凉项目。

在网络上搜索海南椰语堂清补凉项目，了解该众筹项目的已筹金额、支持人数和众筹时间等信息，并认真浏览该项目的介绍，如图 6-15 所示。

图 6-15　项目介绍

步骤 2：分析该众筹项目的特色。

请将分析结果填入表 6-12 中。

表 6-12　　　　　　农业众筹项目特色分析

分析维度	具体内容
产品特点	
品牌特色	
产品科技特色	

步骤 3：了解海南椰语堂清补凉的回报方案。

海南椰语堂清补凉的回报方案分为两种：一种是支持 40 元获得 1 箱 6 罐装清补凉；另一种是支持 78 元获得 1 箱 12 罐装清补凉，如图 6-16 所示。

步骤 4：了解海南椰语堂清补凉农业众筹项目的物流方式和海南股权交易中心。

物流方式： 众筹成功后 10 个自然日内安排发货，全国范围均可送达，运费由企业承担。

海南股权交易中心（众筹登记托管机构）： 海南股权交易中心是经海南省人民政府批准设立的有政府公信力的

图 6-16　项目回报方案

平台机构,由国有大型省属企业海南省发展控股有限公司和全球互联网金融知名企业宜信共同组建,是海南省贯彻落实国务院发展和完善多层次资本市场的重大举措,旨在解决中小企业融资难题、提升企业核心竞争力。交易中心为企业提供股权、债权和其他权益类资产的登记、托管、挂牌、转让和融资服务,对挂牌企业进行培育、辅导和规范,并通过金融创新为挂牌企业提供财务咨询和多样化的金融服务。

　　步骤5:实际参与该项目,通过在线支付完成支持操作,如图6-17所示。

图6-17　实际参与项目并支付

任务三　公益众筹的原理与实践

一、公益项目的原则

　　公益的全称是公共利益事业,是指相关公益组织和个人无条件为社会公共利益提供公益产品的行为。公益没有明确的判断标准,一般是个人或组织自愿提供给社会公众的公共产品。在公益组织中,做好事、行善举是对个人和组织行为的价值判断,行动的结果是向非特定的社会成员提供公益产品。个人的力量一般相当微小,因此人们成立了公益组织。开展公益项目,从事公益活动,需遵循的原则如表6-13所示。

表6-13　　　　　　　　　　　　　　　公益项目原则

原则	具体内容
透明原则	公益项目必须在支持者和大众的监督下进行,必须阳光、健康、可持续发展
自愿原则	公益的参与秉持自愿参与、量力而行、自愿奉献精神
义务原则	公益的义务是指不求物质回报只求精神愉快、帮助他人的精神满足
平等原则	不同层次的捐赠者之间、捐赠者和被捐赠者之间没有高低贵贱之分,完全平等
谨慎原则	谨慎完成每一步,让公益事业影响最大化
广泛原则	力争让尽可能多的人士参与公益活动,使公益事业具有普遍意义
诚实原则	如实描述公益项目,不夸大被捐赠者的情况
包容原则	公益参与者要能承受社会的监督和质疑,要持有包容和公开的理念
规范化原则	建立规范的爱心公益活动流程,保证整个事业顺利完成
合法原则	在法律范围内完成公益事业,不能采取强迫他人捐赠的行为

二、公益众筹的原理

1. 公益众筹的定义

公益众筹又称为捐赠众筹（Donate-based Crowdfunding），是指投资者以捐款、慈善、赞助的形式为项目或企业提供财务资助，不求实质性财务回报。公益众筹可以简单理解为"我给你钱，你什么都不用给我"，即项目融资者无须向投资者提供任何形式的回馈。投资者更多考虑使用资金支持项目获得的心理或精神上的满足感。

公益众筹往往以正义慈善行为和共同愿望为基础，支持者不要求回报，捐赠的目的只是希望项目实施实现社会效用。捐赠者主要动机是社会性的。公益众筹的优势还包括该模式通常是为某一特定项目募捐，因此捐赠者知道募捐的款项的具体用途，从而愿意捐赠更高数额。很多非营利性的非政府组织（NGO），都采用这种模式为特定项目募捐。公益众筹所涉及的项目金额相对较小，但领域较广，包括教育、健康、环境、社会等。

2. 公益众筹的分类

（1）**求助型公益众筹**。在我国，求助型公益众筹的形式还是比较普遍的，并且发展较快，在日常生活中常常可以在微信、微博、QQ分享中看到，如轻松筹、水滴筹等。

求助型公益众筹筹款相对于创业型公益众筹筹款是比较容易成功的。筹资者向公益众筹平台提交项目，平台进行简单筛选之后就会发布项目，之后投资者了解到这些筹资项目后进行资金支持。

（2）**创业型公益众筹**。创业型公益众筹的成功开展有益于带动国家一直提倡的自主创业，这种公益众筹的商业模式其实就是让别人支持自己的梦想。经典公益众筹案例之一的众筹项目"圆恩墙上咖啡——喝咖啡谈公益"如图6-18所示。该项目从筹备、准备众筹到筹资成功、创业成功，整个过程都非常顺利，这和前期的精心策划是分不开的。项目相关人员对项目筹资目标进行反复讨论，设置合理的项目回报，并且在项目筹资过程中，众筹平台对项目筹集资金的进度做了及时、详细的披露，让众多参与者

图6-18 圆恩墙上咖啡——喝咖啡谈公益

看到了项目筹资的过程，直到最后筹款成功。创业型公益众筹对筹资者前期准备要求很高。筹资者的最终目的是创业，在前期的准备过程中必须将自己的创业想法通过文字的方式完整地表述出来，这样，投资者才有可能看到并且支持该项目。首先，筹资者要有合法、完整的众筹项目；其次，将该项目提交给众筹平台审核时，众筹平台要对筹资者的资质进行详细、严格的考察，也要对公益众筹的项目资料进行严格审核，以确保该项目具有可行性。只有这些都过关之后，众筹平台才会上线推广该创业型公益众筹项目，吸引投资者进行投资。创业型公益众筹筹集资金的难度高于求助型公益众筹，如果某一环节出现漏洞，会使广大投资者遭受不必要的损失，并且极有可能影响该类公益众筹的发展，使公众对创业型公益众筹项目关注度降低。

3. 公益众筹的价值

公益众筹将公益创业者/执行者和公益投资人连接在一起，共同推动社会的变革。相较于传统捐赠，公益众筹能带来的独特价值可归纳为以下四个方面。

（1）**市场验证，梦想到实践的检验**。公益众筹将公益项目放进开放的市场接受公众检验——只有优秀的项目才能筹款成功。根据某代表性公益众筹平台的统计，项目平均成功率约45%。

（2）**公开透明，公益理念的传播普及**。公益众筹是面向公众的互联网筹款方式之一，推出的项目必须跳出"公益"行业的小圈子，让其他社会群体也能看得懂、想得通、有感触、愿行动，是对

公益理念和规则的社会普及，是公益行业对其他群体进行公众教育的有效途径。

（3）**可持续发展，消费和投资的演变**。一方面，公益众筹能够督促发起人更加深入地探索公益项目的社会价值，甚至激发服务群体的主观能动性，而不是让他们被动等待施与。另一方面，公益众筹为公益机构开辟了除政府和基金会之外的筹资通道，优质的公益项目可以提供部分收费服务，同时得到认同相应公益理念的广大公众的支持；而经过维护和沉淀后的支持者，可能成为公益项目和团队的稳定支持群体，协力推动公益的可持续发展。

（4）**玩转跨界，打破公益的"圈"**。公益众筹为"公益+"提供了更多可能，实现跨界合作，打破公益的"圈"。从需求方角度，公益不再只是专业的公益组织或公益从业者的事情，更多非公益从业者也可以跨界做公益，只要能发现一个社会需求，能提供具体的解决方案，通过众筹募集资金成功，就可开展实施；非公益从业者可以通过众筹为其认可的公益项目筹款，具体执行交给公益组织完成。从投资方角度，众筹可以为公益撬动更多的资源，如产品资源、渠道资源、传播资源等；同时让公益形象进入公众视野，做公益不再默默无闻。

[随堂测试 6-4]

请思考公益众筹的优势和劣势，对公益众筹的发展进行 **SWOT** 分析，并提出推动公益众筹合规健康发展的对策建议。

SWOT 分析矩阵如图 6-19 所示，即基于内外部竞争环境和竞争条件下的态势分析，是将与研究对象密切相关的各种主要内部优势、劣势和外部的机会和威胁等，通过调查列举出来，并依照矩阵形式排列，然后用系统思想把各种因素相互匹配起来加以分析，从中得出一系列结论。请尝试依次分析公益众筹的优势、劣势、机会和威胁。

图 6-19　SWOT 分析矩阵

06

三、公益众筹的操作流程

公益众筹的操作流程如图 6-20 所示。首先是对拟资助的公益项目进行全方位考察，以论证其可行性，完成项目立项。接着，选择合适的公益众筹平台，并发布和推广该项目，同时每天将资金募集进度通知项目团队。项目团队根据众筹进展，完善公益方案，待筹得所需资金后，按方案实施该公益项目。最后，整理相关资料，进行公益众筹项目总结。

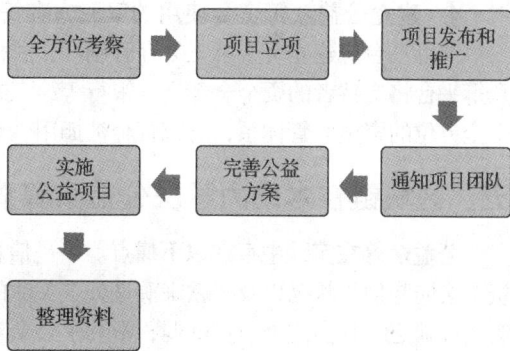

图 6-20　公益众筹的操作流程

四、公益众筹的监管

为了促进公益众筹健康发展，更好地发挥公益众筹的社会效益，需要完善公益众筹的监管制度。公益众筹监管的主要内容包括以下几个方面。

1. 明确公益众筹的界定

为避免与商业众筹混淆，培育积极参与公益众筹的良好社会风气，应对公益众筹的概念和特征进行清晰的界定。公益众筹又称为捐赠众筹，是指投资者以捐款、慈善、赞助的形式为项目或企业提供财务资助，不求实质性财务回报。虽然募集资金的使用追求效率，但项目发起人、众筹平台、支持者都要明白参与公益众筹必定是以满足社会公共利益为最高追求。同时，公益众筹要与商业众筹中常见的预先购买行为相区别，参与公益众筹的支持者出资较少时可能没有任何回报，而出资较多时即使可以获得一些项目产出的产品或者服务，但相关产品、服务的市场价格与出资额往往有较大差距。例如参加某种图书出版的公益众筹，出资 200 元可以获得一本正式出版的书，但其定价则可能只有 30 元。

2. 加强对求助者信息真实性的考察和披露

当公益与互联网众筹结合起来时，就可以汇集海量的、碎片化的力量，运用得当可以实现"众人拾柴火焰高"的效果，但运用不当就会出现信用和道德危机。例如"罗笑笑事件"，罗某之所以在此次事件中被推到风口浪尖，在于其进行个人求助时没有真实陈述实际情况，甚至有意夸大了困难程度，这是其被广泛质疑的一个重要原因。因此，众筹平台应加强对求助者信息真实性的考察和披露。2017年 7 月，民政部公布了《慈善组织互联网公开募捐信息平台基本技术规范》和《慈善组织互联网公开募捐信息平台基本管理规范》两项互联网募捐信息平台的行业标准，并于 2017 年 8 月 1 日起实施。这两项行业标准要求平台应对公开募捐信息进行深入审查、合理排序和展示，并提供公平公正服务，不应有竞价排名行为；应履行信息公开义务，至少每半年向社会公告一次平台运营情况，接受社会质询。求助者应如实提供相关信息，否则可能承担违约的民事责任甚至诈骗的刑事责任。

3. 严明众筹平台的监管职责

众筹平台在对公益项目履行监管职责方面，除了根据项目实际进度分期、分批拨付项目资金外，还可以与项目发起人的地方公益机构、政府部门合作，共同监管项目实施情况，促进项目的落实。此外，众筹平台应建立项目评价机制，让支持者对所支持的项目目标达成情况进行综合评价，对评价低的取消其在平台发起后续众筹项目的资格。在此基础上，可以建立融资者信用评价体系，制定统一的信用评价标准，对融资者的信用进行严格科学的考察和审核，将信用级别低的列入"黑名单"。根据《慈善组织互联网公开募捐信息平台基本技术规范》和《慈善组织互联网公开募捐信息平台基本管理规范》，公益众筹平台应有序引导个人与具有公开募捐资格的慈善组织对接，并加强审查甄别、设置救助上限、强化信息公开和使用反馈，做好风险防范提示和责任追溯。

4. 建立公益众筹资金使用的第三方存管制度

众筹平台应建立资金第三方存管制度，严格监管款项收支及资金去向，严禁出现滥用的情形。众筹平台将支持者的资金全部交存银行等第三方，同时与存管机构、支持者和监管机构共同构建一个全方位的资金监管体系，防范资金被挪用、套现等风险。

五、区块链技术助力解决公益众筹痛点

公益众筹在实践中存在以下痛点。一是信息公开程度低，监管缺乏手段。据调查，公益组织的资金去向与使用状况以及善款来源是公众关注的焦点，而传统公益组织信息披露不足以及政府的监管手段缺乏、社会监督力量薄弱，影响了公众对公益组织的信心与支持度。二是技术手段不足，运营效率低。部分公益慈善组织仍采用手工统计分配方式，效率低下，运营成本高。传统捐赠流程烦琐，工作方式落后。三是公益众筹发展尚不能满足持续增长的个人捐赠需求。我国经济的快速发展带来了群众公益需求的持续增长，但是公益众筹发展尚不能满足公益需求。四是互联网公益众筹尚未从根本上解决信任问题。随着互联网技术的发展，网络公益众筹平台如轻松筹、水滴筹、爱心筹等快速发展，一方面有效帮助了数以万计的困难群众，缓解了政府的财政压力；另一方面也暴露出一些问题，互联网的开放性特征，使得众筹平台难以对发起人与受益者的信息进行有效筛查，存在个别求助者虚构困难情况、部分平台线上业务流程不合规、用户数据被滥用、个别平台涉嫌非法筹集资金等问题。这不仅对捐赠者的基本权益造成了侵害，而且也削弱了群众对于网络公益众筹活动的信任，制约了公益事业的可持续发展。因此，急需一种合适的技术手段或合理的机制来解决社会民众持续增长的公益慈善需求与当前公益众筹组织公信力不足之间的矛盾。

区块链也称为分布式账本技术，是一种由多方共同维护，使用密码学保证传输和访问安全，能够实现数据一致存储、难以篡改、防止抵赖的记账技术。区块链不仅是一种信息技术，更是能重构社会治理规则的一项技术，其核心是基于多种技术组合建立新的信任机制和信息连接方式。区块链具有去中心化、公开透明、信息可追溯、防篡改、防抵赖、通过智能合约自动执行等优势，可以从根本上解决公益众筹的信任难题。将区块链技术应用于公益众筹领域，可以改进公益组织的信息存储与传播方式，实现社会对公益项目资金的实时监管，提升公益组织的公信力，提高民众对公益组织的信任度。

1. 区块链可以实现信息公开透明，具有成本优势

区块链是一个公开的数据库，具有信息透明、可追溯、防篡改的特点，能大大降低信息披露的成本。区块链上的所有信息对全网公开，每笔款项的流通和交易都被储存在链上，每个节点均可对账目进行查看和监督，保证公益项目的公开性和透明性。捐赠者可以对每一笔交易进行查询，追溯物资或款项的发放信息、使用情况等。

2. 区块链可以实现有效的激励，具有价值优势

公益众筹项目的参与者是不同利益主体，因此需要尽可能照顾各方利益，才能激发更多参与者的积极性。由于公益项目的非营利性，吸引各方积极参与的不再是经济利益的分配，参与者的出发点可能是家国情怀、环保意识、同情心、社会声誉、企业文化、社会责任等。面对参与者的不同出发点，区块链的激励相容机制可以实现多方利益共赢和社会价值最大化。

3. 区块链可以实现高效率的多方协调，解决信任痛点

将区块链技术应用于公益众筹项目，可以利用智能合约自动执行的特性，只需要设定好相关参数就能自动运行，减少管理成本，提升执行效率，保障公益众筹项目高效运行；同时，区块链的共识信任机制、可追溯、防篡改、防抵赖等创新特征，能使每一笔捐赠的信息都被不可篡改地上链存证，捐赠资金全流程可追溯、可验证，通过建立"机器信任"，从根本上解决公益众筹的信任痛点。基于区块链智能合约技术的公益众筹运作流程如图6-21所示。例如在疫情防控中，医院发出医疗物资需求，利用区块链技术，需求信息被导入智能合约，自动实现对物资募集情况、物流运输、分配签收等全流程跟踪，保障项目的顺利运行。

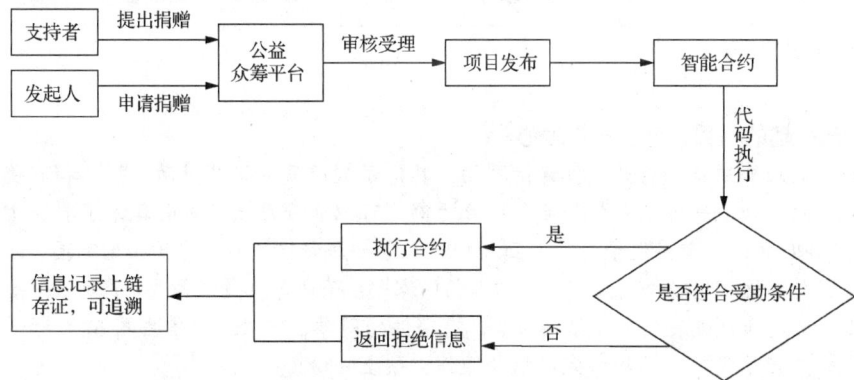

案例链接

公益众筹实践之
轻松筹

图6-21　基于区块链智能合约技术的公益众筹运作流程

[做中学 6-3]

腾讯"乐捐"公益众筹平台操作实践

乐捐是腾讯公益推出的公益项目自助平台，包括发起、捐赠、互动与监督等功能。下面请根据步骤引导，一起来探索和体验乐捐公益众筹的流程。

步骤1：了解腾讯乐捐发起公益众筹项目的基本流程。

打开腾讯公益乐捐首页，如图6-22所示，然后单击图中的乐捐流程详细介绍页面，了解发起公益众筹项目的基本流程，如图**6-23**所示。

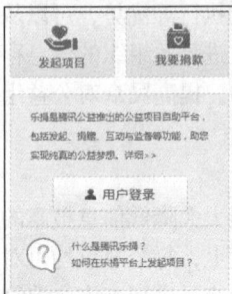

图6-22 腾讯公益
乐捐首页（局部）

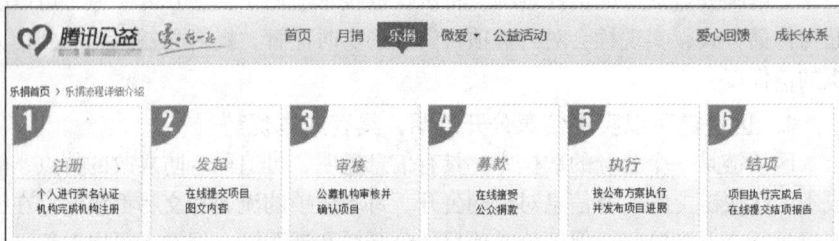

图6-23 乐捐公益众筹项目的基本流程

步骤2：登录乐捐公益众筹平台。

返回乐捐首页，单击"用户登录"按钮，使用QQ手机版扫描二维码或者单击QQ头像授权登录乐捐公益众筹平台，如图6-24所示。

步骤3：浏览各类公益众筹项目。

单击腾讯乐捐首页的"我要捐款"按钮，打开项目列表，浏览各类公益众筹项目，如图6-25所示。具体可以从疾病救助、扶贫救灾、教育助学、环保和动物保护、其他等项目领域中选择具体的公益众筹项目详细了解，重点关注资金流向和项目执行情况。

图6-24 腾讯乐捐公益众筹平台
登录页面

图6-25 公益众筹项目列表

步骤4：选择一个感兴趣的项目，献上一份爱心。

选择一个感兴趣的公益众筹项目，打开项目详情页面，具体了解该项目的"捐助说明"和"项目进展"。以图6-26所示的"众筹一座人豹安居城"项目为例，可以从项目捐款页面具体了解到该项目目标筹资额为1 537 000元，资金将用于启动山西和顺县人豹安居社区工程，守护共生家园，详细预算如表6-14所示。另外，所有捐款个人都将获得"带豹回家"主题计算机壁纸等，并将通过"腾讯公益"的项目反馈及时收到项目进展及项目结项报告。有条件的同学，可以通过单击图6-26所示页面中的"我要捐款"或"微信捐款"按钮，完成捐款操作，献上一份爱心。

图6-26 "众筹一座人豹安居城"项目捐款页面

表 6-14　　　　　　　　　　　"众筹一座人豹安居城"项目预算

项目	金额/万元
和顺县马坊乡华北豹科研监测站建设	31
扩大本地巡护队伍建设，开展生态补偿试点	37.2
建设生态科普体验基地，加强公众宣传教育	32
扩大栖息地监测范围，升级华北豹保护区规划	49
项目管理费、税费（总额的3%）	4.476
合计	153.676

[随堂测试 6-5]

请扫描右侧二维码观看关于腾讯乐捐及淘宝众筹的视频，并思考：①腾讯乐捐属于哪一类众筹？它有何创新性？②淘宝众筹属于哪一类众筹？淘宝众筹的运营模式是怎样的？

案例链接

公益众筹实践之"顶梁柱健康扶贫公益保险"项目

精品微课

腾讯乐捐与淘宝众筹案例

06

课程思政

公益众筹助学脱困儿童，服务乡村振兴

经过全党全国各族人民共同努力，在迎来中国共产党成立一百周年的重要时刻，我国脱贫攻坚战取得了全面胜利，现行标准下9 899万农村贫困人口全部脱贫，832个贫困县全部摘帽，12.8万个贫困村全部出列，千百万贫困家庭的孩子享受到更公平的教育机会，孩子们告别了天天跋山涉水上学，实现了住学校、吃食堂。义务教育阶段建档立卡贫困家庭辍学学生实现动态清零。

在鼓励全社会共同参与的教育帮扶事业中，公益众筹模式具有重要的应用价值和发展潜力，并且已有成功落地的公益众筹项目在助学脱贫儿童方面发挥了积极作用，取得了良好的成效。此外，随着个人所得税改革的推进，在综合所得年度汇算时，符合规定的公益众筹捐赠金额可以抵税。根据2019年财政部、国家税务总局发布的《关于公益慈善事业捐赠个人所得税政策的公告》，个人将其所得通过中国境内的社会团体、国家机关向教育和其他社会公益事业以及遭受严重自然灾害、贫困地区捐赠，捐赠额未超过纳税人申报的应纳税所得额30%的部分，可从其应纳税所得额中扣除。个人通过非营利的社会团体和国家机关向农村义务教育的捐赠，准予在缴纳个人所得税前的所得额中全额扣除。上述抵税政策鼓励人们积极参与捐赠助学等公益事业。公益众筹借助互联网手段和金融科技技术，引导社会各界关爱需要帮扶的群众、助力乡村振兴；创新社会帮扶方式，形成了人人愿为、人人可为、人人能为的社会帮扶格局。

以公益众筹平台上的"为山东省枣庄市山亭区脱贫儿童捐赠助学大礼包"项目为例，该项目由中国保护消费者基金会（关心成长宣传教育基金）发起，以真实的故事、精心设计的众筹方案和支持等级，通过互联网强大的传播能力，搭建了社会助学脱贫儿童的畅通渠道。该众筹项目的文案，能够激发大家投身公益事业、助力乡村振兴的积极性，如图6-27所示。"当我们的孩子坐在明亮的教室里，游弋在知识的海洋里时，当我们在餐桌上品尝美味佳肴，将吃不完的食物随意倒入垃圾桶时，我们可知，还有这样一群出生在农村的孩子，他们还为双亲离世、家境贫寒等不幸的经历，不得不面对生活残酷的安排，如果有一天，他们的理想被风雨淋湿，你是否愿意回头扶他们一把？让我们用自己的行动温暖脱贫儿童弱小的心灵，托起爱的明天！"

该项目虽然属于公益众筹项目，但是也分层设计了差异化的支持等级，满足了不同群体的公益需求，同时能够给予捐赠者相应的精神奖励，取得了良好的公益众筹效果，如图 6-28 所示。该项目已成功达成众筹目标，筹集资金 15 440 元，参与人数达 551 人。

图 6-27 "为山东省枣庄市山亭区脱贫儿童捐赠助学 图 6-28 "为山东省枣庄市山亭区脱贫儿童捐赠助学
大礼包"公益众筹项目介绍页面　　　　　大礼包"公益众筹项目支持等级

请运用本项目所学的公益众筹相关知识，针对以上提供的"为山东省枣庄市山亭区脱贫儿童捐赠助学大礼包"公益众筹项目，分析该项目的众筹主体架构和主要流程。你认为公益众筹模式在奉献社会爱心、服务乡村振兴等方面有哪些独特的优势？在你的身边或者家乡有需要帮助的儿童或老人吗？请借鉴已有的成功案例，为你关心的需要帮扶的群体设计一个公益众筹项目实施方案，进一步深化对公益众筹主体架构和运作流程的认识，体会中华民族团结互助、守望相助的传统美德，为实现共同富裕尽一份绵薄之力。设计公益众筹项目时，可以参考以下步骤。

步骤 1：调查你的家乡或身边需要社会帮扶的群体，关注他们的需求是什么，确定公益众筹项目的目标与受众。

步骤 2：设计公益众筹项目主体架构和主要操作流程。

步骤 3：根据公益众筹项目的具体目标，设计支持等级以及对捐赠者的精神回报。此步骤可以借鉴已有的成功案例，至少设计三个不同的支持等级。

步骤 4：为你的公益众筹项目设计宣传文案和宣传海报，以期让更多的人参与该项目。

步骤 5：根据设计的公益众筹项目的性质，结合所学知识，选择合适的公益众筹平台发布项目。

步骤 6：思考如何提高公益众筹的效率并加强对众筹资金的监管；如果将区块链技术运用到你设计的公益众筹项目中，可以具体运用区块链技术的哪些创新特征。

步骤 7：请整理上述扶贫助困公益众筹项目设计方案的关键要素，填入表 6-15 中，并思考是否可以进一步优化该方案。

表 6-15　　　　　公益众筹项目设计方案关键要素

关键要素	具体内容	
项目发起人		
众筹平台		
众筹模式		
目标众筹金额		
支持等级	支持金额	回报方式
区块链技术应用	区块链的创新特征	拟解决的公益众筹痛点

知识自测题

一、单项选择题

1. 假设投资者小王手上有资金 50 000 元，打算用来投资某个股权众筹项目，该项目单笔投资额为 15 000 元，请问小王在进行认购操作时最多可认购几份项目份额？（　　）

    A. 1　　　　　　　　B. 2　　　　　　　　C. 3　　　　　　　　D. 4

2. 下列关于股权众筹与天使投资的比较，说法错误的是（　　）。

    A. 两者都是创业者融资的主要渠道，都属于股权融资方式

    B. 股权众筹适用的行业广泛，而天使投资相对更侧重于科技行业

    C. 两者往往都被应用于投资创业企业或处于早期阶段的项目

    D. 股权众筹投资影响企业的控制权，而天使投资一般很少对企业进行控制

3. 下列各项概念的内涵与其他三项不同的是（　　）。

    A. 权益众筹　　　　　　　　　　　　B. 物权众筹

    C. 奖励式众筹　　　　　　　　　　　D. 实物众筹

4. 实物众筹细分领域不包括（　　）。

    A. 科技类实物众筹　　　　　　　　　B. 公益众筹

    C. 农业类实物众筹　　　　　　　　　D. 电影、出版类实物众筹

5. 下列不属于实物回报的是（　　）。

    A. 观影机会　　　B. 电影票　　　C. 纪念品　　　D. 收益权

6. 下列各项中属于实物众筹局限性的是（　　）。

    A. 融资时效性较差　　　　　　　　　B. 融资成本过高

    C. 影响企业创始团队的股权结构　　　D. 难以筹到所需资金

7. 在实物众筹支持流程操作实践中，下列哪一步需要支持者耐心等待？（　　）

    A. 支付价款　　　B. 浏览项目　　　C. 收到产品　　　D. 在线评价

8. 以下不属于网络公益众筹特点的是（　　）。

    A. 为众多家庭解决医疗资金难题

    B. 运用"互联网+"技术，打破时空限制，让更多想献爱心的人参与进来

    C. 网络公益众筹完全不存在"信任危机"

    D. 促进社会发展，弘扬正能量，营造良好社会风气

9. 小金参加某种图书的众筹活动，出资 200 元可以获得一本由作者签名的正式出版的图书，但该书定价只有 30 元，则从众筹分类的角度看，上述众筹活动最可能属于（　　）。

    A. 实物众筹　　　B. 物权众筹　　　C. 公益众筹　　　D. 股权众筹

10. 下列不属于公益众筹平台的是（　　）。

    A. 轻松筹　　　B. 腾讯公益　　　C. 新公益　　　D. 造点新货

11. 下列哪一组合正确描述了公益众筹的特点？（　　）

（1）公开透明

（2）可持续发展

（3）范围广

（4）门槛高

    A.（1）（2）（3）　　B.（1）（2）（4）　　C.（2）（3）（4）　　D.（1）（2）（3）（4）

06

12. 下列哪一项不属于轻松筹的三大板块？（　　　）
    A. 微爱大病互助行动　　　　　　　　B. 少年关爱互助行动
    C. 顶梁柱行动　　　　　　　　　　　　D. 老年健康互助行动

13. 下列关于公益众筹概念的理解，不准确的是（　　　）。
    A. 公益众筹支持者不要求回报　　　　　B. 公益众筹的捐赠者主要动机是社会性的
    C. 公益众筹通常是为某一特定项目募捐　D. 公益众筹的回报形式是实物

14. 以下哪项不是区块链技术的创新特征？（　　　）
    A. 不可篡改　　　B. 去中心化　　　C. 升值快　　　D. 可追溯

15. 下列关于区块链在公益众筹中应用的说法，不正确的是（　　　）。
    A. 区块链的可溯源特征保证了公益项目的公开性和透明性
    B. 利用区块链智能合约，自动实现对物资募集情况的记录和追踪
    C. 每个节点均可对账目进行查看和监督
    D. 使用区块链增加了社会成本

16. 下列关于众筹回报的说法，不准确的是（　　　）。
    A. 股权众筹的回报具有不确定性　　　　B. 实物众筹的回报包括无形的权益
    C. 公益众筹无法获得任何回报　　　　　D. 符合条件的公益众筹捐赠金额可以抵税

17. 下列项目不适合通过发起众筹筹集资金的是（　　　）。
    A. 筹集出版一本画册所需的资金　　　　B. 筹集研发一款 VR 眼镜所需的资金
    C. 筹集帮助自闭症患儿所需的资金　　　D. 筹集修建一条地铁所需的资金

二、简答题

1. 以下五个众筹项目分别属于哪一类众筹？为什么？

项目 A：某小微企业主通过某平台成功申请到 20 万元无抵押信用借款，解决了流动资金周转问题。

项目 B：2013 年快乐男声主题电影，65 天成功筹资 500 万元，涉及 29 000 人，平均每人 170 元，回报是电影票和首映礼入场券。

项目 C：3M 咖啡向社会公众进行资金募集，每人 10 股，每股 6 000 元，相当于每人 6 万元，但不是所有人都可以成为 3M 咖啡的股东，股东必须符合一定的条件，很快 3M 咖啡汇集了一大批知名投资人、创业者和企业高管。

项目 D：某平台开展"抗战老兵关怀计划"，通过向社会公众募集资金，用于帮助困难老兵改善基本居住条件和提供基本生活保障。

项目 E：46 位投资者共同出资 10 万元购买了一个停车位的产权，然后以 11 万元成功售出，共享资产增值收益。

2. 简述众筹的主体架构，并通过互联网检索一个感兴趣的众筹项目，指出该项目中各主体分别是什么？

3. 科技类实物众筹的回报方式有哪些？

4. 农业类实物众筹回报的要点有哪些？

5. 简述实物众筹的流程。

6. 概述公益众筹的定义。

7. 区块链技术如何助力解决公益众筹的痛点？

三、综合训练题

1. 苏州某高校在校大学生打算拍摄一部以大学生创业为主题的校园微电影，该校相关专业学生已经自发组建了微电影拍摄剧组，并以身边的太湖众创·苏州市大学生众创空间中的创业典型为

原型编写了剧本，但是目前缺乏拍摄该微电影所需的资金。请你加入剧组，并以小组作业的形式为他们设计电影众筹融资方案，小组设计的方案至少需要包括以下要点。

（1）选择合适的众筹平台，并对该平台做简要介绍。

（2）确定电影的片名和众筹项目的名称，并说明理由。

（3）撰写该项目发布者（剧组）的情况介绍。

（4）该项目的包装和宣传要点，包括主要创意情景、演员简介，有条件的同学还可以设计一份宣传海报。

（5）完成该电影众筹项目的预算编制，主要包括拍摄进度和资金用途。

（6）设计该电影众筹项目的筹资目标与支持等级，支持等级应包括不同的回报形式。

（7）根据设计的方案，制作路演 PPT，并完成模拟路演。模拟路演至少需要有三位同学参加，有条件的还应拍摄路演视频。

2. 某地区支教大学生想要为当地学生造一间美术室，并需要购买相应的美术用具，可是目前缺乏资金。假如你也是其中一员，你在一次会议中提出可以通过众筹来获取资金，请写出可行的方案，具体应包括以下要点。

（1）选择一个合适的公益众筹平台，并说明选择该平台的理由。

（2）确定众筹项目的名称，写出众筹的理由。

（3）实地调研该支教地区的教育实情，阐明其对美术教育的迫切需求。

（4）为该公益众筹准备证明材料，证实该项目的可行性与真实性。

（5）和当地人民政府、教育主管部门等取得联系，寻求该公益众筹项目的额外财政补助，明确该公益众筹需要筹集的金额和资金具体用途。

（6）设计该众筹项目的筹资目标、捐赠金额等级和有公益意义的回报形式。

（7）设计多样化的众筹宣传方式，包括线下媒体，线上微信、微博等平台。

（8）完善所有信息后，在选择的公益众筹平台上发布该众筹项目。

3. 东南大学 3 名理工类专业大学生组建了一个创业团队，他们想研发一款外观和功能都非常新潮的扩展现实（XR）"元宇宙"体验头盔，戴上该头盔能将相关数字信息叠加到现实物理世界，初步实现虚实相融的沉浸式体验。目前，这 3 名大学生都没有创业启动和技术研发的资金。现在，如果你加入创业团队，请利用所学的众筹知识和技能，设计相关的方案，该方案不仅要帮助大学生筹集到创业启动资金，同时也要对该产品的品牌和销售推广有所帮助。

🌱 技能实训

[实训项目]

大学生创业"混合众筹"融资创新方案设计。

[实训目的]

通过本项目的学习，我们已经全面掌握了众筹的分类及不同众筹模式的投融资步骤，而本实训将通过步骤引导，带领大家进一步了解多种众筹模式在实际项目融资中的组合应用——"混合众筹"融资创新方案的设计与操作流程。

[实训内容]

江苏永联互联网科技有限公司是由五位毕业大学生创立的科技型创业公司，"牛牛养车"是江苏永联互联网科技有限公司旗下的汽车后市场保养维修连锁品牌。为筹集资金实现跨越式发展，"牛牛养车"拟依托众筹平台，创新推出"混合众筹"方案。

步骤1：设计"混合众筹"中的股权众筹方案。

本次混合众筹主体"牛牛养车"的运营公司江苏永联互联网科技有限公司众筹前的注册资本（股本）合计为1000万元，每股价值1万元，合计1000股。本次众筹拟释放200股，合计持股比例20%，预计股权众筹融资金额为200万元。请据此设计股权众筹方案。

步骤2：设计"混合众筹"中的实物众筹方案。

除了享有股份外，投资者还将获得"牛牛养车"消费权益，包括洗车、保养、维修、加装等服务以及机油、机滤（不含轮胎）等汽车后市场商品。请据此设计实物众筹方案。

步骤3：形成完整的"混合众筹"创新方案设计。

请参考右侧二维码中的方案设计，完善自己的设计，形成完整的"混合众筹"方案。

资料链接

"牛牛养车"的"混合众筹"创新方案设计

[实训思考]

1. 请复习实物众筹与股权众筹的有关知识，分析混合众筹方案为什么适合上述"牛牛养车"众筹项目？

2. 公益众筹作为一种新型众筹方式正逐步融入每个人的生活，请你设计一个涵盖公益众筹的混合众筹方案。设计方案时，可以考虑与当地基金会或者非营利组织合作。

06

项目七

网络银行与开放银行

学习目标 ↓

[知识目标]

1. 认识网络银行与传统银行的优势和劣势。

2. 熟悉互联网存款业务与产品。

3. 了解互联网银行的特色理财产品与理财服务计划，并将其与其他持牌金融机构理财产品等做比较。

4. 掌握开放银行的概念、特征、关键技术与构建模式类型。

[能力目标]

1. 能够运用所学知识，独立完成互联网银行的远程开户、存款办理、投资理财、资金管理、转账结算等业务的实际操作。

2. 能够综合运用互联网银行存款、特色理财产品和智能资金计划功能进行投资理财和完善资金规划。

3. 能够运用开放银行平台或 App 办理各种开放银行业务，体会开放银行丰富的场景化金融和生活服务。

[思政目标]

通过比较开放银行与传统银行，进一步体会开放银行与互联网场景平台共建泛在、多元、高效、智能的商业新生态，以高质量数字金融服务满足人民美好生活需要的重要意义，加深对金融行业服务实体经济和人民生活宗旨的认识，增强职业责任感，深化职业理想。

提到办理贷款、理财等金融服务，人们第一个想到的就是去银行。而随着互联网和现代信息技术的发展，这些传统银行业务均能在网上完成。与此同时，金融科技的创新发展，使网上银行从传统银行的附属电子渠道发展为互联网金融的一种独立业态，甚至出现了没有实体网点、完全通过互联网平台向用户提供各种金融服务的互联网银行。新型网络银行的出现会给传统银行带来怎样的冲击？网络银行的存款、理财、转账等业务是如何实现全流程互联网化的？银行通过开放平台与生态，又将构建怎样的开放银行新模式，使金融服务无处不在并与生产生活场景"无缝对接"？让我们通过本项目来共同探究。

导入案例 ↓

首家互联网民营银行——微众银行

深圳前海微众银行（简称"微众银行"）是在我国金融科技背景下诞生的首家民营互联网银行。2014 年 7 月 24 日，原银监会公布的首批获准筹建的三家民营银行中，就包括微众银行。微众银行注册资本 42 亿元人民币，腾讯、百业源投资、立业集团是其主发起人，腾讯是其第一大股东。微众银行的经营范围包括吸收公众（主要是个人及小微企业）存款，并主要针对其发放短期和中长期贷款；办理国内外结算以及票据、外汇、银行卡、债券等业务。经原银监会批准，微众银行于 2015 年 1 月 18 日试运行，于 4 月 18 日正式对外营业，成为国内第一家互联网银行。

微众银行秉持"科技、普惠、连接"的愿景，将"普惠金融为目标、数据科技为抓手、同业合作为依托"作为发展定位，针对普通大众和小微企业"短、小、频、急"的金融需求，依托微信、QQ 用户群，利用金融科技技术，首创推出了全线上、纯信用、随借随还的微粒贷、微业贷、微车贷等金融产品，形成了"个存小贷"的特色业务。微众银行英文名为 We Bank，该行 LOGO "We（我们）"代表一种群体创新精神，希望通过互联网连接个人、中小微企业、优秀金融机构，形成一个良好的金融生态圈，通过彼此之间的资源合作、支持和调配，打造银行、金融领域的创新共同体。微众银行标志如图 7-1 所示。

图 7-1　微众银行标志

微众银行坚持"开放平台、开放创新、开放协作"的科技发展战略，通过大数据信用评级分析每一个客户积累的数据，并利用语音验证、人脸识别等技术进行"远程服务"，没有营业柜台和营业网点，不需要财产担保，只需要依托互联网平台和大数据风控进行银行金融业务的交易，这样不但降低了金融交易成本，而且大大提高了金融交易的效率以及银行业务处理效率。微众银行的出现与传统银行相比，最大的亮点就是完全在互联网线上经营一切经监管部门准入的银行金融业务。

微众银行在国内首创了基于社交数据风控的移动端自助式小额信用循环贷款产品——微粒贷。截至 2019 年年末，微粒贷已累计向全国 31 个省（区、市）近 600 座城市的超 2 800 万个客户发放 4.6 亿笔贷款，累计放款金额超过 3.7 万亿元。微粒贷除自营外，还基于区块链技术，通过建立同业合作模式下的"联贷平台"，与 20 多家金融机构合作，由合作银行提供资金来源，双方共享利息收益，进一步扩大了普惠金融的覆盖面。

2017 年，微众银行推出了国内首个基于互联网与大数据的全线上、纯信用的企业流动资金贷款产品——微业贷。微业贷凭借金融科技和风控能力，有效降低了银企信息不对称程度和风险成本，构建了基于风险数据的大数据风控体系，具有无须提交任何资料、填表，无须线下开户，无须抵质押物品等特点，并利用数字化精准营销策略，实现了"互联网智能融资"新模式，为小微企业提供便捷高效的贷款服务，解决了小微企业的融资难题。

在传统银行的营业收入的增长普遍低于 10%的情况下，微众银行 2017 年、2018 年、2019 年营收分别为 67.48 亿元、100.29 亿元、148.7 亿元，净利润分别为 14.48 亿元、24.74 亿元、39.5 亿元。截至 2019 年年末，微众银行服务个人客户突破 2 亿人，法人客户达 90 万家。资产总额 2 912.35 亿元，其中各项贷款余额 1 629.66 亿元；负债总额 2 751.16 亿元，其中存款余额 2 362.88 亿元；不良贷款率 1.24%，拨备覆盖率 444.31%，资本充足率 12.90%。微众银行在资产负债率快速增长的情况下，资产质量和盈利能力也表现优异，基于金融科技的风险防控能力建设是重要保障。微众银行通过整合征信、工商、税务等多维数据，构建起小微贷款全流程智能化的风控体系；运用智能身份识别技术、人脸识别及活体检测技术，实现线上客户身份核定；依托人工智能算法，打造出智能风控模型、反欺诈模型，有效防控风险；创新推出的线上审核机制和风控系统，让更多征信空白的客户享受到安心的金融服务。

微众银行也充分发挥其互联网银行的纯线上营业模式和金融科技的优势，除了提供 7×24 小时线上"零接触"服务外，还根据自身业务实际，推出了风险补偿政策、再贷款政策、贷款贴息政策，以及通过 App 在线办理业务结算手续费优惠等纾困措施。后续，微众银行还将继续发挥其金融科技优势，利用人工智能、区块链、大数据等手段，快速了解受困客户，提高贷款可获得性，践行普惠金融理想。

微众银行作为首家没有物理网点、仅依靠互联网的新型银行，不仅吸引了市场的目光，也引发外界对于互联网银行在监管、技术、产品等方面的好奇。以微众银行为代表的互联网银行的兴起，正在逐步打破现有市场格局，其融合新技术和互联网化思维打造的金融产品将可能撼动传统的监管范式。由此可见，网络银行服务普通大众、支持小微企业、发展普惠金融，不只停留在理论层面，实践上也是可行的。随着金融与科技的深度融合，网络银行将进一步凸显便捷高效、成本低廉、无时空限制等优势，具有广阔发展前景。

任务一 比较网络银行与传统银行

了解了微众银行的基本情况，我们来总结归纳网络银行的演进历程与优劣势，并将其与传统银行对比，以此加深对网络银行特色的理解，为进一步学习互联网银行相关知识打下基础。

精品微课

比较网络银行与传统银行

一、网络银行的演进历程

网络银行萌芽于传统实体银行对网络应用和渠道电子化的探索，并随着互联网的发展而呈现出不同的阶段特征。由于网络银行发展速度快，其标准、发展模式等都处于演变之中，因此目前很难对其基本内涵进行规范的理论界定。在实践中，网络银行的演进大致经历了水泥银行、鼠标银行、指尖银行、手表银行等阶段。

1. 水泥银行阶段

在这一阶段，钢筋水泥筑成的实体银行仍然占据绝对主导地位，网络银行的萌芽仅仅是这些实体银行试图利用互联网实现渠道电子化的一种探索。例如，中国银行于 1996 年 2 月，在互联网上建立了主页，首先在网上发布信息，随后于 1997 年搭建了网上银行服务系统。

2. 鼠标银行阶段

在这一阶段，各银行经过前期的开发与探索，纷纷推出网上银行服务。1998 年，招商银行率先推出"一网通"品牌，提供网银服务；2003 年，工商银行推出"金融@家"个人网上银行；2006 年，农业银行推出"金 e 顺"电子银行品牌。

3. 指尖银行阶段

随着金融科技的发展和智能手机的普及，网上银行业务重点从 PC 端向手机端转移，各银行纷纷推出个性化的 App 和小程序，被形象地称为"指尖银行"或"掌上银行"。在金融科技创新赋能以及民营银行试点政策"开闸"的驱动下，微众银行、网商银行等没有实体物理网点的互联网银行相继成立，从而拉开了我国真正意义上的"网络银行"的序幕。中国银行手机银行 App 页面如图 7-2 所示。网商银行 App 页面如图 7-3 所示。

图 7-2 中国银行手机银行 App 页面

图 7-3 网商银行 App 页面

4. 手表银行阶段

随着 Apple Watch 等新型移动可穿戴智能设备的发展，华夏银行等推出了基于智能手表的网络银行应用，如图 7-4 所示，进一步扩大了网络银行服务的覆盖面，增强了其可获得性。

图 7-4　华夏银行推出"手表银行"

综上所述，为区别传统银行与网上银行，**本项目所指的"网络银行"是指在金融科技背景下，经金融监管部门批准，不设立实体网点，以信息技术和互联网技术为依托，完全通过互联网平台和移动金融应用向用户提供各种金融服务的新型银行业金融机构。**

[随堂测试 7-1]

金融科技背景下的网络银行主要是指哪种形态的银行？（　　　　）

A. 水泥银行　　　　B. 鼠标银行　　　　C. 指尖银行　　　　D. 手表银行

二、网络银行的优势

1. 充分利用"互联网+"和大数据技术，提高盈利能力

网络银行不设物理网点，充分利用"互联网+"和大数据技术，全面实现无纸化交易。银行无须派人到实地查账缴费，业务往来都通过互联网信息平台进行操作，在国内有一个支付网接口就可以在网上向全国的客户提供银行业务服务。开放的互联网技术，使客户可依靠任意一个网络入口接入网络银行。网络银行可以通过与其有关联关系的金融科技信息门户网站获取更多客户信息，更便于发现潜在客户和满足客户的潜在需求。在放贷方面，网络银行能够利用大数据风控进行客户信用评估，做到成本低、速度快、投向准，从而提高盈利能力，拓展业务空间，发展普惠金融。同时，提前掌握客户信息可以节省银行办理业务的审核时间，简化审核过程，提高业务办理效率。

2. 节约银行的经营成本和客户的交易成本

首先是节约银行的经营成本。网络的虚拟性和超地域性，使网络银行没有建筑物地址，只有网址，也就不受时间、空间等限制，随时随地可在互联网上甚至通过一个移动互联网终端就可以完成银行的存款、贷款、支付结算、销售理财产品等主要业务，整个运作空间就是互联网带来的虚拟化的电子空间。这样一来不仅节省了人力投入和硬件设施投入，还远离了繁华的商业中心，降低了银行的经营成本，大大提高了工作效率。据初步测算，一笔柜面业务的成本是 3.06 元，一笔在网上完成的同类业务成本仅为 0.49 元。因此，大力发展低成本的网络银行业务，对节约银行成本，提高股东回报具有重要作用。也正是由于网络银行具有银行柜面难以比拟的优势，才满足了市场发展、客户需求和银行业务转型的迫切需要。

其次是节约客户的交易成本。网络银行对广大客户来说只要使用互联网就可以进入银行进行业务操作，不需要像在传统银行办理业务那样额外付出交通费用、排队时间等显性与隐性成本，从而为客户省下一笔开支，节约了交易成本。

3. 简单易用，高效可靠，能够提供"3A"服务

网络银行利用互联网和银行支付系统，容易满足客户咨询、购买和交易多种金融产品的需求，客户除办理银行业务外，还可以方便地进行网上买卖股票、债券等业务。网络银行具有能在任何时间（Anytime）、任何地方（Anywhere），以任何方式（Anyhow）提供账务管理、查询转账、网上支付、缴纳各类费用等服务的综合功能，即AAA（Anytime、Anywhere、Anyhow）服务模式，每年365天，每周7天，每天24小时全球范围内经营。因此，人们又称网络银行为"3A银行"。加之网络可以容易地进行不同语言之间的转换，也为网络银行拓展国际业务提供了条件，最大限度满足客户的需求。

与传统银行相比，在网络银行申请贷款往往能较快获得资金，部分"极速贷"产品利用大数据和工作智能化、自动化技术，甚至能实现"秒到"；在网络银行购买股票、基金、外汇、黄金、期货等理财产品，不仅消除了排长队的烦恼，而且用户操作页面十分人性化、申购手续费也有优惠，受到了越来越多投资理财人士的青睐。此外，不少网络银行还能实现挂单预约功能，用户只要在基金列表中找到要购买的基金，单击购买，即可完成操作，过程十分简单，提高了服务效率，为客户节省了时间，满足了客户随时随地享有高品质金融服务的需求。

4. 产品更差异化，能够满足客户个性化需求

网络银行能根据"互联网+"的定制化思维特征，基于客户的理财目标、家庭财务状况、风险承受能力，并借助完善的交易记录等众多因素，分析客户的交易行为和内容，从而进行数据挖掘，发现有价值的客户，并站在客户需求的角度，为客户量身定制理财计划和理财资讯，设计资产配置方案，为不同的人配置最适合的理财产品以及提供持续的产品跟踪和资产配置的检视修正。同时，网络银行通过行为偏好的分析，细化服务市场，利用互联网交互性特点，运用定向联系（即定向营销），掌握各个客户群体的不同要求及客户资金拥有数量、投资意向等，通过定向服务（包括一些优惠条件），利用网络系统建立固定客户制，制定投客户所好的营销策略和服务内容，对产品进行金融创新，为客户提供设计独特的理财方案。例如日益受西方商业银行重视的金融工程就是一种向特定客户提供能满足其需要的服务方案，该方案包括尖端金融产品的设计、证券承销安排、资金的吸收与分流、产品开发与信息处理等。这种方案是标准化的投资机会，如基金、信托等方式，配合客户独特需要而组合成的最低成本方案，即"独家顾客"方案，从而建立客户与特定银行间的相互依存关系，使银行可以最大限度地利用客户信息资源，发掘潜在的客户，波浪式地发展客户网络，同时也可加深银行与客户的定向信息交流关系，为客户提供更加合适的个性化金融服务。

三、网络银行的劣势

1. 缺乏有效监管和法律规范

由于互联网的开放性，网络银行又属于新兴行业，处于起步阶段，法律的不完善与监管的不到位会造成网络银行开展业务时无法可依。现行有效法律对客户和银行的权利义务还没有明确的法律界定，这也使网络银行业务的参与各方都存在一定的法律风险；同时缺乏相应的网络消费者权益保护管理规则及试行条例。即使各国有相关的法律法规，但网络是跨越国界的，在网络银行的跨国交易业务中，难免产生国与国之间法律问题上的冲突。目前国际上尚未就网络银行涉及的法律问题达成共同协议，也没有一个仲裁机构，客户与网络银行很容易陷入法律纠纷之中。另外，在网络银行的虚拟世界中，交易双方的身份辨认、违约责任的追究等方面存在较大的困难。

2. 不可预知的信息安全风险隐患

（1）**计算机黑客攻击**。随着黑客攻击技术的提高，他们可能通过互联网侵入银行专用网络或计算机系统，修改或删除服务程序，窃取银行及客户资料，盗用他人身份接管客户的储蓄或信用账户，甚至直接非法进行电子资金转账。银行、金融机构是网络黑客攻击的重点，全国每年因遭受网络攻

击造成的损失就高达百亿元，每年有近千个网站，甚至包括政府网站被攻击，黑客攻击的数量每年都在成倍递增。全球已形成"黑色产业链"，普通黑客的收入远远超过在现实生活中劳动的回报，因此网络黑客已从最初的个人行为发展为有组织的犯罪。

（2）**用户缺乏安全意识**。网络支付安全是一个系统工程，需要银行、支付机构、安全厂商、商户、网络管理部门以及消费者共同努力。目前现行的网络支付安全技术和手段已经比较成熟，大部分网络支付安全事件是由用户缺乏必要的安全防范意识和技能所致。有很大一部分用户使用与自身信息关联度大的信息作为密码，没有真正起到保护的作用，容易被不法分子窃取或猜中。虽然这类信息容易让用户记住，可是也很容易让人猜出或者发现。重要的是有些网络银行网站允许用户使用低密级的密码，这会大大降低网络银行安全系数。

（3）**网络诈骗**。利用网络克隆某官方网站的页面，或者通过电子邮件、发放免费资料等方式，假冒网站管理人员向用户发布虚假的中奖信息，当用户进入经修改的网站时，修改后的软件就会自动将用户账号上的钱转移到不法分子的账号上。当用户接收不法分子提供的电子邮件或免费资料时，不法分子编制的病毒也随之进入用户的计算机中，并偷偷修改用户的金融软件。

（4）**计算机硬件和软件问题带来的运行风险**。网络银行所依赖的计算机硬件系统停机、磁盘列阵被破坏、操作不当等不确定性因素都会引发网络银行的系统风险。不同行业都有因计算机系统停机造成损失的记录。计算机系统软件或应用软件不够完善的地方（如存在某种设计缺陷、容错能力差、兼容问题等）引起系统故障，甚至导致系统崩溃，也带来了系统的运行风险。

3. 技术门槛高，复合型人才储备不足

网络银行需要拥有强大的技术团队，技术能力和创新思维是网络银行的两根支柱，是其与传统银行业竞争的利器。网络银行尤其重用技术人员，持续开展前沿技术研究，以技术能力支撑其运营能力和管理能力。金融市场人才较缺乏，真正从事民营网络银行业务的复合型人才更为稀缺，缺少人才储备。

4. 网上操作具有条件限制

首先，受体制束缚和传统业务规范的制约，我国网络银行目前的业务功能还比较单一，无法突破传统的业务种类。其次，部分客户，特别是农村地区客户互联网运用能力较弱，可能不清楚操作流程，只能依赖在线客服而无法面对面交流解决问题。最重要的是一旦没有了电和网络就无法办理网上业务，具有条件限制。另外，网络银行也无法办理普通的取现业务。

四、传统银行的优势

1. 具有较高的安全性和社会声誉

传统银行经过长时间的经营实践，建立并不断完善风险控制指标体系，具备一套完善的法律准则与审批制度，具有较高的安全性、稳定性、可靠性，在广大客户中具有良好的口碑和社会声誉。

2. 具有长期积累的数据，客户资源丰富

传统银行通过长时间发展运营，积累了大量客户，存量客户资源丰富，获客成本较低。同时，传统银行的数据积累和人才储备充足，有助于其充分利用大数据技术进行数据挖掘，发挥规模经济优势。此外，传统银行较早涉足高端私人银行业务，其积累的高净值客户忠诚度较高，这些客户成为其利润的重要来源。

五、传统银行的劣势

1. 无法满足小微企业的融资需求

传统银行出于对信贷资金的安全考虑，将信贷重点放在资产规模大、盈利能力强、偿债有保证

的国有大中型企业及其他大型民营企业；银行对小微企业不够重视，信贷条件设置过高，金融机构创新不足、产品单一，缺乏适合小微企业的信贷产品。而小微企业作为我国企业重要组成部分，在国民经济发展中具有不可替代的作用，应当引起传统银行的重视。

2. 服务成本高，难以完全满足公众金融服务需求

传统银行是实体运营的，有营业大厅和众多的分支机构，所以不可避免地会产生资金投入与运营成本，且经营又受地域和时间限制，这种情况不能适应客户的随时随地以任何方式享受服务的需要。再加上在交易时会产生中介费、票据工本费、交易手续费等费用，还要排队操作，这对客户来讲既耗时又耗钱。

3. 贷款流程较冗长，效率不高

传统银行贷款业务虽然模式比较清晰，但环节复杂、周期较长、流程单一、差别化服务较弱，传统银行贷款业务流程如图 7-5 所示，传统银行贷款业务难点调查结果如图 7-6 所示。传统银行贷款业务主要包括三类：抵押贷款、信用贷款和保证贷款。传统的抵押贷款通常以房地产（需要房产评估）等固定资产作为抵押，贷款的期限往往比较长。一般借款人至少需要前往银行网点 3 次，从申请到放款往往需要 1 个月，有时甚至需要等待数月方能实现

- 填写贷款申请表
- 签订贷款合同
- 等待审批
- 办理抵质押登记手续
- 提交申请材料
- 放款

图 7-5　传统银行贷款业务流程

放款。如果借款人申请的是信用贷款则相对较快，但一般也需要等待一周以上。保证贷款是一种引入第三方作为担保方的融资方式，要求实力强、风险水平低的第三方提供商业担保，在融资企业不能偿还贷款本息时，担保方承担连带责任。对于中小企业而言，引入第三方担保公司，成本较高。

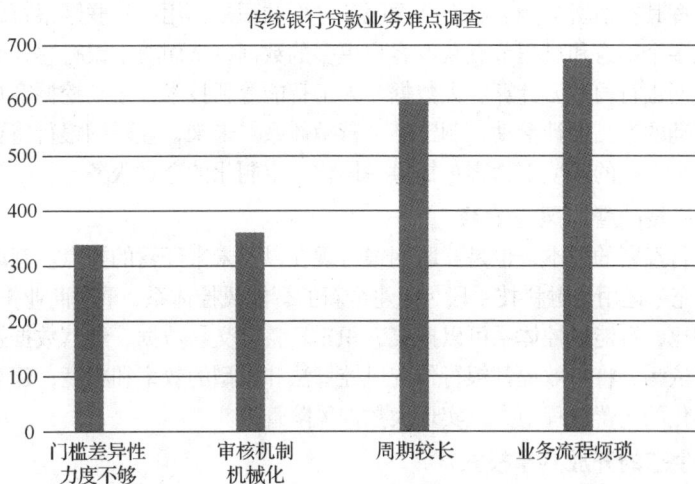

图 7-6　传统银行贷款业务难点调查结果

综上所述，网络银行是一种新型的银行服务方式，虽然可以有效解决小微企业融资成本高的问题，还能节约时间和人力，但是缺乏传统银行的正规性、可靠性和安全性；而具有丰富客户资源和完备法律法规的传统银行因为更偏爱大型企业，不利于数字普惠金融发展。由此可见，无论是网络银行还是传统银行都有相对的优势，也有各自的劣势。因此，传统银行应当在"互联网+"的思维下转型升级，促进与网络银行的合作。

[随堂测试 7-2]

网络银行与传统银行优劣势总结

请将本任务的学习成果与收获通过表 7-1 进行总结和整理，进一步把握网络银行与传统银行的优劣势。

表 7-1　　　　　　　　　　　　网络银行与传统银行的优劣势总结

项目	要点概括
网络银行优势	
网络银行劣势	
传统银行优势	
传统银行劣势	

六、互联网银行发展趋势

1. 精细化的客户经营体系

通过对客户资源和银行服务渠道的有效整合，精细化经营客户，形成一体化的客户经营体系。一方面，互联网银行的技术布局可以替代传统客户经理的人海战术，快速拓展服务广度和深度，推进金融服务触达更广范围的客户群体，挖掘客户更深层次的金融服务需求；另一方面，开发长尾客户潜力，并凭借边际成本递减的优势，批量经营客户，降低获客、活客、留客成本。

2. 以数据为基础的产品服务体系

赋能银行数字化转型，要着力提升数据使用效率，挖掘数据内在价值，推动数据要素流转和融合，从而更好地发挥其在消费金融、小微金融服务方面的积极作用。互联网银行将改变商业银行的产品设计模式，从多个渠道和过程节点获取客户更多的数据，从而奠定银行感知客户、理解客户的基础。此外，互联网银行通过云计算、大数据、人工智能等新技术，主动挖掘客户需求、分析客户偏好，开展数据驱动的产品设计活动，制定精准营销体系。未来，互联网银行将更加注重数据，依托数据资产，在安全可控的环境下为客户提供一体化、定制化的金融服务。

3. 依托金融科技的智能风控体系

风控是商业银行经营的根本，也是互联网银行现在以及未来经营的重点。互联网银行基于其风控技术和能力，将充分运用金融科技手段，构建全新的智能风控体系，重塑商业银行的核心竞争力。与传统风控模式相比，智能风控体系可以搜集、积累、整合交易数据、经营数据及财务数据等，减少对人力和经验的依赖，将有效提升银行传统风控算法和模型的效率和精度，建立全新的风险管控模式，在高度自动化的运营过程中真正实现大数据风险管控。

4. 基于数字生态的开放共享模式

未来，商业银行竞争不再只是单一银行之间的竞争，而是生态圈之间的竞争。从生态系统的角度出发，一方面，互联网银行要构建与同业、科技公司、政府、核心企业及上下游之间的全链条、全平台的数字生态，与生态系统的伙伴形成更加紧密的耦合关系，嵌入客户所在的各种生产生活场景中，并基于真实场景实现金融业务的线上实时交易，为客户提供一站式金融解决方案。另一方面，互联网银行需要将思维转向开放共享模式，感知客户的实际痛点，利用 API、SDK 等技术实现方式搭建开放银行平台，实现与第三方之间的技术和服务共享，让客户低成本、更便捷地获取专业的金融服务。

任务二　互联网银行存款与理财业务

与传统银行相比，互联网银行的存款和理财业务具有鲜明的"互联网+"特征与"随时随地"交易的良好客户体验，成为百花齐放的互联网理财和储蓄市场上的"正规军"。本任务引导大家通过比较，了解互联网存款的特征和监管要求以及互联网银行特色理财业务，在操作实践中把握互联网银行存款和理财的具体步骤，并将其应用到现金规划和资产配置中。

精品微课

网络银行特色理财业务

一、互联网银行的发展历程

互联网银行通常有广义和狭义之分。广义的互联网银行和网络银行的概念近似，巴塞尔银行监管委员会将网络银行定义为"通过电子渠道提供零售银行服务、小额银行产品和服务、大额电子支付和其他批发银行服务的银行"。狭义的互联网银行是指银行网络化的高级阶段，是基于云计算、大数据等金融科技技术，无线下实体网点，所有业务均通过互联网平台在线完成的银行机构。

互联网银行最早发展于美国，在利率市场化、客户消费理念和习惯改变、网络技术发展等因素驱动下，1995 年 10 月，首家无实体网点的纯互联网银行——美国安全第一网络银行（Security First Network Bank）成立，随后英国、日本、欧盟、新加坡等相继确立了互联网银行制度。2014 年 12 月 16 日，微众银行的成立，正式开启了我国互联网银行的发展历程。从狭义上看，我国互联网银行主要有微众银行、网商银行和新网银行，如表 7-2 所示。互联网银行运用金融科技技术，大幅提高了交易效率、扩展了金融服务边界、降低了金融交易成本，有效推动了普惠金融发展，是我国金融体系的有益补充。

表 7-2　　　　　　　　　　　　三家互联网银行的基本情况

项目	微众银行	网商银行	新网银行
开业时间	2014 年	2015 年	2016 年
注册资本	42 亿元	40 亿元	30 亿元
参与的互联网公司	腾讯持有 30%的股权	蚂蚁金服持有 30%的股权	小米持有 29.5%的股权，与新希望、红旗连锁等共同设立
流量入口	微信、QQ	阿里巴巴、淘宝、天猫	美团、携程
服务对象	个人消费者和小微企业	电商平台卖家等小微企业、农村客户	以个人消费者为主
主要服务	存款、贷款、理财	转账、贷款、理财	贷款
主要产品	微粒贷、微业贷、微车贷	网商贷、信任付	好人贷

二、互联网银行存款

（一）互联网存款的概念

存款是银行负债业务中最重要的业务，也是银行资金的主要来源。由于互联网银行没有线下物联网点，因此只能通过互联网渠道吸收存款，于是诞生了互联网存款的概念。互联网存款是指商业银行通过自营网络平台开展的存款业务，存入和支取全流程均通过网络完成。自营网络平台是指商业银行根据业务需要，依法设立的独立运营、享有完整数据权限的网络平台，包括官网、App、小程序、微信公众平台等互联网渠道。因此，互联网存款业务本质上仍然是存款负债业务，受国家存款保险制度保障，但是实现了"互联网+"与银行存款融合的金融创新。商业银行不得通过非自营网络平台开展定期存款和定活两便存款业务。

（二）互联网存款产品的特征

（1）互联网存款产品利率相对较高。相对于传统商业银行的线下存款产品，互联网存款整体利率较高，尤其是一年期以上的定期存款利率优势更为明显。2021 年 4 月，新网银行的 5 年期整存整取的定期存款年利率为 4.38%，亿联银行的 5 年期定期存款的年利率高达 4.55%，远远高于传统商业银行五年期定期存款 2.75% 的年利率，如图 7-7 所示。

图 7-7　新网银行和亿联银行的互联网定期存款产品

（2）互联网存款产品存取方便、流动性强。由于互联网的范在性，银行的自营网络平台本身没有地域和时间的限制。无实体经营网点，业务主要在线上开展的互联网银行经营互联网存款业务，不受区域限制，所以互联网存款产品存取方便，可以提供 7×24 小时的"3A"服务。与普通定期存款性质相同，互联网定期存款产品可提前支取，提前支取部分按支取当日的活期存款利率计息，流动性强。

（3）互联网存款产品安全性较高。互联网存款产品同样按照国家规定参加存款保险，人民币 50 万元以内的存款本金和利息受《存款保险条例》保障，实行全额偿付，安全性与线下存款一样高。

（三）互联网存款新规

商业银行为适应金融科技发展的趋势，陆续通过互联网销售个人存款产品，在拓宽银行获客渠道、提高服务效率等方面进行了有益探索。然而，在发展过程中，也暴露出一些风险隐患，如产品管理不规范、消费者保护不到位等。为加强对商业银行通过互联网开展个人存款业务的监督管理，维护市场秩序，防范金融风险，保护消费者合法权益，2021 年 1 月 15 日，银保监会办公厅、人民银行办公厅联合印发了《关于规范商业银行通过互联网开展个人存款业务有关事项的通知》，该通知旨在补齐制度短板，引导商业银行规范开展互联网渠道存款业务，因此被业界称为互联网存款新规，其主要内容包括以下几个方面。

（1）**规范业务经营**。商业银行通过互联网开展存款业务，应当严格遵守《中华人民共和国商业银行法》《中华人民共和国银行业监督管理法》《储蓄管理条例》等法律法规和金融监管部门的相关规定，不得借助网络技术等手段违反监管规定、规避监管要求。商业银行不得通过非自营网络平台开展定期存款和定活两便存款业务，包括但不限于由非自营网络平台提供营销宣传、产品展示、信息传输、购买入口、利息补贴等服务。需要指出的是，商业银行与非自营网络平台进行合作，通过开立Ⅱ类账户充值，为社会公众购买服务、进行消费等提供便利，这部分业务不受影响，可继续开展。

（2）**强化风险管理**。商业银行应当加强业务风险评估与监测，强化资产负债管理和流动性风险管理，合理控制负债成本。商业银行通过互联网开展存款业务，应当严格执行存款计结息规则和市场利率定价自律机制相关规定，自觉维护存款市场竞争秩序。商业银行通过互联网开展存款业务，应当符合产品开发业务流程要求，明确董事会、高级管理层和相关部门的职责分工，制定风险管理政策和程序，全面评估业务风险，持续识别、监测和控制各类风险。商业银行通过互联网开展存款业务，应当严格遵守银行账户管理和反洗钱相关规定，完善客户身份识别制度，采取有效措施，独立完成客户身份的识别和核实，发现可疑交易及时报告。地方性法人银行要坚守发展定位，立足于服务已设立机构所在区域的客户。无实体经营网点，业务主要在线上开展，符合银保监会规定条件的除外。

（3）**加强消费者保护**。商业银行通过互联网开展存款业务应当加强金融消费者保护，切实保障金融消费者合法权益。商业银行应当强化互联网渠道存款销售管理，在相关页面醒目位置向公众充分披露产品相关信息、揭示产品风险，切实保护消费者的知情权、自主选择权等权利。商业银行不得利用存款保险制度内容进行不当营销宣传。商业银行应当采用有效技术手段，按照行业网络安全、数据安全相关标准规范，加强网络安全保护，确保商业银行与存款人之间传输信息、签署协议、记录交易等各个环节数据的保密性、完整性和真实性，保障存款人信息安全。

（4）**严格监督管理**。各级监管部门要加大监管力度，对违法违规行为，依法采取监管措施或者实施行政处罚。银保监会及其派出机构可以根据商业银行的风险水平对其跨区域存款规模限额等提出审慎性监管要求，同时按照"一行一策"和"平稳过渡"原则，督促商业银行对不符合本通知要求的存款业务制订整改计划，并确保有序稳妥落实。

[随堂测试 7-3]

ABC 银行原来主要通过某第三方互联网平台导流和销售互联网存款产品。但是，根据新的监管规定，商业银行不得通过非自营网络平台开展定期存款和定活两便存款业务。请思考 ABC 银行如何在确保合规的基础上，调整互联网存款的营销策略。

[做中学 7-1]

互联网存款操作实践

互联网存款可以通过银行的自营网络平台完成从存入到支取的全流程操作，与传统的银行网点柜台储蓄相比，更加方便快捷，同时存款利率也相对较高。互联网存款与线下存款性质相同，同样按照国家规定参加存款保险，人民币 50 万元以内的存款受《存款保险条例》保障。本"做中学"通过众邦银行自营的微信小程序平台，引导大家完成互联网存款操作实践。

步骤 1：登录众邦银行 ZBnak 微信小程序。

打开微信 App，点击"发现"，点击"小程序"，搜索"众邦银行"，打开众邦银行 ZBank 微信小程序首页，如图 7-8 所示。

步骤 2：了解众邦银行互联网存款。

在众邦银行 ZBank 微信小程序首页点击"产品"，然后在"产品服务"页面点击"一分钟了解银行存款"，具体了解互联网存款的流程与特点，如图 7-9 所示。可以看到互联网存款与网点柜台储蓄的业务流程基本相同，但互联网存款无须柜台排队，7×24 小时随时存取，存入当天计息，节假日不受限，支取实时到账。

步骤 3：选择互联网存款产品并存入。

在众邦银行 ZBank 微信小程序的"产品服务"页面可以看到不同期限的互联网存款产品，均为 50 元起存，如图 7-10 所示。可以根据自己的资金规划，选择相应期限的产品，进入存入页面，如图 7-11 所示。例如，可以选择 1 年期定期存款，年利率 2.10%，同时该产品参与踏春活动，点击"立即存入"按钮，完成实名认证存入资金后，可以获得"Bang 豆"奖励。通过活动获得的"Bang豆"奖励，可以在众邦银行 ZBank 微信小程序的"Bang 豆"页面兑换话费等权益。

步骤4：互联网存款的查询和支取。

可以点击众邦银行 ZBank 微信小程序首页的"总资产"，查询存入的互联网存款明细，如想提前支取存款，直接点击对应产品进入支取页面，点击"提前支取"按钮即可，如图 7-12 所示。提前支取将按最新活期利率计息，而如果持有到期则可享产品对应的定期存款利息，到期会自动兑付。

步骤5：成为"薪愿官"，推广互联网存款获得奖励。

感兴趣的同学可以点击众邦银行 ZBank 微信小程序首页的"薪愿官"图标，申请成为"众邦薪愿官"，即可通过"一键推广"功能推广互联网存款，如果有朋友通过推广链接存入资金，即可获得"Bang豆"奖励，如图 7-13 所示。

图 7-8　众邦银行 ZBank 微信小程序首页　　图 7-9　互联网存款的流程与特点　图 7-10　互联网存款产品选择页面

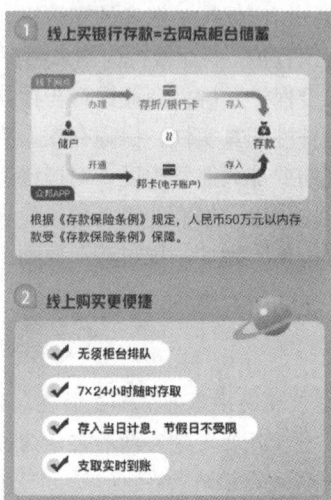

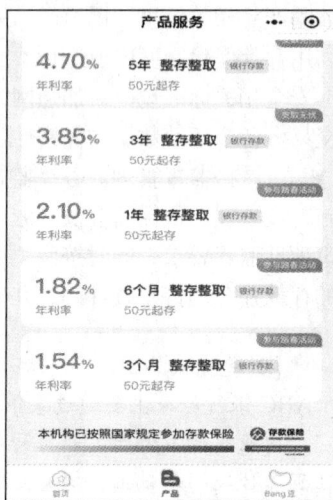

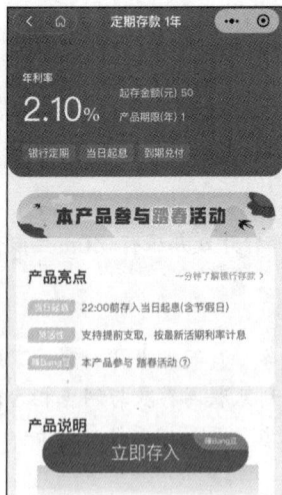

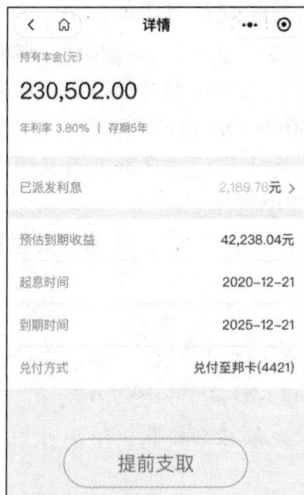

图 7-11　互联网存款存入页面　图 7-12　互联网存款提前支取页面　图 7-13　"薪愿官"互联网存款推广页面

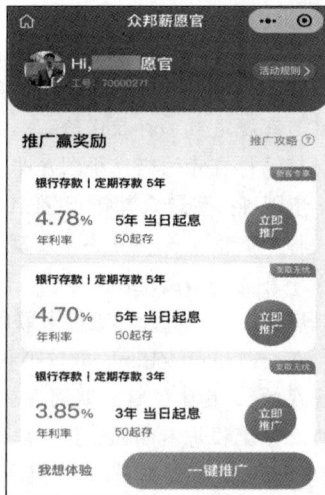

三、互联网银行理财定义与特征

随着商业银行大力发展理财服务、创新理财产品，以及居民投资理财观念的形成和投资理财需求的增加，我国银行理财产品得到了快速发展。"余额宝"横空出世，对传统银行理财市场造成了巨大冲击。为应对金融科技的冲击，银行推出了一系列"宝宝类"理财产品，如交通银行依托交银施罗德基金公司开通了货币基金 T+0 实时提现业务等。传统银行的"触网"尝试成为互联网银行理财产品的"雏形"。直到 2015 年，随着微众银行和网商银行等真正的互联网银行成立，并推出独具特色的互联网银行理财业务，互联网银行理财才真正成为在金融科技理财市场占有重要地位的"正规军"。

综上，互联网银行理财是指由银保监会批准设立的不设实体物理网点的互联网银行在其自营网络平台（包括官方网站、**App**、微信小程序等）上销售各类理财产品，并由符合条件的投资者自主在线认购的业务活动。互联网银行理财业务全程在互联网上开展，包括开户、客户风险评估、认购、查询、赎回等环节都通过自营网络平台完成。与其他理财产品，特别是与传统银行理财产品相比，现阶段互联网银行理财具有以下 6 个方面的特征。

1. 以代销产品为主

由于互联网银行成立时间较短，当前在互联网银行 App 上销售的理财产品大多是投向其他非银行金融机构的金融产品，即互联网银行实际上成为这些金融机构重要的互联网销售渠道。例如，微众银行销售的一款"青银理财-青银璀璨人生月定开 3021C"产品，特别提示该产品由城商行理财子公司青银理财有限责任公司发行与管理，代销机构微众银行仅作为网络平台，不承担产品的投资、兑付和风险管理责任。互联网银行代销的理财产品涵盖了货币基金、万能型保险、资产管理计划、信托产品、债券型基金、股票型基金、混合型基金、结构化产品等，甚至包括一些金融机构为互联网银行平台量身定制的"互联网化"产品。因此，虽然现阶段互联网银行理财产品以代销为主，但实际上推动了整个理财市场的网络化与个性化发展。微众银行 App 销售的部分理财产品如表 7-3 所示。

表 7-3　　　　　　　　　　　微众银行 App 销售的部分理财产品

产品分类	产品名称	年化收益率	起购金额	流动性
货币基金	兴银添利宝	3.43%（2021 年 4 月 8 日）	0.01 元	活期（提现实时到账）
银行存款	大额存单+	4.20%	20 万元	每份存单期限最长为 5 年，不支持提前支取，可随时发起转出
混合型基金	易方达环保主题	浮动收益	1 元	可随时赎回，T+3 日资金到账
稳健理财	青银理财-青银璀璨人生月定开 3021C	4.00%	1 元	投资期限较短，每月开放一次申赎，在注重收益的同时，平衡了投资风险和流动性
集合资产管理计划	浙商汇金 28	3.85%	5 万元	定期（投资期限 28 天）
高端理财	光大信托光筑微业 1 号 2 期	6.8%	40 万元	20 个月

2. 灵活性强

与传统银行相比，互联网银行理财最突出的优势是灵活性强。互联网银行理财产品利用网络平台进行电子支付，申购和赎回均不需要实际的交易场所，只需耗费少许网络流量，交易快速便捷，成本低。互联网银行理财产品的流动性强，部分理财产品开启了"T+0"模式，可用计算机、手机通过互联网随时交易，随时申购和赎回，并可立刻将赎回的资金通过理财产品的支付平台进行购物和其他消费，相当于收益率高的活期存款。另外，即使是定期产品，往往也具有较强的灵活性，例如设立每月中的固定一天为开放赎回日，允许投资者在当天提前赎回；对部分短期产品设置自动续存功能，投资者既可选择到期预约赎回，也可自动续存下一期，这样相对灵活的赎回机制设计，兼顾了产品的流动性和收益性。

3. 收益较高

互联网银行理财产品的收益率平均高于同期限传统银行理财产品。首先，互联网银行活期理财产品收益水平紧盯货币基金，采用七日年化收益率。货币基金由基金管理人运作，专门投向以短期的银行存款以及有固定票息的债券为主的风险小的货币市场工具，区别于其他类型的开放式基金，属于稳健型理财产品，具有高安全性、收益稳定的特点。从实际表现来看，微众银行 App 的"活期+"产品万份七日年化收益稳定保持在银行活期收益的 10 倍以上，略高于余额宝的收益。其次，互联网银行定期产品由于投向资管、万能险等创新产品，平均收益也比传统银行同期限产品高。

4. 安全性较好

互联网银行虽然属于民营银行，但也是由银保监会批准准入的银行业金融机构，拥有银行牌照，自成立起就需要符合《中华人民共和国商业银行法》等各项法律法规和监管要求，这与过去几年野蛮生长的 P2P 网贷机构等并不相同。因此，互联网银行开展理财业务接受金融监管部门的严格监管，安全性和合规性均有保障。同时，互联网银行非常注重自身声誉风险防控，对其销售的理财产品往往严格把关，不希望因为个别产品影响自身形象。另外，从我国目前成立的互联网银行来看，控股股东均有强大的实力和出色的运营团队，这也利于提升其整体抗风险能力。

5. 信息披露及时完整

与传统银行相比，互联网银行理财业务特别注重客户体验与信息披露的公开透明。互联网银行往往会通过手机 App 或者官方网站实时披露理财产品的收益率曲线以及投资运作情况，投资者也可以随时打开 App 查看自己的总资产、每日收益、累计收益、分红派息等信息，并可以将其与其他各类产品的利率变化进行对比，数据保持实时更新。同时，如果理财产品有开放申购、预约赎回、提前终止等重要信息需要披露，互联网银行 App 往往会通过手机推送通知，并同时下发官方提醒短信，确保信息披露的及时性与完整性。

6. 投资者年轻化，投资期限短期化

互联网银行理财产品作为新事物，客群多为第三方支付平台转移而来，接受并适应网络支付和消费模式，因此客户群体为相对年轻、愿意接受新事物的网络人士。互联网银行上发售的理财产品，大部分属于流动性强的短期投资，平均投资期限相对较短。互联网银行与传统银行理财比较如表 7-4 所示。

表 7-4　　　　　　　　　　互联网银行与传统银行理财比较（五星评价）

比较项目	互联网银行理财	传统银行理财
产品丰富度	★★★	★★★★
收益性	★★★	★★
流动性	★★★★★	★★★
安全性	★★★★	★★★★★
购买便捷性	★★★★★	★★★★

四、微众银行特色理财产品

微众银行依托 App 平台，推出了一系列特色理财产品与理财计划，构成了该行的财富管理业务条线，满足公众的个性化理财需求。

1. "活期+"产品

"活期+"是微众银行的活期特色理财产品，本质是 T+0 货币基金，与余额宝同类，因此可以通过将其与余额宝对比，深入了解该产品的特色。

首先，从流动性来看，"活期+"是微众银行为用户提供的资产增值服务，具有与活期存款相同的高度流动性。资金可以从微众卡或绑定的其他银行卡随时转入"活期+"，即向基金公司申购货币基金，并且能随时到账。而要使用资金时，也可以随时转出，而且几乎是"秒到"。与之相对应，余额宝也是支付宝打造的余额增值服务，用户随时可把钱转入余额宝购买由天弘基金等提供的货币基金，实时到账。余额宝内的资金还能用于网购支付或者灵活提取，一般在 2 小时内到账。因此"活期+"的流动性和灵活性要略高于余额宝，而且通过"活期+"跨行转账手续费全免，但余额宝的支付场景应用，特别是在 NFC 近场通信方面要强于"活期+"。

其次，从投资标的来看，"活期+"投向兴银添利宝、大成添益货币 A 等货币市场证券投资基金，是契约型开放基金。上述货币基金主要投资银行存款和短期债券等具有良好流动性的固定收益产品，不以任何形式参与股票类资产，不受股票市场波动影响，力求在满足安全性、流动性需要的基础上实现更高的收益率。用户将资金转出"活期+"相当于赎回货币基金，实时到账，可用于还房贷或者投资等。而余额宝投向国内首只互联网基金——天弘基金等，天弘基金是余额宝服务的主要提供者。用户将资金转入余额宝，即购买货币基金，而如果选择将资金从余额宝转出或使用余额宝进行支付，则相当于赎回货币基金份额，可随时用于网上购物、支付宝转账、信用卡还款、缴水电煤气费等。

再次，从收益性来看，"活期+"的收益率一般为银行活期存款利率的 10 倍以上，略高于余额宝的收益率，具体如图 7-14 和图 7-15 所示。

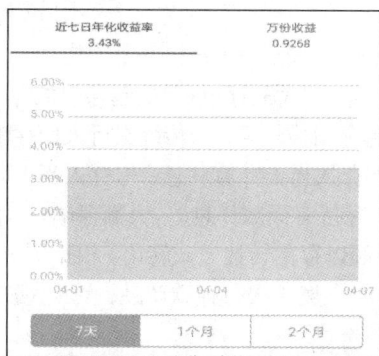

图 7-14　"活期+"收益率曲线

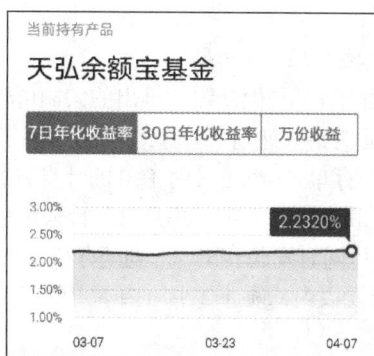

图 7-15　余额宝的七日年化收益率

最后，从收益规则来看，"活期+"与余额宝是相同的，具体如表 7-5 所示。

表 7-5　　　　　　　　　　　　　"活期+"收益规则

买入时间	开始计算收益	收到收益
周一 15:00 至周二 15:00	周三	周四凌晨
周二 15:00 至周三 15:00	周四	周五凌晨
周三 15:00 至周四 15:00	周五	周六凌晨
周四 15:00 至周五 15:00	下周一	下周二凌晨
周五 15:00 至下周一 15:00	下周二	下周三凌晨

2. 稳健理财产品

微众银行销售的稳健理财产品包括"优选理财"和"银行理财"两个板块，如图 7-16 所示。其中，"优选理财"主要提供货币基金产品，类似于"活期+"。而"银行理财"精选银行理财子公司发行的稳健理财产品，期限灵活，安全可靠。银行理财子公司是指商业银行经银保监会批准，在我国境内设立的主要从事理财业务的非银行金融机构。现阶段，非金融机构和个人不得代理销售银行理财产品，只有银行理财子公司和吸收公众存款的银行业金融机构可以作为代理销售机构。微众银行作为一家经银保监会批准设立的银行业金融机构，可以合法合规代理销售银行理财子公司发行的各类理财产品。作为商业银行发起设立的金融机构，银行理财子公司同样受到银保监会的监管，运作规范有序。截至 2021 年，20 余家银行获得银保监会批准设立了银行理财子公司。银行理财子公司的产品设计和风控延续了银行一贯严谨的风格。通常银行理财产品会设 1 000 元或 10 000 元的起购门槛，而银行理财子公司的产品起购金额只有 0.01 元。微众银行代销

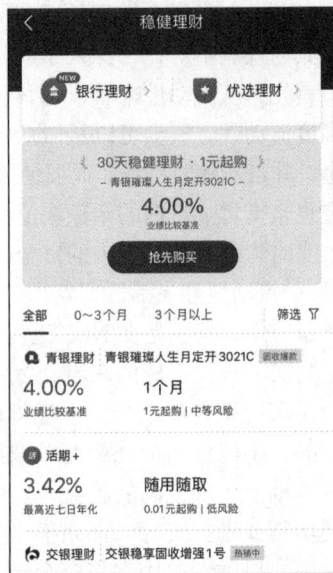

图 7-16 微众银行销售的稳健理财产品

的银行理财子公司产品无须临柜面签，可以在网上完成风险承受能力评估和认购，操作简单快捷。银行理财子公司的产品基本采用净值化管理，投资端更透明，客户也能清晰地了解产品投资的真实情况。微众银行合作的银行理财子公司包括兴银理财、光大理财、交银理财、平安理财、中银理财、青银理财等。

3. "大额存单+"产品

"大额存单+"是微众银行推出的大额可转让存款产品。"大额存单+"的起存门槛为 20 万元，并以 20 万元为倍数递增，每份存单期限最长为 5 年。起存门槛较高，与传统银行大额存单起存金额相同。"大额存单+"产品采用 T+0 的计息方式，即当天存入当天计算利息，但存入当天取出是不计算利息的。利息按月支付，每月 15 日为付息日，按实际持有天数计息。"大额存单+"不支持提前支取，但是可随时发起转出，未到期存单支持按整数份额以存单转让方式转出。根据历史数据预估，转出 200 万元以内，预计 2 小时内本息到账。"大额存单+"属于银行存款产品，受《存款保险条例》保障。

4. 基金理财产品

为满足进取型投资者"追求更高收益"的理财需求，微众银行 App 平台还代销经过精心筛选的各种类型的基金理财及高端理财产品，如易方达环保主题混合基金、博时大中华亚太 QDII 基金、广发高端制造股票 A 基金等。互联网银行将来可能成为一个重要的基金销售渠道，其累计代销的基金数量和规模，能够接近传统的银行渠道，甚至超越传统的银行渠道。市场在基金销售服务方面或将形成三足鼎立的局面：商业银行——线下的销售和自身网站的销售，券商——做大场内基金的规模，互联网银行——做大线上的销售。一旦互联网银行渠道获得成功，基金公司未来的发展道路也将是多元化的：一种是综合性的，即各种类型的基金产品都发行；另一种是金融控股公司型的，即设立众多的子公司，涉足多种公募或私募的专项业务；还有一种是特色化的，在这方面，基金公司既可以重点发展绝对收益型产品，也可以重点发展相对收益型产品，既可以主做权益类产品，也可以主做固定收益类产品。

[做中学 7-2]

互联网理财产品认购操作实践

我们以认购微众银行销售的一款特色理财产品"兴银理财 稳利恒盈 F"为例，介绍互联网银行理财产品认购的具体操作，请大家根据以下步骤引导，完成相关操作实践，进一步体会互联网银行理财产品的特征与流程。

步骤 1：打开微众银行 App，在财富页面找到"兴银理财 稳利恒盈 F"产品。

微众银行 App 是该行推出的销售各种特色理财产品的财富管理平台，打开该 App，点击"财富"按钮，然后在弹出的页面上点击"稳健理财"，即可在"稳健理财"页面中找到"兴银理财 稳利恒盈 F"产品，如图 7-17 所示。若是首次登录，还需要完成远程开户与银行卡绑定操作，具体步骤请参见本项目"技能实训"。

步骤 2：了解该款理财产品的详细信息。

点击"兴银理财 稳利恒盈 F"，在弹出的产品页面上找到"产品档案"并点击，打开产品档案，仔细阅读产品信息，此产品是微众银行认可的产品发行人发行的一款固定收益类定期开放净值型理财产品，具有中低风险、收益稳健的特征，以银行间、交易所市场债券，货币市场工具等固定收益类资产为主要投资方向，起购金额 1 元，封闭期 6 个月。了解完相关信息后，可以返回产品页面，点击"立即购买"按钮，如图 7-18 所示。

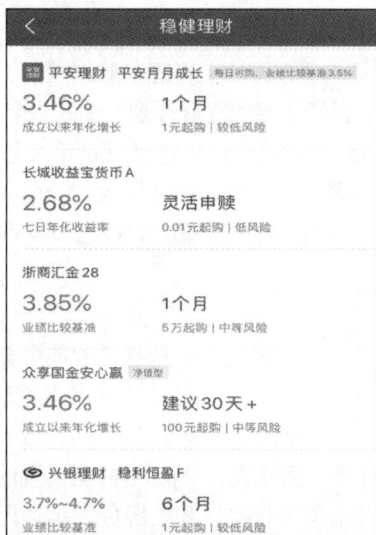

图 7-17　稳健理财产品选择页面　　　　图 7-18　"稳利恒盈 F"产品页面

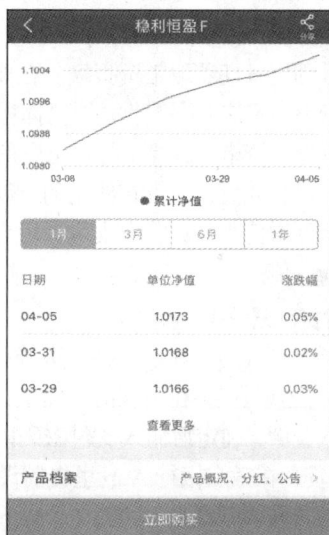

步骤 3：完成客户风险评估测试。

根据银保监会的规定，客户首次购买任何非活期理财产品，均需完成客户风险评估测试。请根据软件引导，认真如实回答所有测试题，然后系统会自动给出风险评估结果，点击"确认"按钮，如图 7-19 所示。

步骤 4：在产品购买页面输入认购信息。

在产品购买页面，输入买入金额，选择付款账户，勾选"同意服务协议及风险提示"后，点击"立即购买"按钮，如图 7-20 所示。

步骤 5：输入交易密码，完成认购。

在弹出的对话框中输入正确的交易密码，完成互联网理财产品的认购，如图 7-21 所示。

图 7-19　风险评估　　　图 7-20　产品购买信息输入页面　　　图 7-21　交易密码输入页面

五、微众银行特色理财计划

除特色理财产品外，为帮助普通投资者做好资金规划，实现"绝不浪费一天收益"的目标，微众银行还推出了"转账+理财"的特色存取计划。在微众银行 App 的"计划"页面，可以设置"智能资金计划"，如图 7-22 所示。

1. 存工资

对于每月固定日期获取工资报酬的在职人士，这是一项方便的工资理财规划工具，能够实现工资到账立即理财，不浪费一天收益。具体操作方法为：选择"智能资金计划"中的"存工资"，在出现的页面中选择工资卡，设置每月存工资的日期，输入每月存取金额（建议 100 元以上），确定后输入支付密码即可。此后，工资在约定的日期到达工资卡账户后，便会自动转入"活期＋"申购货币基金理财，享受增值收益；若要支取，可以随时转出、实时到账，在满足流动性的同时，充分利用了货币的时间价值。

2. 还房贷和还车贷

该工具可以轻松制订计划自动还房贷和还车贷，具体操作方法为：选择"智能资金计划"中的"还房贷"或"还车贷"，在出现的页面中，选择还款的银行卡，设置每月还房贷或还车贷的日期，输入每月还款金额，确定后输入支付密码即可。例如，小周每月 5 日发工资，每月 25 日还房贷，每月 30 日还车贷，在微众银行 App 里提前设置好存取计划，微众银行 App 会根据设置的日期，在发薪后自动将工资转入"活期+"账户，从下个交易日开始产生收益，并在房贷、车贷还款日之前准时将所需金额转出到房贷、车贷对应的还款银行卡上，用于归还当月房贷和车贷。妥善设置"还房贷""还车贷"计划，就不用再担心因错过还款日而逾期，影响个人征信记录。

3. "益点心意"捐赠计划

"益点心意"是由腾讯公益与微众银行发起的一项公益理财捐赠计划，目的是通过践行"微小收益，重在参与"的理念，鼓励投资者用"活期+"理财每日收益的零头，参与支持免费午餐公益项目。具体操作方法为：点击"智能资金计划"中的"设置捐赠计划"，在出现的图 7-23 所示的"益点心意"页面中，设置捐赠规则。例如昨天"活期+"理财收益为 12.34 元，若选择"每天捐几分"，则当日捐出 0.04 元；若选择"每天捐几角"，则捐出 0.34 元；若选择"每天捐几元"，则捐出 2.34 元。选择完毕，点击图 7-23 所示页面中的"我要捐赠"按钮，即完成了设置。通过设置该计划，能够在理财的同时，践行中华民族团结互助的传统美德，实现自身社会价值。

图 7-22　微众银行"智能资金计划"　　图 7-23　"益点心意"公益理财捐赠计划设置

[随堂测试 7-4]

关于微众银行特色理财计划应用的操作，下列说法正确的是（　　　）。

A. 在设置"还房贷"时，为确保按时还款，最好选择还房贷的后一天转出

B. 在设置"存工资"时，为了确保转入成功，最好选择发工资的后一天转入

C. 小周"益点心意"计划设置的捐赠规则为"每天捐几角"，昨日"活期+"理财的收益为 21.81 元，则当日小周捐出了 0.8 元

D. 在设置"还房贷"时，为确保按时还款，最好选择还房贷的前一天转入

任务三　开放银行平台与业务

伴随互联网对生活和产业的深度渗透及金融科技的进步，全球金融服务线上化的脚步不断加快。融入场景、融入生态、开放协同，已逐渐成为未来所有机构开展金融业务的必然趋势。在此趋势下，开放银行应运而生。2018 年 7 月 12 日，浦发银行在业内率先发布了"API Bank 无界开放银行"，标志着国内关于"开放银行"的构想正式落地，引发了开放银行建设的浪潮，由此 2018 年被业内认为是中国开放银行的元年。随后，2019 年中国人民银行发布了《金融科技（FinTech）发展规划（2019—2021 年）》，加大了对金融科技的顶层规划，加速了科技赋能金融的进程，数字化发展迎来好时机，开放银行成为热门概念，也迎来了新篇章。那么，究竟什么是开放银行呢？本任务将带领大家一起来探索开放银行平台与业务。

精品微课

认识开放银行

一、开放银行的概念

开放银行是传统商业银行在金融科技背景下转型升级的产物。作为新生事物，开放银行尚未形成统一的定义，其中比较有说服力的是高德纳（Gartner）咨询公司的观点，即认为开放银行本质上是一种平台化商业模式，银行通过与商业生态系统参与者共享数据、算法、交易和流程，为生态系统的各类用户提供服务，创造新的价值。可见，开放银行实质上体现了一种平台战略，即银行通过开放自身的数据端口，吸引外部合作机构加入其中，聚合各类场景，为客户提供"一站式"服务。

此后，以巴塞尔银行监管委员会、欧洲银行管理局、波士顿咨询公司等为代表的各类监管机构和研究机构从不同视角界定了开放银行，如表 7-6 所示。结合各类型机构对开放银行的概念界定，我们认为开放银行是指银行与科技公司等第三方机构遵循开放、共享、共赢的发展理念，形成的基于客户服务场景的合作模式。现阶段，我国开放银行主要以商业银行通过 API、SDK、App 聚合等方式，将自身的金融服务和数据开放给第三方机构及客户，以合作共建金融场景服务的形式，实现价值创造的平台化商业模式。在此模式下，银行通过与商业生态系统中掌握用户资源的合作伙伴共享数据、算法、交易、流程或其他业务功能，触及个人、企业、政府、金融机构等各类终端用户，为其提供无所不在、体验一流的金融服务。开放银行范围主要涵盖战略开放、技术开放、数据开放和业务开放四个方面。其中，战略开放是银行全面走向开放银行之路的前提，技术开放、数据开放和业务开放分别是开放银行的基础、核心以及关键。

表 7-6　　　　　　　　　各类型机构对开放银行的概念界定

机构	概念界定
巴塞尔银行监管委员会（BCBS）	开放银行是银行与第三方开发者和公司共享、利用客户授权的数据来构建应用程序和服务，包括提供实时支付、为账户持有人提供更高财务透明度的选择、市场营销与交叉销售的应用程序和服务
欧洲银行管理局（EBA）	开放银行是"连接两个世界"的一场运动，使客户在其他的服务场景下享受银行服务成为可能，通过彼此的基础设施将银行和非银机构的创新功能连接起来
波士顿咨询公司（BCG）	为顺应银行平台与第三方平台的一体化趋势，以客户需求为导向，以生态场景为触点，以 API、SDK 等技术为手段，以服务碎片化、数据商业化为特征，通过与第三方数据、算法、业务、流程等的融合，实现业务驱动的应用架构转型，从前台到后台的整体体系升级，从而变成新时代银行
麦肯锡（MCK）	开放银行是由互不相关的两方或多方利用 API 接口共享金融数据的一种合作模式
高德纳（Gartner）	开放银行是一种平台化商业模式，通过与商业生态系统共享数据、算法、交易、流程和其他业务功能，为商业生态系统的客户、员工、第三方开发者、金融科技公司、供应商和其他合作伙伴提供服务，使银行创造出新的价值，构建新的核心能力

资料来源：中国银行业协会. 开放银行实践与发展研究[M]. 北京：中国金融出版社，2020.

二、开放银行的特征

开放银行具有以下四个基本特征。

（1）以**开放 API 为技术**。API 可以分为三类，即内部 API、伙伴 API 以及开放 API，每一种类型具有不同的特点，其适用的范围也不尽相同。开放 API 的特性最符合开放银行的要求，因此最适合充当传统银行"走出去"与第三方机构融合的桥梁。

（2）以**数据共享为本质**。近年来，共享单车、共享雨伞等概念不断出现在公众视野。共享经济渗透了多个行业，金融行业也不例外。开放银行可以理解为银行领域的共享现象，而其共享的内容就是客户数据，这些数据是由支付、信贷、储蓄等一系列行为产生的。通过共享数据能为开放银行聚合各类场景化服务和对外平台化服务输出与赋能奠定基础。

（3）以**平台合作为模式**。有别于传统银行业务，开放银行采用的是 BaaP（Bank as a Platform，银行即平台）的形式。银行不再如以往那样直接将产品和服务传达给客户，而是将各种不同的商业生态嫁接至平台之上，再通过这些商业生态间接为客户提供各类金融服务，从而形成共享、开放的平台模式。

（4）对**数据进行深度挖掘**。开放银行是多维度数据的集合，包含金融机构数据、社会化数据、行为集数据以及数据与数据之间的关系。开放银行还运用大数据、云计算、人工智能等技术提升了对海量数据的消化和共享能力。

三、开放银行的关键技术：API

1. API 的概念

开放银行的本质是对银行数据的共享，而 API 则是实现这一目标最直接的技术手段。API 的全称为 Application Programming Interface，即应用程序编程接口，主要是一些预先定义的函数，目的是给予开发人员基于某软件或硬件得以访问一组例程的能力且无须访问源码，或理解内部工作机制的细节。通俗而言，API 在供应方和需求方之间，扮演"技术胶水"的作用。作为供应方的企业/个人可以将自己特定的技术服务以 API 的形式开放出来供需求方企业/个人按照参数调用接口，从而使不同技术在基于业务逻辑和数据的基础上相互黏合，最终达到数据流通和共享的目的。

API 可以分为三类，即内部 API、伙伴 API 以及开放 API，如图 7-24 所示。内部 API 仅供企业内部开发者使用，通过轻量级接口公开数据、业务流程和应用程序功能，尤其适合不愿意公开数据和应用程序的企业。伙伴 API 主要用于机构之间（B2B），其访问通常是根据业务协议授权的，对于规模较小的合作伙伴而言具备较大的吸引力。开放 API 在组织之外公开应用程序功能，主要供外部合作伙伴、第三方开发者使用，开放程度更大、合作层面更广，最适宜用于开放银行领域。这三类 API 各有千秋，具有不同的特性和应用场景，供应方可以根据数据的隐私度选择合适的类型进行分层管理。

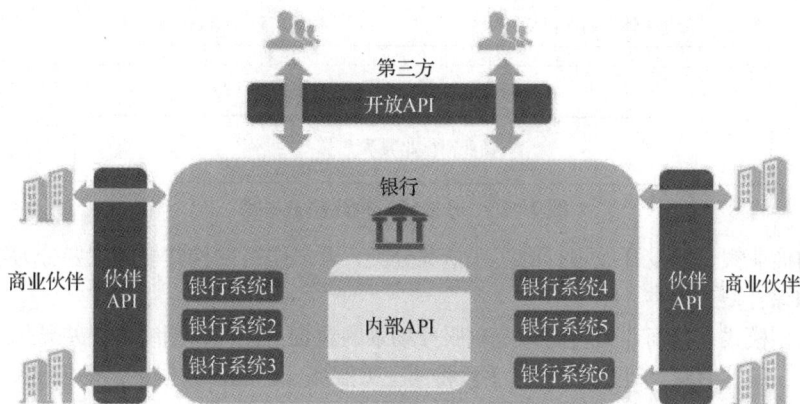

图 7-24　API 的三种类型

2. API 在银行业的应用

在 API 技术的驱动下，各行各业都在发生翻天覆地的变化，银行业也不例外。API 出现之前，银行业数据共享采用的方式通常是屏幕抓取（Screen Scraping）。这就要求第三方应用程序必须从银行处获取用户名、密码等一系列涉及客户隐私的信息，才可以凭借这些信息自动登录银行账户并抓取数据。这种方式最大的隐患在于一旦受到黑客攻击，将会发生大规模的客户信息泄露。与屏幕抓取相比，API 的安全性优势明显。银行将自己的特定技术服务用 API 的形式开放出来供第三方使用，第三方只能使用服务内容却不会得到生产内容。在这种各取所需、第三方知其然而不知其所以然的方式下，银行既能让自己的技术输出服务于第三方，又不用担心核心技术与隐私细节遭泄露。第三方则仅需从银行处获取所需的 API，而不用自行开发研究该特定技术服务。此外，使用 API 技术在极大增强了数据安全性的同时，银行也不必对原有的核心系统进行大刀阔斧的变革，有效节约了数据共享的时间与成本。

四、场景接入型开放银行

从上述商业银行的实践情况来看，开放银行的建设包含"开放平台"和"开放生态"两部分，二者定位不同，共同组成开放银行，如图 7-25 所示。其中，开放平台是开放生态的支撑，更偏向 IT 技术理念，常表现为通过开放 API、输出 SDK 等方式，将银行自身的数据、服务开放于第三方合作机构及客户，以促进商业模式创新。而开放生态则直面客户，更偏向金融业务层面的模式创新，围绕个人生活消费和企业生产、经营等业务场景，探索新的金融服务模式与商业生态，以实现客户的价值创造。其建设方式为商业银行以 App 聚合服务的方式，引导第三方科技企业参与业务场景建设。

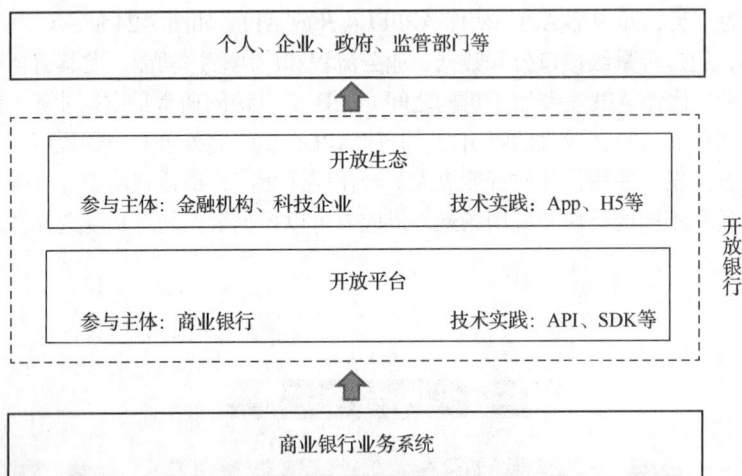

开放银行的构建模式与典型案例（含课程思政）

图 7-25　开放银行构建模式框架

按照国内商业银行建设开放银行的实践情况分类，开放银行的构建模式主要分为场景接入型、平台输出型和综合型三大类。

场景接入型模式下，商业银行聚焦金融服务场景的聚合与接入，围绕客户差异化的金融服务需求和业务场景，通过 H5、小程序等技术手段将第三方服务、产品、数据聚合至自己的 App 或平台，以此构建闭合的业务生态，直接为客户提供服务。

例如，交通银行针对零售业务推出个人手机银行 App 和信用卡"买单吧"App，两款 App 各有侧重，覆盖消费金融、移动支付、生活缴费、财富管理等各类场景。2019 年，个人手机银行 App 和信用卡"买单吧"App 新版正式上线，新版手机银行 App 以用户视角展现全国各地 20 多个场景，近 15 00 项水、电、燃气等缴费服务项目被接入手机银行，每秒交易处理能力达 2.9 万笔，注重客户体验；新版信用卡"买单吧"App 围绕用户最为关注的优惠与福利，整合升级福利社、领券中心、活动中心等优惠阵地，上线弹性还款、ETC、移动支付一键绑卡、账户安全管家、日历账单等新产品。两大 App 为用户打造一站式"金融+生活"服务。截至 2019 年年末，两大 App 月度活跃客户（MAU）近 4 800 万户。此外，建设银行也接入生活消费、电子商务等场景，以"建行生活"App 为载体构建场景接入型开放银行模式。

场景接入型模式的优点包括两点。一是把握渠道与流量入口。通过主动打造开放生态，提升对开放生态的掌控力以及银行自身品牌影响力，防止"金融脱媒"。二是更易于把握新的商业机遇。这种建设策略对于银行而言更容易把握开放银行发展可能带来的新机遇，如在聚合财务状况数据、增强信用风险评估、现金管理等方面的创新商业模式。

场景接入型模式的缺点包括两点。一是开放银行的建设易受限于传统经营思维的束缚。相比于金融科技企业，银行主导的业务场景及生态建设更易受到传统业务模式、经营思维的限制，容易发展为简单地把业务由柜面或企业网银等电子渠道搬至开放生态中，缺乏创新思维与意识。二是探索成本高且利润转化具有不确定性。对于商业银行来说，围绕客户的差异化金融需求构建开放的业务生态，需要投入较高的探索成本，且不一定会带来实质性的收益转化。

五、平台输出型开放银行

平台输出型模式下，商业银行聚焦于底层 API、SDK 等技术平台的建设。通过开放 API、输出 SDK 等形式，向第三方合作机构开放服务、共享数据，以此驱动金融服务场景的建设与创新。

例如，浦发银行于 2018 年 7 月推出 API Bank 无边界开放银行，并将其作为战略制高点，持续推进建设，意图打造开放共享的数字化商业模式。浦发银行 API Bank 无边界开放银行通过 API 架构驱动，聚焦零售金融领域，以提供账户类、支付结算类、产品销售等基本金融产品服务为主，提供订单管理、权益兑换等增值金融产品为辅，旨在通过自建平台、外接生态，将场景金融融入互联网生态。浦发银行 API Bank 无边界开放银行全面开放银行服务，无缝融入社会生活、生产、管理的各个环节，只要客户有需求，即可通过企业门户网站、企业资源计划管理系统、微信小程序、合作伙伴 App 等各种渠道调用银行 API，在客户金融服务需求的第一时间、第一触点获得满足。例如 API Bank 开放银行可嵌入社区 App 中，业主可以直接使用社区 App 支付物业费、在社区商户消费获得优惠、预约保洁服务等，银行在背后提供了支付、权益优惠、积分等各项服务。浦发银行 API Bank 无边界开放银行不仅开放传统金融服务，还开放银行专业的财务管理和风险管理能力。通过 API Bank，封装市场预测、风险评估、数据分析等新型服务接口，赋能小微企业提升经营管理水平，助力小微企业成长。截至 2019 年年末，浦发银行已开放 API 接口 400 个，对接中国银联、京东数科等合作方 210 家，主要服务零售个人客户，开放的功能涉及账户管理、缴费支付、投资理财等九大类业务领域。

平台输出型模式的优点有两点。一是激发金融科技企业参与开放银行建设的热情。在该策略下，商业银行主要关注底层 API 开放平台的建设，开放生态的建设给予第三方合作机构更大的创新空间。二是充分发挥比较优势。金融科技公司等第三方机构关注业务模式及生态创新，通过调用商业银行开放的 API 服务，利用自身的流量优势，帮助银行实现客户引流。商业银行关注风险管理、现金管理、供应链等领域，打造更为专业的金融服务。

平台输出型模式的缺点主要是易进一步导致"金融脱媒"。该种模式将导致银行逐步退居幕后，在一定程度上降低商业银行对业务生态建设的掌控力。用户仅需在第三方合作企业搭建的平台中操作，即可享受银行提供的金融服务。

[随堂测试 7-5]

试分析以下材料中的开放银行构建模式类型及其体现的金融科技运行新规则。

客户在旅游网站上订购机票或酒店，在支付时，不需要切换到银行的 App 或网站，通过 API 可以直接获得银行的支付、分期付款、保险权益等服务。结合物联网、人工智能、AR/VR（增强现实/虚拟现实）等技术的应用，该开放银行在传统金融服务的基础上，还能主动感知客户的场景和潜在需求，提供更有温度的服务。例如，当客户在网站预订机票或酒店时，会根据客户偏好主动提供分期、信用调额、保险套餐等产品，还可感知客户位置，实时推荐周边优惠商户、航班延误信息等实用信息。

[做中学 7-3]

探索浦发银行新一代开放银行

本"做中学"将通过步骤引导，带领大家一起探索浦发银行的新一代开放银行。

步骤 1：登录浦发银行开放银行平台首页，了解新一代开放银行全景银行。

打开浦发银行 API 开放平台首页，如图 7-26 所示，找到并下载《开放金融之全景银行系列蓝皮书》，仔细了解新一代开放银行——全景银行。全景银行是银行围绕用户生命周期的需求，构建生态场景，与商业生态系统共享品牌、渠道、流量、技术等资源，运用数据智能动态感知需求、实现智慧联动，提供聚合金融及非金融的综合产品和服务，从而为用户创造个性化价值，实现极致体验的平台化商业模式。浦发银行作为开放银行先行者，顺应以用户为中心、以数字技术为手段、以智能化为引领的发展趋势，在建设实践中不断迭代总结，提出新一代开放银行"全景银行"及其建设方案，例如"面向全用户、贯穿全时域、提供全服务、实现全智联"的顶层规划方法，基于场景孪生的技术规范体系及基于 CARE 模型的安全防护框架等，目标是探索建立科学、完整、规范的开放银行建设方法体系，构建形成开放银行长期稳健发展的核心动力。

图 7-26　浦发银行开放银行平台首页

步骤 2：注册并登录浦发银行开放银行平台。

单击浦发银行 API 开放平台首页右上角的"注册"按钮，在弹出的注册页面输入自己的常用邮箱，并设置密码，输入手机验证码等信息，单击"下一步"按钮提交注册，如图 7-27 所示。然后，用注册的邮箱及密码登录浦发银行开放银行平台。

步骤 3：进行浦发银行开放银行平台认证。

在弹出的"您尚未认证，是否去认证"页面，单击"确定"按钮，进入自己的邮箱进行浦发银行开放银行平台的认证。选择账户类型为"个人账号"，单击"下一步"按钮，在弹出的页面输入用户名、证件、借记卡卡号等相关信息，单击"提交审核"按钮，如图 7-28 所示。等待审核通过，即可完成浦发银行开放银行平台认证。

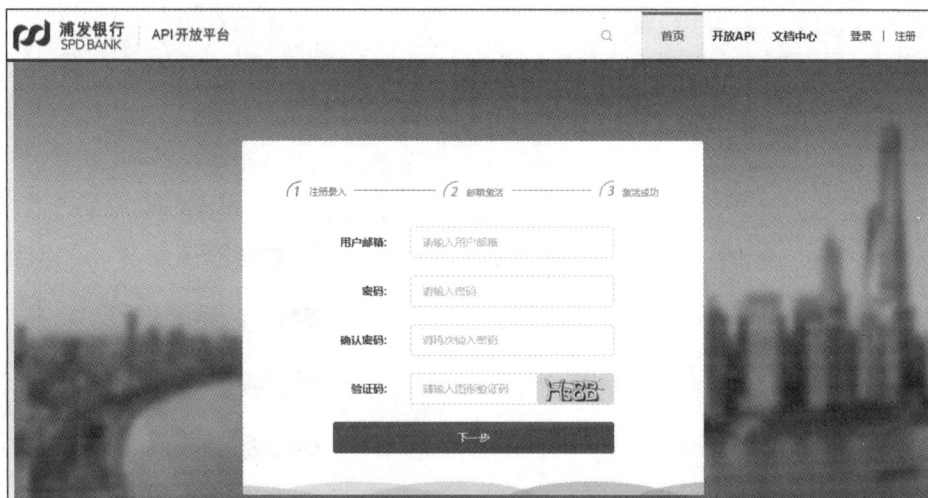

图 7-27　浦发银行开放银行平台注册页面

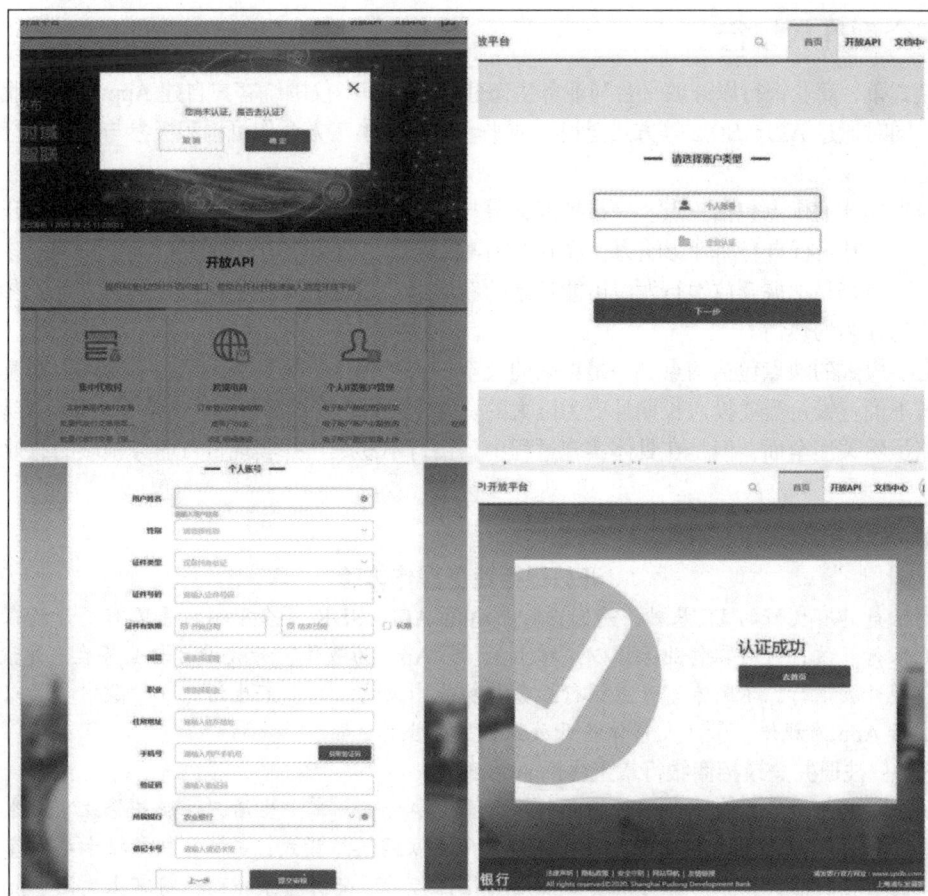

图 7-28　浦发银行开放银行平台认证

步骤 4：探索浦发银行开放银行生态圈。

成功认证后，浏览浦发银行 API 开放平台，探索其生态圈，包括业务场景、标签分类以及 API 目录等，如图 7-29 所示。

图 7-29 探索浦发银行开放银行生态圈

六、综合型开放银行

该模式下，商业银行以开放平台与业务生态建设并重，不仅围绕客户自建 App 等开放业务场景与生态，同时通过 API、SDK 等方式建设开放平台，激发第三方合作机构积极参与，共同打造开放业务生态。

综合型模式的优点包括三点。一是把握渠道与流量入口。主动打造开放生态，提升对开放生态的掌控力，提升银行自身品牌影响力，避免"金融脱媒"。二是更易于把握新的商业机遇。该种模式对于银行，更容易把握开放银行发展可能带来的新机遇。三是激发金融科技等第三方企业参与开放银行实践与探索的热情。

综合型模式的缺点包括两点。一是更高的成本投入。相比于场景接入型和平台输出型模式，综合型模式下商业银行需要投入长期且更为巨大的资金、人力、技术等资源。二是关注重点容易分散。这种策略虽然关注全面，但是在具体实施过程中，银行不易聚焦并实现重点业务领域的有效突破。

[做中学 7-4]

开放银行业务操作体验

招商银行具有良好的 IT 基础，是国内较早运用 API、SDK 等金融科技手段布局开放银行的股份制商业银行。该行针对零售业务，以"掌上生活"App 为载体，开放平台与业务生态建设并重，构建综合型开放银行，不断丰富开放银行业务与功能，助力人民美好生活。本"做中学"以招商银行掌上生活 App 为载体，带领大家体验开放银行业务操作。

步骤 1：注册并登录招商银行掌上生活 App。

通过手机应用市场下载招商银行的开放银行平台 App——掌上生活，注册并登录掌上生活 App 精选首页，如图 7-30 所示。招商银行开放银行采用互联网思维模式，支持非招行持卡个人客户注册并登录，打破传统账户体系。你可以尝试使用其他银行卡注册并登录招商银行掌上生活 App，初步体验开放银行的无界服务与开放生态。

步骤 2：体验开放银行丰富的场景化金融服务功能。

在掌上生活 App 首页，点击"金融"标签，打开开放银行场景化金融服务页面，如图 7-31 所示。在该页面，可以一键查询各类账户和银行卡信息，同时整合了丰富的场景化金融服务功能，包括借钱、消费分期、手机支付、卡片申请等，点击相应按钮即可方便地体验对应的金融产品。

图 7-30　掌上生活 App 精选首页　　　图 7-31　掌上生活 App 场景化金融服务页面

步骤 3：体验开放银行商城功能和生活服务。

开放银行不仅提供金融服务，还通过向第三方开放场景与接口，共享数据，提供涵盖衣、食、住、行的在线购物和生活服务。在掌上生活 App 点击"商城"标签，打开商城页面，如图 7-32 所示。从该页面可以看到，开放银行构建了"跨业态合作联盟"，有各类商家入驻，提供丰富的产品和服务，而且还有"每日特惠"等优惠活动。通过点击心仪的商品，即可如逛淘宝般优惠购买。如果选择信用卡支付，还可以获得额外的积分奖励。

步骤 4：浏览各类品质生活最新资讯。

招商银行掌上生活 App 开放银行平台在提供金融和购物功能的基础上，还整合了各类品质生活资讯和业界新闻，构建了金融科技信息门户。在掌上生活 App 点击"今日发现"标签，打开信息门户，浏览最新的资讯，包括美食、科技、汽车、居家、时尚、电影、运动健康、卡攻略等，如图 7-33 所示。

图 7-32　掌上生活 App 商城页面　　　图 7-33　掌上生活 App "今日发现"页面

步骤5：探索更多开放银行平台与业务。

从交通银行、江苏银行、工商银行、建设银行等其他银行搭建的开放银行中，选择一家你感兴趣的银行，找到该银行的开放银行平台入口或App，进一步探索更多开放银行业务，并将其与招商银行的开放银行平台进行比较，指出在模式、产品和服务上的异同。

课程思政

金融科技创新赋能，开放银行助力人民美好生活

服务实体经济和人民生活是金融行业宗旨，是金融健康发展的基本前提。随着居民财富增长、消费升级、消费观念转变，客户对于金融服务和产品的需求越来越丰富和个性化，中国零售金融市场展现出广阔的发展前景。金融业需要不断思考如何整合庞大的客户、数据、渠道和技术资源，建设以客户为中心的金融生态圈，实现金融消费的生活化和场景化。例如，光大手机银行深入应用生物识别、大数据、API、SDK等金融科技技术，聚焦"移动化""开放化""生态化"三项核心服务能力，不断扩大手机银行的"朋友圈"规模，"金融+生活"的开放化服务场景体系持续丰富和完善。2018年，光大手机银行4.0就已采用Fido生物识别安全技术，手机银行登录方式增加面部识别和指纹登录，在转账、缴费、充值三个功能中全面支持面部ID及指纹识别，实现小额便利、大额安全的认证方式，切实保障客户资金的安全，同时还实现了在线智能客服全覆盖，有效简化客户操作，优化客户体验。2019年，光大手机银行5.0首次开放用户体系，面向更广阔的移动互联网用户提供"金融+生活"服务，并于2020年完成了开放银行App与手机银行的合并。用户体系的开放，使得光大手机银行的账户层次更加完整全面，没有光大银行卡的用户可以通过手机号注册使用。光大手机银行的生活板块切实覆盖了"医、食、住、行、游、娱、购"各个方面，客户可以使用医疗、外卖、旅行、电影票、物流、商城等多项服务。同时，通过手机银行在线开通电子账户，用户还可进一步办理缴费、基金、保险等业务，实现"一部手机、一家银行"的轻型化、智能化服务模式，手机银行成为光大银行探索开放银行之路的重要平台。在万物互联的时代，银行将会不断深化数字化转型的广度与深度，与互联网场景平台共建多元、高效、智能的商业新生态，积极为客户提供更加便捷、安全、智能的"金融+生活"综合服务，使每个人都能享受到科技发展带来的金融便利，以高质量数字金融服务满足人民美好生活需要。开放银行服务生活应用场景如图7-34所示。

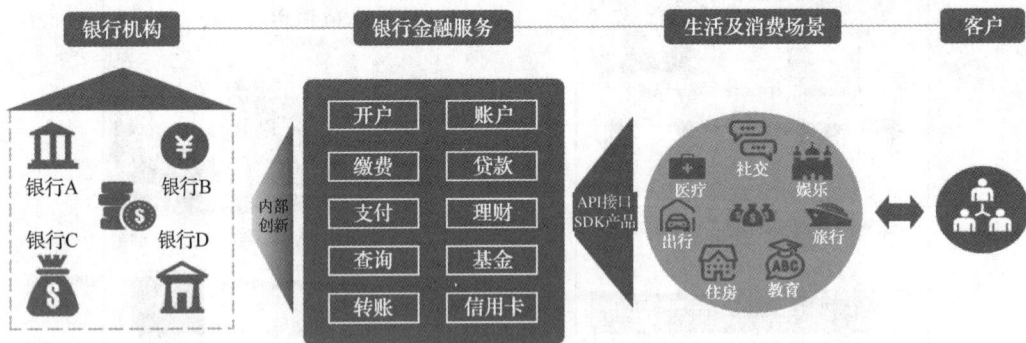

图7-34 开放银行服务生活应用场景

综上，开放银行是银行数字化转型过程中的一个必然方向，开放银行不是一个简单的技术平台或系统，而是涉及银行客群、渠道、产品、运营和风控等能力或模式的转型和变革。开放银行使金融的覆盖客群更加多样、范围更加全面、金融服务更加综合，客户的金融服务可获得感进一步增强，从而推动数字普惠金融发展。请分别选择一家开放银行和一家传统银行，通过查询其官方网站、下

载官方 App、实地调研等方式，了解并比较开放银行与传统银行在客群、渠道、产品、科技、运营、风控等方面的区别，填入表 7-7。

表 7-7　　　　　　　　　　　开放银行与传统银行商业模式比较

比较维度	开放银行商业模式	传统银行商业模式
平台/银行名称		
客群		
渠道		
产品		
科技		
运营		
风控		

从某种程度而言，开放银行是传统银行为应对日益严峻的金融脱媒、金融科技等的冲击，而主动做出的自我变革。请通过资料检索和小组讨论的方式，进一步思考以下问题。

1. 随着金融科技的发展，监管部门对于开放银行等金融科技领域的创新越来越重视。央行发布的《金融科技发展规划（2012—2025）》提出"十四五"新时期，金融科技要坚持"数字驱动、智慧为民、绿色低碳、公平普惠"的发展原则，以加强金融数据要素应用为基础，将数字元素注入金融服务全流程，将数字思维贯穿业务运营全链条，注重金融创新的科技驱动和数据赋能，健全适应数字经济发展的现代金融体系，服务人民美好生活和实体经济高质量发展。当前开放银行的功能主要集中在开户、支付、转账、交易等基本环节，请分析未来开放银行在科技驱动和数据赋能下，应进一步开放哪些内容，以更好地助力人民美好生活？

2. 开放银行出现是银行数字化转型之后的必然之路，2020 年 2 月央行发布的《商业银行应用程序接口安全管理规范》针对商业银行与场景应用方合作，应用程序接口设计、集成运行、运维监测及系统下线等全生命周期过程提出安全技术与安全管理要求。谈谈你对 API、SDK 等开放银行技术的认识以及开放银行在数字化浪潮中可能面临的机遇与挑战。

知识自测题

一、单项选择题

阅读下列材料，回答第 1～8 题。

2015 年 6 月 22 日，原银监会发布《关于促进民营银行发展的指导意见》，我国民营银行试点正式开闸，首批五家试点民营银行就包括微众银行和网商银行两家互联网银行。由此可见，互联网银行是在民营银行试点的背景下成立的。2020 年 4 月 13 日，江苏无锡锡商银行获批开业，这是我国第 19 家民营银行。我国已开业的民营银行中，不少都定位为互联网银行，部分民营银行概况如表 7-8 所示。

在线测试

表 7-8　　　　　　　　　　　我国部分民营银行概况

银行	获批时间	定位
深圳前海微众银行	2014 年 7 月	互联网银行
上海华瑞银行	2014 年 9 月	服务小微大众、服务科技创新、服务自贸区改革
浙江网商银行	2014 年 9 月	互联网银行
四川新网银行	2016 年 6 月	互联网银行
福建华通银行	2016 年 11 月	以线上为主、线下为辅的互联网银行
中关村银行	2016 年 12 月	科技银行、互联网银行
吉林亿联银行	2016 年 12 月	互联网银行，主要依托美团、京东等提供嵌入生活场景的金融服务

1. 由表 7-8 可知，我国第一家纯线上的民营互联网银行是（　　）。
   A. 浙江网商银行　　B. 四川新网银行　　C. 福建华通银行　　D. 深圳前海微众银行

2. 下列说法不正确的是（　　）。
   A. 上海华瑞银行总行位于上海自贸区
   B. 中关村银行重点服务科技型创业企业，主要开展金融科技业务
   C. 四川新网银行受四川银保监局监管
   D. 发展互联网银行有利于实现普惠金融目标

3. 互联网银行与传统银行相比，突出的优势是提供 "3A" 服务，下列哪项不属于 "3A"？（　　）
   A. Anywhere　　B. Anytime　　C. Anyhow　　D. Anyone

4. 下列各项贷款中最适合由互联网银行提供的是（　　）。
   A. 个人住房贷款　　B. 企业并购贷款　　C. 个人装修贷款　　D. 技术改造贷款

5. 互联网银行的特色理财计划与传统银行相比，最突出的优势是（　　）。
   A. 收益率高　　B. 灵活性好　　C. 安全性高　　D. 流动性强

6. 互联网金融背景下的网络银行主要是指哪种形态的银行？（　　）
   A. 水泥银行　　B. 鼠标银行　　C. 指尖银行　　D. 手表银行

7. 深圳前海微众银行运用一项新技术开发了一套应用系统，用于该行与合作银行联合发放的微粒贷产品的结算与清算，实现了国内银行业首笔实时清算业务，交易过程和清算过程同步完成。那么，这项新技术是（　　）。
   A. 云计算技术　　B. 人工智能 AI 技术　　C. 大数据技术　　D. 区块链技术

8. 吉林亿联银行的发展与美团、京东、百度等股东及合作伙伴的场景支持密不可分，则可以推断吉林亿联银行的开放银行构建模式主要是（　　）。
   A. 场景接入型　　B. 平台输出型　　C. 综合型　　D. 开放平台型

9. 1996 年 6 月，（　　）在互联网上设立网站，开始通过互联网向社会提供银行服务，从此拉开了中国网上银行发展的序幕。
   A. 中国工商银行　　B. 招商银行　　C. 光大银行　　D. 中国银行

10. 下列哪项业务不能在互联网银行办理？（　　）
    A. 申请贷款
    B. 购买理财产品
    C. 提取现金
    D. 票据、债券、外汇等业务

11. 在平台输出型开放银行模式下，商业银行主要关注的是（　　）。
    A. 开放生态建设
    B. 开放平台建设
    C. 业务系统建设
    D. 开放场景建设

12. 下列互联网存款的营销模式，不合规的是（　　）。
    A. 通过互联网银行的自营微信小程序营销互联网存款
    B. 通过互联网银行自营的 App 营销互联网存款
    C. 通过第三方互联网理财超市营销互联网存款
    D. 通过已有客户的社交金融和 "口碑" 营销互联网存款

13. 下列哪项不属于网络银行的优势？（　　）
    A. 监管完善
    B. 节约交易成本
    C. 能够提供 "3A" 服务
    D. 能够满足客户个性化需求

14. 下列哪项不属于互联网存款的特点？（　　）
    A. 购买便捷　　B. 利率较高　　C. 产品丰富　　D. 风险大

15. （　　）是开放银行的基础。

    A. 战略开放　　　　　B. 技术开放　　　　　C. 数据开放　　　　　D. 业务开放

16. 下列哪项不是我国商业银行构建开放银行的主要模式类型？（　　）

    A. 综合型　　　　　　B. 单一型　　　　　　C. 平台输出型　　　　D. 场景接入型

17. 下列哪项是开放银行最主要的技术？（　　）

    A. API　　　　　　　B. SDK　　　　　　　C. App　　　　　　　D. P2P

二、讨论题

1. 有人认为，随着网络银行的发展，传统银行终将被取代。你认为网络银行是否会最终取代传统银行？为什么？请通过互联网搜索相关资料，谈谈你对网络银行发展前景的看法。

2. 结合项目一和本项目的学习收获，分析互联网银行的特色理财产品和智能资金计划具体体现了哪些"互联网+"特征与互联网金融运行新规则。

3. 开放银行的构建模式类型包括场景接入型、平台输出型和综合型，试综合运用本项目所学知识，讨论和比较这三种模式的特征和优缺点，并填写表 7-9。

表 7-9　　　　　　　　　　　　开放银行构建模式类型比较

模式类型	特征	优点	缺点
场景接入型			
平台输出型			
综合型			

4. 未来金融服务无处不在，商业银行在积极探索"开放银行"的业务模式，将银行的部分资源开放出来，融入各个场景。商业银行通过开放平台与生态，构建开放银行新模式可能面临哪些挑战？哪些措施可以进一步推进开放银行的落地？

技能实训

[实训项目]

互联网银行的远程开户与特色理财操作实践。

[实训目的]

通过完成本项目的学习，对互联网银行的发展和业务有了一个全面的了解。本实训要求大家通过对互联网银行业务的探索与实践，熟悉操作流程，完成远程开户，制订特色理财计划，体会"3A"服务，为后续项目学习打下坚实的基础。

[实训内容]

本实训要求以国内代表性互联网银行——微众银行和网商银行为例，完成互联网银行的远程开户、特色理财设置等业务操作，并将操作记录填入表 7-10 中。其中，对微众银行的实训操作，给出了详细的操作步骤可供参考。

表 7-10　　　　　　　　　　　　实训操作记录

业务环节	微众银行	网商银行
注册		
登录		

续表

业务环节	微众银行	网商银行
身份验证		
开户与绑卡		
查询		
转账		
特色理财计划设置 A		
特色理财计划设置 B		

步骤 1：下载并安装微众银行 App；打开微众银行 App，使用微信或 QQ 号一键登录微众银行 App。微众银行 App 登录页面如图 7-35 所示。

步骤 2：浏览微众银行 App 首页，点击"开户"按钮，如图 7-36 所示。

步骤 3：阅读"远程开户"说明，填写姓名、身份证号、手机号等开户基本资料，点击"下一步"按钮，然后设置交易密码，如图 7-37 所示。

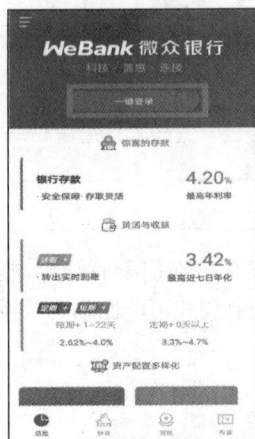

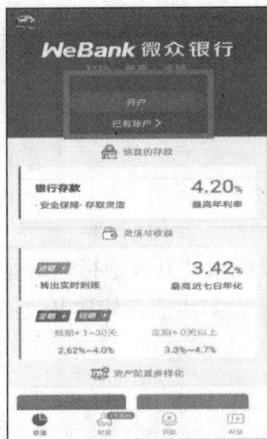

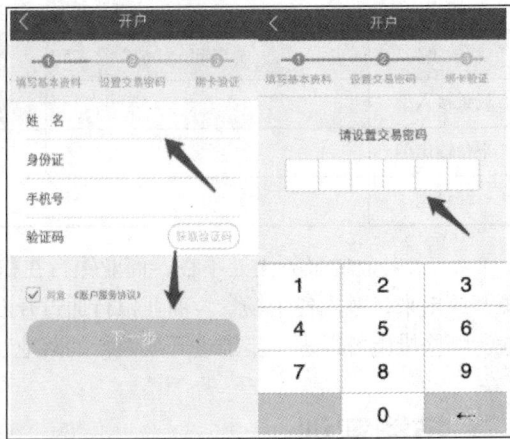

图 7-35 微众银行 App 登录页面　图 7-36 微众银行开户页面　图 7-37 微众银行开户流程

步骤 4：绑定一张已有的其他银行借记卡，填写卡号等信息，并根据提示完成人脸验证与语音验证环节，如图 7-38 和图 7-39 所示。

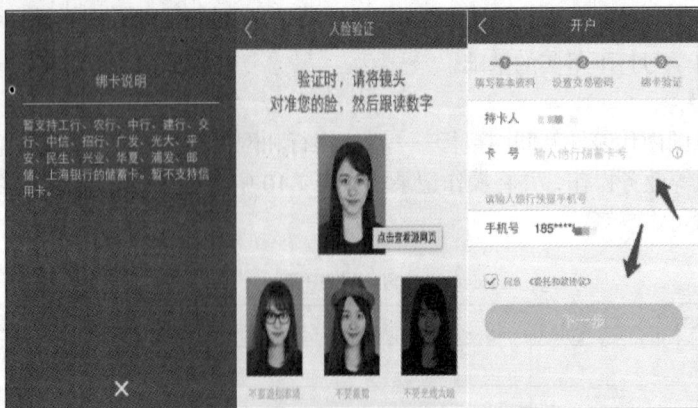

图 7-38 微众银行人脸验证与绑卡设置

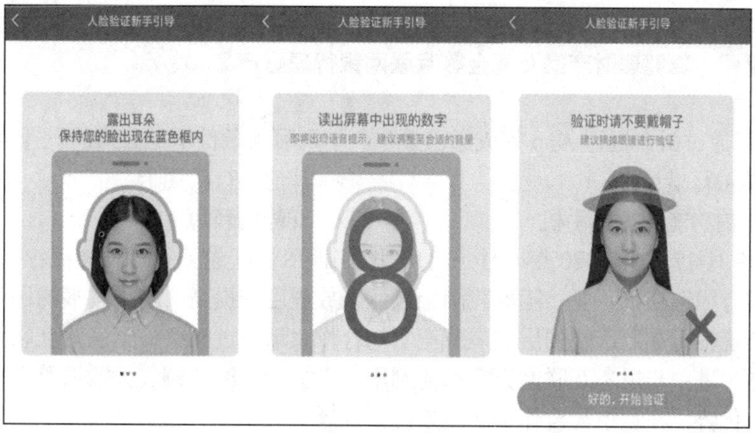

图 7-39　微众银行语音验证

步骤 5：完成开户，系统会自动为你分配一张具有 19 位数字银行账号的"微众卡"。

目前微众银行没有实体卡，但是微众卡支持全国 1 600 多家银行的银行卡免费转入或转出。请进入微众银行 App 的"账户"—"银行卡"—"微众卡"页面，点击"查看卡号"，输入交易密码，查看并记录你的微众银行储蓄卡 19 位数字账号，同时还可以在该页面查询已经绑定的其他银行卡信息、设置转账限额、开具微众卡交易流水和存款证明等。微众卡页面如图 7-40 所示。

步骤 6：在微众银行 App 首页，点击"计划"，进入"智能资金计划"页面，设置特色理财计划。

自带互联网属性的微众银行"智能资金计划"功能，能从生活场景着手，帮助用户合理规划，实现"不错过每一天收益"。请从"智能资金计划"的存工资、还房贷、交房租、捐赠计划、孝敬父母、还车贷中选择两项，设置特色理财计划。例如，小明每月 30 日发工资，次月 5 日还房贷，在"智能资金计划"里提前设置好存取计划，微众银行就会根据设置的日期，在"发薪日"将工资转入"活期+"账户，从下个交易日开始产生收益，并在房贷还款日准时将所需金额转到还款卡上。还房贷计划页面如图 7-41 所示。对于资金灵活性要求高的用户来说，微众银行真正实现了个人资产的灵活流转和每天增值。

图 7-40　微众银行的微众卡页面

图 7-41　微众银行 App 的还房贷计划页面

步骤 7：有条件的学生，还可以尝试将绑定银行卡中的资金转入微众卡，并根据自身流动性偏好，购买"活期+"、稳健理财产品及基金等互联网银行理财产品。

[实训思考]

1. 小明打算通过微众银行 App 完成远程开户，下列哪项条件不是必需的？（　　　）

    A. 其他银行借记卡　　　　　　　　B. 其他银行信用卡

    C. 带自拍功能的智能手机　　　　　D. 安静的环境

2. 2019 年 9 月 27 日和 2020 年 4 月 13 日，我国第 18 家民营银行江西裕民银行和第 19 家民营银行无锡锡商银行相继获批开业。随着我国金融业开放程度的提高，越来越多的民营互联网银行将进入市场，与传统银行在更广阔的层面展开竞争与合作。请通过网络检索民营互联网银行的最新发展和面临的问题，进一步思考互联网银行如何利用人工智能、区块链、大数据等金融科技新技术，更好地发挥自身优势，在竞争与合作中实现差异化发展。

3. 请扫描右侧二维码，观看中国建设银行无人银行 VR 体验视频，思考传统银行如何更好地实现智能化转型升级。

视频资源

中国建设银行无人银行 VR 体验

07

项目八

金融科技信息门户

学习目标 ↓

[知识目标]

1. 了解金融科技信息门户的概念、分类与作用，并能将其与互联网银行、众筹网站等进行区分。
2. 熟悉常用的第三方资讯平台和金融垂直搜索门户。
3. 熟悉互联网理财超市的概念与运营模式，并了解相关的互联网理财产品。

[能力目标]

1. 能够运用第三方资讯平台检索所需的各种金融科技信息，并用于指导投资理财。
2. 能够运用金融垂直搜索门户，寻找并选择满足特定需求的贷款或融资产品。
3. 对接教育部"1+X"金融产品数字化营销职业技能等级证书标准，掌握通过互联网理财超市进行理财产品数字化营销的基本技能。
4. 能够综合运用各类金融科技信息门户构建客户行为画像，并为其进行资产配置规划。

[思政目标]

能够综合运用金融科技信息门户的相关知识，主动检索、筛选和获取金融信息，体会和践行金融科技信息门户在传播金融知识、防控金融风险和提升消费者金融素养方面的社会责任，培养敬畏风险、诚实守信、热情服务的职业精神。

金融科技信息门户作为第三方金融信息中介服务平台，利用互联网提供金融资讯的整合与分享、金融产品的搜索与比较，为理财产品销售提供服务，其最大的价值在于渠道价值。金融科技信息门户是互联网金融四类业态中的支持业态，其主要职能是解决服务信息的不对称问题。那么金融科技信息门户主要分为哪些类别？每类的具体作用是什么？我们应该如何充分利用各类金融科技信息门户，更好地进行理财规划或融资决策？让我们通过本项目一起来探索。

导入案例 ↓

有看点的金融科技信息门户——未央网

金融科技信息门户作为金融科技支持业态中的信息整合者与提供者，其提供的信息质量和内容特色是门户网站生存发展的关键。"未央网"是一个具有鲜明特色的金融科技信息门户，是清华大学金融科技研究院孵化的金融科技与金融创新全媒体，于2014年3月1日正式上线，在业界以个性化与学术性著称，具有良好的口碑。未央网作为清控未央（北京）科技有限公司旗下的金融科技门户网站，由清华大学五道口金融学院金融科技实验室创办，是依托清华大学五道口金融学院深厚的教育资源背景和领先的金融理念，立足前沿性、交叉性和国际化，

视频资源

未央网

设立的促进互联网与金融交叉融合的网络平台。未央网为金融科技的企业家、管理者和从业者提供行业数据研究报告、行业资讯、监管借鉴、会议交流与探讨等实用信息，为中国金融业创新提供智力与知识支持。未央网的主要栏目设置如下。

（1）国际资讯：以国外金融科技最新资讯和评论为特色，采用中英双语对照模式，捕捉金融科技焦点问题和发展趋势，深度挖掘和报道国外金融科技相关新闻和实用资讯。未央网与国外科研机构、孵化器和创业公司保持紧密联系，发布独家资讯和研究成果。

（2）国内资讯：以全新视角开发和探索国内金融科相关资讯及观察评论，持续关注金融科技的行业动态、监管动向和学术成果，聚焦社会热点，汇集专业观点，存在文章、视频、直播等多种发布形式。

（3）企业报道：由未央研究团队选取有代表性的金融科技创业企业，通过行业发展判断、公司模式剖析、竞品企业对比等维度，以和创始人对话、采访等形式完成专业企业报道。

（4）视频：发布清华大学中国创业者训练营课程供广大读者鉴赏；精选紫荆教育官网发布的金融科技相关知识视频和"1+X"金融产品数字化营销职业技能等级证书培训视频；发布金融科技热门话题供读者参与。

（5）研究：包括学术会议、期刊发表、案例研究等。该栏目集中整理并在线刊发清华大学五道口金融学院金融科技研究院和金融科技实验室研究团队的研究成果，主要包括发表在《经济研究》《金融研究》等国内外重要期刊的金融科技领域学术论文、各类国家级重大课题的研究成果，以及优秀的工作论文及行业研究报告。

（6）活动：发布未央网定期举办的线上、线下活动信息。该栏目汇聚了金融、IT、互联网、法律等业界的行业精英，为金融科技企业和金融科技从业者及研究者创造一个高端对话窗口；搭建一个企业与金融科技商务互动、资源共享的活动平台，为全民金融素养的提升贡献专业力量；打造全球金融科技创业大赛、创业者训练营、投资者训练营、金融普及教育训练营等品牌活动。

（7）未央出版：包括《全球金融科技商业模式报告》和《金融科技观察》。该栏目依托未央团队的日常研究，出版金融科技相关的专业书籍，发行引领行业前沿观点的金融科技杂志。截至2020年年底，该栏目已出版《全球金融科技商业模式报告》《全球金融科技商业模式报告（第二版）》，针对金融科技细分领域案例深度剖析并出版《互联网保险》《互联网银行》，引进《支付战争》等国外书籍，发行行业内刊《金融科技观察》。

（8）专栏作者：未央网作者招募与作者专栏发布的平台。只要您关注、喜爱金融科技领域，有热情、有精力并且有信心定期投送保质保量的稿件，就可以在此申请开通专栏或者申请微专题。该栏目有推荐作者、新进作者，还有各位作者的文章关注度排名。截至2021年5月，已有超过500位金融科技和金融科技行业的专栏作者入驻。

未央网首页如图8-1所示。

图8-1　未央网首页

未央网除了以网站为主体外，还向移动端和纸媒延伸，搭建了多渠道、广覆盖的信息平台，如表 8-1 所示。

表 8-1　　　　　　　　　　　　　　　未央网信息平台

平台	具体名称
官方网站	未央网
微信公众号	未央网 weiyangx
纸媒	《金融科技观察》，电子版同时刊于网站
投稿邮箱	Weiyangx01@pbcsf.tsinghua.edu.cn

综上所述，未央网是一家内容有看点的金融科技信息门户，也是注重多渠道信息搜集、整合、分析与发布的金融科技第三方资讯平台。

任务一　检索第三方资讯平台

金融科技信息门户按照提供服务内容及方式的不同，可以分为第三方资讯平台、金融垂直搜索门户和互联网理财超市。其中，第三方资讯平台已经成为获取金融科技和金融科技投融资信息的主要基础渠道之一，也是人们选择金融科技平台与产品时重要的信息来源。

精品微课

金融科技信息门户与
第三方资讯平台

一、金融科技信息门户概况

金融科技信息门户不负责销售自营的金融产品，其提供流量导入和销售支持服务的金融产品均来自第三方持牌金融机构，因此金融科技信息门户不承担产品风险，而是充当金融信息中介角色，通过提供中介服务，解决金融服务中的信息不对称问题。

图 8-2 完整呈现了金融科技各类业态的全貌及相互关系，可以看到，随着第三方被引入投融资过程，在金融中介服务中衍生出了一类"支持"各类金融交易的新业态，即金融科技信息门户。此类门户一般具备"导购网站"的功能，能够实现金融流量分发、各类金融产品搜索与展示等功能，其中，第三方资讯平台主要为金融投融资双方提供最新的行业信息和分析工具，并为其搭建互动交流平台。

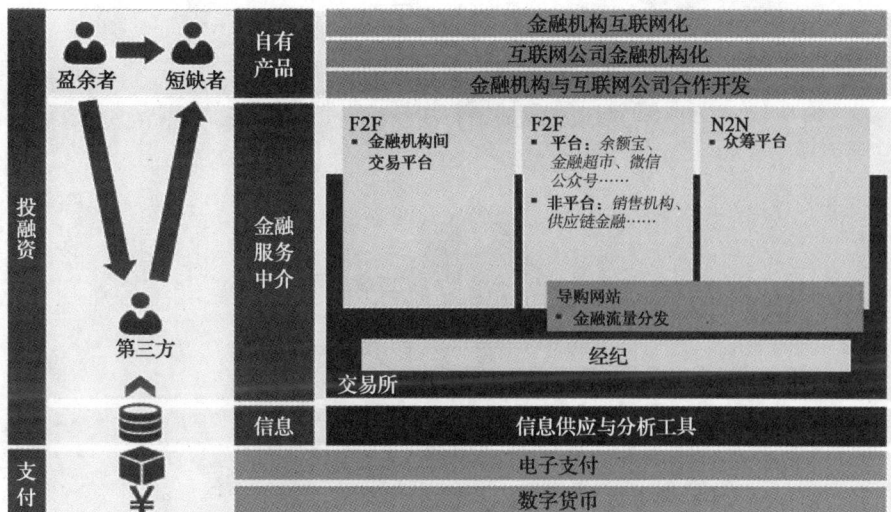

图 8-2　金融科技各类业态的全貌及相互关系

二、金融科技信息门户的分类

1. 根据提供的金融科技服务的内容及方式分类

从提供的金融科技服务的内容及方式的角度，金融科技信息门户可以分为第三方资讯平台、金融垂直搜索门户和互联网理财超市三大类，而这也是业界主流的分类方法。

（1）**第三方资讯平台**。此类平台是为客户提供全面、权威的财经资讯和金融行业数据的门户网站，典型代表有和讯网、同花顺财经、大智慧等。

（2）**金融垂直搜索门户**。此类平台聚焦于实现相关金融产品的垂直搜索和匹配比价功能，通过提供丰富的资金供需信息，满足双向自由选择的需求，从而有效降低了金融科技交易的搜索和匹配成本。简单来说，金融垂直搜索门户是利用互联网进行金融产品的销售以及为金融产品销售提供第三方服务的平台。它的核心是"搜索+比价"模式，即通过采用金融产品垂直比价的方式，将各家金融机构的产品放在平台上，供用户对比挑选合适的金融产品。其典型的代表有融360、大家保等。

（3）**互联网理财超市**。互联网理财超市包括传统金融机构开设的各类互联网理财产品集成销售平台和智能投顾平台，如中国银行的中银在线、江苏银行的阿尔法智投等；还包括新兴的第三方互联网平台型企业汇聚其他持牌金融机构的各类投资理财产品搭建的代理销售平台，如宜人财富、京东金融、蚂蚁财富、投米等。互联网理财超市往往汇聚了大量的理财产品，提供在线导购以及购买匹配服务，并在利用互联网销售理财产品的基础上，还提供相关的第三方专业中介服务。

从产业链的角度分析，第三方资讯平台充当外围信息服务提供商的角色，提供行业资讯及相关数据。金融垂直搜索门户充当媒介角色，提供金融产品信息。两者均为产业链下游客户服务。而互联网理财超市充当代理商角色，位于金融科技产业链的中游。处于产业链上游的企业是金融机构，如图8-3所示。三类金融科技信息门户比较如表8-2所示。

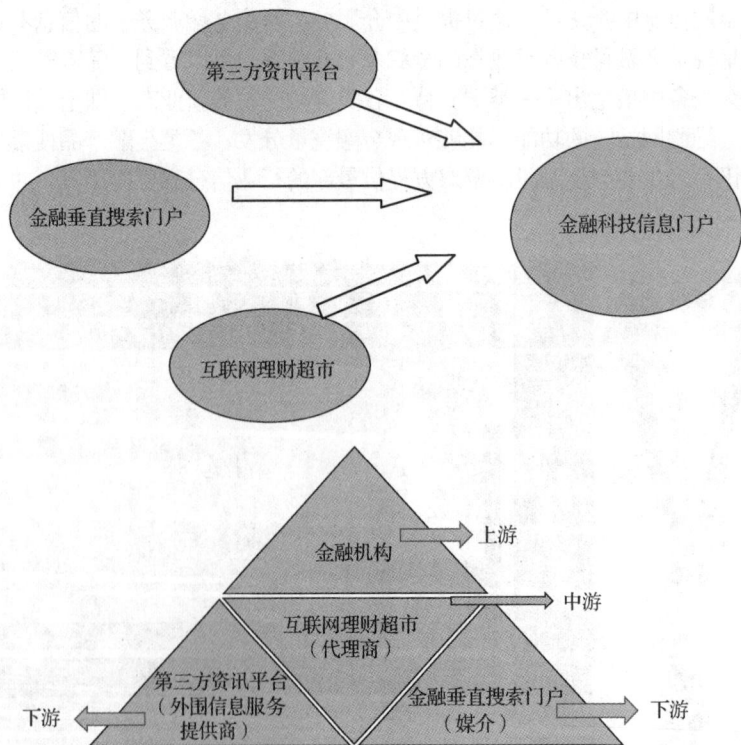

图8-3　金融科技信息门户典型分类及产业链分析

表 8-2　　　　　　　　　　　　　各类金融科技信息门户比较

典型分类	代表网站	产业链位置
第三方资讯平台	证券门户：同花顺财经 综合性平台：未央网	下游（外围信息服务提供商）
金融垂直搜索门户	融 360、大家保	下游（媒介）
互联网理财超市	传统金融互联网化：江苏银行的阿尔法智投 第三方平台型企业：宜人金科	中游（代理商）

2. 根据金融科技信息门户专注的细分领域分类

从金融科技信息门户专注的细分领域角度出发，金融科技信息门户又可以细分为信贷类门户、保险类门户、理财类门户、证券类门户和综合类门户等。其中，前四类金融科技信息门户主要聚焦于单一类别的金融产品及信息，而第五类金融科技信息门户则致力于金融产品和信息的多元化，汇聚不同种类的金融产品和服务信息。

目前发展较快的细分领域是理财类门户。伴随着金融市场化的进程和金融创新步伐的加快，各类投资理财产品层出不穷，如信托产品、私募基金等。与此同时，这些投资理财产品的合约条款复杂，投资收益高低不一，加上投资者受专业知识和投资技术等限制，投资者面对大量多元化的投资理财产品时，往往很难做出明智的选择，无法形成最佳的投资组合，甚至有时会遭受损失。在这样的背景下，不同于银行、信托机构的第三方理财专业机构及其搭建的第三方互联网理财平台应运而生。这类金融科技信息门户作为独立的第三方理财机构，提供理财产品的投资顾问服务，满足了投资者的理财需求，未来将会进一步发展。

三、金融科技信息门户的作用

1. 降低金融市场的信息不对称程度

一方面，金融科技信息门户通过金融产品垂直搜索方式，将相关金融机构的各类产品放在独立的互联网平台上。客户通过对各类产品的价格、利率、收益和特点等信息进行对比，自行挑选适合自身需求的金融服务产品，从而减少了逆向选择的发生。另一方面，由于网络小额贷款市场、互联网保险市场等新兴市场相对风险较高，金融科技信息门户起到了一定的监督作用，即通过企业征信以及风险预警等方式对相关金融机构提供的产品进行实时监督，减少了道德风险的发生。

2. 改变用户习惯

在传统的搜索方式下，客户只能逐一浏览各家金融机构网站或光顾其线下门店来比较相关的金融产品，从搜索到购买花费的时间成本较高。而随着人工智能、区块链、云计算、大数据等金融科技核心技术的发展，金融科技信息门户将金融产品从线下转移到线上，形成了"搜索+比价"的方式，让客户能快速且精准地搜索和比较相关的金融产品，客户足不出户就可以搜索到满足自身需求的金融产品，从而改变了客户的购买习惯。

3. 形成对上游金融机构的反纵向控制

从长期来看，随着利率市场化改革的深入，资本市场不断完善，国内金融市场将会进入金融产品相对过剩的时代，金融领域的竞争格局也会从产品竞争逐步转向产业链竞争。届时，最稀缺的资源就是稳定的客户资源，当金融科技信息门户积累了庞大的客户资源、拥有了强大的渠道优势后，势必像零售商一样，通过反纵向控制推动金融科技行业的发展。

[随堂测试 8-1]

融 360 公司 CEO 曾表示："两三年内在线搜索申请产品的比例有望上升到 50%以上，先去搜一搜，比比价，会成为网民购买金融服务的一种普遍习惯。"他的话从本质上阐述了金融科技信息门户

08

对现有金融业态产生的影响包括（　　　）。（多选题）

A. 降低了金融市场信息不对称程度　　B. 改变用户习惯

C. 形成对上游金融机构的反纵向控制　　D. 搜索方便快捷、匹配快速精准

四、第三方资讯平台

1. 定位

第三方资讯平台是为客户提供全面、权威的金融行业数据及行业资讯的门户网站。目前，我国第三方资讯平台大致可以细分为以下两类。

（1）**专注细分行业的第三方资讯平台**。此类平台聚焦于金融科技中的某个具体行业，通过深耕该细分市场，逐渐成为该领域的"信息枢纽"与"风向标"。例如，大智慧作为"您身边的投资专家"，聚焦股市这一细分行业，成为股民获取投资咨询的重要第三方平台。大智慧 App 提供丰富的股市资讯，涵盖国内沪深以及全球股票市场的最新动态和实时行情，以及"自选股"的定制化深度分析文章。大智慧 App 中的"发现"模块，还提供各类财经资讯，以帮助投资者把握宏观形势，更好地做出投资决策。随着短视频的兴起，大智慧 App 还专门推出了"直播"模块，由业界专家和财经主播提供丰富的视频资讯，同时通过"慧友圈"功能，为投资者搭建互动交流平台。此外，专注细分行业的第三方资讯平台还通过对该细分行业的长期积累，逐渐推出了"第三方评级"服务，评级结果往往成为金融科技投融资的重要参考。

（2）**综合性、特色化的第三方资讯平台**。此类平台提供全局性或区域性的金融科技综合资讯，并在竞争中实现差异化、特色化发展。例如，银财苏州是苏州有广泛影响力的综合性金融科技信息门户，该网站通过与银行、保险、证券、小贷等各类金融机构合作，发布合作金融机构的贷款及理财产品，为小微企业及个人提供金融服务指南。银财苏州还实时更新金融行业信息及国家对金融行业的政策解读，引导消费者树立正确的理财观念。不仅如此，该网站还展示了合作金融机构的招聘信息，为招聘单位提供一个很好的招聘平台，也为求职者提供求职平台。同时，银财苏州在坚持建设综合性资讯平台的基础上，逐渐形成了"消费金融"的特色，提出了"连接金融与生活"的理念，推出了"银财咖啡""消费地图""银财书院"等特色栏目与活动，成为大众获取专业、及时的金融科技消费资讯的重要平台。

2. 运营模式

第三方资讯平台专注于金融科技行业相关的最新信息的供应与分析，也提供品种丰富的金融科技和金融科技投融资产品的具体信息。该类平台对金融科技信息资源进行汇总、整理，并具备一定的风险屏蔽及预警功能，起到了对众筹等投融资活动的监督作用。

以专注于保险行业的第三方资讯平台——和讯保险为例，客户可以在此搜索到大量的保险行业资讯与数据。同时，第三方资讯平台以客观中立的立场，通过门户工作人员的各种考察方式，将全国各地具备资质且运营状况良好的保险机构及其互联网保险产品纳入网站中，为客户提供相关信息参考，解决客户购买互联网保险产品时的信息不对称问题。第三方资讯平台的运营模式如图 8-4 所示。

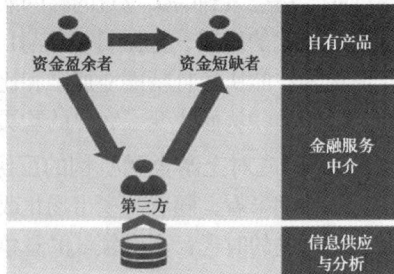

图 8-4　第三方资讯平台的运营模式

3. 盈利模式

第三方资讯平台类金融科技信息门户的盈利模式与传统资讯类网站的盈利模式相比并无太大差异，主要是通过广告联盟的方式来赚取利润。不难看出，该盈利模式的核心在于流量，依靠网站和 App 的流量、访问量和点击率，吸引广告商。门户网站和 App 日均访问量越多，引流作用越显著，就越容易吸引企业投放广告，从而获取更多的利润。

此外，专注于某个细分行业的第三方资讯平台还可以通过提供专业培训以及相关的咨询服务，收取培训费及服务费，从而增加营业收入。例如，部分第三方资讯平台除了提供大量客观的行业资讯外，还会运用自身在大数据和金融科技领域的积累，提供专业的培训服务和技术支持服务，赋能上游的金融机构，在服务行业发展的同时增加了自身的收入来源。

[做中学 8-1]

第三方资讯平台"同花顺财经"探索

同花顺财经是业内著名的证券类第三方资讯平台，该平台汇总整合投资资讯和财经新闻，涵盖股票、基金、期货等各类证券的最新动态和行业资讯，追踪国内外上市公司的信息披露，为投资者做出投资决策提供重要的信息参考，具有较高的权威性和广泛的社会影响力。本"做中学"将以同花顺财经为例，带领大家一起来探索第三方资讯平台的信息检索操作，体验金融科技信息门户提供的丰富资讯和强大功能。

步骤 1：登录同花顺财经官网。

打开同花顺财经官网首页，如图 8-5 所示，注册并登录。从首页可以看到，同花顺财经作为第三方资讯平台，从独立、客观的角度汇总并提供丰富的证券和财经资讯，主要包括 A 股、港股、美股、基金、期货、理财等板块。

图 8-5　同花顺财经官网首页

步骤 2：搜索与金融科技相关的股票、基金和新闻资讯。

同花顺财经提供功能强大的信息聚合搜索功能，只要输入关键词，即可智能检索各类资讯。以金融科技为例，在同花顺财经官网首页的搜索框中输入"金融科技"，其下拉列表框中就会出现与金融科技相关的各类资讯，如图 8-6 所示。

步骤 3：检索并浏览金融科技指数相关基金。

在图 8-6 所示"金融科技"搜索结果的下拉列表框中，选择一只与金融科技相关的基金，例如可以选择"华宝中证金融科技主题 ETF"，打开该基金的详情页面，如图 8-7 所示。从图 8-7 可以看出，该页面整合了"华宝中证金融科技主题 ETF"基金的行情走势以及各类资讯，包括基金档案、基金简介、历史净值、投资组合、基金公告、财务数据等板块，能为基金投资决策提供有价值的参考信息。

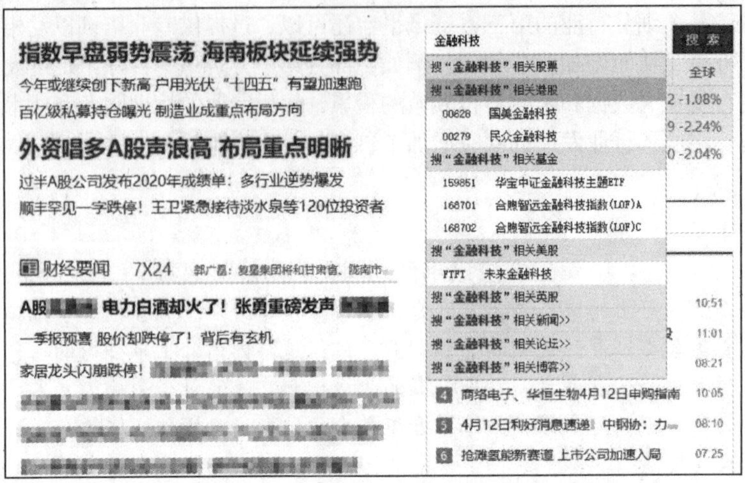

图 8-6　同花顺财经搜索功能

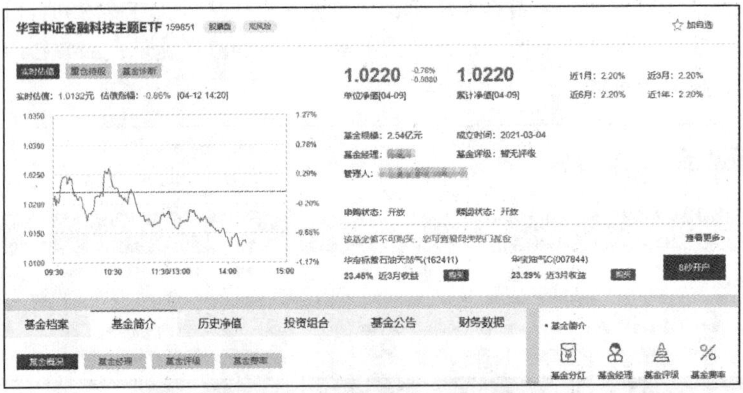

图 8-7　"华宝中证金融科技主题 ETF"基金详情页面（局部）

步骤 4：检索并浏览金融科技相关新闻资讯。

在图 8-6 所示的"金融科技"搜索结果下拉列表框中，选择金融科技相关新闻，便会弹出各类金融科技相关新闻链接，单击任意一条新闻链接就可以打开该新闻资讯的原文页面，从而方便地浏览新闻，如图 8-8 所示。

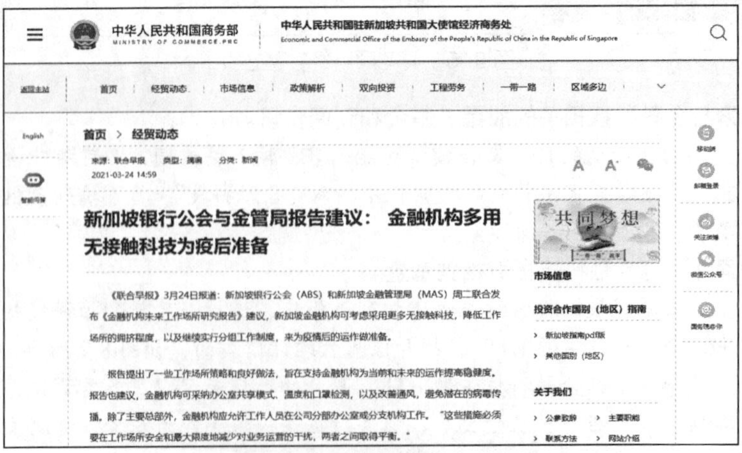

图 8-8　金融科技相关新闻资讯的原文页面（局部）

步骤 5：检索金融科技或金融科技相关股票资讯。

参考以上操作步骤，通过同花顺财经检索一只你感兴趣的金融科技或金融科技行业的上市公司股票的相关资讯，并结合所学知识，分析该上市公司在行业中的竞争力。

任务二　金融垂直搜索门户

金融垂直搜索门户是专门针对金融行业信息的专业搜索引擎，相对于通用搜索平台的信息无序化，其搜索结果更加专注于金融行业中的某一特定垂直领域，搜索相关性要高于通用搜索平台。因此，其最显著的特点是"专、精、深"，即搜索结果专业、精准以及深入。

精品微课

金融垂直搜索门户

一、定位

与第三方资讯平台不同，金融垂直搜索门户主要与银行等金融机构直接对接。金融垂直搜索门户将传统的线下金融业务流程以及金融产品信息转移到网上，为传统金融业务注入互联网"基因"。例如，信贷类金融垂直搜索门户通过搜索整合放贷类金融机构的各类贷款产品，实现归类比价，并协助申请办理贷款事项，以达到分流甚至替代传统的线下贷款流程的目的。该门户通过提供信息的双向选择，从而有效降低信息不对称程度。

金融垂直搜索门户最重要的作用就在于解决金融市场信息的不对称（主要是小微企业与银行等持牌金融机构之间的信息不对称）问题。金融服务与市场需求之间产生差距的原因是信息不对称，客户对金融产品不了解，同时金融产品也很复杂。这在某种程度上造成了广大小微企业的融资难、融资贵问题，也让银行等金融机构获取客户的难度加大、成本升高。

因此，旨在解决信息不对称问题的金融垂直搜索门户在国内拥有巨大的市场潜力。通过金融垂直搜索门户申请而获得金融机构贷款，已成为近年来新兴的一种融资贷款服务方式，其特点是迅速、方便、安全、免费。

金融垂直搜索门户在国外成熟金融市场早有先例。根据国外机构的调查，欧美市场有超过88%的网民在选择金融产品时，会先通过网络进行搜索和调研，其中66%的网民在查询后，会通过网站直接申请或与银行进行联系。随着我国金融行业市场化改革向纵深推进，已经出现了数千家金融机构和数万款融资贷款产品，这为金融科技信息门户发挥信息整合和垂直搜索等功能提供了更加广阔的市场空间。

08

二、运营模式

金融垂直搜索门户既不参与资金借贷双方的具体交易，也不推出自营的信贷产品，而是站在第三方客观、公正的立场，通过"垂直搜索+比价"的核心功能，实现信息整合。根据用户的金融需求和资质条件等实际情况，金融垂直搜索门户会在数据库中尽力找到可以满足其需求的金融产品（主要覆盖贷款、信用卡、理财产品等），并在搜索结果中予以显示。用户可以选择适合他们的产品并留下联系方式，以便与金融机构入驻金融垂直搜索门户的客户经理进行双向联系，完成交易。例如，申请人（小微企业）在金融垂直搜索门户对所需要的信贷产品进行搜索、比价和申请，而金融垂直搜索门户根据申请人的需求进行匹配和推荐。申请人确定产品之后，可以主动联系银行、小额贷款公司等贷款机构入驻金融垂直搜索门户的信贷人员，完成交易。银行、小额贷款公司等贷款机构入驻的信贷人员也可以在金融垂直搜索门户上发布自己的产品，并在收到申请人提交的申请后，主动联系申请人，完成交易。金融垂直搜索模式如图8-9所示。

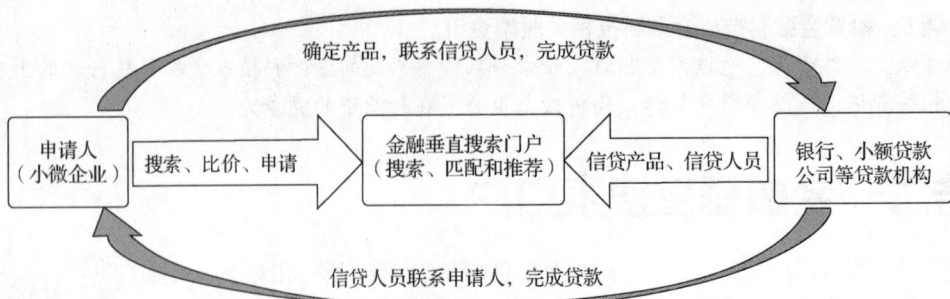

图 8-9　金融垂直搜索模式

以信贷类金融垂直搜索门户为例，在该类平台上，客户可以搜索到不同贷款机构的信贷产品，并通过对各类产品的横向比较，选择一款适合自身贷款需求的信贷产品。其具体的贷款业务流程如图 8-10 所示。在信贷产品信息采集方面，金融垂直搜索门户通过大数据技术以及合作渠道提供的信息建立数据库，汇聚各类信贷产品信息，并对产品信息进行实时的更新，以确保客户搜索到的产品信息真实、可靠。

三、盈利模式

金融垂直搜索门户虽然不提供自营金融产品，也不直接接触客户资金，但是整合了大量入驻门户的金融机构的金融产品信息，因此，该类门户的盈利模式与第三方资讯平台有所不同。现阶段，其收入来源主要以客户推荐费及佣金为主，广告费、咨询费以及培训费等收入相对占比较低。

具体而言，金融垂直搜索门户的盈利模式主要包括以下四种。

一是该类门户通过向入驻的金融机构推荐客户，向各家机构收取相应的客户推荐费。这是金融垂直搜索门户最主要的收入来源，在某些门户上，该收入所占比重甚至达到 80%以上，但这一部分收入来源需要平台的搜索比价和细致匹配服务来支持。

二是撮合交易收取佣金，这也是该类门户主要收入来源之一。在客户申请贷款的过程中，该类门户帮助其完成全部贷款流程，并在贷款获批后，根据贷款额度，向客户收取一定比例的费用作为服务费用，或从相关贷款机构收取一定比例的金额作为返佣。例如，融 360 帮助用户完成整个贷款流程，贷款获批后，收取贷款额的 0.5%～2%作为返佣。

三是金融垂直搜索门户作为一个统一的流量入口和获客来源，可能会吸引金融机构在该类门户网站上投放广告，从而获取广告费收入。但是，此类广告费收入高度依赖海量流量及潜在客户转化率，尚不是现阶段金融垂直搜索门户的主要收入来源。

四是金融垂直搜索门户可以运用自身在客户大数据积累以及金融科技技术方面的优势，为银行等传统金融机构提供技术咨询服务以及开展相关的培训，赋能"B 端"的金融机构，从而获得咨询费和培训费收入。金融垂直搜索门户可以在确保合法合规和信息安全的前提下，对用户行为数据进行深度挖掘和分析，为银行等传统金融机构提供客户信用评估服务或者协助金融机构进行精准营销和风险定价，还可以帮助金融机构培训复合型人才，从而获取金融科技技术输出和培训的收入。例

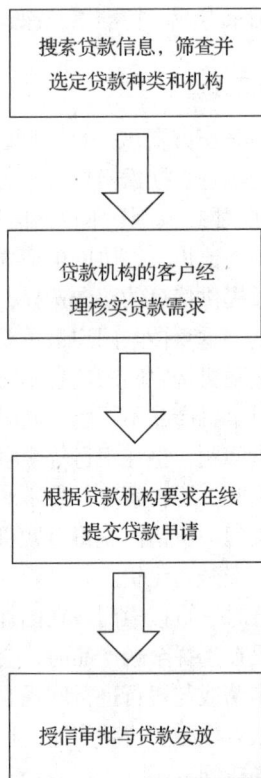

图 8-10　金融垂直搜索贷款业务流程

如，融360指出，风险定价并不是新概念，银行的核心是风险定价，但是做得不够好，很多拿不到贷款的小微企业资质其实很好，而金融垂直搜索门户基于"互联网+"思维，运用大数据动态精准画像等金融科技手段来解决银企信息不对称问题，并为传统金融机构服务，未来该部分有望成为金融垂直搜索门户重要的收入来源。

以上四种盈利模式是现阶段金融垂直搜索门户可持续发展的重要保障，但同时也存在一定的风险。

首先，流量并不等于客户。尽管大部分金融垂直搜索门户流量都不低，但真正能转化成有效客户的流量仅仅是其中一小部分。金融垂直搜索门户对客户的信用无法实地调研，引入借款人的质量参差不齐，容易引来部分金融机构的质疑。特别是对于小额贷款公司而言，优质借款人是其赖以生存的基础，一旦借款人资质大面积出现问题，可能严重影响公司可持续经营。对于金融垂直搜索门户而言，这将导致平台流量无法有效转化成能产生利润的客户资源。

其次，"一次性客户"问题同样棘手。对于金融搜索门户而言，有融资需求的客户主要分为消费性贷款客户和生产经营性贷款客户。对于消费性贷款（房贷、车贷）客户而言，其需求并不具备可持续性，毕竟买房、买车这样的大事属于"低频场景"，而小的消费贷款需求只需要信用卡分期即可解决。对于生产经营性贷款客户而言，尽管需求旺盛，但很容易在第一次搜索比价成功后即和发放贷款的传统金融机构之间产生黏性，接下来的贷款需求可以直接与该机构对接，从而免去再次搜索比价递交贷款申请的步骤。因此，如何处理这些"一次性客户"，是每个金融垂直搜索门户都不能忽视的问题。

最后，银行的反应并不积极。在基于"二八定律"的传统金融运行规则下，传统银行并不十分重视小微企业金融服务，而金融垂直搜索门户主要致力于解决个体、小微企业的金融需求，这就导致了二者在合作目标上可能出现不一致。

[随堂测试 8-2]

在成长初期，大多数金融垂直搜索门户还处于"烧钱砸市场、赔本赚吆喝"的阶段，传统金融机构的数字化程度相对较低，在意识和形态上都处于转型之中。你能对此谈一谈制约金融垂直搜索门户发展速度的因素有哪些吗？

[做中学 8-2]

通过金融垂直搜索门户选择合适的信贷产品

王先生是一家小微企业的负责人，最近企业因资金周转问题需要一笔贷款。但是王先生并不知道哪家金融机构的哪款贷款产品能够满足自身的融资需求。请你根据以下步骤指引，利用金融垂直搜索门户，帮助王先生寻找合适的贷款产品。

步骤1：了解并分析王先生的融资需求。

王先生经营的小微企业盈利能力在行业中处于中上游位置，每年净利润在150万元左右。目前，企业需要购买一批原材料，预计成品销售之后利润在50万元左右，但企业的流动资金不足以购买该批原材料，因此希望向金融机构贷款30万元，期限不超过一年。王先生信用记录良好，且名下有房产，但是不希望将房产抵押融资。

步骤2：检索并选择合适的金融垂直搜索门户。

通过百度搜索金融垂直搜索门户，可以看到，在金融垂直搜索的贷款领域中，有融360、好贷、贷小秘等平台，我们可以通过其官网，了解各平台的功能，并选择一个适合王先生融资需求的金融垂直搜索门户。

经比较，可以发现：融360是我国领先的金融垂直搜索门户，为个人消费者和小微企业提供金融产品的搜索、推荐和申请服务，业务范围涵盖贷款、信用卡与大数据研究等。融360因其便捷性、低成本、安全性的金融信息服务特点，成为目前覆盖城市最广、服务用户最多的信贷类金融垂直搜索门户，特别是其"一站式贷款流程"（见图 8-11），非常适合王先生这样的小微企业主。因此，王先生可以选择融 360 作为搜索门户。

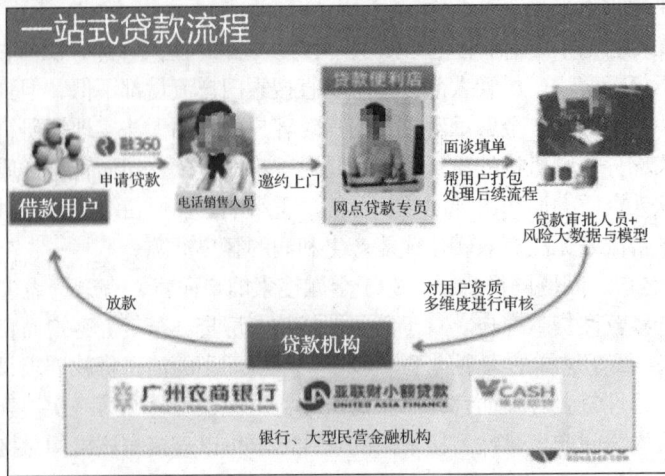

图 8-11　融 360 一站式贷款流程

步骤 3：搜索并登录融 360 官网。

打开融 360 官网，选择所在的城市，如图 8-12 所示，登录融 360 网站。

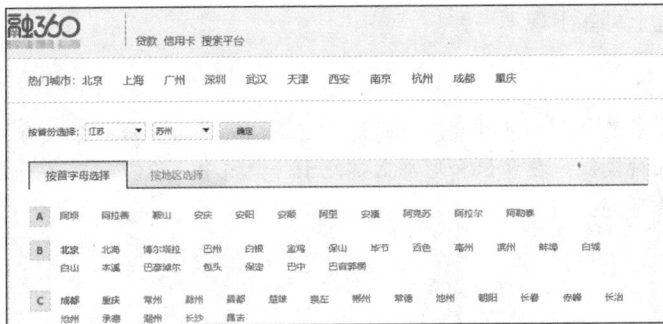

图 8-12　融 360 城市选择页面

步骤 4：根据融资需求对贷款产品进行搜索。

在融 360 官网首页找到贷款检索框，根据王先生的融资需求，输入搜索条件：贷款金额 30 万元、贷款期限 12 个月、职业身份企业主。然后单击"搜索贷款"按钮，进行贷款产品搜索。融 360 产品搜索页面如图 8-13 所示。

图 8-13　融 360 产品搜索页面

步骤 5：对搜索结果进行初步筛选。

在上述条件设置下，一共搜索出 20 款产品，如图 8-14 所示。由于王先生对此次流动资金贷款并不想使用房屋或汽车作为抵（质）押，且希望贷款利息费用较少，因此可以根据无须资产抵押、融资成本较低等维度初步筛选出"招商银行-生意贷"和"浦发银行-好房贷"两款产品备选。

图 8-14　产品搜索结果（局部）

步骤 6：对符合要求的产品详细比较，选出最合适的产品。

针对上述两款备选产品，通过列表的方式，详细比较产品要素，如表 8-3 所示。

表 8-3　　　　　　　　　　　　　　　　产品要素对比

贷款产品	是否需要抵押物	身份要求	放款时间	年化利率	30 万元贷款总利息
招商银行-生意贷	否	企业主、个体户	8 天	6.62%	3.60 万元
浦发银行-好房贷	否	企业主、个体户、上班族	5 天	5.80%	2.22 万元

通过比较这两款产品是否需要抵押物、身份要求、放款时间、年化利率、总利息等要素后可以看出，两款产品企业主均可申请，均要求有房产，但是不需要抵押，因此均符合王先生的基本信贷需求。但是，"浦发银行-好房贷"的放款时间短于"招商银行-生意贷"，且年化利率和 30 万元贷款的总利息也更低。综上，王先生可以选择融资效率较高、融资成本较低的"浦发银行-好房贷"产品。

步骤 7：选定产品后，在线提交贷款申请。

根据选定的"浦发银行-好房贷"产品的贷款须知和具体要求，通过客服在线提交贷款申请，然后联系入驻融 360 的浦发银行信贷经理，线下完成贷款。

[随堂测试 8-3]

通过本任务的学习，请你从"**搜索功能**"与"**渠道价值**"两个角度，总结金融垂直搜索门户作为金融科技信息门户的重要组成部分，具有哪些独特的优势。

答题参考：

1. 搜索+比价：采用金融产品垂直比价的方式，将各家金融机构产品筛选"上架"，用户可通过对比挑选合适的金融产品。

2. 反搜索：用户只需提出需求，反向搜索比较，选择合适的金融产品，事先无须逐一了解各产品的功能。

3. 充分利用其提供的渠道价值：金融科技信息门户的最大价值在于其渠道价值，当金融科技信息门户发展到一定阶段，就成为各大金融机构的重要渠道。

08

任务三　互联网理财超市

互联网理财超市是在线理财产品导购和销售的平台，通过一站式、定制化的智能投顾服务，帮助客户以最快速度、最低成本获得最适合自己的各类理财产品。互联网理财超市位于金融科技产业链的中游，是上游众多持牌金融机构的代理商，被喻为"金融百货公司"，体现了金融业的"无界经营"与混业经营发展趋势，满足了投资者的多样化资产配置需求。

视频资源

互联网理财超市

一、定位

与金融垂直搜索门户不同，互联网理财超市主要是为客户和金融机构搭建的"一站式"在线理财产品导购平台，通过各种渠道（包括网页、手机 App、微信公众号、微信小程序等），为客户提供丰富的理财产品信息、比较购买推荐、投资决策依据以及直接购买等服务。互联网理财超市一般设有涵盖不同理财产品类别的在线"货架"，会上架经严格筛选的上游持牌金融机构的各类理财产品，涵盖了类固收、基金、保险、证券、资管、私募、现金管理等各类业务与模式。

互联网理财超市存在的价值主要体现在理财产品的多样化和差异化上。我国的个人金融业务市场潜力巨大，个人客户的投资理财需求尚未得到有效满足。对于理财端，金融产品的多样化与差异化能够满足不同层次的客户需求，这无疑加大了市场的灵活性。相对于单一的理财产品，多元化的理财方式将会得到更大的市场，也为互联网理财超市的发展增添了筹码。

以中国银行的互联网理财超市平台为例，该平台在符合监管要求的前提下，基于互联网移动终端为客户提供理财账户在线签约、风险评估、基金开户等在线理财服务，满足客户足不出户的在线理财投资需求；同时为客户提供理财产品、基金、贵金属等多种理财投资选择，通过卓越的使用体验、丰富的投资种类和专业的理财服务，帮助客户轻松实现财富保值、增值的目标。

二、运营模式

互联网理财超市本质上是一种中介升级的思路，将线下类似于金融中介的服务，转型升级到"线上"，运用互联网大数据技术和标准化服务思维，为客户提供一步到位的资产配置规划和理财产品服务方案。与第三方资讯平台和金融垂直搜索门户不同，互联网理财超市的主要运营模式是"在线导购"，不提供信息的双向选择，只提供直接的购买匹配及导购服务，解决服务不对称的问题。具体而言，互联网理财超市将银行、券商、保险公司、基金公司、信托公司等传统"线下金融中介"互联网化，通过标准化、透明化、高效率、免费的互联网模式，直接将上述机构提供的投资理财产品与商户、个人、小微企业等需求方有效对接，解决了传统金融中介服务模式存在的收费高、不透明、服务参差不齐等弊端。

精品微课

互联网理财超市的
定位与模式

以京东金融的互联网理财超市为例，通过与浦发银行、华夏基金、南方基金、泰康人寿、中信证券等各类持牌金融机构的合作，为客户提供种类齐全的投资理财产品与服务，包括基金、银行精选、股票、黄金、稳健券商、稳健保险等，如图 8-15 所示。这些产品和服务分类明晰，并且与合作机构的信息对接非常顺畅，大大降低了客户的信息搜寻成本，满足了投资者多样化的投资需求，提供了绝佳的"一站式"在线理财体验。另

图 8-15　京东金融互联网理财超市

外，互联网理财超市严格把关上架的金融产品和服务质量，大大降低客户交易风险。同时，互联网理财超市跟踪交易数据，在积累大量交易数据的基础上，对客户的特定需求实现精准匹配。

三、盈利模式

互联网理财超市的盈利模式，主要有以下几种。一是依托其流量价值，吸引上游金融机构入驻，并引导金融机构在互联网理财超市投放广告，以获取广告费用。此部分收入与互联网理财超市的客户积累和流量大小密切相关，只有吸引足够多的客户流量资源，才能使更多的金融机构愿意付费投放广告。二是通过向金融机构收取产品"上架"费用和客户引流费用获取收入。互联网理财超市作为"一站式"流量入口，通过准入并上架金融机构的产品，为金融机构提供了新的销售渠道，因此可以向金融机构收取产品"上架"费用。同时，互联网理财超市还会根据上架产品的点击率等指标，向金融机构收取客户引流费用。三是互联网理财超市通过撮合投资者与金融机构达成交易，根据不同的产品和交易金额及交易量，收取相应的佣金。交易佣金是互联网理财超市的重要收入来源。四是互联网理财超市还可能利用自身在大数据等金融科技技术方面的积累与优势，向 B 端的金融机构提供金融科技技术输出和赋能培训服务，帮助金融机构完善金融科技应用方案并开展数字化营销或金融科技复合型人才培训，从而获取技术服务费、培训费等收入。此外，互联网理财超市积极履行社会责任，开展投资者教育，如举办投资理财公益讲座，投放金融风险防控公益广告等，有助于培育合格投资者，提高其在业界的影响力，从而扩大"流量"，增强盈利能力。

四、互联网理财超市资产配置

互联网理财超市为投资者提供了"一站式"资产配置的新渠道。通过选择合适的互联网理财产品，构建资产组合，完善资产配置，有助于分散投资风险，提高投资的综合收益率，达成理财目标。运用互联网理财超市进行资产配置通常包括以下主要步骤。

1. 设定合理的理财目标

资产配置的第一步就是设立合理的理财目标，这也是决定整个资产配置成效的重要因素。设定理财目标时要特别关注理财的收益率目标与产品风险、期限和自身理财资源的匹配性，从而提高理财目标的可实现性。首先，互联网理财的收益率往往与风险正相关，部分投资者可能会被互联网理财超市中的高收益产品所吸引，却忽视了其背后隐藏着较高的风险。因此，在设定理财目标时，要根据自己的风险承受能力，确定合理的预期收益率。如果目标设定的收益率远高于市场平均回报，往往很难达成甚至会导致损失。其次，理财产品往往期限越长，收益也越高，但我们在选择产品时不能只看收益，还应该做好自身的理财规划，选择与自身流动性需求相匹配的产品。例如，如果一笔资金预计近一年都不会使用，那么应该选择长期产品，以实现资金增值收益的最大化；而如果对资金有随时取用的高度流动性，则应当选择短期产品甚至收益更低的活期产品。而如果对资金使用没有明确的规划，那么建议选择灵活性较强的可变现产品。另外，一旦列出了理财目标，还需要查看自己有多少资源可供运用。资源主要来自既有的存款、投资和每月收入。最好是能够列出自己的资产负债表，把财务状况梳理清晰。我们会发现目前所拥有的资源可能无法同时完成所有的理财目标，此时需要针对不同的目标做出取舍。例如，是先支付购房首付款，还是在退休账户中多存入资金；是先将资金用于全家出国旅游，还是参加培训课程，提高工作技能。要同时满足所有的目标是很困难的，但是通过资产配置的过程我们可以更清楚地了解自己握有多少资源，并明确哪些目标更重要，是必须达成的，哪些可以推后或者放弃。

2. 选择能够满足资产配置要求的互联网理财超市平台

互联网理财超市作为金融科技信息门户，主要是整合、匹配和代销合作的金融机构的互联网理

08

财产品，但是不同的互联网理财超市的产品种类、发展特色和综合实力不同，因此需要选择合适的互联网理财超市作为资产配置的平台。在"选平台"时，可以重点考察以下三个方面。一是互联网理财超市的综合实力，包括其股东性质、行业地位、高管背景等。综合实力强的互联网理财超市往往拥有更多的合作金融机构，而且售后服务也更好。二是互联网理财超市的安全合规性，包括运营资质、运营模式、机构和产品准入、风险防控措施（特别是信息科技风险和声誉风险）、信息披露情况以及消费者权益保护措施等。安全合规是资产配置的基础，选择安全性好的理财超市有助于保障资金安全。三是互联网理财超市的产品丰富度和操作便捷性。要优先选择产品种类丰富、业界口碑较好、网站和 App 等多渠道操作便捷的理财超市，以便满足资产配置的要求，同时提高理财效率，节约投资成本。

3. 选择合适的理财产品组合，以满足安全性、流动性和盈利性要求

在选定了互联网理财超市后，就需要根据设定的理财目标，选择合适的理财产品组合，以满足安全性、流动性和盈利性要求。首先，理财产品组合中基础资产的安全性是需要关注的重点，在构建互联网理财产品组合时，要通过配置低风险资产"打底"，并降低资产间的正相关性，以有效分散风险，提高整个资产组合的安全性。其次，要充分考虑资产的流动性与可变现能力，使资产配置与现金流相匹配。最后，每种资产的盈利性都是不一样的，通用的表示方式是用年化收益率来比较不同产品的收益高低。年化收益率即将不同投资期限产品的实际收益率折算成一年的收益率，其具体计算公式为：年化收益率=（投资期内收益÷本金）÷（投资天数÷365）×100%。一般认为，期限越长的理财产品，年化收益率越高，风险也越大。资产配置即通过构建合适的理财产品组合，平衡安全性、流动性和盈利性，从而在满足流动性需求的前提下，分散投资风险，提高投资收益。

4. 计算综合年化收益率，进行投资绩效检视

通过互联网理财超市完成资产配置后，还需要定期对投资绩效进行跟踪和检视，计算综合年化收益率，评估理财目标达成情况。综合年化收益率计算方法是以每个产品的配置比例为权重，对组合中各个产品的年化收益率加权平均数，其中各产品的配置权重之和为 1。要根据投资绩效检视情况，了解各项理财产品的投资运作是否符合预期，是否有新的更适合的产品，是否有需要调整的情况出现，以不断优化资产配置组合，保障理财目标的达成。

[做中学 8-3]

互联网理财超市资产配置规划

经过数年工作的积累，小周的可投资资产已经达到了 20 万元。由于平时忙于工作，小周总是将消费剩余的资金存入余额宝，但是余额宝个人交易账户持有额度上限为 10 万份。小周将超过余额宝的资金存入了银行，但对银行存款的利息收入并不满意，余额宝的七日年化收益率也跌破了 3%。小周希望通过互联网理财超市进行资产配置规划，尽可能提高可投资资产的收益率，同时兼顾流动性和安全性。

步骤 1：根据小周的收入和理财目标，确定资产配置的期限结构。

小周目前的月收入为 7500 元左右，根据现金规划的要求，希望保留月收入 4 倍的流动资金满足日常需求，即 3 万元需要满足随时取用的高度流动性；剩下的资金中有 6 万元预计一年之后需要使用，一年之内如果遇到紧急情况，也希望能够赎回相关产品"应急"，以满足"预防性需求"；考虑到自身工作和收入的稳定性，可投资资产中有 11 万元作为长期资产配置，在满足安全性要求的前提下，可以购买两年期以上产品，以尽可能获得较高的长期收益。请根据以上信息，填写表 8-4。

表 8-4　　　　　　　　　　　　　　小周可投资资产的期限配置

类别	具体期限	资金配置金额	配置比例
活期			
短期			
长期			
合计	——		

步骤 2：选择能够满足小周要求的互联网理财超市平台。

互联网理财超市平台的选择，应该优先选择安全合规、实力较强的头部平台，同时该平台能够提供丰富的理财产品和便捷的操作体验，以满足资产配置的需要。小周可以考虑选择投米平台作为资产配置的平台。投米是中国首家在纽交所上市的金融科技企业——宜人金科旗下的一站式数字财富管理服务平台。投米运用大数据、人工智能、区块链等创新技术赋能人们的财富管理，为大众富裕人群精选活期、短期和长期理财产品，精准匹配其优质资产，能够满足小周的资产配置规划要求。投米 App 首页如图 8-16 所示，可以看到产品种类非常丰富，包括基金、类固收、目标盈、安享盈等。

步骤 3：帮助小周选择和配置活期理财产品。

投米 App 中的"活期宝"产品本质上属于精选货币基金，能够满足小周随时取用的活期理财要求。因此，小周可以通过"投米 App 首页"—"基金"—"活期宝"配置 3 万元货币基金作为活期理财产品，预期年化收益率约 3.1%。

步骤 4：帮助小周选择和配置短期理财产品。

根据小周的具体短期理财配置要求，有 6 万元预计一年之后需要使用，而一年之内如果遇到紧急情况，也希望能够赎回，因此根据理财期限、收益预期以及"紧急赎回"需求，比较适合配置基金类理财产品。与单一基金相比，基金组合通过分散投资，能够进一步降低基金的投资风险。投米运用智能投顾和金融科技技术，构建了丰富的基金组合产品供选择，其中，目标盈产品紧跟投资热点，参考目标止盈收益率为 9%，历史平均达成时间约为 5 个月，符合小周的短期资产配置要求，同时该产品无封闭期，支持灵活赎回，能够满足小周紧急情况下的流动性要求，如图 8-17 所示。

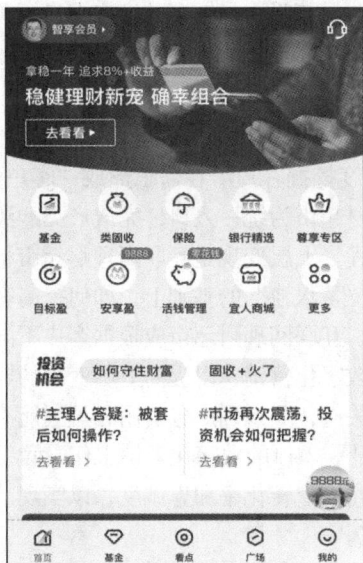

图 8-16　投米 App 首页页面　　　　图 8-17　投米 App 上的"目标盈"产品介绍页面

步骤 5：帮助小周选择和配置长期理财产品。

小周的可投资资产中有 11 万元可作为长期资产配置。小周的理财目标是希望获取稳定的长期收益，因此投米平台上安全性高的"嘉系列"产品比较适合。"嘉系列"是由大型持牌机构登记、备案、发行的优质债权资产类固收产品，收益较高且安全合规。考虑到小周的投资金额及期限，可以选择 24 个月期预期收益率 7.8%的"嘉瑞福-24 期"产品。

步骤 6：完成小周的互联网理财超市资产配置规划。

综合以上分析结果，完成小周的互联网理财超市资产配置规划方案，并填写完整表 8-5。根据表 8-5，试计算和回答以下问题：如果按照该方案完成资产配置，小周预期可以获得多少综合年化收益率？与余额宝相比大概可以提升多少？

表 8–5 小周的互联网理财超市资产配置规划方案

类别	配置产品	预期年化收益率	产品期限	配置金额	配置比例
活期	"活期宝"				
短期	"目标盈"基金组合				
长期	"嘉瑞福-24 期"				

五、互联网理财超市数字化营销

互联网理财超市汇聚上游金融机构和下游客户资源，提供非接触式、一站式理财产品"导购"服务的特性，决定了其营销不能采用传统的面对面金融营销模式，而必须通过数字化、场景化营销来触达和拓展客户。互联网理财超市的数字化营销通常包括基础引流和上层变现两个阶段。

1. 基础引流

基础引流指互联网理财超市通过官方网站、App、小程序、微信公众号、短视频、直播平台等各种渠道，提供有价值的内容和"爆款"产品，以吸引潜在客户流量，作为第二步"上层变现"实现盈利的基础。推送潜在客户感兴趣的财经新闻和理财资讯，并通过适当的经济激励机制引导客户进一步分享，以实现"社交金融"裂变，是基础引流的重要手段。同时，提供低价甚至免费的试用产品。引流是互联网理财超市数字化营销的起点和关键，只有吸引足够多的客户流量资源，才能使更多的金融机构愿意入驻并提供丰富的金融产品，甚至投放广告，促进"双边"市场的形成和繁荣，享受网络经济的"红利"。

2. 上层变现

上层变现指面向基础引流获得的潜在客户，通过深度挖掘客户潜在需求形成"客户画像"，为其匹配合适的互联网理财产品，并引导客户以互联网理财超市为统一入口，完成产品购买和资产配置，从而获得上游金融机构支付的佣金，实现盈利的过程。上层变现是互联网理财超市将流量优势转化为盈利能力的关键，在尽可能吸引客户流量、壮大"蓄水池"的基础上，如何提高客户转化率和忠诚度，对于互联网理财超市的可持续发展十分重要。互联网理财超市应根据客户不同的生命周期和需求特征，运用大数据等金融科技技术，实施精准数字化营销，以提高上层变现的成功率。

综上，数字化营销是互联网理财超市生存与发展的关键，关系到广告费用和盈利能力。因此理财超市要做好自身门户网站、App、小程序等各类"流量"入口的数字化营销工作，吸引更多潜在客户，并将客户引导到超市的各类理财产品上，努力提高客户转化率和忠诚度，以实现盈利的"上层变现"。要做好数字化营销，还需要把握以下三个细节。

（1）内容比域名更重要。"内容营销"是实现基础引流的关键。对于互联网理财超市而言，提供经有效筛选、归类明确、特色多样的金融产品和理财内容，能大大节约客户的信息搜寻与交易成本，从而吸引更多客户将其作为互联网投资理财的统一"入口"一键收藏。好的域名虽然有利于数字化营销，但是随着移动互联网的发展，内容的载体不限于域名指向的网站，还包括各种电子化媒体，如手机 App、小程序、微信公众号等。因此，不应将太多注意力放在域名上，而应主动思考如何用好的产品信息内容和优质的服务来吸引客户、留住客户。

（2）服务器是核心。互联网理财超市作为大量用户与金融机构交互的"枢纽"，快捷的访问速度和良好的用户体验，能够满足碎片化、场景化理财需求，提高数字化营销的触达率和转化率。好的服务器会大大提高互联网理财超市网站和 App 的访问速度与空间质量。如果网站或 App 内容好，但访问速度慢，客户耐心是有限的，他们可能会停止对其访问。而好的服务器加载企业想要发布的内容速度更快，用户得知信息也更迅速，体验感更好，从而有助于树立良好的口碑，提高客户忠诚度。同时，随着 5G 商用，优质的服务器搭配 5G 网络，能够进一步发挥性能优势，在数字化营销"流量大战"中赢得先机。

（3）广告要设计成软文以提升客户体验。互联网理财超市通过广告能获得利润，但运营广告时要充分分析客户的上网习惯，最终目标是让客户看不到广告，但又处处体现出广告的内容，即通过精心设计的文案和"软文"，使广告成为网站的一个整体，以提升客户体验。例如，文字链接广告应尽量放在首页导航下面的位置，并且不能让客户一眼看出这是个广告位，但要让客户知道这是可以点击的文字。宜信旗下的互联网理财超市"投米"App 即通过"看点"模块，每天提供最新的财经新闻和热点解读，又巧妙植入相关的理财产品，没有任何强硬的广告，给用户带来良好的使用体验，能够起到"润物细无声"的作用。用户在浏览新闻的过程中，不知不觉提高了金融素养和理财意识，培养了理财习惯，最终有利于将潜在用户转化为现实投资者。

[做中学 8-4]

互联网理财产品数字化营销

随着金融科技新时代的到来，金融营销方式也从传统的线下营销模式向数字化、场景化营销模式转型。互联网理财产品的数字化营销成为相关从业者的重要职业技能。本"做中学"紧密结合本任务所学知识，对接教育部"1+X"金融产品数字化营销职业技能等级证书标准，依托行业领先的"宜信星火理财师"数字化营销平台，通过步骤引导，使大家掌握互联网理财产品数字化营销的基本技能，进一步体会数字技术对金融营销的赋能作用。

步骤 1：注册并下载登录星火理财师 App，了解数字化营销平台的主要功能。

通过应用商城下载星火理财师 App，用手机号注册并完成理财师资质认证，登录 App，进入"我的工作室"模块，了解数字化营销平台的主要功能，包括客户管理、星火直播、业绩统计等，如图 8-18 所示。然后，进入"获客宝"模块，进一步了解数字化营销工具。"获客宝"模块包括通过微信等渠道分享精选文章、获取访客数据等。

步骤 2：潜在互联网理财客户的首次数字化触达。

通过向新线索潜在客户"发名片"，实现客户的首次数字化触达，如图 8-19 所示。专业的名片是获取客户信任的重要一步。

步骤 3：积极运用各种数字化营销工具向客户传递理财资讯。

运用"大咖"直播、财经早报、24 小时资讯分享等数字化营销工具向客户传递理财资讯，普及互联网理财知识，拉近与客户的距离，赢得客户信任。例如，可以通过星火理财师 App 的"一键获客"工具，向潜在客户分享嵌入注册链接的热点财经新闻，如图 8-20 所示。

步骤 4：通过"新人礼"，推动潜在客户转化。

根据潜在客户前期触达数据的统计以及数字化营销工具的后台评估反馈，筛选出意向客户，有针对性地赠送"新人礼"，推动潜在客户转化和注册，如图 8-21 所示。

资料链接

"1+X"金融产品
数字化营销职业技能
等级证书简介

08

图 8-18　数字化营销平台的主要功能　　图 8-19　互联网理财数字化营销"发名片"

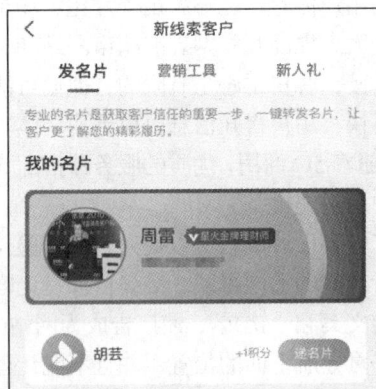

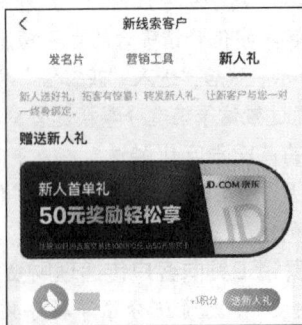

步骤 5：形成客户画像并推荐符合客户需求的互联网理财产品。

针对成功转化的注册客户，进入"星火理财师"App 的"客户管理"模块，点击对应客户，选择"客户洞察"功能，数字化营销系统会根据客户的潜力值、投资数据、互联网访问行为习惯、理财偏好、人脉轨迹等信息，运用大数据技术绘制客户画像，如图 8-22 所示。然后，可以根据客户画像，推荐符合客户需求的互联网理财产品。

图 8-20　互联网理财数字化营销工具　　图 8-21　数字化营销赠送"新人礼"　　图 8-22　互联网理财"客户画像"

步骤 6：根据客户生命周期进行客户管理与交叉销售。

互联网理财数字化营销以客户全生命周期为轴，根据客户需求变化，进行不同类型互联网理财产品的交叉营销和二次销售，帮助客户构建合理的资产组合，完善客户管理与持续服务，实现客户价值的最大化，如图 8-23 所示。

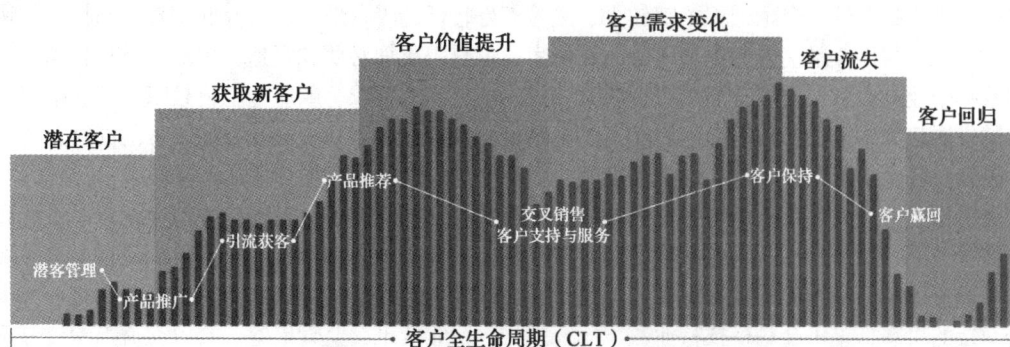

图 8-23　互联网理财客户全生命周期管理

[随堂测试 8-4]

金融垂直搜索门户与互联网理财超市的区别

请将金融垂直搜索门户与互联网理财超市进行对比，并填写表 8-6，以进一步理解和掌握本项目学习的内容。

表 8-6　　　　　　　　　金融垂直搜索门户与互联网理财超市的区别

比较项	金融垂直搜索门户	互联网理财超市
产品种类		
充当的角色		
产业链中所处的位置		
解决的主要问题		

课程思政

金融科技信息门户传播金融知识，提升消费者金融素养

人民网在《普及金融知识 提升金融素养》一文中指出，随着金融市场的快速发展，金融消费者教育的重要性进一步凸显。金融监管部门、金融机构和金融科技信息门户要携手努力，共同提升消费者金融素养。近年来，金融监管部门在加强金融消费者教育、建立金融知识普及长效机制方面下了不少功夫。银保监会通过互联网、电视等多种渠道，持续宣传、普及金融知识，增强消费者风险防范意识，并要求金融机构在产品销售过程中嵌入金融知识普及和风险告知环节，让消费者能全面了解自己购买的金融产品。中国人民银行开展了金融教育示范基地试点和"争做理性投资者 争做金融好网民"活动，推动金融知识普及更加系统化、常态化。在多方共同努力下，消费者金融素养整体有所提升。投资者正在逐步树立价值投资、理性投资理念和风险防范意识。

同时也要清醒地看到，金融市场的快速发展对消费者金融素养提出了更高的要求，进一步凸显了金融消费者教育的重要性。近年来，金融科技创新的速度使金融消费者应接不暇，一批新兴的互联网公司借助大数据、人工智能等科技手段，开创新的消费支付、投资理财模式，让金融产品种类更繁多、结构更复杂。普通金融消费者对金融风险的识别能力如果没有相应提升，其合法权益就有可能受到侵害。与此同时，百姓财富管理需求不断增长，投资新手不断进入市场，投资

08

者的结构正在发生变化，三线及以下城市和农村基金投资者年增长率高于一、二线城市，但其收益却相对偏低。

随着越来越多的对金融知识了解较少、风险偏好较低的投资新手进入互联网理财市场，加快普及金融知识、帮助金融消费者提高风险防范能力，就显得更加必要和紧迫，也对金融科技信息门户切实履行企业社会责任、提升消费者金融素养提出了更高的要求。顺应金融科技赋能下金融服务线上化的发展趋势，金融科技信息门户在提供金融资讯、产品检索和一站式导购服务的同时，还应增强金融知识普及的覆盖面、针对性和精准性，对不同的金融消费者群体采用差异化教育方式，引导消费者识别金融产品设计、销售等环节的金融风险特征，同时约束金融机构规范金融产品设计和销售，多管齐下，更好地保障金融消费者的合法权益。例如，未央网依托清华大学五道口金融学院深厚的教育资源背景和领先的金融理念，立足于前沿性、交叉性、高起点和开放式、国际化、与市场紧密对接的思想，提供金融科技行业数据研究报告、行业资讯、监管借鉴、会议交流与探讨等实用信息，为我国金融业创新提供智力支持，同时传播金融科技新政策与前沿知识，助力提升金融消费者金融素养。又如，宜信旗下的一站式数字财富管理服务平台"宜人财富"，基于智能风控系统严格筛选合作机构和产品，截至2021年3月，已与60余家持牌金融机构建立合作，上线了4 000余个产品，涵盖类固收、基金、保险、银行等不同业态，为客户提供更广泛的精选产品和优化服务。在专属理财顾问、1V1定制化咨询等投资服务持续升级基础上，宜人财富在家居生活、海内外名校资源、教育规划、医疗健康、商旅服务等方面也引入重量级合作伙伴，助力大众富裕人群实现品质生活升级。此外，宜人财富还通过财商教育品牌输出高质量的投资者教育内容，助力大众富裕人群开阔视野、提升金融素养、实现职业发展的跃升。

金融科技信息门户拓宽了金融信息传播渠道，为加大金融知识普及力度做出了重要贡献；平台通过解读法律法规及各项政府政策，拉近了政府、企业、个人三方的关系，减少了"隔膜"。金融科技信息门户作为传播媒介，让信息变得"零距离、无界限"，提供了广阔的视野，让金融消费者可以多角度了解金融政策与金融科技的最新应用，有助于消费者识别金融欺诈、防控金融风险、提升金融素养。请结合以上介绍材料和本项目所学知识，通过互联网检索并仔细浏览表8-7中列出的主流金融科技信息门户，判断其所属的具体类型、提供的主要金融信息服务和传播的金融知识，并分析其在防控金融风险和提升金融素养方面的具体作用，填写完整表8-7，其中第一行给出了示范。

表 8-7　　　　　　　　　金融科技信息门户助力提升金融素养分析

门户名称	官网或 App	具体类型	提供服务和传播知识	防控风险和提升素养方面的作用
宜人财富	宜人财富 App	互联网理财超市	提供一站式综合财富管理服务和财商教育	智能风控严格筛选产品，助力大众富裕人群提升财富管理能力
未央网				
和讯网				
融 360				
中银在线				
芝麻信用				

请结合表8-7，进一步分析各类金融科技信息门户服务对象的异同，并通过小组讨论等方式思考以下问题。

1. 作为"支持业态"，金融科技信息门户传播金融信息、普及金融知识的目的和本质是什么？针对不同的服务对象，如何提高信息传播和知识普及的精准度？

2. "融 360"提供给个人消费者、小微企业、个体工商户的金融信息服务各有什么侧重？该平台具体是通过哪些方式帮助各类金融消费者防控风险的？

3. 假如你是某金融科技信息门户网站的从业人员，在向客户推荐产品的过程中，应该如何更好地传播金融知识，帮助客户防控金融风险和提升金融素养？

知识自测题

一、单项选择题

在线测试

1. 某业内领先的金融科技信息门户推出了 O2O 互联网平台，为客户提供全方位的财富管理解决方案。该平台每月对 300 款产品进行初评后，精选 30 款产品进入复评，最后上架 3 款。投资者认为有产品上架到该平台的金融机构都颇具实力。这从根本上体现出金融科技信息门户对（　　　）的管理。

A. 交易流程　　　　　　　　　　B. 市场风险

C. 产品准入　　　　　　　　　　D. 资金流

2. 91 金融超市 CEO 曾说："现在到年底很多银行都不放房贷了，因为额度已经用完了，但是银行不会告诉用户可能会拖到明年一月份再放房贷。事实上，还有一些小银行是在继续放房贷的，只是很多用户了解的只有四大商业银行，对这些小银行并不熟悉。通过我们的平台，就可以解决这样的问题。"这样的问题具体是指（　　　）。

A. 服务不对称　　　B. 专业知识不对称　　C. 信息不对称　　　　D. 地位不对称

3. 下列哪项不属于金融科技信息门户的主要分类？（　　　）

A. 第三方资讯平台　　　　　　　　B. 金融垂直搜索门户

C. 互联网理财超市　　　　　　　　D. 股权众筹平台

4. 金融科技信息门户最突出的功能定位是（　　　）。

A. 提供信用中介服务　　　　　　　B. 提供信息中介服务

C. 提供自有产品　　　　　　　　　D. 提供资金存管服务

5. 下列专注细分行业的第三方资讯平台的配对关系，不正确的是（　　　）。

A. 保险行业门户网站：和讯保险　　B. 证券行业门户网站：同花顺财经

C. 私募基金门户网站：排排网　　　D. 信托产品门户网站：银率网

6. 本项目导入案例中的未央网，具体属于哪一类金融科技信息门户？（　　　）

A. 第三方资讯平台　　　　　　　　B. 金融垂直搜索门户

C. 互联网理财超市　　　　　　　　D. 众筹行业门户

7. 下列关于互联网理财超市的说法，不正确的是（　　　）。

A. 互联网理财超市主要销售自营理财产品

B. 互联网理财超市适合采用数字化营销手段

C. 投资者可以通过互联网理财超市完善资产配置

D. 互联网理财超市是上游众多金融机构的代理商

8. 下列关于各类金融信息科技门户盈利模式的说法，不准确的是（　　　）。

A. 互联网理财超市能否吸引足够多的上游金融机构入驻和下游客户流量，决定了其盈利水平的高低

B. 为传统金融机构提供客户信用评估的收费服务，有望成为金融垂直搜索门户重要的收入来源

08

C. 金融科技信息门户作为信息服务平台，应避免行业潜规则，防止出现恶性竞争、发布虚假信息等问题

D. 第三方资讯平台的盈利模式与传统资讯类网站差异较大，主要是通过广告联盟的方式来赚取利润的

9. 宜信公司推出的星火理财师 App，为独立理财师提供了"线上创业"的新思路，通过给客户提供理财服务获得可观的推荐服务费回报。同时，宜信公司还在客户端推出了"投米"互联网理财超市，依托宜信多种资产配置产品和服务以及风控实战经验，解决了金融科技征信难、风控难问题，其多种保障措施保障投资人的资金安全，并提供丰富的产品，能满足各类人群的（ ）等金融服务需求。

A. 投资　　　　B. 生活　　　　C. 游学　　　　D. 公益

10. （ ）是互联网理财产品数字化营销中提升客户价值的有效手段。

A. 引流获客　　B. 产品推荐　　C. 交叉销售　　D. 客户画像

11. 下列关于互联网理财"三性"原则的表述，正确的是（ ）。

A. 安全性与流动性成反比　　　　B. 流动性与盈利性成反比

C. 安全性与盈利性成正比　　　　D. 盈利性与流动性成正比

12. 下列各项不属于互联网理财超市数字化营销"基础引流"的是（ ）。

A. 某互联网理财超市推出"邀请朋友注册享好礼"活动

B. 某互联网理财超市每天推送财经新闻，并引导用户在朋友圈分享

C. 某互联网理财超市在视频号开设了"理财大讲堂"

D. 某互联网理财超市向基金投资者在线推荐固定收益理财产品

二、综合分析题

1. 我国金融科技知名人士罗明雄根据金融科技信息门户聚集产品类别的分类方式，将金融科技信息门户分为信贷类门户、保险类门户、理财类门户、证券类门户和综合类门户，互联网理财超市属于哪类门户？为什么？请你根据自己的理解在表 8-8 中对这几类门户分别做简单的分析并相应举出一个典型的门户网站。

表 8-8　　　　金融科技信息门户分类

门户类别	典型门户网站
信贷类门户	
保险类门户	
理财类门户	
证券类门户	
综合类门户	

2. 金融科技信息门户作为金融科技"大数据"的枢纽，面临一项重要风险，即金融科技信息安全风险。金融科技信息安全风险是指在提供金融科技信息服务的过程中，各类应用系统及其赖以运行的基础网络、处理的数据和信息，由于受到网络攻击和可能存在的软硬件缺陷导致的不确定性、不可控性以及发生系统瘫痪、信息泄露等损失的可能性。从博弈论的角度看，网络攻击者想要利用最低成本成功攻击目标，而系统的相关人员则试图采用成本最低、速度最快的防御方法使系统损失降低到最低限度。网络上的攻防就是典型的博弈，如表 8-9 所示。试分析如下问题。

（1）该博弈模型的纳什均衡是什么？此时信息门户与黑客分别会选择什么策略？为什么会形成上述均衡结果？

（2）综合运用所学知识，进一步思考如何提高金融科技信息门户对金融科技信息安全风险的防范能力。

表 8-9　　　　　　　　　　　　金融科技信息安全风险博弈模型

信息门户	黑客	
	高端攻击	低端攻击
强化防控	（-3，2）	（-3，-2）
忽视安全	（-2，2）	（-2，1）

技能实训

[实训项目]

互联网理财投资者行为调查、画像构建与理财规划。

[实训目的]

在金融科技的驱动下，互联网理财为投资者提供了方便快捷的理财新渠道。本实训要求综合运用本项目所学知识，通过互联网调查理财投资者，构建客户的行为画像，根据客户画像实践如何利用第三方资讯平台获取信息，通过金融垂直搜索门户与互联网理财超市帮助客户选择合适的产品，完善资产配置，并给出风险防控建议，以实现客户的投资理财目标，最终制定一套个人投资理财规划的具体方案。

[实训内容]

作为一名理财规划师或投资顾问，需要从整体上把握互联网投资理财规划的流程，要对各个阶段要做的工作和要实现的目标有清晰的认识，以便开展具体的投资规划活动。一般来说，完整的投资规划可以分为客户调查、画像构建、产品选择、资产配置、投资实施和投资评价等步骤。本实训的主要任务是对投资规划中的产品选择做具体的指导，以帮助客户选择合适的理财产品和互联网保险产品，最终实现客户期望的投资目标。本实训对接教育部"1+X"金融产品数字化营销职业技能等级证书标准，要求学生在步骤引导下，结合本项目所学的各类金融科技信息门户的知识，通过设计问卷开展客户调查，分析新时代互联网理财投资者的新特征，初步构建互联网理财投资者的行为画像，并给出产品选择、资产配置与风险防控的建议，以提高实践调查能力与互联网理财综合规划技能。

步骤 1：调查了解互联网理财投资者的个人背景与投资经历。

通过问卷调查等方式，了解新时代互联网理财投资者的个人客观背景及投资理财经历。个人客观背景部分主要了解投资者的性别、年龄、所在地区、学历、收入与消费增长情况、理财需求等，以把握互联网理财投资者的基本特征及可能的新变化。投资经历部分需要调查了解是否有互联网理财投资经历以及线下投资经历，对于有互联网理财投资经历的投资者，需要进一步了解具体的投资情况，并进行划分（详见表8-10），以把握其投资经验和投资能力。

表 8-10　　　　　　　　　互联网理财投资者投资经历主要类型划分

互联网理财投资经历	投资经历类型
仅投资过余额宝、零钱通等低风险互联网基金产品	有限
投资过互联网基金、互联网保险、互联网存款、互联网信托等资产管理类产品	丰富
投资过互联网证券、网络借贷、股权众筹、金融衍生品等创新产品	专业
尚未投资过互联网理财产品	暂无

步骤 2：调查了解互联网理财投资者的信息获取与产品搜索偏好。

运用本项目所学的金融科技信息门户的相关知识，调查了解互联网理财投资者的信息获取渠道和产品搜索偏好，根据调查结果，结合投资者的个人背景特征，给出相关建议，并填入表 8-11 中，以帮助投资者获取更充分的理财资讯和产品信息，缓解信息不对称问题，助力其做出理性的投资决策。

表 8-11 互联网理财投资者的信息获取与产品搜索

类别	渠道	建议
信息获取	主要通过第三方资讯平台等金融科技信息门户获取信息	
	主要通过金融机构官方网站获取信息	
	主要通过亲戚朋友"口碑"等线下渠道获取信息	
产品搜索	主动通过金融垂直搜索门户搜索产品	
	主要通过浏览金融机构官方网站搜索产品	
	主要通过咨询线下理财顾问等方式获取产品信息	

步骤 3：调查了解互联网理财投资者的投资行为特征。

调查投资者的互联网理财目的是财富保值增值、满足流动性需要，还是实现财富快速增长；对互联网理财平台或超市的选择，是偏好银行、保险等传统金融机构设立的互联网理财平台，还是蚂蚁、京东、百度等旗下的新兴互联网理财超市；互联网理财资产配置意向的金额、占比及资产类别；对互联网理财投资的收益要求和期限要求；对互联网理财投资交易的时间偏好，即一天中哪些时间段最可能通过互联网理财 App 等做出实际理财行为等。请总结以上调查结果，概括互联网理财投资者的投资行为特征，并填入表 8-12。

表 8-12 互联网理财投资者行为特征总结

画像维度	行为特征总结
理财目的	
平台选择	
资产配置	
收益要求	
期限结构	
时间偏好	

步骤 4：调查了解互联网理财投资者的风险认知情况。

互联网理财风险认知是人们对互联网理财风险特征和严重性所做出的主观判断以及由此引发的行为倾向，涵盖了人们对风险的感知、理解、记忆、评价、反应的整个认知过程。请调查了解投资者对互联网理财各项风险程度的判断，用 1 至 3 分赋值，1 代表低风险，2 代表中风险，3 代表高风险，准确刻画互联网理财投资者的风险认知情况。对于实际发生重大投资损失的投资者，可进一步了解具体损失情况，以分析投资损失对其风险认知的影响，并填入表 8-13。

表 8-13 互联网理财投资者风险认知调查

风险认知项	高风险（3分）	中风险（2分）	低风险（1分）
信息泄露风险			
信息不透明风险			
流动性风险			
诈骗风险			
平台跑路风险			
法律与政策风险			
收益不及预期或宣传风险			
是否实际发生重大损失及影响			

步骤 5：完成互联网理财投资者风险测评，判断其风险偏好类型。

通过填写以下由 9 道单项选择题组成的投资风险测评问卷，完成互联网理财投资者风险测评并判断其风险偏好类型。

1. 您是否熟悉互联网？（ ）

    A. 不熟悉互联网　　B. 比较熟悉互联网　　C. 非常熟悉互联网　　D. 精通互联网

2. 以下几项投资目标，您更看重哪一项？（ ）

    A. 单纯地保障本金　　　　　　　　B. 保证每年都有现金收益

    C. 长期投资，获得收益　　　　　　D. 短期投资，赚取收益

3. 以下哪项描述最符合您的投资态度？（　　　）

    A. 厌恶风险，不希望本金损失，希望获得稳定回报

    B. 保守投资，不希望本金损失，愿意承担一定幅度的收益波动

    C. 寻求资金的较高收益和成长性，愿意为此承担有限本金损失

    D. 希望赚取高回报，愿意为此承担较大本金损失

4. 您投资理财的目的是什么？（　　　）

    A. 资产保值　　　　B. 资产稳健增长　　　C. 资产迅速增长　　　D. 一夜暴富

5. 您可以接受的最长投资期限是多久？（　　　）

    A. 6个月以下　　　B. 6个月至1年　　　C. 1年至3年　　　D. 3年及以上

6. 您当前期望的投资年化收益率是多少？（　　　）

    A. 4%以下　　　　B. 4%～10%　　　　C. 10%～20%　　　D. 20%以上

7. 您所能容忍的投资亏损范围是多少？（　　　）

    A. 5%以下　　　　B. 5%～10%　　　　C. 10%～25%　　　D. 25%以上

8. 假设您参加一个金融科技知识竞赛活动，且已经胜出。那么，您会选择以下哪一种获奖方式？（　　　）

    A. 立刻拿到1 000元现金离开

    B. 有50%的机会赢取2 000元现金的抽奖

    C. 有25%的机会赢取5 000元现金的抽奖

    D. 有5%的机会赢取10 000元现金的抽奖

9. 下列哪件事最令您开心？（　　　）

    A. 别人赠予800元

    B. 在金融科技知识竞赛中赢得1 000元奖励

    C. 投资中低风险等级的金融科技产品10 000元，并持有2年，获得1 200元收益

    D. 购买10 000元高风险产品（如股票），并持有1年，获得2 000元收益

以上每题的四个选项A、B、C、D分别赋值1分、2分、3分和4分，根据互联网理财投资者的选择，计算出风险偏好总得分，然后对照表8-14，判断互联网理财投资者的风险偏好类型。

表8-14　　　　　　　　　　　　　　　　　风险偏好类型

风险偏好类型	风险厌恶型	风险中立型	风险追求型
得分情况	9≤测评得分<18	18≤测评得分<27	27≤测评得分≤36

步骤6：根据调查与测评结果，构建互联网理财投资者行为画像。

根据步骤1至步骤5的各项调查获取的信息和资料，从互联网理财投资者的个人背景、投资经历、投资行为特征、风险认知、风险偏好等维度构建互联网理财投资者的行为画像，全面把握新时代互联网理财投资者的新特征，为理财规划和数字化营销奠定坚实的基础。

步骤7：根据客户行为画像，运用金融科技信息门户帮助投资者选择合适的产品。

根据构建的互联网理财投资者的行为画像，综合运用第三方资讯平台、金融垂直搜索门户、互联网理财超市等金融科技信息门户，帮助投资者选择合适的理财产品，完善理财投资的资产配置，并结合所学知识给出相应的互联网理财产品购买操作步骤建议。

步骤8：完成互联网保险产品的配置规划。

除了配置互联网理财产品外，互联网保险产品也是重要的资产配置内容。可以继续通过第三方资讯平台和金融垂直搜索门户，为投资者完成互联网保险产品的配置规划；也可以通过专注于保险领域的互联网理财超市选择合适的互联网保险产品。例如，慧择网是经原保监会批准的互联网保险电子商务平台。该平台联合70多家保险公司，推出数千种保险产品，为用户提供投保交易、风险评

估、理赔协助等的一站式综合保险服务。截至 2021 年 3 月，慧择网累计服务用户数超过 5 000 万，成为我国最大的第三方互联网保险平台。请注册并登录慧择网，了解保险类互联网理财超市的运作模式，如图 8-24 所示，并仔细浏览、比较各类互联网保险产品，为投资者提供具体的产品配置建议。

图 8-24　保险类互联网理财超市——慧择网

步骤 9：完成个人投资理财规划，并给出风险防控建议。

综合以上步骤中获取的投资者信息、理财目标、资产配置、垂直搜索结果、产品选择以及投资步骤建议，尝试从理财顾问的角度为投资者完成投资理财规划。根据建议配置的具体互联网理财产品和互联网保险产品的风险特征与产品属性，结合投资者的风险认知调查情况、风险偏好测评结果，给出有针对性的风险防控建议。

[实训思考]

1. 某互联网理财客户的基本信息如表 8-15 所示，请运用金融科技信息门户等工具，为该客户匹配合适的互联网理财产品，帮助其完善资产配置，并结合该客户的风险偏好等情况，给出防控互联网理财投资风险的对策建议。

表 8-15　客户基本信息

项目	具体内容
家庭情况	单身
工作情况	刚踏入社会，白领
月薪	8 000 元
月支出	约占月工资的 50%（包括日常开支、房租等）
现有投资情况	余额宝 5 万元
现有保障情况	除社保外并未购买商业保险
风险偏好状况	稳健型
未来的需求	不做"月光族"，3 年内攒够买房的首付

2. 请扫描右侧二维码观看专访视频"如何成为一名优秀的理财师"，进一步思考如何更好地通过互联网理财超市开展互联网理财产品的理财规划、数字化营销与客户服务工作，培养诚实守信、敬业奉献、热情服务的金融职业素养和行为习惯。

视频资源

如何成为一名优秀的理财师

项目九

保险科技与互联网证券

[知识目标]

1. 了解互联网保险的概念、基本业务与运营模式，掌握互联网保险产品创新的"四重境界"。

2. 理解保险科技赋能保险业高质量发展的路径，掌握智能保顾、智能风控与反欺诈、自动理赔、精准定价和可穿戴设备等保险科技创新应用。

3. 了解互联网证券的概念与影响、主要模式及传统券商的互联网化转型路径，掌握互联网证券远程开户、申购交易、获取增值服务的主要流程。

[能力目标]

1. 能够运用所学知识，独立完成互联网保险、保险科技和互联网证券等业务的实际操作。

2. 能够探索人工智能、区块链、云计算、大数据等金融科技新技术在传统金融业务数字化转型中的应用。

3. 能够通过市场调研、可行性分析、产品要素设计、风险管理等步骤尝试设计保险科技创意产品，培养实践能力和创新精神。

[思政目标]

能够运用马克思主义的立场、观点与方法，结合传统金融业务的互联网化相关资料，分析传统金融服务行业在数字化转型过程中创新与风控的辩证统一关系，使学生在专业场景中掌握唯物辩证法，理解事物间的内在联系，提高分析与解决问题的能力，更好地践行敬畏风险、守正创新的金融职业要求。

随着数字经济时代的到来，保险、证券等传统金融行业加快了数字化和互联网化转型的步伐。保险公司纷纷运用人工智能、区块链、云计算、大数据等新技术，推出各类互联网保险创新产品，并将保险科技应用到产品开发、市场营销、风险控制、运营管理等各环节，赋能行业高质量发展。同时，互联网证券也已成为证券行业的主流，并在金融科技推动下不断创新发展。本项目将带领大家分别探索上述金融业务的互联网化创新模式，了解这些业务的具体操作和实际应用。

基于区块链的"安链云"金融科技服务平台

区块链、云计算、大数据等金融科技技术的发展，推动了保险、证券、基金等传统金融业务的互联网化，金融科技赋能金融创新成效渐显。由互联网保险公司众安保险旗下众安信息技术服务有限公司（以下简称"众安科技"）打造的基于区块链的"安链云"金融科技服务平台走在了金融科技的前沿。

众安科技成立于2016年11月2日，是由蚂蚁金服、腾讯、中国平安等设立的众安保险旗下的全资科技子公司。"安链云"是一款由众安科技于2017年5月5日发布的基于区块链和人工智能等技术的云服务。2017年5月16日，众安科技"安链云"底层基础协议"众安链"V0.6系统因符合《信息技术区块链和分布式账本技术参考架构》中功能架构的要求，被中国电子技术标准化研究院授予"区块链系统功能测试证书"。"安链云"主要功能之一是提供电子保单存储系统。"安链云"电子保单存储系统通过区块链技术保证电子保单的安全性，并拓宽了电子保单的应用范围，实现了保单信息去中心化储存，解决了信息丢失的问题。区块链技术的数据不可篡改性，使电子保单更具安全性。在投保人投保的保险事件发生后，智能合约能够自动进行理赔，保险服务更便捷、更高效。众安科技"安链云"电子保单存储系统如图9-1所示。

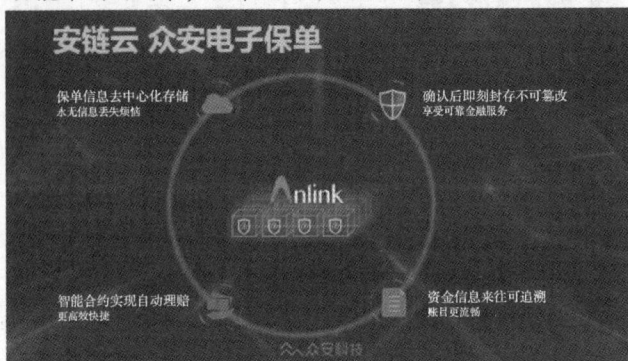

图9-1 众安科技"安链云"电子保单存储系统

除了电子保单存储系统，"安链云"在普惠金融和健康生态领域还有针对性地推出了Ti系列的区块链产品、X系列的数据智能产品、S系列的保险行业应用产品。Ti系列产品包括以区块链技术为基础的钛空舱（数据分布式存储）、钛阳（数字身份证）、防伪溯源（智能防伪）、钛合约（电子签约）等。X系列产品的关键词为数据智能，为客户提供精细化风险管理、模型搭建、智能营销及流量分析服务。X系列数据智能产品以多种数据智能应用和交付方式，满足了企业对数据接口调用、用户行为分析、深入联合建模等全流程的风控需求。S系列产品是新一代保险科技产品，针对保险业务中的产品设计、前端销售、客户运营到核保理赔等多个环节中的痛点提供科技产品和解决方案。

"安链云"基于这三大系列产品，已向银行、保险、支付、医疗等垂直领域输出多款解决方案，包括区块链存储、用户认证、继续学习、图像识别、智能分析的客服和舆情分析等。众安科技基于"安链云"打造孵化器，已经在共享出行、健康管理、图像识别等领域孵化出多款产品。

任务一　互联网保险与保险科技创新

互联网保险颠覆了保险营销员与客户面对面交流沟通的传统经营模式，开创了全新的保险销售方式和渠道，以及全新的经营理念和管理模式。在互联网金融和保险科技的驱动下，我国互联网保险发展迅速，已经成为保险市场的重要组成部分。但是，在新时代要实现互联网保险的高质量发展，还需要进一步提升产品创新层次并强化风险防控。本任务将带领大家全面认识互联网保险，了解互联网保险的运营模式、产品创新与操作流程，并通过实例深入剖析保险科技创新在赋能保险业高质量发展中的典型应用。

精品微课

互联网保险的运营模式与产品创新

一、互联网保险的概念

根据银保监会出台的《互联网保险业务监管办法》，互联网保险业务是指保险机构依托互联网订立保险合同、提供保险服务的保险经营活动。保险机构包括保险公司（含相互保险组织和互联网保险公司）和保险中介机构。保险中介机构包括保险代理人（不含个人保险代理人）、保险经纪人、保险公估人。其中，保险代理人（不含个人保险代理人）包括保险专业代理机构、银行类保险兼业代理机构和依法获得保险代理业务许可的互联网企业。

　　随着互联网保险与保险科技的发展，我国创新型、场景化保险产品迎来巨大的增长机遇。来自中国保险行业协会的数据显示，2013 年到 2022 年，开展互联网保险业务的企业已经从 60 家增长到 129 家，互联网保险的保费规模已经从 290 亿元增加到 4782.5 亿元，年均复合增长率达到 32.3%。互联网保险的发展是宏观政策支持和科技创新发展的结果，也是监管机构和保险主体相关机构共同探索创新并不断前行的产物。中国国际金融有限公司预计，随着具有线上消费习惯的"数字原住民"成长为保险消费的主力军，在保险科技创新的驱动下，预计到 2030 年我国互联网保险市场可达到 2.5 万亿元的规模。互联网保险致力于实现保险信息咨询、保险计划书设计、投保、交费、核保、承保、保单信息查询、保全变更、续期交费、理赔和给付等保险全过程的网络化。互联网保险具有虚拟化、直接化、电子化、信息透明化等特征。

　　综上所述，与互联网金融类似，可以将互联网保险的内涵概括为：**保险为本，创新为魂、互联为器**。互联网保险的本质仍然是保险，同样具备保险产品风险保障与管理的核心功能，但在渠道、场景、商业模式等方面实现了创新，并充分利用了区块链、人工智能、大数据等保险科技新技术，满足了投保人对场景化、个性化和定制化的需求。

二、互联网保险的基本业务

　　（1）**网络宣传推广业务**。一般保险公司主要通过网络针对个人客户和企业客户介绍保险的相关产品、服务、投保信息、经营理念，并对保险公司、保险中介机构和业务员进行介绍与宣传，具有成本低、持续时间长、介绍清晰和个体需求针对性强的特点。另外，不同的保险公司、保险机构也可以互相链接、相互推介，公司内部也可以通过个性化的网页，展示业务员的素质和特长。

　　（2）**信息咨询业务**。保险公司通过网站可以向客户提供保险公司的历史沿革、经营管理理念、机构设置、财务数据报告、保险产品种类及费率等信息；向客户提供保险新闻、政策法规、监管机构要求等信息，以及保险知识和课题探讨等信息，使客户对保险机构和保险行业有基本的了解与认知；在与客户的交流咨询中，可以通过网页文字说明，对客户的常见问题进行汇总解答，也可以通过网上在线交流，直接解决客户问题。

　　（3）**网上投保和网上理赔**。从核心业务来看，互联网保险相比传统保险，在保险业务的基本环节上并没有发生变化，但是，互联网保险改变了客户的投保和理赔方式。客户通过网络平台了解保险产品的特点和功能，并且在网上直接选购保险产品，计算保费，投保下单，采用多种网络银行支付方式，完成电子支付，获得电子保单或者纸质保单，从而实现全流程的网上投保。如果出险，客户可以获得网上报案、理赔单证下载和服务等理赔服务。由于网络的反应迅速，因此保险公司可以对客户出险之后的报案、理赔和给付及时做出反馈。

　　（4）**其他业务**。针对消费者，互联网保险流程涵盖了售前、售中、售后服务，还包括保单和产品价格等查询服务、保全服务，续期缴费和咨询投诉等业务处理；针对保险业务员以及保险公司，互联网保险提供系列管理工具和应用服务，以提高工作效率及管理控制能力，实现业务系统之间的网上连接。

[做中学 9-1]

互联网保险投保操作实践

　　让我们根据以下步骤引导，通过平安保险的官网平台进行在线投保，以熟悉和掌握互联网保险投保实际操作。平安保险商城首页如图 9-2 所示。

　　步骤 1：选择适合的投保计划。

　　登录平安保险商城，单击"在线投保"选项，在出现的分类列表中选择适合自己的互联网保险产品，以及相应费率的投保计划。下面以"国内旅游-自驾游保险"为例，具体说明投保过程。投保

09

计划选择页面如图 9-3 所示。

图 9-2　平安保险商城首页

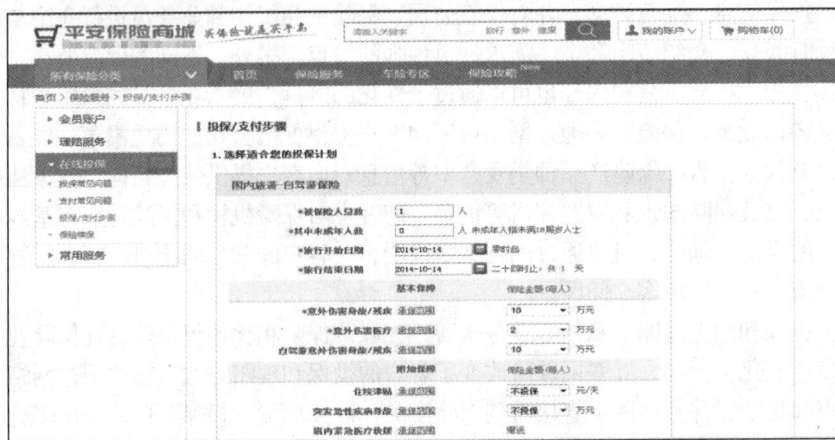

图 9-3　投保计划选择页面

步骤2：填写投保信息。

填写"国内旅游—自驾游保险"投保信息表单，逐项填写被保险人信息、投保人信息等内容，填写完后成，单击"下一步"按钮，将上述信息通过互联网传输至保险公司，如图9-4所示。

步骤3：签订保险合同。

经核保后，若保险公司同意承保，则以电子邮件的方式向客户确认，在客户通过电子邮件完成数字签名后，保险合同订立。

步骤4：在线支付保费。

确认投保信息，保险合同成立后，系统将自动生成保费订单，进入支付页面。从信用卡、储蓄卡、第三方等方式中选择一种适合自己的付款方式，完成保费的在线支付，并单击"下一步"按钮，如图9-5所示。

步骤5：查收并确认电子保单。

成功支付保费后，完成互联网保险产品的购买，系统会发送电子保单到客户填写的邮箱，注意查收，整个投保过程完成，如图9-6所示。

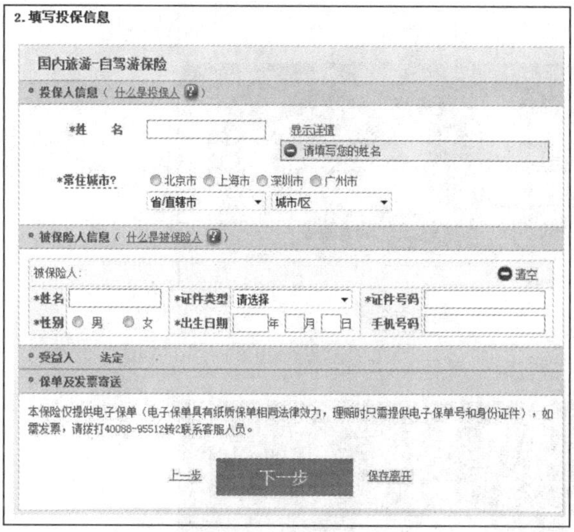

图 9-4　填写投保信息页面

图 9-5　保费在线支付页面

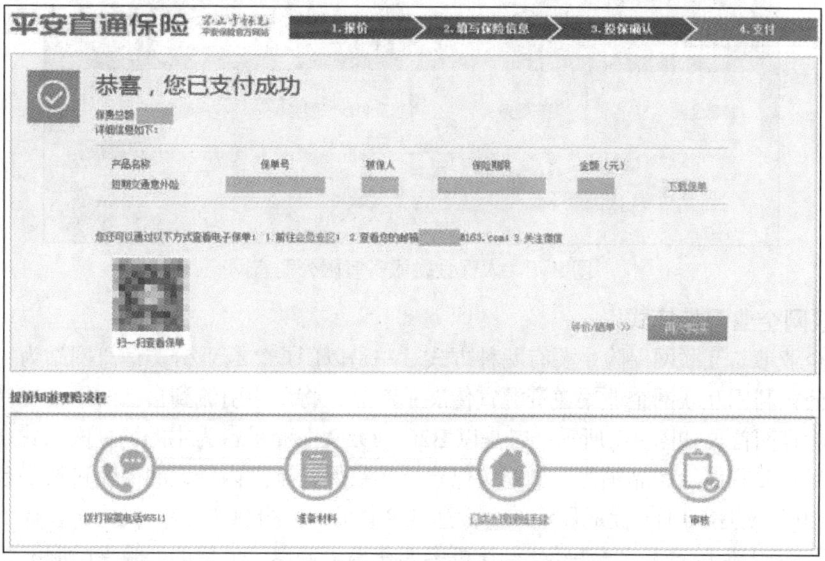

图 9-6　支付成功与投保完成

三、互联网保险的运营模式

随着互联网保险的发展，逐渐形成了保险公司直销官网、互联网企业网站、互联网保险公司等运营模式。

1. 保险公司直销官网模式

该模式下，保险公司自建 B2C 电子商务网站，将本机构设计的保险产品经互联网化改造后在线销售给保险需求客户。对于消费者来说，通过保险公司官网投保会更可靠。中国人寿的直销官网"产品中心"页面如图 9-7 所示。

2016 年 10 月 20 日，中国人民保险集团成立了人保金融服务有限公司，旨在推动互联网保险、互联网金融与保险科技创新业务的深度融合，并完善风险管理，更好地服务实体经济。人保金融服务有限公司官网如图 9-8 所示。

图 9-7　中国人寿的直销官网"产品中心"页面

图 9-8　人保金融服务有限公司官网

2. 互联网企业网站模式

互联网企业参与互联网保险主要有两种方式。一是以门户、行业分类信息网站为主的基础引流渠道，保险公司利用互联网企业渠道资源宣传展示产品，将用户引流到自己的平台交易，如和讯保险。和讯保险官网首页如图 9-9 所示。二是以 B2C、O2O 电商平台为主的场景嵌入式渠道，其借用互联网交易场景关联保险产品销售，如蚂蚁保险。蚂蚁保险是国内最大的保险科技平台，2019 年 7 月 1 日至 2020 年 6 月 30 日，促成保险的金额达 518 亿元，与约 90 家保险机构合作提供健康保险产品"好医保"、养老保险产品"全民保"，让更多人获得了普惠、便捷的保险保障服务。

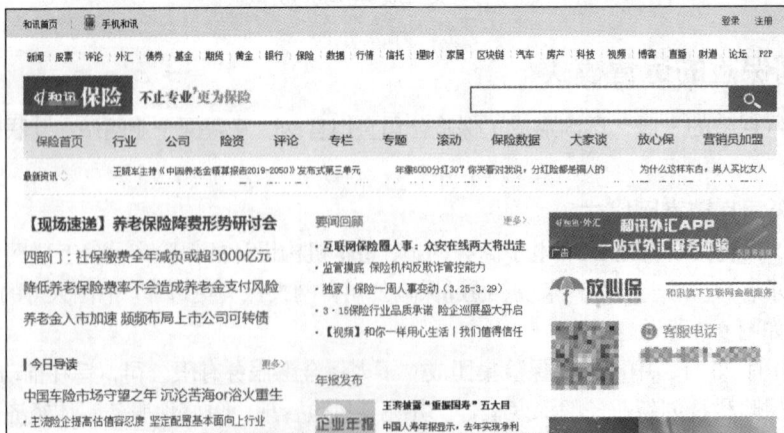

图 9-9　和讯保险官网首页

根据《互联网保险业务监管办法》，互联网企业代理保险业务需满足以下条件：一是要求持牌经营，互联网企业代理保险业务应获得经营保险代理业务许可；二是应有较强的合规管理能力、场景和流量优势、信息技术实力等；三是应实现业务独立运营，与主营业务实现业务隔离和风险隔离；四是不得将互联网保险业务转委托给其他机构或个人；五是加强消费者权益保护，建立售后服务快速反应机制。

3. 互联网保险公司模式

互联网保险公司是指经保险监管部门批准设立，依托互联网和移动通信等技术，投保、承保、理赔等保险业务全流程在线完成的保险从业公司。获得牌照的互联网保险公司包括众安保险、泰康在线、安心保险等。

四、互联网保险产品创新的"四重境界"

据互联网保险产品体现的"互联网＋保险"结合的深度，互联网保险产品创新可以分为"四重境界"。

（1）**第一重境界：渠道创新。**将传统的线下销售渠道通过互联网来实现，改造传统产品或者开发适合互联网渠道销售的新产品，是互联网保险产品创新的"第一重境界"。在此基础上，互联网保险必须实现保险信息咨询、保险计划书设计、投保、缴费、核保、承保、保单信息查询、保单变更、续期缴费、理赔和给付等保险全流程的网络化，即包括售前、售中和售后的互联网化。

由此可见，销售渠道的互联网化是互联网保险产品创新的第一个层次，保险公司在进行渠道创新时，可以考虑改造标准化的个险产品，或者开发新产品，并实现投保过程的全流程互联网化。例如，客户可通过官方网站或移动端 App 提供的互联网保险产品和服务详细内容，或利用第三方互联网保险搜索引擎，选择适合自己的险种、费率等投保内容；依照官方网站或移动端 App 的投保表单，输入个人资料，确定后通过互联网加密传输至保险公司；经核保后，保险公司同意承保，并以电子邮件的方式向客户确认，在客户正式完成数字签名后，则合同订立；客户通过网络银行转账系统或互联网第三方支付将保费转入公司账户，保单生效。客户在签订合同期间，还可利用网上售后服务系统对整个签订合同、划交保费的过程进行监督，确保自己的利益不受侵害。互联网化渠道投保流程如图 9-10 所示。

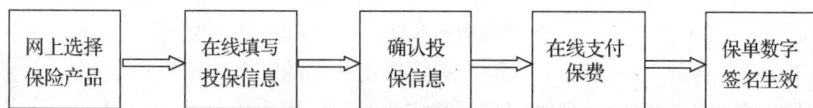

图 9-10 互联网化渠道投保流程

[随堂测试 9-1]

"恋爱保障保险"是中国人保（PICC）第三届电商保险设计大赛的"最创意产品"获奖作品，请扫描右侧二维码，阅读该产品的详细设计方案，分析该产品是如何通过渠道创新，实现售前、售中和售后全流程互联网化的。

案例链接

恋爱保障保险创意产品详细设计方案

09

（2）**第二重境界：场景创新。**场景化是互联网保险产品创新的重要特征之一，互联网新的生态环境为保险公司产品设计提供了新颖的场景和丰富的标题。通过场景创新推出互联网保险产品，特别适合互联网企业网站模式。在该模式下，以 B2C、O2O 电商平台为主的场景嵌入式渠道，能够借用互联网交易场景关联销售各种保险产品，实现以场景化和定制化为主要特征的互联网保险产品创新的"第二重境界"。互联网企业、电商网站潜在用户更加多元化，除消费用户外，还覆盖平台商家。目前，购物送险逐渐成为电商标配，对于电商平台商家而言，是一种低成本营销方式。退货运费险已成为淘宝的标志性产品，该产品和淘宝电商交易牢牢绑定，以高性价比、高使用率受到消费者喜爱。2020年"双11"期间，淘宝及其相关平台产生的退货运费险达到当日5亿元保费的规模。保险机构还会针对特定人群、特定场景的不同需求，有针对性地推出创新产品，如图9-11所示。此外，随着智能可穿戴设备应用场景的增加，保险公司可根据"基础引流+场景嵌入"原理，在可穿戴设备连接的App中嵌入保险服务，推出基于个体风险定量的健康险产品，采集用户健康运动数据，实现精准化定价和营销。众安保险已在全国范围内推出一款重疾险，其通过各种穿戴设备记录天天慢跑数据，再上传至微信，即可生成积分，积分可转化成保费优惠。在保险科技新时代，大数据、物联网、人工智能将广泛地拓展互联网保险的应用场景。针对不同的应用场景，可以设计相应的创新产品（见表9-1），并选择适当的渠道推向市场，从而改变现有的保险产品结构和运营模式，实现互联网保险产品从新渠道到新业态的进一步升级。

图9-11 互联网保险场景创新产品示例

表9-1 互联网保险场景创新产品

渠道	传统保险代销	电商平台销售	专业互联网保险平台
产品	意外险、健康险、车辆险、旅游险	退运险、物流破损险、账户资金安全险	春运回家保障险、高发癌症专属保险
场景	出行、旅游、健康	电商购物、物流安全、互联网支付	特定人群特定需求

（3）**第三重境界：商业模式创新**。互联网保险商业模式下，互联网保险公司可以通过构建生态圈实施跨界竞争、客户迁徙，通过基础平台推出"爆款"互联网产品来吸引用户流量，从而将保险客户迁徙到自身生态圈内的其他平台上，实现"上层变现"。基础平台推出的保险产品可以是低价的、免费的，上层变现才是实现盈利的环节，通过对基础引流压缩渠道成本带来的大量目标客户"交叉营销"其他产品来获取利润。同时，互联网保险公司还可以充分利用大数据、区块链等新技术改变传统定价模式，实现商业模式的升级，如推出精准定价、动态定价的UBI（Usage-Based Insurance）车险。蚂蚁集团开发的"车险分"产品根据职业特性风险、身份特质风险、驾驶习惯及稳定水平、信用历史、消费习惯等细分标签，对车主进行精准画像和风险分析，并得出相应的车险标准分，解决了保险公司车险定价和逆向选择的痛点，有助于实现从驾驶行为数据到商业模式的完整闭环。

（4）**第四重境界："云"端保险**。"云"端保险真正体现了互联网保险服务互联网经济的目标，颠覆了传统保险产品的底层架构，实现了全线上流程闭环，构成了互联网保险产品创新的"第四重境界"。依托阿里云，众安保险推出了云计算保险、数据安全险；依托腾讯金融云，安心保险成为国内第一家全业务系统都在"云"上的保险公司，实现了从营销、渠道、产品到运营的全业务链条的互联网化。互联网保险的未来在"云"端。

综上所述，通过全面梳理互联网保险产品创新体系，可以对互联网保险产品创新的层次和路径进行总结，如图9-2所示。

案例链接

云计算保险与数据安全险产品

视频资源

互联网保险产品创新演讲视频

表 9-2　　　　　　　　　　　　　互联网保险产品创新的层次

层次	产品创新模式	主要特征	技术与方法	产品举例
1	渠道创新	售前、售中和售后全流程的互联网化	改造或开发适合互联网销售的产品	网络直销标准化旅行险
2	场景创新	场景化、定制化	基础引流＋场景嵌入	退货运费险
3	商业模式创新	基础平台上层变现、精确动态定价	区块链、大数据，个体风险定量	车联网 UBI 车险
4	"云"端保险	全线上流程闭环	云计算、云存储	云计算保险

互联网保险在产品创新的同时，要强化相关风险防控，从而实现可持续发展。一是要完善产品设计，防范逆向选择与道德风险。部分互联网场景化产品的交易结构与费率厘定设计过于简单，存在逆向选择与道德风险隐患。例如，退货运费险执行"收费按货物件数，赔付按快递包裹数"的规则，遵守了保险的损失补偿原则，但造成了投保人的保费损失，在给买家提供利益保障的同时也给卖家带来了困扰。因此要通过基于个体风险定量的交易结构设计和保费精算定价来完善产品。二是要加强网络安全建设，建立网络安全风险评估和监测体系，强化互联网保险的信息安全风险防控。经营互联网保险的公司应动态监测网络安全情况，加大信息技术投入，确保投保人、被保险人的隐私信息和网上支付安全。三是要加大互联网保险业务的监管力度，完善互联网保险监管法规，有效防控互联网保险产品创新活动的合规风险，依法保护保险消费者利益。

资料链接

数字经济时代网络安全保险发展机遇、挑战与对策

[做中学 9-2]

探索移动互联网保险功能

随着移动互联网技术的不断发展，智能手机的便捷性和定位性可以使保险公司在合适的时机向消费者提供所需的商品和服务。我国保险公司也高度重视移动保险市场的战略发展，互联网保险正逐渐由以 PC 端为主转为以移动端为主。下面，请通过步骤引导，探索移动互联网保险的主要功能。

步骤 1：信息查询。

这种功能主要为客户提供最新的产品信息、解答客户疑问等。请分别登录中国平安、人保财险、泰康人寿等公司的手机网站，查询保险市场资讯及产品信息，并使用其提供的"个税计算器""天气预报"等小工具。

步骤 2：客服管理。

请通过手机网站或 App 查询保单情况。例如，友邦中国的客户可通过登录"掌上友邦"查询自己的保单情况，包括保险合同基本信息、缴费信息、个人基本信息、个人账户现金价值、借款信息及理赔信息等资料。

步骤 3：手机投保。

随着大数据时代的到来，手机投保越来越被保险公司重视。近年来，我国保险公司纷纷推出手机投保业务，平安保险、人保财险、泰康人寿等均提供这项服务。手机投保往往是 PC 端投保的简化版。以人保财险的"e-都市白领"为例，其 PC 端网站上的投保功能提供五档保额和保障配置，保额为 4 万～6.7 万元，保障期限也从半年到一年不等。但是在手机 App 上，则仅剩 4 万元意外伤害险＋2 000 元意外医疗险的基本款。显然，使用手机 App 投保是一种更便捷的方法，但是更详细、更丰富的产品介绍往往还需要进入 PC 端网站才能看到。

请打开支付宝 App，进入"我的"页面，点击"蚂蚁保"选项，选择一款小额互联网保险创新产品，完成手机投保。支付宝互联网保险产品页面如图 9-12 所示。

图 9-12　支付宝互联网保险产品页面

09

步骤4：手机理赔。

部分保险公司已开始尝试在线手机理赔，利用智能手机的高网速来作为传统理赔文件传送的替代手段。在以往的理赔过程中，业务员收到投保人的理赔资料后还需要送至保险公司内部审核，途中要花费不少时间。而有了手机理赔功能后，业务员就可以将文件用手机拍照后直接传送至保险公司后台。目前，采用了手机理赔技术的泰康保险已经可以实现当天予以理赔。请通过网络检索了解新华保险"移动理赔服务平台"的功能，进一步体会手机理赔简化理赔流程、提高理赔效率的作用。

[随堂测试 9-2]

请复习"网络银行与开放银行"项目所学内容，打开微众银行 App，找到一款通过微众银行 App 销售的投资理财类互联网保险产品，详细了解该产品的具体要素和交易结构，并分析其在网络银行特色理财产品组合中的作用。

五、保险科技创新应用

金融科技是互联网金融在监管环境变化和技术驱动下迭代升级的产物。而保险科技（InsurTech）从金融科技演化而来，是金融科技底层技术与保险业务场景的深度融合，带来的流程优化和保险产品与服务创新。保险科技涵盖了人工智能、区块链、云计算、大数据等底层技术，满足了保险行业应用场景和数据驱动的需要，促进了保险业全方位和多维度的变革。随着以 ChatGPT 为代表的生成式人工智能的创新与突破，为保险行业带来更高效的运营、更创新的产品与服务以及更广大的市场。在技术的支撑下，保险科技不断开发出各类契合保险消费者和实体经济的业务场景，实现回归保障本源、提高运营效率、降低风控成本、创新商业模式等功能，最终赋能保险业高质量发展，如图9-13所示。

精品微课

保险科技创新与应用

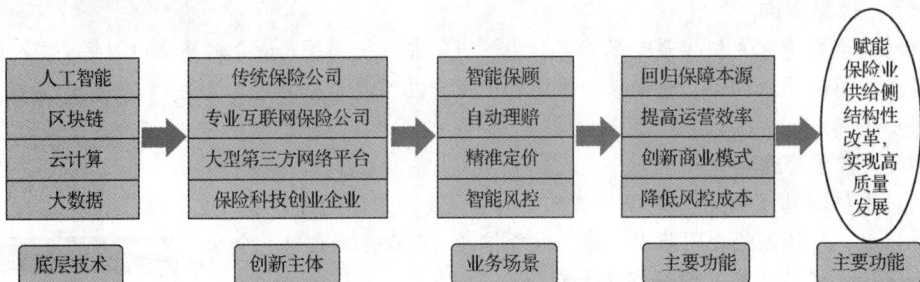

图9-13　保险科技赋能保险业高质量发展的路径

从图9-13可以看出，在底层技术的支撑下，保险科技已全面渗透产品开发、市场营销、风险控制、运营管理和软硬件支撑等保险价值链的各项活动和主要业务环节中，成为行业转向高质量发展的一道靓丽风景线。保险科技应用的主要业务环节和典型应用场景如图9-14所示。本部分将重点分析智能保顾、智能风控与反欺诈、自动理赔、精准定价和可穿戴设备等保险科技创新应用（图9-14中以"★"标注）。

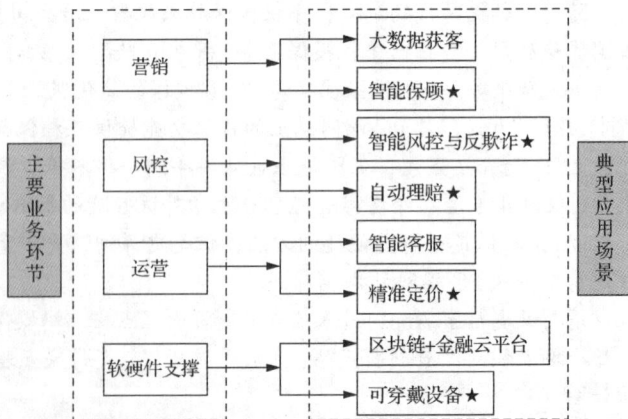

图9-14　保险科技应用的主要业务环节与典型应用场景

1. 智能保顾

智能保顾，即智能保险顾问，是指基于人工智能、大数据等技术，以自动化的方式为客户提供保险服务咨询、风险测评与保障需求分析、保险产品比价与推荐、保单统一查询与管理等服务的智能化应用。智能保顾通过机器学习的方式获取保险领域的专门知识和经验，并自动更新产品库，比人类保险顾问具有更高的服务效率和更低的服务成本。另外，保险业属于数据密集型行业，具有适合运用人工智能进行逻辑回归等有监督学习和聚类分析等无监督学习的海量数据，包括结构化的交易数据、半结构化的保险产品数据以及非结构化的保险条款数据，从而有助于智能保顾通过数据挖掘与深度学习，不断提升服务能力。

作为保险科技创新赋能保险营销的典型应用，智能保顾产品的突破口包括以下几个方面。**一是基于语音语义识别处理技术提升智能客服机器人的对话能力。**通过应用语音识别和自然语言处理技术，智能保顾与客户的对话不再是简单机械的设定，而是能够理解和学习对话的内容，为客户提供流畅而又高效的交互环境。基于客户标签和后台海量数据库的深度学习，智能保顾能够根据客户的问题和需求，给出个性化的解答，提高保险产品推荐的匹配度，实现精确营销。智能保顾还能够通过对话有针对性地开展风险提示和保险消费者教育，加深客户对保险知识和公司产品的了解，提升客户体验。**二是使用人脸识别等生物特征识别技术提高服务效率。**智能保顾使用计算机视觉和人脸识别技术对客户图像进行读取、绘制、存储和分析，客户在咨询保单时可以省去烦琐的文字输入操作，凭借"刷脸"即可获得需要的信息和个性化的服务。例如泰康在线基于对海量数据的系统化分析，推出了智能保险专家"TKer"机器人，能够用人脸识别和语音交互功能方便快捷地提供保单查询服务。**三是在知识图谱和专家系统的支持下，智能保顾能独立完成保险销售和售后服务的完整流程。**知识图谱是通过多维数据的抓取、链接和分析，以可视化方式呈现数据间内在联系和隐含信息的技术，是智能保顾演进的关键。智能保顾通过分析客户的对话和行为数据，构建知识图谱，更深入地了解客户的需求和偏好，从而制定专属的保险服务方案。同时，保险公司还能通过人工智能和专家系统挖掘潜在的交叉营销或二次销售机会，提高营销效率。

综上，随着语音语义识别处理、生物特征识别、知识图谱与智能对话等技术的日趋成熟，智能保顾的应用场景将不断增加。智能保顾在产品配置上能为客户提供定制化产品和实现个性化定价，促进保险回归保障本源；在销售过程中可与客户有效互动和为客户筛选产品，推动被动保险需求向主动保险消费转变；在承保时能绘制客户画像，精准评估风险；最终达到节省人力成本、提升行业整体竞争力、赋能高质量发展的目的。智能保顾产品实例有阿尔法保险、众安精灵、"大白"风险管家、博诚智能保险营销等，如表9-3所示。

表9-3 典型的智能保顾产品

产品名称	服务提供方	人工智能技术应用	主要特色
阿尔法保险	太平洋保险公司	大数据、机器学习	提供风险测评、家庭保障方案推荐等服务，具有较好的交互性
众安精灵	众安保险公司	语音语义识别、深度学习	具备场景风险识别、保险方案定制、保险问答 AI 挑战赛等功能
"大白"风险管家	风险管家与复旦保险科技实验室	线上智能机器人、知识图谱	能自主与客户交互，并提供风险评估、智能荐保与产品分析功能的保顾
博诚智能保险营销	宜信博诚保险经纪公司	推荐引擎及协助过滤算法	提供个性化的风险分析及投保建议
保险定制师"静静"	小雨伞保险经纪有限公司	线上智能机器人、深度学习	根据客户信息给出投保方案，提升购买效率和客户满意度

2. 智能风控与反欺诈

人工智能等保险科技新技术的应用以及海量数据的积累，为保险公司构建智能风控模型奠定了基础。欺诈与骗保是保险业高质量发展的主要制约因素。传统反欺诈基于已知的欺诈模式设置相应的规则，欺诈风险防控效率较低且缺乏前瞻性。而智能风控模型为保险公司识别欺诈行为、提升风险防控和理赔决策能力提供了新的技术方案，有助于消除反欺诈过程中人为的不确定因素，降低风控成本，赋能保险业高质量发展。智能风控模型的构建通常包括数据收集与大数据分析、欺诈风险系统化定量评估、关键风险因子识别、模型构建与校验、鉴别规则选定等步骤。智能风控模型既可用于前端承保环节，也可用于后端理赔环节。在承保端，投保人填写相关信息，智能风控模型自动识别其是否属于合格投保人，并根据风险等级对存在欺诈风险的投保申请发出相应的风险预警。保险公司根据风险预警提示核保查验或直接拒保，以有效防控欺诈风险。在理赔端，智能风控模型也可以应用大数据与人工智能技术识别虚假索赔等欺诈风险，优化理赔流程。例如，在车险理赔中，可以通过对大量理赔案例的分析，计算各项保险事故的出险概率和损失分布，并揭示汽车零部件和维修项目的内在联系；然后运用人工智能识别汽车零部件的异常采购，从而锁定可疑的欺诈客户和维修厂。而物联网在汽车行业应用形成的车联网，与区块链技术相结合，可以跟踪汽车的行驶轨迹和实时操控数据，在空间和时间上解决汽车作为车险标的物的"唯一性"问题。一旦发生保险事故，区块链可以记录和追溯事故发生的时间、地点及处理情况等，并且不可篡改地记入分布式网络，成为保险公司防范欺诈骗赔的重要依据。

随着保险与科技的深度融合，可能会出现未知的新型风险，也可能会出现新的保险欺诈手段，从而对保险公司的风控机制构成挑战。而通过引入深度学习神经网络和类脑人工智能，结合区块链等技术，智能风控模型将具备主动免疫和自适应学习能力，针对欺诈风险的变化持续迭代升级。以中国平安的"金融壹账通"为例，其积极将金融科技运用到保险领域，推出了"智能保险云"，包括"智能认证"和"智能闪赔"两大产品，赋能保险行业。2018 年 2 月，金融壹账通推出区块链方案"壹账链"，不仅为生态系统中的金融机构和中小企业提供高性能、低成本的底层区块链云平台服务（DBaaS），也为监管部门创造了透明、高效的监管环境。同时，中国保险学会与金融壹账通发起成立国内首家保险智能风控实验室，研究建立多险种的智能反欺诈系统，为保险业欺诈风险分析和监测预警提供支持。

3. 自动理赔

理赔是保险公司对被保险人或受益人索赔行为的响应，是保险公司必须履行的义务。传统理赔因周期较长、手续复杂、客户体验差、投诉纠纷多而成为制约保险高质量发展的因素。随着保险科技的应用，自动理赔有望解决上述痛点。基于人工智能的计算机视觉、影像识别和传送技术能实现快速定损与反欺诈识别；物联网传感器和数据采集技术的应用，极大地提高了理赔效率和准确度；区块链的智能合约机制大大拓展了保险科技在理赔领域的应用场景。2018 年 5 月，蚂蚁金服推出"定损宝" 2.0 版，将"定损宝" 1.0 版中的图像定损技术升级为视频定损技术，投保人只需将反映车辆受损状况的图片、视频实时上传，处于云端的人工智能机器人就能快速准确地给出识别和定损结果，实现了事故的远程自主定损和自动理赔。第三方平台小雨伞保险基于自主研发的人工智能理算系统 AICS 推出的"闪赔"服务，能在短时间内完成大量精度要求较高的小额理赔业务，最大限度优化客户体验。大都会人寿（MetLife）也借助以太坊实现了部分寿险产品的自动理赔。大都会人寿利用以太坊区块链革新理赔流程，推出了世界上第一个专注于人寿保险行业的区块链试点计划。该计划建立了一个名为 Lifechain 的智能合约平台，可快速帮助已故者的亲属或其他受益人确认保险事故是否属于索赔范畴并自动启动理赔程序，在有效防控风险的前提下大幅简化手续，并提高了理赔透明度。随着人工智能的进一步发展，在标准化程度较高、保险责任清晰的互联网保险产品中，还能实现理赔的全自动化。2018 年 7 月，蚂蚁集团依托支付宝平台完成了国内首笔无人工干预的全流程

AI 快赔，将识别、审核的处理时长从原来的平均 49 小时大幅缩短至"秒级"，显著提升了理赔时效性，标志着我国互联网保险智能理赔取得新突破。

另外，智能理赔在欺诈风险防控上也可以发挥重要作用，能够突破传统理赔中欺诈风险调查的局限，降低风控成本，提高运营效率。例如，在生鲜产品保险理赔中，快速、精准地识别客户上传的生鲜死亡照片等索赔材料的真实性，是欺诈风险防控的关键，而借助图像识别、机器学习等保险科技新技术，可以快速鉴别虚假照片，实现智能风控与自动理赔。

4. 精准定价

保险定价，即保险费率厘定，是保险运营的重要环节。在保险科技的赋能下，保险产品定价有望从"总体风险定量"转向"个体风险定量"，能够根据大数据"千人千面"的分析结果，主动识别和量化风险，做到"千人千价"。精准定价可以为消费者提供更加公平和个性化的保险服务，同时减少逆向选择与道德风险，助力行业高质量发展。随着车联网的普及，精准定价在车险领域的应用更加广泛。平安保险早在 2016 年就基于 UBI 提出了"一人一车一价"的定价方案。UBI 产品不再仅依靠车辆历史数据定价，而是加入了驾驶行为、车辆使用量、路况环境等多维实时数据，根据车联网、人工智能、大数据等技术开发精准动态定价模型，再依托平安保险旗下平安好车主 App 为每位车主提供差异化费率的专属保险方案，实现了车险定价模型由"从车"向"从人+从车"的转变。此外，无人机等新科技成果也有助于推动精准定价在更多保险产品中的应用。例如，在家庭财产险领域，可使用无人机定期航拍房屋屋顶，并运用人工智能自动评估房屋维护程度，据此进行风险定价。综上，保险科技的应用可以动态监测客户风险因素，掌握客户潜在需求，实现精确营销和精准快速报价出单，降低综合成本，优化客户结构。

5. 可穿戴设备

可穿戴设备是指利用智能化设计和穿戴技术使人们的日常穿戴用品具备收集、传输和处理心跳、血压、脑电波等人体生物信号的功能，常见的形式包括智能手环、手表、手机、眼镜、计步器等。随着各类可穿戴设备的普及，其作为保险科技重要软硬件支撑的价值将进一步体现，在健康险等产品中具有广阔的应用前景，如表 9-4 所示。可穿戴设备依靠内置的传感器，通过人机交互的方式，记录、传输和处理数据，再通过手机 App 等呈现数据。保险公司可以利用这些数据优化健康风险管理，降低赔付率，提升盈利水平，最终赋能新时代健康险市场的高质量发展。

表 9-4　　　　　　　　　　　　可穿戴设备在健康险产品中的典型应用

应用环节	典型应用
产品定价与设计	实时获取并分析客户健康信息，设计并提供精准定价的个性化健康险，提高投保转化率；提供健康诊断等服务，降低信息不对称程度，优化风险管理
降低赔付率	基于可穿戴设备的健康险采取多运动抵扣保费或提高保额的激励机制，可以促使投保者积极提升健康水平，降低出险概率和赔付率，提高保险公司盈利能力
精确营销	运用可穿戴设备收集的信息，能够完善全面、动态的客户画像，有助于精准营销和"交叉营销"，并且为嵌入更多场景化营销模式带来可能

传统保险产品基于"大数法则"的定价模式，往往会使高风险人群遭遇拒保。而保险公司通过与科技公司合作，可以利用可穿戴设备研发面向糖尿病、高血压等高风险人群的专属产品，打破带病不能投保的惯例，开拓新的商业模式，提高保险普惠水平。此类创新产品能够通过变动保额或费率，激励患者主动进行日常监测和健康管理，使以保险服务基础，整合养老、健康等产业链上下游，构建围绕消费者相关需求的服务闭环成为可能。例如，众安保险联合腾讯、丁香园推出的"糖小贝"糖尿病并发症保险，将前端智能血糖监测和后端医疗健康跟踪管理

案例链接

保险科技赋能保险业高质量发展的典型应用

服务整合为一体，不仅可以为糖尿病患者提供专业的医疗建议，而且可以通过浮动保额设计激励患者控制血糖、保持健康生活。此外，可穿戴设备的应用还有助于引领健康险产品的创新方向。无论是运动步数抵保费的"步步宝"，还是步数换保额的"平安 i 动保"，都将健康管理融入了保险产品设计，推动了健康险市场的创新发展。通过不同的商业模式尝试发掘可穿戴设备的潜力，保险公司可以提供差异化的产品和方案，吸引更多潜在客户；增加与客户的深入互动，增加客户黏性，提高忠诚度；提升被保险人的健康状况，降低赔付率；开发更精准的定价模型，提升可持续盈利能力，赋能行业高质量发展。

任务二　认识互联网证券

证券业是重要的传统金融业务部门，承担着资本市场直接融资的重要职能，而证券交易的实时性、高频性和复杂性，又使得证券业对互联网和信息技术的需求比其他传统金融部门更为迫切，因此证券公司成为最早进行互联网化转型的传统金融机构。本任务将带领大家了解互联网证券的概念与影响，剖析传统券商的互联网转型之路，并通过"做中学"帮助大家掌握互联网证券的远程开户、在线交易和新股申购等实际操作，提高"互联网+"时代的证券投资技能。

精品微课

认识互联网证券

一、互联网证券的概念与影响

互联网证券源于网上证券的发展以及"互联网+证券"的深度融合，是证券业以互联网，特别是移动互联网等信息网络为媒介，为客户提供的一种全新商业服务，是电子商务条件下证券业务的创新，具体包括远程开立证券账户、网上股票发行与新股申购、互联网证券交易、互联网证券投资资讯（国内外经济信息、政府政策、证券行情）、基于互联网的经纪业务增值服务（如网上证券投资顾问）以及在线一站式财富管理服务等。提供上述各类互联网证券业务的券商，既包括向互联网转型的传统证券公司，也包括新兴的互联网券商，各类券商展开激烈的市场竞争。

互联网改造传统产业和模式的核心在于其天然的"平等、开放、协作、共享"的价值观。随着互联网证券业务的不断推广，证券市场逐渐从"有形"市场过渡到"无形"市场，传统的证券交易营业大厅逐渐失去其原有的功能，远程终端交易、网上客户体验及交易成为主流的证券交易方式，互联网证券业务成为互联网金融应用比较成功的领域。互联网证券发展对证券市场的影响主要表现在以下几个方面。

1. 证券市场的发展速度加快

证券市场是一个快速多变、充满朝气的市场。在证券市场发展过程中，互联网证券作为证券市场创新的一种新形式，发挥了积极的推动作用。其表现是：第一，证券市场的品种创新和交易结算方式的变革，对互联网证券建设提出了新的需求；第二，互联网证券建设又为证券市场的发展创新提供了技术和管理方面的支持，两者在相互依存、相互促进的过程中得到了快速发展。

2. 证券业的经营理念在实践中发生变革

互联网时代的证券公司不再以雄伟气派的建筑为标志，富丽堂皇的营业大厅不再是实力的象征，仅靠铺摊设点扩张规模的粗放式经营理念已显得黯然失色。取而代之的是，依托区块链、大数据等互联网新技术，积极为客户提供投资咨询、一揽子移动理财等新型金融服务。

3. 互联网证券营销和开户方式不断创新

营销方式在管理创新中不断变化，市场营销将不再依赖于营销人员的四面出击，营销人员将集中更多的精力用于网络营销，通过网络了解客户的需求，并根据客户的需求确定营销的策略和方式，再将产品的优势和能够提供的服务通过网络反馈给客户，从而达到宣传产品、推销产品的目的。例如国金证券与腾讯合作，通过腾讯微信渠道、腾讯新闻客户端实现远程开户；华林证券、东吴证券等公司成立互联网金融营业部，通过同花顺、大智慧等交易软件精准营销，增加开户客户数量。

4.　券商经营策略转向"协作共赢"

在网络互联、信息共享的互联网时代，证券公司不再单纯依靠自身力量来发展业务，而是利用自身优势建立与电子商务平台等行业的合作关系。各行业在优势互补、互惠互利的前提下联手为客户提供全方位、多层次的立体交叉服务。这种合作能给各方带来成本的降低和客源的增加，从而达到增收节支、扩大业务规模的目的。

5.　单一经纪业务向综合性资产管理转型

随着互联网证券时代的到来，以及开户数量限制的取消，证券投资者选择不同券商的转换成本不断下降，导致券商之间的市场竞争日益激烈，特别是传统券商与新兴的互联网证券公司大打"价格战"。价格竞争的直接结果是网上交易佣金费率的降低。当竞争达到一定程度后，仅靠减佣模式不能维持下去时，全方位服务模式就会出现。这时候，券商的收入来源将由单一的经纪佣金转向综合性的资产管理费用。

6.　传统证券业面临"金融脱媒"的严峻挑战

随着金融科技的创新发展，部分企业可以绕过证券金融机构，通过股权众筹等方式，直接在互联网公开发行股份来募集资金，甚至自己开展交易活动。例如美国电子股票信息公司自 1996 年开始利用互联网为客户提供股票交易服务；又如美国春街啤酒厂（Spring Street），作为全球第一个在互联网上发行股票的公司，直接在网络上向 3 500 个投资者募集了 160 万美元资本，并在网络上发展了一套交易制度来交易本公司股票。在信息技术与金融科技快速发展的今天，传统证券机构如果无法适应网络技术的发展，将成为最大的输家。

总之，伴随着科技的创新发展，互联网给证券业带来了挑战与机遇，如果能够充分利用新技术带来的积极效应，互联网证券布局将明显提速，证券行业整体实力将显著提升，基础功能将进一步完善，证券业务国际化步伐也将加快。伴随着创新业务的快速成长及其与传统业务的融合发展，互联网证券将给多层次资本市场建设带来深远影响。

[随堂测试 9-3]

请总结互联网证券的优势及其对证券市场发展的影响，并结合项目一所学内容，分析这些影响具体体现了互联网金融运行的哪些新规则。

二、互联网证券的主要模式

互联网证券交易是投资者利用互联网网络资源，获取证券的及时报价、分析市场行情，并通过互联网委托下单，实现实时交易。如果仅从交易过程来看，互联网证券交易与传统证券交易方法的不同主要体现在交易信息在客户与证券营业部之间的传递方式上。传统的证券交易方法包括投资者通过证券营业部柜台下单或通过电话委托等方式进行交易，其特点是：投资者的交易指令或是直接传递给证券营业部的营业员，或是通过封闭的电话专线传递，因此信息传递的安全性与可靠性都有保证。互联网证券交易与传统的证券交易方法的最大区别就是：投资者发出的指令在到达证券营业部之前，是通过公共网络即互联网传输的，大大提高了业务处理的便捷性，其安全性是依靠加密技术、区块链、分布式处理等信息安全技术得以保障的。传统证券交易流程与互联网证券交易流程分别如图 9-15 和图 9-16 所示。

09

图 9-15　传统证券交易流程

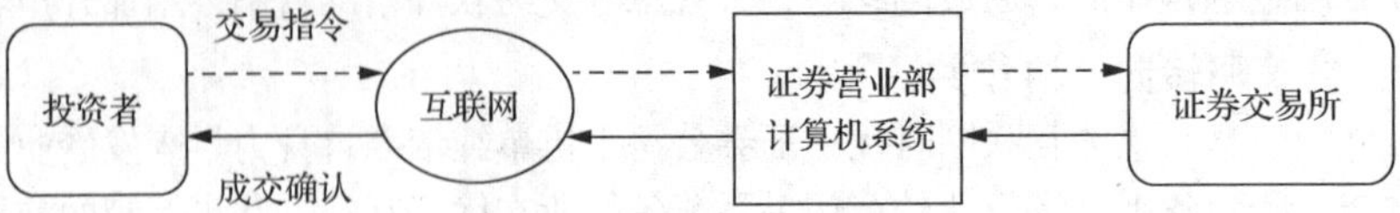

图 9-16　互联网证券交易流程

目前，我国互联网证券的主要经营模式大致可分为证券公司主导模式、IT 公司参与发起模式、券商与银行合作模式以及银行+券商+证券网合作模式。

1. 证券公司主导模式

证券公司主导模式即证券公司自己建立广域网站点，营业部直接和互联网连接起来，形成"投资者计算机—营业部网站—营业部交易服务器—证券交易所信息系统"的交易通道。在这种模式下，证券公司拥有自己的门户网站和交易平台，能够在全国公司范围内统筹规划、统一交易平台和品牌，有利于开展咨询、证券交易、理财等一切客户需要的信息服务，按投资者需求，提供有针对性、个性化的服务，而且可以直接在自己的网站上为客户提供各种特色服务，如股市模拟操作、市场分析讲解等。证券公司建立自己的网络交易平台，与证券公司实施营业部大集中的趋势是一致的，这种模式比较符合国内证券公司的内部管理架构。

2. IT 公司参与发起模式

网上证券交易在国内开展，开始是由券商全权委托 IT 公司负责的，即 IT 公司（包括网上服务公司、资讯公司或软件系统开发商）负责开设网络站点，为客户提供投资资讯，而券商则以营业部为主，在后台为客户提供网上证券交易的渠道，起初开展网上证券交易的券商基本采用了此种模式，但在《网上证券交易委托管理暂行办法》实施后，使用这类方式的券商已经日益减少。目前，网上证券交易的技术系统解决方案也多由 IT 公司提出，比较典型的有赢时通、中国证券网、证券之星、海融资讯等。这些网上证券交易平台的证券交易是由各券商营业部租用网上证券交易平台来实现的，如赢时通目前有 70 多家不同券商的营业部租用其网上证券交易平台。

证券公司主导模式与 IT 公司参与发起模式的比较如表 9-5 所示。

表 9-5　　　　　　　　证券公司主导模式与 IT 公司参与发起模式的比较

比较内容	证券公司主导模式	IT 公司参与发起模式
网络技术的基础和积累	新兴业务，网络技术人才引进	网络人才聚集，技术成熟适用
电子化网上证券交易理解	经纪业务的主动性"坐商"	电子个性化被动性"行商"
发展和应变的能力	原创性的研究成果和"绝密"信息的吸引力强	海量信息和智能选股模型的多样化
平台建设和营销的成本	前期投入成本高，后期维护成本低	前期已经投入，但对租用平台无自主权，客户维护成本高
交易区域性的局限	各地电信、移动、银行等一系列的合作协议	网上证券交易平台

3. 券商与银行合作模式

这种模式使券商与银行之间建立专线，在银行设立转账服务器，可用于互联网证券交易资金查询；这种模式也使资金账户与储蓄账户合二为一，可实现银行账户与证券保证金之间的及时划转。采用这种模式，投资者只要持有关证件到银行即可办理开户手续，通过银行柜台、电话银行、网络银行等方式进行交易。

4. 银行+券商+证券网合作模式

这种模式下的交易由 3 方合作完成：银行负责与资金相关的事务，券商负责互联网证券交易委托交易、信息服务等与股票有关的事务，证券网负责信息传递和交易服务等事务。这种模式下形成了 3 个独立系统：资金在银行系统流动，股票在券商那里流动，信息在证券网站上流动。

无论以哪一种模式开展互联网证券业务，以客户为中心、加强客户关系管理、满足客户不断变化的需求、服务更加专业化，都是其核心内容。

三、传统券商的互联网化转型

自 2014 年的券商互联网金融热潮越来越深刻地影响着我国证券业的竞争格局，互联网证券业务的持续推广以及一人多户政策的放开，进一步加剧了行业平均佣金率的下滑和券商之间的竞争，也加速了券商经纪业务转型发展的进程。基于对互联网金融发展的前瞻性认识和向财富管理转型的战略目标，传统券商的互联网化转型一般包括以下三个方面：一是标准化业务向互联网平台集中；二是大力发展"轻型营业部"，使高端客户和个性化服务向线下平台集中；三是以国际化带动互联网化布局与发展。

（1）**积极开展互联网金融产品、服务和交易方式创新**。线上方面，各传统券商持续推进以移动互联网平台为核心的互联网发展战略，打造智能化的移动互联网终端 App，实现通过互联网平台低成本、高效率地为客户提供标准化服务的目标。例如，华泰证券打造的移动互联网终端"涨乐财富通"成为公司大规模吸引客户、高效率服务客户、多元化沉淀客户的重要依托。截至 2020 年年底，"涨乐财富通"累计下载量达 5 806.25 万人次；移动终端客户开户数 322.90 万人次，占全部开户数的 99.72%；94.27% 的交易客户通过"涨乐财富通"进行交易。根据易观智库统计数据，截至 2020 年年底，"涨乐财富通"平均月活跃用户数为 911.53 万。此外，"涨乐全球通"累计下载量达 52.01 万人次，截至 2020 年年底，平均月活跃用户数为 8.87 万。"涨乐财富通"成为客户交易和开户的主要途径，引流效果显著，并直接大幅增加金融产品销售量。为进一步优化客户体验，"涨乐财富通"正在向智能化方向寻求突破，推出的集智能新股申购提醒、一键打新、新股中签提醒等于一体的智能打新功能为客户提供了全新的新股申购体验；升级的智能推送功能基于大数据分析和自建的个体特征服务系统，能为客户提供相应的个性化服务，推送更适合的产品、服务；全新上线的智能客服服务，运用智能语义技术和自然语言为客户提供 7×24 小时的"3A"实时交互服务。

（2）**适应互联网证券发展趋势，升级传统营业网点功能，大力发展"轻型营业部"**。目前几乎各大券商的官网、手机端都开设了网上营业厅，网上开户是其基本功能，除此之外还有创业板转签、港股通、债券质押式逆回、OTC 业务等。线下方面，营业部逐步转变为高端客户综合服务平台、产品综合配置平台、互联网落地平台、区域资源整合平台，在提供标准化服务的基础上集中网点资源重点针对高净值客户、机构客户及企业客户提供个性化的综合金融服务。而传统营业部的现场交易功能逐渐被互联网证券交易所取代。中国证券业协会在 2012 年 12 月发布的《证券公司证券营业部信息技术指引》中将券商营业部分为 A、B、C 三种类型：A 型营业部为一般传统营业部，提供现场交易服务；B 型营业部提供部分现场交易服务；C 型营业部既不提供现场交易服务，也不需要配备相应的机房设备，即"轻型营业部"。由此可见，与 A 型营业部动辄上百万元的设立成本相比，C 型营业部成本低，更像社区营业部，适合券商快速布点并就近提供增值服务。互联网证券的便捷性和灵活性正好为大力发展轻型营业部创造了条件。例如，东吴证券从 2013 年开始布点轻型营业部，截至 2020 年年底，已在全国设有 19 个分公司、128 家轻型营业部，仅苏州市范围内就达到了 35 家。虽然东吴证券的大部分客户均通过手机开户并在线完成交易，但仍有超过 60% 的客户会到身边的轻型营业部听讲座、和投资顾问交流，这类营业部成为提供精细化服务和发展普惠金融的重要抓手。

某互联网券商轻型营业部负责人说："互联网证券依旧是券商要紧抓的一张牌，而全牌照的轻型营业部也不仅仅是一个就近服务点，还是券商品牌的展示，进行财富管理的一个载体。互联网和轻型营业部，两者缺一不可。"请你谈谈对这句话的理解。

（3）龙头券商通过海外并购等方式，以国际化带动互联网化布局与发展。金融市场国际化和不断增加的海外投资需求促使国内大型证券机构推进互联网化转型的同时，开始谋划尽早布局海外，以国际化带动互联网化发展。新的做法是通过并购国外著名金融科技机构或互联网金融平台，前瞻性布局海外互联网证券市场，从而实现国际化发展与互联网化转型的双重目标。

四、互联网证券交易

互联网证券交易是指投资者通过互联网进行证券买卖的一种方式，为投资者提供网上股票交易的实际环境，使投资者通过互联网进行方便快捷的在线交易、管理及行情查询。其业务涵盖股票买卖、新股申购、银证转账、账户余额查询、开户销户、密码修改等方面。

互联网证券交易是现阶段互联网证券的主要组成部分，已经成为证券公司最主要的委托交易方式，是证券公司极为重要的业务渠道。随着"互联网+证券"的融合，新一代投资者已经习惯了通过 PC 端或者手机 App 完成证券交易，互联网证券交易有替代传统证券交易的趋势，并体现出独特的优势。首先，互联网证券交易以无所不在的互联网为载体，通过高速、有效的信息流动，从根本上突破了地域的限制，使投资者能在全国甚至全球任何能上网的地方进行证券交易，并使那些有投资欲望却无暇或不便前往证券营业部进行交易的人士进行投资成为可能。其次，互联网证券交易通过互联网和大数据技术，克服了传统市场上信息不充分的缺点，有助于提高证券市场的资源配置效率。再次，互联网证券交易可以降低交易成本。网上交易的全面引入，使得投资者在普通的计算机或智能手机上就可以全面把握市场行情和交易的最新动态。另外，对券商而言，网上交易的大规模开展，可以大幅度降低营业部的设备投入和日常的运营费用。最后，互联网证券交易的安全性也能得到有效保障。现在网上交易系统通常采用对称加密和非对称加密相结合的双重数据加密方式，再加上证券公司本身的数据加密系统，大大提高了交易安全性。

依照证券交易的一般流程，互联网证券交易包括登记开户、委托交易、交易撮合和清算交割 4 个步骤。

1. 登记开户

与传统证券交易需要客户"面对面"登记开户不同，互联网证券交易支持客户在互联网上进行远程开户。投资者将自己的计算机或智能手机连接到证券公司的站点后，即可直接在网上登记和开户。目前，我国的大部分券商都已经通过官网、App、微信公众号等渠道提供了各种远程登记开户方式。下面将通过"做中学"详细介绍远程开户的具体操作步骤。

互联网证券手机远程开户操作

证券登记开户是证券交易的第一步，手机远程开户是目前互联网证券最主要的开户方式，已经逐渐取代了传统的交易柜台开户。手机远程开户又可以细分为 App 开户、微信开户、个人展业平台开户和交易软件开户等，其中最能体现移动互联网特点的是 App 开户。下面请大家根据步骤引导，完成 App 开户操作，并自行探索掌握其他手机远程开户方式的操作方法。

步骤 1：下载并安装券商 App。

选择你打算开户的互联网券商，以华林证券为例，从应用商城中搜索并下载该券商的 App，安装到手机中。打开该 App，会出现图 9-17 所示的开户提示页面。

步骤 2：完成手机验证与身份验证。

点击"立即开户"按钮，在打开的页面中输入手机号，获取并输入验证码，点击"下一步"按钮。在出现的身份验证页面中，通过智能手机的摄像头分别按要求拍摄开户人身份证正面与反面照片，并上传，然后点击"下一步"按钮。此时，后台系统会自动识别上传的身份证信息，并与公安部系统匹配，如果通过了身份验证，App 会自动显示匹配的姓名、身份证号、联系住址等信息，并要求你选择职业、学历、营业部和推荐人（客户经理）等。按实际情况填写后，点击"下一步"按钮，进入风险评估程序。华林证券 App 开户身份验证页面如图 9-18 所示。

图 9-17　华林证券 App 开户提示页面　　　　图 9-18　华林证券 App 开户身份验证页面

步骤 3：完成客户风险评估问卷。

根据证监会的相关监管规定，所有开户的投资者必须完成客户风险评估问卷，并认真阅读相关风险提示，以明确自己的投资风格，以此完成必需的投资者教育流程。例如，华林证券 App 开户的客户风险评估问卷包括图 9-19 所示的 8 个问题，开户的投资者需要逐一如实回答，然后点击"下一步"按钮，完成投资风格判定，阅读相关风险提示，从而接受开户前的投资者风险教育。

步骤 4：绑定银行卡。

根据 App 提示，选择证券交易的三方存管银行，并输入银行卡号和银行卡密码，点击"下一步"按钮完成绑定，如图 9-20 所示。

步骤 5：签署开户协议与设置密码。

此时会出现签署开户协议页面，首先需要选择开通的账户，包括深 A 与沪 A，一般两者可以同时勾选，这样上海证券交易所与深圳证券交易所上市的股票均可以投资（创业板需要另行开通）。然后阅读开户协议并同意，在出现的"设置密码"页面中，设置证券交易密码与银证转账资金密码，然后点击"下一步"按钮。开户协议签署与密码设置页面如图 9-21 所示。

09

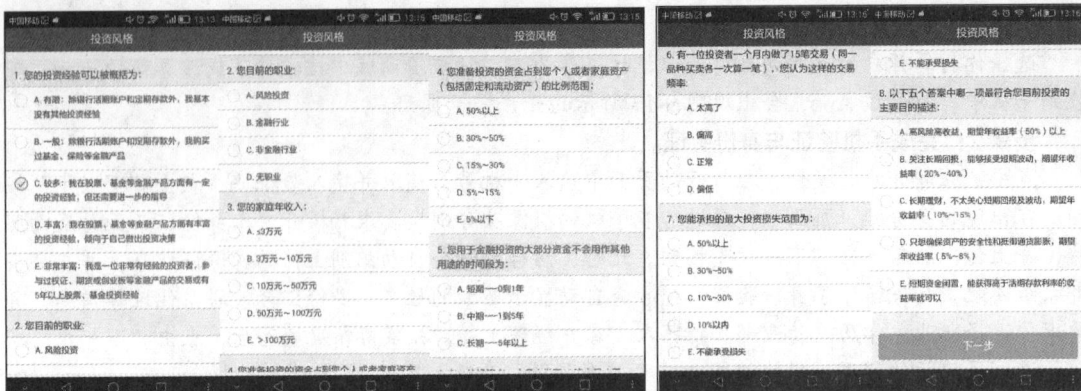

图9-19　客户风险评估问卷

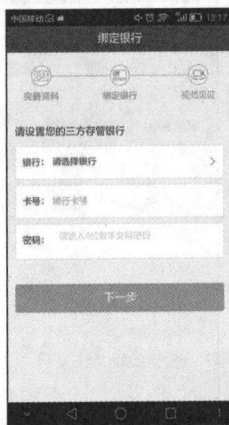

图9-20　绑定证券交易资金三方存管银行卡　　　　图9-21　开户协议签署与密码设置页面

步骤6：完成人脸识别与视频认证。

根据 App 提示，在光线充足的条件下和安静环境中，打开手机摄像头，完成拍照人脸与身份证人脸的比对识别。然后按要求录制一段个人视频，录制的过程中，按提示用普通话大声朗读："我叫××，已阅读并签署开户文件，自愿开立证券账户。"顺利完成后即可通过视频认证。人脸识别与视频认证页面如图 9-22 所示。

步骤7：填写回访问卷，完成开户。

填写图 9-23 所示的客户回访问卷，即完成了 App 开户申请的全部流程。一个交易日内，通过审核的客户就会收到证券公司的短信通知开户成功。客户重新登录 App 后可获取开户报告；若开户不成功，重新登录后还可根据相应提示补充或修正相关资料，重新提交开户申请。

步骤8：探索并完成微信开户。

微信开户属于客户自主开户方式，无须下载 App。关注打算开户的互联网券商的微信公众号，参照 App 开户的操作步骤，完成微信远程开户操作，如图 9-24 所示。

步骤9：了解个人展业平台开户。

个人展业平台系统是证券公司为从业人员提供的个人营销和客户管理系统。该系统包含属于证券公司客户经理的专属个人二维码。客户经理在展业时，可以将该二维码分享到微信朋友圈、QQ 空间等社交平台，潜在客户扫描该二维码或点击对应链接，即可打开开户页面，如图 9-25 所示。开户流程与 App 开户类似，但开户过程中无须选择营业部和推荐人（客户经理），系统会自动与展业平台关联，这样客户就成为该平台客户经理的拓展客户。因此，通过个人展业平台开户有利于对客户经理的业绩考核和客户关系维护。

09

图 9-22　人脸识别与视频认证页面

图 9-23　问卷回访与完成开户页面

图 9-24　微信开户

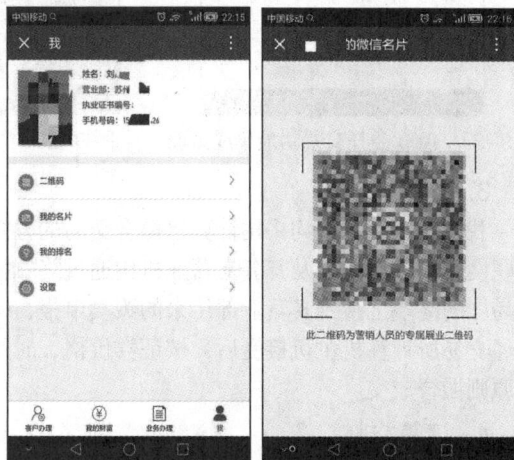

图 9-25　个人展业平台开户

步骤 10：探索第三方交易软件开户。

除了通过选定券商的 App、微信公众号等开户外，投资者还可以选择通过第三方交易软件的引导完成远程在线开户。这里的第三方交易软件，具有行情咨询、搜索比价和整合开户交易等强大功能。投资者可以通过此类软件比较各券商的佣金和服务，并在其引导下开立 A 股、港股甚至美股账户。请分别了解同花顺、大智慧等主流第三方软件的主要功能与操作方法，并尝试通过这类软件完成开户，如图 9-26 所示。

2. 委托交易

目前，我国投资者在互联网上进行委托交易的方式主要有两种：一种是安装并运行网上证券交易软件或 App，然后上网委托交易；另一种是直接登录证券交易网站进行委托交易。由于前者集成了较多功能，日益成为投资者进行互联网证券交易的主渠道。某券商 App 的交易页面集成了撤单、银证转账、融资融券、基金交易、持仓查询、当日委托、港股通等众多功

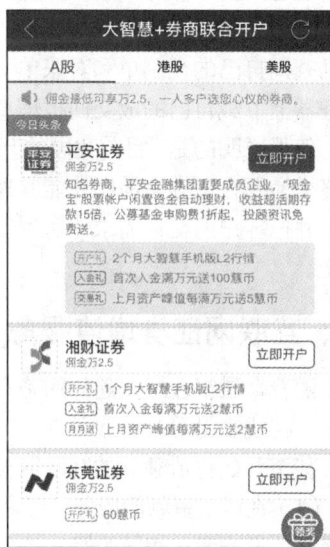

图 9-26　大智慧+券商联合开户页面

能，供投资者方便地进行在线交易操作，如图 9-27 所示。而图 9-28 是"涨乐财富通"的一键智能打新创新平台操作页面，该打新产品设计了 3 项核心功能，包括"申购新股""借钱打新""我要还钱"，辅以申购额度、新股配号、新股中签、融资记录等系列信息查询支持，将投资者的打新需求形成了一个闭环，简化了原有的新股申购流程。

图 9-27　App 委托交易功能集成页面　　图 9-28　"涨乐财富通"的一键智能打新创新平台操作页面

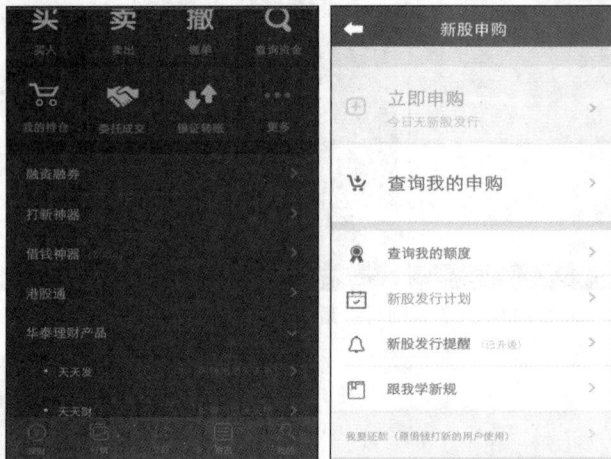

3. 交易撮合

我国沪、深二市均采用计算机撮合交易的方式。在该方式下，交易所计算机主机与券商的计算机联网，证券部本部及其分支营业机构通过终端机将买卖指令输入计算机。证券经纪人在集中市场交易席的终端上接到其营业部传来的买卖申报，确认无误后，再输入交易所的计算机主机。买卖申报经交易所计算机主机接受后，按证券价格、时间排序，自股市开市时按"价格优先、时间优先"的原则撮合成交。

4. 清算交割

清算交割分为证券和价款两项。证券登记结算机构与证券经营机构之间的清算交割通过计算机网络进行。投资者的证券往往由证券经营机构自动划转。目前，随着互联网的发展，在清算交割中，投资者可以以电子邮件的形式接收证券商发送的通知单，可以通过浏览器连接到证券商 Web 主机上自助查询自己的交割单和对账单。投资者也可以通过远程文件传输的方式到证券商的非匿名的 FTP 服务器上下载自己的成交回报信息。

值得说明的是，目前我国的互联网证券交易是一种网上委托交易，因为证券经营业务的准入制，最终交易要在证券交易所才能实现，网上券商能做的是在网上提供页面和通道，汇集交易行情和信息，并把客户的交易需求传送到证券公司的服务器，然后将相应数据打包发到交易所才能实现真正成交。

五、互联网证券增值服务

随着金融混业经营趋势的确立以及互联网证券业务向纵深发展，互联网证券除了能够提供远程开户、在线交易等基本服务外，各券商也开始探索在线咨询与投顾、一站式综合财富管理等增值服务，甚至开始打造独立的互联网金融平台，以满足投资者日益增长的综合服务需求。

（1）**在线投资顾问服务**。因为互联网的透明性，各券商的佣金逐渐趋于一致化，客户的选择也日益多样。投资者在相同的佣金前提下，开始追求券商的服务。部分券商推出了"在线投资顾问"，提供互联网投资咨询与服务，通过 App、微信公众号等新媒体平台，每天推送最新的市场信息，同时提供针对客户的个性化咨询服务，包括账户诊断、炒股学堂等，如图 9-29 所示。

（2）一站式综合财富管理服务。很多人都认为经纪零售业务非常简单、标准化程度高，主要工作就是吸引人开户投资股票。但是，随着利率市场化及年轻受众受教育程度的提升，投资者对于综合金融服务的需求与日俱增，互联网证券也从单一的经纪业务向一站式综合财富管理服务转变。例如，部分券商的 App 除了具备远程开户、在线交易等互联网证券基本功能外，逐渐推出满足客户不同需求的理财产品，包含参与门槛较低的货币型理财产品和 10 万元、100 万元门槛的进取型理财产品等，提供综合财富管理服务。

"涨乐财富通"一站式理财平台如图 9-30 所示。

图 9-29　在线投资顾问服务　　　　图 9-30　"涨乐财富通"一站式理财平台

（3）打造独立的"券商系"金融科技平台。随着互联网战略的实施，部分券商开始通过设立子公司、投资入股等方式打造独立的"券商系"金融科技平台，从而更好地提供综合性互联网金融和金融科技服务。例如，东吴（苏州）金融科技有限公司（简称东吴金融科技）由上市券商东吴证券股份有限公司牵头，于 2015 年 6 月成立，注册资金为 2.5 亿元人民币，是我国证券行业内成立的第一家金融科技公司。东吴金融科技定位为有价值的金融科技综合服务商，跨界整合三大上市公司股东资源，并借助东吴证券全牌照综合金融业务优势，运用大数据、区块链、人工智能等金融科技新技术，从垂直细分领域切入，布局三大板块业务，包括在线理财业务、机构业务和资产管理业务。其为个人提供低门槛、稳健收益的理财产品；为各类机构提供高效专业的金融资产交易服务；为高净值个人和机构提供独具特色的资产管理服务，并为其他金融机构输出区块链、人工智能等相关金融信息系统和技术服务，共同建立金融科技生态圈。其于 2019 年上线的"A5 新一代交易系统"，实现了全业务场景下的高并发、低延迟，单笔订单委托响应速度达到毫秒级，打破了我国证券行业 20 年来依赖进口商业中间件与数据库产品的局面，将带动整个证券行业核心技术转向全面国产化与自主可控的软件系统平台。

资料链接

《关于规范金融机构资产管理业务的指导意见》要点解读

课程思政

金融服务数字化转型中创新与风控的辩证统一

《中华人民共和国国民经济和社会发展第十四个五年规划和 2035 年远景目标纲要》提出，稳妥发展金融科技，加快金融机构数字化转型。为满足互联网时代客户对金融行业越来越高的服务要求，在金融科技的赋能下，传统金融机构正在加快数字化转型的步伐。以银行业为例，包括中国银行、建设银行、工商银行、招商银行等在内的多家上市银行，均成立了金融科技子公司，以创新金融科技为手段，聚焦小微金融、消费金融、产业金融、供应链金融、绿色金融等各类金融服务场景，开展软件研发和产品运营，推动银行业数字化转型升级，更好地服务实体经济高质量发展。"十四五"期间，我国金融服务数字化规模及科技营收规模将逐步扩大，综合实力稳步提升。

但是，新技术的应用也带来了新的挑战。数字技术在大幅提升金融服务效率的同时，也催生了更加复杂和隐秘的金融产品风险，放大了信用风险、流动性风险等金融风险的外溢效应，防范金融风险的难度也随之增加，传统风险管控措施显得捉襟见肘，金融机构的风险管控体系面临更加严峻的挑战，风险管理成为创新环境下尤为重要的环节。以保险科技驱动下的互联网保险创新为例，与传统的保险产品相比，互联网保险具有保费低、产品简单和承保便捷三大特点，但同样存在隐患，如部分保险机构开展互联网保险业务时，销售管理不到位，信息披露不够充分，营销宣传行为有违规之处，在保护消费者合法权益方面仍有待改进。互联网保险产品为片面追求客户体验可能简化产品说明，客户在阅读条款的时候，理解可能存在偏差，导致后期产生理赔纠纷。除上述风险外，互联网保险是以计算机、互联网技术为支撑的经济形态，同时具有平台经济"自然垄断"的性质，因此互联网保险的不正当竞争行为可能含有更多科技成分，可能出现滥用市场支配地位、"大数据杀熟"等妨碍公平竞争、侵犯用户隐私的新情况。因此，要严格贯彻落实《反垄断法》和新出台的《平台经济领域反垄断指南》，强化反垄断监管，严禁滥用市场支配地位实施差别待遇行为，保护公平竞争秩序，防止资本无序扩张，维护各方合法权益。

随着国务院金融稳定发展委员会的成立，我国形成了"一委一行两会"的金融监管框架，对传统金融机构的互联网化转型以及金融科技创新业务的监管也日趋完善。对于作为互联网理财平台主打的"导流"产品的互联网基金，监管部门也出台了严格的监管措施，如中国人民银行与证监会联合发布了《关于进一步规范货币市场基金互联网销售、赎回相关服务的指导意见》，对单个投资者持有的单只货币市场基金，设定了在单一基金销售机构单日不高于1万元的"T+0赎回提现"额度上限。2020年9月1日，银保监会通过的《互联网保险业务监管办法》，对互联网保险业务条件、销售管理、服务管理、运营管理等提出明确要求。伴随此类文件的陆续发布和实施，传统金融行业在数字化转型中也必须把握好创新与风控的辩证统一关系，积极运用数字化手段探索化解金融风险新模式，借助人工智能、大数据等技术辅助风险审查和合规检测，实现风险的"早识别、早预警、早发现、早处置"。

中国互联网金融协会会长李东荣也表示：自古以来，技术都是一把"双刃剑"。各类新技术在帮助解决传统金融服务短板和问题的同时，也带来了数字鸿沟、算法黑箱、第三方依赖等方面的新挑战。因此，促进金融和科技融合发展，不能把技术创新当作包治百病的灵丹妙药，而应推动技术创新和制度建设两个轮子一起转，以金融安全、风险防控、消费者保护为重点，与时俱进地调整完善法律规范、监管规则、自律标准等制度安排，对技术应用以及应用技术的人加以合理约束，使金融科技创新有方向、有底线、有规矩。在金融服务与管理的实际工作中，运用马克思主义哲学的立场、观点与方法，能够更好地帮助我们分析问题与解决问题。

请结合以上背景介绍，阅读下列材料，回答相关问题。

张刚是某大型金融机构基层网点的负责人，在日常工作中，他体会到：如果过分强调风险防控，就可能影响客户体验，相关的投诉就会增加；而如果过分追求运用技术手段创新，给客户提供极致体验，那么一线业务人员可能难以完全按照操作规程办理业务，从而增加了风险隐患。因此，如何处理好两者之间的关系，成为张刚管理工作的重点。

1. 材料中的"风险防控"，从专业角度看，主要是防控哪种风险？（　　）
   A. 信用风险　　　　B. 市场风险　　　　C. 道德风险　　　　D. 操作风险
2. 上述张刚管理工作的重点，主要属于马克思主义哲学的哪个领域？（　　）
   A. 辩证唯物主义　　B. 唯物辩证法　　　C. 历史唯物主义　　D. 自然辩证法
3. 上述材料最主要体现了马克思主义哲学的什么原理？（　　）
   A. 矛盾的普遍性　　B. 矛盾的特殊性　　C. 联系的普遍性　　D. 发展的曲折性
4. 张刚经与金融科技业界专家讨论后，结合自身工作实际，总结出风险防控与客户体验的平衡之道，并将其归纳为"合规科技融入金融创新全过程""以客户为中心""关键风险点防控全覆盖"等原则。则从马克思主义哲学角度看，这主要是做到了（　　）
   A. 尊重客观规律　　　　　　　　　　B. 发挥主观能动性
   C. 认识的第一次飞跃　　　　　　　　D. 认识的第二次飞跃

请进一步结合所学知识，通过互联网检索、小组讨论等方式，思考以下问题。

1. 在传统金融服务的数字化转型过程中，金融创新的目的和本质是什么？
2. 著名经济学家熊彼特曾说"创新就是毁灭式创造"。所以，破坏和创造永远是一体两面的事情。这条规律也在金融创新中有所体现。金融创新给我们带来灵感和创造力的同时，也给我们带来了困惑和风险。请从互联网保险、互联网证券、互联网基金中选择一种业态，针对该业态在数字化转型和金融科技创新中可能存在的风险，谈谈如何实现鼓励创新与防范风险的平衡。

知识自测题

一、单项选择题

在线测试

1. 智能保顾主要应用于保险业务的哪个环节？（　　）
   A. 投保　　　　　　　　　　　　　　B. 理赔
   C. 承保　　　　　　　　　　　　　　D. 保全
2. 下列哪一项不是保险科技的主要功能？（　　）。
   A. 提高运营效率　　　　　　　　　　B. 创新商业模式
   C. 提高投资收益　　　　　　　　　　D. 降低风控成本
3. 某券商采用"投资者计算机—营业部网站—营业部交易服务器—证券交易所信息系统"的交易通道，则该券商的互联网证券经营模式为（　　）。
   A. 证券公司主导模式　　　　　　　　B. IT公司参与发起模式
   C. 券商与银行合作模式　　　　　　　D. 三方合作模式
4. 当前最主要的互联网证券业务是以下哪一项？（　　）
   A. 互联网证券交易　　　　　　　　　B. 在线投资顾问
   C. 一站式综合财富管理　　　　　　　D. 在线证券信息服务
5. 下列哪一项技术既加密数字货币的底层架构，又在传统保险业和证券业的互联网化中具有重要应用？（　　）
   A. 大数据技术　　　　　　　　　　　B. 云计算技术
   C. 智能可穿戴技术　　　　　　　　　D. 区块链技术
6. 互联网证券的计算机撮合交易遵循（　　）的原则。
   A. 价格优先、数量优先　　　　　　　B. 价格优先、时间优先
   C. 时间优先、数量优先　　　　　　　D. 价格优先、连续竞价

二、案例分析题

请认真阅读以下案例，综合运用所学知识，讨论并回答案例后的问题。

案例："爱保科技"赋能保险业高质量发展

1. 公司简介

爱保科技（北京）有限公司（简称"爱保科技"）是一家创新型保险科技企业，成立于2017年12月28日，由人保金融服务有限公司联合易车公司、58集团、美国Solera集团共同发起成立，获首轮2亿元融资。爱保科技坚持以"保险+科技+服务"为核心理念，以语义识别、人工智能、大数据、知识图谱等前沿技术为支撑，持续赋能保险业高质量发展，深耕智慧车险、智慧健康等垂直领域和场景，用爱保障亿万家庭，致力于实现"成为全球最懂保险的科技公司"的美好愿景。2018年，爱保科技入选毕马威"2018中国领先金融科技企业50强榜单"，其金融科技创新能力、商业模式得到了业界的广泛认可。

2. 底层技术应用

爱保科技致力于将保险科技底层技术创造性地应用到保险营销、风控、理赔等关键环节和业务场景，持续对保险全流程数字化赋能。

首先，在营销环节，基于人工智能、大数据等技术，结合基于位置服务（LBS）、UBI应用，推出了"千人千面"的智能保顾服务，为保险消费者提供场景化、个性化的定制保险产品和保障方案。一方面，通过语义识别算法智能分解市面上所有的保险条款，并以知识图谱形式存储，形成完备的产品库；另一方面，通过深度学习神经网络模型，基于海量的客户数据标签形成客户画像，并精确映射到产品标签，计算出客户面临的风险值，再由产品打包算法找出产品库中覆盖全部风险的最优保险产品，实现精准营销。

其次，在风控和理赔环节，基于大数据平台，前置风险防控，利用真人活体检测、地图位置、物联网等技术，实现智能风控与反欺诈，降低风控成本；将大数据挖掘理论、图像识别和深度学习技术应用于理赔查勘定损环节，通过图像识别判定损伤程度，与海量历史数据进行交叉验证，智能计算理赔金额；建立定价模型与损益模型，根据风险程度实现差异化定价，助力保险公司降损减赔。爱保科技还致力于探索自动理赔应用，以智慧车险为例，只需拍照上传行驶证和车辆受损照片，小额理赔案件人工智能都可以自动解决，根据照片即可锁定损失并智能搜索比对上亿历史赔案照片库，通过智能识别与多维度算法，实现全车型车辆外观件损伤的精准定价；配套后台本地化的工时配件价格及人保遍布全国的维修网络支撑，实现车险小额赔案从报案到赔付的全流程自动化处理，降低理赔成本，提升运营效率，打造用户极致体验。

3. 产品与场景创新

爱保科技深耕垂直场景，以科技赋能保险，以客户为中心进行商业模式变革和创新，为家庭提供全流程、全生命周期的保险解决方案，打造面向B端的智能化风险管理平台和面向C端的智能化保险推荐平台，推出了基于智慧车险、智慧健康、房屋租赁、驾考培训等多样化业务场景的创新产品与服务。

针对智慧车险业务场景，在承保端，面向B端客户推出了智能出单、智能外呼机器人、智能客服等工具，极大地提高了保险公司销售、出单、核保等环节的效率；在理赔端，推出了智能理赔工具包，将传统九步理赔流程简化为三步；在服务端，推出了车主惠App，助力企业客户实现客户服务的在线化与精细化。

针对智慧健康业务场景，在服务端，通过链接视频医生、专家预约、在线挂号、健康管理等服务，为家庭成员提供便捷的健康服务；产品端，面向C端客户联合保险公司推出定制产品，以更好地匹配特定客户对健康保险的需求，推动保险回归风险保障本源。

针对房屋租赁业务场景，基于"科技+保险+服务"模式，运用科技手段，将长租和短租市场主体的风险、痛点与保险产品相结合，同时整合行业服务供应商，为长短租产业链提供专业的风险管理服务，为长短租市场主体赋能解痛，助力行业健康发展。

针对驾考培训业务场景，为驾考行业，包括实体驾校、互联网驾考平台等提供互联网定制化保险保障产品及服务，帮助驾校转嫁风险，提升驾校市场竞争力，帮助学员减少补考重学损失，提升用户体验。产品涵盖驾考补考、重学、意外伤害身故/残疾等多项保障内容，可实现分地域、分时间、分产品、分驾校多维度大数据风控与智能反欺诈支持，同时实现快速理赔。

问题：（1）爱保科技应用了哪些保险科技技术？这些技术是如何与具体业务场景结合的？

（2）爱宝科技在赋能保险业高质量发展方面发挥了哪些作用？

（3）如果你正在设计一款互联网保险产品，打算参加中国保险学会主办的大学生保险创新创意大赛，那么你觉得在哪些方面可以寻求与爱保科技这样的保险科技企业合作，以提高产品的创新性和可行性？

技能实训

[实训项目]

保险科技产品操作体验与创新设计。

[实训目的]

保险科技产品的业务操作已被纳入全国职业院校技能大赛（国赛）的数字金融相关赛项。本实训将引导学生通过技能大赛平台，完成区块链保险等保险科技产品的操作体验，然后要求学生以 5 人小组为单位，以保险科技和互联网保险相关知识为基础，综合运用互联网金融运行规则和区块链等金融科技有关技术，完成一份完整的保险创新创意产品设计方案，并推荐优秀作品参加由中国保险学会举办的"全国大学生保险创新创意大赛"。

[实训内容]

步骤 1：体验保险科技产品相关业务的操作。

根据全国职业院校技能大赛公布的赛题库，通过智盛金融科技综合实训系统等平台，完成区块链航班延误险、区块链航空意外险等已落地的保险科技产品的业务实践操作，详细操作任务请扫描右侧二维码进行了解。学生通过完成上述实操任务，可以掌握区块链技术在航班延误险、航空意外险等实际业务中的应用，体验保险科技产品中各个相关主体的操作。

相关资料

全国职业院校技能
大赛保险科技产品
操作任务

步骤 2：开展市场调研，挖掘市场需求痛点，确定拟设计产品的目标客户。

开展市场调研，了解目前保险科技市场的特点，运用"为客户创造新需求""个体风险定量"等互联网金融运行规则，挖掘市场需求痛点。根据市场调研结果，确定产品的核心创意和目标客户，并分析目标客户的基本特征，为完成可行性分析打下基础。

步骤 3：根据市场调研结果，测算有效市场容量，完成拟设计产品的可行性分析。

根据市场调研获得的数据，首先估算潜在最大市场容量；然后根据拟设计产品的实际情况和营销能力，估计投保转化率和市场渗透率；最后根据有效市场容量=潜在最大市场容量×投保转化率×市场渗透率，计算有效市场容量，并论证产品的经济可行性。

步骤 4：设计互联网保险产品的各项要素，明确产品的核心功能。

运用互联网保险的相关知识，明确拟设计产品的各项保险要素，主要包括投保人、保险人、被保险人、受益人、主险、附加险、保险责任、保险金额、基准保费、保费支付方式等，并根据各项要素，明确产品的核心功能。

步骤 5：在完成产品要素设计的基础上，进一步完善产品的保费设计和保障功能。

根据产品要素和基准费率，运用适合保险科技的"个体风险定量"原则和动态定价方法，确定产品的保费费率。综合产品的经济效益和社会效益，确定产品的各项保险责任和保障功能。

09

步骤6：运用区块链等保险科技技术，完成保险产品科技赋能设计。

在设计创新产品时，要尽可能运用区块链、人工智能、大数据等保险科技新技术，充分发挥科技的赋能作用，提高产品的技术含量和运营效率，以更好地满足市场需求。

步骤7：分析产品可能面临的风险，并提出相应的应对措施。

保险科技产品本身可能受多种风险因素的影响，可从外部风险、内部风险、主观风险、客观风险等维度进行分析，如表 9-6 所示。然后，针对每种可能的风险有针对性地提出应对措施。在思考风险应对措施时，可以借助波特五力模型等工具进行分析，保险科技产品波特五力模型竞争分析如图 9-31 所示。

表 9-6　　　　　　　　　　　　　保险科技产品风险分析框架

风险维度	主要风险
外部风险	经济下滑风险、合规监管风险、过度竞争风险
内部风险	资金运营风险、流动性风险、内部控制风险
主观风险	市场营销风险、道德风险
客观风险	产品定价风险、信息安全风险、网络科技风险、区块链应用风险

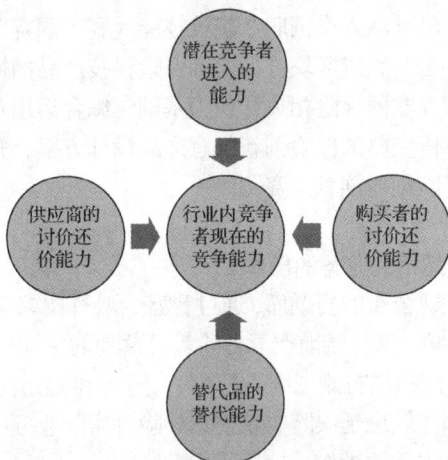

图 9-31　保险科技产品波特五力模型竞争分析框架

步骤8：完善保险科技创意产品设计方案，争取参加全国大学生保险创新创意大赛。

将上述各步骤的成果整合成一份完整的保险科技创新创意产品设计方案，并通过小组互评等方式进一步完善该方案，择优报名参加由中国保险学会主办的全国大学生保险创新创意大赛。

[实训思考]

扫描右侧二维码，观看由周雷老师指导，张雅敏、苏悦、毛翠、张奇等同学共同完成的第二届全国大学生保险创新创意大赛获奖作品"应急救援志愿服务综合保障保险创意产品"微电影和决赛现场展示视频，并思考以下两个问题。

1. 该创意产品的设计理念，在哪些地方体现了互联网保险产品的渠道创新、场景创新和商业模式创新？

2. 还可以应用哪些保险科技新技术进一步优化该创意产品？

视频资源

视频资源

应急救援志愿服务综合保障保险创意产品微电影

应急救援志愿服务综合保障保险创意产品决赛现场展示

项目十

金融科技创新监管

学习目标 ↓

[知识目标]

1. 认识新形势下我国防范金融风险、强化金融科技监管的重要性。

2. 理解金融科技监管的框架体系和主要原则。

3. 掌握网络小额贷款、股权众筹、互联网保险、互联网支付、互联网银行、智能投顾等金融科技主要业态的分类监管措施。

4. 了解我国金融科技创新监管试点的主要政策、必要性、基本特征、典型项目和经验成效。

[能力目标]

1. 能够模拟金融科技创新监管试点的"监管沙盒"运作流程，熟悉监管工具的应用。

2. 能够站在金融监管部门的视角，综合运用所学知识和监管原则，设计金融科技现场检查方案，提高理论联系实际的能力。

[思政目标]

通过金融科技相关风险案例的收集和分析，提高学生识别金融科技"伪创新"的能力，理解国家宏观层面的监管政策，引导学生遵循金融发展规律，培养敬畏金融风险、严守合规底线、依法诚信创新的职业行为习惯，助力构建理性健康的金融科技新生态。

完善金融科技监管是"十四五"时期增强金融服务实体经济和"双循环"新发展格局的能力，实现金融科技行业高质量发展的重要保障。那么金融科技的有效监管需要遵循哪些监管原则？面对不同类型的金融科技创新业态，应如何实施分类监管、精准监管？具体监管手段与措施有哪些？如何开展金融科技创新监管试点，以实现鼓励创新与防范风险的平衡？在本项目中，我们将站在金融监管部门的视角，全方位展现新形势下金融科技监管的现状、原则以及分类监管措施。同时，通过实际工作步骤引导，大家能初步掌握现场检查等主要监管手段的具体应用。

导入案例 ↓

从"e租宝"案透视互联网金融监管的"软肋"

2015年年底爆发的"e租宝"案震惊了整个金融界，某种意义上成为我国互联网金融从"野蛮生长"到全面纳入监管的"转折点"。e租宝曾经打着P2A（互联网+融资租赁）互联网金融创新的旗号，吸引了众多的投资者。2015年12月8日，e租宝位于北京数码大厦的信息化研发中心及位于安联大厦的办公场所被警方调查。当日晚间，新华社消息通报了e租宝正在接受调查的事实。与此同时，e租宝的官方网站与App已经无法打开。2015年12月10日晚7点左右，e租宝在官方微博发布一则声明，证实正在接受调查，原因是"经营合规问题"。由其董事长张敏签发的文件显示，e租宝网站及线下机构停止推广、发布新品，亦暂停其他日常业务。

2015年12月16日，广东省公安厅官方微博发布通报，称各有关地方公安机关已对e租宝网络金融平台及其关联公司涉嫌犯罪问题依法立案侦查。警方已对涉案相关犯罪嫌疑人采取强制措施，对涉案资产进行查封、冻结、扣押。为利用信息化手段方便投资人登记相关信息，公安部专门开发了投资人信息登记平台，用于案件信息的汇总、统计、核实和甄别，如图10-1所示。

案例链接

e租宝非法集资案：
丁宁——500亿元
融资背后的疯狂传奇

图10-1　公安部"e租宝"案投资人信息登记平台

从2016年12月22日北京市第一中级人民法院立案受理，到2017年9月12日法院公开宣判，重大非法集资案"e租宝"案历时8个月20天的审理终于迎来了一审判决结果。26人因集资诈骗等获刑，判处公司罚金19亿元，主犯丁宁及另一名公司高管被判无期徒刑，判处罚金合计1.7亿元。检察机关先前披露的材料显示，2014年6月至2015年12月，e租宝借助互联网非法吸收115万余人公众资金，累计人民币762亿余元，扣除重复投资部分后非法吸收资金共计598亿余元。至案发，集资款未兑付共计人民币380亿余元。继一审宣判后，e租宝在全国各地的关联公司、分公司也相继迎来宣判。2020年1月8日，北京市第一中级人民法院发布"e租宝"案首次资金清退公告，于2020年1月16日对在e租宝及其关联方芝麻金融网络平台参与集资且已经参加信息核实登记的受损集资参与人进行资金清退。本次资金清退根据受损金额和已归集到位的资金确定统一的清退比例。每名集资参与人的具体清退金额通过其受损金额乘以清退比例确定，受损金额指集资参与人的本金受损金额，具体为充值金额减去提现金额的差额。

从该事件立案、审理、宣判到执行阶段，最终能够返还受害投资人的金额有限，投资人要承担相当大比例的资金损失。反思"e租宝"案，我们可以发现当时我国互联网金融监管主要存在以下三个薄弱环节。

（1）**缺乏前瞻性监管措施**。过早介入监管、监管过严，可能扼杀金融创新，妨碍行业成长。因此，我国互联网金融监管环境在行业发展初期，曾经一度相对宽松，在事实上造就了互联网金融的繁荣，**我国逐渐形成全球最大的互联网金融市场**。但随着行业的蓬勃发展，前瞻性监管措施不足，使行业风险逐渐积累和暴露。

（2）**缺乏完善的监管细则**。2015年7月18日，央行等十部门发布《关于促进互联网金融健康发展的指导意见》，为互联网金融监管设定基调，但还有一些监管细则尚未落地，在市场准入、非现场监管、现场检查等方面的监管措施落后于行业发展实践，监管有效性有待提高。

（3）**缺乏有效的监管资源**。互联网金融与金融科技虽然在监管政策法规层面已经被纳入以"一委一行两会"为主体的新金融监管框架，但在实际监管工作中由于缺乏有效的监管资源，监管的覆盖面不大、针对性不强，存在一定程度的监管空白，影响了互联网金融消费者的权益保护。一些平台打着"普惠金融""金融创新"的旗号，名义上服务长尾客户和小微企业，实际上在搞监管套利，甚至"庞氏骗局"，人们对此很难及时识别，从而影响了监管效果。"e租宝"案的警示如图10-2所示。

图10-2　"e租宝"案的警示

10

任务一　把握金融科技监管原则

一、金融科技监管概述

金融科技具有提高金融市场竞争程度、提高资金配置效率和降低金融服务成本等优势，在满足更广泛群体金融需求、增强金融普惠性、提高金融服务效率等方面弥补了传统金融的不足。但是随着金融科技的发展，新技术、新模式和新业态带来的新型风险相较传统金融风险更为复杂，识别金融科技企业是否属于真实创新的难度同时在加大，监管面临新的挑战。第五次全国金融工作会议提出设立国务院金融稳定发展委员会。防范化解金融风险是新时期金融监管的重点，党的十九大报告将防范化解重大风险作为三大攻坚战之首。国务院金融稳定发展委员会亦是在此背景下成立的，定位为国务院统筹协调金融稳定和改革发展重大问题的议事协调机构，旨在强化金融监管协调、提高统筹防范风险能力。国务院金融稳定发展委员会牵头制定了打好防范化解重大风险攻坚战行动方案及配套办法，重点关注"影子银行"、资产管理行业、互联网金融和金融控股公司四方面问题，有针对性地分类处置不同领域和不同市场风险，精准处置可能引发系统性风险的突出问题，全面深化改革开放，推动经济高质量发展。2018 年 3 月，十三届全国人大一次会议表决通过关于国务院机构改革方案的决定，将银监会和保监会的职责整合，组建中国银行保险监督管理委员会，同时，将银监会和保监会拟订银行业、保险业重要法律法规草案和审慎监管基本制度的职责划入中国人民银行。中国人民银行货币政策和宏观审慎政策双支柱调控框架进一步健全。银保监会、证监会则专职微观监管职能，包括金融机构的微观审慎监管，以及消费者保护等行为监管的内容。而宏观与微观之间，以及"一行两会"与其他部门间的协调则由国务院金融稳定发展委员会负责，共同构成"一委一行两会"的金融监管体系。地方层面，地方金融监管局开始设立。全国金融工作会议后，中央要求各地金融监管部门（包括地方金融办、地方金融工作局等）加挂地方金融监督管理局牌子，监管职能持续加强。**新时期我国新金融监管框架**如图 10-3 所示。

在完善新金融监管框架的基础上，2021 年 3 月 11 日通过的《**国民经济和社会发展第十四个五年规划和 2035 年远景目标纲要**》对金融监管提出了新要求：完善现代金融监管体系，补齐监管制度短板，在审慎监管前提下有序推进金融创新，健全风险全覆盖监管框架，提高金融监管透明度和法治化水平。上述要求强调了监管与创新的关系，在监管政策执行过程中，

图 10-3　新时期我国新金融监管框架

需要正确区分良性金融创新与"伪创新"，更好地保护金融机构创新发展的积极性和能动性。金融机构、金融科技企业也要深刻理解监管要求，妥善处理好金融创新与防范风险的关系，自觉维护公平公正的市场竞争秩序。

二、金融科技监管原则

随着监管体系的完善，"十四五"期间我国金融科技行业已经进入严格监管和合规发展的新阶

精品微课

把握互联网金融监管原则

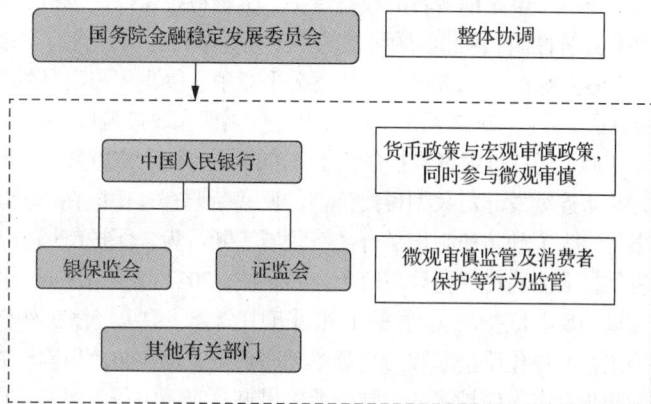

10

段。金融监管总体上坚持鼓励创新与防范风险并重，维护良好的竞争秩序、促进公平竞争，构建包括市场自律、司法干预和外部监管在内的三位一体的安全网，维护金融体系稳健运行。互联网金融监管的原则主要包括以下十五条。

（一）金融业务必须持牌经营

金融具有较高的风险性和较强的负外部性，属于特许行业，金融科技行业也不能例外。金融业务必须持牌经营，杜绝"无照驾驶"，是金融科技监管的首要原则，也是国家金融监管部门提出的明确要求。金融科技监管要坚持所有金融活动必须依法依规纳入监管，提升监管能力和水平，优化监管框架，不断提高金融监管的穿透性、专业性和针对性，防范监管套利，坚持对各类违法违规行为"零容忍"，有效防控各类金融风险，保障金融科技合规健康发展。为进一步贯彻金融业务必须持牌经营的原则，加强对事实上混业经营和交叉持股的互联网金融平台型企业的监管，2020年9月13日，国务院发布了《关于实施金融控股公司准入管理的决定》，中国人民银行发布了《金融控股公司监督管理试行办法》，搭建了金融控股公司的监管政策框架，强调金融控股公司必须持牌经营，并要求强化资本管理和全面风险管理，完善公司治理，简化股权关系。根据监管规定，中华人民共和国境内非金融企业、自然人以及经认可的法人控股或者实际控制两个或者两个以上不同类型金融机构，具有规定情形的，应当向中国人民银行提出申请，经批准设立金融控股公司。经批准设立的金融控股公司，由中国人民银行颁发金融控股公司许可证。符合规定情形的金融科技企业，必须整体申设为金融控股公司，所有从事金融活动的机构全部纳入金融控股公司接受监管，健全风险隔离措施，规范关联交易。

资料链接

《国务院关于实施金融控股公司准入管理的决定》和《金融控股公司监督管理试行办法》

（二）强化反垄断和防止资本无序扩张

金融科技行业固有的网络经济特性和马太效应，容易形成"自然垄断"，从而影响市场的公平竞争，不利于金融消费者的权益保护。金融科技是以计算机、互联网技术为支撑的经济形态，同时具有平台经济性质，因此金融科技的不正当竞争行为可能含有更多科技成分，可能出现滥用市场支配地位、"大数据杀熟""二选一"等妨碍公平竞争、侵犯用户隐私的新情况。世界主要经济体监管部门对此高度关注，并已采取实际行动，做出监管调整和政策响应，强调个人信息保护及反垄断。例如，欧盟2018年实施了《一般数据保护条例》（GDPR），并于2020年11月25日发布《数据治理法》（DGA）；美国近年来连续发起对大型科技公司的反垄断调查；德国在2020年通过《反对限制竞争法》第十次修正案等。为了预防和制止平台经济领域垄断行为，保护市场公平竞争，促进平台经济规范有序创新健康发展，维护消费者利益和社会公共利益，2021年2月7日，国务院反垄断委员会印发《关于平台经济领域的反垄断指南》。党的十九届五中全会、中央经济工作会议及中央财经委员会第九次会议也明确提出，要强化反垄断和防止资本无序扩张，切实防范风险。在金融科技监管中，必须坚持强化反垄断和防止资本无序扩张的原则，严格贯彻落实《中华人民共和国反垄断法》和《关于平台经济领域的反垄断指南》，严禁滥用市场支配地位实施差别待遇行为，保护公平竞争秩序，维护各方合法权益。金融管理部门要坚持公平监管和从严监管，补齐短板、强化弱项，促进公平竞争，反对垄断，防止资本无序扩张，要求平台企业开展金融科技业务必须以服务实体经济、防范金融风险为本，断开支付工具和其他金融产品的不当连接，严控非银行支付账户向对公领域扩张，提高交易透明度，纠正不正当竞争行为；打破信息垄断，严格落实《征信业管理条例》和《征信业务管理办法》要求，依法持牌经营个人征信业务，遵循"合法、最低、必要"原则收集和使用个人信息，保障个人和国家信息安全；要实施穿透式监管，不能使科技成为违法违规行为的"保护色"，对违规经营行为依法严肃查处。

（三）功能监管与行为监管相结合

2017 年 7 月的全国金融工作会议提出了"加强功能监管，重视行为监管"的新要求。新兴的金融科技企业增强了金融的混业经营趋势，金融监管的理念需从机构监管转向功能监管，强化行为监管。功能监管要求从被监管对象的金融行为属性来对应监管机构。任何主体，只要从事金融类业务，均应被纳入监管，并且采用"穿透式"的监管方法，从行为本质判断业务属性和法律关系，执行相应的监管规则。在金融科技时代，监管者应关注金融市场中新出现的金融主体，以便在适当的时机将其纳入监管的范围。功能监管强调跨机构、跨市场的监管，这有利于缓和监管职能冲突，减少监管真空或监管重叠，消除监管套利，适应了混业经营趋势下防控交叉金融风险的需要，能够实现对金融体系的全面监管。20 世纪 70 年代，美国国家保险协会在其发布的《市场行为检查手册》中首次提出行为监管概念。与机构监管不同，行为监管更多关注金融交易的行为表现，其主要目标是保护金融消费者的权益。金融科技监管也要以金融科技消费者权益保护为原则导向，监管部门为保护消费者的安全权、知情权、选择权、公平交易权、索赔权等各项合法权益，应当制定公平交易、反销售欺诈、个人隐私信息保护、消费纠纷投诉和调解、反不正当竞争等规定或指引，并对金融科技公司保护消费者的总体情况定期组织检查、评估、披露和奖惩。监管部门还需要对金融科技创新背后的算法进行监督和管理，确保算法的设计和运行不会对消费者构成歧视，不会对金融系统造成不当的风险，以增强消费者的信心。

（四）"监管沙盒"试点原则

风险容忍度是监管机构可容忍的风险最大值，反映出政府、评级机构和社会公众的风险底线。对互联网金融的监管，应体现适当的风险容忍度，既避免过度监管，又防范重大风险。借鉴英国金融行为监管局提出的"监管沙盒"模式，开展金融科技创新监管试点，探索构建符合我国国情、与国际接轨的金融科技创新监管工具，引导持牌金融机构或者金融科技企业与持牌金融机构合作，在依法合规、保护消费者权益的前提下，运用现代信息技术赋能金融提质增效，营造守正、安全、普惠、开放的金融科技创新发展环境。具体做法上，可以创造一个"监管试验区"，对经筛选的互联网金融新产品和金融科技新业态，给予适当的风险容忍度，采取"柔性监管"措施，鼓励创新，并根据试验结果改进监管政策，促进行业健康发展。在满足准入标准的前提下，监管部门可以针对金融机构和金融科技公司制定并明示参与沙盒测试的完整流程，并保持相对稳定，以推动"监管沙盒"试点有序开展。金融机构和金融科技公司参与沙盒测试的流程如表 10-1 所示。

表 10-1　　金融机构和金融科技公司参与沙盒测试的流程

序号	流程名称	具体步骤
1	提出申请	金融机构和金融科技公司向监管部门提交申请，提出拟测试的创新产品或服务并论证其满足准入标准
2	监管评估	监管部门审查申请材料，如果符合资格标准，则接受该申请，并与申请机构建立沟通机制
3	制定方案	如果申请被接受，监管部门将与试点机构共同制定沙盒测试方案，内容包括测试参数、报告要求、保护措施等
4	开始测试	监管部门允许金融机构和金融科技公司开始进行创新测试
5	持续监测	在测试过程中，监管部门根据测试方案，进行持续监测
6	递交报告	试点机构递交有关测试结果的最终报告，监管部门审查报告
7	创新推广	在监管部门通过测试报告的基础上，试点机构决定是否在沙盒之外提供该创新产品或服务，并确保动态持续符合监管要求

（五）实行动态分类监管

根据金融科技的发展动态、影响程度和风险水平，有关金融监管部门应当评估不同金融科技平台产品对经济社会的影响程度和风险水平，根据评估结果确定监管的范围、方式和强度，实行分类监管。对于影响小、风险低的，可以采取市场自律、注册等监管方式；对于影响大、风险高的，则必须实现严格监管，从而构建富有针对性与有效性的互联网金融监管体系。需要注意的是，上述评估应定期进行，监管方式也需视评估结果动态调整。

（六）原则性监管与规则性监管相结合

在原则性监管模式下，监管当局对监管对象以引导为主，关注最终监管目标能否实现，一般不对监管对象做过多过细的要求，较少介入或干预具体业务。而在规则性监管模式下，监管当局主要依据成文法规定，对金融企业各项业务内容和程序做出详细规定，强制每个机构严格执行。它属于过程控制式监管，要求监管者针对不同的机构、机构运营的不同阶段、不同的产品和不同的市场分别制定详细规则，并根据监管对象的合规情况采取相应措施。

原则性监管与规则性监管各有利弊，在金融科技监管的实践中应紧密结合，互为补充。一方面，对新兴的金融科技企业而言，采用相对灵活的原则性监管能适应未来新技术的变化，有利于其发展壮大，同时指导和约束运营者对消费者和社会承担必要的责任。原则性监管也可以作为一种临时性的监管手段，为监管机构制定详细的监管规范提供条件。另一方面，要在梳理金融科技主要风险点的基础上，立足于防控系统性风险和加强金融消费者保护，对金融科技中风险高发的业态和交易制定必要的监管规则，事先予以规范。原则性监管与规则性监管的结合，有助于在维护金融科技的市场活力与做好风险控制之间实现良好平衡，促进其可持续发展。

（七）防范监管套利，注重监管一致性

监管套利是指金融机构利用监管标准的差异或模糊地带，选择按照相对宽松的标准展业，以降低监管成本、规避管制和获取超额收益。在国际金融危机爆发前，无论是在学界、业界，还是政策界，"监管套利"都是一个中性的术语。国际金融危机发生以后，全球监管机构对"影子银行"等规避监管的行为进行深刻反思，并给监管套利贴上了鲜明的负面标签，主要原因是其有碍公平竞争、破坏市场秩序、损害监管有效性。对于发展中国家而言，它会损害监管公信力。金融科技提供的支付、放款等服务与传统金融业相仿。如果对具有相似功能的金融服务或产品执行不同的监管标准，将容易引起监管套利和不公平竞争。因此，**防范监管套利成为新时期金融科技监管的重点**。为确保监管有效性，维护公平竞争，在涉及金融科技监管的规则时，应确保两个一致性：一是不论是金融科技企业还是传统的持牌金融机构，只要其从事的金融业务相同，就应该受到相同的监管；二是对金融科技企业线上、线下业务的监管应当具有一致性。

（八）关注和防范系统性风险

金融科技的发展对于系统性风险的影响具有双重性，这应当是金融监管机构关注的焦点。一方面，金融科技的发展有助于降低系统性金融风险：①可以通过增加金融服务供给，减少实体经济对传统金融体系的融资依赖；②通过引入和推广大数据分析，有助于缓解信息不对称问题，提高风险管理的整体有效性；③提高资源配置效率，推进实体经济的可持续发展。另一方面，金融科技可能会通过一些渠道放大系统性金融风险。

（1）降低金融机构的特许权价值。特许权价值不可进行短期变现，必须通过金融机构长期的持续经营来获取，这相当于是持牌金融机构的一种额外长期股本，理论上有助于减少金融机构的道德风险。美国有研究表明，影子银行的发展降低了美国商业银行的持牌价值，从而导致商业银行发放了大量高风险的次级房屋贷款，最终引发了次贷危机。金融科技的发展可能会使非金融机构短时间内大量介入金融业务，降低金融机构的特许权价值，增加金融机构冒险经营的可能性。

（2）信息科技风险。网络安全是金融科技稳健运营的关键和难点所在，技术漏洞、管理缺陷等人为因素和自然因素都可能危及网络安全。例如，宕机、黑客攻击等因素会导致交易支付系统中断。互联网技术所独有的快速处理功能，在方便快捷地提供金融服务的同时，也加快了相关风险积聚的速度，极易形成系统性风险。

（3）金融科技企业与传统金融机构之间的业务关联、声誉风险等引发风险传染。银行监管部门对此已进行过风险提示。

（4）某些业务模式特有的流动性风险。例如，互联网直销基金1周7天、一天24小时都可以交易，但货币市场基金有固定交易时间，发起互联网直销基金的第三方支付机构需要承担隔夜的市场风险和流动性风险。

对于上述系统性风险隐患，金融监管机构应当保持高度警惕，及时予以化解和干预。

（九）运用监管科技新技术，提升监管有效性

监管科技是在金融与科技更加紧密结合的背景下，以数据为核心驱动，以人工智能、区块链、云计算、大数据等新技术为依托，以更高效的合规和更有效的监管为价值导向的解决方案。具体而言，监管科技的运用可以分为数据收集和数据分析两大方面，如图10-4所示。数据收集过程可以形成报告（自动化报告、实时监控报告），进行数据管理（数据确认、数据整合、数据可视化、云计算）；数据分析的具体运用则包括四个方面：虚拟助手、市场监管、不端行为检测和审慎监管。

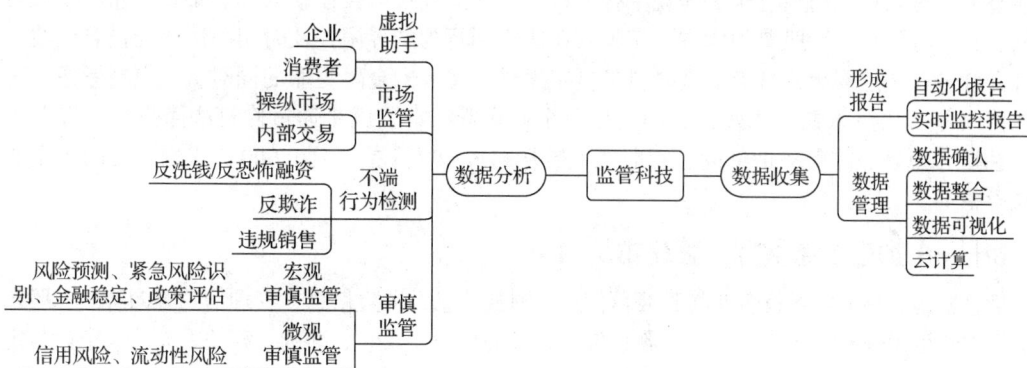

图10-4　监管科技的运用

随着金融科技的发展，监管科技逐渐被金融监管部门认可，并开始应用于金融科技监管实践。面对金融科技不断增长的碎片化和高频交易业务，监管成本也将相应上升，过去体现为人力成本上升，现在更多体现为资金投入上升，这种投入有可能是呈几何级上升的，这就要求监管部门探索在金融科技监管中应用监管科技提升监管有效性的路径。例如，大数据技术为实施全范围的数据监测与分析，加强对金融科技风险的识别、监测、计量和控制提供了手段。2018年4月，国务院办公厅印发《关于全面推进金融业综合统计工作的意见》，统一金融数据统计口径，构建大数据监管框架，助力金融监管协调。对监管者而言，及时获得足够的信息尤其是数据信息，是理解金融科技风险全貌的基础和关键，是避免监管漏洞、防止出现监管"黑洞"的重要手段。为此，监管机构需要基于行业良好实践，细化数据监测、指标定义、统计范围等技术标准。

中国互联网金融协会在《互联网金融统计制度》和《互联网金融信用信息共享标准》中规定了互联网金融企业需报送的六类统计指标及具体报送时间要求，如表10-2所示。同时，还应针对不同业态制定差异化监测分析指标。在数据监测、分析机制的建设过程中，应注意保持足够的灵活性，在定期评估的基础上持续完善机制，以及时捕捉新风险。根据《互联网金融从业机构反洗钱和反恐

怖融资管理办法（试行）》，中国人民银行设立了互联网金融反洗钱和反恐怖融资网络监测平台（以下简称网络监测平台），完善线上反洗钱监管机制、加强信息共享；中国互联网金融协会按照中国人民银行和国务院有关金融监督管理机构的要求，建设、运行和维护网络监测平台；从业机构通过网络监测平台进行反洗钱和反恐怖融资履职登记。

表 10-2 　　　　　　　　　　　　　　互联网金融统计指标表

频度	采集表名称	报送时间
年报	基本情况采集指标表	次年 3 月 10 日前
年报	前五大股东情况采集指标表	次年 3 月 10 日前
季报	资产负债采集指标表	季后 20 日前
季报	利润情况采集指标表	季后 20 日前
月报	业务发展状况采集指标表	月后 10 日前
月报	产品异常情况采集指标表	月后 10 日前

资料来源：根据中国互联网金融协会培训资料整理。

（十）严厉打击金融违法犯罪行为

在精心呵护金融科技的创新精神和普惠性的同时，必须严厉打击各类金融违法犯罪行为，有效维护金融秩序。为此，必须不断跟踪研究金融科技模式的发展演变，通过开展互联网金融风险专项整治、建立互联网金融违法违规举报制度等，划清金融科技创新与非法集资、非法吸收公众存款、非法向公众发行股票和债券、诈骗等违法犯罪行为的界限，及时明确法律与监管红线，依法打击金融违法违规行为，推动金融科技规范发展。在打击金融犯罪的同时，也应当考虑与时俱进地修改部分法律条款。例如，美国《创业企业融资法案》就是通过修订法律条款，将需要向 SEC 注册并公开披露财务信息的公司股东人数从超过 499 人抬高到 2 000 人，鼓励美国小企业通过众筹融资。

（十一）加强信息披露，强化市场约束

信息披露是指金融科技企业将其经营信息、财务信息、风险信息、管理信息等向客户、股东、员工、中介组织等利益相关者披露，履行告知义务的行为。及时、准确、相关、充分、定性与定量相结合的信息披露，一是有助于提升金融科技行业整体和单家企业的运营管理透明度，让市场参与者得到及时、可靠的信息，从而对金融科技业务及其内在风险进行评估，发挥市场的外部约束作用，推动金融科技企业规范经营管理；二是有助于增强金融消费者和投资者的信任度，奠定金融科技行业持续发展的基础；三是有助于避免监管机构信息缺失，防止因不了解行业经营和风险的状况而出台不适宜的监管措施。加强信息披露的落脚点是以行业自律为依托，建立金融科技各细分行业的数据统计分析系统，并就信息披露的指标定义、内容、频率、范围等达成共识。例如，中国互联网金融协会出台了互联网金融信息披露标准和配套自律制度，建立了互联网金融登记披露服务平台，为完善信息披露和强化自律管理奠定了基础。

（十二）金融科技企业与金融监管机构之间应保持良好、顺畅、有建设性的沟通

金融科技企业与金融监管机构之间保持良好、顺畅、有建设性的沟通，是增进相互理解、消除误会、达成共识的重要途径。一方面，金融科技企业应主动与监管机构沟通，努力使双方就业务模式、产品特性、风险识别等行业发展中遇到的难点达成共识。特别是对法律没有明确规定、拿不准的环节，更要及时与相关部门沟通，力求避免法律风险，再从过程中推进行业法规逐步健全。另一方面，建设性的沟通机制有助于推动监管当局按照激励相容的原则设计监管规则，充分体现金融科

10

技企业在运营和内部风险管理等方面的特殊性，促进监管要求与行业内部风险控制要求的一致性，提高规则的针对性和有效性，降低企业合规成本。

（十三）加强消费者教育和保护，提升消费者金融素养

金融素养包括内在的金融知识与经验以及外在的获取与投资决策相关的金融信息的能力。金融素养不仅与传统金融投资密切相关，而且对把握金融科技运行的新规则、新业态与新产品具有重要作用。提高金融素养，有助于金融消费者显著提高运用金融科技产品投资理财和防控风险的能力。金融科技领域消费者教育的重点是引导消费者加强对金融科技的理解，理清金融科技业务与传统金融业务的区别，使广大消费者知悉金融科技业务和产品的主要性质与风险。在此基础上，切实维护金融消费者在金融科技产品和业务办理中的合法权益。同时，加强客户信息保密，保护消费者信息安全，依法加大对侵害消费者各类权益的行为的监管和打击力度。

（十四）强化行业自律

作为国家级互联网金融行业自律组织，中国互联网金融协会旨在规范从业机构市场行为，保护投资者合法权益，推动从业机构更好地服务社会经济发展，引导行业规范健康运行。截至 2021 年 5 月，中国互联网金融协会已出台了多项自律公约、管理办法和行业标准，完善行业自律管理机制，如表 10-3 所示。中国互联网金融协会将进一步发挥自律监管作用，完善金融科技统计监测、信息共享、反不正当竞争、风险披露和风险预警等制度建设，秉持"穿透式"监管原则，组织会员单位共同制定和落实自律规范，开展风险教育，引导从业机构增强风险意识和风控水平，及时提示广大金融消费者提高风险防范意识。

表 10-3　　　　　　　　　中国互联网金融协会出台的部分自律管理规定

文件名称	文件类型	出台时间
《中国互联网金融协会会员自律公约》	自律公约	2016 年 3 月 25 日
《自律惩戒管理办法》	管理办法	2016 年 7 月 21 日
《互联网金融逾期债务催收自律公约（试行）》	自律公约	2018 年 3 月 29 日
《互联网金融从业机构营销和宣传活动自律公约（试行）》	自律公约	2018 年 6 月 13 日
《中国互联网金融协会失联会员单位公示机制》	自律公约	2019 年 10 月 18 日
《互联网金融　信息披露　互联网消费金融》（T/NIFA 2—2017）团体标准	行业标准	2017 年 10 月 17 日
《移动金融客户端应用软件备案管理办法（试行）》	管理办法	2020 年 1 月 1 日

[做中学 10-1]

移动金融客户端应用软件备案查询

为规范移动金融客户端应用软件（以下简称客户端软件）备案管理，提高行业客户端软件安全水平，强化行业自律，根据《中国人民银行关于发布金融行业标准　加强移动金融客户端应用软件安全管理的通知》（银发〔2019〕237 号）（以下简称《通知》）有关规定，中国互联网金融协会制定了《移动金融客户端应用软件备案管理办法（试行）》，开展了备案工作，并在官网开设了"移动金融客户端应用软件备案专栏"，向公众提供移动金融可信公共服务，保护金融消费者权益。客户端软件提供方应当加强客户端软件安全管理，按要求向中国互联网金融协会办理备案，并接受中国互联网金融协会对客户端软件的自律管理。本"做中学"将通过步骤引导，带领大家熟悉如何通过该专栏查询经外部机构测评符合国家和监管部门相关安全管理规范要求并备案的移动金融客户端软件。

资料链接

《移动金融客户端应用软件备案管理办法（试行）》

10

步骤 1：打开中国互联网金融协会官方网站，进入"移动金融客户端应用软件备案专栏"。

打开中国互联网金融协会官方网站，在首页右下角"服务窗口"栏，单击"App 备案专栏"入口链接，进入**"移动金融客户端应用软件备案专栏"**页面（见图 10-5）。通过该专栏页面，可以看到已实名备案的移动金融客户端应用软件名单及相关的规章制度。名单以备案系统中区块链记录的审核通过时间顺序排列，已备案的移动金融客户端应用软件可在中国互联网金融协会移动金融可信公共服务平台下载使用。

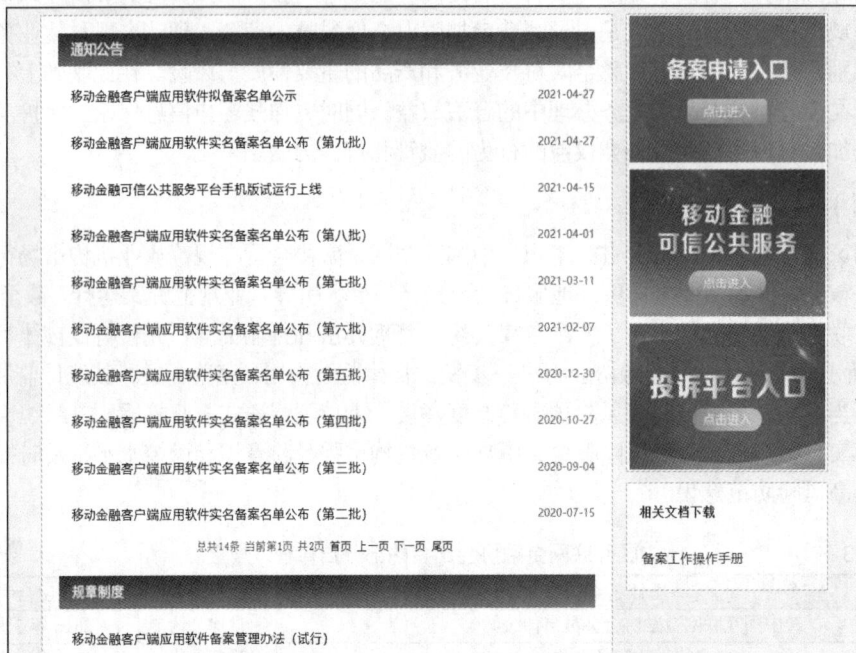

图 10-5 "移动金融客户端应用软件备案专栏"页面

步骤 2：通过移动金融可信公共服务，查询已备案的移动金融客户端软件。

单击"移动金融客户端应用软件备案专栏"页面右侧的"移动金融可信公共服务"图标，进入查询页面，可以输入 App 名称、机构名称或选择注册地区进行模糊查询。例如，可以在"机构名称"查询文本框中输入"宜信"，单击"查询"按钮，可以查询到图 10-6 所示的两款已备案的移动金融客户端软件。经外部机构测评符合国家和监管部门相关安全管理规范要求的移动金融客户端软件可申请备案，完成备案不代表对移动金融客户端应用软件提供方合规经营的其他方面情况的认可。

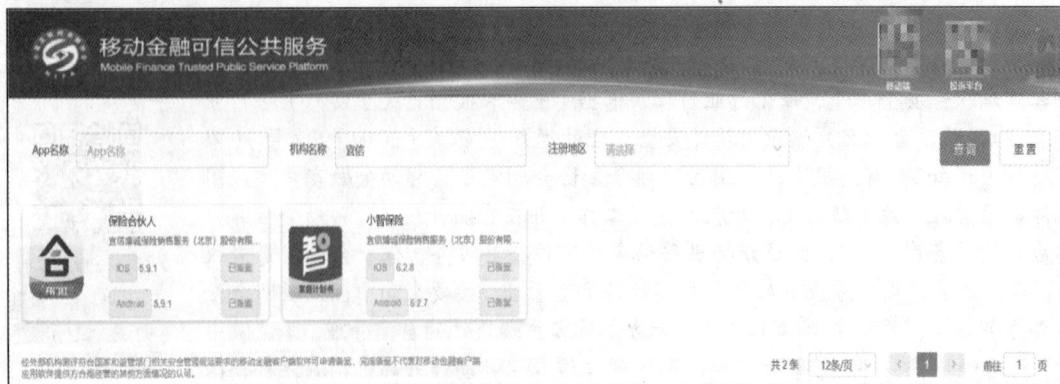

图 10-6 已备案的移动金融客户端软件查询结果页面

步骤 3：查询移动金融客户端软件详情，并下载使用安全可信的已备案金融软件。

在查询结果页面，单击想了解的已备案软件图标，如"小智保险"，打开该软件的详情页面。通过该页面，可以查询该软件的机构信息、iOS 备案详情（见图 10-7）和 Android 备案详情。此外，为方便广大金融消费者查询、下载并使用安全可信的已备案金融客户端软件，中国互联网金融协会已上线移动金融可信公共服务平台手机版，完成备案的客户端软件将同步在该平台发布，可通过扫描查询结果页面右上角的二维码下载。

图 10-7　移动金融客户端软件备案详情页面

步骤 4：了解中国互联网金融协会投诉平台的主要功能。

回到"移动金融客户端应用软件备案专栏"页面，单击右侧的"投诉平台入口"图标，进入"中国互联网金融协会投诉平台"页面，如图 10-8 所示。该平台的主要功能包括您认为合法权益受到侵犯时进行投诉以及查询您投诉的处理状态，投诉受理的范围包括移动金融客户端应用软件相关的投诉以及金融科技创新应用试点项目相关的投诉。

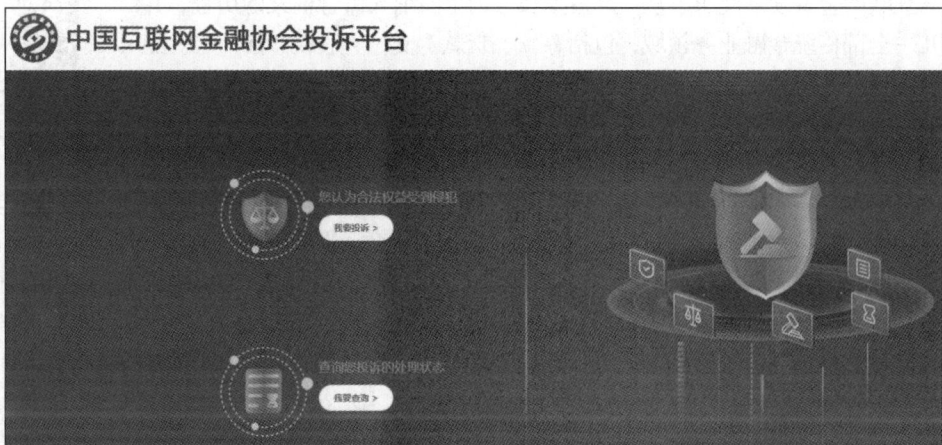

图 10-8　"中国互联网金融协会投诉平台"页面

（十五）加强监管协调

金融科技横跨多个行业和市场，交易方式广泛、参与者众多，有效控制风险的传染和扩散，推动行业可持续发展，离不开有效的监管协调。2017年7月，全国金融工作会议指出，要以强化金融监管为重点，加强金融监管协调。"一委一行两会"新金融监管框架的构建，为加强监管协调提供了重要保障。一是充分发挥国务院金融稳定发展委员会的重要作用，通过"一委一行两会"已有的金融监管协调机制，加强跨部门的金融科技运营、风险等方面的信息共享，沟通和协调监管立场。二是以打击互联网金融违法犯罪为重点，加强司法部门与金融监管部门之间的协调合作。三是以维护金融稳定、守住不发生系统性金融风险底线为目标，加强金融监管部门与地方人民政府之间的协调与合作。

[随堂测试 10-1]

理解金融科技的监管原则

以下列出了若干项金融科技的具体监管规定与措施，请复习本任务所学内容，逐一分析各项体现了什么监管原则，填入表10-4中，从而加深对金融科技监管原则的理解与应用。

表 10-4   对金融科技监管原则的理解

监管规定与措施	体现的监管原则
纠正支付业务不正当竞争行为，在支付方式上给消费者更多选择权，断开支付宝与"花呗""借呗"等其他金融产品的不当连接，纠正正在支付链路中嵌套信贷业务等违规行为	
随着金融服务从线下向线上转型，监管部门减少对实体机构的监管依赖，而更多跟踪其行为，关注其产品功能，防范监管套利和监管空白	
要求互联网保险机构完善信息披露机制，保障消费者的知情权	
在对互联网银行的监管中，银保监会及派出机构应利用大数据技术，建立和完善监管信息系统，实现资源共享，提高监管效率	

任务二   金融科技分类监管

一、金融科技分类监管概述

我国互联网金融发展经历了从"野蛮生长"到全面纳入监管框架的历程，并渗透了几乎全部传统金融业务领域，包括存款、贷款、支付、股权、征信等。随着中国人民银行发布的《金融科技（FinTech）发展规划（2019—2021年）》的实施，金融科技快速发展，并影响着每一个人的工作与生活。事实上，由于金融科技包含的业务种类较多，每种业务的本质属性与风险特征各不相同，需要监管介

精品微课

互联网金融分类监管

入的程度也不一样，例如对于互联网保险、互联网基金等传统金融业务的互联网化，应重点防范相关金融机构借互联网化实施监管套利；而对于网络小额贷款、股权众筹、智能投顾等创新业态，则应探索利用区块链、大数据等金融科技新技术监测、识别和控制风险，同时强化信息披露和行业自律。只有制定分类监管框架，才能有针对性地监管，从而提高监管有效性。此外，金融科技呈现跨界、多变的特点，金融监管要与时俱进，还应不断升级监管体制机制，构建灵活的动态监管体系，保护金融消费者的合法权益。

2015年7月，央行等十部门在《关于促进互联网金融健康发展的指导意见》中，首次提出了我国互联网金融的分类监管总体框架，同时进一步明确了互联网金融的分类和监管分工。随着国务院机构改革方案的实施和金融科技创新监管试点的推进，我国逐渐构建起常态化的金融科技分类监管框架。在监管职责划分上，中国人民银行负责互联网支付业务的监督管理，银保监会负责网络小额

贷款以及互联网保险、互联网信托和互联网消费金融的监督管理，证监会负责股权众筹融资和互联网基金销售的监督管理。表 10-5 结合项目一中关于互联网金融分类与业态的具体划分，根据法律法规和相关规范性文件中的规定以及各级人民政府的监管实践，对我国金融科技分类监管框架进行了全面梳理。

表 10-5　　　　　　　　　　我国金融科技分类监管总体框架

业态	分类	牵头监管部门	备注
基础业态	互联网支付	中国人民银行	中国人民银行对非银行支付机构实施牌照管理
	互联网银行	银保监会	适用民营银行试点政策
	互联网保险	银保监会	强调线上与线下监管标准一致
	互联网基金销售、互联网证券	证监会	强调线上与线下监管标准一致
整合业态	网络小额贷款业务	银保监会	地方金融监管部门配合监管
	互联网消费金融	银保监会	工商部门配合监管电商消费金融
创新业态	网络借贷	银保监会、地方金融监管部门	"双负责"：银保监会负责行为监管；地方金融监管部门负责机构监管
	股权众筹、智能投顾	证监会	证监会授权证券业协会自律管理
支持业态	互联网金融信息门户	工商行政管理部门等	根据网站运营单位确定具体监管部门

二、网络小额贷款业务监管

小额贷款公司发放网络小额贷款应当遵循小额、分散的原则，符合国家产业政策和信贷政策，主要服务小微企业、农民、城镇低收入人群等普惠金融重点服务对象，践行普惠金融理念，支持实体经济发展，发挥网络小额贷款的渠道和成本优势。根据《网络小额贷款业务管理暂行办法（征求意见稿）》，网络小额贷款业务监管的主要内容包括以下几个方面。

1. 网络小额贷款业务准入监管

国务院银行业监督管理机构制定小额贷款公司网络小额贷款业务的监督管理制度和经营管理规则，督促指导省、自治区、直辖市人民政府确定的金融监管部门（以下称监督管理部门）对网络小额贷款业务进行监督管理和风险处置。

小额贷款公司经营网络小额贷款业务，应当经监督管理部门依法批准。监督管理部门拟批准小额贷款公司经营网络小额贷款业务的，应当至少提前 60 日向国务院银行业监督管理机构备案。

小额贷款公司跨省级行政区域经营网络小额贷款业务的，应当经国务院银行业监督管理机构依法批准。

经营网络小额贷款业务的小额贷款公司的注册资本不低于人民币 10 亿元，且为一次性实缴货币资本。跨省级行政区域经营网络小额贷款业务的小额贷款公司的注册资本不低于人民币 50 亿元，且为一次性实缴货币资本。

2. 网络小额贷款业务范围和基本规则

小额贷款公司经营网络小额贷款业务的，经监督管理部门批准可以依法经营的业务及不得经营的业务如表 10-6 所示。经营网络小额贷款业务的小额贷款公司通过银行借款、股东借款等非标准化融资形式融入资金的余额不得超过其净资产的 1 倍；通过发行债券、资产证券化产品等标准化债权类资产形式融入资金的余额不得超过其净资产的 4 倍。

10

对自然人的单户网络小额贷款余额原则上不得超过人民币 30 万元，不得超过其最近 3 年年均收入的三分之一，该两项金额中的较低者为贷款金额最高限额；对法人或其他组织及其关联方的单户网络小额贷款余额原则上不得超过人民币 100 万元。网络小额贷款不得用于以下用途：从事债券、股票、金融衍生品、资产管理产品等投资；购房及偿还住房抵押贷款；法律法规、国务院银行业监督管理机构和监督管理部门禁止的其他用途。

经营网络小额贷款业务的小额贷款公司开展助贷或联合贷款业务的，应当符合金融管理部门制定的相关业务规则，并且符合下列要求：一是主要作为资金提供方与机构合作开展贷款业务的，不得将授信审查、风险控制等核心业务外包，不得为无放贷业务资质的机构提供资金发放贷款或与其共同出资发放贷款，不得接受无担保资质的机构提供增信服务以及兜底承诺等变相增信服务；二是主要作为信息提供方与机构合作开展贷款业务的，不得故意向合作机构提供虚假信息，不得引导借款人过度负债或多头借贷，不得帮助合作机构规避异地经营等监管规定；三是在单笔联合贷款中，经营网络小额贷款业务的小额贷款公司的出资比例不得低于 30%；四是国务院银行业监督管理机构规定的其他要求。

表 10-6　　　　　　　　　　　　网络小额贷款业务范围

经批准可以依法经营的业务	不得经营的业务
（一）发放网络小额贷款；	（一）吸收或者变相吸收公众存款；
（二）与贷款业务有关的融资咨询、财务顾问等中介服务；	（二）通过互联网平台或者地方各类交易场所销售、转让本公司除不良信贷资产以外的其他信贷资产；
（三）以本公司发放的网络小额贷款为基础资产开展资产证券化业务；	（三）发行或者代理销售理财、信托计划等资产管理产品；
（四）发行债券；	（四）跨省级行政区域经营网络小额贷款业务的小额贷款公司办理线下业务；
（五）国务院银行业监督管理机构规定可以从事的其他业务	（五）法律法规、国务院银行业监督管理机构和监督管理部门禁止从事的其他业务

3. 网络小额贷款经营管理要求

经营网络小额贷款业务的小额贷款公司应当健全公司治理机制。董事、监事、高级管理人员应当加强履职意识，切实承担起相应的管理职责。总经理、副总经理等高级管理人员以及风控、运营、财务部门等关键管理岗位的负责人必须专职，并在公司注册地办公。同一投资人及其关联方、一致行动人作为主要股东参股跨省级行政区域经营网络小额贷款业务的小额贷款公司的数量不得超过 2 家，或控股跨省级行政区域经营网络小额贷款业务的小额贷款公司的数量不得超过 1 家。禁止委托他人或接受他人委托持有经营网络小额贷款业务的小额贷款公司的股权。经营网络小额贷款业务的小额贷款公司应当按照法律法规、国务院银行业监督管理机构和监督管理部门有关要求做好金融消费者权益保护工作。业务办理应当遵循公开透明原则，充分履行告知义务，使借款人明确了解贷款金额、期限、价格、还款方式等内容，并在合同中载明。禁止诱导借款人过度负债。禁止通过暴力、恐吓、侮辱、诽谤、骚扰方式催收贷款。禁止未经授权或者同意收集、存储、使用客户信息，禁止非法买卖或者泄露客户信息。

4. 网络小额贷款业务的监管报告与自律管理要求

经营网络小额贷款业务的小额贷款公司应当按照有关规定，向监督管理部门报送与网络小额贷款业务有关的财务会计报表、统计报表和其他材料，向中国人民银行报送有关统计资料。监督管理部门应当按要求向国务院银行业监督管理机构和中国人民银行报送本地区小额贷款公司网络小额贷款业务统计数据和情况报告。小额贷款公司在网络小额贷款业务经营中出现重大风险（尤其是跨区域风险）时，应当及时向监督管理部门报告。监督管理部门应当建立重大风险的预警、防范和处置机制，及时处置重大风险事件，并向国务院银行业监督管理机构和中国人民银行报告。经营网络小额贷款业务的小额贷款公司可以自愿加入中国小额贷款公司协会、中国互联网金融协会等行业自律组织，接受自律管理。

三、股权众筹监管

（1）**制定股权众筹监管相关的法律法规。** 当前我国与众筹融资有关的基础法律主要是《中华人民共和国证券法》（简称《证券法》）。《证券法》规定，未经依法核准，任何单位和个人不得公开发行证券，不得向累计超过 200 人的特定对象发行证券。为规避法律合规风险，我国部分众筹平台采用实物众筹的模式把投资行为转变为团购和预售行为。此外，股权众筹平台会采取成立有限合伙企业的方式，由众筹出资者先成立合伙企业，再由合伙企业对众筹项目进行投资。《证券法》第十条规定："非公开发行证券，不得采用广告、公开劝诱和变相公开方式。"股权众筹在众筹平台上的项目宣传行为与"变相公开"行为难以清晰界定。中国人民银行等十部门于 2015 年 7 月印发的《关于促进互联网金融健康发展的指导意见》规定"股权众筹融资主要是指通过互联网形式进行公开小额股权融资的活动。股权众筹融资必须通过股权众筹融资中介机构平台（互联网网站或其他类似的电子媒介）进行。"对股权众筹的存在进行了肯定。证监会等十五部门于 2016 年 10 月印发的《股权众筹风险专项整治工作实施方案》规定，严禁擅自公开发行股票，严禁变相公开发行股票，对股权众筹进行了约束。然而，这些规范性文件并未界定清楚股权众筹与非法发行股票之间的根本区别。因此，国家需要进一步修订完善法律，以立法形式对众筹融资进行规范，提升法规效力。

（2）**开展股权众筹风险专项整治，促进股权融资规范发展。** 随着互联网股权融资活动的发展，出现了一些市场机构以"股权众筹"或"众筹"的名义误导投资者、涉嫌公开或变相公开发行证券等问题，存在一定的风险隐患。为贯彻落实党中央、国务院决策部署，促进互联网股权融资规范发展，经国务院同意，2016 年 4 月 14 日，证监会等十五部门联合印发了《股权众筹风险专项整治工作实施方案》（证监发〔2016〕29 号）（以下简称《实施方案》），将互联网股权融资活动纳入整治范围，分步有序地开展股权众筹风险专项整治工作。通过专项整治，规范互联网股权融资行为，惩治通过互联网从事非法发行证券、非法集资等非法金融活动，切实保护投资者合法权益；建立和完善长效机制，实现规范与发展并举、创新与防范风险并重，为股权众筹融资试点创造良好环境，切实发挥互联网股权融资支持大众创业、万众创新的积极作用；为互联网股权融资健康发展创造有利条件。

股权众筹风险专项整治的监管措施主要包括以下方面。一是证监会通过专项整治形式督促股权众筹融资的规范。证监会牵头成立股权众筹风险专项整治工作领导小组，负责牵头制定股权众筹风险专项整治工作实施方案，指导、协调、督促开展专项整治工作，做好专项整治工作总结，汇总提出长效机制建设意见。二是省级人民政府负责专项整治的组织开展。《实施方案》指出："各省级人民政府按整治方案要求，组织开展本地区专项整治，建立风险事件应急制度和处理预案，做好本地区维稳工作，防范处置风险的风险。"三是省金融办（局）与证监会省级派出机构负责专项整治的落实。《实施方案》指出："在省级人民政府统一领导下，省金融办（局）与证监会省级派出机构共同牵头负责本地区分领域整治工作，共同承担分领域整治任务。"

（3）**成立互联网股权融资专业委员会，完善自律管理机制。** 2017 年 7 月，中国互联网金融协会开展了互联网金融股权融资发展情况摸底调查，为股权众筹行业监管自律政策的研究制定提供决策参考。2017 年 10 月 16 日，中国互联网金融协会互联网股权融资专业委员会正式成立。其成立，建立起监管部门、行业组织和从业企业之间对话的重要桥梁，有利于监管自律部门集思广益，做好顶层设计和制定完善相关监管自律规制，同时有利于股权众筹行业的自律管理，促进行业规范健康发展。中国互联网金融协会成立互联网股权融资专业委员会后，明确了五项重点工作：确

10

定互联网股权融资的政策设计和工作思路；研究行业发展现状和面临的主要制约因素及应对策略；研讨如何加强行业的法律制度框架设计、自律治理体系等顶层制度设计和重点课题研究，优化行业发展环境；研讨互联网股权融资专委会的工作机制和目标成果；研讨《互联网非公开股权融资信息披露标准》。

（4）通过股权众筹融资违规处理的案例，体现相关规则的作用，保护投资者、项目发起人和众筹平台的合法权益。

资料链接

股权众筹融资违规
处理规则与案例

四、互联网保险监管

（一）互联网保险与保险科技存在的问题

随着我国经济发展进入新时代，大力推动包括互联网保险在内的保险业实现高质量发展是贯彻落实十九大精神和"保险业姓保"定位的根本要求。在互联网金融和保险科技的驱动下，我国互联网保险发展迅速。但是，保险科技创新在赋能互联网保险的同时，也暴露出一些问题，主要体现在对有效监管的挑战和新技术应用风险这两个方面。

保险科技的创新发展打破了原有行业监管的区域限制，加大了相关风险跨区域、跨市场传染的可能性，对监管有效性构成了重大挑战。首先，现行以分业监管为主的监管体制，无法完全适应保险科技跨界融合、混业经营的发展趋势；而监管协调不足，又进一步加大了系统性风险防控的难度。其次，从总体上看，适应保险科技特点，鼓励创新与防控风险相平衡的监管机制尚在探索中。监管科技的发展为实施"穿透式"监管提供了新的技术手段，但是政府监管部门对监管科技的应用尚处在起步阶段，科技监管能力和资源相对不足，而部分保险机构运用科技手段来规避监管或进行监管套利，背离了服务行业高质量发展的"初心"。随着保险公司、保险科技企业、第三方平台等保险生态圈中各类主体合作的深入，为实施统一监管、防范监管套利，各主体的业务边界和权利义务有待进一步界定，不同主体间的风险"防火墙"也有待完善。

保险科技是保险与科技两个高风险行业深度融合的产物，不仅存在道德风险、市场风险、操作风险等保险业务固有风险，还可能由于新技术的应用而出现新的风险。**一是信息安全风险**。保险科技的亮点在于能够精准挖掘客户需求信息，形成客户画像，但也隐含着客户信息暴露和隐私被侵犯的风险。**二是大数据应用的新型法律风险**。在保险数据采集、整合、分析、传输、使用、储存和管理的全流程中均可能存在新型法律风险，包括数据所有权归属不清、数据垄断、数据歧视以及数据不正当竞争等问题，从而降低大数据的可信共享效率，影响保险科技高效赋能保险业高质量发展。**三是跨行业交叉传递风险**。保险科技在保险行业的应用，容易模糊保险产品与科技产品的边界，使市场交易结构日趋复杂，加大了风险跨行业交叉传递的可能性。例如，智能保顾等应用涉及人工智能与保险的跨界融合，不法分子可能趁机利用交叉领域的监管空白进行监管套利，甚至实施非法集资、非法销售境外保险、保险欺诈，给保险行业带来新的经营风险。**四是云服务集中风险**。由于网络的规模经济性和"马太效应"，云服务市场逐渐形成了自然垄断的特征和寡头垄断的市场结构，我国前三大云服务商的市场占有率之和超过 90%。而大量无力自建云平台的中小保险公司在应用保险科技赋能时往往会引入第三方云服务，以降低开发运营成本。那么当服务集中的云服务商出现网络故障等信息科技风险事件时，可能引发"蝴蝶效应"，导致系统性运营风险。此外，保险机构对第三方云服务的依赖，还可能减弱其对自身产品和服务的控制力。

（二）互联网保险监管的主要内容

互联网保险作为互联网金融的重要组成部分，根据互联网金融的总体监管框架，由银保监会负责牵头监管，贯彻保持适当风险容忍度、原则性监管与规则性监管相结合、加强信息披露等原则，同时探索运用区块链等监管科技新技术提升监管有效性。随着我国互联网保险的发展，近年来监管部门出台了一系列监管规定（见表 10-7），初步构建了互联网保险监管框架，特别是 2020 年 12 月出台的《互联网保险业务监管办法》（以下简称《监管办法》），弥补了监管制度短板，有利于防控互联网保险业务风险，引导新型业态健康合规成长。

表 10-7　　　　　　　　　　　　　互联网保险主要监管法规

发文日期	文号	文件名
2013 年 8 月 13 日	保监发〔2013〕66 号	《中国保监会关于专业网络保险公司开业验收有关问题的通知》
2017 年 4 月 21 日	保监发〔2017〕35 号	《中国保监会关于进一步加强保险业风险防控工作的通知》
2017 年 5 月 5 日	保监发〔2017〕44 号	《中国保监会关于弥补监管短板构建严密有效保险监管体系的通知》
2018 年 1 月 12 日	保监发〔2018〕9 号	《打赢保险业防范化解重大风险攻坚战的总体方案》
2020 年 12 月 7 日	中国银行保险监督管理委员会令〔2020〕13 号	《互联网保险业务监管办法》

具体而言，互联网保险监管的主要内容包括以下几个方面。

（1）厘清互联网保险业务本质，明确制度适用和衔接政策。《监管办法》根据互联网保险业务本质和发展规律，明确了"互联网保险业务"的定义，即"保险机构依托互联网订立保险合同、提供保险服务的保险经营活动。"《监管办法》规定，同时满足以下三个条件的保险业务，即为互联网保险业务：一是保险机构通过互联网和自助终端设备销售保险产品或提供保险经纪服务；二是消费者能够通过保险机构自营网络平台的销售页面独立了解产品信息；三是消费者能够自主完成投保行为。《监管办法》针对渠道融合情形规定了政策衔接适用方法：投保人通过保险机构及其从业人员提供的保险产品投保链接自行完成投保的，应同时满足《监管办法》及所属渠道相关监管规定。涉及线上线下融合开展保险销售或保险经纪业务的，其线上和线下经营活动分别适用线上和线下监管规则；无法分开适用监管规则的，同时适用线上和线下监管规则，规则不一致的，应坚持合规经营和有利于消费者的原则。另外，保险机构及其从业人员借助互联网保险业务名义进行线下销售的，包括从业人员借助移动展业工具进行面对面销售、从业人员收集投保信息后进行线上录入等情形，应满足其所属渠道相关监管规定。

（2）规定互联网保险业务经营要求，强化持牌经营原则。《监管办法》规定，互联网保险业务应由依法设立的保险机构开展，其他机构和个人不得开展互联网保险业务。保险机构开展互联网保险业务，不得超出该机构许可证（备案表）上载明的业务范围。《监管办法》规定了保险机构及其自营网络平台应具备的条件，包括网站备案、信息系统、安全防护、等级保护、营销模式、管理体系、制度建设、监管评价等。保险机构只要满足《监管办法》规定的条件，即可开展互联网保险业务，不需要申请业务许可或进行业务备案。不满足规定条件的不得开展互联网保险业务，已经开展的应立即停止通过互联网销售保险产品或提供保险经纪服务，整改后满足规定条件的可以恢复开展相关互联网保险业务。另外，《监管办法》对非保险机构的行为边界做了明确规定，规定非保险机构不得开展互联网保险业务，包括但不限于以下商业行为：一是提供保险产品咨询服务；二是比较保险产品、保费试算、报价比价；三是为投保人设计投保方案；四是代办投保手续；五是代收保费。

（3）定义持牌机构自营网络平台，规范互联网保险营销宣传。为有效贯彻持牌经营原则，《监管办法》对自营网络平台做了严格、明确的定义：自营网络平台是指保险机构为经营互联网保险业务，依法设立的独立运营、享有完整数据权限的网络平台。保险机构分支机构以及与保险机构具有股权、人员等关联关系的非保险机构设立的网络平台，不属于自营网络平台，不得经营互联网保险业务。自营网络平台是保险机构经营互联网保险业务的唯一载体，更是加强监管的主要抓手。《监管办法》严格定义自营网络平台，并要求客户投保页面必须属于持牌机构自营网络平台，主要是为了全面强化持牌经营理念，压实保险机构主体责任，也有助于解决保险机构获取客户信息的难题，有助于杜绝截留保费、平衡市场力量、控制渠道费用，有助于减少销售误导、促进消费者教育、保障行业长期稳健发展。同时，保险机构从业人员普遍通过微信朋友圈、公众号、微信群、微博、短视频、直播等方式参与互联网保险营销宣传。为规范营销宣传行为、保障市场稳定、促进就业和复工复产，《监管办法》规定保险机构应开展营销宣传信息审核、监测、检查，并承担合规主体责任；保险机构应按照相关监管规定对从业人员进行执业登记和管理，标识其从事互联网保险业务的资质；开展营销宣传活动应遵循清晰准确、通俗易懂、符合社会公序良俗的原则，营销宣传内容应与保险合同条款保持一致，营销宣传页面应准确描述保险产品的主要功能和特点。另外，《监管办法》要求互联网保险营销宣传活动应符合《中华人民共和国广告法》、金融营销宣传以及银保监会相关规定。

（4）**强化风险防控，完善互联网保险消费者权益保护。**互联网保险业务涉及面广、模式众多、问题复杂，在促进行业发展的同时带来新的风险隐患，也给监管带来新的挑战。《监管办法》将防范化解风险放在首位：一是坚持"机构持牌、人员持证"的原则，清晰界定持牌机构的权利和义务、压实主体责任，并以负面清单形式明确非保险机构的禁止行为；二是明确自营网络平台定义，要求投保页面必须属于保险机构的自营网络平台，保障交易安全；三是强化网络安全和客户信息保护的要求；四是建立监管信息系统，加强信息报送，提高监管的及时性、有效性和针对性。消费者权益保护是金融保险监管的出发点和落脚点，也是互联网保险业务健康发展的基础。《监管办法》全程贯彻保护消费者权益的理念：一是规定不能有效管控风险、不能保障售后服务质量的，不得开展互联网保险销售或保险经纪活动；二是强化信息披露的要求，增加信息披露内容，保障消费者知情权；三是要求保险机构建立售前售中售后的全流程服务体系，提高消费者满意度；四是要求保险机构建立客户信息保护制度，构建覆盖全生命周期的客户信息保护体系，防范信息泄露；五是为便利消费者，对互联网保险业务的投诉或举报，由投诉人或举报人经常居住地的银保监局依据相关规定进行处理。

（5）**按经营主体分类监管，对互联网保险公司、保险公司、保险中介机构、互联网企业代理保险业务，分别提出针对性监管措施。**

① 互联网保险公司监管措施。互联网保险公司是指银保监会为促进保险业务与互联网、大数据、区块链等新技术融合创新，专门批准设立并依法登记注册，不设分支机构，在全国范围内专门开展互联网保险业务的保险公司。互联网保险公司应提高线上全流程服务能力，提升线上服务体验和效率；应在自营网络平台设立统一集中的互联网保险销售和客户服务业务办理入口，向消费者提供销售、批改、保全、退保、报案、理赔和投诉等线上服务。互联网保险公司应积极开发符合互联网经济特点、服务多元化保障需求的保险产品。产品开发应具备定价基础，符合精算原理，满足场景所需，让保险与场景、技术合理融合，充分考虑投保的便利性、风控的有效性、理赔的及时性。互联网保险公司应加强对产品开发、销售渠道和运营成本的管控，做到产品定价合理、公平和充足，保障稳健可持续经营。互联网保险公司不得线下销售保险产品，不得通过其他保险机构线下销售保险产品。互联网保险公司应不断提高互联网保险业务风险防控水平，健全风险监测预警和早期干预机制，运用数据挖掘、机器学习等技术提高风险识别和处置能力。互联网保险公司应建立完善与互联网保险业务发展相适应的信息技术基础设施和安全保障体系，提升信息化能力，保障信息系统和相关基础设施安全稳定运行，有效防范、控制和化解信息技术风险。

② 保险公司监管措施。保险公司是指互联网保险公司之外的保险公司。保险公司应优化业务模式和服务体系，推动互联网、大数据等新技术向保险业务领域渗透，提高运营效率，改善消费体

验；应为互联网保险业务配置充足的服务资源，具备与产品特点、业务规模相适应的后续服务能力。保险公司总公司应对互联网保险业务实行统一、垂直管理。保险公司分支机构可在上级机构授权范围内为互联网保险业务提供查勘理赔、批改保全、医疗协助、退保及投诉处理等属地化服务。保险公司开展互联网保险业务，应结合公司发展战略，做好互联网与其他渠道融合和联动，充分发挥不同销售渠道优势，提升业务可获得性和服务便利性，做好经营环节、人员职责和业务数据等方面的有效衔接，提升消费者享有的服务水平。

③ 保险中介机构监管措施。保险中介机构应从消费者实际保险需求出发，立足角色独立、贴近市场的优势，积极运用新技术，提升保险销售和服务能力，帮助消费者选择合适的保险产品和保险服务。保险中介机构应配合保险公司开展互联网保险业务合规管理工作。保险中介机构应立足经济社会发展和民生需要，选择经营稳健、能保障服务质量的保险公司进行合作，并建立互联网保险产品筛选机制，选择符合消费者需求和互联网特点的保险产品进行销售或提供保险经纪服务。保险中介机构开展互联网保险业务，经营险种不得突破承保公司的险种范围和经营区域，业务范围不得超出合作或委托协议约定的范围。保险中介机构应在自营网络平台设立统一集中的客户服务专栏，提供服务入口或披露承保公司服务渠道，保障客户获得及时有效的服务。保险中介机构销售互联网保险产品、提供保险经纪服务和保险公估服务的，应在自营网络平台展示客户告知书。保险中介机构可积极运用互联网、大数据等技术手段，提高风险识别和业务运营能力，完善管理制度，与保险公司的运营服务相互补充，共同服务消费者。保险中介机构可发挥自身优势，建立完善相关保险领域数据库，创新数据应用，积极开展风险管理、健康管理、案件调查、防灾减损等服务。保险中介机构开展互联网保险业务，应在有效隔离、风险可控的前提下，与保险公司系统互通、业务互联、数据对接。保险中介机构之间可依托互联网等技术手段加强协同合作，促进资源共享和优势互补，降低运营成本，提高服务效率和服务质量。

④ 互联网企业代理保险业务监管措施。互联网企业代理保险业务是指互联网企业利用符合《监管办法》规定的自营网络平台代理销售互联网保险产品、提供保险服务的经营活动。互联网企业代理保险业务应满足以下要求：获得经营保险代理业务许可；具有较强的合规管理能力，能够有效防范化解风险，保障互联网保险业务持续稳健运营；具有突出的场景、流量和广泛触达消费者的优势，能够将场景流量与保险需求有机结合，有效满足消费者风险保障需求；具有系统的消费者权益保护制度和工作机制，能够不断改善消费体验，提高服务质量；具有敏捷完善的应急响应制度和工作机制，能够快速应对各类突发事件；具有熟悉保险业务的专业人员队伍；具有较强的信息技术实力，能够有效保护数据信息安全，保障信息系统高效、持续、稳定运行等。

[随堂测试 10-2]

总结和复习互联网保险分类监管的有关内容，填写表 10-8。

表 10-8　　　　　　　　　　　互联网保险分类监管措施

经营主体	定义	主要监管措施
互联网保险公司		
保险公司		
保险中介机构		
互联网企业代理保险业务		

（6）**完善自律管理与信息披露，保障互联网保险与保险科技创新**。中国保险行业协会对互联网保险业务进行自律管理，开展保险机构互联网保险业务信息披露相关管理工作。保险机构应通过中

国保险行业协会官方网站的互联网保险信息披露专栏，对自营网络平台、互联网保险产品、合作销售渠道等信息及时进行披露，便于社会公众查询和监督。互联网保险不仅是销售渠道，更是经营方式和服务形态，《监管办法》在规范经营、防范风险、划清红线的基础上，鼓励保险与互联网、大数据、区块链等新技术相融合，支持互联网保险在更高水平服务实体经济和社会民生：一是鼓励开发符合互联网经济特点、服务多元化保障需求的保险产品，让保险与场景、技术合理融合；二是鼓励拓展数据信息来源，运用数据挖掘、机器学习等技术提高保险业务风险识别和处置的准确性；三是支持保险机构提升销售和服务的透明化水平，可在自营网络平台提供消费者在线评价功能，为消费者提供参考；四是推动监管部门在有效防范市场风险的基础上，创新监管理念和方式，建立健全适应互联网保险特点的新型监管机制。此外，互联网保险发展迅速，《监管办法》对通过互联网销售的保险产品和经营区域做了原则性规定，银保监会将根据互联网保险业务发展阶段、不同保险产品的服务保障需要，另行规定保险机构通过互联网销售保险产品的险种范围和相关条件，为互联网保险与保险科技的未来创新发展预留了政策空间。

[做中学 10-2]

中国保险行业协会互联网保险信息披露专栏搜索

中国保险行业协会作为互联网保险业务的自律管理组织，其官方网站设有互联网保险信息披露专栏，消费者可以通过该专栏全面了解互联网保险的经营主体、自营网络平台、互联网保险产品及合作销售渠道等信息。本"做中学"将通过步骤引导，带领大家熟悉互联网保险信息专栏的搜索操作。

步骤1：登录中国保险行业协会官网，打开互联网保险信息披露专栏。

登录中国保险行业协会官网，单击导航栏目"信息披露"下拉列表中的"互联网保险信息披露"，打开互联网保险信息披露专栏，如图 10-9 所示。

图 10-9　中国保险行业协会互联网保险信息披露专栏页面

步骤2：以中国人寿为例，搜索互联网人身险信息披露情况。

单击互联网保险信息披露页面的"高级搜索"按钮，在弹出的页面的"叶子节点栏目名称"输入框中输入"人身险信息披露"，在"披露机构全称"输入框中输入"中国人寿"，并单击"搜索"按钮，进行模糊搜索。在出现的搜索结果中单击"中国人寿保险股份有限公司"，打开该公司的互联网保险信息披露页面，如图 10-10 所示。通过该页面，可以查询到该公司经营互联网保险业务的各类自营网络平台，包括官方网站、App、微信公众号和客户服务及消费者投诉电话等信息。

图 10-10　中国人寿互联网保险信息披露页面

步骤3：详细了解中国人寿的互联网保险产品及其合作销售渠道信息。

单击中国人寿互联网保险信息披露页面的"互联网保险产品信息详情"选项，在弹出的页面中，可以详细了解该公司当前在售的以及历史销售的互联网保险产品信息详情，包括实际销售名称、备案产品名称、备案编号/批复文号等，如图10-11所示。单击中国人寿互联网保险信息披露页面的"合作保险中介机构网络平台列表"，在弹出的页面中，可以详细了解该公司当前以及历史合作的保险中介机构网络平台信息，包括各合作销售渠道当前合作销售的互联网保险产品情况。

图 10-11　中国人寿互联网保险产品信息详情页面（局部）

步骤4：搜索互联网财产险信息披露情况。

选择一家你感兴趣的保险机构，参照以上步骤，通过中国保险行业协会互联网保险信息披露专栏搜索该机构的互联网财产险信息披露情况。

五、互联网支付监管

1. 互联网支付现状及存在的问题

近年来，支付机构大力发展网络支付服务，促进了电子商务和互联网金融的快速发展，对支持服务业转型升级、推动普惠金融纵深发展发挥了积极作用。但支付机构的网络支付业务也面临不少问题和风险，必须加以重视和规范：一是客户身份识别机制不够完善，为欺诈、套现、洗钱等风险提供了可乘之机；二是以支付账户为基础的

精品微课

互联网支付监管

10

跨市场业务快速发展，沉淀了大量客户资金，加大了资金流动性管理压力和跨市场交易风险；三是客户权益保护亟待加强，存在夸大宣传、虚假承诺、消费者维权难等问题；四是存在无牌或超许可范围从事金融业务，支付工具和其他金融产品存在不当连接，非银行支付账户向对公领域无序扩张等问题；五是存在信息垄断，部分机构违规开展个人征信业务。

2. 互联网支付监管的主要内容

根据中国人民银行发布的《非银行支付机构网络支付业务管理办法》（2016年7月1日起实施）、《条码支付业务规范（试行）》（2018年4月1日起实施）、《非银行支付机构客户备付金存管办法》（2021年3月1日起实施）、《非银行支付机构条例（征求意见稿）》，以及相关监管法规，互联网支付监管的主要内容包括如下几个方面。

（1）清晰界定支付机构定位。坚持小额便民、服务于电子商务的原则，有效隔离跨市场风险，维护市场公平竞争秩序及金融稳定。同时对第三方支付机构实施市场准入管理，由中国人民银行发放牌照。

（2）坚持支付账户实名制。账户实名制是支付交易顺利完成的保障，也是反洗钱、反恐融资和遏制违法犯罪活动的基础。针对网络支付非面对面开户的特征，强化支付机构通过外部多渠道交叉验证识别客户身份信息的监管要求。

（3）兼顾支付安全与效率。本着小额支付偏重便捷、大额支付偏重安全的管理思路，采用正向激励机制，根据交易验证安全程度的不同，对使用支付账户余额付款的交易限额做出相应安排，引导支付机构采用安全验证手段来保障客户资金安全。

（4）防范信息泄露风险，保护消费者合法权益。基于我国网络支付业务发展的实际和金融消费的现状，支付机构应以"最小化"原则采集、使用、存储和传输客户信息，防范信息泄露风险。支付机构应建立完善的风险控制机制，健全客户损失赔付、差错争议处理等客户权益保障机制，有效降低网络支付业务风险，保护消费者的合法权益。

（5）对非银行支付机构实施动态分类管理。中国人民银行建立了分类评价机制和动态管理制度，如表10-9所示。

表10-9　　　　中国人民银行对支付机构的分类监管

评级类别	监管措施
评定为"A"类且Ⅱ类、Ⅲ类支付账户实名比例超过95%的支付机构	经评估认可后，可以采用其他有效的客户身份核实方法
	对符合条件的个人卖家，支付机构可以参照单位客户进行管理
	符合条件的支付机构可以办理支付账户与非同名银行账户之间的转账业务
	可以将达到实名制管理要求的Ⅱ类、Ⅲ类支付账户的余额付款单日累计限额，提高至一般规定的2倍
评定为"A"类的支付机构	符合条件的支付机构可以与银行自主约定由支付机构代替进行交易验证的具体情形
评定为"B"类及以上，且Ⅱ类、Ⅲ类支付账户实名比例超过90%的支付机构	可以将达到实名制管理要求的Ⅱ类、Ⅲ类支付账户的余额付款单日累计限额，提高至一般规定的1.5倍
评定为"C"类及以下、支付账户实名比例较低、对零售支付体系或社会公众非现金支付信心产生重大影响的支付机构	适度提高公开披露相关信息的要求，并加强非现场监管和现场检查

资源来源：根据中国人民银行《非银行支付机构网络支付业务管理办法》整理。

（6）加强个人支付账户分类管理。将我国个人支付账户分为三类，如表10-10所示。其中，Ⅰ类账户只需要一个外部渠道验证客户身份信息（例如联网核查居民身份证信息），账户余额可以用于消费和转账，主要适用于客户的小额、临时支付，身份验证简单快捷。为兼顾便捷性和安全性，Ⅰ

类账户的交易限额相对较低，但支付机构可以通过强化客户身份验证，将Ⅰ类账户升级为Ⅱ类或Ⅲ类账户，提高交易限额。Ⅱ类和Ⅲ类账户的客户实名验证强度相对较高，能够在一定程度上防范假名、匿名支付账户问题，防止不法分子冒用他人身份开立支付账户并实施犯罪行为，具有较高的交易限额。鉴于投资理财业务风险等级较高，仅实名验证强度最高的Ⅲ类账户可使用余额购买投资理财等金融产品，以保障客户资金安全。

表 10-10　　　　　　　　　　　　　个人支付账户分类

账户类别	余额付款功能	余额付款限额	身份核实方式
Ⅰ类账户	消费、转账	自账户开立起累计1 000元	以非面对面方式，通过至少一个外部渠道验证身份
Ⅱ类账户	消费、转账	年累计10万元	面对面验证身份，或以非面对面方式，通过至少三个外部渠道验证身份
Ⅲ类账户	消费、转账、投资理财	年累计20万元	面对面验证身份，或以非面对面方式，通过至少五个外部渠道验证身份

资源来源：根据中国人民银行制定的《非银行支付机构网络支付业务管理办法》整理。

（7）增强风险防范能力，规范条码支付业务。近年来，二维码支付已延伸至日常生活的多个角落。条码是订单信息、支付信息的一种载体，利用条码进行支付具有便捷、应用门槛低的优势，在推动普惠金融和优化我国非现金支付环境建设方面发挥了积极作用。为了消除二维码支付可能引发的风险隐患，填补制度空白，2017年12月25日，中国人民银行印发《条码支付业务规范（试行）》（银发〔2017〕296号）。该规范强调持牌经营，就条码生成和受理做出相关规定，加强商户管理和风险管理，同时明确了条码支付的定义，将条码支付模式分为付款扫码和收款扫码。付款扫码是指付款人通过移动终端识读收款人展示的条码完成支付的行为。收款扫码是指收款人通过识读付款人移动终端展示的条码完成支付的行为。相应地，条码也分为静态条码和动态条码。静态条码就是长期不变有效的条码。我们经常可以看到一些便利店贴有这种静态条码，只要拿出手机扫码就可以完成支付交易。而动态条码是指在使用条码收付款时，手机电子屏上显示的动态条码。动态条码是随时更新的，不容易被替换盗用。银行、支付机构应根据《条码支付安全技术规范（试行）》关于风险防范能力的分级，对个人客户的条码支付业务进行限额管理，如表10-11所示。

表 10-11　　　　　　　　　　　　　条码支付业务限额管理规定

条码类型	风险防范能力等级	限额管理
动态条码	A级，即采用包括数字证书或电子签名在内的两类（含）以上有效要素对交易进行验证的	可与客户通过协议自主约定单日累计限额
	B级，即采用不包括数字证书、电子签名在内的两类（含）以上有效要素对交易进行验证的	同一客户单个银行账户或所有支付账户单日累计交易金额应不超过5 000元
	C级，即采用不足两类要素对交易进行验证的	同一客户单个银行账户或所有支付账户单日累计交易金额应不超过1 000元
静态条码	D级，即使用静态条码的	同一客户单个银行账户或所有支付账户单日累计交易金额应不超过500元

（8）"网联"统一清算和客户备付金全部集中交存。2017年8月，央行支付结算司印发《关于将非银行支付机构网络支付业务由直连模式迁移至网联平台处理的通知》（银支付〔2017〕209号），要求自2018年6月30日起，支付机构受理的涉及银行账户的网络支付业务全部通过网络支付清算平台即网联处理。这意味着所有的互联网支付机构在银行的"直连"都被切断，互联网支付业务必须通过网联统一清算。央行推动网联统一清算有利于完善第三方支付监管。网联通过可信服务和风险监测，可以防范和处理诈骗、洗钱、"钓鱼"以及违规等风险。从某种程度上讲，网联可以减少银行与众多第三方支付机构直连的烦琐过程，特别是一些中小型银行；可以让参与支付的各方，权责

10

更加明确、清晰和独立。**首先，网联平台的成立和客户备付金全部集中交存制度相得益彰。**2021 年 3 月 1 日起实施的《非银行支付机构客户备付金存管办法》规定：非银行支付机构接收的客户备付金应当直接全额交存至中国人民银行或者符合要求的商业银行。客户备付金只能用于办理客户委托的支付业务和办法规定的其他情形。任何单位和个人不得挪用、占用、借用客户备付金，不得以客户备付金提供担保。中国人民银行 2021 年 1 月 20 日发布的《非银行支付机构条例（征求意见稿）》在备付金方面也新增了更为严格的条款。其第三十八条规定了备付金的规模控制，非银行支付机构净资产与备付金日均余额的比例应当符合中国人民银行的规定。通过网联平台集中清算，实际上是要求第三方支付机构必须把指令原封不动地交给银行，支付机构将不再享有对沉淀资金的支配和收益，从而降低了支付机构直连银行的动力，促使其主动交存备付金。**其次，**央行通过网联有助于监测每笔转账交易，**更好地实现反洗钱监管，**同时能获得更多的金融大数据。**另外，**网联上线将对消费者带来一定利好。线上清算费率或仍有下降空间，线上线下费率可能趋于统一，随之也将传导给消费者，降低其交易成本，同时中小机构也能够有更多针对 C 端的创新，提供更优质便捷的服务。

（9）**对支付领域的市场准入和管理进一步加强。**2021 年 5 月 13 日，首批 27 张支付牌照续展结果出炉，财付通、支付宝、拉卡拉、汇付天下、快钱支付等 24 家续展成功，其中环迅支付和杉德支付业务范围缩水。广州银联网络支付有限公司等三家机构因合并中止续展。从央行对支付行业的监管情况来看，一些经营不佳或存在重大违规行为的机构，将被逐渐清出行业。近年来，支付行业的监管政策密集出炉，《非银行支付机构条例（征求意见稿）》的出台，更是将支付监管的部门规章升级为行政法规，进一步加强了对支付领域的市场准入管理。

[做中学 10-3]

网联统一清算付款流程分析

支付机构受理的涉及银行账户的网络支付业务全部通过网联平台处理后，平时网购的互联网支付流程将发生显著变化。下面，我们以在淘宝上网购一双 300 元的运动鞋为例，通过支付宝用绑定的招商银行借记卡付款，来分析网联处理流程。

步骤 1：支付宝收到付款请求，自动向网联发起协议支付。

在淘宝网购结算时，选择使用支付宝付款，支付宝收到付款请求后，自动向网联发起协议支付，此时支付宝银行交易类型会显示"网联协议支付"，如图 10-12 所示。

步骤 2：网联保存该笔交易信息，再将请求转发给银行。

网联将上述交易信息保存到数据库，再将付款请求转发给支付宝绑定的招商银行。

步骤 3：银行完成扣款并通知网联。

招商银行在借记卡账户中扣除 300 元，并通知网联已扣款成功。

步骤 4：网联再通知支付机构完成交易。

网联再将扣款成功的消息通知支付宝并传输相关数据，此时支付已成功，该笔交易完成。请结合图 10-13，概述网联成立后第三方支付的主要流程。

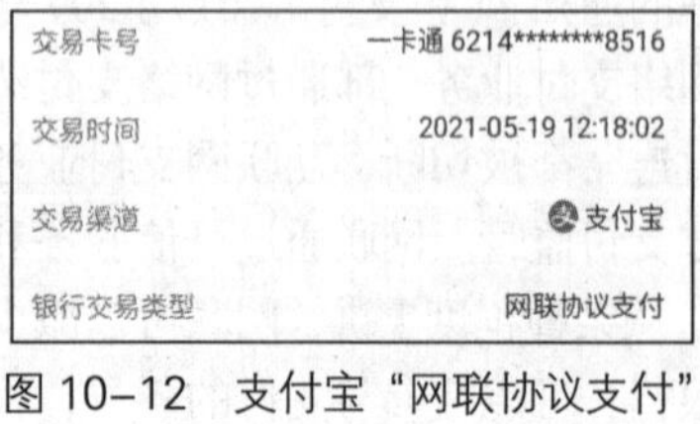

交易卡号	一卡通 6214********8516
交易时间	2021-05-19 12:18:02
交易渠道	支付宝
银行交易类型	网联协议支付

图 10-12 支付宝"网联协议支付"

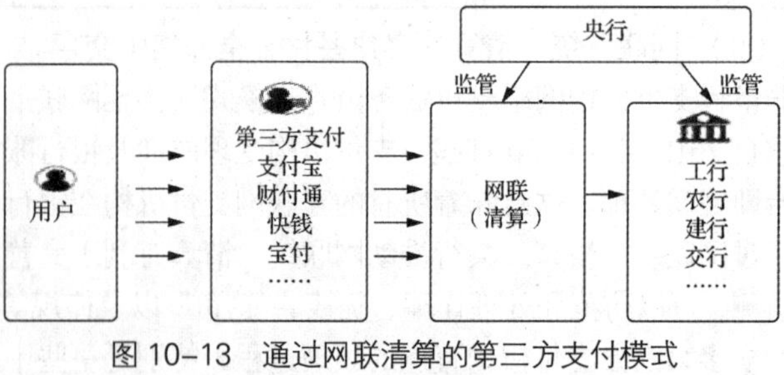

图 10-13 通过网联清算的第三方支付模式

步骤5：比较分析网联成立和备付金集中交存对第三方支付市场结构的影响。

网联平台的成立配合客户备付金集中存管制度，将改变第三方支付行业竞争现状。支付宝、微信支付等大型支付机构的垄断地位会受到挑战。无论用户通过哪个支付机构支付，都会被网联平台处理，理论上可以实现"联网通用"和"聚合支付"。例如只需挂出一个收款码，不论用哪个支付机构的 App 扫描，都能完成支付，从而使支付服务更加方便快捷。请比较直连模式与网联模式（见图 10-14），进一步分析网联成立和备付金集中交存对第三方支付市场结构的影响。

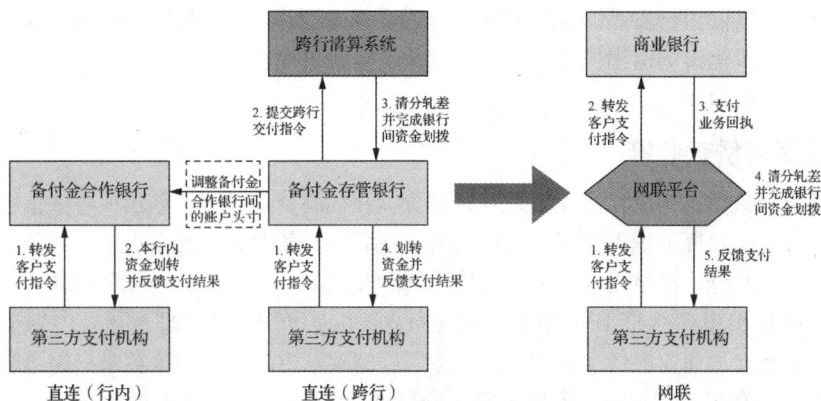

图 10-14 直连模式与网联模式比较

六、互联网银行监管

通过网络银行与开放银行项目的学习，我们了解到互联网银行是指在金融科技创新背景下，经银保监会批准设立，不设实体网点，以信息技术和互联网技术为依托，完全通过互联网平台和移动金融应用向用户提供各种金融服务的新型银行业金融机构。互联网银行在发展数字普惠金融、服务长尾客户、提高金融服务质效方面具有重要作用，但是作为新生事物，相关的监管法规和监管体系尚在完善中，目前主要依据《中华人民共和国银行业监督管理法》《关于促进民营银行发展的指导意见》《电子签名法》《电子银行业务管理办法》和《网上银行系统信息安全通用规范》等，由银保监会结合互联网银行业务特点实施分类监管。

（一）互联网银行监管的主要内容

（1）**严格准入监管**。要求互联网银行具备设计良好的股权结构与公司治理结构，确定合理可行的业务范围、市场定位、经营方针和计划，建立科学有效的组织机构和管理制度、风险管理体系及信息科技架构等。发起设立互联网银行应制定合法章程，有具备任职所需专业知识和业务工作经验的董事、高级管理人员和熟悉银行业务的合格从业人员，有符合要求的营业场所、安全防范措施和与业务有关的其他设施。互联网银行注册资本要求遵从城市商业银行有关法律法规规定。同时，借鉴民营银行试点经验，确定民间资本发起设立互联网银行的五项原则：有承担剩余风险的制度安排；有办好银行的资质条件和抗风险能力；有股东接受监管的协议条款；有差异化的市场定位和特定战略；有合法可行的恢复和处置计划。

（2）**加强统一监管**。在监管理念上，互联网银行只是在技术手段上改变了金融活动的空间、时间和组织形式，并未改变金融运作的实质，因此应坚持"线上线下相一致"的统一监管，保持监管的公平性、权威性，提高监管的科学化、精细化水平，避免出现监管真空，防止监管套利。完善互联网银行监管制度框架，健全系统性风险监测评估体系；加强事中、事后监督和风险排查，加强对重大风险，特别是互联网信息科技风险的早期识别和预警。

10

（3）**坚持创新监管**。深入研究互联网银行的业务特点和发展趋势，坚持"鼓励与规范并重，创新与防险并举"的监管原则，以提高互联网银行综合竞争力为基本导向，加强监管引领，创新监管手段，不断丰富监管工具箱，适时评估和改进监管安排；简化监管流程，提高监管透明度；优化监管资源，突出属地银保监局联动监管，以更好地贴近互联网银行发展的新要求，探索建立既适应互联网银行发展实践又符合国际惯例的有效监管机制。

（4）**完善协同监管**。在强化审慎监管的同时，各有关部门和地方各级人民政府应加强沟通协调，加快推进有利于互联网银行发展的金融基础设施建设，加快相关金融创新制度的研究与机制的完善，同时不断完善金融机构市场退出机制，尽量减少个别金融机构经营失败对金融市场的冲击，切实促进互联网银行持续健康发展。

（二）互联网贷款监管

与传统线下贷款模式相比，商业银行互联网贷款在提高贷款效率、创新风险评估手段、拓宽金融客户覆盖面等方面发挥了积极作用。与此同时，互联网贷款业务也暴露出风险管理不审慎、对金融消费者的保护不充分、资金用途监测不到位等问题和风险隐患。为促进互联网贷款业务平稳健康发展，银保监会于 2020 年 7 月 12 日颁布实施《商业银行互联网贷款管理暂行办法》（以下简称《暂行办法》），初步建立了商业银行互联网贷款业务制度框架。为**深入贯彻落实中央关于规范金融科技和平台经济发展的有关要求**，推动有效实施《暂行办法》，进一步规范互联网贷款业务行为，切实防范金融风险，银保监会办公厅于 2021 年 2 月 19 日又印发了《关于进一步规范商业银行互联网贷款业务的通知》（以下简称《通知》）。根据《暂行办法》和《通知》，互联网贷款监管的主要内容包括以下几个方面。

（1）**明确商业银行互联网贷款的范围和原则**。互联网贷款是指商业银行运用互联网和移动通信等信息通信技术，基于风险数据和风险模型进行交叉验证和风险管理，线上自动受理贷款申请及开展风险评估，并完成授信审批、合同签订、贷款支付、贷后管理等核心业务环节操作，为符合条件的借款人提供的用于消费、日常生产经营周转等的个人贷款和流动资金贷款。下列贷款不属于互联网贷款：①借款人虽在线上进行贷款申请等操作，商业银行线下或主要通过线下进行贷前调查、风险评估和授信审批，贷款授信核心判断来源于线下的贷款；②商业银行发放的抵质押贷款，且押品需进行线下或主要经过线下评估登记和交付保管。互联网贷款应当遵循小额、短期、高效和风险可控的原则。单户用于消费的个人信用贷款授信额度应当不超过人民币 20 万元，到期一次性还本的，授信期限不超过一年。商业银行对符合相应条件的贷款应采取受托支付方式，并精细化受托支付限额管理。贷款资金用途应当明确、合法，不得用于购房及偿还住房抵押贷款，不得用于股票、债券、期货、金融衍生品和资产管理产品等投资，不得用于固定资产和股本权益性投资等。

（2）**强化商业银行主体责任，落实互联网贷款风险控制要求**。商业银行应当对互联网贷款业务实行统一管理，将互联网贷款业务纳入全面风险管理体系，建立健全适应互联网贷款业务特点的风险治理架构、风险管理政策和程序、内部控制和审计体系，有效识别、评估、监测和控制互联网贷款业务风险，确保互联网贷款业务发展与自身风险偏好、风险管理能力相适应。互联网贷款业务涉及合作机构的，授信审批、合同签订等核心风控环节应当由商业银行独立有效开展。商业银行应当合理分配风险模型开发测试、评审、监测、退出等环节的职责和权限，做到分工明确、责任清晰。商业银行不得将上述风险模型的管理职责外包，并应当加强风险模型的保密管理。商业银行应强化风险控制主体责任，独立开展互联网贷款风险管理，并自主完成对贷款风险评估和风险控制具有重要影响的风控环节，严禁将贷前、贷中、贷后管理的关键环节外包。

（3）**完善合作机构准入管理和共同出资发放互联网贷款比例管理**。合作机构是指在互联网贷款业务中，与商业银行在营销获客、共同出资发放贷款、支付结算、风险分担、信息科技、逾期清收等方面开展合作的各类机构，包括但不限于银行业金融机构、保险公司等金融机构和小额贷款公司、融资担保公司、电子商务公司、非银行支付机构、信息科技公司等非金融机构。商业银行应当建立覆盖各类合作机构的全行统一的准入机制，明确相应标准和程序，并实行名单制管理。商业银行应当按照合作机构资质和其承担的职能相匹配的原则，对合作机构进行准入前评估，确保合作机构与合作事项符合法律法规和监管要求。商业银行应当从经营情况、管理能力、风控水平、技术实力、服务质量、业务合规和机构声誉等方面对合作机构进行准入前评估。选择共同出资发放贷款的合作机构，还应重点关注合作方资本充足水平、杠杆率、流动性水平、不良贷款率、贷款集中度及其变化，审慎确定合作机构名单。商业银行与其他有贷款资质的机构共同出资发放互联网贷款的，应当建立相应的内部管理制度，明确本行与合作机构共同出资发放贷款的管理机制，并在合作协议中明确各方的权利义务关系。为营造公平展业、良性竞争的市场秩序，引导商业银行按照风险共担、互利共赢的原则，审慎开展与各类机构的合作，《通知》在《暂行办法》的基础上细化了出资比例区间管理要求，提出了量化标准，即商业银行与合作机构共同出资发放互联网贷款的，单笔贷款中合作方的出资比例不得低于30%。这一标准是根据当前商业银行互联网贷款业务开展的实际情况，经充分调研测算确定的，同时也考虑到与《网络小额贷款业务管理暂行办法（征求意见稿）》的相关规定保持一致，避免监管套利。

（4）**细化商业银行与合作机构共同出资发放互联网贷款的集中度管理。**为促进商业银行提高精细化管理水平，防范合作机构风险向银行体系传染，《暂行办法》对商业银行开展互联网贷款提出了限额管理及合作机构集中度管理要求，明确商业银行应当按照适度分散的原则审慎选择合作机构，避免对合作机构的过度依赖；商业银行应将与合作机构共同出资发放贷款总额纳入限额管理，并加强共同出资发放贷款合作机构的集中度风险管理。为进一步树立审慎经营导向，促进银行切实落实监管要求，不断提升自身信贷管理和风险防控能力，《通知》细化明确了集中度风险管理和限额管理量化标准。一方面，商业银行与合作机构共同出资发放贷款，与单一合作方发放的本行贷款余额不得超过本行一级资本净额的25%；另一方面，商业银行与合作机构共同出资发放的互联网贷款余额，不得超过本行全部贷款余额的50%。上述规定，既能够促进商业银行进一步实现互联网贷款业务的适度分散，避免过度依赖单一合作机构的集中度风险，也为互联网贷款业务健康发展充分预留了空间。

（5）**优化适应互联网贷款特点的风险数据和风险模型管理。**商业银行应当在获得授权后查询借款人的征信信息，通过合法渠道和手段，线上收集、查询与验证借款人相关定性和定量信息，可以包括但不限于税务、社会保险基金、住房公积金等信息，全面了解借款人信用状况。商业银行应当构建有效的风险评估、授信审批和风险定价模型，加强统一授信管理，运用风险数据，结合借款人已有债务情况，审慎评估借款人还款能力，确定借款人信用等级和授信方案。商业银行进行借款人身份验证、贷前调查、风险评估和授信审查、贷后管理时，应当至少包含借款人姓名、身份证号、联系电话、银行账户以及其他开展风险评估所必需的基本信息。如果需要从合作机构获取借款人风险数据，应通过适当方式确认合作机构的数据来源合法合规、真实有效，对外提供数据不违反法律法规要求，并已获得信息主体本人的明确授权。商业银行不得与违规收集和使用个人信息的第三方开展数据合作。商业银行应当结合贷款产品特点、目标客户特征、风险数据和风险管理策略等因素，选择合适的技术标准和建模方法，科学设置模型参数，构建风险模型，并测试在正常和压力情境下模型的有效性与稳定性。商业银行应当建立安全、合规、高效和可靠的互联网贷款信息系统，以满足互联网贷款业务经营和风险管理需要。

（6）**严格跨地域经营，禁止地方性银行跨注册地辖区开展互联网贷款业务。**《暂行办法》规定，银行业监督管理机构可以根据商业银行的经营管理情况、风险水平和互联网贷款业务开展情况等对商业银行跨注册地辖区业务等提出相关审慎性监管要求。《通知》进一步明确严控互联网贷款跨地域经营，强调地方法人银行开展互联网贷款业务的，应当服务于当地客户，不得跨注册地辖区开展互联网贷款业务。同时，《通知》也充分考虑了部分机构的实际情况，对无实体经营网点、业务主要在线上开展，且符合监管机构其他规定条件的机构，豁免适用上述规定。

（7）进一步明确商业银行开展互联网贷款业务的监管报告与评估义务。商业银行首次开展互联网贷款业务的，应当于产品上线后 10 个工作日内，向其监管机构提交书面报告。商业银行应当按照《暂行办法》的要求，对互联网贷款业务开展情况进行年度评估，并于每年 4 月 30 日前向银行业监督管理机构报送上一年年度评估报告。

（三）提高互联网银行监管有效性的建议

（1）**健全法律环境**。在现有银行监管法律制度基础上，通过有针对性地修改相应的法律法规、制定新的规章制度，对互联网银行许可设立、业务范围、技术规范、网站与软件管理、风险控制、数据使用、信息安全等进行明确。尤其是要完善互联网银行涉及的电子签名、人脸识别、指纹识别等新兴金融科技技术的法律地位，为互联网银行顺利开展业务提供法律和制度依据。积极研究跨境金融服务监管方法，加强隐私权保护，积极推动个人信息保护立法。

（2）**探索"沙盒"监管**。在监管方法上，针对互联网银行的流程暗箱化、风险外溢性强、试错成本较高等特点，可探索建立互联网银行监管沙盒制度，在监管部门全流程监督下限定一定区域、一定范围的客群测试新产品、新业务，待测试评估通过后方可推广。在监管内容上，要控制其风险的外溢，加强对信息安全风险、流动性风险、声誉风险、消费者权益保护等方面的监管。

（3）**应用监管科技**。在监管手段上，由于互联网银行具有业务量大、时效性高等特征，传统的监管手段效率难以匹配。为此，可积极借鉴金融监管科技等创新手段，积极引入监管科技，提升互联网银行监管有效性。例如借鉴英国监管部门推出数字监管报告平台（DRR），利用大数据、云计算、自动化程序、区块链、分布式账本等创新技术，开发实时数据集成系统和自动化监管报告系统，评估互联网银行报送数据的真实性和准确性等。

七、智能投顾监管

智能投顾是指运用云计算、大数据、机器学习等技术将资产组合理论、其他资产定价及行为金融学理论等金融投资理论应用到模型中，再将投资者风险偏好、财务状况及理财规划等变量输入模型，为投资者生成自动化、智能化、个性化的资产配置建议，并对组合实现跟踪和自动调整的金融服务新模式。智能投顾起源于美国，美国也较早建立了智能投顾 RIA 牌照制度，如图 10-15 所示。

▌RIA牌照制度

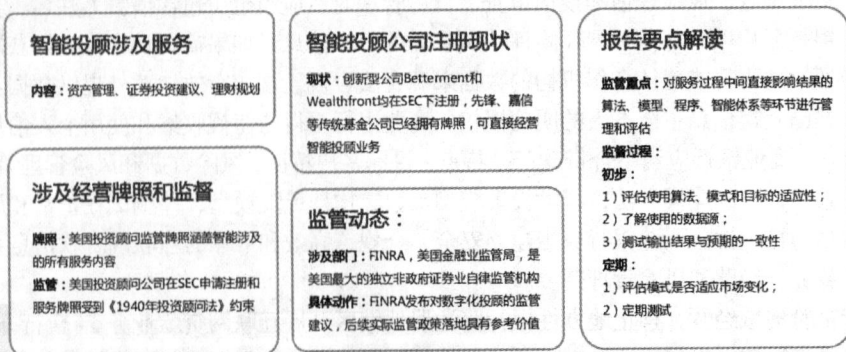

图 10-15　美国智能投顾 RIA 牌照制度

我国智能投顾的监管应当与发展路径相匹配，走本土化道路，综合借鉴各国已有的先进规则，基于各项功能的本质认识，实施穿透式监管，有效防控异化风险。

1. 分类实施准入监管，推进放开综合账户

鉴于我国实践中的智能投顾有相当一部分达不到标准化水平，监管可以从广义的智能投顾角度分类出发，将智能投顾分为全智能投顾和半智能投顾。全智能投顾应当包含客户画像、组合推荐、交易执行、自动调仓等一站式服务功能，可以是独立或与第三方合作实现所有功能，具备供客户选择享受部分或全部功能的能力。半智能投顾仅具备客户画像、组合推荐等第一阶段功能，提供第三方销售网址链接等均属于此列。至于主体资质的要求，由于我国目前对投资顾问牌照和资产管理牌照以及资产管理下属各类具体牌照分开管理，全智能投顾运营商应当取得投资顾问牌照，半智能投顾运营商则只需要根据监管规定取得投资顾问资质。在此基础上，应推进放开综合账户，使符合一定条件的机构能够同时开展提供投资建议、代理执行投资或交易管理等业务，解决建议到行动的转化难题，促进智能投顾行业的合规健康发展。

2. 严格把关问卷设计，加强投资者风险意识

参考美国《智能投顾监管指南》的要求，运营商在设计风险测评问卷时应当着重考虑：题目是否涵盖充足的计算指标、是否清晰且易于理解以及是否具有纠错功能。另外，智能投顾运营商还应当为客户提供信息补充和更新的操作渠道，包括但不限于风险测评问卷中已经涉及的信息内容。除了了解客户，智能投顾运营商还承担了解产品的义务，在操作页面上公开所选金融产品的基本信息，提示相关风险收益指标，并根据实时监测的结果调整组合资产权重。对此，监管部门应当依照上述标准对风险测评问卷实行备案审查，制定风险测评问卷所涉及信息的底线清单，要求运营商在设计具体问题时必须纳入考虑，在此基础上可以自愿扩展；问题的表述方式无须统一，但要求运营商在向监管部门备案时标明每一个问题所涉及的信息点及相关辅助解答方式并在合适的位置公开所选产品的重要信息。同时，投资者在使用智能投顾系统进行投资之前应谨慎理解相关风险和限制：一是了解使用智能投顾的所有条件和合约条款内容，尤其注意费用和收益兑现规则；二是认识数字化技术工具的局限性，在有限范围内如何提供最适合的建议和管理服务；三是认识自身提供信息的重要性，以及风险测评与投资结果之间的因果关系；四是关注自动推荐组合和调仓服务是否确实符合自身的需求和目标。

3. 有效开展算法监控，探索构建试错机制

监管部门应当制定算法监控准则，对运营商提出如下要求：一是公开适当的系统设计文件，清楚地列明算法的目的、范围及设计；二是拥有适当的算法管理程序，由专人定期检查和测试算法的有效性及通过算法得到的建议之合理性；三是具有适当的算法调整能力，当遇到任何可能影响算法运作科学性的事件时，及时检讨及更新算法；四是留存算法检测、更新、终止等记录，如存储能力有限，可做一定期限内留存的要求。

考虑到技术的成熟需要经历一个不断试错的过程，监管部门可在智能投顾算法正式投入使用前给予运营商一定范围内的豁免。例如，可以引入"监管沙盒"机制或将智能投顾纳入金融科技创新监管试点，允许智能投顾运营商在一定时限内向有限数量的投资者测试基于算法的产品、服务和商业模式，且免于承担正常监管的后果。根据测试情况，监管部门可以评估算法的科学性和有效性，进而决定是否允许其大面积应用于商业经营，同时可以协助运营商根据相关政策法规及市场环境改进算法。

4. 明确强化信息披露，合理考量责任追究

第一，运营商应当披露自己与系统开发商的关系，如果有与第三方金融机构合作也应披露相应关系，重点在于可能影响算法功效及金融产品优先推荐的合作交易关系。在运营商独立提供一站式服务的情况下，更需要对销售自营产品和他营产品的比例及优先推荐情况加以说明。第二，运营商

10

应披露收费情况，包括是否收费及具体的收费标准和收费环节。此种披露应放置在客户页面显著位置，在风险测评之前予以特别提示，并在持续管理阶段定期向客户发送收费明细。第三，运营商应当及时披露法律关系的变更情况和可能影响客户决策的突发性事件，并对免责情况予以专门说明，或在电子合同中用突出显示的方式提醒投资者注意。这些信息披露应当采用通俗易懂的表达方式，并在工作时间配备人工客服以随时为投资者做出解释。

任务三　金融科技创新监管试点

金融科技创新监管试点是金融监管部门应对金融科技发展趋势和风险特征的创新监管探索与实践。2015年11月，英国金融行为监管局率（FCA）先提出了"监管沙盒"试点政策，中国人民银行也于2019年12月开启了金融科技创新监管试点，着力打造符合我国国情、与国际接轨的金融科技创新监管工具。本任务将介绍金融科技的风险特征和金融科技创新监管的必要性，我国金融科技创新监管试点的主要政策、典型项目和经验成效，并通过做中学介绍"监管沙盒"的运作流程，加深读者对金融科技创新监管试点本质的理解，提高其实践运用能力。

一、金融科技创新监管的背景

随着区块链、大数据、人工智能、5G通信等新兴技术与金融业务不断融合，金融科技逐步从幕后走向台前、从支撑服务迈入引领驱动。金融科技在提高金融资源的可获得性、便利性和覆盖面的同时，其跨市场、跨业务、跨时空的特征使信用风险、流动性风险等传统金融风险变得更加隐蔽，网络安全和信息安全风险也更加突出。平衡金融科技创新与防范金融风险已然成为金融科技创新监管的关键。

金融危机后，世界各国纷纷采取了各种金融科技监管方法，防止系统性金融风险的发生。例如英国一方面坚持积极鼓励创新，另一方面将保障金融消费者权益作为金融科技监管的另一重要内容；美国对金融科技的监管主要是功能监管与限制性监管，即不论金融科技的具体表现形式，凡是金融科技所涉及的金融业务，一并按其功能纳入现有金融监管体系。而过于严谨的监管势必会抑制创新，阻碍金融的发展。金融稳定理事会（FSB）也在2016年正式讨论了金融科技的系统性风险与监管问题，呼吁各国重视金融科技监管，要协调协作，在业务和风险分析等方面展开合作，制定国际规则，共同应对金融科技的风险因素。

防范金融风险是金融工作永恒的主题，金融科技监管则是金融科技应用过程中防范风险的核心手段，对守住不发生系统性风险底线、增强金融安全、保障金融科技行业规范健康发展有重要作用。

二、金融科技创新监管试点的必要性

金融科技新业态风险相较传统金融风险更为复杂，识别企业是否属于真实创新的难度同时在加大，监管面临新挑战，金融科技创新监管试点作为面对新型金融生态的监管手段，具有必要性。

（一）金融科技新业态的潜在新风险

在"风险为本"的传统监管框架下，微观审慎监管主要通过事前规定金融机构的资本充足率、资产质量以及流动性指标等，来约束金融机构过度的风险承担。这类监管适用于成熟业务模式，或者业务模式存在小幅度创新的情况。但金融科技新业态具有颠覆性创新特征，由此在新业态、新技术、金融网络安全防护、金融科技等方面均带来新风险。

（1）**新业态带来新业务风险。**部分机构过于追求用户体验而简化必要的风险管控环节和业务审查流程，导致一些风险识别能力不高、损失承受能力有限的长尾客户获得服务，潜在社会危害严重。**还有一些机构**违背合格投资者原则，向用户出售与其风险承受能力不匹配的产品，甚至刻意模糊业务本质，利用复杂技术过度包装金融产品，使金融业务在最初就埋下风险隐患。

（2）**新技术带来新的市场风险。**金融科技创新不仅需要在金融业分工专业化、精细化的发展要求下促进金融产业链和价值链的延伸，还需要在金融企业基础设施、数据、账户等方面关联性不断增强的情况下，对业务进行连续性综合管理。因此，对金融科技领域技术创新的合理预期是：突破性创新是很困难的，即使实现了技术创新，也需要经过长时间的市场检验和风险评估。但现实中一些尚处于发展初期的新兴金融技术在未经严格试验和把关的情况下就被推向市场，不仅不能提升金融资源利用效率，反而可能因游走在法律和监管的灰色地带而被用于市场投机和诈骗，成为新的风险源。

（3）**金融网络安全防护面临新风险。**一旦网络出现故障，与金融科技相关的产品服务体系就可能陷入瘫痪；不法分子也可能通过分布式账本拒绝服务、篡改信息、监听网络、攻击节点等来窃取利益，制造风险。随着金融科技业务板块的不断拓展，理财、征信、网络购物和互联网支付等行业都累积了大量的客户行为和交易数据，这要求金融科技企业拥有比传统金融企业更高的数据安全管理水平，否则会因为金融科技用户数据被集中泄露而产生风险。**另外，**金融科技在推动金融服务线上化、开放化的同时，也可能导致数据被过度采集和倒卖，给用户造成重大损失。

（4）**金融科技可能使交易过程更不透明，使风险更具复合性。**科技并未改变金融的本质，但金融科技企业通过互联网直接匹配资金供需两方的方式在帮助金融业务超出传统的时间、空间限制的同时，也可能使交易过程更不透明。随着金融科技企业承担的职能更加多样化，部分企业集信息收集、数据处理、资质审核、风险防控、资金支付等多重功能于一体，业务界限的模糊也增加监管定位的难度，更可能滋生复合型风险。

综上，金融科技风险比传统金融风险具有更高的传染性、渗透性和复合性。**从横向看，**互联网技术实现了不同金融主体间的跨行业、跨区域联结，在某一结点上爆发的风险可迅速、广泛地传播到整个金融科技体系。**从纵向看，**在科技的推动下，消费者的日常生活从未与金融联系得如此紧密。庞大的用户群体增强了金融科技风险的渗透性，这导致风险超出金融科技企业自身范畴而下沉和延伸到其他经济和社会领域，全方位影响用户的生产和生活。

（二）金融科技背景下识别真实创新企业的难度更大

将大数据、云计算、区块链、人工智能等新科技引入金融创新，一方面带来了广阔的发展前景；另一方面，科技元素的增加使一些技术在使用上成为"黑匣子"，这不仅使应用这类技术的机构难以迅速理解其全部运作机理与模式，更重要的是监管机构更不容易识别出哪类企业是真实创新企业、哪类企业是打着创新旗号以获取各种套利的虚假创新企业。

在传统监管框架下，监管部门可以根据一家机构或企业是否长时间没有盈利能力来识别一家企业是否应当从市场出清。但是，由于创新活动自身的不确定性，一段时间之内未产生正向收益未必表示创新模式一定不可行。这是因为高新技术企业往往需要极大的资金投入，全球风险投资基金的发展让企业即便在短期内不能盈利的情况下，也可能获得发展高新技术所需要的资金。同时，由于创新活动的高度不确定性，一些虚假创新的、不具备商业可持续性的业务模式和企业，也可能因为获得相当数量的风险投资而持续运营。如果市场参与主体知道监管部门难以区分真实创新企业与虚假创新企业，就意味着打着创新旗号通过欺瞒监管部门获利可能性加大，导致虚假创新企业占比增加和"劣币驱逐良币"现象，最终出现创新受挫的局面。通过开展金融科技创新监管试点，设置"监管沙盒"是应对创新识别难题的可行路径，不少国家的沙盒监管框架已经比较完善，在可行性分析、

10

申请、准入、测试、退出等环节均有较为清晰的规则。

三、金融科技创新监管试点的本质："监管沙盒"

金融科技创新监管试点的本质是"监管沙盒"模式的应用，我国的金融科技监管试点也被称为中国版的"监管沙盒"。沙盒也称为"沙箱"，原指一个装满沙子而可供人随意书写或构建模型的盒子，因此不论结果如何，都可以轻易被消除而不会留下任何痕迹，是计算机安全领域中的安全机制。监管沙盒是指在金融领域，为了促进地区金融创新和金融科技发展并防范金融风险，监管部门通过合理放宽限制、减少规则障碍，为企业提供的在真实市场环境中测试其创新业务的机制。"监管沙盒"允许金融科技企业在真实但受控的环境中实践其创新产品、服务流程和商业模式，而监管机构则可以根据创新模式在"沙盒"中的表现，加深对相关技术的理解，调整和完善监管规则，并通过对测试过程的监控和测试结果的评估来判断是否正式授权企业在沙盒范围之外推广其创新成果。

"监管沙盒"的运行需要监管方、测试方或其他相关方的互动和协作，而且为了能实时、动态监管，监管主体也需要具备一定的金融科技知识和能力，能使用科技应对科技。将"沙盒"引入金融监管，运用新型监管科技，能为金融科技创新提供安全的测试环境。测试阶段的项目或产品仅在盒内运行有效，并适用于盒内的授权、规定和建议，故而风险也止于盒内，不会溢出盒外。"监管沙盒"项目的运行能带来以下积极的作用：**一是提供了"宽松、包容"的监管环境**，能鼓励真正的金融创新；**二是"监管沙盒"是迷你的真实市场**，可以保护消费者，防止出现系统性风险；**三是"监管沙盒"不仅可以测试项目或产品**，同时也是对监管方式和理念的一种试验，监管主体和被监管方实际上都是"监管沙盒"的参与者，是多方联动合作的一种机制，其实质是实现鼓励创新与防范风险平衡，保护金融消费者权益的监管制度安排。

根据英国 FCA 的政策，入围"沙盒"的企业必须具备下列条件。第一，有创新目标。企业应在特定领域实现设定的创新目标。第二，创新的新颖性。企业要有真正的创新，新的解决方案需要具有新颖性，或与当下的金融服务存有本质的不同。第三，创新有利于消费者，能带给消费者实实在在的益处。第四，该业务确实存在需要进行沙盒测试的客观需求。第五，企业已经在金融创新解决方案中投入了一定的资源，了解相关的监管法规以降低金融风险。入围企业需要遵守监管者的强制性规定，特别是需要严格履行消费者保护的义务。入围的企业可以享受"沙盒工具"，包括有限授权、个别指导、豁免或修改规则、不采取强制行动函、非正式指导等，以便在监管框架内进行测试。每一家入围的企业均被派一名案例指导官，指导测试的设计和实施，帮助企业了解其创新的业务模式是否符合监管框架。在沙盒测试结束时，企业必须提交一份总结测试结果的最终报告。"监管沙盒"试点政策获得了积极响应，在 2020 年 10 月 14 日的第六批申请有 22 家企业获批，申请者中，超过一半是寻求如何解决金融排斥、如何为弱势消费者提供金融服务问题的。

监管部门应当制定并明示完整的流程，并保持相对稳定，以推动"监管沙盒"试点有序开展。各国的"监管沙盒"模式流程大致相同，如图 10-16 所示。从实施主体来看，大多数国家或地区监管沙盒的实施由对金融各行业进行统一监管的最高权责机构负责并进行顶层设计，提供立法或政策保障。从监管目标来看，大部分国家或地区监管沙盒测试注重竞争中性原则，对持牌机构和非持牌机构同时开放。从评估标准来看，大多数国家或地区监管沙盒都制定了明确的准入标准，主要准入条件可以被归纳为三个方面，即希望进入监管的产品和服务需要有原创性、福利性和突破性。从监管方式和测试方式来看，监管沙盒执行中的共同要素是对创新风险较高的容忍度，但要求参与测试的企业只能针对已经知情且同意被纳入测试的客户提供新产品或新服务，并且充分告知客户潜在的风险。这一点往往采用限制性牌照或创新测试许可证的方式，允许企业在实验期享有一定程度的法律授权或监管豁免，且会根据监管主体和实际情况适应性地改变监管方式。此外，监管部门会综合考量机构视角和项目视角，根据本国或本地区范围内金融科技市场规模、风险和消费者保护等因素决定测试方式。从沙盒的退出安排来看，金融监管部门需要做好沙盒退出前的把关，经评估成功的案例给予其牌照和行业许可，可以进行市场推广；而失败的案例要及时通知其退出和调整，防止风险外溢。

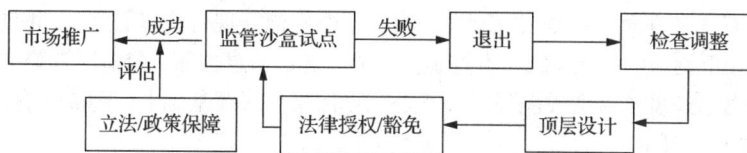

图 10-16　"监管沙盒"模式流程

在立足国际经验和本国国情的基础上，我国的金融科技创新监管试点也已正式启动，"十四五"期间随着"监管沙盒"的持续推进，试点经验的逐步积累，金融科技创新应用将会继续深入。

[随堂测试 10-3]

下列关于"监管沙盒"的说法，不准确的是（　　　　）。

A. "监管沙盒"为金融科技企业提供了真实但受控的环境

B. "监管沙盒"必须注重对消费者权益的保护

C. "监管沙盒"有利于实现鼓励创新与防范风险的平衡

D. 为防范风险，入盒的企业必须是持牌金融机构

四、我国金融科技创新监管试点概况

（一）金融科技监管顶层政策设计

为加强金融科技工作的研究规划和统筹协调，中国人民银行于 2017 年成立了金融科技（FinTech）委员会，2019 年出台《金融科技（FinTech）发展规划（2019—2021 年）》，指出"要加大金融审慎监管力度"，并提出要建立金融科技监管基本规则体系、金融协调性监管框架，提升穿透式监管能力，加强金融科技创新产品规范管理。由此可见，我国正在从过去的被动监管模式向主动监管模式转变，为中国版"监管沙盒"指明方向。

（二）开展金融科技创新监管试点

为落实《金融科技（FinTech）发展规划（2019—2021 年）》，探索构建符合我国国情、与国际接轨的金融科技创新监管工具，中国人民银行组织多地开展金融科技创新监管试点工作，这被称为中国版的"监管沙盒"。2019 年 12 月首先在北京试点，2020 年 4 月扩大到上海、重庆、深圳、雄安新区、杭州、苏州，7 月新增成都、广州，截至 2021 年 5 月，共有 9 个地区纳入试点。在试点过程中，中国人民银行积极构建金融科技监管基本规则体系，探索运用信息公开、产品公示、社会监督等柔性管理方式，设计富有弹性的创新试错容错机制，划定刚性底线、设置柔性边界、预留充足发展空间，努力打造包容审慎的金融科技创新监管工具，着力提升金融监管的专业性、统一性和穿透性。同时，引导持牌金融机构或者金融科技企业与持牌金融机构合作，在依法合规、保护消费者权益的前提下，运用现代信息技术赋能金融提质增效，营造守正、安全、普惠、开放的金融科技创新发展环境。截至 2021 年 3 月底，上述试点地区已有 83 个惠民利企的金融科技创新应用项目落地，

涉及 70 余家金融机构和 30 余家科技公司。试点项目主要分为金融服务和科技产品两类，其中金融服务类约占比 60%，科技产品类约占比 40%。

（三）推出金融科技创新监管工具

在总结创新监管试点经验基础上，中国人民银行于 2020 年 10 月发布《中国金融科技创新监管工具》报告，制定了《金融科技创新应用测试规范》《金融科技创新安全通用规范》《金融科技创新风险监控规范》等一系列 30 多项监管规则，打造出一套符合我国国情、与国际接轨的创新监管工具。其设计思路主要有三个方面：一是划定刚性底线，即严格遵守现行法律法规、部门规章、基础规范性文件等，明确守正创新的红线；二是设置柔性边界，通过信息披露、公众监管等柔性的监管方式，为金融科技创新营造适度宽松的发展环境；三是在守住安全底线基础上，为真正有价值的金融科技创新预留足够的发展空间。

（四）我国金融科技创新监管试点的特征

与英国等国家的"监管沙盒"不同的是，我国的金融科技创新监管试点存在一些新特征。一是从参与主体看，要求每个试点项目必须由持牌金融机构参与。英国为了鼓励金融创新，其沙盒机制主要面向金融科技公司，让没有牌照的机构进入沙盒，这些机构在顺利出盒后就可以申请相关业务牌照。而我国的创新监管工具设计初衷是为了规范引导金融科技创新，要求每个试点项目必须由持牌金融机构参与，而且相关产品在出盒后纳入正常的金融监管，不再作为金融科技创新产品进行监管。除了持牌金融机构外，我国也开放了具有实质创新性和金融领域应用价值的金融科技企业作为申报主体。金融科技公司在满足门槛要求的前提下可直接申请测试，涉及的金融服务创新和金融应用场景则由持牌金融机构提供。金融科技公司既可以联合金融机构共同申报，也可以单独申报后结合应用场景选择合作的金融机构，并优化项目评估标准和风险防控机制，针对金融服务中的痛点、难点和堵点，在数字征信、智能风控、产品创新等关键环节和应用场景开展技术赋能攻关，在可控的"沙盒"环境中先行先试，激发金融创新潜能，打造服务实体经济高质量发展和"双循环"新发展格局。二是从监管工具看，我国的金融科技创新监管工具更加丰富和多元。英国"监管沙盒"模式为"行业监管+机构自治"，而我国在传统"行业监管+机构自治"的基础上，完善审慎监管与行为监管相结合的配套监管体系，引入社会监督和行业自律机制，探索运用信息公开、产品公示、社会监督等柔性管理方式，按照守正创新、持牌经营原则，对金融科技创新应用实施全生命周期监管。三是从项目风险看，试点项目普遍风控机制较完善，风险相对较低。我国"入盒"测试的金融科技创新监管试点项目，均针对可能的风险点，制定了严密的风险防控措施、应急预案和退出机制，通过了严格的合法合规性评估和技术安全性评估；同时畅通消费者投诉渠道，保障金融消费者合法权益。从已经落地的试点项目看，所有项目均运行平稳且符合监管预期，风控机制完善，未出现重大风险事件。而且，我国金融科技创新监管试点采取了稳妥审慎的政策导向，所有项目均严格把关，都是针对科技赋能金融服务，没有涉及"涉众型"风险，总体风险较低，完全可控。

五、我国金融科技创新监管试点的代表性项目

以北京金融科技创新监管试点第一批创新应用为例，由工商银行、农业银行、中信银行、百信银行、宁波银行、中国银联等机构申报的 6 个创新应用，主要聚焦物联网、大数据、人工智能、区块链、API 等前沿技术在金融领域的应用，如表 10-12 所示。该批项目的《金融科技创新应用声明书》于 2020 年 1 月 14 日在中国人民银行营业管理部（北京）网站公示，经过合法合规性、技

精品微课

我国金融科技创新监管试点的代表性项目与经验成效

术安全性、风险防控、投诉响应等方面的评估测试后，于 2020 年 3 月 16 日完成项目登记并对外公告提供服务。

表 10-12　　　　　　　　　　　北京金融科技创新监管试点第一批创新应用

应用名称	试点单位	预期规模	生态构建目标
基于物联网的物品溯源认证管理与供应链金融	工商银行	涉及个人客户数超过 30 万人，年交易笔数超过 100 万笔，年交易金额超过 5 000 万元	有效提升工商银行"融 e 购"电商平台的品牌形象，彰显"名商、名品、名店"的发展定位，形成覆盖个人、生产企业、贸易企业和政府平台公司的全新金融生态圈
微捷贷产品	农业银行	预计到 2020 年年末，微捷贷客户达到 15 万户，贷款余额不低于 1 000 亿元	微捷贷产品运用大数据、人工智能、移动互联网等技术，通过构建云评级、云授信和云监控规模，实现对客户的精准画像，打造全流程线上运作的贷款模式，有效实现小微企业融资的快申、快审和快贷
中信银行智令产品	中信银行/中国银联/度小满携程	预估用户规模 1 000 万	建立涵盖商业银行、收单机构、电商企业等的新型数字化金融服务模式，通过"智慧令牌"，实现统一绑卡、集中管理、场景共享
AI Bank Inside 产品	百信银行	可供上百家网上平台以及第三方平台参与，预计发展 C 端用户规模近 2 000 万	基于 API 技术的 AI BANK Inside 产品，开放金融服务，深度赋能生态合作伙伴。各场景方均可获得"即插即用"金融服务，实现服务提供者、消费者、场景方、第三方应用开发者共生的生态圈
快审快贷产品	宁波银行	预计快审快贷可新增授信额度 25 亿元，新增提款 38 亿元	通过线上线下不同渠道，全面推出企业版和个人版，实现小微企业和小微企业主均可快速申请抵押贷款，实现信贷智能管理
手机 POS 创新应用	中国银联/小米数科/京东数科	手机 POS 有助于大幅降低收单机终端采购和维护成本，可加快推动小微和农村收银市场发展，有望激活现有 40 亿张银行 IC 卡的使用	手机 POS 主要以控件形式为商业银行及支付机构的收单 App 赋能，并可通过银联开放平台获取。未来支持手机 POS 终端将达十亿级，可助力商业银行及支付机构快速开展收单业务，惠及广大小微企业和三农商户

资料来源：央行、零壹智库

在北京率先开展试点的基础上，中国人民银行逐步扩大试点范围，已有一大批惠民利企创新项目落地。例如，苏州首批试点项目"基于区块链的长三角征信链应用平台"于 2020 年 9 月开始纳入试点。该项目由中国人民银行苏州市中心支行、苏州银行、苏州企业征信公司和苏州同济区块链研究院联合申报并实施。在长三角金融一体化发展的背景下，该项目利用区块链技术搭建征信联盟链，构建主要服务于民营小微企业的分布式数字征信平台，使金融、政府等相关机构可通过联盟伙伴的方式灵活加入，实现征信机构跨区域、跨系统的信息共享和服务协同，打破"数据孤岛"；同时对所有上链数据通过智能合约保障用户授权采集和隐私安全，从而为银行等金融机构提供异地征信服务，解决小微企业融资"征信难"的痛点，降低企业融资成本，助力长三角征信一体化。该项目上线后已拥有 6 家联盟伙伴，服务金融机构 20 余家，帮助大量小微企业纾解了融资难、融资贵问题。

2021 年纳入成都第二批试点的"基于大数据的辅助风控产品"是代表性的科技产品类试点项目。该产品依托数据化风控构建反欺诈模型，通过线上线下有机结合，优化信贷管理流程，实现对小微企业融资服务提质增效。

该项目的创新点体现在：辅助风控方面，通过大数据技术建立风险评估体系，对小微企业盈利模式、收入规模等关键内容进行风险识别，提升融资风控水平；数据应用方面，将小微企业在政府

10

采购活动中的相关信息引入银行"政采贷"融资风控中，帮助银行快速了解企业经营风险，提升银行贷前授信及贷后管理水平；业务效率方面，优化小微企业信贷风险评估流程，采用机器人流程自动化（RPA）和人工智能技术手段将风险评估结果嵌入渤海银行成都分行的贷款流程，提高融资效率，提升用户体验。同时，该项目还针对可能存在的风险点，制定了严格的风控措施，如表 10-13 所示。

表 10-13　　　　　　　"基于大数据的辅助风控产品"试点项目风控措施

风险点	风险措施
在数据采集、储存、传输、使用等过程中，由于技术缺陷或业务管理漏洞可能会造成数据泄露风险	遵循"用户授权、最小够用、全程防护"原则，充分评估潜在风险，加强数据全生命周期安全管理，严防用户数据的泄漏、篡改和滥用风险。数据采集时，通过用户隐私协议方式明示用户授权后方可采集。数据存储时，通过数据泛化技术将原始信息进行脱敏，并与关联性较高的敏感信息进行安全隔离、分散存储，严控访问权限，降低数据泄露风险。数据传输时，采用加密通道。数据使用时，借助标记化技术，在不归集、不共享原始数据前提下，仅向外提供脱敏后的计算结果
创新应用上线运行后，可能面临网络攻击、业务连续性中断等方面风险，亟须采取措施加强风险监控预警与处置	在项目实施过程中，将按照《金融科技创新风险监测规范》（JR/T 0200-2020）建立健全风险防控机制，掌握创新应用风险态势，保障业务安全稳定运行，保护金融消费者合法权益

六、我国金融科技创新监管试点的经验成效

在中国人民银行的支持下，被称为中国版"监管沙盒"的金融科技创新监管试点已在多地开展试点，并取得了阶段性成效，为金融科技创新监管积累了宝贵的经验。

（一）试点工作扎实推进，创新项目全面发力、多点开花

各试点地区在中国人民银行指导下，扎实推进辖内试点工作，先后推出一批符合地方实际、具有创新价值的金融科技创新应用项目。截至 2021 年 3 月底，9 个试点地区，涉及 70 余家持牌金融机构和 30 多家知名科技公司的 83 个惠民利企创新项目悉数公示和落地。项目涉及的金融科技底层技术覆盖全面，如图 10-17 所示。部分项目涉及多种技术的交叉融合应用。项目涵盖金融业务类别也很丰富，如图 10-18 所示。

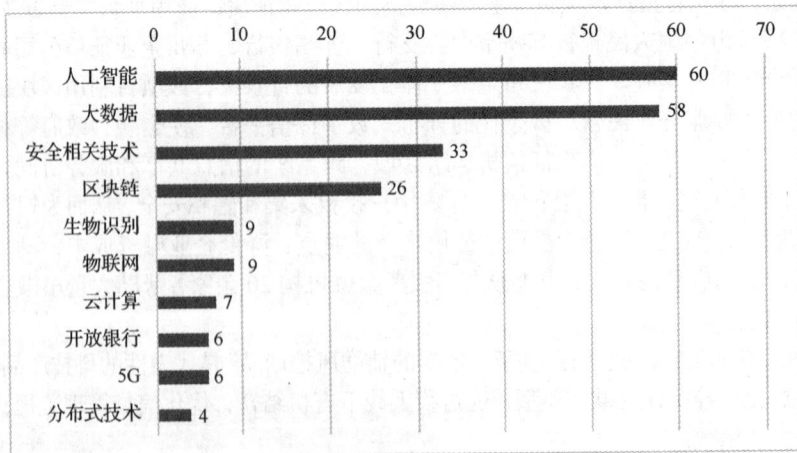

图 10-17　金融科技创新应用项目涉及底层技术统计

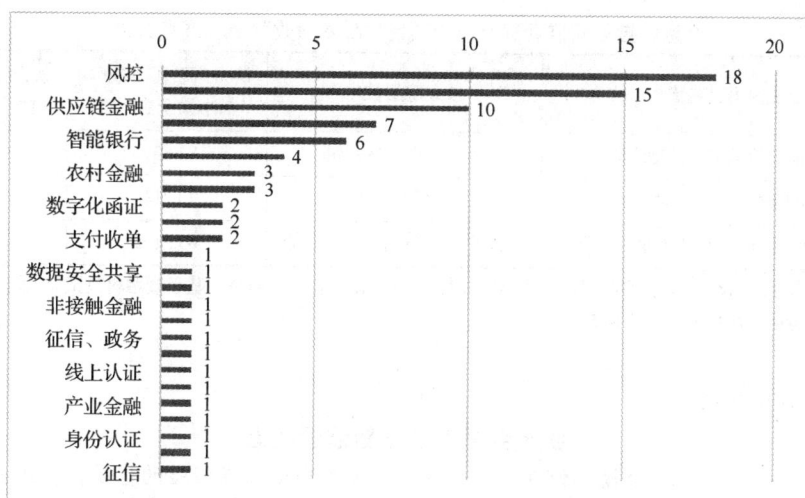

图 10-18　金融科技创新应用项目涉及业务领域统计

（二）监管框架日趋成熟完善，市场主体充分释放创新活力

试点工作引入"弹性边界"和"刚性底线"的监管方式，探索运用信息公开、产品公示、社会监督等柔性管理方式，实现监管模式从被动监督向主动服务转变。以重庆营业管理部为例，坚持"征集常态化、管理动态化、服务精细化"的"寓管于服"模式，在总行统一打造的"四道防线"框架下，牵头在国内率先制定《重庆市金融科技协调工作机制》，与重庆银保监局、证监局、地方金融监管局等多方协作，构建起"一个机制、四道防线"的多层次创新监管体系，实现对金融科技创新分业监管、功能监管的有机结合。

（三）各试点项目因地制宜，立足区域特点服务国家战略

试点工作紧扣"六稳""六保"要求，积极支撑国家重大发展战略。深圳获批首个信用服务试点项目，推动粤港澳大湾区生产要素融合。上海聚焦破除中小微企业金融服务"数据孤岛"，构建长三角区域一体化。北京和雄安新区项目主要集中在各类金融服务产品和区块链应用，围绕支撑京津冀协同发展。成渝项目致力地区特色金融服务，融合推进成渝双城经济圈建设。重庆通过金融科技创新应用赋能"三农"建设，开发支持重庆地方方言的智能银行服务、数字化移动银行服务、基于多方学习的涉农信贷服务等特色项目，提升金融科技应用的普惠性，助力扶贫攻坚工作。

（四）赋能小微金融"降本增效"，破解小微企业融资困境是创新试点的重要场景

根据对 840 家样本小微企业的调查结果，长三角纳入金融科技创新监管试点的上海、杭州和苏州范围内上线的三项典型金融科技应用，已经在降低融资成本和提高融资效率方面发挥了重要作用，如表 10-14 所示。其中，"基于多方安全图计算的中小微企业融资服务"项目，融合云计算和图计算技术，在不共享、转移个人信息的情况下，构建精准风控模型，替代烦琐的线下调查工作，优化小微企业贷款风控流程；基于大数据、人工智能等技术，通过"标准化产品、数字化风控、集中化运营"为小微企业提供专属线上融资服务，满足其差异化融资需求。该项目覆盖长三角试点地区存量及新增小微客户，根据调查结果，高达 81.31% 的样本小微企业认为其显著提升了金融服务效率，63.21% 的小微企业认为其显著降低了融资成本。从总体上看，上述金融科技试点项目，能使小微企业的综合融资成本平均下降 10%~20%；提出申请到获取资金的平均等待时间从一周缩短至 3 天以内。

10

表 10-14　　金融科技创新监管试点应用项目"降本增效"情况调查结果

试点应用项目名称	核心底层技术	认为"降本"有效率的小微企业比例	认为"增效"有效率的小微企业比例
基于人工智能的智慧供应链融资服务	人工智能、区块链	82.62%	73.21%
基于区块链的小微企业在线融资服务	区块链、API	70.71%	79.29%
基于多方安全图计算的中小微企业融资服务	云计算、大数据、人工智能	63.21%	81.31%

资料来源：周雷，邱勋，刘婧，陈雯萱．金融科技创新服务小微企业融资研究：基于金融科技试点地区 840 家小微企业的调查[J]．西南金融，2020（10）：24-35.

[随堂测试 10-4]

我国金融科技创新监管展望

结合本任务所学内容，谈谈如何在总结金融科技创新监管试点经验的基础上，进一步完善中国版的"监管沙盒"，丰富符合我国国情、与国际接轨的金融科技创新监管工具。

[做中学 10-4]

金融科技创新监管试点项目分析与沙盒模拟

本"做中学"将引导大家检索和分析最新的金融科技创新监管试点项目，并通过"监管沙盒"模拟监管流程，熟悉监管工具的应用，掌握选择合适的试点项目的方法以及合法权益受到侵犯时的投诉渠道，进一步体会金融科技创新监管试点的意义。

步骤 1：检索最新纳入"监管沙盒"的金融科技创新监管试点项目。

金融科技创新监管试点遵循公开、公平、公正的原则，所有试点应用项目均需由中国人民银行相关部门向社会公示，图 10-19 所示为上海金融科技创新监管试点应用公示页面。请检索北京、上海、杭州、苏州、成都、雄安新区、重庆、深圳、广州等试点地区中国人民银行的官方网站，了解最新的金融科技创新监管试点项目，并选择你感兴趣的项目，从上述网站下载《金融科技创新应用声明书》，具体了解项目的试点详情。

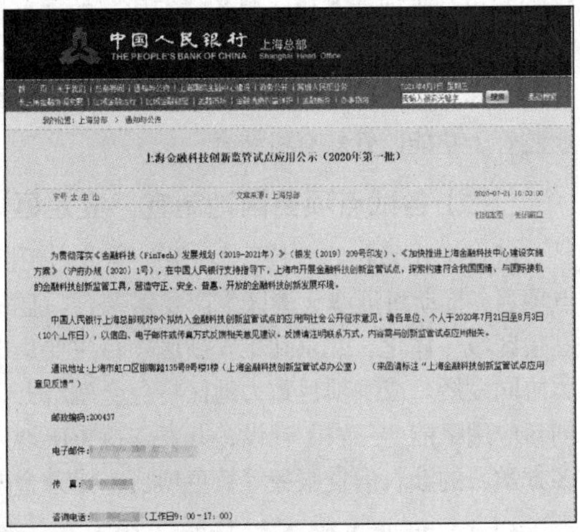

图 10-19　上海金融科技创新监管试点应用公示页面

步骤 2：总结金融科技创新监管试点项目的主要内容和创新特色。

请扫描封底二维码，从人邮教育社区（www.ryjiaoyu.com）下载《"基于区块链的小微企业在线融资服务"金融科技创新应用声明书》，总结该金融科技创新监管试点项目的主要内容和创新特色，特别关注金融科技技术在该项目中的具体应用场景和效果。以纳入上海首批试点的项目"基于区块链的小微企业在线融资服务"为例，该项目由浦发银行申请并负责运营，旨在运用区块链技术实现小微企业多种在线融资场景全量数据上链存证和多方可信共享，降低小微企业融资成本和风险，提升线上融资申请的真实性和可信度；运用开放银行 API 技术，向符合条件的供应链核心企业、头部电商平台等合作方赋能，将银行线下融资获客渠道拓展到线上，提高小微企业融资便利性；在数据安全方面，采用区块链、可信执行环境（TEE）等技术，保障融资数据的完整性和可靠性，从而提升小微金融业务的评估、审批效率，扩大普惠金融服务覆盖面，缓解小微企业融资难、融资贵问题。

步骤3：分析金融科技创新监管试点项目可能存在的风险点，并提出相应的防范措施。

综合运用所学知识以及《区块链技术金融应用评估规则》等相关金融行业标准规范，分析你选择的金融科技创新监管试点项目可能存在的风险，并提出相应的防范措施。以"基于区块链的小微企业在线融资服务"为例，该试点项目可能存在区块链等新技术应用风险，应通过多轮全面的功能、性能、安全测试降低技术实施风险；后续可进一步增加节点参与方，通过引入保险、仲裁等服务节点，进一步提升平台数据公信力，也能更好地提供线上服务。

步骤4：模拟金融科技创新监管试点的"监管沙盒"运作流程。

针对你选择的金融科技创新监管试点项目，结合所学知识以及《金融科技创新应用测试规范》等相关金融行业标准规范，模拟"监管沙盒"的运作流程，填写表10-15，并与同学讨论如何更好地完善"监管沙盒"机制，实现金融科技创新与有效管控风险的双赢。

表10-15　　　　　　　　　　　模拟"监管沙盒"运作流程

测试项目名称		模拟运作关注要点
序号	流程名称	
1	提出申请	
2	监管评估	
3	制定方案	
4	开始测试	
5	持续监测	
6	递交报告	
7	创新推广	

步骤5：为客户选择合适的金融科技创新监管试点项目。

通过对金融科技创新监管试点项目的检索、了解、分析和模拟，根据表10-16所示的某企业客户资料，请为其选择一个合适的金融科技创新监管试点项目，帮助其解决融资难题，并将你选择的项目与其他同学选择的项目进行比较，与其他同学讨论，以进一步掌握金融科技创新监管试点项目的实际应用。

表10-16　　　　　　　　　　　某小微企业客户资料

企业名称	XYZ农业科技有限责任公司
企业注册地	浙江省杭州市
企业类型	小型企业
所属行业	农业，特色农产品种植与销售
可抵押资产	无
融资需求	200万元，补充生产经营和农业技术研发所需资金
融资期限	希望在授信额度和期限内，随借随还，尽可能降低融资成本

步骤6：了解金融科技创新监管试点项目的投诉渠道。

在使用纳入金融科技创新监管试点项目的服务和产品的过程中，如果您认为合法权益受到侵犯，可以通过中国互联网金融协会投诉平台进行投诉。其具体步骤为：单击该平台页面的"我要投诉"按钮，选择投诉类型为"金融科技创新应用试点项目"，如图10-20所示。然后单击"下一步"按钮，阅读弹出的"投诉须知"并勾选"我已阅读并同意以上条款和《个人信息保护政策》"，再单击"同意"按钮，打开投诉页面，选择想投诉的金融科技创新监管试点项目、被投诉机构名称和金融业务发生省市，并描述投诉内容和提供联系方式、其他证据后，单击"提交"按钮。该投诉平台负责收集金融科技创新应用试点项目安全相关的投诉信息，并第一时间将符合平台须知要求的投诉转发至金融科技创新应用试点机构，要求其在10个工作日内处理并将处理结果及时告知投诉人。

10

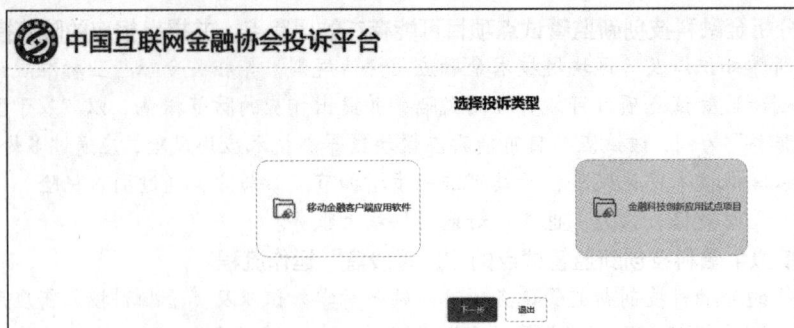

图 10-20　选择投诉类型为"金融科技创新应用试点项目"

课程思政

识别金融科技"伪创新"，防范合规风险

近年来，我国金融科技快速崛起，大数据、云计算、人工智能等技术已经广泛应用于支付清算、投资管理、智能投顾、交易结算、信用评级等金融领域。新技术手段在金融领域应用的深化，在提高金融服务效率的同时，也加速了金融风险的外溢。在金融创新的过程中，存在一些不太合理的现象。这些现象，不是金融创新本身导致的，而是部分金融机构以创新之名行监管套利之实，扰乱市场秩序，其在于"伪创新"。

识别金融科技"伪创新"，可以从业务和技术两个层面入手。从业务层面看，随着经济社会发展和科技进步，金融业的分工日趋专业化、精细化，金融产业链和价值链被拉伸。在数字化、移动化、实时化的背景下，金融机构账户、渠道、数据、基础设施等方面的关联性不断增强，业务连续性的管理难度增大。有的机构安全意识薄弱，为单方面追求极致客户体验，以牺牲资金和交易安全为代价，过度简化必要的业务流程和管控环节，从而产生了较大的业务安全隐患。有的机构假借复杂技术对金融产品进行过度包装，刻意模糊业务本质，并没有真正落实投资者适当性管理的要求和风险提示责任，把一些不成熟、不可靠的金融产品卖给缺乏相应风险承受能力的消费者。部分金融机构推出交易结构复杂的新业务、新模式，产品层层嵌套，风险相互交织，导致资金在金融系统内部滞留空转、循环套利，金融交易成本明显上升。部分机构还借助各种通道，将资金违规投入房地产、地方融资平台等领域。

从技术层面看，金融科技"伪创新"可以表现为部分机构在未经过严密测试和风险评估的情况下，盲目追求颠覆式技术，拔苗助长，急于求成，导致技术选型错位、资源浪费、安全事件频发等问题时常出现。特别是对部分尚处于发展初期的新兴技术，舆论和资本的过度炒作，可能会令它们沦为不法分子操纵市场、投机、诈骗的工具。实践表明，一些号称技术和数据驱动的金融创新，实质上利用了制度规则的相对滞后，游走在法律和监管的"灰色地带"。

请收集下列金融科技"伪创新"的案例，判断其主要属于业务层面还是技术层面的"伪创新"，并分析其存在的风险及产生的原因，填入表 10-17 中。

表 10-17　　　　　　　　　　　　　识别金融科技"伪创新"

金融科技"伪创新"	典型案例	业务层面/技术层面	主要风险	产生的原因
大数据杀熟				
"套路"大学生进行网贷				
借区块链进行 ICO 众筹				

为防范金融科技"伪创新",2020 年以来,监管部门不断完善金融科技监管体制机制,弥补监管短板,引导金融机构"守正创新"。《商业银行互联网贷款管理暂行办法》出台、民间借贷迎来史上最严"利率红线"、《互联网保险业务监管办法》发布……多项针对金融科技领域的强监管政策纷纷落地实施或公开征求意见。在强监管的同时,为落实《金融科技(FinTech)发展规划(2019—2021年)》,中国人民银行支持北京、上海、杭州、苏州、成都、雄安新区、重庆、深圳、广州 9 个地区开展金融科技创新监管试点。在合规基础上创新,已成为行业共识。事实上,合规发展与金融创新并不矛盾,其关键在于认识金融的本质是在风险管理基础上通过资源配置实现价值创造。合规管理和风险控制紧密相连,驱动金融科技创新,首先必须做好合规风控工作。良性的金融创新,应该坚持三个原则:以服务实体经济为根本目的,以提升金融资源配置效率为根本方向,以防控金融风险为根本要求。

请通过互联网检索国家新出台的金融科技监管政策以及鼓励在合规基础上开展金融科技创新的相关措施,结合所学知识,通过小组讨论的方式,回答以下问题。

1. 为什么说"伪创新"依赖于特定的市场环境,与实体经济发展没有关系,同时又有很大的潜在风险,是短暂且不可持续的,而真正意义上的金融创新,应有助于提升金融业竞争力,也有助于提升预防金融风险的能力?

2. 请通过查阅相关监管制度,谈谈你对合规风险的理解。如果你在一家初创型的金融科技企业工作,你认为在日常业务办理和技术应用过程中,应该如何规范自己的职业行为,防范合规风险?

3. 中国建设银行原董事长、东北财经大学东北亚经济研究院院长王洪章指出:"金融科技思维强调的是效率、质量和客户体验,而金融思维强调的是风险防控,这两种思维模式需要在更高的层次上达到一个平衡。"上述观点蕴含着哪些唯物辩证主义的原理?你认为应该如何实现更高层次上的"平衡"?

知识自测题

一、单项选择题

1. 监管当局依据成文法规定,对金融企业各项业务内容和程序做出详细规定,强制每个机构严格执行的监管模式为(　　)。

    A. 规则性监管　　　　　　　　　　　　B. 原则性监管

    C. 动态比例监管　　　　　　　　　　　D. 监管套利

在线测试

2. 中华人民共和国境内的非金融企业、自然人以及经认可的法人控股或者实际控制(　　),具有规定情形的,应当向中国人民银行提出申请,经批准设立金融控股公司。

    A. 两个或者两个以上相同类型金融机构　B. 两个或者两个以上不同类型金融机构

    C. 三个或者三个以上不同类型金融机构　D. 三个或者三个以上相同类型金融机构

3. 行为监管的主要目标是(　　)。

    A. 保护金融消费者的权益　　　　　　　B. 防范系统性金融风险

    C. 确保金融机构合规运营　　　　　　　D. 更多关注金融产品的功能

4. 在金融科技监管中,理解风险和采取监管行动的前提是(　　)。

    A. 实行动态比例监管　　　　　　　　　B. 关注和防范系统性风险

    C. 全范围的数据监测与分析　　　　　　D. 加强消费者教育和消费者保护

10

5. 下列对各机构的监管职责描述错误的是（　　）。
    A. 中国人民银行负责互联网支付业务的监督管理
    B. 银保监会负责互联网银行的监督管理
    C. 证监会负责互联网信托和互联网消费金融的监督管理
    D. 银保监会负责互联网保险的监督管理

6. 下列不属于股权众筹模式的特定风险的是（　　）。
    A. 有限合伙限制投资者主张权利　　　　B. 领投"陷阱"
    C. 代持股风险　　　　　　　　　　　　D. 经济风险

7. 经营网络小额贷款业务的小额贷款公司通过发行债券、资产证券化产品等标准化债权类资产形式融入资金的余额不得超过其净资产的（　　）。
    A. 1倍　　　　　B. 2倍　　　　　C. 3倍　　　　　D. 4倍

8. 下列关于保险科技发展对互联网保险有效监管的挑战，不准确的是（　　）。
    A. 加大系统性风险防控难度　　　　B. 增加互联网保险产品的道德风险
    C. 可能出现运用科技手段规避监管　　D. 跨行业交叉传递风险上升

9. 下列不属于互联网保险自营网络平台的是（　　）。
    A. 互联网保险公司运营的微信公众号　　B. 保险中介机构总公司运营的 App
    C. 保险公司省级分公司运营的官方网站　　D. 互联网保险公司运营的小程序

10. 商业银行发放的用于消费的个人信用互联网贷款授信额度上限为人民币（　　）。
    A. 20万元　　　　B. 30万元　　　　C. 40万元　　　　D. 50万元

11. 商业银行与合作机构共同出资发放的互联网贷款余额，不得超过本行全部贷款余额的（　　）。
    A. 20%　　　　B. 30%　　　　C. 40%　　　　D. 50%

12. 互联网银行出现负面舆情后，网络传播速度快，而且缺乏面对面沟通渠道，因此互联网银行监管需要加强防控（　　）。
    A. 声誉风险　　　B. 信用风险　　　C. 市场风险　　　D. 操作风险

13. 下列关于智能投顾算法监控的要求，不合理的是（　　）。
    A. 公开适当的系统设计文件　　　　B. 由专人定期检查和测试算法的有效性
    C. 永久留存算法检测、更新和终止等记录D. 遇到影响算法的事件时，及时更新算法

14. 小明在某便利店支付结算时，拿出自己手机上随机生成的二维码让收银员扫码完成了支付，则关于该支付行为，正确的是（　　）。
    A. 小明手机上的条码属于静态条码
    B. 上述条码支付属于付款扫码
    C. 上述支付行为比扫描商家贴在收银台上的二维码安全性高
    D. 在上述支付行为中，小明的支付金额不可以超过500元

15. 下列说法不正确的是（　　）。
    ① 由于金融科技风险难管控、难追溯，今后的金融科技监管必然在各个方面都越来越严格
    ② 后疫情时代，全球化趋势有所倒退，因此考虑本国情况进行监管即可，无须建立全球公认的国际监管体系
    ③ 我国的金融科技创新监管试点并非完全集中于东部沿海发达城市
    ④ 为了提高监管效率，避免权责分散，应该把监管沙盒事务交由同一部门负责
    A. ①②　　　　B. ①②③④　　　　C. ②④　　　　D. ①②④

16. 下列关于金融科技监管的描述，错误的是（　　　　）。

A. 微观审慎监管主要通过事前规定金融机构的资本充足率等，来约束金融机构过度的风险承担

B. 科技发展改变了金融的本质，使得金融科技背景下识别真实创新企业的难度增加

C. 金融科技可能导致数据被过度采集和倒卖，给用户造成重大损失

D. 英国金融行为监管局率先提出"监管沙盒"概念，目的是兼顾金融创新与风险防控的需求

二、判断题

1. "监管套利"是一个中性的术语。（　　　　）

2. 金融科技的发展对于系统性风险的影响具有双重性。（　　　　）

3. 提升金融科技行业透明度的抓手是实现财务数据和风险信息的公开透明。（　　　　）

4. 中国证券业协会对股权众筹融资行业进行自律管理。（　　　　）

5. 监管科技与金融科技是相互对立的。（　　　　）

6. 我国第三方支付机构受理的涉及银行账户的网络支付业务必须通过网联处理。（　　　　）

7. 英国金融行为监管局（FCA）在 2015 年 11 月首次提出了"监管沙盒"政策。（　　　　）

8. 我国的金融科技创新监管试点只能由持牌金融机构参与。（　　　　）

三、简答题

1. 请简述金融科技监管的总体原则。

2. 根据《互联网保险业务监管办法》，互联网保险监管主要包括哪些内容？

3. 我国金融科技创新监管工具的设计思路是什么？

4. 我国金融科技创新监管试点有哪些特征？

四、综合分析题

1. 2016 年 3 月 25 日，由中国人民银行牵头会同有关金融监管部门组建的中国互联网金融协会成立大会暨第一次会员代表大会在上海盛大召开。中国互联网金融协会旨在制定行业规则，强化互联网金融和金融科技监管，同时积极促进行业自律，引导和支持互联网金融和金融科技从业机构完善管理、守法经营。央行前副行长李东荣先生担任第一任会长。在随后的会员代表大会上，全体会员单位选举产生了中国互联网金融协会第一届理事会、监事会，选举产生了常务理事单位、理事单位和监事单位。中国互联网金融协会的会员单位涵盖了互联网支付、网络小额贷款、股权众筹、互联网银行、互联网金融信息门户、互联网保险、互联网证券、互联网基金、市场化征信机构、互联网金融研究、金融科技平台型企业等互联网金融和金融科技行业的各类业态，具有广泛性和代表性。

（1）请登录中国互联网金融协会官方网站，检索中国互联网金融协会会员名单，综合运用本项目及本书所学知识，填写表 10-18。

表 10-18　　　　　　　　　　中国互联网金融协会会员分类及监管关系

会员业态分类	会员单位名称举例	牵头监管部门
互联网支付	汇付天下有限公司	
网络小额贷款	广州拉卡拉网络小额贷款有限责任公司	银保监会
股权众筹	深圳市众投邦股份有限公司	
互联网银行		银保监会
互联网金融信息门户		
互联网保险		银保监会
互联网证券		
互联网基金		证监会
市场化征信机构	百行征信有限公司	中国人民银行
互联网金融研究	清华大学五道口金融学院	教育部
金融科技平台型企业	蚂蚁科技集团股份有限公司	协同监管

（2）试运用本项目所学知识，分析如何进一步发挥中国互联网金融协会的自律监管作用。

2. 仔细阅读以下材料，结合所学知识，回答文后的问题。

区分真假众筹，防控集资风险

近日，广州一家自称"股权众筹平台"的旅游公司相关人员林某杰、张某维、蒲某、毛某华、李某晋、陈某民等人因涉嫌组织、领导传销活动罪被广州市南沙区检察院依法提起公诉。据悉，该旅游公司打着"投入资金每天可获得 2%的利息、介绍会员还可以层层投入资金"的旗号，已获得来自全国各地的会员人数高达 17 000 多人。目前，法院正在进一步审理。

该案是利用广东自贸区金融创新背景实施的扰乱法治化营商环境建设的典型案件，具有一定的警示意义。试回答以下问题。

（1）结合所学知识，分析上述打着"股权众筹平台"旗号的传销组织，有哪些特征不符合股权众筹的定义和特征。

（2）股权众筹与非法集资的主要区别有哪些？可从实质性差别、对金融秩序的影响、发行方式、风险控制、法律保护等方面进行分析。

（3）从监管者的角度，如何防控股权众筹的非法集资风险，加大众筹平台违法违规行为的打击力度？

（4）某地金融监管部门拟结合上述警示案例，开展远离非法集资的众筹投资者教育活动，请为该活动设计一句用于宣传海报的口号。

3. 请登录中国人民银行官方网站，通过"首页—政府信息公开—法定主动公开内容—法规政策—政策文件"等路径，检索我国金融科技创新监管试点的新政策和新项目，回答以下问题。

（1）我国金融科技创新监管试点政策主要包括哪些内容？中国人民银行是如何建立健全监管基本规则体系的？

（2）最新纳入金融科技创新监管试点的项目主要使用了哪些金融科技技术？这些创新应用项目解决了金融服务实体经济和人民生活中的哪些痛点？

技能实训

[实训项目]
网络小额贷款监管现场检查方案设计。

[实训目的]
现场检查、非现场监管和市场准入是金融监管的三项主要措施，而对互联网金融和金融科技行业而言，由于更加强调事中与事后监管，因此现场检查往往能更直接地发现企业在经营中存在的问题和风险，从而具有更强的"震慑力"。本实训项目要求大家站在金融监管部门的视角，综合运用所学知识，在步骤引导下，设计一份对某网络小额贷款公司进行全面现场检查的方案，以加深对互联网金融监管原则的理解和应用，提高理论联系实际的能力。

[实训内容]
现场检查是监管部门全面检查与梳理被检查机构在经营管理中存在问题和风险的主要手段。对网络小额贷款公司的现场检查，能够向公司决策层和经营管理层传导监管当局的监管理念、关注的主要风险，使之成为他们的自觉行动，不断强化和完善自身的纠错机制，提高内控能力。制定完善合理的现场检查方案是有效实施现场检查项目的关键，请根据以下步骤引导，制定对某网络小额贷款公司经营情况和主要风险的全面现场检查方案。

步骤 1：了解现场检查规程。
现场检查是一项技术性、综合性较强的监管措施，需要遵循一定的检查规程，其中制定现场检查方案的基本要求：主查人根据现场检查的立项，在与非现场监管部门人员全面深入分析被查单位相关资料的基础上，制订清晰明确的检查方案，包括具体的检查目标、检查任务、检查重点等。

现场检查方案包括的主要内容如下。

（1）制定检查方案的依据：本次网络小额贷款监管现场检查的主要依据，即本项目所学的网络小额贷款业务监管制度和相关规定。

（2）检查的目的、对象、范围、方式、内容和时间安排、纪律要求等。

（3）需要提交的检查报告、附表、格式要求等。

（4）检查组成员分工。

步骤2：选择检查对象。

本次检查对象为对特定网络小额贷款公司，因此应选择一家规模较大、经非现场监管发现可能存在风险隐患、具有代表性的网络小额贷款公司作为检查对象。请检索互联网金融信息门户网站，结合你对当地网络小额贷款公司的了解，选择一家网络小额贷款公司作为检查对象，并将其基本信息填入表 10-19。

资料链接

《监管现场检查规程》

表 10-19　检查对象基本情况表（相关数据统计至制定本方案时的上月末，下同）

公司全称	注册地	成立时间	注册资本	类别*	互联网平台网址	放贷专户	网络小额贷款余额

*类别请填写在注册地所属省级行政区域内开展网络小额贷款业务或者跨省级行政区域开展网络小额贷款业务。

步骤3：设计检查前问卷。

对上述检查对象进行全面检查，应设计检查前问卷，并明确回收检查前问卷的时间和报送要求。检查前问卷应包括以下内容。

（1）网络小额贷款公司的组织架构、股东信息、控股比例等治理信息。

（2）网络小额贷款公司的管理架构、报告关系和授权。

（3）网络小额贷款公司的会计核算办法和账务组织体系。

（4）网络小额贷款公司的主要业务操作规程。

（5）网络小额贷款公司的内部控制制度及相关规定。

（6）网络小额贷款公司运营信息的历史和实时披露情况。

（7）网络小额贷款公司的财务会计报表。

请根据以下问卷示例，设计完整的检查前问卷。

某网络小额贷款公司检查前问卷

被检查单位：（公章）

（以下内容请附文回答）

1. 公司名称、成立时间及注册资本和实缴情况。

2. 公司股东名称、出资情况及性质。

3. 公司高级管理层成员名称、职务。

4. 公司组织结构简图。

5. 公司员工构成情况，如表 10-20 所示。

10

表 10-20　　　　　　　　　　某网络小额贷款公司人员构成　　　　　　　　　　单位：人

项目		截至检查前上月末	同比变化
年龄分布	30 岁以下		
	30～39 岁		
	39 岁以上		
学历分布	博士		
	硕士		
	本科		
	专科		
	高中及以下		
岗位分布	董事、监事及高管人员		
	前台人员		
	中台人员		
	后台人员		
从业经历	金融工作经验 1 年以下		
	金融工作经验 1～5 年		
	金融工作经验 5 年以上		

6. 主要信息披露指标。

请参考表 10-21，设计需要被检查平台填写的主要信息披露指标调查表，对于每项指标，应至少填写截至检查前上月末和检查前上年末的同口径数据。

表 10-21　　　　　　　　　　　　主要信息披露参考指标

指标类别	主要指标
基本信息	营业执照和网络小额贷款业务经营许可证上载明的经营范围、公司地址、法定代表人及高级管理人员基本信息、业务咨询及投诉电话
网络小额贷款指标	网络小额贷款余额、网络小额贷款累计交易额、自然人贷款户均余额、法人贷款户均余额、贷款利率水平、联合贷款余额及出资比例等
风险监测指标	不良贷款额、不良贷款率、逾期金额、逾期笔数、逾期贷款处理方式等

7. 网络小额贷款公司对外融资明细情况。

请具体说明通过银行借款、股东借款等非标准化融资形式融入资金的余额及其占净资产的比例，通过发行债券、资产证券化产品等标准化债权类资产形式融入资金的余额及其占净资产的比例。

8. 网络小额贷款公司在银行开立的放贷专户及其他账户情况，如表 10-22 所示。

表 10-22　　　　　　　　　　放贷专户及其他账户情况

序号	账户性质	开户银行	开户日期	截至检查前上月末余额	备注
1	放贷专户				
2	其他账户				

（以下内容请提供书面资料）

1. 公司章程。

2. 公司主要业务和管理制度、规章、办法以及考核制度。

3. 审计报告和资产负债表、利润表。

10

4. 公司内部控制目标和内部控制政策。

5. 律师事务所出具的合规审查报告。

6. 网络小额贷款业务系统及接入征信系统情况。

其余项目请您补充并完成问卷。

步骤 4：完成检查方案。

根据本次检查目标，结合检查前问卷及被查单位的具体情况，请完成检查方案设计。以下检查重点内容及检查方法提示可供参考。

（1）**公司治理情况**。主要了解公司的组织机构建设；公司治理的决策、执行、监督以及激励约束机制建设；各治理主体尽职履责情况，以评估股东入股意愿和诚信状况、经营目标和自身定位、公司治理架构设置和执行效果。其中重点分析：①基本制衡机制是否形成；②激励导向机制是否合理；③利益输送情况是否正常；④股东是否有继续增资意愿；⑤能够评价自身发展模式，存在改进调整经营管理的积极意愿。

建议：查阅公司章程、议事规程、年度报告，会议记录及定期履职报告，公司薪酬分配制度和正向激励约束措施，以及与董事会成员和高管层成员进行"进点会谈"等。

（2）**内控建设情况**。主要了解公司的内部控制理念、内控的组织方式、具体的内部控制措施和各部门岗位尽职履责情况，包括管理层对主要风险的识别和判定情况、现行内控体系对可见风险的防御覆盖范围，前、中、后台职责边界和相互监督制约机制建设，以及内部报告路径、内部审计效能等情况，以评价内控体系的适当性及有效性。其中重点关注：①在银行开立各类账户，特别是对放贷资金（含自有资金及外部融入资金）实施专户管理落实情况；②各业务流程是否清晰；③必要的岗位分离是否建立（能够较好地防范操作风险和道德风险）；④是否具备主要的风险防范意识；⑤风险偏好是否激进，对客户的逆向选择是否严重；⑥风险控制成效。

建议：应通过函证或至现场延伸调查等方式，向该公司开立放贷专户的银行业金融机构详细了解对放贷资金（含自有资金及外部融入资金）实施专户管理落实情况以及资金具体流向；调阅公司内部主要业务规章和风险管理、内部管理制度；调阅管理部门和内审部门下发的通报、问责、整改报告等；抽查部分会计业务账簿和凭证，其中对股东或关联人与公司之间存在资金往来的应逐户细查；选择重要管理部门负责人和内审部门负责人进行访谈；了解公司各业务、管理流程中的互联网大数据风控程度。

（3）**网络小额贷款管理情况**。主要了解公司网络小额贷款业务政策、流程、制度和执行情况，信贷风险各项防控措施及落实情况，对外融资的管理制度和执行情况。其中重点掌握贷款融资信用审核与大数据信用风险评估情况，对股东及关联人贷款审批和管理情况，逾期贷款或出险贷款处置情况，贷款集中度风险以及收息率等指标，或有负债金额等，以评价公司网络小额贷款业务的管理能力、管理效果和风险控制水平。其中重点分析：①对自然人的单户网络小额贷款余额不得超过人民币 30 万元，不得超过其最近 3 年年均收入的三分之一，该两项金额中的较低者为贷款金额最高限额；对法人或其他组织及其关联方的单户网络小额贷款余额原则上不得超过人民币 100 万元的监管规定；②贷款投向（如是否从事债券、股票、金融衍生品、资产管理产品等投资，是否用于购房及偿还住房抵押贷款等）和客户构成（是否遵循小额、分散的原则，符合国家产业政策和信贷政策，主要服务小微企业、农户、城镇低收入人群等普惠金融重点服务对象）；③掌握目前信用风险状况；④评价公司风险状况及可持续经营能力。

建议：抽取部分网络小额贷款业务进行穿行测试，其中对关联人、前十大户、关联客户贷款应进行重点检查；设计公司内控制度调查问卷，并进行符合性测试。

（4）**合规管理情况**。主要了解公司在经营管理过程中，遵守相关法律法规情况，具体合规要求

10

可参考监管部门出台的监管制度规定，以评价公司合规情况。其中重点分析：①合规整改情况和监管报告情况；②是否注重企业合规文化的培育和建设；③是否存在苗头性问题。

建议：除对照《网络小额贷款业务管理暂行办法（征求意见稿）》等进行符合性测试外，还应调阅公司发文记录、培训记录、相关内部测试考试记录，并登录内部网站了解企业文化建设情况。

步骤5：开展查前培训。

查前培训应重点了解现场检查实施阶段流程，如图 10-21 所示，以及常用的现场检查方法，主要包括以下内容。

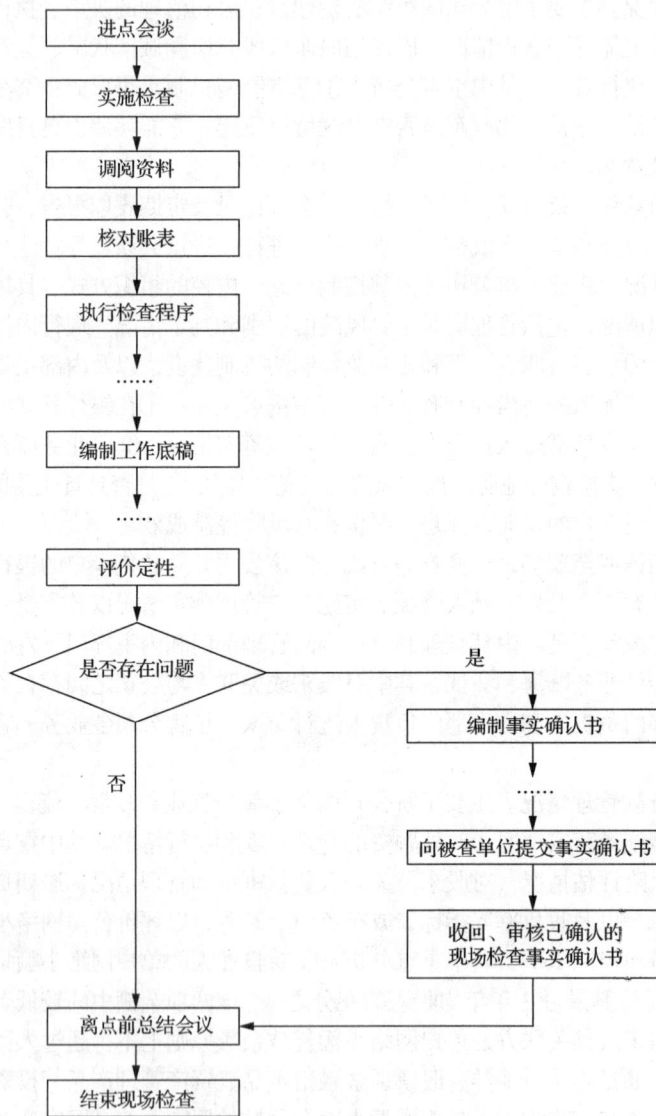

图 10-21　现场检查实施阶段流程

（1）**总体查阅。** 从总体上对被查单位的账账之间、账表之间、账实之间的一致性进行现场审核，并查阅被查单位的外部审计报告和内部审计报告，了解与掌握被查单位业务经营和内部管理的基本情况。检查组应对被查单位账表数据的真实性、完整性和合法性进行现场初步审查，其目的是确保检查组一开始便能真实、完整地掌握被查单位资产负债总体状况，避免有问题的账表数据误导检查人员。

（2）**现场审查**。根据检查方案，按各项检查内容采取相应检查方法对被查单位的有关业务和财务资料进行审查，对实际运行状况进行现场勘查。检查方法包括核对、审阅、计算、比较分析、账户分析、绘制流程图、实地观察、询问调查等。检查方式包括普查和抽查。普查要求对检查内容所涉及的全部业务、财务资料进行全面审查。抽查要求根据抽样比例和抽样原则对检查内容所涉及的业务、财务资料进行有选择的审查。抽样比例根据现场检查方案的要求确定，抽样原则一般采取判断抽样，或者根据已掌握的检查线索确定需要检查的范围、业务环节。对被查单位的实际运行状况进行现场查勘，一般采取现场观察和写实记录的方式。

（3）**调查取证**。检查组对检查中发现的问题进行调查，并取得证明材料。可视检查需要，调阅有关资料，查询被查单位的计算机业务系统的数据，并进行数据导出、转存、打印、复印等处理。证明材料包括：调查询问笔录、凭证、报表、账册（账页）、问卷、说明材料、被查单位文件、合同、会议记录、外调复函、实物照片等。上述证明材料如属复印件，必要时应要求被查单位负责人（负责人不在时由经办人）签字，或加盖部门公章确认，确有特殊情况未能签字或盖章确认的，主查人应当书面说明原因。检查结束前，检查组要统一汇总检查证明材料，编制调查取证材料清单，并编印页码，由检查组集中统一管理。

[实训思考]

1. 与对传统银行业金融机构进行现场检查相比，在设计互联网金融和金融科技企业现场检查方案时，有哪些特别值得注意的地方？

2. 在互联网金融和金融科技监管中，如何将现场检查与非现场监管、信息披露、市场准入等监管手段更好地衔接起来，以进一步降低监管成本，提高监管有效性？

3. 如果需要对上述现场检查情况做进一步总结，并以此为基础撰写一份监管调研报告，你觉得该调研报告的提纲应该如何拟定？

10

项目十一

金融科技业务综合实训

学习目标 ↓

[知识目标]

1. 熟悉金融科技产品，掌握家庭金融资产配置的方法。

2. 能够分析创业小微企业的融资需求，了解创业小微企业运用金融科技创新产品进行融资的过程和方法。

3. 能够指出金融科技创新产品与传统金融产品的区别。

[能力目标]

1. 能够综合运用所学知识和金融科技工具，为自己家庭设计金融资产配置的方案。

2. 能够根据特定目标，熟练操作各种金融科技赋能小微企业融资的产品与业务，并分析各种融资方案的优劣势。

3. 以团队合作的方式，初步掌握创业企业股权众筹商业计划书的编制方法，并通过模拟路演，培养团队协作精神和创新创业能力。

[思政目标]

以金融科技创新实践为应用场景，理解"新基建"的丰富内涵与重要作用，把握金融科技的发展趋势和美好前景，深化职业认同感和职业理想，树立终身学习理念，培养用联系的观点综合分析问题和创造性设计方案解决问题的"高阶能力"。

任务一 金融科技赋能家庭金融资产配置与投资综合实训

[实训目的]

本实训对接"1+X 家庭理财规划职业技能等级证书"标准，要求学生通过对样本家庭金融资产配置方案的学习与实践，综合应用金融科技创新投资、互联网理财超市、"宝宝类"互联网基金、互联网保险、股权众筹投资等基本原理和方法，加深对各类金融科技工具与产品的理解，提升在资产配置中综合投资和资产配置能力，将知识运用于实践中。同时，在此基础上，能够结合自己家庭的基本情况，分析家庭的财务状况和投资结构，熟练掌握家庭金融资产配置方法和实际投资步骤。

[实训要求]

1. 能够根据家庭实际财务情况，编制家庭资产负债表和家庭现金流量表。

2. 熟悉各种金融科技产品，比较它们的优缺点，并根据家庭基本情况设计合理的投资方案。

3. 能够熟练投资不同类型的金融科技产品，在防控风险的前提下提升资产组合的综合回报率。

[实训内容]

一、分析给定样本家庭的基本情况、收入支出、资产负债和现有投资

样本家庭基本情况： 林先生今年 35 岁，家住上海，从事律师行业；妻子苏女士，从事快速消费品行业；两人育有一子，尚未满周岁。根据家庭理财生命周期理论，林先生夫妇正处于家庭成长期。处于家庭成长期的家庭，收入不断提高，支出不断增加，财富也将逐步增加。目前，林先生每月收入约 2 万元，苏女士每月收入约 6 000 元。不动产方面，2015 年，两人在上海普陀区贷款买了一套 85 平方米的房子，首付 51 万元，每月还贷款 3 300 元。截至 2021 年年底，房子市值 500 万元左右，尚有未偿还的贷款本金余额 813 100 元，其中长期负债 790 000 元，短期负债 23 100 元。林先生夫妇计划在五年后再购买一套三室一厅的住房以改善生活条件。此外，两人有一辆东风日产轿车代步，价值 12 万元左右，每年养车费用在 1 万元左右。两人并未对保障方面做过多规划，两人的单位待遇不错，有五险一金，除此之外两人并没有购买任何商业保险。开支方面，两人每月的膳食支出需 5 000 元，每年的购置衣物费用约 2 万元，水电气等各项杂费约 23 000 元，物业管理费 5 000元左右，每年的旅行和娱乐费用约 3 万元。林先生父母是上海人，条件不错，并不需要小两口补贴，苏女士是外地人，一年需要给妻子父母 2 万元作为生活费。投资方面，林先生从 2015 年开始投资理财，当时的收益率还不错。随着我国股市的企稳回升，林先生又将部分资金投入股市，当下家庭金融资产的配置为：股票 10 万元，债券 6 万元，多余的钱就存在银行，2021 年共取得金融产品投资收入 67 500 元。资产方面，因为之前没有孩子，两人除了吃饭和旅游的支出，其他开销不多，目前共有现金 10 万元，活期存款 3 万元，定期存款 15 万元。随着金融科技的快速发展，林先生希望以后能将各种金融科技创新产品纳入家庭资产配置范围，做好理财规划，利用好每月的收入结余，为孩子储备教育金，并提高家庭的生活水平。

请根据以上描述，进一步归纳和分析该家庭的收入支出、资产负债情况以及现有投资的合理性。

二、编制上述家庭的资产负债表、现金流量表，分析该家庭需配置哪些金融产品

1. 理财人属性分析

林先生夫妇工作稳定，正处于事业的成熟期，安全度高，身体健康，意外事件发生概率小，因此为预防突发事件准备的现金可以少一些。林先生夫妇支出谨慎周全，在理财方面属于保守型。林先生的家庭结构是男主外女主内，根据收入支出状况，该家庭在上海这样的大城市中非常典型，具有代表性，即有体面的收入，同时面临较大的生活压力。

请结合家庭理财生命周期理论，进一步分析该家庭的投资偏好与抗风险能力。

[知识链接]

家庭理财生命周期各阶段主要特征

- **单身期：** 收入低，支出大，可投资金额少，但由于年轻，抗风险能力强。
- **家庭形成期：** 家庭收入以双薪为主，收入增加，支出也增加，家庭财力较弱，但抗风险能力较强。
- **家庭成长期：** 家庭生活趋于稳定，收入增加的同时，支出也在增加，抗风险能力中等。
- **家庭成熟期：** 家庭已经完全稳定，家庭收入达到顶峰，支出减少，家庭资产积累达到顶峰，但由于年龄增大，抗风险能力较低。
- **退休期：** 家庭进入空巢期，收入下降，支出结构发生变化，医疗费用提高，其他费用下降，抗风险能力低。

11

2. 家庭财务情况

通过编制家庭资产负债表与家庭现金流量表，能够清晰地展示家庭现时的财务情况。表 11-1 和表 11-2 给出了编写示例，请计算"比重"栏并填入表内。大家也可以根据自己的分析思路，对各科目及金额进行调整或归并，或者在符合会计基本等式的基础上自行设计表样并编制相关报表。

表 11-1 　　　　　　　　　　　　　林先生家庭资产负债表

填表日期：2021 年 12 月 31 日

林先生家庭资产负债表					
资产	金额/元	比重	负债	金额/元	比重
1. 现金及现金等价物	280 000		**1. 长期负债**	790 000	
1.1 现金	100 000		1.1 住房贷款	790 000	
1.2 活期存款	30 000		1.2 汽车贷款		
1.3 定期存款	150 000		1.3 股票质押贷款		
1.4 货币市场基金			1.4 其他长期负债		
2. 其他金融资产	160 000		**2. 短期负债**	23 100	
2.1 债券	60 000		2.1 信用卡应付款		
2.2 股票	100 000		2.2 当年应还房贷	23 100	
2.3 非货币市场基金			2.3 当年应还车贷		
2.4 期货			2.4 其他短期负债		
2.5 保值性商品					
2.6 寿险保单现值					
2.7 应收款现值					
2.8 其他投资现值					
3. 实物资产	5 120 000				
3.1 自用房地产	5 000 000				
3.2 其他自用资产					
3.3 汽车	120 000				
3.4 房地产投资					
3.5 其他投资					
资产合计	5 560 000		负债合计	813 100	
净资产	4 746 900				

表 11-2 　　　　　　　　　　　　　林先生家庭现金流量表

填表日期：2021 年 12 月 31 日

林先生家庭现金流量表（年度）					
现金流入项目	金额/元	比重	现金流出项目	金额/元	比重
1. 经常性收入	379 500		**1. 经常性支出**	179 600	
1.1 工资-林先生	240 000		1.1 膳食支出	60 000	
1.2 工资-苏女士	72 000		1.2 通信费用		
1.3 其他金融产品投资收入（股票等）	67 500		1.3 衣物购置费用	20 000	
2. 非经常性收入			1.4 交通费用	10 000	
2.1 劳务报酬所得			1.5 住房费用	5 000	
2.2 稿酬所得			1.6 水电煤气	23 000	
2.3 财产转让所得			1.7 医疗费用		
2.4 财产租赁所得			1.8 保险费用		
			1.9 教育费用		
			1.10 贷款偿还	39 600	

续表

林先生家庭现金流量表（年度）					
现金流入项目	金额/元	比重	现金流出项目	金额/元	比重
			1.11 父母赡养费用	20 000	
			1.12 其他经常性支出		
			2. 非经常性支出	30 000	
			2.1 旅游费用		
			2.2 娱乐费用	30 000	
			2.3 投资支出		
			2.4 信用卡支付		
			2.5 其他非经常性支出		
现金流入总计	379 500		现金流出总计	207 600	
净现金流量（收入盈余）	171 900				

3. 收入分析

林先生夫妇的年收入达 31 万多元，虽然数量上比较可观，但是配置的投资理财产品较少，财产性收入所占总收入的比重较小。

请对林先生夫妇的收入结构做进一步分析，并对收入变化趋势做初步预测。

4. 支出分析

林先生夫妇年生活支出 20 万元，在总收入中占据了较大份额，一般而言 40%是合理的比例，但从林先生家庭支出总体情况看，由于考虑到未来房贷和不断增长的子女教育经费，应该适当控制生活支出。林先生夫妇非常孝顺，有可观的赡养费，应维持这一水平。林先生夫妇并没有购买商业保险，这反映了夫妇俩并不完全具备风险意识。林先生夫妇的投资经验一般，鉴于理财生命周期阶段与当前的生活压力，应对投资方式进行适当的调整。

请对林先生夫妇的支出结构做进一步分析，并对支出变化趋势做初步预测。

5. 持有现金的机会成本

林先生夫妇目前持有现金 30 万元，占总资产的 5.3%，同时以活期和定期存款方式持有，收益偏低，因此林先生夫妇持有现金的机会成本较高，收益损失较大，建议林先生夫妇适当减少现金持有量。

请调查目前的活期与定期存款利率，并将其与 CPI、金融市场平均回报相对比，估算该家庭持有现金（包括现金等价物）的机会成本。

6. 财务指标分析

请学习表 11-3 中用于财务指标分析的各项指标，并应用编制的家庭资产负债表与家庭现金流量表中的数据，进行分析计算。以下给出了分析结果，请将你的计算结果与之对比。

财务指标计算公式及参考值

表 11-3　　　　　　　　　　　　　　财务指标分析

财务指标				
财务指标	计算公式	参考值	主要功能	客户实际值
结余比率	年结余/年税后收入	>30%	储蓄意识和投资理财能力	45%
投资净资产比率	投资资产/净资产	>50%	投资意识	3%
清偿比率	净资产/总资产	>50%	综合偿债能力	85%

11

财务指标				
财务指标	计算公式	参考值	主要功能	客户实际值
负债比率	负债/总资产	<50%	综合偿债能力	15%
即付比率	流动资产/负债	≈70%	短期偿债能力	34%
负债收入比率	年债务支出/年税后收入	≈40%	短期偿债能力	13%
流动比率	流动性资产/月支出	3～6	应急储备状况	25

① 林先生夫妇的结余比率为45%，超过了一般家庭30%的参考值，说明林先生夫妇的储蓄意识很强，具有较高的投资理财能力，建议林先生夫妇可适当降低结余比率，增加消费，提高生活质量。

② 林先生夫妇的投资净资产比率为3%，远低于参考值50%，说明林先生夫妇资产中用于投资的比例偏低，投资意识较弱。建议林先生夫妇提高投资资产金额，提高家庭资产收益率。

③ 林先生夫妇的清偿比率为85%，负债比率为15%，说明林先生夫妇综合偿债能力很强，建议在有需要的情况下，林先生夫妇可以适当举债来完成理财目标。

④ 林先生夫妇的即付比率为93%，高于参考值70%，说明林先生短期偿债能力强，建议在有需要的情况下，林先生夫妇可以适当举债来完成理财目标。

⑤ 林先生夫妇的负债收入比率为13%，与参考值40%相比较低，说明每年债务支出占收入比例较低，偿债能力强，建议在有需要的情况下，林先生夫妇可以适当举债来完成理财目标。

⑥ 林先生夫妇的流动比率为25，远远高于正常参考值3～6，一方面说明林先生夫妇的应急储备资金多，能够很好地应对生活中的紧急情况，另一方面也说明林先生夫妇的流动资产过多而使得资产收益率低。建议林先生夫妇在衡量自身工作稳定度等因素后，在3～6的参考值范围内确定家庭的应急储备资金，减少流动资产量，从而提高资产收益率。

7. 金融科技赋能金融产品投资建议

根据上述分析，建议林先生夫妇可以选择金融科技赋能下的金融创新产品进行合理的投资理财，如互联网理财超市的"类固收"产品、互联网基金"宝宝类"产品、股权众筹投资、互联网保险、互联网银行理财产品、大数据金融与量化投资产品等。

请综合运用所学知识，逐一判断可纳入家庭资产配置范围的金融产品的具体分类与业态。

三、根据配置建议，调查研究相关的金融科技产品，设计投资方案

1. "类固收"互联网理财产品

请综合运用**互联网理财超市资产配置**的方法，为上述样本家庭选择合适的互联网理财产品。例如，选择宜信公司旗下安全合规的互联网理财超市"宜信投米"中的"嘉系列"产品。"嘉系列"是由大型持牌机构登记、备案、发行的优质债权资产"类固收"互联网理财产品，收益较高且安全合规。表11-4列出了宜信投米"嘉系列"的部分产品，请你参照示例，与自己所选择的平台及产品进行列表比较，并填入后附的《实训手册》中。

表11-4　　　　　　　　　宜信投米"嘉系列"部分产品示例

机构名称	计划名称	投资期限	投资起始金额/元	债权预期年化收益率
宜信投米	嘉瑞盈-24期	24个月	100 000	8.20%
宜信投米	嘉瑞盈-15期	15个月	100 000	7.50%
宜信投米	嘉瑞福-15期	15个月	50 000	7.30%

2. "宝宝类"互联网基金产品

表11-5列出了主流互联网基金"宝宝类"理财产品的基本情况，请对以下产品逐一进行网络检

索，了解目前的实际收益情况，并为样本家庭提出配置建议。

表 11-5　　　　　　　　　　　"宝宝类"互联网基金产品示例

机构名称	产品名称	投资期限	投资起始金额/元	七日年化收益率	优势
蚂蚁集团	余额宝	随时可转出	0.01	平均约 2.50%	余额宝内的资金能随时用于网购支付和商家付款，可灵活提取，支持支付宝账户余额支付、储蓄卡快捷支付的资金转入，不收取任何手续费。通过"余额宝"，用户留存在支付宝的资金不仅能拿到"利息"，而且和银行活期存款利息相比收益更高。在"天弘货币基金"的基础上，余额宝逐步接入更多的货币基金，提供更多具体选择
京东数科	平安活期盈	随时可转出	1 000	平均约 2.76%	平安活期盈是一款养老保障计划产品，主要投资风险相对较低的固定收益类资产和货币市场工具等，在兼顾流动性的基础上为委托客户创造收益。凭借强大的获取资产能力及对利率市场的准确判断，平安活期盈自上线以来一直保持较高的收益水平
腾讯	理财通（万家天添宝 A）	随时可转出	0.01	平均约 2.31%	万家天添宝 A 主要投资银行存款单、国债央票以及银行债券等，国债央票和存款基本上是零风险，银行债券的发行主体是银行，债券违约概率小，本金损失可能性低，作为一款货币基金，它的风险等级是所有基金中最低的
众禄基金	众禄现金宝	随时可转出	100	平均约 2.42%	众禄现金宝是一种直接对接货币基金的理财账户。投资者将资金存入众禄现金宝等同于购买货币基金，同时享受货币基金收益。收益是银行活期利率的 9～26 倍。与众禄现金宝对接的货币基金为银华货币 A 和海富通货币 A，投资者可以自由选择两种投资方向，购买相应的货币基金之后，投资者的众禄现金宝收益直接享受该货币基金的收益

3. 互联网保险

考虑到林先生夫妇只有社保，且夫妇俩正值青壮年，未来的人生道路还很长，孩子也即将出生，所以有必要配置一些互联网保险产品以提升家庭抗风险能力。表 11-6 给出了互联网保险公司——众安保险与康泰人寿的部分产品，请结合所学知识，通过网络检索与对比，为上述样本家庭提出建议配置的具体险种。

表 11-6　　　　　　　　　互联网保险产品示例

机构名称	产品名称	保险期限	适用人群	保障项目	保费/（元/年）
众安保险	尊享 e 生 2020 版（年缴版）	1 年	30～60 周岁	100 种重大疾病	136
众安保险	飞享 e 生铂金版	1 年	60～65 周岁	航班延误，航空意外伤害	299
泰康在线	全能保成人版	1 年	18～50 周岁	70 种大病	965
泰康在线	全能保少儿版	1 年	30～17 周岁	70 种大病	299.8

4. 股权众筹投资

目前比较流行的股权众筹平台有第五创、众筹客、众投邦等。请参照表 11-7，与上述平台目前正在众筹融资或预热的项目进行列表比较，并进一步研究预期回报和回购等风控措施，提出投资建议。

11

表 11-7   股权众筹项目示例

项目名称	目标融资额/元	单笔金额/元	预计收益率	回购条款
爱郝特酒店天津上谷店	540 000	30 000	12%～16%	三年期满一次回购
唱吧麦颂 KTV 北京百子湾店	787 500	8 750	15%	一年期满一次回购

5. 设计投资方案

计算样本家庭可用于投资的资产合计，计算方法如下：

该家庭共持有现金 10 万元，考虑到预防性货币需求，保留 2 万元现金作为应急储备，其余 8 万元可用于投资金融科技产品。原持有的 3 万元活期存款由于已经考虑配置余额宝产品，所以可不再保留活期存款，同时加上年净收入 171 900 元，上述三部分合计如下：

80 000+30 000+171 900 = 281 900（元）

请根据以上分析，为样本家庭制定金融科技赋能下的具体投资方案，如表 **11-8** 所示。你需要根据最新的金融市场情况，合理确定投资的具体产品以及配置比例。

表 11-8   样本家庭金融资产配置   金额单位：元

类别	机构名称	产品名称	投资金额/保费	配置比例	预期收益率/预期分红率
"类固收"互联网理财产品	宜信投米	嘉瑞盈-24 期	100 000	35.47%	8.20%
	宜信投米	嘉瑞福-15 期	80 000	28.38%	7.30%
互联网保险	众安保险	飞享 e 生铂金版	299	0.11%	——
	众安保险	尊享 e 生 2020 版（年缴版）	2 272	0.81%	——
股权众筹	众筹客	唱吧麦颂 KTV 锦州百货大楼店三期	30 000	10.64%	15.00%
互联网基金	蚂蚁集团	余额宝	69 329	24.59%	2.50%
可配置金融资产合计			281 900	100%	7.19%*

*注：投资资产组合回报率=8.20%*35.47%+7.30%*28.38%+15%*10.64%+2.50%*24.59%=7.19%

① 考虑到林先生夫妇正处于事业上升期，单位福利较好，平时除了家庭正常支出和偶尔的娱乐活动外，很少有其他开销。因此建议林先生夫妇保留约三个月的家庭固定支出所需现金转入余额宝，其余可以用来投资其他金融科技产品。之所以将现金转入余额宝，一是因为如今很多商户都接受支付宝付款，付款可以直接用余额宝里的钱支付，十分方便；二是因为余额宝每天都会计算收益，虽然不如定期的理财产品收益率高，但是日积月累也是一笔可观的收入，余额宝里的钱还可以随时转入转出，具有与现金基本相当的流动性。

② 建议林先生夫妇取 18 万元投资宜信投米的"嘉系列"互联网理财产品，其中 10 万元投资"嘉瑞盈-24 期"，预期年化收益率 8.20%；8 万元投资"嘉瑞福-15 期"，预期年化收益率 7.30%。

③ 林先生是律师，经常有出差的需要，可以用 299 元购买众安保险的飞享 e 生铂金版（航空综合保险），是一种风险保障；并用 2 272 元购买众安保险的尊享 e 生 2020 版（年缴版）四份。

④ 参考"众筹客"的股权众筹项目，建议林先生用剩下的 3 万元投资"唱吧麦颂 KTV 锦州百货大楼店三期"项目，风险较低，年化分红收益率平均约 15%。

四、结合本教程各项目所学知识，完成各项拟配置的金融科技产品的投资操作步骤说明文档

请综合运用所学知识，在《实训手册》中写出你打算配置的各项金融产品的投资步骤，以下以互联网保险产品为例，给出了范例。大家可以参照示例步骤引导完成操作，也可以通过融育金

11

融科技综合实训系统完成各类金融科技投资的全流程模拟操作。可扫描封底二维码下载《金融科技综合实训系统操作手册》和《实训手册》。

步骤 1：打开众安保险主页，熟悉众安保险的产品。

打开众安保险主页，熟悉众安保险的基本情况和产品特色，如图 11-1 所示。

步骤 2：注册成为众安保险的会员。

单击主页上方的"注册"按钮，在弹出的图 11-2 所示的页面中，用手机号码注册成为"众安保险"的网站会员并设置密码。

图 11-1 "众安保险"主页

图 11-2 "众安保险"注册页面

步骤 3：用账号登录众安保险网站，选择拟配置的互联网保险产品种类。

用注册的账号登录众安保险网站，单击"保险商城"标签，选择页面上侧的所有保险分类下的"健康险"种类，如图 11-3 所示。

图 11-3 选择保险种类

步骤 4：了解"尊享 e 生"互联网保险产品的具体情况。

根据上述样本家庭金融资产配置方案，选择"尊享 e 生"百万医疗险产品，了解该互联网保险产品的基本情况、主要特点和保障计划等内容。产品在迭代中，先后增加了恶性肿瘤 0 免赔、质子重离子治疗 100%赔付、重疾住院医疗费用垫付等保障责任和服务。输入投保人的基本信息，并勾选可加购责任（附加险），网站会实时给出保费报价，然后可单击"立即投保"按钮，进入投保流程，如图 11-4 所示。

11

图 11-4　互联网保险产品在线投保页面

步骤 5：模拟投保互联网保险产品。

有条件的同学可以根据配置方案，选择相应的互联网保险产品，然后填写"投保人信息"和"被保人信息"，进行模拟投保操作，如图 11-5 所示。

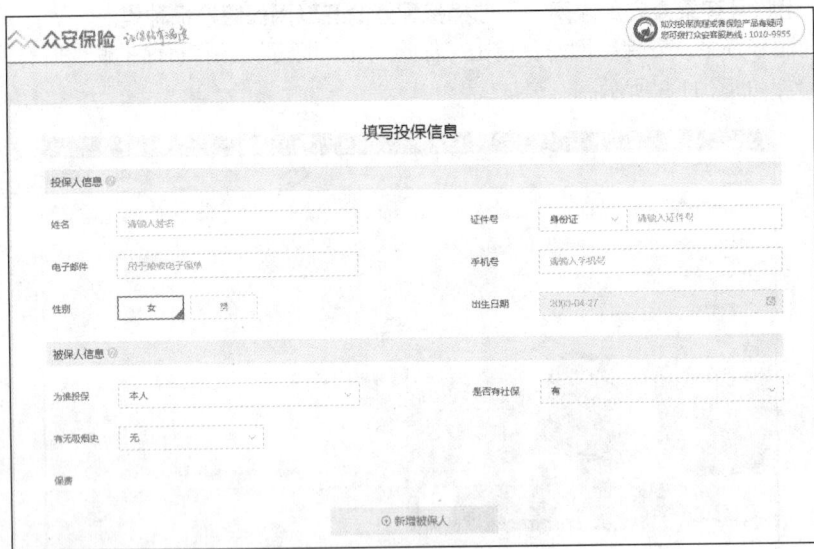

图 11-5　填写投保信息页面

五、参照上述案例步骤，分析自己家庭的投资情况，完成金融科技赋能家庭金融资产配置方案，并开展实际或模拟投资

1. 调查你的家庭资产和负债情况，完成家庭资产负债表。

2. 调查你的家庭年收入和支出情况，完成家庭现金流量表。

3. 根据你的家庭实际情况，结合你所学过的金融科技知识，为你的家庭设计金融资产的配置方案，并开展实际投资。

请根据家庭资产负债表与家庭现金流量表，测算可投资的家庭资产合计，并参照样本家庭配置步骤，完成家庭金融资产配置，将结果填入表 11-9。

表 11-9　　　　　　　　　　　　　　家庭金融资产配置　　　　　　　　　　　　金额单位：元

类别	机构名称	产品名称	投资金额/保费	配置比例	预期收益率/分红率
"类固收"互联网理财产品					
互联网保险					
众筹投资项目					
互联网基金					
其他产品					
可配置金融资产合计				100%	

六、跟踪配置的资产情况，计算资产组合投资回报率，并提出风险防控建议或预案

[知识链接]

投资资产组合回报率的计算方法

投资组合的期望回报率就是组成投资组合的各种投资项目的期望回报率的加权平均数，其权数是各种投资项目在整个投资组合总额中所占的比例。

计算投资资产组合回报率的公式为：

$$\overline{R_p} = \sum_{j=1}^{m} W_j \overline{R_j}$$

其中：

$\overline{R_p}$——投资组合的期望回报率；

W_j——投资于 j 资产的资金占总投资额的比例；

$\overline{R_j}$——资产 j 的期望报酬率；

m——投资资产组合中不同投资项目的总数。

例如，某投资组合由两种权重相同的金融产品组成，这两种金融产品的期望回报率和标准差如表 11-10 所示，计算该投资组合的期望回报率。

表 11-10　　　　　　　　　A、B 金融产品的期望回报率和标准差

金融产品	期望回报率	标准差
A 产品	15%	0.121
B 产品	10%	0.107

则根据公式，上述投资组合的期望回报率＝15%×50%+10%×50%＝12.5%。

请根据以上知识，综合运用金融科技与金融投资理论，计算你设计的家庭金融资产配置组合的投资期望回报率，并提出风险防控建议或预案。

任务二　金融科技赋能小微企业融资产品与业务综合实训

精品微课

精品微课

金融科技创新赋能小微企业融资的路径（上）

金融科技创新赋能小微企业融资的路径（下）

[实训目的]

本实训要求根据所提供的创业小微企业的基本情况，运用

11

所学的金融科技与互联网金融知识，分析该企业的融资需求，并结合企业的商业计划书，细化股权众筹融资方案，借助金融科技平台完成该企业的融资申请，分组进行路演。同时，能够结合实际，分析股权众筹融资、区块链+供应链金融、互联网贷款等不同类型的金融科技赋能小微企业融资模式的优劣势，并为企业通过金融科技创新产品融资提供合理建议。

[实训要求]

1. 能够分析所要融资的科技创业类小微企业的财务状况和融资需求。

2. 能够根据企业的基本情况设计融资方案，分析金融科技的赋能作用，并比较股权众筹融资、区块链+供应链金融、互联网贷款等各种金融科技和互联网金融融资方式的优缺点，通过团队讨论与协作，做出融资决策并执行。

3. 能够对标全国职业院校技能大赛数字金融相关赛项要求，掌握金融科技、区块链金融、小微金融和供应链金融相关的产品与业务的实践操作技能。

[实训内容]

一、分析小微企业的基本情况和融资需求

悦动节能科技股份有限公司是一家科技创业企业，设在江苏省无锡市，注册资本为1 000万元，属于小型企业，享受国家"三免三减半"的税收优惠政策。

公司成立第一年即开始投产，初期共需资金1 612.25万元。其中，固定资产投资1 120万元（折旧75万元），无形资产480万元（摊销24万元），流动资产合计311.25万元。公司向银行借款100万元（年利率为5%），其余由股东投资。

目前公司已成立三年，前三年的利润分别为117.02万元、210.80万元、699.56万元，从第二年开始，销售净利率保持在10%以上，公司管理水平高，存货和应收账款的周转率高，具有较强的短期偿债能力。

公司在第三年增加投资100万元，对产品进行了改良，预计公司前五年的营业净现金流量现值为3 439.97万元，投资可行且经济效益好。预计公司第四、第五年的投资利润率达50%以上，各财务指标较前三年有回升之势，市场前景良好。

目前，正值公司成立第三年年末，公司召开年终总结大会，考虑通过金融科技创新渠道获取一笔融资以扩大生产。预计该笔融资中将有200万元用于购置生产设备，100万元用于补偿营运资金，若该笔融资能够顺利到位，第四年由于存在新生产线调试与磨合，预计利润为697.48万元，而第五年预计利润将达到899.02万元，此后盈利稳定。

请根据以上描述，分析该创业企业的盈利前景与融资需求。

二、根据股权众筹融资的要求设计"悦动节能科技股份有限公司股权众筹融资商业计划书"，细化商业计划书中的股权众筹融资方案，并制作路演PPT，分组进行模拟路演

（1）根据股权众筹融资的要求，设计"悦动节能科技股份有限公司股权众筹融资商业计划书"。

（2）运用所学的股权众筹投融资知识，细化商业计划书中的股权众筹融资方案。

（3）选择一家合适的股权众筹平台进行模拟众筹融资操作。下面以众投邦为例，给出了操作步骤可供参考。

步骤1：注册并登录众投邦App，了解众投邦的基本情况。

从应用商城下载众投邦App，用手机号注册并登录众投邦App。众投邦App首页如图11-6所示。通过众投邦App可以了解到众投邦主要开展面向科技创业型小微企业的股权众筹投融资业务，致力于提高创业者的融资能力，并积极培育科创板上市公司，因此适合悦动节能科技股份有限公

司融资。

步骤2：进入"发布项目"页面，提交融资申请。

点击众投邦 App 首页的"发布项目"按钮，进入"发布项目"页面，如图 11-7 所示。填写完整项目信息，并上传商业计划书，然后点击"提交"按钮。

图 11-6　众投邦 App 首页　　　　图 11-7　众投邦 App "发布项目"页面

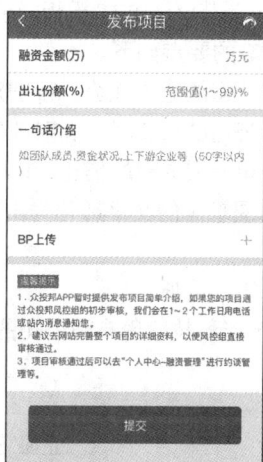

步骤3：完成项目风控审核，进入股权众筹融资流程。

提交融资申请后，如果项目通过众投邦风控组的初步审核，众投邦会在 1～2 个工作日用电话或站内消息发出通知。项目审核通过后，融资的项目方可以在"个人中心-融资管理"进行约谈管理等，进入股权众筹融资流程。

（4）编制悦动节能科技股份有限公司股权结构变动表，计算预计每年支付给股权众筹投资人的分红。

根据商业计划书及股权众筹融资方案，本次众筹融资金额为 300 万元，占众筹后公司总股本的 23.08%，每位众筹投资人的最低投资金额为 6 万元，最高投资金额为 100 万元，众筹投资人数不超过 50 人。每年将 80% 的净利润按股东投资比例用于股东分红。该公司众筹前后股权结构变动如表 11-11 所示。

表 11-11　　　　　　　悦动节能科技股份有限公司股权结构变动表　　　　　单位：元

股权结构	原始股权结构			众筹融资后股权结构		
总股本/元	10 000 000			13 000 000		
每股价值/元	1.00			1.00		
股东名单	股权类型	投资额（股份）	股份比例	股权类型	投资额（股份）	股份比例
陈捷	普通股	5 000 000	50.00%	普通股	5 000 000	38.46%
周雷	普通股	3 000 000	30.00%	普通股	3 000 000	23.08%
陈善璐	普通股	2 000 000	20.00%	普通股	2 000 000	15.38%
众筹投资人	—	—	—	普通股	3 000 000	23.08%
合计	—	10 000 000	100.00%	—	13 000 000	100.00%

公司众筹融资后首年，预计支付给全体众筹投资人的分红=697.48×80%×23.08%≈128.78（万元），若按最低投资 6 万元计算，则众筹后首年每位众筹投资人预计获得分红=128.78÷50≈2.58（万元）；公司众筹融资后第二年，预计支付给全体众筹投资人的分红=899.02×80%×23.08%≈166.00（万元），若

11

按最低投资 6 万元计算，则众筹后第二年预计每位众筹投资人可获得分红=166÷50=3.32（万元）。

试进一步计算本次众筹的预计年化分红率及投资回收期。

（5）参考路演模板，分组制作路演 PPT。

以五人为一组，合理分工，通过讨论沟通与团队协作，制作样本公司用于股权众筹路演的 PPT。请扫描封底二维码下载路演 PPT 模板及说明。

制作路演 PPT 的要点如下。

① 注意强调公司的竞争优势，特别是产品的创新点和对市场的吸引力。

② 仔细分析公司的财务状况和财务指标。

③ 注重对公司发展战略的描述，以引起投资人的兴趣。

④ 尽量把晦涩难懂的文字转化为由图表、动画及声音所构成的生动场景，以求通俗易懂、栩栩如生。

⑤ PPT 的脉络要清晰。

（6）对悦动节能科技股份有限公司的融资进行分组模拟路演。

[知识链接]

企业主要管理团队职务说明

在一个创业企业管理团队中，每位成员既有明确的职务分工，又团结协作。常用的管理团队成员职务说明如表 11-12 所示。

表 11-12　　　　　　　管理团队成员职务说明

职务	说明
CEO	首席执行官，又称行政总裁、总经理或最高执行长
COO	首席运营官，是企业组织中最高层的成员之一，通常兼任常务或资深副总裁
CFO	首席财务官，主要通过财务的手段进行战略层面的操作
CTO	首席技术官，即企业内技术方面的最高负责人
CIO	首席信息官，负责公司信息技术和系统的所有领域

根据职务说明，对每组五人进行角色分配，并将分配结果填入表 11-13 中。其中，CEO 对组里每个人都要分配相应的职务，路演由 CEO 负责，其他人在路演时随时注意观众的反应，在投资人提问环节配合 CEO 回答问题。

表 11-13　　　　　悦动节能科技股份有限公司融资分组路演职务分配

姓名	职务	负责内容
	CEO	
	COO	
	CFO	
	CTO	
	CIO	

（7）除了股权众筹外，悦动节能科技股份有限公司能否采用其他的众筹模式融资？请复习科技类实物众筹的有关知识，为该公司设计一份实物众筹融资方案，并从实物众筹平台中选择一家适合该公司融资的平台。

三、根据金融科技与供应链金融的相关要求，设计该企业的区块链+供应链融资方案，并进行模拟操作实践

（1）在设计融资方案前，请结合所学知识，分析区块链与小微企业供应链融资场景的契合性，体会区块链等金融科技对小微企业融资的赋能作用。

表 11-14 中列出的区块链对小微企业供应链融资的赋能作用，能够通过匹配和运用区块链技术的哪些创新特征实现？请将创新特征对应的序号填入表 11-14 中（多选）。

区块链的创新特征如下。

A. 去中心化

B. 共识信任机制

C. 分布式账本

D. 防篡改

E. 防抵赖

F. 可追溯性

G. 智能合约

H. 开放性

I. 自治性（集体监督维护）

表 11-14　　　　区块链的创新特征对小微企业供应链融资的赋能作用

区块链对小微企业供应链融资的赋能作用	对应的创新特征
将核心企业应付账款电子凭证化，实现信用多级可信流转	
提高供应链中数据真实性，构建可靠的信息系统	
解决交易背景真实性问题，防控信用风险	
提高小微企业融资效率，降低融资成本	
缓解信息不对称问题，提高小微企业融资可获得性	

（2）综合运用所学的金融科技知识，结合样本小微企业实际情况，设计融资方案，并选择合适的区块链+供应链金融融资平台。选择时应了解区块链+供应链金融的业务流程，如图 11-8 所示，并优先考虑适合科创类小微企业融资的平台，如蚂蚁双链通、腾讯微企链等。同时，根据区块链+供应链金融融资的要求，做好申请材料准备工作。

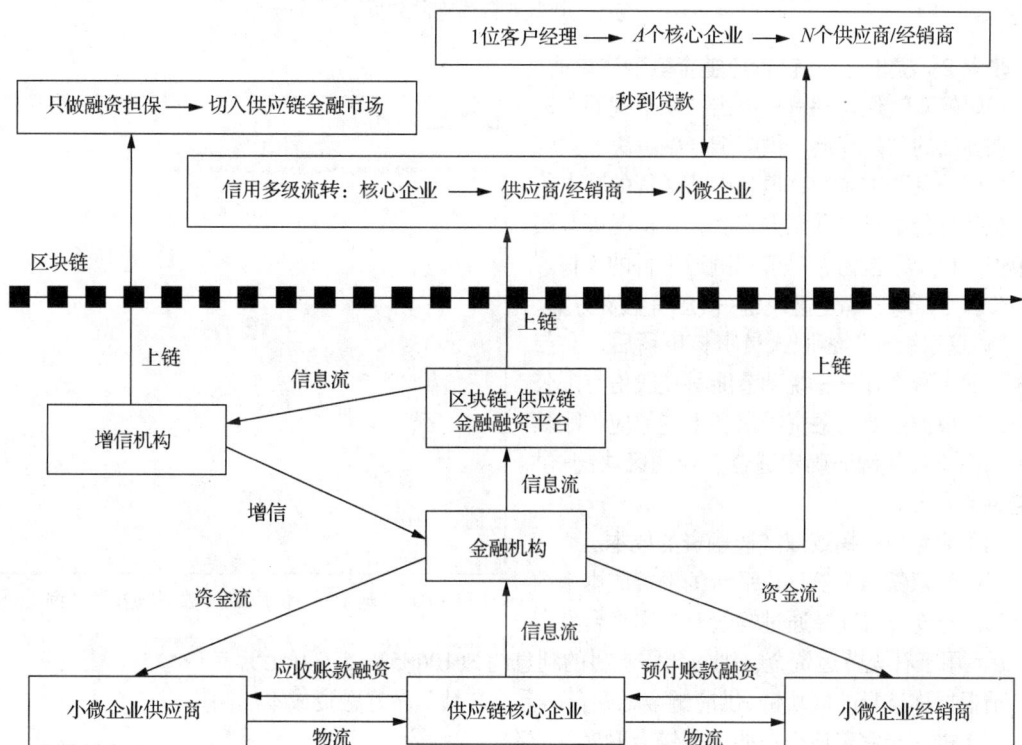

图 11-8　区块链+供应链金融的业务流程

11

（3）根据选定的平台，结合区块链+供应链金融融资的步骤，完成模拟融资申请操作。以蚂蚁双链通为例，主要步骤如下。

步骤 1：进入蚂蚁双链通官网首页，了解蚂蚁链—双链通供应链金融服务平台的基本情况。

进入蚂蚁双链通官网首页，如图 11-9 所示，观看视频介绍，仔细了解蚂蚁链—双链通供应链金融服务平台。蚂蚁链—双链通供应链金融服务平台将核心企业的应收账款进行数字化升级，使得应收账款可以作为信用凭证，在供应链中流转而传递给上游供应商，从而解决供应链末端的小微企业融资贵、融资难的问题。同时，其基于金融级别的身份安全和交易安全认证，为企业在线零接触交易提供了完整的解决方案。

蚂蚁链-双链通
供应链金融服务平台
简介

图 11-9　蚂蚁双链通官网首页

步骤 2：提出区块链+供应链金融融资申请。

在蚂蚁双链通官网首页单击"联系我们"标签，在弹出的"蚂蚁链—供应链金融解决方案咨询"页面（见图 11-10），填写申请融资的基本信息，包括身份信息、联系方式、公司情况等，然后单击"提交"按钮，等待双链通平台的审核。

步骤 3：沟通确定区块链+供应链融资方案。

"蚂蚁双链通"客服人员审核申请后，会与拟融资的小微企业——悦动节能科技股份有限公司联系，根据企业的融资需求和上链的应收账款实际情况，具体沟通确定适合企业的区块链+供应链融资方案。

（4）测算通过蚂蚁双链通融资的成本。

以蚂蚁双链通为例，该平台的融资成本率约为 5%，若该公司选择通过蚂蚁双链通平台融资

图 11-10　"蚂蚁链-供应链金融解决方案咨询"页面

100 万元用于补充营运资金，则每年需支付的利息约为 100×5%=5（万元）。

请根据你选择的区块链+供应链金融融资平台及产品，做好融资成本的测算。

（5）进一步完善该企业的供应链金融融资方案。

结合模拟操作实践，进一步完善该企业的区块链+供应链金融融资方案，包括选择融资平台、

选定融资产品、提出借款申请、应收账款的开立和流转、融后资金使用及清偿等内容。

在完善区块链+供应链金融融资方案时，主要考虑的因素如下。

① 选择融资平台时要考虑平台的背景以及区块链等金融科技实力。

② 选定融资产品时要仔细权衡用款周期和利息，对比每个产品的融资成本和放款期限。

③ 提出借款申请时要认真填写平台要求的内容，尽量写得清晰、有条理，让人一目了然。

④ 要充分利用区块链的赋能作用，实现应收账款的高效开立、确权和流转。

⑤ 各级供应商可以将链上持有的应收账款转让给出资方，并提前获得现金收款，满足资金需求。

（6）**分析区块链与智能合约对小微企业供应链融资的赋能作用。**

核心企业付款后，双链通合作的清分机构运用智能合约自动将资金结算到应收账款的链上持有者，包括各级供应商及出资方，完成融资清偿。请结合图 11-11，进一步分析区块链与智能合约对**小微企业供应链融资的赋能作用。**

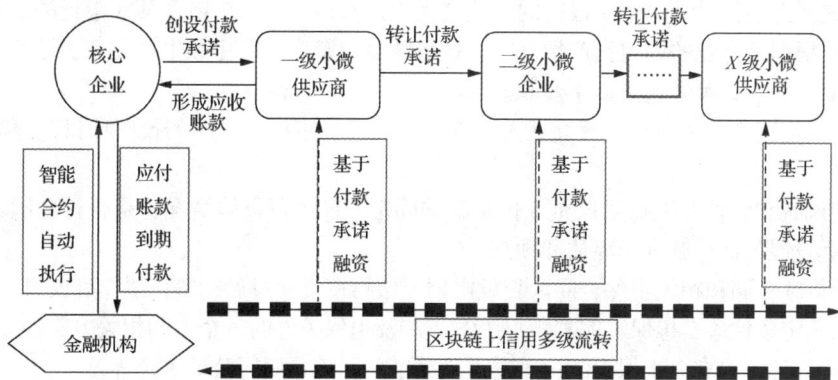

图 11-11　"区块链+供应链"小微金融服务新模式

四、根据银行互联网贷款要求，设计该企业的互联网贷款融资方案

（1）随着民营银行试点的推进，已有多家互联网银行成立并面向创业企业和小微企业提供金融服务，如微众银行、网商银行、新网银行、亿联银行等。请运用互联网检索和客服电话，向各家互联网银行咨询有无合适的贷款产品能满足企业融资需求，并选择一家贷款银行。

（2）**完成选定银行互联网贷款的申请操作。**

以微众银行微业贷为例，介绍申请银行互联网贷款的具体操作步骤。微众银行微业贷是为广大小微企业提供的线上贷款服务，该产品为结合大数据分析及互联网技术的一款金融科技创新产品。客户从申请至提款全部在线完成，无须抵质押，额度立等可见，资金最快 1 分钟到账，按日计息，随借随还。因此本任务中的公司也可以考虑向微众银行申请微业贷融资。

步骤 1：登录微众银行官方网站或微信公众号，了解微业贷的主要特色和产品要素。

微众银行微业贷介绍页面如图 11-12 所示。微业贷无须线下开户、无须纸质资料、资金快速到账，能够有效解决小微企业融资难题，同时该产品的最高可借金额达 300 万元，可分 12 期或 24 期还款，可申请 3 个月还息不还本，有机会享有年化利率低至 3.6% 的优惠，能够满足该公司的融资需求。

步骤 2：进行额度测算，在金融科技赋能下完成互联网贷款申请。

微业贷作为金融科技赋能下的创新产品，基于大数据风控技术可以实现全流程在线完成额度测算和贷款申请。点击图 11-12 所示页面中的"点击办理微业贷"按钮，在弹出的"微业贷"申请页面中输入手机号和验证码，点击"查看额度"按钮，如图 11-13 所示。大数据风控系统会自动查询你名下的所有企业信用情况，并立即给出授信额度，你可以根据具体的融资需求，填写完整贷款申请信息并提交，即可完成互联网贷款申请。若通过审核，法定代表人可登录进行借款操作，很快即可获得所需资金。

11

图 11-12　微众银行微业贷介绍页面　　图 11-13　微众银行微业贷申请页面

（3）完成抵押担保设计。微众银行的微业贷无须抵质押，但如果申请其他银行的贷款，可能需要抵押担保。根据该企业的固定资产情况，企业可将固定资产（厂房和生产设备）做抵押担保，向银行贷款 300 万元。其具体包括以下步骤。

① 提出固定资产贷款申请，提交相关材料，涉及需要审批和批准的投资项目，还需要提供相应的审批文件。

② 贷前调查和评估。银行对该企业拟贷款的固定资产项目具体情况、是否符合国家政策、是否有利于长远发展等进行调查、评估和预测。

③ 签署借款合同和相关担保合同。贷款申请经银行审批通过后，签订法律性文件。

④ 按照约定条件落实担保、完善担保手续。涉及担保条件的，企业和相关方需办妥抵押登记、质押交付（或登记）等有关担保手续；若需办理公证的，需再履行公证手续等。

⑤ 发放贷款。全部手续办妥后，银行将及时向该企业发放贷款，该企业可按照事先约定的贷款用途合理支配贷款资金。

（4）测算银行互联网贷款的融资成本。

以微业贷为例，年化融资成本率低至 3.6%，则该企业每年支付的利息约为 300×3.6%=10.8（万元）。

（5）根据分析结果，结合企业融资需求，完成应用上述商业银行互联网贷款产品的融资方案。

根据以上对银行互联网贷款业务模式和产品要素的全面了解与分析，结合企业融资需求，包括融资额度、资金用途等情况，确定贷款期限和还款方式，按申请条件和步骤完成应用上述银行互联网贷款产品的融资方案。

（6）除了商业银行互联网贷款外，部分金融科技实力强、符合监管要求的网贷平台也成功转型为小额贷款公司，并基于大数据、人工智能等金融科技技术推出了网络小额贷款创新产品，为小微企业提供了补充融资渠道。请选择一款合规的网络小额贷款产品，为悦动节能科技股份有限公司设计网络小额贷款融资方案，并分析金融科技对网贷转型和网络小额贷款产品创新的赋能作用。

五、通过金融科技综合实训系统完成实际操作

有条件的，可以结合全国职业院校技能大赛（国赛）的数字金融相关赛项任务要求，通过智盛金融科技综合实训系统等平台完成以上股权众筹融资、区块链+供应链金融融资和互联网贷款的全流程操作，进一步提高金融科技与数字金融业务的实际操作技能。

六、比较上述各种融资渠道的优劣势及金融科技的赋能作用，并完成实训报告

总结实训经过，比较股权众筹融资、区块链+供应链金融融资和银行互联网

资料链接

全国职业院校技能大赛数字金融业务相关操作任务

贷款等各种融资渠道的优劣势，填入表 11-15 中，并完成后附的互联网金融与金融科技业务综合实训手册中的实训报告。

表 11-15　　　　　　　　　　　融资渠道比较分析

融资渠道	融资成本	优势	劣势	金融科技的赋能作用
股权众筹				
实物众筹				
区块链+供应链金融				
银行互联网贷款				
网络小额贷款				
其他				

根据企业生命周期理论，创业企业发展会经历种子期、孵化期和成长期等不同的生命周期阶段，各阶段具有不同的融资需求特征。请扫描右侧二维码，观看基于"双创"背景的股权众筹支持大学生创业融资项目展示视频，结合本实训任务的成果，进一步思考适合创业企业种子期、孵化期和成长期的融资模式。

视频资源　基于"双创"背景的股权众筹支持大学生创业融资项目展示（上）

视频资源　基于"双创"背景的股权众筹支持大学生创业融资项目展示（下）

[知识链接]

创业企业主要生命周期阶段的划分

1. 种子期

种子期是创业企业成立后经历的第一个生命周期阶段，通常持续 3 个月至 1 年。种子期企业主要侧重于技术或产品的开发、测试，需要投入相当的资金对产品进行研发，以验证创意产品的可行性。在该阶段，创业者还会进一步完善商业计划书，但产品尚未成形，企业没有经营利润流入。此时，创业者需要获得种子资金等初始融资，以维持企业的正常运转，融资金额通常较少，但投资者面临的风险较高。

2. 孵化期

孵化期是指创业过程中项目在到达成长期之前所需经历的阶段。与种子期相比，此时的创业企业已经开始新产品的生产和试销售，营业收入逐渐增加，同时技术风险也大幅下降，但是对项目资金的需求迅速上升，孵化期能及时获得资金支持是创业生存的关键。孵化期通常需要持续 1 至 1.5 年，通过众筹融资创业的企业由于能够获得更多社会资源，孵化速度相对较快。

3. 成长期

成长期是指技术发展和生产扩大阶段。这一阶段的资本称为成长资本，主要来源于原有创业者的增资和新的创业投资的进入。成长期创业企业已初具规模经济效应，能被更多投资者认知，在融资市场上逐渐显现强劲的增长势头，融资金额较大，但市场竞争随之加大。此时，创业者应做好项目的营销策略，以吸引更多投资者。而投资者比较注重所投资项目具备的市场成长潜力和盈利空间。成长期通常会持续 3 年以上。

课程思政

"新基建"铸就金融科技美好未来

2018 年 12 月的中央经济工作会议重新定义了基础设施建设，首次把 5G、人工智能、工业互联

11

网、物联网定义为"新型基础设施建设"。随后，"加强新一代信息基础设施建设"（简称"新基建"）被列入 2019 年政府工作报告。2020 年 3 月，工业和信息化部召开加快 5G 发展专题会，部署加快新型基础设施建设。2020 年 4 月，国家发改委在例行新闻发布会上，明确新一代基础设施范畴，以 5G、物联网、工业互联网、卫星互联网为代表的通信网络基础设施，以人工智能、云计算、区块链等为代表的新技术基础设施，以数据中心、智能计算中心为代表的算力基础设施等，均属于新一代信息基础设施。"新基建"是"十四五"期间的国家重大战略部署，对于推动数字经济产业化和传统产业数字化转型、助力金融科技创新、服务人民美好生活具有重要作用。"新基建"有望铸就金融科技的美好未来，成为引领金融行业深化改革创新、提升服务实体经济能力的重要保障。《中华人民共和国国民经济和社会发展第十四个五年规划和 2035 年远景目标纲要》提出：围绕强化数字转型、智能升级、融合创新支撑，布局建设信息基础设施、融合基础设施、创新基础设施等新型基础设施。建设高速泛在、天地一体、集成互联、安全高效的信息基础设施，增强数据感知、传输、存储和运算能力。加快 5G 网络规模化部署，用户普及率提高到 56%，推广升级千兆光纤网络。前瞻布局 6G 网络技术储备。推动物联网全面发展，打造支持固移融合、宽窄结合的物联接入能力。加快构建全国一体化大数据中心体系，强化算力统筹智能调度，建设若干国家枢纽节点和大数据中心集群，建设 E 级和 10E 级超级计算中心。积极稳妥发展工业互联网和车联网。打造全球覆盖、高效运行的通信、导航、遥感空间基础设施体系，建设商业航天发射场。发挥市场主导作用，打通多元化投资渠道，构建新型基础设施标准体系。

"新基建"重点关注的 5G、物联网、区块链、大数据中心，以及卫星遥感，无论是推动金融行业数字化转型还是赋能金融科技创新发展，均具有广阔的前景和无限的想象空间，有望重塑金融生态，更好地服务美好生活，如图 11-14 所示。智慧银行的升级将得益于 5G 大带宽、低时延、广连接的特性。5G 专网覆盖的智慧银行营业厅能够更高效、更精准地办理业务，节省人力成本，助力人民群众享受更便捷的金融服务和获得更美好的生活体验。5G 还会加速其他新型信息技术创新应用的步伐，推动技术与金融业务的深度融合，金融科技有了 5G 技术的支撑，在获客渠道、风控逻辑和客户服务等方面都会有质的提升，可以根据合作伙伴不同的需求进行差异化的定制服务。随着"新基建"赋能下金融异业合作的推进，以数据共享、融入场景、构建跨界生态为主要标志的开放银行新模式将得到进一步拓展，实现金融服务与生产、生活场景的"无缝对接"。

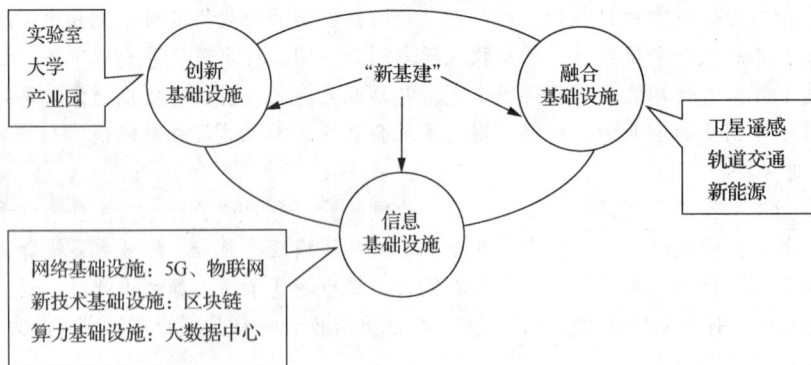

图 11-14 "新基建"的丰富内涵

"新基建"搭建的物联网织起了一张万物联接的实体经济超级信用网络。物联网与金融科技的结合，有助于解决小微企业融资的信息与信用不对称这一核心痛点。国家电网联合建设银行通过电力物联网手段，掌握智能终端传输的海量用户电力数据，借助用电数据感知企业经营状况，对接金融机构以服务于小微企业融资业务，借此创造出一种新型征信手段，实现金融机构与小微企业双赢。

上述物联网金融落地应用进一步完善了银行等金融机构对企业信用评价的指标体系，产品上线不到一个月，超过 1 000 家中小微企业就完成了线上认证和融资。金融科技创新监管试点的推进能为"新基建"打造的新技术和新设施提供更多的金融应用场景，开创新型基础设施与金融科技创新应用深度融合、相互促进的新格局。例如，纳入杭州首批金融科技试点应用的"'亿亩田'—基于卫星遥感和人工智能技术的智能化农村金融服务"项目，由蚂蚁集团旗下网商银行申报和实施。该项目基于蚂蚁集团强大的金融科技生态圈，通过卫星遥感结合 AI 模型算法获取大规模可信动态数据，为"三农"小微企业授信策略提供可信任、可追溯的数据源；同时基于大数据风控技术构建特色种植品类行业风控模型，对农业小微企业精准授信，在有效防控风险的前提下，满足其实时变化的融资需求，实现"降本增效"。

"新基建"具有新时代的丰富内涵，也切合未来金融行业的发展趋势，在弥补传统金融行业短板的同时又开拓新的发展领域。良好的政策环境有助于提高新型基础设施的长期供给质量和效率，促进行业的持续健康发展。从历史经验和现实实践来看，"新基建"加持金融行业可以兼顾短期扩大有效需求和长期扩大有效供给。未来，5G、数据中心、人工智能、区块链、物联网等领域的"新基建"大规模展开，将给金融业带来深刻变革和重大机遇。我们要充分发挥"新基建"的赋能作用，塑造金融科技新未来，携手共创美好新生活！

请通过互联网检索"新基建"和金融科技相关新政策，结合所学知识和以上提供的背景材料，填写表 11-16；并通过团队合作的方式，进一步完成以下两项综合探究任务。

表 11-16　　　　　　　　　　　　"新基建"赋能金融科技

"新基建"关键技术与设施	对金融科技的赋能作用	未来应用场景设想
5G、6G		
物联网		
大数据		
区块链		
卫星遥感		

1. 你认为"新基建"与金融科技创新之间存在什么关系？应该采取哪些有效举措加快"新基建"建设进度，助力金融科技美好未来愿景的实现？

2. "新基建"能够推动金融科技更好地服务人民生活和实体经济，如 5G、6G 技术支持下的智慧银行能够实现 24 小时全功能自动化实时在线服务，使各类金融产品真正触手可及；物联网与区块链的融合，能够激活万亿规模的动产质押市场，提供安全、高效、可溯源的融资产品。从表 11-16 中选取你最感兴趣的"新基建"关键技术及其金融科技应用场景，综合运用本课程所学知识，组成项目小组，合作设计一款服务美好生活的金融科技创意产品或概念产品。有条件的同学可以进一步通过实地调研等方式完善设计方案，提高产品的可行性，参加"金融科技创新设计大赛"。

附：金融科技业务综合实训手册

请扫描封底二维码，下载与本实训项目配套的金融科技业务综合实训手册。该手册包括实训目的与要求、实训内容、实训具体安排、实训日志和实训报告等内容，可方便地用于综合实训教学与培训。

11

参考文献

[1] 周雷, 邱勋. 基于任务驱动的高职互联网金融项目化教材建设研究[J]. 中国职业技术教育, 2018 (11): 63-70.

[2] 周雷. 小额信贷、农户融资与农村金融改革[D]. 南京: 东南大学金融系, 2009.

[3] 范小云, 等. 互联网金融[M]. 北京: 人民邮电出版社, 2016.

[4] 朱建明, 高胜, 段美娇. 区块链技术与应用[M]. 北京: 机械工业出版社, 2017.

[5] 魏忻. 开放银行的内涵、实践探索及发展前瞻[J]. 西南金融, 2021 (3): 52-61.

[6] 周雷, 邱勋. 基于"四位一体"的高职高质量研究性课程教学模式构建: 以金融科技系列课程为例[J]. 中国职业技术教育, 2022 (5): 69-75+96.

[7] 朱琳. 股权众筹监管模式的辨析与重构[J]. 南方金融, 2018 (4): 83-89.

[8] 顾晓敏, 等. 金融科技概论[M]. 上海: 立信会计出版社, 2019.

[9] 中国互联网金融协会. 中国互联网金融年报 2020[M]. 北京: 中国金融出版社, 2020.

[10] 中国人民银行长沙中心支行课题组. 金融科技发展研究与监管建议: 基于金融监管者视角[J]. 金融经济, 2021 (4): 53-59.

[11] 周雷, 邓雨, 张语嫣. 区块链赋能下供应链金融服务小微企业融资博弈分析[J]. 金融理论与实践, 2021 (9): 21-31.

[12] 周雷, 邱勋, 王艳梅, 等. 新时代保险科技赋能保险业高质量发展研究[J]. 西南金融, 2020 (2): 57-67.

[13] 周雷, 邱勋, 张玉玉, 等. 新时代大学生互联网金融投资影响因素研究: 基于苏浙高校的问卷调查[J]. 财会通讯, 2020 (18): 141-145.

[14] 周雷, 朱玉, 谢心怡. 互联网金融风险认知、风险偏好与投资行为: 新时代大学生的新特征[J]. 金融理论与实践, 2019 (4): 12-21.

[15] 周雷, 陈善璐, 张子涵. 区块链赋能供应链小微企业融资研究: 以蚂蚁集团"双链通"为例[J]. 长春金融高等专科学校学报, 2021 (2): 49-56.

[16] 周雷, 邱勋, 刘婧, 等. 金融科技创新服务小微企业融资研究: 基于金融科技试点地区 840 家小微企业的调查[J]. 西南金融, 2020 (10): 24-35.

[17] 郭福春, 陶再平. 互联网金融概论[M]. 2 版. 北京: 中国金融出版社, 2018.

[18] 周雷, 薛雨寒, 刘露. 区块链技术助力互联网保险高质量发展[J]. 金融理论探索, 2018 (6): 61-69.

[19] 周雷, 刘睿, 金吉鸿. 综合金融服务体系服务实体经济高质量发展研究: 以苏州市小微企业数字征信实验区为例[J]. 征信, 2019 (12): 26-30.

[20] 周雷, 陈善璐, 鲍晶. 数字人民币前沿研究综述[J]. 无锡商业职业技术学院学报, 2021 (3): 1-8.

[21] 李建军. 金融科技理论与实践[M]. 北京: 中国财政经济出版社, 2021.

[22] 周雷, 陈捷, 黄思涵. 基于生命周期的大学生创业企业众筹融资模式研究: 来自苏州六大众创空间的经验证据[J]. 财会通讯, 2020 (10): 135-140.

[23] 邱勋, 周雷, 高泽金. 网络借贷与股权众筹[M]. 北京: 中国金融出版社, 2020.

[24] 靖研, 曹文芳, 吴金旺. 金融科技合规实务[M]. 北京: 中国人民大学出版社, 2021.

[25] 闫定军, 王江波, 王亮. 智能金融应用教程[M]. 上海: 立信会计出版社, 2021.

[26] 郭福春. 人工智能概论[M]. 北京: 高等教育出版社, 2019.

[27] 谭中明, 刘倩, 李洁, 等. 金融科技对实体经济高质量发展影响的实证[J]. 统计与决策, 2022 (6): 139-143.

[28] 程雪军, 尹振涛. 监管科技的发展挑战与中国选择: 基于金融科技监管视角[J]. 经济体制改革, 2022 (1): 135-142.